Manfred G. Schmidt · Tobias Ostheim · Nico A. Siegel
Reimut Zohlnhöfer (Hrsg.)

Der Wohlfahrtsstaat

Manfred G. Schmidt
Tobias Ostheim · Nico A. Siegel
Reimut Zohlnhöfer (Hrsg.)

Der Wohlfahrtsstaat

Eine Einführung in den
historischen und
internationalen Vergleich

VS VERLAG FÜR SOZIALWISSENSCHAFTEN

Bibliografische Information Der Deutschen Nationalbibliothek
Die Deutsche Nationalbibliothek verzeichnet diese Publikation in der
Deutschen Nationalbibliografie; detaillierte bibliografische Daten sind im Internet über
<http://dnb.d-nb.de> abrufbar.

1. Auflage 2007

Alle Rechte vorbehalten
© VS Verlag für Sozialwissenschaften | GWV Fachverlage GmbH, Wiesbaden 2007

Lektorat: Frank Schindler

Der VS Verlag für Sozialwissenschaften ist ein Unternehmen von Springer Science+Business Media.
www.vs-verlag.de

Umschlaggestaltung: KünkelLopka Medienentwicklung, Heidelberg
Druck und buchbinderische Verarbeitung: Krips b.v., Meppel
Gedruckt auf säurefreiem und chlorfrei gebleichtem Papier

ISBN 978-3-531-15198-4

Inhalt

II. Sozialpolitik in Deutschland

V. Wirkungen der Sozialpolitik

Vorwort

Während die deutsche Sprache nur einen Politikbegriff kennt, erlaubt die englische Sprache die Unterscheidung zwischen drei Dimensionen des Politischen. Die Form der Politik, ihre Normen, Institutionen und akzeptierten Spielregeln, werden dort als „polity" bezeichnet, Konflikt- und Konsensbildungsprozesse werden mit dem Begriff der „politics" gefasst, und „policy" umfasst die Inhalte politischer Entscheidungen und die politische Gestaltung. Die Untersuchung der Politikinhalte und der politischen Gestaltung jenseits der Verfassungs- und der Außenpolitik blieb in der Politikwissenschaft lange Zeit ein vernachlässigtes Feld. Während der Vergleich politischer Ordnungen in einer Traditionslinie steht, die fast zweieinhalbtausend Jahre bis zur Staatsformenlehre des Aristoteles zurückreicht, werden erst seit den 60er Jahren des 20. Jahrhunderts systematisch die Gemeinsamkeiten und Unterschiede von politischer Gestaltung, insbesondere von Inhalten der Staatstätigkeit auch im Bereich der Daseinsvorsorge, beschrieben und erklärt.

Die vergleichende Policy-Forschung hat seither eine Reihe wichtiger Fragen aufgeworfen und beantwortet. Aufmerksamkeit hat etwa die Frage erfahren, welchen Unterschied das politische Regime eines Landes für die Ergebnisse der Politik macht. Auch wird untersucht, ob sich Parteien in ihrem politischen Profil unterscheiden und ob Unterschiede in der parteipolitischen Zusammensetzung von Regierungen in Demokratien einen Einfluss auf die Politik (im Sinne von Policy) haben. Zudem untersucht die vergleichende Policy-Forschung den Einfluss von Institutionen auf die Staatstätigkeit, beispielsweise hinsichtlich des Handlungsspielraums, den das politische System der Regierung bietet, und der Mitsprache- oder Vetorechte, die es anderen politischen Akteuren, etwa der Opposition oder den Verbänden, einräumt. Diese Fragestellung der Policy-Analyse hat Thomas Dye treffend zusammengefasst: „What Governments do, why they do it, and what difference it makes" (Dye 1977).

Bei allen Unterschieden ist die Staatstätigkeit der Demokratien von einigen gemeinsamen Trends gekennzeichnet. Zu diesen Trends gehört ihre Ausweitung der Staatstätigkeit. Der Umfang staatlicher Intervention – gemessen etwa an den über die verschiedenen Haushalte verteilten Mitteln – ist heute in den westlichen Demokratien ungleich größer als etwa gegen Ende des 19. Jahrhunderts. Zu den

gemeinsamen Trends gehört auch, dass ein Großteil dieses Zuwachses auf den
Auf- und Ausbau des Wohlfahrtsstaates zurückzuführen ist.

Unter dem Begriff der wohlfahrtsstaatlichen Politik lässt sich derjenige Teil
der Staatstätigkeit subsumieren, der darauf gerichtet ist, materielle Verelendung
zu verhindern, vor den Wechselfällen des Lebens zu schützen und krasse soziale
Ungleichheit der Lebensführungschancen zu lindern oder ihre Folgen einzudämmen. Wohlfahrtsstaatliche Politik erfolgt durch Eingriffe in die Einkommensverteilung (insbesondere durch Geldzahlungen im Falle von Arbeitslosigkeit, Alter,
Unfall, Invalidität, Krankheit, Pflegebedürftigkeit oder Mutter- bzw. Eltern-
schaft), aber auch durch Dienstleistungen in der Gesundheitsversorgung, dem
Wohnungswesen und der Arbeitsmarktpolitik sowie durch Gebote und Verbote.

Die vergleichende Erforschung von Wohlfahrtsstaatlichkeit untersucht unterschiedliche Objekte, kennt unterschiedliche Herangehensweisen und kommt
zu divergierenden Befunden. Die vorliegende Darstellung spiegelt diese Vielfalt
wider, indem sie einen einführenden Überblick in die vergleichende Wohlfahrtsstaatsforschung anhand fünf eigenständiger, jedoch aufeinander bezogener Ab-
schnitte bietet. In den vergangenen Jahrzehnten hat die vergleichende Wohlfahrtsstaatsforschung die Staatstätigkeit mit ganz verschiedenen Größen erklärt.
Diese Erklärungsansätze werden im ersten Abschnitt *Theorien und Methoden* zusammenfassend dargestellt. Die wichtigsten Erklärungsansätze werden jeweils
anhand einiger repräsentativer Autoren beispielhaft vorgestellt und hinsichtlich
ihrer Stärken und Schwächen diskutiert. Zugleich soll der erste Abschnitt auch in
die wichtigsten Methoden des Vergleichs einführen.

Der Vergleich im Längsschnitt entlang der Zeitachse und im Querschnitt, also der Vergleich unterschiedlicher Untersuchungseinheiten zum gleichen Zeitpunkt, wird in den beiden folgenden Abschnitten vorgestellt. Im zweiten Abschnitt wird die *Sozialpolitik in Deutschland* von ihren Anfängen bis ins frühe 21.
Jahrhundert analysiert. Hier werden die Entwicklungslinien des deutschen Wohlfahrtsstaates (oder Sozialstaates, so die hierzulande verbreitete Bezeichnung)
nachgezeichnet und seine wichtigsten Bestimmungsfaktoren identifiziert. Dabei
wird auf die im ersten Abschnitt des Buches vorgestellten Theorien Bezug genommen. Der dritte Abschnitt des Buches – *Soziale Sicherungssysteme im Vergleich*
– führt in die Vorgehensweise und wichtige Befunde des internationalen Vergleichs staatlicher Sicherungssysteme ein und benennt gemeinsame Trends, aber
auch kennzeichnende Unterschiede.

Die Kenntnis der Sozialpolitik reicht jedoch zum Verständnis wohlfahrtsstaatlicher Politiken nicht aus, da in der Realität einzelne Politikfelder nicht un-
verbunden nebeneinander stehen. Zudem beschränkt wohlfahrtsstaatliche Politik

sich nicht auf die sozialen Sicherungssysteme. Auch die Beschäftigungspolitik beispielsweise kann zur Beeinflussung der Lebensführungschancen und zum Schutz vor den Wechselfällen des Lebens eingesetzt werden. Weiterhin hängen die sozialstaatlichen Optionen direkt von der Politik in anderen Politikfeldern ab, etwa der Förderung des Wirtschaftswachstums oder der Gestaltung des Steuersystems. Deshalb bietet der vierte Abschnitt einen Überblick über *benachbarte Politikfelder* des Wohlfahrtsstaates. Damit wird der Blick auf andere Bereiche der Policy-Forschung erweitert.

Während den Bestimmungsfaktoren wohlfahrtsstaatlicher Politik in den vergangenen Jahrzehnten viel Aufmerksamkeit gewidmet worden ist, wurde eine weitere wichtige Frage weniger systematisch erfasst: Welche Wirkungen hat die Sozialpolitik? Dieser Frage geht der letzte Abschnitt des Bandes – Wirkungen der Sozialpolitik – nach. Dabei werden die positiven und negativen politischen, gesellschaftlichen und ökonomischen Wirkungen der Sozialpolitik skizziert und zudem das wichtigste Messkonzept sozialpolitischer Anstrengungen, die Sozialleistungsquote, diskutiert.

Geschrieben wurde dieses Buch für ein größeres Publikum. Es ist ein einführendes Studienbuch, das sich ebenso an Studierende, Lehrende und anderweitig tätige Absolventen des Faches Politikwissenschaft und angrenzender Disziplinen, insbesondere der Soziologie sowie der Geschichts-, der Rechts- und der Wirtschaftswissenschaft, wendet wie an alle an Fragen der Sozialpolitik Interessierten. Der vorliegende Text ist die überarbeitete, aktualisierte und erweiterte Fassung einer Schrift, die für PolitikON (Politikwissenschaft online, www.politikon.org) verfasst und in der universitären Lehre eingesetzt, erprobt und weiterentwickelt wurde.

Heidelberg, im Oktober 2006

I. Theorien und Methoden

1 Einführung

Manfred G. Schmidt und Tobias Ostheim

1.1 Einleitung

Wohlfahrtsstaatliche Politik ist derjenige Teil der Staatstätigkeit, der darauf gerichtet ist, vor den Wechselfällen des Lebens und vor Verelendung zu schützen
und/oder die Gleichheit der Lebensführungschancen zu befördern. Sie erfolgt
sowohl durch Eingriffe in die Einkommensverteilung (insbesondere im Falle von
Arbeitslosigkeit, Alter, Unfall, Invalidität, Krankheit oder Mutterschaft) als auch
durch Dienstleistungen und Güterproduktion sowie durch Gebote und Verbote.

Im 20. Jahrhundert ist die wohlfahrtsstaatliche Politik vor allem der westlichen Industriestaaten in wachsendem Maße Gegenstand sozialwissenschaftlicher
Forschung geworden. Diese Forschung hat nicht nur wichtige empirische Befunde erbracht, die insbesondere in den Abschnitten III bis V dieses Bandes vorgestellt werden. Sie hat darüber hinaus auch ein ausdifferenziertes Set an Theorien
über die Bestimmungsfaktoren wohlfahrtsstaatlicher Politik und die Methoden
der Wohlfahrtsstaatsforschung hervorgebracht. Dieses Kapitel bietet einen Überblick über die Grundzüge der wichtigsten Theorien zur Erforschung wohlfahrtsstaatlicher Politik im Vergleich. Dabei sollen die Leser mit den Schlüsselkonzep-
ten, den Hauptthesen und den wichtigsten empirischen Befunden der verschiedenen Theorien vertraut gemacht und diese so einer kritischen Würdigung durch
die Leser zugänglich werden. Die folgenden Kapitel 2 bis 7 stellen die sechs wichtigsten Theorien und ihre Hauptvertreter vor, erörtern zusammenfassend Stärken
und Schwächen der Theoriestränge, führen die wichtigste Literatur zum Thema
an und bieten eine kommentierte Literatursammlung zu weiterführenden Texten.
Das achte Kapitel führt in die wichtigsten Methoden der vergleichenden Wohlfahrtsstaatsforschung ein, das neunte Kapitel schließt mit einer zusammenfassenden und vergleichenden Bewertung der Theorien.

1.2   Theorien der vergleichenden Staatstätigkeitsforschung im Überblick

Theorie der sozioökonomischen Determination

Die *Theorie der sozioökonomischen Determination* begreift Staatstätigkeit vor allem als Reaktion auf strukturelle gesellschaftliche und wirtschaftliche Entwicklungen. Die Vertreter dieser Theorie stimmen darin überein, dass ökonomische, soziale und politische Modernisierungsprozesse neue Probleme und Bedarf an größerer Staatstätigkeit schufen. Als für die Staatstätigkeit besonders wichtige Veränderungen werden beispielsweise der wachsende Anteil der Beschäftigung im industriellen und später im Dienstleistungssektor sowie die Alterung der Bevölkerung genannt. Zu den wichtigsten Vertretern der sozialökonomischen Schule zählen neben Karl Marx (Marx 1970, zuerst 1867) Autoren wie Adolph Wagner (Wagner 1893) und Harold Wilensky (1975). So formulierte Wagner ein Gesetz der wachsenden Staatsaufgaben und Staatsausgaben, und Wilenskys Analyse richtete den Fokus auf die Ausgabenentwicklung des Wohlfahrtsstaates, die mit fortschreitendem sozioökonomischen Entwicklungsstand wachse – allerdings vermittelt über die Seniorenquote.

Die Lehre von den Machtressourcen organisierter gesellschaftlicher Gruppen

Die sozioökonomische Theorie hat ihr Augenmerk auf den gesellschaftlichen und ökonomischen Entwicklungsstand gelenkt. Die *Lehre von den Machtressourcen organisierter gesellschaftlicher Gruppen* betont dagegen die Bedeutung politischer Variablen. Sie erklärt die Staatstätigkeit einschließlich der Sozialpolitik vorrangig aus der Machtverteilung zwischen gesellschaftlichen Klassen oder Interessenverbänden, und zwar vor allem aus ihrer Markt-, Verbands- und Staatsmacht, und aus den Strukturen der Interessenvermittlung.

Ihre *pluralismustheoretische* Variante, die von der Ökonomischen Theorie der Politik geprägt ist, begreift die Ergebnisse der Politik als vom negativen Wirken von Sonderinteressengruppen bestimmt, die die Effizienz der Gesellschaften minderten, staatliche Regulierung ausdehnten und das Wirtschaftswachstum bremsten – so Mancur Olson in seinem einflussreichen Werk zum „Aufstieg und Niedergang von Nationen" (Olson 1985). Die *klassensoziologische* Variante dagegen erklärt Unterschiede der Staatstätigkeit vorrangig mit unterschiedlichen Kräfteverhältnissen zwischen gegensätzlichen politisch-gesellschaftlichen Strömungen, beispielsweise der Arbeiterbewegung, des Katholizismus und des Liberalismus.

Diese Variante steht im Zentrum dieser Darstellung, da sie stärker komparatistisch geprägt ist als die pluralismustheoretischen Beiträge. Mit unterschiedlichen Machtressourcen sind beispielsweise das Entstehen verschiedener Wohlfahrtsstaatstypen und unterschiedliche Ausmaße an Umverteilung erklärt worden (Korpi 1983; Esping-Andersen/Korpi 1984; Esping-Andersen 1990).

Parteiendifferenzlehre

Nicht nur bei der Machtressourcentheorie, sondern auch bei der *Parteiendifferenzlehre* stehen Machtfragen im Zentrum, allerdings weniger die außerparlamentarischen Machtressourcen als die Machtverteilung in Legislative und Exekutive. Aus der Sicht der Parteiendifferenzthese wird die Staatstätigkeit vor allem von der parteipolitischen Zusammensetzung der Regierung und der Opposition bestimmt. Die Regierungsparteien berücksichtigen – der vieldiskutierten „partisan theory of public policy" von Douglas Hibbs (Hibbs 1977) zufolge – die unterschiedlichen Präferenzen ihrer Anhängerschaft in ihrer Regierungspolitik. Folgt man diesem Theoriestrang, sind besonders große Unterschiede in der Politik zwischen Linksparteiregierungen einerseits und liberalen oder konservativen marktorientierten Regierungen andererseits zu erwarten. In der wohlfahrtsstaatlichen Politik wurden dagegen beträchtliche Unterschiede zwischen linken sowie christdemokratischen Parteien auf der einen Seite und liberalen und säkular-konservativen Parteien (im Unterschied zu religiös orientierten konservativen Parteien) auf der anderen Seite konstatiert (Huber/Stephens 2001; Schmidt 1996, 2005). Einer weiteren Theorievariante zufolge variiert die Staatstätigkeit der auf Wiederwahl bedachten Regierungen in Abhängigkeit vom Wahlzeitpunkt, so zum Beispiel bei Edward Tufte (Tufte 1978).

In der Formulierung von Hibbs berücksichtigt die These von der Parteiendifferenz zwar, welche Politik die Regierungen aufgrund der Interessen ihrer Wähler/innen betreiben wollen, sie ignoriert aber, inwieweit die Regierungen auch in der Lage sind, diese Politik zu verwirklichen. In neueren Ansätzen der Parteiendifferenztheorie werden dagegen die Rahmenbedingungen des Regierungshandelns meist mit einbezogen. Gemäß diesen Studien sind unterschiedliche Politikresultate nur dann zu erwarten, wenn die Regierungsparteien die nötigen Machtressourcen innerhalb und außerhalb des Parlaments besitzen und in den für die Staatstätigkeit zentralen politischen Arenen der Gestaltungsspielraum nicht durch Mitregenten oder Gegenspieler zur Regierung eingeengt wird (Schmidt 1996; Schmidt 2002).

Politisch-institutionalistische Theorie

Damit knüpfen Vertreter der Parteiendifferenztheorie an die Erkenntnisse einer weiteren Schule der Staatstätigkeitsforschung an, der *politisch-institutionalistischen Theorie*. Zu den institutionellen Bedingungen, die die Staatstätigkeit nachhaltig prägen, lassen sich die Normen und Regeln des politischen Willensbildungs- und Entscheidungsprozesses, die Existenz bzw. das Fehlen machtvoller institutioneller Schranken gegen die Mehrheitsherrschaft und das Verhältnis von Staat und Verbänden zählen.

Eine ganze Reihe von Forschungsbeiträgen kann einer Variante politisch-institutionalistischer Theorie zugeordnet werden, der zufolge der politische Handlungsspielraum der Regierung und der sie stützenden Parlamentsmehrheit eine wichtige Determinante ist: Je größer die Anzahl der gegenmajoritären Institutionen (Schmidt 1996) oder der „Vetospieler" (Tsebelis 1995) ist, desto stärker wird ein Politikwandel erschwert und – bezogen auf die Sozialpolitik – desto gedämpfter ist das sozialpolitische Engagement des Staates. Zu diesen Vetospielern lassen sich beispielsweise Föderalismus, eine unabhängige Zentralbank, eine starke zweite Kammer, ein entwickelter Minderheitenschutz und eine autonome Verfassungsgerichtsbarkeit zählen. Auch konkordanzdemokratischen oder direktdemokratischen Elementen haben dieser Theorieschule zugehörige Studien einen wichtigen Einfluss auf die Staatstätigkeit zugeschrieben. Die dritte Variante der politisch-institutionalistischen Schule fokussiert auf die besondere Rolle der Verbände: Staaten, in denen die Verbände in tripartistischen Arrangements in die Formulierung und Implementation der Politik eingebunden sind, entwickeln weitaus stärkere sozialpolitische Interventionen in das Marktgeschehen als Staaten mit einem geringen Ausmaß an Konzertierung.

Internationale Hypothese

Spätestens seit den achtziger Jahren des 20. Jahrhunderts haben sich die Kontextbedingungen politischen Handelns nachhaltig geändert und die Erklärungskraft einiger Theorien der Staatstätigkeit verringert. Die *Internationale Hypothese* kann zu weiten Teilen als Reaktion der Staatstätigkeitsforschung auf diese Veränderungen verstanden werden. Sie besagt, dass die Staatstätigkeit (einschließlich der sozialpolitischen Regierungspraxis) im Wesentlichen von inter- oder transnationalen Konstellationen oder Kräften beeinflusst wird. Aus der Sicht der Internationalen Hypothese sind die Integration der Märkte durch die Globalisierung und die Europäische Integration, aber auch die Existenz supranationaler Normen, vor allem in der Europäischen Union, entscheidende Determinanten der nationalstaatlichen Politik. Einer älteren Variante der Internationalen Hypothese zufolge bewirkt eine größere ökonomische Offenheit einen größeren sozialpolitischen Handlungsbedarf und somit auch größere sozialstaatliche Anstrengungen (Cameron 1978). Aus der Sicht zahlreicher neuerer Arbeiten dagegen begrenzen die Globalisierung und das europäische Binnenmarktprojekt die Handlungsmöglichkeiten der Nationalstaaten nachhaltig und erzwingen eine Anpassung der Sozialpolitik an „Marktzwänge" im Sinne eines Rückbaus zu weitgehender sozialpolitischer Regulierungen. Zahlreiche Verfechter der Internationalen Hypothese sehen aber auch direkte Rückwirkungen auf die Staatstätigkeit der Mitgliedstaaten durch den anwachsenden Bestand an für die Mitgliedstaaten verbindlichen Regelungen der Europäischen Gemeinschaft (Scharpf 1999; Leibfried/Pierson 2000; Leibfried 2005).

Politik-Erblast-These

Aus der Internationalen Hypothese wird häufig eine Konvergenz der Staatstätigkeit verschiedener Staaten allgemein und der wohlfahrtsstaatlichen Politik im Besonderen gefolgert. Trotzdem sind bisher die Konturen der unterschiedlichen Wohlfahrtsstaatstypen, wie sie etwa Esping-Andersen formuliert hat, noch deutlich erkennbar. An dieser Stelle kann die *Politik-Erblast-These* einspringen. Sie deutet die Staatstätigkeit vor allem als einen historisch eingeschlagenen Pfad der Problemlösung und als geprägt vom Nachwirken geplanter oder ungeplanter Folgewirkungen von früher getroffenen politischen Entscheidungen. Mit der Politik-Erblast-Theorie lässt sich erklären, warum sich in Ländern, in denen es wenige Vetospieler und somit viel Spielraum für Kurswechsel gibt (wie beispielsweise in Großbritannien), nach Machtwechseln nicht zwangsläufig die erwarteten Änderungen in den Inhalten der Politik zeigen (Rose/Davis 1994).

Methoden der vergleichenden Wohlfahrtsstaatsforschung

Die hier vorgestellten verschiedenen Theorien unterscheiden sich in ihrer Erklärungskraft (abhängig vom Untersuchungsgegenstand und vom Untersuchungsdesign) grundlegend. Beispielsweise erbringen Untersuchungen der finanziellen Dimension wohlfahrtsstaatlicher Politik andere Ergebnisse als Analysen rechtlicher Garantien in einzelnen Systemen der sozialen Sicherung, und eine Untersuchung der Entstehungsbedingungen der sozialen Sicherungssysteme lässt andere Erkenntnisse erwarten als eine Analyse der Größen, die in den letzten Jahrzehnten auf eine Rückführung der Sozialpolitik hinwirken. Fast noch wichtiger ist aber die methodische Basis: Internationale Querschnittvergleiche stützen sich meist auf eine andere theoretische Fundierung als Längsschnittanalysen[1], und elaborierte statistische Verfahren haben andere Voraussetzungen und erbringen andere Ergebnisse als Fallstudien. Vor einer abschließenden Bilanz der Stärken und Schwächen der einzelnen Theorien soll daher am Ende dieses Abschnitts auch auf die *Methoden der vergleichenden Wohlfahrtsstaatsforschung* eingegangen werden.

 **Literatur**

Theorien der Wohlfahrtsstaatsforschung: Überblicksdarstellungen

Einen Überblick über Theorien der Wohlfahrtsstaatsforschung anhand von Originaltexten bietet:

Pierson, Christopher/Castles, Francis G. (Hg.), 2000: The Welfare State. A Reader, Cambridge.
Der Sammelband enthält kurze Textpassagen aus theoretischen und empirischen Forschungsbeiträgen zum Wohlfahrtsstaat. Die Auswahl bietet einen guten Überblick über die Vielfalt theoretischer Perspektiven auf die wohlfahrtsstaatliche Politik und enthält Texte vieler wichtiger Autoren. Die ausgewählten Textausschnitte sind allerdings meist recht kurz und fokussieren nur wenige zentrale Aspekte der Originaltexte.

Die folgenden Beiträge beschäftigen sich mit den unterschiedlichen Schulen der Staatstätigkeitsforschung – nicht immer mit den gleichen Schulen und der gleichen Zuordnung einzelner Autoren zu diesen Schulen:

---

[1] Der Begriff Querschnitt bezeichnet den Vergleich mehrerer Untersuchungsobjekte zu einem bestimmten Zeitpunkt (auch „synchroner Vergleich"). In der vergleichenden Staatstätigkeitsforschung sind Nationalstaaten die wichtigsten Untersuchungsobjekte, beispielsweise die wirtschaftlich entwickelten Industrieländer der Organisation für ökonomische Zusammenarbeit und Entwicklung (OECD). Im Längsschnitt wird der Untersuchungsgegenstand dagegen längs der Zeitachse zu verschiedenen Zeitpunkten verglichen, z.B. die Veränderung der Höhe der Sozialleistungsquote eines Landes seit dem Zweiten Weltkrieg (auch „diachroner Vergleich").

Schmidt, Manfred G., ²1997: Policy-Analyse, in: Mohr, Arno (Hg.), Grundzüge der Politik-wissenschaft, München, 567-604.
Der Beitrag bietet einen Überblick über die Staatstätigkeitsforschung bis in die 1990er Jahre.

Siegel, Nico A., 2002: Baustelle Sozialpolitik. Konsolidierung und Rückbau der Sozialpolitik, Frankfurt am Main/New York.
Das zweite Kapitel der Dissertation von Nico Siegel bietet einen Überblick über die Theorien der Staatstätigkeitsforschung, dessen besonderer Wert in der Überprüfung der Frage liegt, inwieweit sich die unterschiedlichen Theorien eignen, wohlfahrtsstaatliche Politik nicht nur in Phasen der Expansion, sondern auch in Zeiten sozialpolitischen Rückbaus zu erklären.

Pierson, Christopher, 1991: Beyond the Welfare State. The New Political Economy of Welfare, Oxford.
Dieses Buch gibt einen guten, sehr umfangreichen Überblick über den Forschungsstand wohlfahrts-staatlicher Theorien am Beginn der neunziger Jahre.

Pierson, Christopher (Hg.), 2001: The New Politics of the Welfare State, Oxford.
In dieser Edition findet sich eine Reihe von Forschungsbeiträgen zum Thema der – in Um- und Rückbauzeiten – „neuen wohlfahrtsstaatlichen Politik".

Zitierte Literatur

Cameron, David R., 1978: The Expansion of the Public Economy. A Comparative Analysis, in: American Political Science Review 72, 1243-1261.
Esping-Andersen, Gøsta, 1990: The Three Worlds of Welfare Capitalism, Cambridge.
Esping-Andersen, Gøsta/Korpi, Walter, 1984: Social Policy as Class Politics in Post-War Capitalism. Scandinavia, Austria and Germany, in: Goldthorpe, John H. (Hg.), Order and Conflict in Contemporary Capitalism, Oxford, 179-208.
Hibbs, Douglas A., 1977: Political Parties and Macroeconomic Policy, in: American Political Science Review 71, 1467-1487.
Leibfried, Stephan, 2005: Social Policy. Left to the Judges and the Markets, in: Wallace, Helen/Wallace, William/Pollack, Mark (Hg.), Policy-Making in the European Union, 5. Auflage, Oxford, 244-278.
Leibfried, Stephan/Pierson, Paul, 2000: Soziales Europa. Bilanz und Perspektiven, in: Klingemann, Hans-Dieter/Neidhardt, Friedhelm (Hg.), Die Zukunft der Demokratie (WZB-Jahrbuch 2000), Berlin, 321-362.
Marx, Karl, 1970 (1867): Das Kapital, Bd. 1, Berlin-Ost.
Olson, Mancur, 1985: Aufstieg und Niedergang von Nationen. Ökonomisches Wachstum, Stagflation und soziale Sicherheit, Tübingen.
Rakoff, Stuart H./Schaefer, Günther F., 1970: Politics, Policy, and Political Science: Theoretical Alternatives, in: Politics and Society 1, 51-77.

Rose, Richard/Davis, P.L., 1994: Inheritance in Public Policy. Change Without Choice in Britain, New Haven/London.

Scharpf, Fritz W., 1999: Regieren in Europa. Effektiv und demokratisch?, Frankfurt am Main/New York.

Schmidt, Manfred G., 1996: When parties matter: A review of the possibilities and limits of partisan influence on public policy, in: European Journal of Political Science 30 (2), 155-183.

Schmidt, Manfred G., 2002: Parteien und Staatstätigkeit, in: Gabriel, Oscar/Niedermeyer, Oskar/Stöss, Richard (Hg.), Parteiendemokratie in Deutschland, Bonn, 528-550.

Tsebelis, George, 1995: Decision Making in Political Systems. Veto Players in Presidentialism, Multicameralism and Multipartyism, in: British Journal of Political Science 25, 289-325.

Tufte, Edward R., 1978: Political Control of the Economy, Princeton.

Wagner, Adolph, 1893: Grundlegung der Politischen Ökonomie, Teil I. Grundlagen der Volkswirtschaft, Leipzig.

Wilensky, Harold L., 1975: The Welfare State and Equality. Structural and Ideological Roots of Public Expenditures, Berkeley.

2 Die Sozioökonomische Schule

Manfred G. Schmidt und Tobias Ostheim

2.1 Einleitung

Der erste und älteste maßgebliche Theoriestrang historisch und international vergleichender Wohlfahrtsstaatsforschung begreift Staatstätigkeit vor allem als Reaktion auf gesellschaftliche und wirtschaftliche Entwicklungen und auf hierin wurzelnde Funktionsprobleme politischer Gemeinwesen. In den folgenden Abschnitten werden die wichtigsten Vertreter dieses Theoriezweigs genannt und deren Annahmen, Begriffe und Schlussfolgerungen vorgestellt. Welches sind die grundlegenden Annahmen ihrer Argumentation, welcher Begriffe bedienen sie sich besonders häufig, und welches sind die Erklärungsschemata für gemeinsame und unterschiedliche Politikinhalte im historischen und internationalen Vergleich wohlfahrtsstaatlicher Politik? Diese Leitfragen liegen dem ersten Abschnitt dieses Kapitels zugrunde.

Allgemein kann zunächst festgehalten werden, dass die sozioökonomische Theoriefamilie Staatstätigkeit vorrangig mit gesellschaftlichen oder wirtschaftlichen Bedarfslagen der Bevölkerung auf der einen Seite und sozioökonomischen Ressourcen der Gesellschaft und des Staates auf der anderen Seite erklärt. In dieser Theoriefamilie dominieren somit bedarfs- und ressourcenbasierte Erklärungen von Politikinhalten. Dabei wird insbesondere die Bedeutung von gesellschaftlichem Wandel für politische Aufgabenstellungen und Problemlösungen hervorgehoben. Vor allem die Folgen epochaler wirtschaftlicher und sozialer Veränderungen werden betont. Im 19. Jahrhundert waren dies insbesondere der Wandel von der Agrar- zur Industriegesellschaft, im 20. Jahrhundert die Entwicklung der Industrie- zur Dienstleistungsgesellschaft und – insbesondere in den westlichen Ländern – die Alterung der Gesellschaften; in jüngster Vergangenheit ist schließlich der Wandel zur Wissensgesellschaft zu nennen.

Die gesellschaftlichen Konsequenzen vergangener und gegenwärtiger sozioökonomischer Veränderungen sind vielschichtig: zunehmende Arbeitsteilung und soziale Differenzierung, aber auch größere Freiheitsgrade des Einzelnen sind wichtige Stichworte. Der sozialökonomische Wandel bringt neue Funktionsprobleme mit sich und verstärkt bereits bestehende. Welche Funktionsprobleme sind das? Unter anderem handelt es sich um die übermäßige Vernutzung kostbarer Ressourcen, zum Beispiel der Arbeitskraft, so die ältere Lehre. Die massenhafte Erzeugung von Risiken der Lebensführung (Invalidität, Krankheit, Arbeitslosigkeit, Alter) und den übermäßigen Verbrauch von Umweltressourcen nennt beispielsweise die Lehre von den „Sozialen Kosten" der Produktion. Solche Konsequenzen gesellschaftlicher Wandlungsprozesse verlangen nach Lösung durch die Politik – und zwar nach Problemlösung durch Staatstätigkeit, so die sozioökonomische Theorie.

Kern der Argumentation ist dabei die These, dass sozioökonomische Entwicklung einerseits mit sozialer Differenzierung, wachsendem wirtschaftlichen Reichtum und gesellschaftlicher sowie politischer Modernisierung einhergeht, aber andererseits ältere Institutionen überlastet, z.b. familiäre Sicherungsnetze und die im 19. Jahrhundert bestehende lokale Armenfürsorge. Dadurch entsteht Bedarf an politischer Problemlösung außerhalb der Familie und auf überlokaler Ebene. Diese Aufgabe fiel im 19. und 20. Jahrhundert in der Regel dem (National-) Staat zu. Sozioökonomische Entwicklungsmechanismen setzen die Politik folglich in die Zwangslage, solche Funktionsvakui zu füllen, die durch gesellschaftliche Entwicklungen erzeugt wurden und deren Beseitigung im Interesse der Systemstabilisierung dringlich erscheint. Zu den sozialökonomischen Erklärungsansätzen gehören Theorien der kapitalistischen Industriegesellschaft, so die marxistische Politische Ökonomie (Marx 1970), und nichtmarxistische Lehren der industriegesellschaftlichen Entwicklung, auf die man unter anderem in Harold Wilenskys (1975) und zuvor schon Detlev Zöllners (1963) Analysen zur wohlfahrtsstaatlichen Politik stößt. Aus dieser Theoriefamilie ragt zudem Adolph Wagners Gesetz der wachsenden Staatsaufgaben und Staatsausgaben heraus, das einen Wandel vom „Rechtsstaat zum Cultur- und Wohlfahrtsstaat" postuliert (Wagner 1893: 88; 1911). Eine Skizzierung der wichtigsten Annahmen und Aussagen der prominentesten Vertreter sozialökonomischer Erklärungsansätze ist Gegenstand des nächsten Abschnittes.

2.2   Varianten und Vertreter der Theorieschule

Karl Marx

Marx' Kapitalismustheorie sieht als zentralen Motor der sozioökonomischen Entwicklung das Vordringen einer kapitalistischen Marktwirtschaft, die im Zeichen eines ungeheuren Expansionsstrebens steht und die zwecks Profiterzielung und Profitsteigerung (fast) alles zur Ware macht, auch die Arbeitskraft. Das Vordringen der kapitalistischen Marktwirtschaft entwickle Marx zufolge einerseits Produktivkräfte, andererseits bringe es fundamentale Spaltungen in der Gesellschaft mit sich. Der Anhäufung von (volkswirtschaftlichem) Reichtum auf der einen Seite entspreche auf der anderen der Vormarsch von „Elend, Arbeitsqual, Sklaverei, Unwissenheit, Brutalisierung und moralischer Degradation" (MEW 23: 675). Der Kapitalismus entfaltet Marx zufolge eine selbstzerstörerische Energie, sofern die Politik dem Markt nicht durch regulierende Maßnahmen Einhalt gebietet. Ein Beispiel ist Marx' Analyse der Fabrikgesetzgebung in England in „Das Kapital" (Kapitel 8, insbesondere 294 ff. sowie 504 ff.). Mit der Fabrikgesetzgebung wird per Beschränkung der täglichen Arbeitszeit ein Funktionsproblem abgearbeitet, das die wirtschaftliche Entwicklung hervorruft: übermäßige Ausbeutung der Arbeitskraft und damit tendenzielle Zerstörung der Arbeitskraft. Allerdings ist, so Marx' These, die Problemlösung widersprüchlich, ja systemgefährdend. Die Beschränkung der Arbeitszeit wirkt als Anreiz für arbeitssparenden technischen Fortschritt. Sie beschleunigt, so Marx weiter, die Entwicklung der Produktivkräfte – und führt somit zur vorzeitigen Sprengung der „kapitalistischen Hülle" der Produktivkraftentwicklung.

Nicht nur marxistische, sondern auch nichtmarxistische Analysen haben die Zusammenhänge zwischen sozioökonomischer Entwicklung und Staatstätigkeit herausgearbeitet. Zu ihnen zählen Konvergenztheorien, beispielsweise die Lehre vom Vordringen des *industrial man* (Kerr u.a. 1963) und andere Spielarten von Modernisierungstheorien. Ihnen gemeinsam ist die Annahme, dass die sozioökonomische Modernisierung mit allgemeinen Tendenzen, etwa dem Vordringen von Rationalitätsprinzipien, Differenzierung und Herrschaft der Bürokratie (Max Weber) einhergehe. Entscheidend ist das grundsätzliche Verständnis von Gesellschaft, Wirtschaft und Staat. Die „Universalien" der Modernisierung breiten sich demzufolge weitgehend unabhängig von politischen Regimetypen aus. Ähnliche Funktionserfordernisse würden daher in verschiedenen Herrschaftssystemen durch unterschiedliche politische Strukturen abgearbeitet. Daher würde beispielsweise die Expansion wohlfahrtsstaatlicher Politik in marktwirtschaftlichen und liberaldemokratisch verfassten Systemen voranschreiten, aber auch in den zu jener Zeit staatssozialistischen Systemen Mittel- und Osteuropas (Pryor 1968).

Das Wagner'sche Gesetz der wachsenden Staatsausgaben

Adolph Wagner war ein Nationalökonom im kaiserlichen Deutschland und zählte aufgrund seines Eintretens für einen sozialpolitisch starken Staat zu den sogenannten Kathedersozialisten, also zu denjenigen Professoren, die kraft ihres sozialpolitischen Engagements nur vom Katheder aus auf die Politik und die Gesellschaft einzuwirken versuchten. Berühmt wurde er durch das *Wagner'sche Gesetz*
der steigenden Staatsausgaben. Die Staatsausgaben begreift Wagner als „finanzielle Formulierung" der Staatstätigkeit (Wagner 1893: 892). Aus seinen Beobachtungen ergibt sich für ihn das Bild einer absoluten und relativen Ausdehnung der
Staatsaktivitäten: „Der Staat speziell als Wirthschaft zur Fürsorge der Bevölkerung mit gewissen Gütern, besonders Gemeingütern für gewisse Bedürfnisse
aufgefasst, wird dabei absolut immer wichtiger für die Volkswirthschaft und für
die Einzelnen. Aber auch seine relative Bedeutung steigt (...)" (ebd.: 893). Diese
Entwicklung ist für Wagner so augenfällig, dass er sie als ein Gesetz formuliert,
als Gesetz „der wachsenden Ausdehnung der öffentlichen (inkl. kommunalen
usw.), besonders der Staatsthätigkeit" (Wagner 1911: 734). Die Expansion der
staatlichen Aktivitäten erfasst die beiden wichtigsten Staatszwecke nach Wagner:
den Rechtszweck und den Machtzweck. Zugrunde liegt die Diagnose, dass eine
komplexer werdende Gesellschaft höhere Ansprüche an die Rechtsordnung und
an die öffentliche Daseinsvorsorge entwickelt und dass der Staat somit gezwungen werde, im stärkeren Maße in Regeln einzugreifen, aber auch durch Ausgaben
zu intervenieren. Die Entwicklung der Volkswirtschaft schaffe immer komplizier-
tere Verkehrs- und Rechtsverhältnisse. Gleiches werde durch das System der
freien Konkurrenz in der Wirtschaft hervorgerufen. Auf dem Gebiet des Kultur-
und des Wohlfahrtszweckes nennt Wagner ebenfalls Gründe, warum sich die
Leistungsfähigkeit des Staates relativ zu derjenigen der Wirtschaft vergrößere.
Die aus Wagners Sicht zentrale Ursache ist im technischen Fortschritt zu sehen.
Mit neuen Produktionstechniken, wie zum Beispiel der Dampfmaschine (so
Wagner 1893: 902) werde es dem öffentlichen Staats- und Kommunalbetrieb öko-
nomisch-technisch leichter möglich als der Privatwirtschaft, erfolgreiche Unternehmen zu gründen und zu betreiben. Die eigentliche Ursache der wachsenden
Staatsaufgaben ist somit ein vielschichtiger Prozess sozialökonomischer Entwicklung, insbesondere der Fortschritt von Kultur und die Entwicklung der Volkswirtschaft einschließlich der sozialen Folgen wie derjenigen der Industriearbeit
und der Zusammenballung von Bevölkerungsmassen in den großen Städten.

Wilenskys Analyse der wohlfahrtsstaatlichen Anstrengungen

Das dritte Beispiel für die sozioökonomische Theorie der Staatstätigkeit entstammt einer Studie von Harold Wilensky aus dem Jahre 1975 (The Welfare State and Equality). In dieser Untersuchung versuchte Wilensky zu erklären, warum der Anteil der Sozialausgaben am Sozialprodukt in 22 entwickelten Ländern Mitte der 1960er Jahre (1966) stark variiert. Seine Antwort lautete – auf der Basis umfangreicher statistisch vergleichender Auswertungen – wie folgt: Der ökonomische Entwicklungsstand der verschiedenen Länder sei der zugrunde liegende Faktor für die Sozialpolitik und die in letzter Instanz maßgebliche Größe für die Variation der Sozialleistungsquote[2]. Seine Wirkung entfalte sich aber erst über zwei intervenierende Variablen, nämlich über den demographischen Faktor des Wandels der Seniorenquote (d.h. des prozentualen Anteils der mindestens 65-Jährigen an der Gesamtbevölkerung) und das Alter der sozialen Sicherungssysteme. Langfristig gesehen sei der ökonomische Entwicklungsstand die Hauptwurzel der wohlfahrtsstaatlichen Entwicklung. Aber die Effekte des wirtschaftlichen Entwicklungsstandes machten sich hauptsächlich über demographische Veränderungen in den vergangenen hundert Jahren bemerkbar und über das Eigengewicht der Sozialversicherungsprogramme. Im Zuge der Modernisierung nähmen die Geburtenraten ab und der Anteil der älteren Bevölkerung zu. Die gestiegene Bedeutung des Anteils der älteren Bevölkerung zusammen mit dem abnehmenden wirtschaftlichen Wert von Kindern vergrößere ihrerseits den Druck auf die Sozialausgaben. Sobald Sozialprogramme fest etabliert seien, reiften sie weiter, bewegten sich in die Richtung der Erfassung zusätzlicher Bevölkerungskreise und brächten höhere Sozialleistungen mit sich. Die Politik der sozialen Sicherung sei ein natürlicher Begleiter des wirtschaftlichen Wachstums (Wilensky 1975: 47). Allerdings fügt Wilensky eine wichtige Differenzierung hinzu, nämlich die, dass dieser Prozess verstärkt werde durch das Zusammenspiel von Perzeptionen der politischen Führungsschicht, dem politischen Druck der Massen und den wohlfahrtsstaatlichen Bürokratien (ebd.).

---

[2] Die Sozialleistungsquote ist als das Verhältnis der im Sozialbudget dokumentierten direkten und indirekten öffentlichen Sozialleistungen und des Bruttosozialprodukts definiert. Die Sozialleistungsquote wird mit verschiedenen Messkonzepten (Brutto- respektive Nettosozialleistungsquote) erfasst, zwischen denen teilweise erhebliche Unterschiede bestehen. Die Unterschiede der wichtigsten Messkonzepte werden in Kapitel V.3 dargestellt.

2.3   *Stärken und Schwächen der sozioökonomischen Theorien*

Stärken

Anwendung fanden sozioökonomische Theorien vor allem in Studien über die politisch-ökonomische Entwicklung, die Staatsfinanzen und die staatlichen Eingriffe in das Arbeitsleben. Die Stärke des Ansatzes liegt in der Betonung sozioökonomischer Entwicklungstrends und des Drucks, der Zwänge sowie der Handlungsmöglichkeiten und -sperren, die von diesen Trends auf die Staatstätigkeit ausgehen.

Bei einer Analyse der Staatsausgaben im Allgemeinen und der Sozialausgaben im Besonderen erweisen sich zentrale Größen der sozioökonomischen Theorien als wichtige Einflussfaktoren für Ausgabenniveaus und Ausgabenveränderungen. So unterscheiden sich wirtschaftlich arme und wirtschaftlich reiche Länder in signifikantem Ausmaß durch die Höhe der Staatsausgaben. Die Staatsausgaben pro Kopf in den wirtschaftlich reichen Ländern sind um ein Vielfaches höher als in den ärmeren Ländern. Dahinter stehen Unterschiede im Bedarf, aber auch Unterschiede in den finanziellen Mitteln und damit den Möglichkeiten, den Bedarf durch sozialpolitisches Engagement zu decken. Ähnliche Befunde gelten hinsichtlich der Ausgaben für Bildungspolitik, Gesundheit und Umweltschutz. Auch hier gibt es einen signifikanten Unterschied zwischen armen und reichen Ländern, der im Wesentlichen am unterschiedlichen ökonomischen Entwicklungsstand festzumachen ist. Überdies erhärtet sich dieser Befund in methodisch elaborierten Auswertungen, die sich sogenannter gepoolter Querschnitt- und Längsschnittanalysen bedienen (vgl. Kapitel 8: Methoden der vergleichenden Wohlfahrtsstaatsforschung).

Der Effekt des Unterschiedes zwischen reichen und armen Ländern macht sich auch bei den *Sozialleistungsquoten* (öffentliche Sozialausgaben in Prozent des Bruttoinlandsprodukts) bemerkbar. Hohe Sozialleistungsquoten kennzeichnen nach wie vor in der Regel hauptsächlich wirtschaftlich reichere oder sehr reiche Länder, insbesondere die westeuropäischen Länder und in abgeschwächtem Maß die nichteuropäischen Industriestaaten. Niedrige Sozialleistungsquoten hingegen sind kennzeichnend für die meisten wirtschaftlich weniger entwickelten oder wirtschaftlich armen Länder. Davon gibt es allerdings Ausnahmen. Es gab wirtschaftlich relativ schwach entwickelte Staaten mit überaus ehrgeiziger Sozialpolitik. Die ehemaligen sozialistischen Staaten in Mittel- und Osteuropa sind hierfür die Paradebeispiele. Und es gibt wirtschaftlich hoch entwickelte Staaten, wie etwa die Erdöl exportierenden Länder, die sozialpolitisch äußerst sparsam wirtschaften. Aber dies sind Ausnahmen, nicht die Regel. Wasser auf die Mühlen der sozialökonomischen Theorie gießt sodann bis auf den heutigen Tag jede Analyse des Effekts der Demographie auf die Sozialpolitik und die Sozialausgaben im Besonderen. In der Regel gibt es eine sehr starke Korrelation zwischen den Sozialausgaben bzw. den Sozialleistungsquoten einerseits und der Seniorenquote andererseits. Sehr hohe Korrelationen ergeben auch disaggregierte Daten, beispielsweise die Wechselwirkung zwischen den Ausgaben für Alterssicherungssysteme und der Seniorenquote oder die Korrelationen zwischen den Gesundheitsausgaben oder den Ausgaben für chronisch Kranke einerseits und der Seniorenquote andererseits. Dies und vieles andere mehr spricht für die sozialökonomische These, so beispielsweise auch die Bedarfslagen, die durch Kriegsopfer und durch hohe Arbeitslosigkeit entstehen, oder, um eine drittes Beispiel zu wählen, das Vorhandensein von Problemindustrien: Diese sind anfällig für krisenhaften Strukturwandel und gehen häufig einher mit relativ aufwendigen sozialpolitischen Programmen zur Abpolsterung des Strukturwandels.

Ferner spricht für die sozialökonomische Theorie ein Weiteres: Auch in multivariaten Analysen erhärtet sich die These, dass die sozialökonomischen Faktoren von großer Prägekraft sind, und zwar bei gleichzeitiger Berücksichtigung des Einflusses beispielsweise von parteipolitischen und von politisch-institutionellen Bestimmungsfaktoren auf die Sozialpolitik insgesamt oder die Sozialausgabenpolitik im Besonderen.

Auch fallbezogene Analysen der Staatstätigkeit, zum Beispiel Studien zur staatlichen Reformpolitik, können wichtige Erkenntnisse zu den Schlüsselvariablen der sozioökonomischen Theorien zu Tage fördern. Beispielsweise dann, wenn danach gefragt wird, wann der wirtschaftliche Kontext für bestimmte Vorhaben der Regierungspolitik günstige beziehungsweise ungünstige Rahmenbedingungen darstellt. Insofern tun auch qualitative Studien über die Staatstätigkeit in einzelnen Ländern und Politikfeldern gut daran, sozioökonomische Rahmenbedingungen für Regierungshandeln angemessen zu berücksichtigen, wenn sie Ursachen und Auslösemechanismen für politisches Tun und Lassen auf die Spur kommen wollen.

Schwächen

Zu den charakteristischen Schwächen der sozioökonomischen Theorien zählt die Vernachlässigung der Analyse des Politischen. Insbesondere die unzureichende

Erfassung politischer Institutionen, Akteure, Wahlfreiheiten sowie der relativen Autonomie der Politik gegenüber Gesellschaft und Wirtschaft fällt negativ ins Gewicht. Auf gegebene Problemlagen kann die Politik höchst unterschiedlich reagieren: durch Problembewältigung, Ignoranz oder Repression. Politisches Handeln und Nichthandeln ist allein mit dem Verweis auf sozioökonomische Phänomene nicht hinreichend zu verstehen und zu erklären. Als erster wichtiger Kritikpunkt an einem Teil der sozioökonomischen Erklärungsansätze von Staatstätigkeit ist daher die Vernachlässigung anderer wichtiger Faktorenbündel zu nennen.

Hinzu kommt der bisweilen unklare theoretische Status sozialökonomischer Variablen. Diese sind nicht in allen Fällen zweifelsfrei exogen, sondern vielfach endogene Variablen, also Produkte politischer Prozesse und Inhalte aus Vorperioden. So ist beispielsweise die Seniorenquote eine durch Staatstätigkeit mitkonstruierte Größe, und nur im Zusammenhang mit sozialrechtlichen Festschreibungen von Alterssicherungsansprüchen kommt ihr entsprechendes Gewicht zu (Siegel 2002). Der Bedarf an wohlfahrtsstaatlichen Policies mag durch demographische Kennziffern im Rahmen von quantitativen Analysen relativ gut erfasst werden. Implementiert werden politisch durchgesetzte und rechtlich verbriefte Leistungsansprüche an Arbeitslose, Invalide, dauerhaft Pflegebedürftige, Familien, ältere Menschen und an andere Zielgruppen der Sozialpolitik jedoch im Rahmen politischer Prozesse.

Eine dritte zu kritisierende Schwäche kommt dann zum Tragen, wenn sozioökonomische Theorien deterministische Ursache-Wirkungs-Mechanismen postulieren. Es gibt keine automatische Umsetzung von sozialökonomischen Wandlungsprozessen in Staatstätigkeit. Zumindest rein theoretisch bestehen Alternativen für die staatlichen Akteure. Verantwortliche Politiker streben im idealen Fall nach adäquater Problemlösung. Aber sie können unter Umständen auch nichts tun, also politisches Nichthandeln als oberste Maxime an den Tag legen. Schließlich bestehen auch Möglichkeiten der repressiven Abwehr von Forderungen an die Politik und der Vernebelung durch systematische Ideologieproduktion.

Dies führt zu einem vierten Kritikpunkt. Ob und in welchem Ausmaß sozialökonomische Gegebenheiten sich in Staatstätigkeit niederschlagen, hängt von ihrer wirkungsvollen Übersetzung in Forderungen und Unterstützungsleistungen an das politische System und insbesondere an Regierungen ab. Die interessante Frage ist, wann und wie es zu solchen Übersetzungen überhaupt kommt und wann und unter welchen Bedingungen diese unterbleiben. Just diesem Problem widmet sich ein wichtiger Teil der Politikwissenschaft, die vergleichende Analyse politischer Systeme und deren interner Prozesse und der Politikproduktion. Dabei rücken Begriffe wie Interessen, Institutionen, Konflikte, Restriktionen, Nichtentscheidung, Steuerung, Steuerungsfähigkeit, Steuerbarkeit und Macht in den Fokus. Von den Machtressourcen kollektiver Akteure und sozialer Klassen handelt auch der nächste Theoriestrang in der vergleichenden Staatstätigkeitsforschung, den wir im Kapitel 3 vorstellen und würdigen.

Abbildung 1:   Sozialleistungsquote und Arbeitnehmerquote

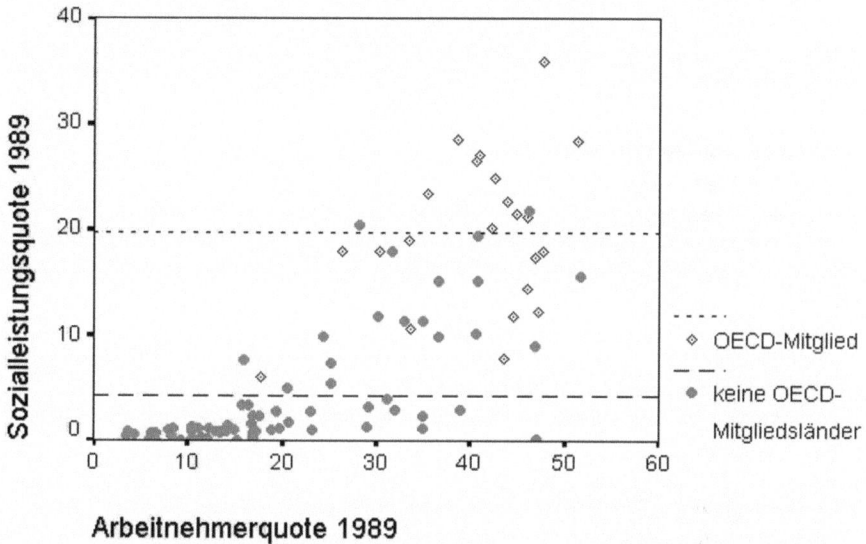

Arbeitnehmerquote 1989

Anmerkungen: Arbeitnehmerquote: Beschäftigte in Prozent der Bevölkerung, Quelle: OECD 1996; Sozialleistungsquote: öffentliche Sozialausgaben in Prozent des BSP, Quelle: ILO 1996.

Zuvor aber noch zu einem letzten Kritikpunkt an sozioökonomischen Theorien der Staatstätigkeit. Wie ein genauerer Blick auf die Analysen vor allem von Wilensky und Zöllner zeigt, haben sich Schlüsselgrößen der sozioökonomischen Schule wie der Stand der wirtschaftlichen Entwicklung (gemessen u.a. am Bruttoinlandsprodukt pro Kopf) und die *Arbeitnehmerquote* (der Anteil der Arbeitnehmer, also der abhängig Beschäftigten, an den gesamten Erwerbstätigen in Prozent) im nichtagrarischen Sektor dann als die wichtigste Einflussgröße des Niveaus der Sozialausgaben entpuppt, wenn Länder auf einem sehr unterschiedlichen wirtschaftlichen Modernisierungs- und Entwicklungsniveau untersucht wurden. Dabei handelt es sich um ein so genanntes *most dissimilar systems design,* also eine Vergleichsanordnung, bei der Länder mit sehr stark abweichenden wirtschaftlichen und politischen Profilen in die Analyse einbezogen werden. Beschränkt man sich dagegen auf Länder mit ähnlicher politischer und wirtschaftlicher Basis, etwa auf den Vergleich der marktwirtschaftlich organisierten OECD-Demokratien – also ein sogenanntes *most similar systems design*–, so verliert insbesondere der Stand wirtschaftlicher Entwicklung an Erklärungskraft und politische Größen treten statt dessen als wichtige Einflussgrößen in den Vordergrund.

 **Literatur**

Kommentierte Literaturhinweise

Marx, Karl, 1970: Das Kapital. Kritik der politischen Ökonomie. Erster Band, Buch I. Der Produktionsprozeß des Kapitals, in: Marx, Karl/Engels, Friedrich, Werke Bd. 23, Berlin.
Klassiker der gesellschaftskritischen politisch-ökonomischen und auf den Klassenkonflikt abzielenden Literatur.

Zöllner, Detlev, 1963: Öffentliche Sozialleistungen und wirtschaftliche Entwicklung. Ein zeitlicher und internationaler Vergleich, Berlin.
Bahnbrechender, der sozioökonomischen Theorie verpflichteter Beitrag zum internationalen Vergleich.

Wilensky, Harold L., 1975: The Welfare State and Equality, Berkeley.
Wegweisender Beitrag der angloamerikanischen soziökonomischen Schule der 1960er und 1970er Jahre.

Zitierte Literatur

Dye, Thomas R., 1977: Policy-Analysis. What Governments do, why they do it, and what Difference it Makes, Alabama.
Kerr, Clark u.a. 1960: Industrialism and Industrial Man, Harmondsworth.
Marx, Karl, 1970: Das Kapital. Kritik der politischen Ökonomie. Erster Band, Buch I. Der Produktionsprozeß des Kapitals, in: Marx, Karl/Engels, Friedrich, Werke Bd. 23, Berlin.
Pampel, Fred C./Williamson, John B., 1989: Age, Class, Politics, and the Welfare State, New York u.a.
Pryor, Frederic L., 1968: Public Expenditure in Communist and Capitalist Nations, London.

Shonfield, Andrew, 1965: Modern Capitalism. The Changing Balance of Public and Private Power, Oxford u.a.

Wagner, Adolph, ³1893: Grundlegung der politischen Ökonomie. Teil I. Grundlagen der Volkswirtschaft, Leipzig.

Wagner, Adolph, 1911: Staat (in nationalökonomischer Hinsicht), in: Handwörterbuch der Staatswissenschaften Bd. 7, Jena, 727-739.

Wilensky, Harold L., 1975: The Welfare State and Equality, Berkeley.

Wilensky, Harold L., 2002: Rich Democracies. Political Economy, Public Policy and Performance, Berkeley u.a.

Zöllner, Detlev, 1963: Öffentliche Sozialleistungen und wirtschaftliche Entwicklung. Ein zeitlicher und internationaler Vergleich, Berlin.

3 Die Machtressourcentheorie

Tobias Ostheim und Manfred G. Schmidt

3.1 Einleitung

Die Machtressourcentheorie begreift die Staatstätigkeit und deren Ergebnisse anders als die sozioökonomische Schule nicht als direkte Funktion gesellschaftlicher und wirtschaftlicher Bedarfslagen. Machtressourcenbasierte Analysen gehen davon aus, dass die Inhalte der Politik durch die wirtschaftliche und politische Machtverteilung zwischen gesellschaftlichen Gruppen oder Klassen mit gegensätzlichen Interessen geprägt werden. Deshalb lenken sie die Aufmerksamkeit vor allem auf die Organisations- und Konfliktfähigkeit gesellschaftlicher Gruppen oder Klassen sowie auf die Kräfteverhältnisse zwischen ihnen.

Die Theorie der Machtressourcen hat eine – von Karl Marx und Max Weber beeinflusste – starke klassensoziologische und machttheoretische Fundierung. Schulbildend sind die Beiträge von Walter Korpi und Gøsta Esping-Andersen geworden (Korpi 1983, 1985, 1989; Esping-Andersen/Korpi 1984; Esping-Andersen 1985a, 1985b, 1985c, 1990). Diese Lehre betont im Besonderen die Auswirkungen der Klassenstruktur einer Gesellschaft und der Machtressourcen von gesellschaftlichen Gruppen mit entgegengesetzten wirtschaftlichen und sozialen Interessen auf die Staatstätigkeit.

Machtressourcen werden vor allem anhand von sechs Kriterien erfasst: 1) der Organisationskraft, 2) der Konfliktfähigkeit, 3) der Kampfkraft, insbesondere der Fähigkeit zur Mobilisierung der Mitglieder für Konfrontation mit dem Gegner, z.B. für Streiks oder Aussperrung, 4) der außerparlamentarischen und parlamentarischen Präsenz (gemessen anhand von Stimmen- oder Sitzanteilen von eigenen, verbündeten und gegnerischen Parteien), 5) der Regierungsbeteiligung eigener oder verbündeter Parteien und – im Fall der Befürworter und Nutznießer des Wohlfahrtsstaates – 6) dem Ausmaß, in dem der Sozialstaat Schutz gegen Abhängigkeit vom Markt bietet („Dekommodifizierung", so Esping-Andersen 1990).

3.2   Varianten und Vertreter der Theorieschule

Mancur Olson

Anders als in der im Folgenden erläuterten klassensoziologischen Variante fokussiert die pluralismustheoretische Variante des Machtressourcenansatzes nicht auf die Machtressourcen unterschiedlicher gesellschaftlicher Interessengruppen, sondern auf deren gemeinsame Wirkung auf das Wirtschaftswachstum und den Umfang des Staatshaushalts. Wegweisend für die pluralismus*kritische* Variante war Mancur Olsons Werk „Aufstieg und Niedergang der Nationen" (1985). Mancur Olson zufolge haben Interessengruppen kein Interesse an der Steigerung des gesamtgesellschaftlichen Reichtums, sondern streben eine Umverteilung zu ihren Gunsten an und suchen die Kosten der Gemeinschaft aufzubürden. Dies gilt vor allem für kleine Gruppen, da die Kosten ihres Tuns und Lassens für die Allgemeinheit gering sind und der Nutzen für jedes Gruppenmitglied hoch ist. Olson bezeichnet solche „auf Kämpfe um die Verteilung von Einkommen und Vermögen" ausgerichtete Sonderinteressengruppen als „Verteilungskoalitionen" (Olson 1985: 56). In Demokratien, in denen sich diese Sonderinteressen ungehindert organisieren könnten, wachse mit zunehmendem Alter der Demokratie die Zahl der „Verteilungskoalitionen", und das Wirtschaftswachstum sinke, „es sei denn, dass Niederlage im Krieg und Instabilität" [...] solche Organisationen zerstört haben (ebd. 134). Die Zunahme von Verteilungskoalitionen steigere zugleich die Dichte und Komplexität staatlicher Regulierung und sei ein den Anstieg der Staatsausgaben bedingender Faktor (ebd. 91-97).

Die „age-of-democracy-These" ist vor allem für ihre Wirkungen auf das Wirtschaftswachstum überprüft worden. Auf die Tätigkeit von Sonderinteressengruppen, als deren prominentestes und besonders wirkungsmächtiges Beispiel Olson die Gewerkschaften anführt, werden von ihm und einer Reihe weiterer anderer Autoren (etwa Müller 1983; Weede 1986; Müller & Murrell 1986) aber auch andere makroökonomische Ergebnisse zurückgeführt.

Walter Korpi

Walter Korpi zufolge sind gegensätzliche soziale und ökonomische Interessen und die klassenspezifischen Strategien und Ziele für die Entwicklung unterschiedlicher Wohlfahrtsstaatstypen und divergierender Outcomes der Politik, vor allem ihrer redistributiven Wirkungen, verantwortlich (Korpi 1983; Esping-An-

dersen/Korpi 1984). In marktwirtschaftlichen Demokratien stellen die Gewerkschaften, linke Parteien (als Organisationen der Interessen der Arbeiterklasse)
und die Kontrolle über die Produktionsmittel auf der Kapitalseite die grundlegenden Machtressourcen dar (Korpi 1983: 26). Die Machtressourcen der Arbeitnehmer sind besonders hoch, wenn die Gewerkschaften geeint sind und einen
sehr hohen Organisationsgrad haben, wenn eine sozialdemokratische Partei einen hohen Stimmen- und Kabinettssitzanteil errungen hat und wenn Gewerkschaften und sozialdemokratische Partei eng kooperieren (Korpi 1983: 39-41).
Anders als etwa in der Parteiendifferenztheorie von Hibbs (vgl. das folgende
Kapitel) müssen die übrigen Machtressourcen der Arbeiterschaft nicht über eine
Regierungsbeteiligung starker linker Parteien vermittelt sein (Korpi 1989: 142).

Der Verteilung der Machtressourcen wird von Korpi ein direkter Effekt auf
den politischen Prozess, die Ergebnisse der Politik und langfristig auch auf die
Institutionenordnung zugeschrieben: Sie beeinflusse das Bewusstsein der Bürger,
beispielsweise hinsichtlich vorherrschender Gerechtigkeitskonzepte, die Kon-
fliktmuster und die Strategien der relevanten Akteure sowie langfristig die institutionelle Ausgestaltung eines Gemeinwesens (ebd.: 18-20).

An erster Stelle aber nennt Korpi die Einflüsse auf die redistributiven Ergebnisse der Politik, vor allem die umverteilende Wirkung des Wohlfahrtsstaates:
Je größer die Machtressourcen der Arbeitnehmer, desto geringer sei beispielsweise die soziale Ungleichheit – als Ergebnis redistributiver Politiken (ebd.: 197f.). In
späteren Veröffentlichungen hat Korpi die Machtressourcentheorie auch auf
einzelne Zweige der sozialen Sicherung angewendet und mit unterschiedlichen
Machtressourcen beispielsweise Differenzen in der Existenz sozialer Rechte im
Krankheitsfall zu erklären versucht (Korpi 1989).

Gøsta Esping-Andersen

Gøsta Esping-Andersen erklärt in seiner wegweisenden Studie „The Three
Worlds of Welfare Capitalism" (1990) mit den Machtressourcen von sozialen und
ökonomischen Gruppen die Entstehung und Struktur unterschiedlicher Wohlfahrtsstaatstypen. Wohlfahrtsstaaten lassen sich Esping-Andersen zufolge vor
allem nach dem Grad ihrer „Dekommodifizierung" und ihren Schichtungsstruk-
turen entsprechend einer von drei „Welten des Wohlfahrtskapitalismus" zuordnen. Der Grad der Dekommodifizierung drückt aus, inwieweit sozialstaatliche
Leistungen als individuelle Rechtsansprüche garantiert werden und inwieweit

der Lebensunterhalt bestritten werden kann, ohne die eigene Arbeitskraft auf dem Arbeitsmarkt zur Verfügung zu stellen (Esping-Andersen 1990: 21 f.).

Unterscheiden lassen sich Wohlfahrtsstaaten auch nach der durch sie hervorgerufenen gesellschaftlichen Schichtung. Esping-Andersen identifiziert drei Wohlfahrtsstaatstypen oder „Welten des Wohlfahrtskapitalismus" mit unterschiedlichen stratifizierenden Wirkungen: ein „konservatives", ein „liberales" und ein „sozialdemokratisches" wohlfahrtsstaatliches Regime. Der konservative Typ zielt auf statuserhaltende soziale Sicherung und ist durch die Dominanz berufsgruppenspezifischer Alterssicherungssysteme und „Etatismus", verstanden als die Existenz besonderer Alters- und Gesundheitssicherungssysteme für Staatsdiener, gekennzeichnet. Das liberale Regime ist dagegen durch an Bedürftigkeitskriterien gebundene Sozialleistungen und einen hohen Anteil privat finanzierter sozialer Sicherungssysteme charakterisiert. Sozialdemokratische Wohlfahrtsstaaten folgen dem universalistischen Prinzip. In ihnen ist der Anteil der von den Sozialversicherungen Profitierenden an der Erwerbsbevölkerung besonders hoch, und die Transferzahlungen (z.b. Renten) sind relativ egalitär verteilt (vgl. das Kapitel III.4 „Welten des Wohlfahrtskapitalismus" und die Operationalisierung der Wohlfahrtsstaatstypologie im Überblick).

Esping-Andersen zufolge lässt sich die Entstehung der unterschiedlichen Wohlfahrtsstaatsregimes mit den Machtressourcen organisierter Interessen gut erklären: Je größer der Stimmenanteil katholischer Parteien mit ihrer Orientierung an berufsgruppendifferenzierter sozialer Sicherung auf hohem Niveau sei und je stärker Absolutismus und Autoritarismus in der Vergangenheit gewesen seien, desto stärker tendiere ein Wohlfahrtsstaatsregime zum konservativen Typus. Liberale Regimes entstünden in hochentwickelten Staaten, in denen die nach weitreichender Umverteilung strebenden Linksparteien schwach sind. Seien diese dagegen sehr stark – vor allem gemessen an ihrer Regierungsbeteiligung –, präge sich ein sozialdemokratischer Wohlfahrtsstaat aus (ebd.: 134-137).

Je stärker die Linksparteien sind und je größer die Seniorenquote ist, desto stärker sind Esping-Andersen zufolge zugleich die dekommodifizierenden Wirkungen des Wohlfahrtsstaates (ebd.: 128 f.).

3.3   Stärken und Schwächen der Machtressourcen-Theorie

Stärken

Sozioökonomische Theorien, so lautete eines der Ergebnisse des vorangegangenen Kapitels, sind nicht dafür geeignet, die erhebliche Varianz der Outcomes in
marktwirtschaftlichen Demokratien auf ähnlichem ökonomischen Entwicklungsstand zu erklären. Die Machtressourcentheorie mit ihrem Fokus auf politische
Größen schneidet hierbei besser ab. Sie berücksichtigt, dass die Machtressourcen
gesellschaftlicher Gruppen mit unterschiedlichen Interessen nicht gleich verteilt
sind, sondern von Land zu Land und von Periode zu Periode variieren. Mit der
Machtressourcentheorie lassen sich zudem Unterschiede des sozialpolitischen
Leistungsprofils und der Struktur des Wohlfahrtsstaates im internationalen Vergleich entwickelter Demokratien zu einem erheblichen Teil erklären.

Abbildung 2:   Gewerkschaftlicher Organisationsgrad und Sozialleistungsquote

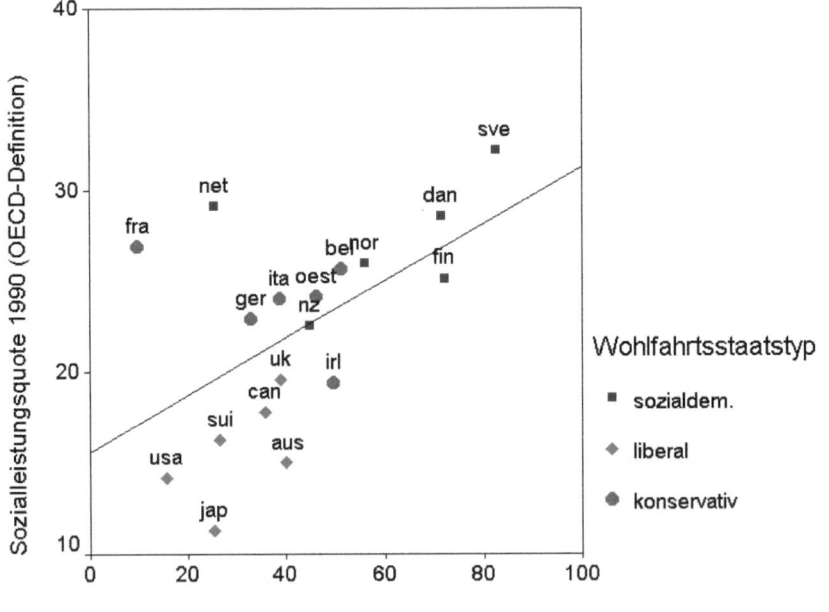

Anmerkungen: Zuordnung der Wohlfahrtsstaatstypen nach Esping-Andersen 1990: 74; *Quellen:* OECD
1994; OECD 2000; eigene Berechnungen.

So bestanden beispielsweise zu Beginn der 1990er Jahre mittelstarke Zusammenhänge zwischen der Sozialleistungsquote als zahlenmäßigem Ausdruck der sozialpolitischen Anstrengungen des Staates einerseits und dem gewerkschaftlichen Organisationsgrad sowie der Stärke der Regierungsbeteiligung sozialdemokratischer Parteien (gemessen als langjähriger Durchschnitt der Kabinettssitzanteile) andererseits: Je größer die Machtressourcen der Arbeiterklasse sind, desto höher ist ceteris paribus auch die Sozialleistungsquote (vgl. Tab. 1, Abb. 2 und 3).

Abbildung 3:   Kabinettssitzanteile sozialdemokratischer Parteien und Sozialleistungsquote

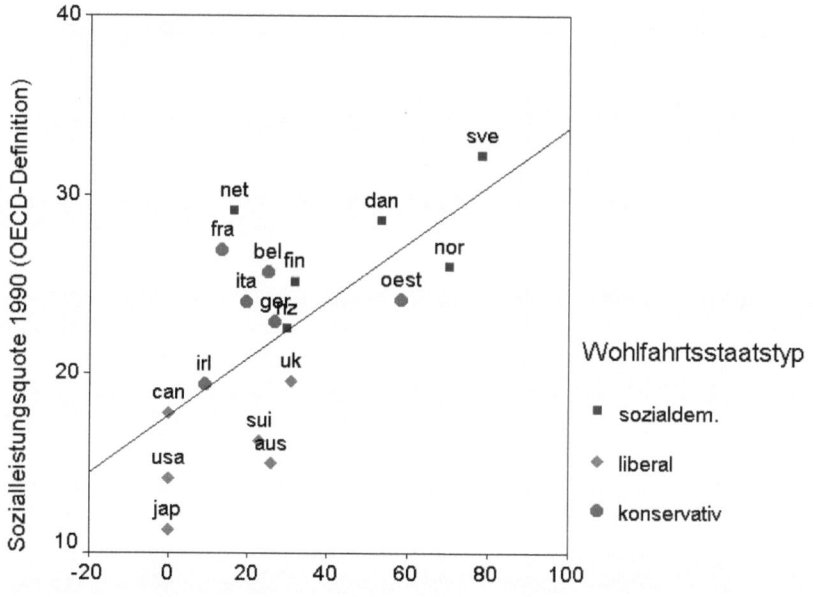

Anmerkungen: Zuordnung der Wohlfahrtsstaatstypen nach Esping-Andersen 1990: 74; *Quellen:* OECD 1994; OECD 2000; eigene Berechnungen.

Tabelle 1:   Befunde der Korrelationsanalyse: Machtressourcen und
              Sozialleistungsquote 1990

	Kabinettssitzanteil sozialdemokratischer Parteien (1950-1990)	Gewerkschaftlicher Organisationsgrad 1990
Sozialleistungsquote 1990	0,648	0,531
Signifikanz	0,002	0,012
N	18	18

Quelle: OECD 1994; OECD 2000; eigene Berechnungen.

Misst man den Einfluss, den die Machtressourcen verschiedener gesellschaftlicher Gruppen auf die umverteilende Wirkung des Wohlfahrtsstaates in multivariaten Regressionen haben, so erklären die Größen „Sozialdemokratischer Kabinettssitzanteil" und „Katholikenanteil der Bevölkerung" rund 50 Prozent der Varianz der Dekommodifzierung (Esping-Andersen 1990: 129).

Ähnlich erfolgreich ist der Machtressourcenansatz in der Erklärung der Unterschiede in der Struktur der sozialen Sicherungssysteme. Besonders überzeugend konnten Korpi und Esping-Andersen darlegen, wie die Verteilung der Machtressourcen beim Aufstieg des skandinavischen Wohlfahrtsstaatstypus mitgewirkt hat. Erhellend ist der Machtressourcenansatz auch für die Sozialpolitik in den Ländern der Kontrastgruppe der liberalen Wohlfahrtsstaaten.

Schwächen

Mit der Verteilung der Machtressourcen lässt sich viel, aber nicht genug erklären. Die Machtressourcentheorie hat wichtige Variablenbündel wie institutionelle Größen lange vernachlässigt und bestimmten Parteienfamilien – Linksparteien und liberalen Gruppierungen – mehr Aufmerksamkeit geschenkt als anderen, wie z.B. den sozialstaatsfreundlichen christdemokratischen Parteien im Unterschied zu den säkular-konservativen Parteien nach Art der British Conservative Party und der US-amerikanischen Republican Party, die dem Markt viel mehr Spielraum geben und den Staat am kürzeren Zügel führen. Zwar haben die Vertreter dieses Ansatzes selbst betont, dass „Machtressourcen organisierter Interessen" nur ein Variablenbündel unter anderen ist (Korpi 1983: 187), aber trotz dieser Erkenntnis aus den frühen Veröffentlichungen andere wichtige Bestimmungsfaktoren der Sozialpolitik nicht in ihre Untersuchungen einfließen lassen. Die

Erklärungskraft von Modellen, die diese Größen einbeziehen, ist jedoch deutlich größer als die des Ansatzes von Korpi (1983; 1989) und Esping-Andersen (1990), wie Erweiterungen dieser Modelle zeigen (Schmidt 2005: 226-229).

Dass die Wirkung der Machtressourcen nicht unabhängig vom politischen Kontext ist, hat Esping-Andersen selbst aufgezeigt. So besitzen die Linksparteien einen großen Einfluss auf die Variablen, die das Vorliegen liberaler und sozial-demokratischer Wohlfahrtsstaaten messen. Auch bei starker Regierungsbeteili-gung sind linke Parteien dagegen in Staaten des konservativen wohlfahrtsstaatli-chen Regimes zu nennenswerten sozialpolitischen Änderungen nicht fähig (Es-ping-Andersen/Korpi 1984: 190 ff.; Esping-Andersen 1990: 134). Dieses Regime lässt sich vor allem durch die Kabinettssitzanteile und die Stimmenanteile von christdemokratischen Parteien erklären.

Neben den christdemokratischen Parteien hat eine weitere – bei Esping-An-dersen vernachlässigte – Parteienfamilie die Staatstätigkeit beeinflusst: Je stärker die säkular-konservativen Parteien (nach Art der britischen Conservative Party) am Regieren beteiligt waren, desto geringer ist in der Folge der Schutz, den die Sozialpolitik vor den Marktkräften bietet. Im Parteiensystem wirken demnach zwei gegenläufige Kräfte auf die Sozialpolitik, und der Differenz zwischen der linken Sozialstaatspartei und der konservativen sozialstaatsgegnerischen Partei kommt eine wesentliche Rolle bei der Erklärung der Sozialpolitik zu.

Schwer wiegt auch die Vernachlässigung institutioneller Variablen in der Machtressourcenlehre. Die *politisch-institutionalistische Theorie*, die im Kapitel I.5 vorgestellt wird, hat eine Reihe von wirkungsmächtigen institutionellen Größen identifiziert. Dazu gehört beispielsweise der Föderalismus, der oppositionellen Kräften, die nach Zügelung aktivistischer Staatsintervention streben, Vetopositi-onen bietet. Auch die für die Staatstätigkeit wichtigen Beziehungen zwischen Staat und Verbänden, beispielsweise das neokorporatistische Dreigespann von Staat, Gewerkschaften und Arbeitgeberverbänden, werden unterbelichtet, wenn auf die Gewerkschaften nur in ihrer Rolle als Machtressource der Arbeitnehmer eingegangen wird.

Bezieht man die wichtigsten institutionellen Variablen in die Modelle ein, erbringen multivariate Regressionen deutlich bessere Ergebnisse. So lassen sich bei der Berücksichtigung der genannten Variablen rund 83 Prozent der Unter-schiede des Dekommodifizierungsgrades erklären (Schmidt 2005: 227). Dies ist erheblich mehr als das Originalmodell von Esping-Andersen zu leisten vermag. Ähnliches gilt für Esping-Andersens Modell zur Erklärung der Schichtungsstruk-tur der Wohlfahrtsstaaten (ebd.: 227 f.).

Die Machtressourcentheorie berücksichtigt zudem den Wandel der letzten zwei Jahrzehnte nur unzureichend. So kann beispielsweise hinterfragt werden, ob Gewerkschaften und sozialdemokratische Parteien als Partei bzw. als Interessengruppe der Arbeitnehmerschaft noch die „natürlichen Verbündeten" sind, die sie lange Zeit waren. Zu kritisieren ist ferner, dass die Machtressourcentheorie insgesamt eher statische Interessen unterstellt. Ob die Gewerkschaften auch heute noch eine Politik des sozialpolitischen Ausbaus verfolgen, kann ebenso in Frage gestellt werden wie die Annahme, sozialdemokratische Parteien verfolgten unter den ökonomischen und politischen Bedingungen des 21. Jahrhunderts die gleichen Ziele wie in der Phase der sozialpolitischen Expansion der fünfziger, sechziger und siebziger Jahre des 20. Jahrhunderts.

Aber nicht nur im Längsschnitt, sondern auch im Querschnitt ist die Reichweite der Machtressourcentheorie begrenzt: Eingeschränkt ist die Reichweite des Erklärungsschemas auch dadurch, dass es auf demokratisch regierte Staaten mit ähnlichem ökonomischen Entwicklungsstand beschränkt ist – eine Schwäche, die der Machtressourcenansatz mit anderen Theorien, insbesondere der verwandten *Parteiendifferenztheorie* teilt.

Schließlich ist die Methodologie der Machtressourcentheorie nicht über jeden Zweifel erhaben. Stark kritisiert wurden die zugrunde liegenden Messkonzepte und ihre Operationalisierungen. Neuere vergleichende Untersuchungen warfen zudem die Frage auf, ob es weitere „Welten des Wohlfahrtskapitalismus" gebe und ob die von Esping-Andersen vorgenommene Zuordnung der Staaten zu den drei Welten konsistent sei. Diese Problemfelder werden am Beispiel der Studie Esping-Andersens gesondert vorgestellt (Kapitel III.4 „Welten des Wohlfahrtskapitalismus").

 **Literatur**

Kommentierte Literaturhinweise

Bambra, Clare, 2004: Weathering the Storm. Convergence, Divergence and the Robustness of the „Worlds of Welfare", in: The Social Policy Journal 3 (3), 3-23.
Bambra unterrichtet über Ergebnisse einer – Esping-Andersens Messungen der Dekommodifizierung im Grundsatz bestätigenden – Wiederholungsuntersuchung Ende der 1990er Jahre.

Esping-Andersen, Gøsta, 1990: The Three Worlds of Welfare Capitalism, Cambridge.
Das Werk ist vor allem aufgrund seiner Wohlfahrtsstaatstypologie wegweisend.

Esping-Andersen, Gøsta, 1999: Social Foundations of Postindustrial Economies, Oxford.
Esping-Andersen untersucht in dieser Studie Wohlfahrtsregimes in der postindustriellen Ökonomie des späten 20. Jahrhunderts und deren gesellschaftliche Grundlagen. Er knüpft dabei an sein früheres Werk (Esping-Andersen 1990) an und unterzieht unter anderem seine „Drei Welten des Wohlfahrtskapitalismus" einer kritischen Überprüfung, wobei er auch von anderen geäußerte Kritikpunkte einbezieht.

Kohl, Jürgen, 1993: Der Wohlfahrtsstaat in vergleichender Perspektive: Anmerkungen zu Esping-Andersens „The Three Worlds of Welfare Capitalism", in: Zeitschrift für Sozialreform 39, 67-82.

bietet ebenso wie

Kemeny, Jim, 1995: Theories of Power in „The Three Worlds of Welfare Capitalism", in: Journal of European Social Policy 5, 87-96.
kritische Anmerkungen zu Esping-Andersen 1990 unter besonderer Berücksichtigung der Machtressourcentheorie.

Korpi, Walter, 1983: The Democratic Class Struggle, London.
Für das Verständnis der Machtressourcentheorie sind insbesondere das zweite Kapitel zum „demokratischen Klassenkampf" und das neunte Kapitel hilfreich.

O'Connor, Julia S./Olsen, Gregg M., 1998: Power Resources Theory and the Welfare State. A Critical Approach, Toronto.
Der Sammelband enthält außer dem einführenden Artikel von O'Connor/ Olsen keine neuen Beiträge zum Machtressourcenansatz, aber eine Sammlung von Forschungsergebnissen aus zwanzig Jahren machtressourcentheoretischer Forschung verschiedenster Autoren.

Pierson, Christopher/Castles, Francis G. (Hg.), 2000: The Welfare State. A Reader, Cambridge.
Der Sammelband enthält kurze Textpassagen aus wichtigen theoretischen und empirischen Forschungsbeiträgen zum Wohlfahrtsstaat. Die Ausschnitte aus Korpi 1983 (ebd.: 77-88) enthalten die zentralen Passagen dieses Werks zum Machtressourcenansatz, das Kapitel aus Esping-Andersen 1990 (ebd.: 154-169) stellt dessen Wohlfahrtsstaatstypologie vor.

Zitierte Literatur

Esping-Andersen, Gøsta, 1985a: Der Einfluß politischer Macht auf die Entwicklung des Wohlfahrtsstaates im internationalen Vergleich, in: Naschold, Frieder (Hrsg.), Arbeit und Politik, Frankfurt am Main/New York, 467-503.

Esping-Andersen, Gøsta, 1985b: Politics against Markets. The Social Democratic Road to Power, Princeton.

Esping-Andersen, Gøsta, 1985c: Power and Distributional Regimes, in: Politics & Society 14, 223-256.

Esping-Andersen, Gøsta, 1990: The Three Worlds of Welfare Capitalism, Cambridge.

Esping-Andersen, Gøsta, 1999: Social Foundations of Postindustrial Economies, Oxford.

Esping-Andersen, Gøsta/Korpi, Walter, 1984: Social Policy as Class Politics in Post-War Capitalism. Scandinavia, Austria, and Germany, in: Goldthorpe, John H. (Hg.), Order and Conflict in Contemporary Capitalism, Oxford.

Korpi, Walter, 1983: The Democratic Class Struggle, London.

Korpi, Walter, 1985b: Economic Growth and the Welfare State: A Comparative Study of 18 OECD Countries, in: Labour and Society 10, 195-209.

Korpi, Walter, 1989: Macht, Politik und Staatsautonomie in der Entwicklung der sozialen Bürgerrechte, in: Journal für Sozialforschung 29, 137-164.

Korpi, Walter, 1995: Un État-providence contesté et fragmenté. Le développement de la citoyenneté sociale en France. Comparaisons avec la Belgique, l'Allemagne, l'Italie et la Suède, in: Revue Française de Science Politique 45, 632-667.

Mueller, Dennis C. 1983: The Political Economy of Growth. New Haven, London.

Mueller, Dennis C./Murrell, Peter, 1986: Interest Groups and the Size of Government, in: Public Choice 48, 125-145.

OECD, 2000: OECD Social Expenditure Database, Paris.

OECD, 1994: Employment Outlook, Paris.

Olson, Mancur, 1985: Aufstieg und Niedergang von Nationen. Ökonomisches Wachstum, Stagflation und soziale Sicherheit, Tübingen.

Pampel, Fred C./Williamson, John B., 1989: Age, Class, Politics, and the Welfare State, New York u.a.

Schmidt, Manfred G., ³2005: Sozialpolitik in Deutschland. Historische Entwicklung und internationaler Vergleich, Wiesbaden.

Weede, Erich, 1986: Verteilungskoalitionen, Staatstätigkeit und Stagnation, in: Politische Vierteljahresschrift 27, 222-236.

4 Die Lehre von der Parteiendifferenz

Manfred G. Schmidt und Tobias Ostheim

4.1 Einleitung

Nicht nur bei der im vorangegangenen Kapitel vorgestellten *Machtressourcentheorie*, sondern auch bei der *Parteiendifferenztheorie* stehen unterschiedliche Interessen und die Machtverteilung in Wirtschaft, Gesellschaft und Politik im Zentrum. Allerdings berücksichtigt diese Theorie viel stärker das Tun und Lassen sowie die politisch-ideologische Ausrichtung der regierenden Parteien und – in einer erweiterten Form – auch die Rahmenbedingungen institutioneller und sozialökonomischer Art. Vertreter dieser Theorieschule formulieren als wissenschaftliche Hypothesen, was in einer populären Fassung in aller Munde ist und bisweilen bejaht, bisweilen vehement bestritten wird: Die parteipolitische Färbung von Legislative und Exekutive macht einen Unterschied in der Politik, und zwar in der Politikproduktion („policy output") ebenso wie bei den letztendlichen Resultaten der Staatstätigkeit („policy outcome")[3]. Aus der Sicht der Parteiendifferenztheorie wird die Staatstätigkeit vor allem von der *parteipolitischen Zusammensetzung der Regierung* bestimmt.

Die Parteiendifferenztheorie existiert in verschiedenen Varianten. Der ersten, von Douglas Hibbs geprägten Variante zufolge berücksichtigen Parteien die unterschiedlichen Präferenzen ihrer Anhängerschaft in ihrer Regierungspolitik. Dies ist die viel diskutierte *„partisan theory"* der Staatstätigkeit (Hibbs 1977). Eine mit ihr verwandte Theorie nimmt Anleihen bei Lehren vom *politischen Konjunkturzyklus* und sieht zwei Hauptdeterminanten der Staatstätigkeit: die parteipolitische Zusammensetzung der Regierung und den Wahlterminkalender, insbeson-

---

[3] Unter *Output* ist die Politikproduktion des politischen Systems im Sinne getroffener Entscheidungen und Nichtentscheidungen zu verstehen. In modernen Wohlfahrtsstaaten erfolgt Staatstätigkeit und damit der Kern des Outputs des politischen Systems im Wesentlichen in Form von Gesetzen und durch die Verteilung von Mitteln über die Gestaltung der Einnahmen und Ausgaben der öffentlichen Haushalte. Die Endergebnisse politischer Entscheidungen werden dagegen mit dem englischen Begriff *Outcomes* bezeichnet. Die Outcomes der Wirtschaftspolitik, beispielsweise die Arbeitslosenquote, lassen sich nicht direkt gestalten, sondern nur durch den Output, zum Beispiel durch Entscheidungen der Arbeitsmarkt- und Beschäftigungspolitik, mehr oder weniger stark beeinflussen.

dere die Nähe oder Ferne des nächsten Termins einer wichtigen staatsweiten Wahl. Die Regierung, so eine der Kernaussagen Tuftes (1978), passe ihre Politik dem Wahltermin an, um ihre Wiederwahl zu sichern.

In der Formulierung von Hibbs (1977) und Tufte (1978) berücksichtigt die These von der Parteiendifferenz zwar, welche Politik die Regierungen aufgrund der Interessen ihrer Wähler zu welchem Zeitpunkt betreiben wollen, sie sieht aber davon ab, ob und inwieweit die Regierungen diese Politik verwirklichen können. Eine dritte Variante der Parteiendifferenztheorie hingegen berücksichtigt die Rahmenbedingungen des Regierungshandelns wie die Machtressourcen der Regierungspartei(en) innerhalb und außerhalb des Parlaments, institutionelle Rahmenbedingungen und die Existenz von Mitregenten oder Gegenspielern zur Regierung (etwa Hicks/Swank 1992; Castles 1982; Huber/Stephens 2001; Schmidt 1982, 1996, 2002; Zohlnhöfer 2003).

4.2   *Vertreter der Theorieschule*

Douglas A. Hibbs

Ihren Ursprung findet die Parteiendifferenztheorie in Vergleichen linker und rechter Regierungspolitik und ihrer Outcomes. Den entscheidenden Impuls setzte Douglas Hibbs 1977 in seiner Analyse von Arbeitslosenquoten und Inflationsraten in zwölf Industrieländern von den fünfziger bis zum Ende der sechziger Jahre des 20. Jahrhunderts. Hibbs führte unterschiedliche Höhen der Arbeitslosenquote und der Inflationsrate auf die wirtschaftspolitischen Entscheidungen der Regierungsparteien zurück, und diese wiederum erklärte er mit den spezifischen politischen Präferenzen der Wählerschaft der Regierungsparteien. Die Präferenzen seien durch die unterschiedliche soziale Zusammensetzung und die hiermit gegebenen divergierenden Interessen der Wähler der Parteien erklärbar: Die ökonomische Situation der „Habenichtse" unter den Wählern verbessere sich, so deren Sicht der Dinge, absolut und relativ bei geringerer Arbeitslosigkeit, selbst wenn dafür eine höhere Inflation in Kauf zu nehmen sei. Gruppen mit niedrigem und mittlerem Einkommen und Beschäftigungsstatus befürworteten deshalb Vollbeschäftigung und lehnten Arbeitslosigkeit stärker ab als Inflation, während Gruppen mit hohem Einkommen und Beschäftigungsstatus in der Inflation das größere Übel sähen. In der Folge variierten auch die Präferenzen politischer Parteien: Für linke Parteien sei die Bekämpfung der Arbeitslosigkeit das wichtigste Ziel, während konservative Parteien (und in einem geringeren Ausmaß auch

Parteien des Zentrums) die Preisstabilität als wichtigstes Ziel werteten (Hibbs 1977: 1468, 1471). Die jeweilige Regierung versuche, eine den Interessen der Wähler entsprechende Politik auszuwählen und zu verwirklichen.

Ganz im Fahrwasser der damaligen Debatte über den Zielkonflikt zwischen Vollbeschäftigung und Inflation stehend, nimmt Hibbs an, eine Regierung könne in der Wirtschaftspolitik zu einem gewissen Maß die erwünschte Kombination von Arbeitslosenquote und Inflation wählen – beispielsweise Vollbeschäftigung unter Inkaufnahme von instabilen Preisen oder Preisstabilität unter Inkaufnahme von Arbeitslosigkeit. In seinem Vergleich von 12 Industrieländern sieht Hibbs diese These und die weitere These bestätigt, dass sich die unterschiedlichen Präferenzen der Parteien in Unterschieden der Regierungspolitik und letztlich auch in differierenden Ergebnissen („Outcomes") niederschlügen: In Staaten, in denen sozialdemokratische Parteien in der Regierung dominierten, sei die Arbeitslosigkeit tatsächlich niedriger und die Inflationsrate höher als unter Regierungen, die von rechten Parteien geführt werden (ebd.: 1473-1475).

Edward R. Tufte

Tufte teilt mit Hibbs die für die Parteiendifferenzthese zentrale Auffassung, dass Regierungen in der Lage seien, die Ergebnisse der Politik in ihrem Sinne zu gestalten. Sein Werk „Political Control of the Economy" leitet er mit dem Satz ein: „The Government of a modern country exerts very substantial control over the pace of national economic life and the distribution of economic benefits" (Tufte 1978: 3). Tufte stimmt mit Hibbs ferner darin überein, dass sich die programmatischen und politischen Profile der Parteien unterscheiden und dass diese Unterschiede auf die Interessen der Mitglieder und Wähler der Parteien zurückzuführen seien.

Tufte ergänzt seine Theorie jedoch um zwei wichtige Bestimmungsfaktoren der Wirtschafts- und Sozialpolitik: den Wahlzeitpunkt und das vorherrschende wirtschaftspolitische Problem. Er knüpft zum einen an die Theorie des *politischen Konjunkturzyklus* an, wonach die Wirtschaftspolitik der Regierungen und ihre Outcomes zyklisch um den Wahltermin schwankten. Regierungen, so Tufte, ergriffen konjunkturfördernde Maßnahmen und sorgten für eine allgemeine Steigerung der Staatsausgaben oder der umverteilenden Politik zugunsten bestimmter Wählergruppen – besonders sozialpolitische Maßnahmen – gerade in der Vorwahlphase. Maßnahmen wie Steuererhöhungen oder ein Rückgang sozialpolitischer Transferzahlungen hingegen erfolgten erst nach der Wahl. Die Motive der

Regierungen für die Ingangsetzung politischer Konjunkturzyklen lägen auf der Hand: Die populäre Politik vor der Wahl ziele darauf, Bündnisgenossen und Wähler zu gewinnen, die Vertagung der „Grausamkeiten" auf einen Termin nach der Wahl solle den wahlpolitischen Schaden für die Regierungspartei oder -parteien begrenzen. Dem politischen Konjunkturzyklus liegen demnach vor allem das Streben nach Machterwerb und Machterhalt durch Wahl und Wiederwahl zugrunde.

Für die Regierungspolitik und die makroökonomischen Outcomes sei, so Tufte, ein dritter Faktor entscheidend: Die Parteiendifferenz komme nur dann zum Tragen, wenn es kein anderes dominierendes ökonomisches Problem gäbe, dem sich die Parteien unabhängig von ihrer Programmatik widmen müssten (ebd.: 101 f.).

Alexander M. Hicks und Duane H. Swank

In neueren Ansätzen der Parteiendifferenztheorie werden dagegen die Rahmenbedingungen des Regierungshandelns mit einbezogen.

Folgt man einer dieser Varianten der Parteiendifferenztheorie, vor allem dem Beitrag von Hicks/Swank (1992), so ist ein Parteieneffekt nur unter bestimmten Bedingungen zu erwarten. Die wichtigste Bereicherung der Parteiendifferenzlehre durch Hicks/Swank ist die Formulierung und Überprüfung einer Theorie von „Ansteckungseffekten", nämlich die Ansteckung von Rechtsparteien durch Politik und Programmatik der Linksparteien („contagion from the left") bzw. die Ansteckung in umgekehrte Richtung („contagion from the right"). Hicks und Swank gehen von der Annahme aus, dass die wohlfahrtsstaatlichen Anstrengungen (gemessen an der Sozialleistungsquote) von Linksparteiregierungen ceteris paribus, das heißt unter sonst gleichen Bedingungen, höher seien als die von Rechtsregierungen. Die wohlfahrtsstaatliche Politik dieser Parteien werde jedoch von der Existenz anderer Parteien beeinflusst, und zwar sowohl von Oppositionsparteien als auch von kleineren Regierungspartnern. Von rechten Parteien geführte Regierungen unternähmen stärkere wohlfahrtsstaatliche Anstrengungen, wenn es starke sozialdemokratische Parteien oder Zentrumsparteien gebe, die mit der Partei der Rechten um Wählerstimmen konkurrierten oder als kleinere Partei an der Regierung beteiligt seien. Umgekehrt gebe es einen die wohlfahrtsstaatlichen Anstrengungen mäßigenden Ansteckungseffekt von rechten Parteien und Parteien des Zentrums auf die linke Regierungspolitik (Hicks/ Swank 1992: 659).

Hicks und Swank haben ferner auf die Bedeutung von politischen Institutionen sowie auf Größen hingewiesen, die wirtschaftliche und gesellschaftliche
Bedarfslagen messen, und damit an Erkenntnisse der *sozioökonomischen Schule*
und *politisch-institutionalistischer Theorien* angeknüpft.

4.3   Stärken und Schwächen der Parteiendifferenztheorie

Stärken

Das wohl größte Verdienst der Parteiendifferenztheorie liegt darin, mit der politisch-ideologischen Familienzugehörigkeit der Regierungsparteien eine Größe
systematisch zu erörtern und zu überprüfen, die für das politische Geschehen in
Demokratien zentral ist. Die Parteiendifferenztheorie zeichnet sich ferner durch
ihre gute empirische Überprüfbarkeit und ihre tiefe Verankerung in der Forschung aus. Dass sich diese Lehre für verschiedenartige Untersuchungsanord-
nungen eignet, spricht ebenfalls für sie. Am häufigsten wird die Parteiendifferenztheorie in Querschnittvergleichen oder in Kombinationen von Querschnitt
und langfristigem Längsschnitt empirisch überprüft. Mit den langfristigen
Durchschnitten der parteipolitischen Zusammensetzung der Regierung lassen
sich beispielsweise Unterschiede im Profil der wohlfahrtsstaatlichen Politik verschiedener Staaten erklären. Die Parteiendifferenz ist auch ein Bestimmungsfak-
tor der Unterschiede zwischen der Politik in Gliedstaaten föderalistischer Systeme, beispielsweise in den deutschen Bundesländern. Sie eignet sich schließlich
auch dafür, Variation im Längsschnitt, also im Zeitverlauf zu erklären. So ist
untersucht worden, welchen Einfluss Machtwechsel auf die Regierungspolitik
eines Landes haben.
    Eine Vielzahl wissenschaftlicher Beiträge hat in den letzten Jahrzehnten die
grundlegende Richtigkeit der Lehre von der Parteiendifferenz bestätigt. So hat
sich gezeigt, dass sich die Parteien in den großen europäischen Staaten nicht zu
„Allerweltsparteien" ohne nennenswerte inhaltliche Unterschiede gewandelt
haben, wie dies Otto Kirchheimer in einem vielzitierten Aufsatz 1965 formuliert
hatte (Kirchheimer 1965). Parteien bieten den Wählern tatsächlich klar unter-
scheidbare Programme an, so die Ergebnisse umfangreicher vergleichender Studien (Budge u.a. 2001). Bei diesen Unterschieden handelt es sich nicht nur um
eine Verpackung sonst gleicher Inhalte. Bestätigung findet die Theorie von der
Parteiendifferenz auch im Vergleich der Kabinettssitzanteile verschiedener Parteifamilien und der Sozialpolitik in 23 Industrieländern. Die wichtigsten Befunde

lauten: Je stärker sozialdemokratische Parteien in den Jahren von 1950 bis 1997 an der Regierung beteiligt waren, desto größer waren die sozialpolitischen Anstrengungen eines Staates, gemessen mit der Sozialleistungsquote zu Beginn der neunziger Jahre. Je stärker konservative Parteien in der Regierung vertreten waren, desto größer waren dagegen die bremsenden Effekte auf die Sozialpolitik. Diese Zusammenhänge sind stark – in der Sprache der Statistik: Die Korrelation, gemessen mit Pearsons r, beträgt für den Zusammenhang zwischen den sozialdemokratischen Kabinettssitzanteilen und der Sozialleistungsquote $r = 0.58$, und konservative Parteien korrelieren mit der Sozialleistungsquote mit $r = -0.55$ (vgl. die zugrunde liegenden Daten in Tabelle 4.1, S. XXX).

Aber nicht nur die Vorherrschaft linker Parteien schlägt sich in hohen Sozialausgaben nieder: Außerhalb der skandinavischen Länder, deren Sozialpolitik von sozialdemokratischen Parteien geprägt wurde, zeigen auch christliche Parteien einen die Sozialausgaben steigernden Effekt. Weit ausgebaut wurde die Sozialpolitik in den modernen Demokratien also sowohl in Ländern mit vorherrschenden Linksregierungen als auch in Staaten, die überwiegend von christdemokratischen Parteien geführt wurden, oder im Zusammenspiel von konkurrierenden christdemokratischen und sozialdemokratischen Parteien wie in der Bundesrepublik Deutschland.

Ähnlich erklärungskräftig ist die Parteiendifferenztheorie auch bei anderen Größen. So wurde die *Staatsquote*[4] in den westlichen Ländern meist umso mehr vergrößert, je stärker Linksparteien an der Regierung beteiligt waren. Bis in die 1980er Jahre wuchs die Staatsquote zudem unter Regierungen, die von Mitte-Parteien, hauptsächlich christdemokratischen Parteien, geführt wurden. Parteipolitische Unterschiede zeigen sich ferner in der Beschäftigungspolitik und in den meisten anderen Politikfeldern (Schmidt 2002).

Mit Unterschieden in der langfristigen parteipolitischen Zusammensetzung der Regierung lässt sich auch das Entstehen unterschiedlicher Wohlfahrtsstaatstypen erklären (vgl. Kapitel I.3 zur *Machtressourcentheorie*). In Europa neigten alleinregierende Linksparteien dazu, einen relativ egalitären Wohlfahrtsstaat mit weitreichender Staatsbürgerversorgung mit einem hohen Maß an Beschäftigung im öffentlichen Sektor aufzubauen, so in Schweden und Norwegen bis in die 90er Jahre des 20. Jahrhunderts. Unverkennbar entspricht dies dem sozialdemokratischen Typ des Wohlfahrtskapitalismus. Wirtschaftsliberale und konservative Regierungen hingegen führten die Staatsausgaben und die Beschäftigung im

---

[4] Die Staatsquote ist das prozentuale Verhältnis aus den Staatsausgaben und dem Sozialprodukt. Sie misst den Anteil der staatlichen wirtschaftlichen Aktivität an der volkswirtschaftlichen Gesamtleistung und kann als grobes Maß der Arbeitsteilung zwischen Staat und Markt verstanden werden.

Staatssektor am kurzen Zügel und begrenzten auch die sozialen Sicherungssysteme. Hieraus erwuchs ein bestimmter Marktwirtschaftstyp: der marktgesteuerte Kapitalismus mit schlankem Staat und löchriger sozialer Sicherung, so beispielsweise in Australien, Neuseeland und den USA. Wo Mitte-Parteien dominierten oder mit sozialdemokratischen Parteien konkurrierten, wurde ein zentristischer Sozialstaat mit weit ausgeprägter Sozialversicherung, hoher Redistribution zwischen den Generationen und geringerer vertikaler Umverteilung aufgebaut, der sich auch durch eine geringe Beschäftigungsquote bei einer gleichzeitig hohen sozialstaatlichen Kompensation bei Arbeitslosigkeit auszeichnet, so häufig in kontinentaleuropäischen Staaten.

Die Reichweite der Parteiendifferenztheorie in der Formulierung von Hibbs und Tufte ist begrenzt. Wo sich die Inhalte der Politik nicht einfach mit der parteipolitischen Zusammensetzung der Regierung in Einklang bringen lassen, und wo Strategiewechsel der Parteien stattfinden, die dieser Theorie nicht entsprechen, können jedoch andere Varianten der Lehre von der Parteiendifferenz einspringen, etwa das Erklärungsschema der „Ansteckungseffekte" von Hicks und Swank. Mit diesem lassen sich Effekte wie die Sozialdemokratisierung von Mitte- und Rechtsparteien und der Christdemokratisierung von Linksparteien erklären.

Schwächen

Eine Kritik am Machtressourcenansatz ist auch auf die Lehre von der Parteiendifferenz übertragbar: Parteieneffekte sind in vielen Politikfeldern nachweisbar, aber nicht in allen, und mitunter gibt es wichtigere Bestimmungsfaktoren der Staatstätigkeit und ihrer Ergebnisse. Was in Kapitel I.3 zur Machtressourcentheorie festgehalten wurde, gilt gleichermaßen für die Parteiendifferenztheorie: Die unterschiedliche Höhe der Arbeitslosenquoten und der Inflationsraten beispielsweise hat entgegen der ursprünglichen Formulierung der *Partisan Theory* von Douglas Hibbs (1977) weniger mit der parteipolitischen Ausrichtung der Regierungsparteien zu tun als mit anderen politischen und institutionellen Variablen. Die hier vorgestellten Spielarten der Parteiendifferenztheorie, insbesondere diejenigen nach Hibbs und Tufte, gehen davon aus, dass Regierungen einen großen Handlungsspielraum haben und ihr Programm ohne größere Hindernisse in Regierungspolitik umsetzen wollen und können. Doch diese Annahme trifft die Wirklichkeit nur in einem von Land zu Land unterschiedlichen Maß. Groß ist der Spielraum für Regierungen in Ländern, deren Staatsverfassung einer Mehrheitsdemokratie im Sinne von Arend Lijphart (1999) nahe kommt. Geringer ist er dagegen in Ländern, in denen zahlreiche gegenmajoritäre Institutionen (also institutionelle Schranken gegen die Mehrheitsherrschaft wie Föderalismus und eine autonome Verfassungsgerichtsbarkeit) die Regierungspolitik begrenzen. Die Größe des parteipolitischen Effekts hängt demnach auch von institutionellen Rahmenbedingungen des politischen Prozesses ab (vgl. Kapitel I.5 zu *politisch-institutionalistischen Theorien*).

Die Parteiendifferenztheorie hat sich jedoch als sehr anschlussfähig für Erweiterungen um institutionelle Rahmenbedingungen des Politischen erwiesen. Dies ist gleichzeitig eine Schwäche und eine Stärke: Eine Schwäche, weil die Sparsamkeit der Lehre von der Parteiendifferenz in den Varianten von Hibbs und Tufte, zugunsten komplexerer Zusammenhänge aufgegeben wird, und eine Stärke, weil die Erklärungskraft größer wird und weil die Theorie breiter anwendbar wird. Zahlreiche empirische Arbeiten, in denen Variablen der Parteiendifferenz und der politisch-institutionellen Bedingungen gemeinsam eingesetzt werden, haben dies in den letzten Jahrzehnten bewiesen (vgl. Hicks/Swank 1992; Schmidt 1996, 2002).

Fraglich ist in den ersten Jahren des 21. Jahrhunderts jedoch, ob die Parteiendifferenztheorie für jeden Untersuchungszeitraum die gleiche Erklärungskraft besitzt. So vollzogen manche christdemokratische Parteien und mehrere Linksparteien – allen voran die britische Labour Party, aber auch Neuseelands Labour Party – seit den achtziger Jahren einen deutlichen Kurswechsel und suchten die Staatstätigkeit und die Sozialausgaben zu bremsen. Das Beispiel zeigt noch etwas anderes: Auch innerhalb einer Parteifamilie gibt es große Unterschiede; linke Partei ist offensichtlich nicht immer gleich linke Partei, und Labour bleibt nicht immer Labour. Die Lehre von der Parteiendifferenz hat in den vergangenen Jahrzehnten oft nicht hinreichend innerhalb der einzelnen Parteifamilien zu unterscheiden gewusst (vgl. Merkel et al. 2006).

Auch die Position der christdemokratischen Parteien zum Sozialstaat hat sich nach Meinung einiger Autoren nachhaltig verschoben: Christdemokratische Parteien hätten sich der kritischen Haltung der konservativen Parteien zum Wohlfahrtsstaat weitgehend angepasst, so Borchert (1995). Doch das passt schlecht zu dem sozialpolitischen Mix der deutschen christdemokratischen Parteien, die auch in den Jahren des verminderten Wirtschaftswachstums zwischen finanzieller Konsolidierung und expansiver Sozialausgabenpolitik ebenso schwanken wie zwischen Sozialstaatsumbau, Status Quo und Rückbau.

Dass in den achtziger und neunziger Jahren der Handlungsspielraum der Regierungen geschrumpft ist und die Parteiendifferenzen abnehmen, ist einer der wesentlichen Kritikpunkte, die aus der Sicht der Internationalen Hypothese erhoben werden. Gegen diesen Einwand sprechen der Befund nach wie vor unterschiedlicher Programme (Budge u.a. 2001) und nach Meinung zahlreicher Autoren auch der Befund unterschiedlicher Regierungspolitiken (etwa Garrett 1998). Doch schwächen sich die oben vorgestellten deutlichen statistischen Zusammenhänge (etwa zwischen der Stärke der Kabinettsbeteiligung verschiedener Parteien und der Sozialleistungsquote) in den achtziger und neunziger Jahren deutlich ab (Zohlnhöfer 2003).

Mitunter ist an der Forschung zur Frage „Do parties matter?" auch eine unbedachte Wahl des geeigneten Indikators der unabhängigen Variable zu kritisieren. Lässt sich die parteipolitische Zusammensetzung der Regierung am besten mit der Parteizugehörigkeit des Regierungschefs, einer eindimensionalen Links-rechts-Skala oder mit der Stärke einer charakteristischen Parteifamilie (etwa der stärksten Partei der Rechten) messen, oder sind die Kabinettssitzanteile von drei, vier oder fünf Parteifamilien (etwa säkular-konservative, christliche, liberale und sozialdemokratische Parteien) als Indikator der Regierungszusammensetzung vorzuziehen? Untersuchungen haben erwiesen, dass die Zusammenhänge zwischen den unterschiedlichen Indikatoren zum Teil schwach sind (vgl. Schmidt 1996: 157-162). Die Wahl des Indikators kann die Ergebnisse von empirischen Untersuchungen entscheidend beeinflussen. Insbesondere eindimensionale Links-rechts-Skalen sind zwar anschaulich, besitzen aber auch methodische Schwächen. Unverzichtbar ist ihre Ergänzung um Skalen, die auch die christdemokratische Parteifamilie, die der liberalen Parteien und die der säkular-konservativen Parteien erfassen. Und anzuraten ist auf jeden Fall, die Regierungsbeteiligung von Parteien nicht nur anhand ihrer Dauer zu erfassen, sondern auch anhand von Anzeigern der Stärke, so z.B. anhand von Kabinettssitzanteilen.

Kehrt man an dieser Stelle abschließend zur ersten Studie von Hibbs zurück, muss festgestellt werden, dass sie in der Tat viele Schwächen aufweist: Die vereinfachende Annahme, Programme ließen sich in allen politischen Systemen ohne größere Schwierigkeiten in Regierungshandeln umsetzen, gehört dazu; folglich die mangelnde Berücksichtigung institutioneller Rahmenbedingungen des Regierungshandelns; weiterhin die Wahl problematischer Indikatoren der parteipolitischen Färbung der Regierung (nämlich hauptsächlich Indikatoren der Dauer der Regierungsbeteiligung) und eine unbefriedigende Fallauswahl. Zudem geht Hibbs (ähnlich wie Tufte) von Annahmen aus, die oft kritisiert worden sind, etwa dass Regierungen zwischen Arbeitslosigkeit und Inflation wählen könnten. Dies darf jedoch bei aller berechtigten Kritik an den frühen Entwürfen der Parteiendifferenzlehre nicht den Blick dafür verstellen, dass diese Lehre eine der wirkungsmächtigsten Theorien der vergleichenden Staatstätigkeitsforschung ist.

 Literatur

Kommentierte Literaturhinweise

Budge, Ian u.a., 2001: Mapping Policy Preferences. Estimates for Parties, Electors, and Governments 1945-1998, Oxford.
Der jüngste Forschungsbeitrag der „Party Manifesto Group" ist ein methodisch anspruchsvoller, aber sehr lohnender Sammelband, der die Ergebnisse der langjährigen Forschungsarbeit zu den policy-Präferenzen der Parteien präsentiert. Lohnend ist auch

Schmidt, Manfred G., 2002: Parteien und Staatstätigkeit, in: Gabriel, Oscar/Niedermeyer, Oskar/Stöss, Richard (Hg.), Parteiendemokratie in Deutschland, Bonn, 522-550.
– eine Bilanz insbesondere der international vergleichenden Forschung zum Thema parteipolitische Prägung der Staatstätigkeit.

Schmidt, Manfred G., 1996: When parties matter: A review of the possibilities and limits of partisan influence on public policy, in: European Journal of Political Science 30, 155-183.
Der Artikel gibt einen Überblick über den Forschungsstand zum Einfluss parteipolitischer Variablen auf die Staatstätigkeit und führt den Forschungsstand weiter.

Zitierte Literatur

Borchert, Jens, 1995: Die konservative Transformation des Wohlfahrtsstaates. Großbritannien, Kanada, die USA und Deutschland im Vergleich, Frankfurt am Main.

Budge, Ian u.a., 2001: Mapping Policy Preferences. Estimates for Parties, Electors, and Governments 1945-1998, Oxford.

Castles, Francis G. (Hg.), 1982: The Impact of Parties. Politics and Policies in Democratic Capitalist States, London/Beverly Hills.

Garrett, Geoffrey, 1998: Partisan Politics in the Global Economy, Cambridge.

Hibbs, Douglas A., 1977: Political Parties and Macroeconomic Policy, in: American Political Science Review 71, 1467-1487.

Hicks, Alexander M./Swank, Duane H., 1992: Politics, Institutions, and Welfare Spending in Industrialized Democracies, 1960-1982, in: American Political Science Review 86, 658-674.

Huber, Evelyn/Stephens, John D., 2001: Development and Crisis of the Welfare State. Parties and Policies in Global Markets, Chicago/London.

Kirchheimer, Otto, 1965: Der Wandel des westeuropäischen Parteiensystems, in: Politische Vierteljahresschrift 6, 20-41.

Lijphart, Arend, 1999: Patterns of Democracy. Government Forms and Performance in Thirty-Six Countries, New Haven.

Merkel, Wolfgang/Egle, Christoph/Henkes, Christian/Ostheim, Tobias/Petring, Alexander, 2006: Die Reformfähigkeit der Sozialdemokratie. Herausforderung und Bilanz der Regierungspolitik in Westeuropa, Wiesbaden.

Schmidt, Manfred G., 1980: CDU und SPD an der Regierung. Ein Vergleich ihrer Politik in den Ländern, Frankfurt am Main/New York.

Schmidt, Manfred G., 1982: Wohlfahrtsstaatliche Politik unter bürgerlichen und sozialdemokratischen Regierungen. Ein internationaler Vergleich, Frankfurt am Main/New York.

Schmidt, Manfred G., 1996: When parties matter: A review of the possibilities and limits of partisan influence on public policy, in: European Journal of Political Science 30, 155-183.

Schmidt, Manfred G., 2002: Parteien und Staatstätigkeit, in: Gabriel, Oscar/Niedermeyer, Oskar/Stöss, Richard (Hg.), Parteiendemokratie in Deutschland, Bonn, 522-550.

Tufte, Edward R., 1978: Political Control of the Economy, Princeton.

Zohlnhöfer, Reimut, 2003: Der Einfluss von Parteien und Institutionen auf die Wirtschafts- und Sozialpolitik, in: Obinger, Herbert/Wagschal, Uwe/Kittel, Bernhard (Hg.), Politische Ökonomie, Opladen, 47-80.

Tabelle 2:   Beispieldatensatz zur Parteiendifferenztheorie:
              Sozialleistungsquote in % des BIP 1997, parteipolitische
              Zusammensetzung der Regierung und gewerkschaftlicher
              Organisationsgrad

Land	Sozialleistungsquote in % des BIP 1997 (öffentl. und priv. Pflichtleistungen)	Sozialleistungsquote in % des BIP 1997 (öffentl. Sozialleistungen)	Kabinettssitzanteil sozialdemokratischer Parteien; Mittelwert 1950-1997	Kabinettssitzanteil säkular-konservativer Parteien; Mittelwert 1950-1997	Kabinettssitzanteil christdemokratischer Parteien; Mittelwert 1950-1997	Gewerkschaftlicher Nettoorganisationsgrad 1990
Australien	18,5	17,4	33,2	66,8	,0	40,4
Österreich	26,3	25,4	57,1	0,0	36,0	46,2
Belgien	25,0	23,5	29,1	0,0	51,9	51,2
Kanada	16,7	16,7	0,0	32,7	,0	35,8
Dänemark	31,0	30,7	52,9	14,6	,9	71,4
Finnland	28,9	28,7	29,6	9,5	,5	72,0
Frankreich	29,4	29,4	15,2	29,0	5,9	9,80
Deutschland	27,4	26,2	22,9	0,00	55,4	32,9
Griechenland	21,9	21,9	28,5	51,9	,0	34,1
Island	19,2	17,9	23,0	0,00	,0	78,2
Irland	17,3	17,3	11,5	65,0	21,1	49,7
Italien	26,4	26,4	20,6	0,0	64,1	38,8
Japan	14,6	14,3	2,0	97,2	,0	25,4
Luxemburg	22,4	22,4	30,1	0,0	49,1	49,7
Niederlande	24,9	24,2	20,2	0,0	57,4	25,5
Neuseeland	20,7	20,7	25,6	73,8	,0	44,8
Norwegen	26,2	25,1	74,3	13,1	4,7	56,0
Portugal	18,1	17,8	20,5	0,7	5,2	31,8
Spanien	19,8	19,8	58,5	6,4	,0	11,0
Schweden	32,1	31,8	75,4	4,2	1,0	82,5
Schweiz	27,2	22,4	23,8	14,3	30,1	26,6
Großbritannien	21,7	21,4	27,8	72,0	,0	39,1
USA	15,1	14,6	0,0	58,3	,0	15,6

Quelle: OECD 1994, 2001, eigene Berechnungen

5 Politisch-institutionalistische Theorien

Manfred G. Schmidt und Tobias Ostheim

5.1 Einleitung

Der Machtressourcenansatz und die Parteiendifferenztheorie erklären Staatstätigkeit mit unterschiedlichen Interessen und dem Wollen und Können von Regierungen. Die vierte Theoriefamilie der Staatstätigkeitsforschung, die politisch-institutionalistische Theorie, betont dagegen die Prägung des politischen Handelns und der Ergebnisse der Staatstätigkeit durch institutionelle Bedingungen. Institutionen sind interpersonelle formelle oder informelle Regeln und Normen. Zu ihnen gehören die verfassungspolitischen Vorgaben und die Regeln und Normen der öffentlichen Willensbildung und Entscheidungsfindung ebenso wie die der Organisation der Interessenvermittlung zwischen Gesellschaft, Wirtschaft und Politik.

Politische Institutionen sind – entwicklungsgeschichtlich betrachtet – der „geronnene politische Wille" der Vorgängerregierungen (Schmid/Reissert/Bruche 1987: 25) und insofern Teil des politischen Erbes der Gegenwart. Institutionen sind nicht ohne Weiteres veränderbar. Oft sind sie der zielgerichteten Veränderung durch die politischen Akteure weitgehend entzogen. Mehr noch, die Institutionen wirken wie ein Filter für das Handeln: Sie ermöglichen bestimmte Problemlösungen und erschweren oder verunmöglichen andere, und sie gewähren Akteuren unterschiedlichen Einfluss auf die Entscheidungsprozesse.

Die politisch-institutionalistische Schule hat eine Reihe von Theorien mit unterschiedlichen methodischen Ansätzen hervorgebracht. Sie kann als die älteste der hier vorgestellten Schulen der Policy-Forschung bezeichnet und bis auf Aristoteles zurückgeführt werden, der den Einfluss unterschiedlicher Regierungssysteme auf die politische Praxis untersuchte. Diese Perspektive findet sich noch heute in der vergleichenden Regierungslehre – etwa im Vergleich der Wirkungen von Mehrheits- und Konsensdemokratien auf die politischen Prozesse und die Staatstätigkeit bei Arend Lijphart (1999).

Zur politisch-institutionalistischen Schule zählen auch Theorien, die einzelnen institutionellen Arrangements eine besondere Wirkung auf die Staatstätigkeit zuschreiben. Aufmerksamkeit hat beispielsweise die Politikproduktion in Bundesstaaten im Vergleich zu Einheitsstaaten (Wachendorfer-Schmidt 2000) und in Staaten mit starken direktdemokratischen Elementen im Unterschied zu Repräsentativdemokratien erfahren (Wagschal/Obinger 1999). Eine weitere Variante der politisch-institutionalistischen Schule richtet den Fokus auf die besondere Rolle der Verbände, insbesondere auf die Funktionen ihrer Einbindung in korporatistische Arrangements (Visser/Hemerijck 1998).

In anderen Beiträgen werden nicht vorrangig die Wirkungen einzelner Institutionen auf die Politik (im Sinne von Policy) untersucht, sondern die Effekte, die von der Summe der Beschränkungen des politischen Handlungsspielraums der Regierung und der sie stützenden Parlamentsmehrheit ausgehen: Je größer die Anzahl der institutionellen Barrieren oder der „Vetospieler" ist (Huber/Ragin/ Stephens 1993; Tsebelis 1995, 2002; Schmidt 2000: 351 ff.), desto stärker wird ein Politikwandel erschwert und desto gedämpfter ist das sozialpolitische Engagement des Staates.

5.2   Vertreter der institutionalistischen Theorieschule

Arend Lijphart

Arend Lijpharts „Patterns of Democracy" (1999) ist vor allem aufgrund seiner Demokratientypologie bekannt geworden. „Patterns of Democracy" enthält aber auch interessante Hypothesen zu den Effekten der Mehrheits- und der Konsensdemokratie auf die Sozialpolitik.

Lijphart unterscheidet in seiner Untersuchung von 36 Demokratien zwischen Mehrheitsdemokratien („Westminster model" oder „majoritarian model of democracy") und Konsensdemokratien („consensus democracy"). Ihm zufolge sind die entscheidenden Merkmale der Mehrheitsdemokratie (wie etwa Großbritannien) die unbeschränkte Mehrheitsherrschaft, die Bildung stabiler Regierungen und häufige Machtwechsel. Im Unterschied zur Mehrheitsdemokratie sei die Konsensdemokratie für klare Kurswechsel und rasches Reagieren auf Herausforderungen weniger geeignet. Konsensdemokratien, beispielsweise die Schweiz, zügelten die Mehrheitsherrschaft und zielten vor allem auf Machtteilung, die Einbindung verschiedener gesellschaftlicher Gruppen und den Schutz von Minderheitenpositionen. Sie betonten politische Gleichheit und seien geeigneter für die Regelung von Konflikten in gesellschaftlich heterogenen, tief gespaltenen Gesellschaftssystemen, deren Zusammenhalt sie besser garantieren könnten.

Mehr noch: Die Konsensdemokratie, so Lijphart, gehe einher mit einer stärkeren Eindämmung sozialer Ungleichheit und mache aufgrund ihres überdurchschnittlichen sozialpolitischen Engagements die Gesellschaft „fairer und sanfter" (in den Worten Lijpharts die „kinder, gentler qualities" der Konsensdemokratie; Lijphart 1999: 275-300). Davon zeugten auch die höhere Sozialleistungsquote der meisten Konsensusdemokratien und der höhere Dekommodifizierungsgrad ihrer Sozialpolitik – gemessen an Esping-Andersens Indikator (vgl. Kapitel I.3 „Machtressourcentheorie").

Evelyne Huber/Charles Ragin/John D. Stephens

Auch Evelyne Huber, Charles Ragin und John D. Stephens sehen in den Institutionen des Regierungssystems entscheidende Determinanten wohlfahrtsstaatlicher Politik. Sie sprechen deshalb institutionalistischen Theorien der vergleichenden Staatstätigkeitsforschung theoretische Plausibilität zu und integrieren diese in ihre vergleichende Untersuchung, in der sie den Längs- mit dem Querschnittvergleich kombinieren.

Für das Wachstum des Wohlfahrtsstaates und die große Variation der sozialpolitischen Anstrengungen im Ländervergleich seien die politische Machtverteilung, vor allem die Stärke der Regierungsbeteiligung sozialdemokratischer und christdemokratischer Parteien mit verantwortlich (vgl. hierzu das Kapitel I.4 zur Parteiendifferenztheorie). Daneben kämen der politischen Erblast und sozioökonomischen Determinanten Bedeutung zu (vgl. die Kapitel I.7 zu *Erblasttheorien* und I.1 zur *sozioökonomischen Theorie*).

Besondere Aufmerksamkeit schenken die Autoren aber institutionellen Größen. Für die Ausprägung des Wohlfahrtsstaates sei mit entscheidend, ob die „constitutional structures", frei übersetzt die Institutionen des Regierungssystems, wohlfahrtsstaatliche Reformen begünstigten oder erschwerten. Ihre zentrale These lautet: Werden politische Entscheidungen auf der Grundlage einer schmalen Mehrheit getroffen und umgesetzt und können kleine Minderheiten sozialpolitische Gesetzgebung blockieren, werden Auf- und Ausbau der Sozialpolitik nachhaltig behindert. Dies sei vor allem dort der Fall, wo die politische Macht breit gestreut sei und es zahlreiche Möglichkeiten der Einflussnahme gebe (Huber/Ragin/Stephens 1993: 721f). Machtstreuung herrsche vor allem im Föderalismus, in präsidentiellen Systemen, bei der Existenz einer starken zweiten Kammer, bei Einerwahlkreisen und in Staaten mit direktdemokratischen Elementen. Huber, Ragin und Stephens kommen zu einem klaren Befund: Unterschiede in der Sozialpolitik lassen sich auf parteipolitische und sozioökonomische Größen und zu einem Gutteil auch auf Unterschiede der „constitutional structures" und ihrer Vetopunkte zurückführen.

George Tsebelis

Verwandt mit dem Ansatz von Huber, Ragin und Stephens ist das „Vetospieler-theorem" von George Tsebelis, das die These von der Wirkungsmacht der „constitutional structures", insbesondere der Wirkungskraft von dort eingelagerten Vetopositionen, theoretisch zuspitzt und stärker formalisiert. Tsebelis will erklären, warum politische Systeme in sehr unterschiedlichem Maße zu politischen Kurswechseln fähig sind. Sein Ansatz leistet jedoch auch einen Erklärungsbeitrag für die unterschiedlichen Leistungsprofile der Demokratien in einzelnen Politikfeldern, beispielsweise der Sozialpolitik.

Ein *Vetospieler* ist nach Tsebelis ein individueller oder kollektiver Akteur, dessen Zustimmung für einen Politikwechsel unabdingbar ist (Tsebelis 1995: 301). Vetospieler sind zum Beispiel Kollektivakteure wie die zweite Kammer eines Parlaments, der deutsche Bundesrat (im Fall von zustimmungspflichtigen Gesetzen oder Verfassungsänderungen) und Verfassungsgerichte („constitutional veto players") oder politische Parteien („partisan veto players"). Die Eigenschaft von Akteuren als Vetospieler werde von den institutionellen Arrangements bestimmt und unterscheide sich von Politikfeld zu Politikfeld. So sei in vielen Staaten, in denen die Zahl von Vetospielern generell hoch sei, die Geldpolitik unabhängigen Zentralbanken übertragen und die Zahl der Vetospieler so erheblich reduziert worden (ebd.: 307f.).

Das Potenzial für einen Politikwechsel variiert Tsebelis zufolge systematisch mit der Anzahl der Vetospieler: Je höher die Anzahl der Vetospieler, desto mehr würden Politikwechsel erschwert. Eine wichtige Rolle schreibt Tsebelis aber auch der *Kohäsion* und *Kongruenz* der Vetospieler zu. Unter Kongruenz versteht Tsebelis die inhaltliche Nähe in Policy-Sachfragen zwischen den Vetospielern, während Kohäsion die Homogenität bzw. Heterogenität der einzelnen Vetospieler meint. Je geringer die Kongruenz der Vetospieler und je größer ihre Kohäsion sei, desto schwieriger würden Politikwechsel und desto eher bleibe der Status Quo erhalten.

Zur Erklärung von wohlfahrtsstaatlichen Unterschieden wurde vor allem der erste Teil des Vetospielertheorems angewendet. In der Übertragung auf die Sozialpolitik lautet er: Je größer die Zahl der Vetospieler ist, desto geringer ist das sozialpolitische Engagement des Staates zumindest in der Phase des Ausbaus des

Wohlfahrtsstaates. Dies, so Siegel, liege darin begründet, dass in dieser Phase der Sozialpolitik ein Anstieg des sozialpolitischen Status quo der Reformen bedürfe (vgl. Siegel 2002).

Indices institutioneller Barrieren der zentralstaatlichen Exekutive

Das Vetospieler-Theorem ist die Parallele der Lehre von den „constitutional structures" bei Huber/Ragin/Stephens (1993): Beide erklären Unterschiede in der Staatstätigkeit durch die Fähigkeit der Regierung und der parlamentarischen Mehrheit, ihre Politik durchzusetzen, und die institutionell bedingte Möglichkeit von Akteuren, politische Entscheidungen zu blockieren. Diese Eigenschaften der Struktur des Regierungssystems sind auch als „institutionelle Barrieren der zentralstaatlichen Legislative und Exekutive" gefasst worden (Schmidt 1996, 2000: 351-354). Sie werden meist in einem additiven Index zusammengefasst, der die Stärke der Fesselung der Regierung und ihrer parlamentarischen Mehrheit ausdrückt. Zu den wichtigsten institutionellen Barrieren der Mehrheitsherrschaft lassen sich der Föderalismus, eine unabhängige Zentralbank, eine starke zweite Kammer, ein entwickelter Minderheitenschutz und eine autonome Verfassungsgerichtsbarkeit zählen. Einen Überblick über die hierbei verwendeten Indices gibt die Tabelle 3.

Uwe Wagschal und Herbert Obinger

Wirkungen auf die Staatstätigkeit werden jedoch nicht nur der Summe der „Vetospieler" oder der institutionellen Schranken der zentralstaatlichen Legislative und Exekutive zugeschrieben, wie sie in Tabelle 3 zusammengefasst sind. Es existieren auch Theorien, die einzelnen institutionellen Arrangements eine besondere Wirkung auf die Staatstätigkeit zuschreiben. So ist beispielsweise der sozialpolitische Output in Staaten untersucht worden, in denen die Wähler durch direktdemokratische Elemente in die politischen Entscheidungsprozesse auch bei einzelnen Sachfragen direkt eingebunden sind. Ein instruktives Beispiel ist die Studie von Wagschal und Obinger (2000) zu den Auswirkungen der Direktdemokratie auf die Staatstätigkeit. Wagschal und Obinger begründen im Einzelnen, warum von der direkten Demokratie begrenzende Wirkungen auf die Staatstätigkeit im Allgemeinen und auf die Sozialpolitik im Besonderen zu erwarten seien. Besondere Wirksamkeit schreiben sie beispielsweise dem Umstand zu, dass die Wähler bei der Entscheidung einzelner Sachfragen über deren finanzielle Kosten für den Steuerzahler informiert werden. Dadurch werden den Wählern sowohl der Nutzen als auch die Kosten der Maßnahmen vor Augen geführt. Zugleich kann Widerstand gegen Steuern und Ausgaben politisch unmittelbar wirksam geäußert werden, nämlich durch Verweigerung der Zustimmung, was im budgetpolitischen Prozess in repräsentativen Demokratien nicht möglich sei. Die überdurchschnittlich hohe Abstimmungsbeteiligung von Gruppen mit höheren Einkommen bestärke diesen Prozess (ebd.: 469f.).

Die bremsende Wirkung der direkten Demokratie auf die Staatstätigkeit entfalte sich, so Wagschal und Obinger weiter, wenn das direktdemokratische Instrumentarium weit ausgebaut ist, wie in der Schweiz und in Kalifornien. In beiden Fällen gibt es obligatorische Referenden bei Verfassungsänderungen, fakultative Referenden bei bestimmten einfachgesetzlichen Maßnahmen und Initiativrechte in unterschiedlicher Ausgestaltung[5]. Die Autoren kommen zu dem Schluss, dass fakultative Referenden in der Phase des sozialstaatlichen Aufbaus bis zum Zweiten Weltkrieg überwiegend von Interessengruppen genutzt worden seien, die einen Ausbau des Sozialstaates ablehnten. Befürworter des Ausbaus der Sozialpolitik hingegen hätten die Initiativrechte genutzt, um ihre sozialpolitischen Interessen in den politischen Prozess einzubringen, dafür jedoch meist keine Mehrheit gefunden.

In der Prosperitätsphase in den drei Jahrzehnten nach 1945 sei es dagegen zu einem Ausbau des Wohlfahrtsstaates gekommen, und seit Mitte der siebziger Jahre diene das Referendum auch als Instrument zur Verhinderung des Rück- oder des Abbaus der Sozialpolitik. Auch in Kalifornien lasse sich ein ähnlicher Bremseffekt der Referenden und Initiativen feststellen, vor allem seit den siebziger Jahren des 20. Jahrhunderts. Wagschal und Obinger decken aber auch Unterschiede zwischen den Ländern auf: Während die Wähler in Kalifornien dazu neigten, die Steuern zu begrenzen, tendierten die Schweizer zur Bremsung staatlicher Ausgaben. In beiden Fällen ist der Bremseffekt der Referendumsdemokratie nicht zu übersehen: „Insgesamt zeigt sich für beide Untersuchungsfälle ein

---

[5] Ein obligatorischer Volksentscheid ist per Definition zwingend vorgeschrieben. Gesetze und Beschlüsse, die dem obligatorischen Referendum unterstellt werden, können ohne die Zustimmung der Stimmberechtigten nicht in Kraft treten. Beispielsweise sind in der Schweiz auf Bundesebene vor allem Änderungen der Bundesverfassung und der Beitritt zu Organisationen für kollektive Sicherheit oder zu supranationalen Gemeinschaften, auf kantonaler Ebene zudem zahlreiche einfachgesetzliche Maßnahmen dem obligatorischen Referendum unterstellt. Ein fakultatives Referendum ist dagegen ein nur auf Antrag eines bestimmten Anteils der Stimmberechtigten erfolgender Volksentscheid über Gesetzgebungsakte. Beispielsweise werden in der Schweiz Bundesgesetze, -beschlüsse und bestimmte völkerrechtliche Verträge, insbesondere Verträge zum Beitritt zu einer internationalen Organisation einem Referendum unterstellt, wenn dies 50.000 Stimmberechtigte oder acht Kantone fordern.

strukturkonservativer und fiskalisch restriktiver Effekt von Volksabstimmungen" (Wagschal/Obinger 2000: 493).

5.3 Stärken und Schwächen der politisch-institutionalistischen Theorien

Der politisch-institutionalistische Ansatz ist ertragreich und hat sich in den letzten Jahrzehnten zu dem am weitesten verbreiteten Ansatz der vergleichenden Staatstätigkeitsforschung entwickelt. Eine seiner großen Stärken liegt im breiten Anwendungsbereich, der die Analyse intrastaatlicher Entscheidungsprozesse in Fallstudien (beispielsweise Visser/Hemerijck 1998) ebenso umfasst wie international vergleichende Studien weniger Länder in dichten Beschreibungen (etwa Scharpf 1987) und vieler Länder mit quantitativ-statistischen Methoden (wie Huber/Ragin/Stephens 1993 sowie Huber/Stephens 2001). Allerdings sind institutionelle Variablen zur Erklärung von Unterschieden im Längsschnitt mitunter weniger geeignet, da sie über die Zeit meist nur wenig variieren. Für Unterschiede in der Staatstätigkeit verschiedener Länder besitzt der politisch-institutionalistische Ansatz jedoch ein erhebliches Erklärungspotenzial.

Das Vetospielertheorem hilft beispielsweise zu erklären, warum es die Debatte um einen „Reformstau" und die Neigung zum „politischen Immobilismus" in Deutschland und die „helvetische Verzögerung" in der Schweiz gibt: In diesen Ländern stehen einem Politikwechsel besonders viele Vetospieler im Wege. Am geringsten ist die Vetospielerdichte in den nordischen Staaten und in zwei Staaten angelsächsischer Prägung, in Großbritannien und Neuseeland. Dies trifft sich vorzüglich mit einem gesicherten Befund der vergleichenden Policy-Forschung: In diesen Ländern sind die radikalsten Politikänderungen vollzogen worden – in den nordischen Staaten zugunsten des Wohlfahrtsstaates, in den anderen Ländern seit Beginn der 1980er Jahre zugunsten marktorientierter Strukturreformen.

Die generalisierenden Aussagen über die Wirkungen unterschiedlicher Regierungssysteme (Lijphart 1999), die „constitutional structures" (Huber/Ragin/ Stephens 1993) oder Vetospieler (Tsebelis 1995, 2002) sind jedoch in einer Reihe politikwissenschaftlicher Forschungsbeiträge auf der Basis empirischer Untersuchungen angezweifelt worden. Und in der Tat: Misst man die Zusammenhänge zwischen den Indikatoren in Tabelle 3 und Sozialstaatsgrößen wie der Sozialleistungsquote oder dem Dekommodifizierungsgrad im Querschnitt der OECD-Länder, ergeben sich nur schwache und insignifikante Zusammenhänge.

Lässt das den Schluss auf eine nur geringe Erklärungskraft der politisch-institutionalistischen Theorien zu? Ein genauerer Blick auf die Grenzen dieser Theorien liefert eine andere Erklärung: Institutionen wirken nicht alleine, sondern erst durch Nutzung oder Befolgung durch die politischen Akteure. Ein Weiteres kommt hinzu: Nicht nur die dominierenden Akteure, sondern auch die existierenden Problemlagen und Ressourcen für die Regierungspolitik bestimmen mit, wie die Institutionen auf die Staatstätigkeit wirken. Dies wird deutlich am Befund von Wagschal und Obinger (2000) zum Zusammenhang von Staatstätigkeit und direkter Demokratie: Die Direktdemokratie bremst die Staatstätigkeit, und oft zügelt sie auch die sozialpolitischen Anstrengungen – aber keineswegs immer, sondern nur in bestimmten Situationen und unter bestimmten ökonomischen Gegebenheiten. Und Referenden können sowohl als Begrenzer sozialpolitischen Ausbaus dienen als auch als Bewahrer sozialpolitischer Errungenschaften.

Überträgt man diese Erkenntnis auf die umfassenderen Theorien von Tsebelis (1995; 2002) oder Huber/Ragin/Stephens (1993), lässt sich eine weitere Frage beantworten, die Frage nämlich, welche Wirkung gegenmajoritären Institutionen zukommt, wenn der Sozialstaat nicht ausgebaut, sondern aufgrund äußerer Notwendigkeiten um- oder zurückgebaut werden soll (vgl. hierzu Siegel 2002). Während die These der sozialstaatsbremsenden Wirkung gegenmajoritärer Institutionen postuliert, dass diese einen generell beschränkenden Effekt beispielsweise auf die Sozialleistungsquote besäßen, lässt sich das Vetospielertheorem auch umgekehrt auf die Phase sozialpolitischen Rückbaus anwenden: Vetopositionen können von den Akteuren auch zur wohlfahrtsstaatlichen Besitzstandswahrung eingesetzt werden. Und auch wenn institutionelle Größen nur wenigen Veränderungen unterliegen, variieren ihre Wirkungen über die Zeit in Abhängigkeit von dritten Größen.

Eine zu weit gehende Generalisierung ist ein verbreitetes Problem politisch-institutionalistischer Theorien. Dagegen ist auch das Vetospieler-Theorem nicht gefeit: Das Vorhandensein von Vetopositionen bedeutet nicht, dass diese auch genutzt werden, und eine bloße Addierung der Vetospieler – von Tsebelis selbst nicht ursprünglich intendiert – ist unter Umständen unzureichend. Dies gilt insbesondere deshalb, weil Vetospieler oder gegenmajoritäre Institutionen nicht „neutral" sind, sondern vielmehr für bestimmte Politiken ein Hindernis darstellen, für andere aber nicht. Beispielsweise beschränkt eine unabhängige Zentralbank die Handlungsmöglichkeiten derjenigen Regierungen kaum, die Preisstabilität als vorrangiges Ziel anerkennen. Sie kann aber zu einem ernsthaften Hindernis für eine Regierungspolitik werden, die die Geldpolitik als wirtschaftspolitisches Instrument einsetzen will und andere Ziele, etwa die Bekämpfung der Arbeitslosigkeit, als gleich- oder vorrangig betrachtet. Vetospieler können zudem „gekauft" oder umspielt werden, wie das Beispiel des Stimmverhaltens von unionsregierten

Bundesländern bei der Bundesratsabstimmung zur Steuerreform 2000 und zur Rentenreform 2001 der rot-grünen Koalition zeigt. Es gilt also Besonderheiten des jeweiligen Politikfeldes und parteipolitischer Variablen gleichermaßen mit zu berücksichtigen, will man zu validen Ergebnissen kommen. Politisch-institutionalistische Ansätze haben noch mit einem weiteren Problem zu kämpfen: Nicht alle theoretischen Konzepte können angemessen operationalisiert werden. Vetospieler und vergleichbare Indices werden deshalb meist nur in ihrer Zahl erfasst, weil sich „Kohäsion" und „Kongruenz" nur schwer messen lassen – ein erheblicher Verlust gegenüber dem theoretischen Gehalt des Vetospielertheorems.

Politisch-institutionalistische Theorien haben jedoch einen großen Vorteil: Sie sind anschlussfähig für andere Erklärungsansätze. Sofern institutionelle Größen untersucht werden, für die geeignete Messkonzepte existieren, und parteipolitische und ökonomische Variablen mit einbezogen werden, erhält man Modelle von erheblicher Erklärungskraft. In einem Vergleich, der Längs- und Querschnitt kombiniert und ökonomische Variablen, die Kabinettssitzanteile unterschiedlicher Parteien und den Index der „gegenmajoritären Institutionen" gleichermaßen berücksichtigt, sind letztere hochsignifikant und tragen einen erheblichen Teil zur Erklärung der Unterschiede der Sozialleistungsquote sowie der Veränderung der Sozialleistungsquote bei (vgl. die zusammenfassende Darstellung in Kapitel I.9).

 **Literatur**

Kommentierte Literaturhinweise

Instruktive Beispiele für entwicklungsgeschichtlich sensible institutionalistische Analysen sind
Castles, Francis G./Obinger, Herbert/Leibfried, Stephan, 2005: Bremst der Föderalismus den Leviathan? Bundesstaat und Sozialstaat im internationalen Vergleich 1880-2005, in: Politische Vierteljahresschrift 46, 215-237

und

Obinger, Herbert/Leibfried, Stephan/Castles, Francis G. (Hg.), 2005: Federalism and the Welfare State. New World and European Experiences, Cambridge.

Eine stärker gegenwartsbezogene, den Querschnitt aus vielen Untersuchungsfällen ziehende Analyse bietet:
Huber, Evelyn/Ragin, Charles/Stephens, John D., 1993: Social Democracy, Christian Democracy, Constitutional Structure, and the Welfare State, in: American Journal of Sociology 99, 711-749.

Eine politiktheoretisch anspruchsvolle Weiterführung des Institutionalismus und eine Verknüpfung mit Akteurstheorien bieten
Mayntz, Renate/Scharpf, Fritz W., 1995: Der Ansatz des akteurzentrierten Institutionalismus, in: Mayntz, Renate/Scharpf, Fritz W. (Hg.), Gesellschaftliche Selbstregelung und politische Steuerung, Frankfurt am Main/New York

und

Scharpf, Fritz W., 2000: Interaktionsformen. Akteurzentrierter Institutionalismus in der Politikforschung, Opladen.

Zitierte Literatur

Bruche, Gert/Reissert, Bernd, 1985: Die Finanzierung der Arbeitsmarktpolitik. System, Effektivität, Reformansätze, Frankfurt am Main/New York.

Huber, Evelyn/Stephens, John D., 2001: Development and Crisis of the Welfare State. Parties and Policies in Global Markets, Chicago.

Lijphart, Arend, 1999: Patterns of Democracy. Government Forms and Performance in Thirty-Six Countries, New Haven/London.

Scharpf, Fritz W., 1987: Sozialdemokratische Krisenpolitik in Europa, Frankfurt am Main/New York.

Scharpf, Fritz W. & Schmidt, Vivien (Hg.), 2000: Welfare and Work in the Open Economy, 2 Bde, Oxford.

Schmid, Günther/Reissert, Bernd/Bruche, Gert, 1987: Arbeitslosenversicherung und aktive Arbeitsmarktpolitik. Finanzierungssysteme im internationalen Vergleich, Berlin.

Schmidt, Manfred G., 1996: When parties matter: A review of the possibilities and limits of partisan influence on public policy, in: European Journal of Political Science 30, 155-183.

Schmidt, Manfred G., [3]2000: Demokratietheorien. Eine Einführung, Opladen.

Siegel, Nico A., 2002: Baustelle Sozialpolitik. Konsolidierung und Rückbau der Sozialpolitik, Frankfurt am Main/New York.

Tsebelis, George, 1995: Decision Making in Political Systems. Veto Players in Presidentialism, Parliamentarism, Multicameralism and Multipartyism, in: British Journal of Political Science 25, 289-325.

Tsebelis, George, 2002: Veto Players. How Political Institutions Work, Princeton.

Visser, Jelle/Hemerijck, Anton C., 1998: Ein holländisches Wunder? Reform des Sozialstaates und Beschäftigungswachstum in den Niederlanden, Frankfurt am Main/New York.

Wachendorfer-Schmidt, Ute (Hg.), 2000: Federalism and Political Performance, London.

Wagschal, Uwe/Obinger, Herbert, 2000: Der Einfluss der Direktdemokratie auf die Sozialpolitik, in: Politische Vierteljahresschrift 41, 466-497.

Tabelle 3: Institutionelle Barrieren der zentralstaatlichen Exekutive in 36
Demokratien am Ende des 20. Jahrhunderts

Staat	Institutionelle Begrenzer der zentralstaatlichen Legislative und Exekutive (Schmidt 1996)	Index der Vetospieler und Mitregenten	Erweiterter und aktualisierter Index der konstitutionellen Strukturen nach Huber u.a. (1993)	Erweiterter und aktualisierter Index des institutionellen Pluralismus nach Colomer (1996)
Australien	3	6	4	4
Bahamas	2	2	3	1
Barbados	1	2	3	1
Belgien	4	7	4	5
Botsuana	0	0	3	2
BR Deutschland	5	8	5	6
Costa Rica	1	1	0	1
Dänemark	3	3	0	2
Finnland	1	4	1	3
Frankreich	1	7	2	3
Griechenland	1	3	1	0
Großbritannien	2	2	3	1
Indien	3	6	3	5
Irland	2	4	0	2
Island	1	1	0	2
Israel	0	2	1	2
Italien	3	7	1	4
Jamaika	1	1	3	1
Japan	2	5	2	2
Kanada	3	3	4	5
Kolumbien	1	4	1	3
Malta	2	1	1	0
Mauritius	2	3	2	0
Neuseeland	1	3	1	1
Niederlande	2	7	1	2
Norwegen	1	2	1	1
Österreich	3	9	3	3
Papua-Neuguinea	1	3	3	1
Portugal	1	3	0	1
Schweden	1	2	0	1
Schweiz	5	8	6	6
Spanien	2	6	0	1
Trinidad u. Tobago	1	2	3	2
USA	5	6	7	6
Venezuela	0	3	0	4
Mittelwert	1,94	3,92	2,03	2,42

Quelle: Schmidt 2000, 352f. Anmerkungen: Spalte 1: Die Auswahl der Länder basiert zwecks besserer Vergleichbarkeit mit Lijphart (1999) auf den von Lijphart untersuchten 36 Demokratien.

Spalte 2: Schmidt-Index der institutionellen Begrenzer der zentralstaatlichen Legislative und Exekutive (Schmidt 1996a: 172) am Ende des 20. Jahrhunderts (Stichtag 31.12.1999). Hohe Werte zeigen eine große Anzahl mächtiger Mitregenten oder Nebenregierungen an. Niedrige Werte indizieren eine geringe Zahl von Mitregenten oder Nebenregierungen und somit einen größeren Handlungsspielraum für die Mehrheit der zentralstaatlichen Legislative und die Exekutive. Der Index ist ein additiver Index aus sechs Dummyvariablen (1 = Begrenzer, 0 = sonstiges). Zugrunde liegen folgende Messlatten: 1) Barrieren infolge der Politikharmonisierung in der Europäischen Union (EG bzw. EU-Mitgliedschaft = 1, sonst = 0), 2) Grad der Zentralisation der Staatsstruktur (1 = Föderalismus, 0 = Einheitsstaat), 3) starker Bikameralismus (= 1, sonstiges = 0), 4) Schwierigkeitsgrad der Verfassungsrevision (1 = sehr schwierig, 0 = sonstiges) , 5) Zentralbankautonomie nach Busch (1995) mit Erweiterung um das System der Europäischen Zentralbanken (= 1, sonstiges = 0), 6) Referendum (1 = häufig, 0 = selten oder nie).

Spalte 3: In Weiterführung von Kaiser (1997) konstruierter Index. Dieser gibt die Zahl der wichtigsten Vetospieler und Mitregenten im politischen Prozess wider (Stand: 31.12.1999, Venezuela ab 1.1.2000: 1). Der Index basiert auf der Addition von zehn Indikatoren, die jeweils mit 1 oder 0 kodiert wurden („1" signalisiert Vorhandensein eines „Vetospielers", „0" sonstiges): 1) Konkordanzdemokratie, 2) Föderalismus, 3) Zentralbankautonomie, 4) Lijphart-Index der richterlichen Kontrolle des Gesetzgebers (Quelle: Lijphart 1999: 314), 5) EU-Mitgliedschaft, 6) ausgeprägter Minderheitenschutz (Kodierung als „0" im Fall weit ausgebauter mehrheitsdemokratischer Strukturen, „1" = Schutz durch verhandlungsdemokratische Arrangements), 7) Zweikammersystem (=1), Einkammersystem (=0), 8) Koalitionsregierung = 1, Alleinregierung = 0), 9) Selbstverwaltungsstrukturen in der Sozialpolitik, gemessen an der sozialversicherungsbasierten Finanzierung der Sozialpolitik (Anteil der Sozialversicherungsbeiträge an den Gesamteinnahmen nach ILO 1999 größer als 50,0%), 10) 1 = ausgebaute direktdemokratische Strukturen (häufiges Gesetzesreferendum), 0 = sonstige.

Spalte 4: Um Messungen zahlreicher alter und neuer Demokratien erweiterte und aktualisierte Version des Indexes der Verfassungsstrukturen („index of constitutional structures") von Huber, Ragin und Stephens mit Stand vom Ende des Jahres 1999. Der Index ist ein additiver Index aus fünf Indikatoren: 1) Föderalismus (0 = kein Föderalismus, 1 = schwacher Föderalismus, 2 = starker Föderalismus), 2) parlamentarisches Regierungssystem (= 0) versus Präsidentialismus oder Schweizer Typ der Kollegialregierung (= 1), 3) Verhältniswahlsystem (= 0), modifiziertes Verhältniswahlrecht (=1), Mehrheitswahlsystem (= 2), 4) Bikameralismus (1 = schwach, 2 = stark), 5) Referendum (0 = selten oder nie, 1 = häufig.

Spalte 5: Um Messungen zahlreicher alter und neuer Demokratien erweiterter und mit Stand vom 31.12.1999 aktualisierter Index des „institutionellen Pluralismus" (Colomer). Minimum: 0, Maximum: 7. Additiver Index aus vier Indikatoren (Kodierung 0, 1 oder 2, beim Präsidenten-Indikator jedoch nur 0 und 1): Zahl der effektiven Parteien, Bikameralismus, gewählter Präsident und Dezentralisierung.

George Tsebelis' neueste und umfassende Datensammlung zu institutionellen und parteipolitischen Vetospielern findet sich im Internet unter http://www.polisci.ucla.edu/tsebelis/ vpdata.html.

6 Die Internationale Hypothese

Tobias Ostheim

6.1 Einleitung

Alle bislang vorgestellten Theorien der Staatstätigkeit werten die internen politischen oder institutionellen Bedingungen der Nationalstaaten als die wichtigsten Determinanten wohlfahrtsstaatlicher Politik. Vertreter der *Internationalen Hypothese* hingegen sehen die Staatstätigkeit einschließlich der sozialpolitischen Regierungspraxis von externen, inter- oder transnationalen Konstellationen oder Kräften bestimmt oder nachhaltig beeinflusst. Sie vertreten die These, dass sich die internationalen Rahmenbedingungen nationalen Regierungshandelns insbesondere durch zunehmende internationale Interdependenz, wachsende Weltmarkteinbindung, Liberalisierung des Handels und der Kapitalmärkte und die Europäische Integration erheblich gewandelt hätten. Sie haben jedoch unterschiedliche Auffassungen darüber, welches die wichtigsten internationalen Einflussgrößen sind und wie diese auf die Staatstätigkeit der Nationalstaaten einwirken. Die Internationale Hypothese ist daher vielgestaltig. Eine ihrer älteren Varianten begreift die Staatsintervention als Kompensation für die Weltmarkteinbindung der nationalen Volkswirtschaft (Cameron 1978).

Zahlreiche neuere Arbeiten betonen demgegenüber, dass die Globalisierung und das europäische Binnenmarktprojekt die Handlungsmöglichkeiten der Nationalstaaten im Bereich der Sozialpolitik beschränkten (Scharpf 1999). Unter *Globalisierung* oder „gesellschaftlicher Denationalisierung" (Zürn 1998) kann die „relative Zunahme der Intensität und der Reichweite grenzüberschreitender Austausch- und Produktionsprozesse" vor allem der Wirtschaft, aber auch der Umwelt, Kommunikation und Kultur verstanden werden (Zürn 1998: 125). Häufig wird unter diesen Begriffen jedoch nur die Integration der globalen Märkte verstanden und auf den wachsenden Anteil grenzüberschreitender wirtschaftlicher Interaktionen verwiesen.

Die Europäische Integration umfasst sowohl die Integration des Marktes in Europa als auch das Entstehen einer politischen Entscheidungsebene oberhalb des Nationalstaates. Eine dritte Variante der Internationalen Hypothese verweist auf direkte Rückwirkungen des anwachsenden Bestandes an für die Mitgliedstaaten verbindlichen Regelungen der Europäischen Gemeinschaft (oder anderer inter- oder transnationaler Einrichtungen) auf deren Staatstätigkeit (Scharpf 1999; Leibfried/Pierson 2000; Leibfried 2005).

6.2   Vertreter der Theorieschule

David Cameron

Eine frühe Variante der Internationalen Hypothese hat David Cameron (1978) formuliert. Cameron ging von der Beobachtung aus, dass der Staatssektor in den demokratischen Industriestaaten in den ersten Jahrzehnten nach dem Ende des Zweiten Weltkrieges erheblich gewachsen ist, jedoch in einem von Land zu Land unterschiedlichen Tempo. Er suchte nach Erklärungen für diese Unterschiede und maß dabei den Staatssektor durch das Verhältnis der Steuer- und sonstigen Einnahmen des Staates zum Bruttoinlandsprodukt, eine der Staatsquote verwandte Messgröße. Cameron konnte bei seinem Vergleich von 18 Demokratien in den Jahren von 1960 bis 1975 eine Reihe von erklärungskräftigen Variablen identifizieren. Zu diesen gehören politische Variablen wie die parteipolitische Zusammensetzung der Regierung und politisch-institutionelle Konstellationen wie die Differenz von Föderalismus und Einheitsstaat. Eine besonders wichtige Erklärungsgröße ist ihm zufolge aber die Weltmarkteinbindung der Wirtschaft („openness of the economy"), gemessen am Anteil der Importe und Exporte am Bruttoinlandsprodukt. Das Maß der Weltmarkteinbindung drückt aus, wie groß die Außenhandelsverflechtung ist und zeigt somit, welcher Anteil der Wirtschaftsbeziehungen grenzüberschreitend stattfindet. Die Regierungen offener Volkswirtschaften, so Cameron, seien in ihrer Politik – soweit alles übrige gleich bleibe – eingeschränkt, weil das Verhalten der Wirtschaftssubjekte stärker durch den Weltmarkt bestimmt werde und nur noch eingeschränkt durch die Politik beeinflusst werden könne. In der Folge stünde der Regierung eine Reihe wirtschaftspolitischer Instrumente nicht mehr zur Verfügung, die ansonsten zur Vermeidung von Arbeitslosigkeit, Inflation oder anderer unerwünschter Ergebnisse (Outcomes) hätten eingesetzt werden können. Durch einen großen Staatssektor könnten jedoch die negativen Effekte der größeren Verwundbarkeit offener Ökonomien abgeschwächt werden. Ein großer Staatssektor sei daher auch ein Anzeiger von Bestrebungen, negative Folgen der Offenheit für den Einzelnen durch Beschäftigungs- und Sozialpolitik auszugleichen (Cameron 1978: 1249-1251).

Die These der sozialpolitischen Kompensation außenwirtschaftlicher Offenheit ist in der Folge von mehreren Autoren aufgegriffen und zugespitzt worden, beispielsweise von Stephan Leibfried und Elmar Rieger, die den Auf- und Ausbau des Wohlfahrtsstaates nicht als Bürde in einer globalisierten Wirtschaft werten, sondern umgekehrt als „entscheidende Grundlage und Garantie außenwirtschaftlicher Öffnung" (Leibfried/Rieger 1997: 785; Rieger/Leibfried 2001).

Fritz W. Scharpf

In den neunziger Jahren hat sich eine wachsende Zahl von Wissenschaftlern verschiedener Fachrichtungen, vor allem der Wirtschafts- und der Politikwissenschaft, mit den Auswirkungen veränderter weltwirtschaftlicher Rahmenbedingungen auf die nationalstaatliche Politik beschäftigt. In den meisten Forschungsbeiträgen wird – im Unterschied zu Leibfried/Rieger – eine ausgebaute Sozialpolitik nicht als Voraussetzung der Integration in den Weltmarkt angesehen, sondern primär als Hindernis für das Wirtschaftswachstum oder als Opfer der Globalisierung. Die weltweite Integration der Märkte erzeuge vor allem deshalb Handlungszwänge für nationalstaatliche Wirtschaftspolitik, weil Regierungen im internationalen Standortwettbewerb mit günstigen Standortbedingungen um Investitionen konkurrieren müssten.

Besonders klar hat Fritz W. Scharpf die Folgen dieser Konstellation für die nationalstaatliche Politik in den westeuropäischen Staaten herausgearbeitet (Scharpf 1987, 1999, 2000). Scharpf sah in der Internationalisierung der Kapitalmärkte eine Hauptursache der eingeschränkten wirtschaftspolitischen Handlungsfreiheit. Solange die Märkte für Finanzanlagen noch nicht integriert waren, solange also Kapital nicht oder nur unter höheren Kosten in anderen Ländern investiert wurde, konnten relativ unabhängig von äußeren Einflüssen Steuern und Abgaben zur Finanzierung staatlicher Aufgaben (unter anderem der Sozialpolitik) erhoben und den Unternehmen regulative Auflagen (wie hohe Sozial- und Umweltstandards) gemacht werden. Auch wenn Unternehmenssteuern, hohe Lohnnebenkosten und regulative Maßnahmen den Unternehmen zusätzliche Kosten auferlegten, beeinträchtige dies nicht die Produktivität, denn die höheren Kosten beträfen im Allgemeinen alle konkurrierenden Unternehmen und könnten über die Preise auf die Käufer überwälzt werden.

Mit dem Abbau der Kapitalverkehrskontrollen und Handelsschranken – am weitesten gehend in der Europäischen Union – biete aber der internationale Markt Investoren und Steuerzahlern ebenso eine „Exit-Option" wie Konsumenten. Unter diesen Bedingungen müssten beispielsweise produzierte Waren nicht mehr nur mit Produkten konkurrieren, die im Nationalstaat unter den gleichen Bedingungen produziert worden sind, sondern auch mit Produkten, die beispielsweise in Regionen mit niedrigeren Löhnen, höherer Produktivität und geringeren regulativen Auflagen hergestellt wurden. In der Folge, so Scharpf weiter, könnten eine solidarische Lohnpolitik, Mindestlöhne, Steuern und sozialpolitische Maßnahmen, die die Produktionskosten erhöhten, zum Verlust von Arbeitsplätzen in dem Land führen, dessen Regierungspolitik nach anspruchsvoller Sozialpolitik strebt (Scharpf 2000: 195-198). Dies gelte auch für regulative Politik, sofern diese die Kosten eines Produkts erhöhe, ohne sich positiv auf die Qualität des Produkts auszuwirken, beispielsweise Kündigungsschutz oder Arbeitsplatzsicherheit. Bei mobilen Steuergrundlagen drohe darüber hinaus ein internationaler Steuersenkungswettbewerb – etwa bei der Besteuerung von Zinseinkommen, da sich das Kapital bei liberalisierten Finanzmärkten ohne Schwierigkeiten in Länder mit niedrigerer Steuerbelastung transferieren lässt (Scharpf 1999: 91-95).

Stephan Leibfried und Paul Pierson

Die Annahmen Scharpfs und vieler anderer Autoren lassen sich vereinfacht so zusammenfassen: Im Standortwettbewerb droht Sozialpolitik – aufgrund der für sie nötigen Steuern und Abgaben ebenso wie aufgrund regulativer Maßnahmen – zu einem Hindernis für wirtschaftliche Entwicklung und Beschäftigung zu werden. Weil dies im Fall der steuer- wie der beitragsfinanzierten Sozialpolitik zugleich die Einnahmen des Wohlfahrtsstaates mindert und die Nachfrage nach Sozialleistungen erhöht, gerät der Wohlfahrtsstaat in eine Finanzierungsklemme. Da die Integration der Märkte in Europa weiter vorangeschritten ist als in der übrigen Welt, kann angenommen werden, dass die „Fähigkeit, die bisherige nationale Politik zu verteidigen, also viel stärker beschränkt [wird], als dies die Anpassungszwänge des globalen Wettbewerbs erfordern würden" (Scharpf 1999b: 46). Damit schließt eine weitere Variante der Internationalen Hypothese, welche die Bedeutung der europäischen Integration für die nationalstaatliche Politik betont, unmittelbar an die Globalisierungsthese an.

Vertreter dieser „Europäisierungs–Hypothese" sind Stephan Leibfried und Paul Pierson. Leibfried und Pierson haben drei unterschiedliche Pfade identifiziert, über die die Europäische Gemeinschaft auf die Sozialpolitik in den Mitgliedstaaten der EG zurückwirkt (Leibfried/Pierson 2000). Diese drei Wege lassen sich mit den Begriffen *negative Integration, positive Integration* und *indirekte Effekte* charakterisieren.

Unter negativer Integration versteht man allgemein den Abbau von Hemmnissen, die dem freien Verkehr von Waren, Dienstleistungen, Kapital und Arbeit, den wichtigsten Zielen des Gemeinsamen Marktes („vier Freiheiten"), entgegenstehen. Der negativen Integration wird von vielen Autoren ein wesentlicher Einfluss auf die Handlungsmöglichkeiten nationalstaatlicher Politik zugesprochen, weil zahlreiche wohlfahrtsstaatliche Maßnahmen den Grundprinzipien der „vier Freiheiten" widersprechen. Auch Leibfried und Pierson zufolge ist in der Sozialpolitik die Souveränität der Mitgliedstaaten der Gemeinschaft besonders stark durch die negative Integration erodiert. Durch die Europäische Politik sei beispielsweise die Transferierbarkeit von Sozialleistungen über nationalstaatliche Grenzen hinweg ermöglicht und die Gesundheitspolitik stärker den Regeln des freien Wettbewerbs unterworfen worden. Auch seien Maßnahmen durchgesetzt worden, die die Freizügigkeit der Arbeitskräfte flankieren, zum Beispiel der soziale Schutz der Wanderarbeitnehmer. Den Erkenntnissen Leibfrieds und Piersons (Leibfried 1997; Leibfried/Pierson 2000) oder Scharpfs (1999b) zufolge ist der Erfolg der *negativen Integration* insbesondere darauf zurückzuführen, dass die Marktfreiheiten durch die Politik der Kommission und die Entscheidungen des Europäischen Gerichtshofs (EuGH) gefördert würden. Die Hürde für mitgliedstaatliche Maßnahmen – auch um die Rückwirkungen der Europäischen Integration auf die nationalstaatliche Politik zu begrenzen – im Rat sei dagegen hoch.

Auch Maßnahmen der *positiven Integration*, also marktkorrigierende Maßnahmen und Normen auf der europäischen Ebene, schafften Leibfried und Pierson zufolge Restriktionen für die mitgliedstaatliche Politik. Beispiele seien die Festlegung gleicher Entlohnung für gleichwertige Erwerbsarbeit von Frauen und Männern und europaweite Arbeitsschutzregeln, die bemerkenswerterweise das hohe Niveau des Arbeitsschutzes der skandinavischen Länder europaweit festschrieben. Dass das Volumen und die Reichweite solcher Reformen insgesamt dennoch vergleichsweise gering sind, führen Leibfried und Pierson darauf zurück, dass die Institutionen der EU es einfacher machen, Reformen zu blockieren als Reformen zu verwirklichen. Überdies sei der Einfluss der sozialdemokratischen Parteien als der stärksten Vertreter einer sozialen Dimension der Gemeinschaft durch die Machtverteilung in Europa bis zur Mitte der 1990er Jahre gering gewesen (Leibfried/ Pierson 2000: 270-272).

Ein dritter Pfad der Rückwirkungen auf die mitgliedstaatliche Sozialpolitik liegt nach Leibfried und Pierson schließlich in einer Reihe indirekter Effekte. So entstünde ein Zwang zur Haushaltskonsolidierung und zu sozialpolitischer Zurückhaltung durch die Konvergenzkriterien des Maastrichter Vertrages, so insbesondere die Obergrenzen für Staatsverschuldung und für Neuverschuldung. Insgesamt, so schließen die Autoren, begrenze die Europäische Gemeinschaft die Spielräume der mitgliedstaatlichen Sozialpolitik: „Member governments still 'choose', but they do so from an increasingly restricted menu" (ebd.: 288).

6.3   Stärken und Schwächen der Internationalen Hypothese

Der Internationalen Hypothese kommt ein großes Verdienst zu: Sie zeigt, wie sehr sich die internationalen Rahmenbedingungen nationalstaatlicher Regierungspolitik in den letzten Jahrzehnten gewandelt haben. Die in den Kapiteln I.2 bis I.5 vorgestellten Theorien der vergleichenden Staatstätigkeitsforschung haben diese Veränderungen meist unterbelichtet – wie sie überhaupt den externen Bedingungen nationalstaatlichen Handelns (ökonomische Größen wie die Integration in den Weltmarkt ebenso wie die Mehrebenenpolitik der Europäischen Union) wenig Aufmerksamkeit schenkten. Sie sind damit gewissermaßen auf einem Auge blind. Hier kann die Internationale Hypothese einspringen. Und ein Weiteres zeichnet sie aus: Die potenzielle Reichweite der Internationalen Hypothese ist groß. Diese These erhebt prinzipiell Anspruch auf weltweite Gültigkeit, und ihr wird Erklärungskraft für die meisten Politikfelder zugeschrieben.

   Auch wird zumindest Teilen der Internationalen Hypothese allgemein empirische Gültigkeit attestiert. Dass ein Wandel der internationalen Rahmenbedingungen tatsächlich stattgefunden hat, lässt sich sowohl an Indikatoren, die formale Einschränkungen der nationalstaatlichen Souveränität zu messen suchen, als auch an ökonomischen Größen ablesen. Eine formale Beschränkung der Souveränität findet sich vor allem in den Mitgliedsländern der Europäischen Union. Misst man die Europäisierung der öffentlichen Aufgaben anhand der formalen Kompetenzverteilung und der dominierenden politischen Entscheidungsebene, zeigt sich im Längsschnittvergleich eine zunehmende Europäisierung der Politik. Dieser Prozess vollzieht sich jedoch in einzelnen Politikfeldern mit unterschiedlicher Geschwindigkeit. In der Sozialpolitik dominiert in den meisten Bereichen nach wie vor die mitgliedstaatliche Politik (vgl. Schmidt 2005).

   Auch die ökonomischen Rahmenbedingungen für das Regierungshandeln sind heute andere als in den ersten Nachkriegsjahrzehnten. Dies lässt sich beispielsweise an der *Außenhandelsquote*[6] der OECD-Staaten ablesen: Die Weltmarkt-integration ist in den vergangenen Jahrzehnten deutlich gewachsen. Das Ausmaß an Denationalisierung unterscheidet sich jedoch von Land zu Land erheblich. Besonders weit ist der Prozess in denjenigen Ländern fortgeschritten, die Mit-glied in der Europäischen Union sind und eine hohe Außenhandelsquote aufwei-sen. Geringer ist die Denationalisierung dagegen in großen Staaten, deren Bin-nenhandel den weitaus größten Teil des gesamten Handels ausmacht, so die Vereinigten Staaten von Amerika. Die Integration der Finanzmärkte gilt allge-mein als noch weiter fortgeschritten als die Integration der Güter- und Dienstleis-tungsmärkte. Bereits auf dieser deskriptiven Ebene wird der Internationalen Hypothese jedoch vorgehalten, sie beschreibe keineswegs neue Phänomene, denn das Ausmaß der Integration der Weltwirtschaft sei zu Beginn des vergangenen Jahrhunderts ebenso groß gewesen.

Weniger eindeutig sind die Antworten auf die Frage, ob sich die geänderten ökonomischen Rahmenbedingungen in der Welt und in Europa auch auf die Ergebnisse der Politik, verstanden als Output wie auch als Outcome, auswirken. Eine Überprüfung dieser Hypothese wird dadurch erschwert, dass sie zu unter-schiedlichen Aussagen darüber kommt, in welcher Stärke und in welche Rich-tung die Denationalisierung auf die nationale Sozialpolitik wirkt.

Camerons (1978) Annahme einer sozialpolitischen Kompensation wird durch Ergebnisse des internationalen Querschnittvergleichs bis zum Beginn der achtziger Jahre bedingt gestützt. Generell gilt, dass kleinere Staaten, die eine höhere Außenhandelsquote aufweisen und damit ökonomisch „verwundbarer" sind, auch eine größere Staatsquote ausweisen und ceteris paribus stärkere sozi-alstaatliche Anstrengungen unternehmen als größere Länder. Die meisten Auto-ren gehen jedoch mittlerweile davon aus, dass die weltweite Marktintegration Druck auf die nationalstaatliche Politik ausübt, die sozialstaatlichen Anstrengun-gen zu verringern. Diese These lässt einen Rückbau der Sozialleistungen seit der Mitte der 1980er Jahre bzw. einen stärkeren Rückbau in den Volkswirtschaften erwarten, die stärker in den Weltmarkt integriert sind. Die empirischen Befunde sind jedoch uneinheitlich, und der Erklärungsbeitrag dieser Variante der „Globa-lisierungsthese" ist strittig.

Die Uneinigkeit lässt sich zumindest in Teilen auf zwei Hauptschwächen der Internationalen Hypothese zurückführen, die bisweilen ebenfalls auf einem

---

[6] Die Außenhandelsquote ist die Summe der Importe und Exporte eines Landes im Verhältnis zum Sozialprodukt, meist zum Bruttoinlandsprodukt. Die Außenhandelsquote dient als Maß der Weltmarkt-einbindung der Wirtschaft und damit der ökonomischen Offenheit eines Landes. Sie ist einer der wich-tigsten Globalisierungsindikatoren.

Auge blind ist: Häufig werden aus der Betrachtung einiger weniger Länder generalisierende Aussagen abgeleitet, und oft werden die nationalen Handlungskontexte (etwa ökonomische und politisch-institutionelle Variablen, solche des Parteienwettbewerbs und der Machtressourcen unterschiedlicher gesellschaftlicher Interessengruppen) und damit die *internen* Bestimmungsfaktoren nicht angemessen berücksichtigt. Die Antwort der Regierungen auf internationale Einflüsse kann jedoch abhängig von den jeweiligen Gegebenheiten sehr unterschiedlich ausfallen (Zohlnhöfer 2005). Nationalstaatliche Institutionen wirken als „Filter der Globalisierung" (Busch 2003: 248); sie verarbeiten deshalb ähnliche oder sogar gleiche globalisierungsbedingte Problemstellungen auf je eigene Weise. Eine eindeutige Konvergenz der Outputs und der Outcomes der Regierungspolitik hat es auch in der Sozialpolitik nicht gegeben. Wie jüngere vergleichende Forschungsprojekte zeigen (Schmidt/Scharpf 2000), kann es durchaus erfolgreiche Anpassungen an die geänderten Bedingungen geben, und diese Anpassungen können höchst unterschiedlich aussehen. Als erfolgreich kann der niederländische Weg einer Sozialstaatsreform einschließlich eines beachtlichen Sozialstaatsumbaus und -rückbaus ebenso gelten wie das Beispiel Dänemarks mit überwiegend steuerfinanzierter Sozialstaatlichkeit. Diese Unterschiede sind nicht nur auf unterschiedliche Regierungsparteien zurückzuführen. Sie kommen auch in ein und derselben Parteifamilie vor: Die prinzipiell sozialstaatsfreundlichen sozialdemokratischen Parteien Europas beispielsweise haben sehr unterschiedliche Antworten auf die Herausforderung durch Globalisierung und Europäische Integration gefunden (Merkel et al. 2006).

Wenn die Internationale Hypothese um diese parteipolitischen Größen, um politisch-institutionelle Variablen, die Politik-Erblast-Lehre und die Schlüsselgrößen der sozialökonomischen Schule ergänzt wird, lässt sich zu einem Gutteil erklären, warum Staaten bestimmte Pfade eingeschlagen und bestimmte sozialpolitische Reformoptionen gewählt oder ignoriert haben.

 **Literatur**

Kommentierte Literaturhinweise

Rieger, Elmar/Leibfried, Stephan, 2001: Grundlagen der Globalisierung. Perspektiven des Wohlfahrtsstaates, Frankfurt am Main.

In der Darstellung von Stephan Leibfried und Elmar Rieger findet sich unter anderem eine Reihe von Literaturhinweisen zum Thema „Globalisierung" und zu den Rückwirkungen der Europäischen Integration auf die nationalstaatliche Politik.

Zahlreiche Forschungshypothesen über die Wirkungen der Globalisierung und der Europäischen Integration finden sich auf 35 Seiten zusammengefasst in:
Merkel, Wolfgang/Egle, Christoph/Henkes, Christian/Ostheim, Tobias/Petring, Alexander, 2006: Die Reformfähigkeit der Sozialdemokratie. Herausforderung und Bilanz der Regierungspolitik in Westeuropa, Wiesbaden.

Weiterführend ist

Scharpf, Fritz W./Schmidt, Vivien (Hg.), 2000: Welfare and Work in the Open Economy, 2 Bde, Oxford.

Held, David/McGrew, Anthony 2000: The Global Transformations Reader. An Introduction to the Globalization Debate, Cambridge.
bietet eine gelungene Auswahl an Forschungsbeiträgen aus der unüberschaubaren Literatur zum Thema Globalisierung.

Unter den unzähligen Titeln zur Bedeutung der Europäischen Integration für die Wohlfahrtsstaaten ist auch etliche Jahre nach dem Erscheinen noch besonders lohnenswert:
Scharpf, Fritz W., 1999: Regieren in Europa. Effektiv und demokratisch?, Frankfurt am Main/New York.

Zitierte Literatur

Busch, Andreas, 2003: Staat und Globalisierung. Das Politikfeld Bankenregulierung im internationalen Vergleich, Wiesbaden.

Cameron, David R., 1978: The Expansion of the Public Economy: A Comparative Analysis, in: American Political Science Review 72, 1243-1261.

Leibfried, Stephan, 2005: Social Policy. Left to the Judges and the Market?, in: Wallace, Helen/Wallace, William/Pollack, Mark (Hg.), Policy-Making in the European Union, Oxford, 244-278.

Merkel, Wolfgang/Egle, Christoph/Henkes, Christian/Ostheim, Tobias/Petring, Alexander, 2006: Die Reformfähigkeit der Sozialdemokratie. Herausforderung und Bilanz der Regierungspolitik in Westeuropa, Wiesbaden.

Rieger, Elmar/Leibfried, Stephan, 1997: Die sozialpolitischen Grenzen der Globalisierung, in: Politische Vierteljahresschrift 38, 771-796.

Rieger, Elmar/Leibfried, Stephan, 2001: Grundlagen der Globalisierung. Perspektiven des Wohlfahrtsstaates, Frankfurt am Main.

Scharpf, Fritz W., 1987: Sozialdemokratische Krisenpolitik in Europa, Frankfurt am Main/ New York.

Scharpf, Fritz W., 1999: Regieren in Europa. Effektiv und demokratisch?, Frankfurt am Main/New York.

Scharpf, Fritz W., 2000: The Viability of Advanced Welfare States in the International Economy: Vulnerabilities and Options, in: Journal of European Public Policy 7, 190-228.

Scharpf, Fritz W./Schmidt, Vivien (Hg.), 2000: Welfare and Work in the Open Economy, 2 Bde, Oxford.

Schmidt, Manfred G., 2005: Aufgabeneuropäisierung, in: Schuppert, Gunnar Folke (Hg.), Europawissenschaft, Baden-Baden, 129-146.

Zürn, Michael, 1998: Regieren jenseits des Nationalstaates. Globalisierung und Denationalisierung als Chance, Frankfurt am Main.

Zohlnhöfer, Reimut, 2005: Globalisierung der Wirtschaft und nationalstaatliche Anpassungsreaktionen. Theoretische Überlegungen, in: Zeitschrift für Internationale Beziehungen 12: 41-75.

7 Die Lehre vom Politik-Erbe

Tobias Ostheim und Manfred G. Schmidt

7.1 Einleitung

Die Lehre vom Politik-Erbe macht sich eine grundlegende Einsicht der Geschichtswissenschaft zu eigen: Die Bestände der Gegenwart sind weitgehend Produkt von Vergangenem, und die hier und heute Handelnden machen ihre Geschichte nicht unter selbst gewählten, sondern größtenteils unter vorgefundenen Bedingungen. Politik zum Zeitpunkt t ist demnach vor allem von Politik zum Zeitpunkt t-1 geprägt, die Wirtschaftspolitik hier und heute ist weitgehend von der wirtschaftspolitischen Lage und den wirtschaftspolitischen Weichenstellungen in der Vergangenheit beeinflusst. Die Politik-Erblast-Theorie deutet Staatstätigkeit vor allem als Produkt von geplanten oder ungeplanten Folgen früher getroffener politischer Entscheidungen. Und sie wertet Problemlösungsroutinen staatlicher Politik als Ergebnis eines historisch angelegten Problemlösungspfades, als Resultat von „Pfadabhängigkeit". Das Politikerbe begrenzt aus der Sicht der Erblast–Theorie den Handlungsspielraum der Regierungspolitik. Dieser Blickwinkel auf das politische Geschehen ist genuin geschichtswissenschaftlich, ähnelt in manchem aber auch den historisch orientierten Varianten der politisch-institutionalistischen Theorien („historical institutionalism"), betrachten doch diese Institutionen als verfestigtes Politikerbe früherer Entscheidungen. So lassen sich die unterschiedlichen Wohlfahrtsstaatstypen nach Esping-Andersen als Teil eines Politikerbes auffassen, das die Staatstätigkeit entscheidend prägt.

Erblasttheorien im engeren Sinne unterscheiden sich von anderen Theorien der Staatstätigkeit dadurch, dass ihre Vertreter im Erbe der Vergangenheit die entscheidende Wirkungsgröße sehen, nicht nur eine von vielen. Richard Rose und Philip L. Davies, zwei prominente Vertreter dieser Theorieschule, haben den zugrunde liegenden Gedanken besonders klar ausgedrückt: Regieren heißt für sie nicht Führen und Entscheiden über begehrte Güter, und zwar mit Anspruch auf gesamtgesellschaftliche Verbindlichkeit. Regieren heißt für sie vielmehr „Erbe und Erblasten übernehmen" – „To govern is to inherit" (Rose/Davies 1994: 2).

Eine Variante der Lehre vom dominanten Einfluss der Vergangenheit sieht die Regierungspolitik vom Politik-Erbe, verstanden als die Summe der bestehenden Regelungen, geprägt, die nur noch kleine, inkrementalistische Veränderungen der Politik erlaube (so etwa Rose 1990; Rose/Davies 1994). Mit der Politik-Erblast-Theorie wird beispielsweise erklärt, warum sich auch in Ländern, in denen es wenige Vetospieler und somit viel Spielraum für Kurswechsel gibt (wie beispielsweise in Großbritannien), nach Machtwechseln nicht zwangsläufig die erwarteten großen Änderungen in den Inhalten der Politik zeigen. Die These von der *Pfadabhängigkeit* betont dagegen die Bedeutung früherer Weichenstellungen mit langfristig erheblicher Wirkung (Pierson 1994; Conrad 1998). Der Politik, so die Vertreter dieser Variante der Erblasttheorien, fällt es schwer, vom einmal eingeschlagenen Pfad abzuweichen. Die Gründe dafür sind vielfältig. Um nur zwei zu benennen: Zum Teil spielt Trägheit eine Rolle, vor allem wenn sich eingeschliffene Problemlösungsroutinen als hinlänglich praktikabel erwiesen haben. Zum Teil sind scharfe Kosten-Nutzen-Abwägungen verantwortlich: Abkehr von alten Problemlösungswegen führt in ungewisses Gelände – mit potenziell hohen Umlern-, Such- und Stabilisierungskosten – wohingegen althergebrachte Lösungsvarianten womöglich bescheidenen Nutzen, aber geringere Kosten versprechen (vgl. hierzu Pierson 2000).

Unterscheiden kann man Erblasttheorien auch danach, ob sie die Politik von unintendierten Folgen früherer Entscheidungen geprägt sehen oder davon ausgehen, dass Politiker das Instrument der „Erbschaft" bewusst einsetzen, um die nachfolgenden Regierungen in ihrem Handlungsspielraum einzuengen.

7.2   Vertreter der Theorieschule

Richard Rose und Phillip L. Davies

Kommt eine neue Regierung ins Amt, beginnt sie nicht in einer „Stunde Null", sondern auf der Basis einer Erbschaft in Gestalt gesetzlicher Regelungen und faktischer Problemlösungsroutinen, die sie nicht ignorieren kann. Die Folgen dieses unbestrittenen Tatbestands für die Regierungspolitik haben Richard Rose und Phillip L. Davies anhand der Regierungspolitik in Großbritannien untersucht (Rose 1990; Rose/Davies 1994).

Rose und Davies gehen von der Beobachtung aus, dass die meisten staatlichen Ausgabenprogramme zeitlich unbefristet liefen und der größte Teil der Staatsausgaben von Programmen bestimmt wurde, die bereits von Vorgängerregierungen eingeführt worden waren. Der Anteil neu eingeführter Ausgabenprogramme an den Gesamtausgaben war sehr klein – ebenso wie der Anteil an beendbaren „ererbten" Ausgabenprogrammen. Im Schnitt, so der Befund von Rose für die Jahre 1946-1985, entfielen nur zwei Prozent der Gesamtsumme auf Programme, die von der jeweiligen Regierung eingeführt worden waren (Rose 1990: 277). Rose und Davies halten gegenüber der überwältigenden Dominanz des Politikerbes den Einfluss von Parteien auf die Staatstätigkeit für relativ unbedeutend (Rose/Davies 1994: 122-143).

Die Erblast, mit der sich Regierungen konfrontiert sehen, ist Rose und Davies zufolge groß. In der Sozialpolitik sei die Staatstätigkeit sogar besonders festgelegt und wenig variabel. Dies gründe in der besonderen Eigenschaft von Sozialleistungen. Denn diese verkörperten den Kern der Lebensplanung von Individuen und Familien und besäßen deshalb einen besonders langen Zeithorizont. Aus diesem Grund sei die Sozialpolitik asymmetrisch: Ihre Leistungen könnten kaum zurückgefahren, wohl aber ausgedehnt werden. Ihre Rückführung könne kaum eine Regierung durchstehen, wohingegen Auf- und Ausbau der Sozialpolitik von der Masse der Wähler politisch belohnt würden. Während in anderen Politikfeldern, beispielsweise in der Wirtschaftspolitik, neue Maßnahmen alte ablösten und so für große politische Kursänderungen sorgten, seien fast 80 Prozent der sozialpolitischen Ausgaben Großbritanniens im Jahre 1985 auf Programme zurückzuführen, die vor 1946 eingeführt wurden (Rose 1990: 283f.).

Das Politikerbe bewirke ein Weiteres: Politiker neigten zu Inkrementalismus und berücksichtigten bei der Entscheidung über eine Maßnahme nur die erwarteten kurzfristigen Effekte. Die langfristigen Wirkungen einer Entscheidung würden von Politikern hingegen meist ignoriert. Zudem folgten politische Organisationen dem Gesetz der Trägheit, der Kehrseite inkrementalistischer Entscheidungen. Das Gesamtergebnis des Politikerbes ist nach Rose und Davies unerwartet und unbeabsichtigt: Es besteht aus „change without choice" (Rose/Davies 1994: 221) – also aus Wandel, ohne gewählt zu haben.

Paul Pierson

In den bislang vorgestellten Staatstätigkeitstheorien erscheinen *Policies*, die Inhalte der Politik, als Ergebnis von *Politics*, also als Resultante des politischen Prozesses. Staatstätigkeit ist aber nicht nur das Ergebnis des politischen Prozesses, sondern verändert zugleich deren soziale, politische und institutionelle Rahmenbedingungen, und diese wirken wiederum auf die Inhalte der Politik zurück. Ein Beispiel ist die Entwicklung unterschiedlicher Wohlfahrtsstaatssysteme, wie sie Gøsta Esping-Andersen skizziert hat (Esping-Andersen 1990): Die liberalen, konservativen und sozialdemokratischen Wohlfahrtsstaatstypen produzierten höchst unterschiedliche sozialpolitische Outputs – mit entsprechend unterschiedlichen Rückwirkungen auf den politischen Prozess. Dieses Phänomen der Rückwirkungen von Politik (im Sinne von Policy) auf die politischen Institutionen und den politischen Prozess (engl. „policy feedback") spielt in den Arbeiten Paul Piersons zur Pfadabhängigkeit der Politik eine prominente Rolle (Pierson 1996, 2000). Die Pfadabhängigkeit ist nach Pierson dafür verantwortlich, dass es unter Ronald Reagan in den Vereinigten Staaten und Margaret Thatcher in Großbritannien nur zu begrenzten Einschnitten in die sozialen Sicherungssysteme kam, obwohl mit ihnen Regierungen an die Macht kamen, die sich den Rückbau des Sozialstaats auf die Fahnen geschrieben hatten.

Pierson definiert Pfadabhängigkeit als einen sich selbst verstärkenden Prozess, der sich besonders gut durch das Konzept der *„Increasing Returns"* erklären lasse: Mit fortschreitender Dauer wachse der relative Nutzen eines einmal eingeschlagenen Pfades der Problemlösung verglichen mit dessen Handlungsalternativen. Anders ausgedrückt: Eine Abweichung vom einmal eingeschlagenen Pfad verursache mit der Zeit immer höhere Kosten (Pierson 2000: 252). Soziales Handeln neige allgemein dazu, wachsende Erträge („Increasing Returns") hervorzubringen[7]. Und wachsende Erträge würden besonders durch die institutionelle Verfestigung von Policies hervorgerufen, die Anreize und Möglichkeiten für bestimmtes Handeln und Strafen für anderes erzeugten. Pfadabhängigkeit durch wachsende Erträge entstünde auch dann, wenn gesellschaftliche Gruppen einen kleinen Machtvorsprung dazu nutzten, ihre Machtstellung auszubauen.

Folgenreich sind nach Pierson zudem Besonderheiten der Politik. Wirkungsmächtig sei die Komplexität politischer Zusammenhänge. Sie erschwere es, die Ergebnisse der Politik bestimmten Maßnahmen zuzuschreiben, wodurch die Korrektur von Fehlern oft unterbleibe und der zuvor schon eingeschlagene Pfad weiter verfolgt werde. Hinzu komme der kurze Zeithorizont der politischen

---

[7] In traditionellen Märkten der Ökonomie dominiert das Gesetz abnehmender Skalenerträge, während in neueren, wissensbasierten Sektoren das Gesetz der steigenden Erträge eine wichtige Rolle spielt. Ein Beispiel für „increasing returns" sind Netzwerkeffekte auf dem Softwaremarkt, in dem hohe Fixkosten, geringe Grenzkosten und eine positive Rückkoppelung zu dynamisch steigenden Erträgen führen: Je höher der Verbreitungsgrad eines bestimmten Programms ist, desto größer ist der Nutzen des Programms für den Einzelnen, denn die Kosten für die Entwicklung eines Programms sind sehr hoch und die der Kopien für die Distribution sehr gering, wodurch auch die Durchschnittskosten des Programms mit wachsender Verbreitung sinken. In der Lehre von der Pfadabhängigkeit wird das Konzept der „increasing returns" vor allem mit zeitlichem Bezug verwendet: Mit fortschreitender Dauer wächst demnach der relative Nutzen eines einmal eingeschlagenen Problemlösungspfades verglichen mit dessen Handlungsalternativen, und die Kosten eines Pfadwechsels steigen.

Akteure. Und schließlich besäßen Institutionen einen Status-quo-Bias, da sie auf Dauerhaftigkeit ausgerichtet seien – auch um Nachfolgeregierungen bewusst in ihren Handlungsmöglichkeiten zu beschränken (ebd.: 262).

Christoph Conrad

Christoph Conrad ist einer der Autoren, die das Konzept der Pfadabhängigkeit auf die Sozialpolitik anwenden. Er exemplifiziert dies an einem besonders augenfälligen Fall, nämlich den Systemen der Alterssicherung in den verschiedenen politischen Regimes Deutschlands im 19. und im 20. Jahrhundert. Conrad hält für erklärungsbedürftig, dass es eine starke Kontinuität der deutschen Alterssicherungssysteme seit der Bismarckschen Sozialgesetzgebung gegeben habe – ungeachtet des tiefgreifenden Wandels der Herrschaftssysteme vom Kaiserreich zur Weimarer Republik, von Weimar zum Nationalsozialismus, vom Dritten Reich zu den Jahren der Besatzung, von diesen zur Bundesrepublik auf der einen und zur DDR auf der anderen Seite, und schließlich des Wandels zum wiedervereinigten Deutschland.

Bestätigung für seine These von der „Dominanz des einen langen Pfades" (Conrad 1998: 105) findet er anhand von fünf Kriterienbündeln, und zwar vor allem für den Westen Deutschlands. Besonders prägend sei die Gründung der Sozialversicherungen als Trägerinstitutionen gewesen. Das Sozialversicherungsprinzip mit der Orientierung am Erwerbseinkommen und dem Ziel der Statuserhaltung sei – mitsamt der Sonderstellung der Beamten am oberen Ende und der Sozialhilfe am unteren Ende der Statushierarchie – in der Sozialpolitik der Bundesrepublik Deutschland weitestgehend erhalten geblieben. Kontinuität gebe es auch bei den Einschlusskriterien der Anspruchsberechtigten, die sich in Deutschland noch heute – wie schon zu Bismarcks Zeiten – nicht an Kriterien der Staatsangehörigkeit, sondern an der Erwerbstätigkeit im Staatsgebiet orientierten. Auch seien die Weichen für die arbeitsmarktpolitische Nutzung der Alterssicherungssysteme bereits im Kaiserreich gestellt worden.

Die Machtverteilung zwischen Arbeit und Kapital in der Selbstverwaltung der Rentenversicherung sei dagegen in hohem Ausmaß vom Charakter des jeweiligen politischen Regimes abhängig gewesen. So seien in der DDR, anders als in der Bundesrepublik, die Verwaltungsaufgaben nicht paritätisch von Arbeitgebern und Arbeitnehmern, sondern nur noch durch die Einheitsgewerkschaft, den FDGB, wahrgenommen worden. Ein Pfadwechsel habe im Westen Deutschlands zudem im Finanzierungsverfahren stattgefunden, als man 1957 das Umlageverfahren gesetzlich verankert habe (vgl. hierzu das Kapitel II „Sozialpolitik in Deutschland").

Für die Bundesrepublik Deutschland lautet Conrads Befund zusammenfassend so: Der im Kaiserreich eingeschlagene Pfad der Sozialpolitik sei in der Weimarer Republik und im Dritten Reich fortgesetzt worden und habe auch die Bundesrepublik geprägt. Einen Kontinuitätsbruch konstatiert Conrad allerdings für das Alterssicherungssystem der DDR, das vom althergebrachten Pfad abging. Worauf ist die relative Kontinuität der deutschen Alterssicherungssysteme – außerhalb des Kreises der DDR-Sozialpolitik – zurückzuführen? Für Conrad lautet die Antwort: Auf die hohe Pfadabhängigkeit. „Einmal gefällte Entscheidungen, die sich in Institutionen oder festen administrativen Handlungsmustern niederschlagen, sind nur unter großem Aufwand zu ändern. Umgekehrt machen Politikmodelle die Einführung ähnlicher Nachfolgeprogramme leichter, und erfolgreiche Institutionen ziehen mehr Aufgaben an sich" (Conrad 1998: 104). Und „großer Aufwand" bedeute unter anderem mit jedem Jahr wachsende Kosten von Alternativen. Die Kontinuität der Alterssicherungseinrichtungen dürfe aber nicht zu der Annahme verleiten, dass Pfadabhängigkeit eine Entwicklungsnotwendigkeit sei und die Politik determiniere. Vielmehr habe es auch „prinzipiell offene Situationen" (ebd.: 110f.) gegeben, in denen eine grundsätzliche Neuordnung möglich gewesen sei. In diesen Momenten – im deutschen Beispiel etwa die Hyperinflation 1922/23, die Weltwirtschaftskrise und die Jahre nach dem Ende des Zweiten Weltkrieges – hätte die Möglichkeit bestanden, in der Alterssicherung neue Wege zu gehen. Dass auch in Deutschland einschneidende sozialpolitische Kurswechsel stattgefunden hätten, die als „Überwindung des institutionellen Erbes des Kaiserreiches" angesehen werden könnten, belegt er an dem Beispiel der Rentenreform von 1957 (ebd.: 113).

7.3   Stärken und Schwächen der Lehre vom Politik-Erbe

Stärken

Die Erblasttheorie formuliert zunächst eine einfache Aussage: Die Menschen machen ihre eigene Geschichte, aber sie tun dies nicht unter selbst gewählten, sondern unter vorgefundenen Bedingungen. Im Hinweis auf die Bedeutung früheren politischen und gesellschaftlichen Handelns für spätere Entscheidungen liegt ein großer Verdienst dieser Schule der Staatstätigkeitsforschung. Für die Theorie spricht ferner, dass die Erblast in vielen Politikfeldern sehr hoch ist. Der vorhandene Handlungsspielraum ist im Vergleich mit dem durch frühere Entscheidungen determinierten Teil des politischen Outputs oftmals sehr gering. Die von Rose angestellten Berechnungen lassen sich auf die übrigen entwickelten Demokratien übertragen. Für Deutschland schätzt man, dass 95 Prozent des Haushaltes von Bund und Ländern durch früher eingegangene Verpflichtungen festgelegt sind. Dass von der Politik der Vorgänger eine die jeweiligen Amtsinhaber erheblich bindende Wirkung ausgeht und die Spielräume begrenzt sind, lässt sich auch statistisch nachweisen, besonders deutlich an quantifizierbaren Größen wie der Sozialleistungsquote: In statistischen Modellen lässt sich der weitaus größte Teil (meist über 90 Prozent) der Varianz der Sozialleistungsquote in Deutschland mit der Sozialleistungsquote des Vorjahres erklären.

Die verschiedenen Varianten der Erblasttheorie leisten aber mehr als nur den Hinweis auf Einschränkung des politischen Handlungsspielraums durch feststehende Staatsaufgaben. Insbesondere die Lehre von der Pfadabhängigkeit kann auch die Bedeutung einzelner – oft Jahrzehnte zurückliegender – Weichenstellungen und Phänomene des Beharrungsvermögens einmal eingerichteter sozialpolitischer Ordnungen erklären. Dies zeigt Piersons Studie der amerikanischen und britischen Wohlfahrtsstaatspolitik unter Reagan und Thatcher (Pierson 1994). Analoges gilt für das deutsche Sozialversicherungssystem und die Beharrungskräfte des „Sozialversicherungsstaates" (Jochem 2001).

Am Beispiel der Dynamisierung der Altersrenten in Deutschland zeigt sich, dass markante Pfadwechsel, die als Beleg für beträchtliche politische Spielräume gelten können, so Conrad (1998), in der Folge neue Pfadabhängigkeiten begründen. So ist die finanzielle Schieflage des gegenwärtigen deutschen Rentensystems in erheblichem Ausmaß auf die Rentenreform von 1957 zurückzuführen, in der das Prinzip der beitragsäquivalenten, einkommensbezogenen Altersrente und deren Dynamisierung durch die Anpassung an den Zuwachs der Bruttolöhne und Bruttogehälter der Arbeitnehmer festgelegt wurde. Zugleich wurde mit der Reform von 1957 das Umlageverfahren zur Finanzierung der Alterssicherung gesetzlich verankert. Ihm zufolge werden die Leistungen der Alterssicherung auf der Grundlage eines gesetzlich festgelegten Generationenvertrags hauptsächlich aus den Beiträgen der jeweils im Erwerbsleben stehenden Generation finanziert („Generationenvertrag"). Die Rentenreform von 1957 schuf eine gefährlich hohe Erblast für die Sozialpolitik, die jedoch erst rund zwei Jahrzehnte später sichtbar wurde, als das Wirtschaftswachstum schrumpfte, die Arbeitslosenquote anstieg und der Anteil der Bevölkerung im Rentenalter zunahm.

Mit Pfadabhängigkeit lässt sich auch erklären, warum die deutsche Pflegeversicherung unter das Dach der gesetzlichen Krankenversicherung, also unter

das Dach des „Sozialversicherungsstaates" gestellt wurde, obwohl andere Lösungen – beispielsweise eine kapitalgedeckte Pflegeversicherung – einigen Experten zufolge geringere finanzielle und beschäftigungspolitische Probleme hätten
erwarten lassen. Die Pfadabhängigkeit erklärt also auch, warum sich Lösungen
behaupten können, selbst wenn eine bessere Alternative denkbar wäre. Dies gilt
vor allem für das bisweilen erstaunliche Beharrungsvermögen der Sozialpolitik
und ihrer Institutionen angesichts der Herausforderung durch Denationalisie-
rungsprozesse wie Globalisierung und die Europäische Integration.

Instruktive Einsichten vermittelt die Theorie vom Politikerbe schließlich
auch für machiavellistische „Politik-Erblast", insbesondere für die Möglichkeit,
ein bestimmtes Politikerbe zu hinterlassen, mit dem die Regierungspolitik auch
dann noch beeinflusst werden kann, wenn der Urheber des Politikerbes die Re-
gierungsämter längst verlassen hat. So – nämlich als bewusste Beschränkung des
finanziellen Handlungsspielraums der Nachfolger im Amt – ist der Ausbau der
Staatsverschuldung der Vereinigten Staaten während der Präsidentschaft Ronald
Reagans gedeutet worden (Persson/Svensson 1989; Rose/Davies 1994: 231f.). In
ähnlicher Weise – als Versuch einer Bindung der Nachfolger mindestens ebenso
sehr wie als Selbstbindung – lässt sich zudem die mit dem Maastrichter Vertrag
eingegangene Verpflichtung der Euro-Teilnehmer zur Begrenzung der Staatsverschuldung verstehen.

Politische Erblasttheorien, insbesondere die Lehre von der Pfadabhängigkeit, gehen jedoch noch weiter. Folgt man ihrem elaborierten theoretischen Rahmen, können nicht nur große, sondern auch „kleine" Entscheidungen langfristig
große Wirkungen hervorrufen. Zugleich stellen die Erblast-Lehren in Zweifel, ob
die von den anderen Ansätzen unterstellten kausalen „wenn-dann"-Beziehungen
haltbar sind, und lenken die Aufmerksamkeit auf die Bedeutung des Zeitpunkts
und der Abfolge politischer Ereignisse. Abhängig von der jeweiligen Situation
können sich aus der Sicht dieser Theorievariante die gleichen Faktoren sogar in
unterschiedliche Richtungen auswirken.

Schwächen

Theorien der Pfadabhängigkeit weichen diesbezüglich wesentlich vom Erklärungsmodell anderer Theorien der vergleichenden Staatstätigkeitsforschung ab.
Einerseits ist dies eine Stärke, andererseits ist das Kausalmodell dieser Variante
der Theorien vom Politikerbe nur begrenzt anschlussfähig für andere Ansätze der
Staatstätigkeitsforschung.

Theorien des Politikerbes beschränken die möglichen Untersuchungsdesigns und die verfügbaren Methoden. Aufgrund ihrer Natur konzentrieren sich Beiträge dieser Schule der Staatstätigkeitsforschung stark auf die Zeitdimension. Zwar sind sie auch geeignet, Unterschiede zwischen Ländern zu erklären, beispielsweise wenn die heutige Sozialpolitik mit der Zugehörigkeit zu einem der Wohlfahrtsstaatstypen nach Esping-Andersen erklärt wird. Ferner kann die unterschiedliche Bedeutung des Politikerbes erklären, warum in Staaten mit vorherrschendem Sozialversicherungsprinzip die Reformflexibilität geringer ist als in Staaten mit bedürftigkeitsgebundener Grundsicherung. Die Erklärung dieser Unterschiede, die der internationale Querschnittvergleich aufdeckt, gelingt jedoch nur, wenn der jeweilige historische Pfad der sozialpolitischen Entwicklung hinreichend berücksichtigt wird. Fallstudien und qualitative Vergleiche weniger Fälle, die bis auf die Ebene einzelner Programme heruntergehen, sind charakteristisch, wie etwa die Studien von Rose/Davies (1994) oder Pierson (1994, 2000). Solche Untersuchungsdesigns bringen jedoch das Problem geringer Fallzahlen und zahlreicher erklärender Variablen mit sich (vgl. Kapitel I.8). Für Querschnittvergleiche mit hohen Fallzahlen und quantitativen Methoden sind diese Ansätze schon deshalb weniger geeignet. In quantitativen Studien lassen sich nur bestimmte Elemente der Erblasttheorien einsetzen, etwa wenn die sozialpolitischen Outcomes der Vorperiode als unabhängige Variable zur Erklärung des sozialpolitischen Outputs und Outcomes der untersuchten Periode dienen.

Die Lehre von der Pfadabhängigkeit im engeren Sinne lässt sich dagegen mit quantitativen Verfahren nur schwer umsetzen, wenn man, wie etwa Pierson, davon ausgeht, dass die gleichen Ereignisse unterschiedliche Folgen bewirken können – abhängig vom „sequencing", also davon, wann in einer Abfolge vieler Ereignisse sie passieren (Pierson 2000: 264). Mit den verbreiteten statistischen Verfahren in der Politikwissenschaft lassen sich solche Zusammenhänge kaum modellieren.

Eine gravierende Schwäche von Erblasttheorien, wiederum am stärksten ausgeprägt bei der Lehre von der Pfadabhängigkeit, ist ihre eigentümliche Neigung, ein Bild von der Welt zu zeichnen, in dem der Handlungsspielraum der Akteure außerordentlich gering ist und Bestimmungsfaktoren der Staatstätigkeit größtenteils nur in der Vergangenheit zu suchen sind. Zwar lenken Erblasttheorien das Augenmerk auf kritische Momente und die Bedingungen, unter denen Veränderungen möglich werden, faktisch werden sie jedoch fast nur dazu herangezogen, um das Beharrungsvermögen von Politik – im Sinne von Institutionen und Prozess, vor allem aber auch im Sinne von Policy – zu erklären.

 Literatur

Kommentierte Literatur

Arthur, Brian W., 1996: Increasing Returns and the New World of Business, in: Harvard Business Review 74, 1-10

Arthur, Brian W., 1989: Positive Feedbacks in the Economy, in: Scientific American 262, 92-99.
sind lesenswerte kurze Artikel zum ökonomischen Konzept der increasing returns.

Pierson, Paul, 1996: The New Politics of the Welfare State, in: World Politics 48, 143-179.
Paul Piersons Artikel untersucht die Dynamik sozialpolitischer Rückbaumaßnahmen am Beispiel Großbritanniens, der Vereinigten Staaten, Deutschlands und Schwedens.

Conrad, Christoph, 1998: Alterssicherung, in: Hockerts, Hans Günter (Hg.), Drei Wege deutscher Sozialstaatlichkeit. NS-Diktatur, Bundesrepublik und DDR im Vergleich, München, 101-116.
Der Artikel von Christoph Conrad skizziert die Pfadabhängigkeit deutscher Sozialpolitik auch über verschiedene Regimewechsel hinweg und liefert einen lesenswerten Beitrag für das Verständnis der im zweiten Abschnitt des vorliegenden Buches dargestellten Sozialpolitik in Deutschland.

Zitierte Literatur

Conrad, Christoph, 1998: Alterssicherung, in: Hockerts, Hans Günter (Hg.), Drei Wege deutscher Sozialstaatlichkeit. NS-Diktatur, Bundesrepublik und DDR im Vergleich, München, 101-116.

Esping-Andersen, Gøsta, 1990: The Three Worlds of Welfare Capitalism, Cambridge.

Hockerts, Hans Günter (Hg.), 1998: Drei Wege deutscher Sozialstaatlichkeit. NS-Diktatur, Bundesrepublik und DDR im Vergleich, München.

Jochem, Sven, 2001: Reformpolitik im deutschen Sozialversicherungsstaat, in: Schmidt, Manfred G. (Hg.), Wohlfahrtsstaatliche Politik. Institutionen, politischer Prozess und Leistungsprofil, Opladen, 193-226.

Pierson, Paul, 2000: Increasing Returns, Path Dependence, and the Study of Politics, in: American Political Science Review 94, 251-267.

Pierson, Paul, 1994: Dismantling the Welfare State? Reagan, Thatcher, and the Politics of Retrenchment, Cambridge.

Ritter, Gerhard A., 1983: Sozialversicherung in Deutschland und England. Entstehung und Grundzüge im Vergleich, München.

Ritter, Gerhard A., ²1991: Der Sozialstaat. Entstehung und Entwicklung im internationalen Vergleich, München.

Ritter, Gerhard A., 1998: Der deutsche Sozialstaat. Anfänge, historische Weichenstellungen und Entwicklungstendenzen, in: Rauscher, Anton (Hg.), Grundlagen des Sozialstaats, Köln, 11-44.

Rose, Richard, 1990: Inheritance Before Public Policy, in: Journal of Theoretical Politics 2, 263-291.

Rose, Richard/Davies, Phillipp L., 1994: Inheritance in Public Policy. Change Without Choice in Britain, New Haven.

Rosenberg, Hans, 1976: Große Depression und Bismarckzeit. Wirtschaftsablauf, Gesellschaft und Politik in Mitteleuropa, Frankfurt a.M. u.a.

8 Methoden der vergleichenden Wohlfahrtsstaatsforschung

Nico A. Siegel

8.1 Einleitung

Dem Vergleich kommt in der Politikwissenschaft eine prominentere Rolle zu als in den meisten anderen Sozialwissenschaften (von Beyme 1988). Ohne Übertreibung kann festgehalten werden, dass der Vergleich „als die Methode betrachtet werden kann, die der Politikwissenschaft in besonderem Maße eigen ist" (Nohlen 1994: 507). Dies gilt auch für die empirisch-analytisch ausgerichtete politikwissenschaftliche Wohlfahrtsstaatsforschung. In den seltensten Fällen können in der Politikwissenschaft im Allgemeinen und in der zur Policy-Analyse zu zählenden vergleichenden Wohlfahrtsstaatsforschung experimentelle Versuchsanordnungen unter Laborbedingungen arrangiert werden. Empirisch-analytische Politikforschung greift daher auf alternative methodische Verfahren zurück – von manchen Sozialwissenschaftlern gerne als „quasi-experimentelle" Methoden bezeichnet. In der komparativen Wohlfahrtsstaatsforschung kommt dabei – ebenso wie in anderen Teilbereichen der empirischen Politikforschung und der Policy-Forschung – dem historischen und internationalen Vergleich große Bedeutung zu. Ein häufiges Problem vergleichender politikwissenschaftlicher Forschung ist das Missverhältnis zwischen einer großen Zahl an alternativen theoretischen Erklärungsansätzen und daraus ableitbaren „erklärenden" Variablen auf der einen Seite und einer meist geringen Zahl von Untersuchungsobjekten („Fällen") auf der anderen Seite. Dieses Problem schränkt die Möglichkeit, auf Basis empirischer Beobachtungen kausale Beziehungen zu überprüfen, häufig stark ein. Das gilt für die internationale Wohlfahrtsstaatsforschung in noch stärkerem Maße als für andere Felder empirischer Politikforschung, und zwar deshalb, weil als Analyseebene diejenige des Nationalstaates dominiert und daher die Zahl der Untersuchungsobjekte stark begrenzt ist – sofern nicht eine Erhöhung der Beobachtungspunkte, beispielsweise durch die räumliche (subnationale Ebene) oder zeitliche Disaggregierung (durch Periodisierung in historische Unterabschnitte) erfolgt.

8.2 Die allgemeine Bedeutung des Vergleichs in der normativen und empirischen Policy-Forschung

Implizite Vergleichsstrategien

Obwohl in diesem Kapitel die Komparatistik als eine empirisch-analytische Methode ins Zentrum rückt, ist der Vergleich auch in normativ-analytischer Hinsicht von großer Relevanz für die Policyforschung. Nicht selten werden in politikwissenschaftlichen Veröffentlichungen empirisch beobachtbare Politikinhalte (Ist-Zustände) mit normativen (Soll-) Konzepten verglichen. Dergestalt fungieren als anstrebenswert definierte Politikresultate als normative Messlatten: im Bereich der Arbeitsmarktpolitik beispielsweise Vollbeschäftigung, in sozialdemokratischen und gewerkschaftlichen Wohlfahrtsstaatsanalysen oft eine möglichst egalitäre Einkommensverteilung unter den abhängig Beschäftigten, oder gleiche Rechte und Chancen für Frauen und Männer auf dem Arbeitsmarkt in der Gender-Forschung. Die Orientierung an normativen Zielvorgaben schließt ein systematisch vergleichendes Vorgehen im engeren Sinne nicht aus, setzt dieses aber auch nicht notwendigerweise voraus. Gleiches gilt für Vergleiche materieller Policy-Resultate mit idealtypischen Konfigurationen in der Tradition Max Webers, ein Vorgehen, das in der vergleichenden Wohlfahrtsstaatsforschung insbesondere im Anschluss an Esping-Andersens Typologie wohlfahrtsstaatlicher Regimes (vgl. Kapitel III.4) an Bedeutung gewonnen hat.

Bei einer zweiten Vergleichsmöglichkeit im weiteren Sinne, die in policyanalytischen Studien oft anzutreffen ist, werden die Politikresultate von politisch verantwortlichen kollektiven Akteuren wie Regierungen an den von ihnen selbst gesteckten und öffentlich genannten Zielen gemessen. Man vergleicht bei einer solchen Vorgehensweise die tatsächlich erreichten Politikinhalte mit den Zielvorgaben von Regierungen, wie sie in Regierungserklärungen, Koalitionsvereinbarungen, Parteiprogrammen oder Wahlkampfplattformen genannt werden. Aus politikwissenschaftlicher Sicht ist eine solche Vorgehensweise vor allem im Hinblick auf die kritische Würdigung der Regierungstätigkeit fruchtbar, zum Beispiel wenn es um Fragen der Möglichkeiten und Grenzen reformpolitischer Vorhaben aus der Sicht politischer Steuerungsanalysen geht.

Beispiele aus der Wohlfahrtsstaatsforschung sind die Studien zu den Sozialpolitikreformen konservativer Regierungen in Großbritannien und den USA, wie sie Paul Pierson für die 1980er Jahre vorgelegt hat (Pierson 1994). Der Frage, inwieweit die CDU/CSU-FDP-Koalition, die von 1982 bis 1998 in der Bundesrepublik Deutschland auf Bundesebene regierte, die anvisierte „Wende" in zentralen

wirtschafts- und sozialpolitischen Bereichen tatsächlich einleitete und sie durchzuführen in der Lage war, kann beispielsweise durch den Vergleich der reformpolitischen „Outputs" mit programmatischen Aussagen in Wahlkampfdokumen-
ten oder Regierungserklärungen nachgegangen werden. Auch für diese Vorgehensweise, die sich des Vergleichs bedient, gilt: ein (expliziter) Vergleich von
mindestens zwei Untersuchungsobjekten ist für eine solche Vorgehensweise nicht
zwingend vorgeschrieben, wenngleich die vergleichende Analyse der Differenz
zwischen selbst gesteckten Zielen von Regierungen und dem tatsächlich Erreichten für die Theoriebildung und -überprüfung fruchtbarer sein kann als die Beschränkung auf einen Einzelfall.

*Historischer und internationaler Vergleich als komparative Methoden im engeren
Sinne*

Von vergleichenden Analysen in einem engeren Sinne wird in der politikwissenschaftlichen Methodenlehre nur dann gesprochen, wenn die Beantwortung einer
Forschungsfrage entweder

a.   durch den Rückgriff auf einen komparatistisch-statischen Vergleich über die
     Zeit erfolgt (intertemporaler oder diachroner Vergleich, „Längsschnittver-
     gleich"), oder

b.   mehrere Untersuchungsobjekte, also im Bereich der „Comparative Politics"
     vorrangig Nationalstaaten, zu einem bestimmten Zeitpunkt verglichen wer-
     den (internationaler oder synchroner Vergleich, allgemeiner auch Quer-
     schnittvergleich genannt), oder

c.   eine Kombination des Vergleichs über Zeit und Raum erfolgt (kombinierter
     Längs- und Querschnittvergleich, in statistischen Regressionsverfahren „ge-
     poolte" Analysen oder Panelanalysen genannt).

Historischer Vergleich

Obwohl die überwiegend auf das Beschreiben und Verstehen singulärer historischer Ereignisse ausgerichtete konventionelle Geschichtsschreibung vergleichenden Vorgehensweisen häufig skeptisch gegenüberstand, nimmt der intertemporale Vergleich ein und desselben Untersuchungsobjekts über mehrere Zeitpunkte
oder Zeitspannen (beispielsweise in Form von „Dekadenvergleichen") in der

Policy-Forschung einen wichtigen Stellenwert ein. Neben dem primären Ziel einer dichten Beschreibung der wichtigsten sozialpolitischen Entwicklungstrends und ihrer Bestimmungsfaktoren während bestimmter Perioden kann ein solcher Längsschnittvergleich auch den systematischen Vergleich der Sozialpolitik von Koalitionsregierungen mit unterschiedlicher parteipolitischer Zusammensetzung zum Gegenstand haben.

Der Vergleich der Sozialpolitik der sozial-liberalen Koalition (1969-1982) mit der christlich-liberalen Nachfolgerregierung (1982-1998) oder der Vergleich der Sozialpolitik in den USA unter den republikanischen Administrationen der Präsidenten Reagan und Bush Sr. mit derjenigen der Demokraten Carter und Clinton können als Beispiele für diachrone Vergleichsstudien dienen. Allerdings kann der intertemporale Vergleich auch wesentlich längere Perioden umfassen. Aus politiktheoretischer Perspektive besonders interessant ist zudem der Vergleich der sozialpolitischen Regierungspraxis in Ländern mit einem Systemwechsel, etwa dem Übergang von autoritären zu demokratischen Herrschaftssystemen (oder umgekehrt nach dem Zusammenbruch der Demokratie). Der Vergleich der Sozialpolitik im Deutschen Kaiserreich mit derjenigen in der Weimarer Republik, im Nationalsozialismus, in den ersten Jahrzehnten der Bundesrepublik und in der DDR kann lehrreiche Aufschlüsse über regimespezifische und regimeunspezifische Entwicklungstrends in der staatlichen Sozialpolitik liefern. Zudem treten unterschiedliche sozialökonomische Rahmenbedingungen für wohlfahrtsstaatliches Regierungshandeln durch historische Vergleiche häufig als besonders wichtige Kontextfaktoren für Sozialpolitik hervor.

Der historische Vergleich über die Zeit gelangt sowohl in qualitativen als auch in quantitativen Untersuchungen der Staatstätigkeit zum Einsatz. Wie in anderen Bereichen der empirischen Politikforschung erweist sich dabei eine Kombination qualitativer und quantitativer Methoden häufig als fruchtbar, beispielsweise bei der Analyse der Sozialpolitik in Deutschland (vgl. auch Abschnitt II).

Internationaler Vergleich

In den Mittelpunkt der folgenden Ausführungen dieses Kapitels rücken methodische Fragen der international vergleichenden Wohlfahrtsstaatsforschung[8]. Die

---

[8] Insbesondere in Ländern mit föderalistischem Staatsaufbau können auch Intranationenvergleiche wichtige Aufschlüsse darüber geben, inwieweit einige der in Kapitel 1 bis 8 vorgestellten Theorien der Staatstätigkeitsforschung Gemeinsamkeiten und Unterschiede im wohlfahrtsstaatlichen Politikprofil zu erklären vermögen. Aufgrund der in den meisten föderalistischen Demokratien beobachtbaren Tendenz,

folgenden Ausführungen können keinen umfassenden und systematischen Überblick über Begriffe, Forschungsdesigns, Techniken und Probleme vergleichender Methoden im Allgemeinen bieten. Allerdings können die spezifischen Methodenprobleme der komparativen Wohlfahrtsstaatsforschung nicht unabhängig von allgemeineren Problemen vergleichender Methoden in den Sozialwissenschaften gesehen werden. Daher werden im Folgenden einige der zentralen Begriffe, Konzepte und Probleme vergleichender Methoden in der politikwissenschaftlichen Disziplin der *Comparative Politics* vorgestellt und anhand von Beispielen aus der Praxis des internationalen Wohlfahrtsstaatsvergleichs veranschaulicht. Als Ausgangspunkt bietet sich ein „Klassiker" in der politikwissenschaftlichen Literatur zu vergleichenden Methoden an, ein Beitrag Arend Lijpharts aus dem Jahr 1971 (Lijphart 1971).

8.3   Die vergleichende Methode und die vergleichende Analyse politischer Systeme

Lijphart unterscheidet in seinem Aufsatz „Comparative Politics and the Comparative Method" (1971) zwischen verschiedenen Typen von Fallstudien, der vergleichenden Methode im engeren Sinn und der statistischen Methode. Diese Unterscheidung ist als Einstiegsklassifikation nach wie vor hilfreich, auch wenn sie in den vergangenen drei Dekaden selbstverständlich fortentwickelt worden ist.

Lijphart machte seine Klassifikation an der Frage fest, wie viele „Fälle" in einer Analyse jeweils untersucht würden. „Fälle" setzte er im Rahmen seines Beitrags ganz überwiegend mit Nationalstaaten gleich. Ersetzt man den Begriff Nationalstaat durch den methodologischen Fachterminus „Untersuchungseinheit", so werden, abgesehen von einigen Einschränkungen, große Teile der Ausführungen über das Teilgebiet der vergleichenden Analyse politischer Systeme hinaus für allgemeine Methodenprobleme in der empirischen Politikforschung und der Policy-Analyse relevant. Übersicht 1 gibt in Weiterführung von Lijphart einen Überblick über wichtige Methoden in der vergleichenden Analyse politischer Systeme.

---

die Kernprogramme der sozialen Sicherheit durch nationale Gesetzgebung zu vereinheitlichen, ist aber die Variation zwischen den gliedstaatlichen Ebenen häufig nicht sehr stark. Anders verhält es sich mit den Sozialassistenzprogrammen (wie der deutschen Bundessozialhilfe). Insbesondere in den USA variieren die Leistungen der Sozialassistenzprogramme zwischen den Staaten erheblich. Auch in der Schweiz variiert in einigen sozialpolitischen Bereichen die institutionelle und inhaltliche Gestalt der Sozialpolitik auf Kantonsebene beträchtlich (Obinger 1998).

Abbildung 4:   Methoden der vergleichenden Analyse politischer Systeme

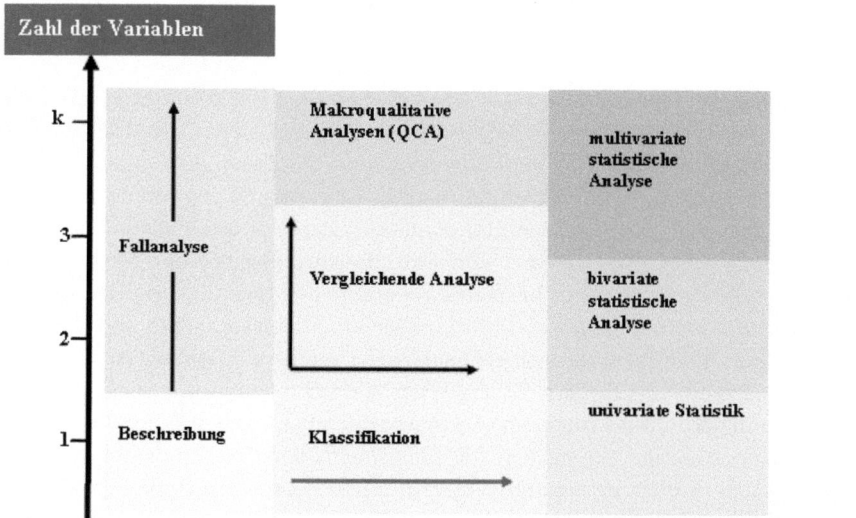

Fallanalysen

Untersucht man einen Fall (englisch: „case"), so liegt nach Lijphart eine Fallstudie („case study") vor. Solche Einzelfallstudien basieren streng genommen nicht auf internationalen Vergleichen. Ihnen kommt aber nicht nur aufgrund ihrer weiten Verbreitung in der vergleichenden Wohlfahrtsstaatsforschung großes Gewicht zu. Je nachdem, ob Fallanalysen eher deskriptiv oder theorieorientiert angefertigt werden, variiert die Bedeutung von Einzelfallanalysen für die vergleichende Analyse wohlfahrtsstaatlicher Politik[9]. Rein deskriptiv angelegten Einzelfallana-

---

[9] Insgesamt sechs Arten von Fallstudien kann man mit Lijphart unterscheiden: 1. atheoretische (oder besser: deskriptive); 2. interpretative, 3. Hypothesen generierende, 4. Theorien bestätigende (verifizie-

lysen kommt dabei der geringste Nutzen für die empirische Theoriebildung und -
überprüfung zu. Anders verhält es sich dagegen mit Varianten von Fallstudien,
die einen stärkeren Bezug auf politiktheoretische Fragen beinhalten. Dazu gehören unter anderem Einzelfallanalysen von Ländern, die politiktheoretisch interessante Ausreißerfälle darstellen. Als Ausreißer werden dabei in der vergleichenden Wohlfahrtsstaatsforschung solche Fälle bezeichnet, deren (wohlfahrtsstaatliches) Politikprofil stark von dem abweicht, was auf Basis einer oder mehrerer
Theorien der vergleichenden Wohlfahrtsstaatsforschung zu erwarten wäre.

Am Beispiel der Parteiendifferenzthese und institutionalistischer Erklärungsansätze kann die Relevanz von Einzelfallstudien über ein Ausreißerland
veranschaulicht werden. Auf Basis des Theorems der gegenmajoritären Institutionen ist in Ländern mit hoher institutioneller Vetodichte eine eher zurückhalten-
de Sozialpolitiktätigkeit, die sich beispielsweise in einem relativ niedrigen Sozial-
ausgabenanstieg manifestiert, zu erwarten. Betrachtet man die Sozialpolitik in
den – am Sozialprodukt gemessen – wirtschaftlich hoch entwickelten Vereinigten
Staaten von Amerika, so stechen die hohe institutionelle Vetodichte im politischen System und ein gezügelter Wohlfahrtsstaat hervor. Auch die Schweiz fungierte aufgrund der institutionellen Fragmentierung des helvetischen Regierungssystems bis in die 1980er Jahre hinein als Beispiel für den Zusammenhang
zwischen einer geringen Machtbündelung bei der zentralstaatlichen Regierung
und einem schlanken Wohlfahrtsstaat. Dagegen ist für die Schweiz seit den
1980er Jahren eine bemerkenswerte wohlfahrtsstaatliche Expansionsdynamik
festzustellen – eine Entwicklung, die aus fallorientierter Perspektive höchst interessant erscheint und die Frage nach den Schubkräften der Sozialausgabenexpan-
sion in der Schweiz aufwirft.

Blickt man auf die Sozialpolitik in der Bundesrepublik Deutschland, so wird
deutlich, dass auch bei einer hohen Zahl mächtiger gegenmajoritärer Institutionen ein überdurchschnittlich kostenintensiver und umfassender Sozialstaat her-
anreifen kann, wenn im Regierungssystem die Befürworter eines ausgebauten
Sozialstaates die Politikinhalte prägen. Im Hinblick auf den interessanten Ausrei-
ßerstatus der Bundesrepublik kann eine theoriegeleitete Fallstudie auf wichtige
zusätzliche Erklärungsfaktoren für eine Sozialpolitik mit im OECD-Vergleich
überdurchschnittlichem Gewicht aufmerksam machen. Zum Beispiel wird bei
Einblendung alternativer Erklärungsansätze deutlich, dass in der Bundesrepublik
zwei große, im Bund und in den Ländern in der Regel um parlamentarische

rende), 5. Theorien widerlegende (falsifizierende), 6. Untersuchungen von Fällen, die im Hinblick auf
bestehende Theorien eine oder mehrere abweichende Besonderheiten aufweisen.

Mehrheiten konkurrierende Sozialstaatsparteien – SPD und CDU/CSU – bis in die 80er Jahre des 20. Jahrhunderts den Sozialstaatsausbau forcierten, insbesondere in zeitlicher Nähe zu wichtigen Wahlen. Hinzu kommen in der Bundesrepublik die ausgabensteigernden Wirkungen einer primär am Sozialversicherungsprinzip orientierten sozialpolitischen Leitkonzeption. Diese schlägt in erster Linie in der Gesundheits- und der Alterssicherungspolitik im Vergleich zu alternativen Sozialpolitikkonzeptionen (Grundversorgung; Mindestsicherung) zu Buche. Auch die Einbettung der Sozialpolitik in das Policymuster eines „zentristischen Wohlfahrtskapitalismus", dessen Kerninstitutionen und -prozeduren vornehmlich auf die Wettbewerbsfähigkeit des Industriesektors zugeschnitten waren, zählte lange Zeit zu einer die Politik der sozialen Sicherung begünstigenden Größe in der politischen Ökonomie der Bundesrepublik. Zudem wirkten nicht alle institutionellen Vetospieler, die im bundesdeutschen Verfassungsstaat für wohlfahrtsstaatliche Politik von Bedeutung sind, bremsend auf die Expansion des Sozialstaates. Dies gilt insbesondere für das Bundesverfassungsgericht, das im Hinblick auf Fragen, welche die Hinterbliebenensicherung und den Familienlastenausgleich betreffen, Urteile mit mittelbar expansiven Wirkungen auf die Sozialausgaben fällte. Zudem können dem kooperativen Föderalismus der Bundesrepublik, mit seiner Ausrichtung an gleichen oder gleichartigen Lebensverhältnissen und seinem unitarisierenden Charakter weniger Bremswirkungen auf die Expansionsdynamik des Wohlfahrtsstaats zugeschrieben werden als dem in den USA überwiegenden Konkurrenz- oder Trennföderalismus.

Je nachdem, auf welche Erklärungsfaktoren wohlfahrtsstaatlicher Politikinhalte der Fokus gelenkt wird, sticht eine Reihe von politiktheoretisch relevanten abweichenden Fällen hervor. Vor allem im Rahmen quantitativer Analysen erweist sich hierfür die Inspektion von Streudiagrammen als ein lohnenswerter, wichtiger erster Schritt explorativer Datenanalyse. Warum in einigen OECD-Ländern trotz des vergleichsweise hohen gewerkschaftlichen Organisationsgrades und der durchaus beachtlichen elektoralen Machtressourcen von Linksparteien sozialpolitische Magerkost das Staatstätigkeitsprofil prägt (z.B. in Australien) und warum in Ländern, in denen überwiegend Mitte-Rechts-Koalitionen die Regierungsgeschäfte in Vergangenheit und Gegenwart führ(t)en, ein überdurchschnittlich weit ausgebauter und generöser Wohlfahrtsstaat entstehen konnte – solche politiktheoretischen „Rätsel" können das Ausgangsproblem von kritischen Fallstudien sein und dabei der Auflösung zumindest ein Stück weit näher gebracht werden[10]. Vor allem wenn anhand einer Einzelfallanalyse das Erklärungspotenzial und Erklärungsgrenzen einzelner Theorien systematisch „abgeklopft" werden, können kritische Fallstudien einen besonders wichtigen Beitrag zur Theorieüberprüfung und -bildung liefern, sofern sie Modifizierungs- und Verfeinerungsbedarf an bestehenden Theorien aufdecken können[11].

Die vergleichende Methode im engeren Sinne bei Arend Lijphart

Im Gegensatz zu den Fallanalysen zählte Arend Lijphart nur solche Analysen zur vergleichenden Methode im engeren Sinne, die mehr als einen Fall und mehr als eine Variable einschließen. Das Spezifikum der vergleichenden Methode mit einer analytischen Zielsetzung ist, dass *mindestens zwei Fälle* bezüglich *mindestens zweier Variablen* analysiert werden[12]. Wird die Zahl der Fälle überschaubar klein gehalten und sollen ohne den Rekurs auf inferenzstatistische Verfahren (oder sogenannte *Fuzzy Set*-Analysen) kausale Zusammenhänge verortet werden, gelangt gemäß der Diktion Lijpharts die vergleichende Methode im engeren Sinne zum Einsatz.

Ein besonders lesenswertes Beispiel für den Einsatz der vergleichenden Methode in der Policy-Forschung ist Fritz Scharpfs Analyse der Beschäftigungspolitik unter sozialdemokratischen Regierungen zwischen 1974 und 1982 in vier OECD-Ländern (Scharpf 1987): der Bundesrepublik Deutschland, Großbritannien, Österreich und Schweden. Aus der Perspektive einer neoinstitutionalistisch inspirierten komplexen Policy-Analyse und unter Anwendung einfacher spieltheoretischer Modelle, vor allem aber aufbauend auf einer dichten Beschreibung der Einzelfälle, arbeitet Scharpf die maßgeblichen Faktoren für beschäftigungspolitische Erfolge respektive Misserfolge heraus (vgl. Kap. IV.4). Anhand dieser

---

[10] Bei den Analysen von Castles zu den Wohlfahrtsstaaten Australiens und Neuseelands (Castles 1985) und derjenigen von Obinger (1998) über die Sozialpolitik in der Schweiz handelt es sich um besonders instruktive Fallstudien mit erheblichem komparativen Mehrwert.

[11] Wichtig ist jedoch, dass ein abweichender Einzelfall eine nicht deterministisch, sondern probabilistisch angelegte Theorie, die räumlich, zeitlich und durch Rahmenbedingungen kontextualisierte wahrscheinlichkeitsbasierte Aussagen beinhaltet, nicht widerlegt. Lediglich deterministische „All-Aussagen" (oder auch: „Immer-Aussagen") können durch eine abweichende Einzelerscheinung (einen nicht zur Theorie passenden Einzelfall) widerlegt werden.

[12] Ist die Zielsetzung nicht insofern analytisch, als der Zusammenhang zwischen einer erklärenden (unabhängigen) und einer zu erklärenden (abhängigen) Variable untersucht werden soll, sondern ausschließlich beschreibend, ist die klassifikatorische Einordnung mehrerer Fälle entlang nur einer Variablen ebenfalls als vergleichend zu bezeichnen.

Studie können einige der zentralen Weichenstellungen vergleichender Analysen nachvollzogen werden: vornehmlich die problemangemessene und theoriegeleitete und daher wohlbegründete Auswahl der Untersuchungsfälle und die Eingrenzung des Untersuchungszeitraums. Da es sich bei allen vier Ländern um wirtschaftlich entwickelte OECD-Mitglieder handelte und diese vor ähnlich geartete wirtschaftliche Herausforderungen gestellt waren, konnte eine wichtige Kontextgröße für die beschäftigungspolitische Performanz (weitgehend) konstant gehalten werden, nämlich die (externen) wirtschaftlichen Rahmenbedingungen. Durch die Eingrenzung des Untersuchungszeitraums (1973-1981) rückte die Filterung der politisch relevanten Variablen für die (zu erklärenden) unterschiedlichen Erfolge der Beschäftigungspolitik zudem in den Bereich des Machbaren.

Der Vorteil der vergleichenden Methode im engeren Sinne liegt darin begründet, dass die „Tiefenschärfe" dichter Beschreibung in Fallanalysen mit dem Potenzial für (begrenzte) Verallgemeinerungen und für die Überprüfung kausaler Beziehungen unter genau spezifizierten Kontextbedingungen verbunden werden kann.

Die Tragfähigkeit der vergleichenden Methode für analytische Schlussfolgerungen ist vor allem dann gegeben, wenn die wichtigsten Weichenstellungen einer empirischen Analyse, vor allem die Auswahl der Untersuchungsobjekte, in Anlehnung an die Differenzmethode John Stuart Mills den Weg für ein *most similar systems design* im Sinne von Przeworksi und Teune (1970) vorzeichnet. Die Fallauswahl impliziert, welche theoretisch plausiblen Erklärungsgrößen für erklärungsbedürftige Konvergenzen und Divergenzen zwischen den Fällen ein- beziehungsweise ausgeblendet werden. Nicht die Zufallsstichprobe oder die Vollerhebung wie in den quantitativen statistischen Analysen sollten daher die Fallauswahl beim Einsatz der vergleichenden Methode im engeren Sinne leiten. Vielmehr wird eine konzeptionell-theoretisch begründete und problemadäquate Selektion der Untersuchungsfälle durchgeführt. Dabei ist zu beachten, dass all diejenigen Größen, die als gemeinsame Kontextbedingungen der Fälle behandelt werden, in der Analyse ausgeblendet werden können – und auch sollen, um eine systematische Reduktion prinzipiell rivalisierender Erklärungen zu erreichen. Mit der Fallauswahl wird daher eine Entscheidung darüber getroffen, welche potenziellen Einflussgrößen für das zu erklärende Problem im Rahmen einer Analyse überhaupt erst eingeblendet werden.

So banal es zunächst klingen mag: Man kann den Einfluss von unterschiedlichen Parteifamilien auf die Regierungstätigkeit nicht überprüfen, wenn in allen Ländern, die in eine vergleichende Analyse aufgenommen werden, während des untersuchten Zeitraums die gleiche Parteifamilie (also beispielsweise die sozialdemokratische, die christdemokratische oder die konservative) die Regierung stellte. Eine solche Fallauswahl ist nur dann sinnvoll, wenn man entweder die Ähnlichkeiten der Regierungstätigkeit von Parteien gleicher Couleur in verschiedenen Ländern illustrierend herausarbeiten möchte oder begründen und zeigen kann, dass andere Faktoren als die Regierungszusammensetzung den Policies ihren Stempel aufdrücken. Der Frage, inwieweit etwa in parlamentarischen Regierungssystemen Koalitionen im Vergleich zu Alleinregierungen oder verschiedene Koalitionstypen systematisch differente Politikergebnisse hervorbringen, kann daher auch nicht nachgegangen werden, wenn in allen Ländern einer vergleichenden Studie der gleiche Koalitionstyp vorherrscht – also zum Beispiel Große Koalitionen, sogenannte „minimal winning coalitions" oder „keine Koalitionsregierung", also Alleinregierungen mit parlamentarischer Mehrheit oder Minderheitsregierungen. Erst wenn eine Reihe von theoretisch plausiblen Kontextfaktoren (so weit möglich) konstant gehalten und Länder mit unterschiedlichen Koalitionstypen analysiert werden, können mögliche Auswirkungen auf die Regierungstätigkeit systematisch, das heißt weitestgehend „kontrolliert", überprüft werden.

Wichtig ist an dieser Stelle bezüglich der Fallauswahl, dass entsprechend der Mill'schen Unterscheidung von Konkordanz- und Differenzmethode mit unterschiedlichen Fallauswahlen verschiedene Ziele verfolgt werden. Besteht das Forschungsproblem bei vergleichsweise geringer Fallzahl darin, mögliche Bestimmungsfaktoren variabler wohlfahrtsstaatlicher Politikprofile zu suchen, so sollten Länder mit möglichst vielen Gemeinsamkeiten in die Untersuchung eingeschlossen werden, weil diese dann wie konstante Rahmenbedingungen behandelt werden können. Idealtypisierend und der Logik Mills folgend, strebt man danach, solche Fälle mit einer erklärungsbedürftigen Varianz der abhängigen Variable (der *zu erklärenden* Variable) auszuwählen, die sich nur in Bezug auf eine unabhängige (*erklärende*) Variable unterscheiden. Da dieser Vorgehensweise im sozialwissenschaftlichen Forschungsalltag aufgrund komplexer und teilweise interdependenter sozialer Beziehungen meist sehr enge Grenzen gesteckt sind, kann man die in Tabelle 1 idealtypisch dargestellte Methode der Differenz („method of difference") dahingehend abschwächen, dass sie darum bemüht ist, Fälle mit so vielen und so ähnlichen gemeinsamen Kontextfaktoren *wie möglich* auszusuchen. Häufig läuft dieses Bemühen bei Arbeiten mit geringer Fallzahl auf „area studies" hinaus, etwa den Vergleich der deutschsprachigen Länder oder der angelsächsischen Demokratien.

Genau umgekehrt zur Differenzmethode verläuft die Vorgehensweise bei der Konkordanzmethode nach Mill. Deren theoretischer Impetus liegt darin begründet, dass eine auffällige Gemeinsamkeit von in vielen Dimensionen sehr unterschiedlichen Fällen erklärt werden soll. Idealtypisch resultiert das in der Praxis in einer Fallauswahl, bei der die Untersuchungsobjekte sich bezüglich einer Vielzahl von potenziellen Bestimmungsfaktoren unterscheiden, jedoch hinsichtlich einer erklärenden und der zu erklärenden Größe Gemeinsamkeiten aufweisen.

Abbildung 5:   Differenz- und Konkordanzmethode

	DIFFERENZMETHODE				KONKORDANZMETHODE			
	Land 1	Land 2	Land 3	Land 4	Land 1	Land 2	Land 3	Land 4
Merkmal X1	A	A	A	A	A	C	S	R
Merkmal X2	B	B	B	B	O	D	E	I
Merkmal X3	C	D	C	D	U	U	U	U
Merkmal Y	Y	Nicht Y	Y	Nicht Y	Y	Y	Y	Y

Idealtypisierende Darstellung der Differenz- und Konkordanzmethode in Anlehnung an John Stuart Mill anhand von vier Ländern (= Fälle), drei unabhängigen Variablen (oder Merkmalen; X-Variable) und einer zu erklärenden Variable (Y-Variable). Das Merkmal X3 ist das jeweils entscheidende für die Varianz der abhängigen Variable Y (differente Ausprägung) bei der Differenzmethode und für die gemeinsame (konkordante) Ausprägung der Y-Variable bei der Konkordanzmethode. Da beim Beispiel für die Differenzmethode sich die vier Länder nur bezüglich der Merkmalsausprägung einer einzigen Variable unterscheiden, ansonsten bei allen anderen theoretisch plausiblen Größen konstante Ausprägungen aufweisen, schließt man im Rahmen dieses Vier-Länder-Vergleichs, dass es die Variable X3 ist, die sich für die divergent vorliegenden Variablen verantwortlich zeichnet. Umgekehrt weisen bei der Darstellung der Konkordanzmethode die vier Fälle bezüglich der Variablen X1 und X2 sehr unterschiedliche Profile auf und haben nur die Ausprägung bezüglich der Variable X3 gemeinsam. Im Rahmen dieses Vergleichs würde man folglich schließen, dass es das gemeinsame Merkmal „U" ist, das sich für die konkordante Ausprägung der abhängigen Variable verantwortlich zeichnet.

Um dieses allgemeine methodische Problem zu veranschaulichen, sei wieder ein Beispiel aus der internationalen vergleichenden Wohlfahrtsstaatsforschung präsentiert. In den 1960er Jahren stellte die Expansion der staatlichen Sozialpolitik eine auffällige Gemeinsamkeit von kapitalistischen und kommunistischen Ländern in Europa dar. Obwohl sich die marktwirtschaftlichen liberalen Demokratien Mittel-, West- und Nordeuropas von den staatssozialistischen Regimen in Mittel-, Ost- und Südosteuropa radikal unterschieden, war eine zumindest in die gleiche Richtung zielende Entwicklung bei den Sozialausgaben zu konstatieren. Wenn man diese Gemeinsamkeit als Ausgangspunkt nahm und analytisch nach dem Ausschlussprinzip verfuhr, so lag der Schluss nahe, dass allgemeine Funktionserfordernisse der wirtschaftlichen Modernisierung unabhängig von Wirtschaftssystem oder Herrschaftsregime die Sozialpolitikexpansion vorantrieben. Ebenso konnten die herrschaftsstabilisierenden Effekte eines Ausbaus der staatlichen Sozialpolitik in unterschiedlichen Herrschaftsregimen angeführt werden, nicht zuletzt gerade angesichts des „Systemwettbewerbs" zwischen Ost und West. Solange die unterschiedlichen sozialpolitischen Leitkonzeptionen und Struktureffekte der Sozialpolitik ausgeklammert blieben, war eine mögliche Schlussfolgerung, aus dem Regimevergleich eine Konvergenz der Sozialstaatstätigkeit auf allgemeine Modernisierungsprozesse und regimeindifferente Herrschaftskalküle politischer Eliten abzuleiten (Pryor 1968). Freilich deckte ein tiefer gehender Blick jenseits der Sozialausgabenniveaus gewichtige Unterschiede bei der wohlfahrtsstaatlichen Strukturlogik der jeweiligen Sozialpolitikregimes auf.

In enger Anlehnung an die Unterscheidung von Konkordanz- und Differenzmethode ist diejenige des sogenannten *most similar* und des *most dissimilar systems design* entstanden. Der Vergleich möglichst ähnlicher Fälle ist funktional äquivalent zur Differenzmethode. Wie man aus der Begriffswahl schließen kann, werden in einem *most similar systems design* möglichst ähnliche Untersuchungsfälle verglichen. In der vergleichenden Wohlfahrtsstaatsforschung sind politiktheoretische und forschungspragmatische Gründe dafür zu nennen, warum der Vergleich möglichst ähnlicher Fälle die dominante Strategie darstellt – was sich insbesondere an der Vielzahl von vergleichenden Untersuchungen zeigt, die sich auf Mitglieder einzelner Länderfamilien (etwa der Familie der deutschsprachigen Länder) bzw. auf Staaten aus politisch und geographisch benachbarten Regionen (*area studies* zum Beispiel bezogen auf die Demokratien Kontinentaleuropas, Nordeuropas, Südeuropas, Osteuropas, Nordamerikas, Mittelamerikas, Südamerikas, Südasiens etc.), auf die Mitgliedsländer der Europäischen Union oder der OECD beschränken. Durch die Auswahl (sehr) ähnlicher Fälle wird einerseits das Konstanthalten möglichst vieler Kontextfaktoren erleichtert. Forschungspragmatische Gesichtspunkte erklären zudem die Dominanz von EU- und OECD-Vergleichen, da infolge der Bemühungen um die internationale Standardisierung von Statistiken in den Mitgliedsländern dieser Organisationen am ehesten vergleichbare Daten verfügbar sind.

Ein *most dissimilar systems design* liegt vor, wenn sich die Untersuchungsobjekte hinsichtlich einer ganzen Reihe von erklärenden Variablen sehr stark unterscheiden. Ein internationaler Vergleich der Sozialausgaben, der sowohl die wirtschaftlich entwickelten OECD-Demokratien als auch wirtschaftlich weniger weit entwickelte Länder und autokratische Herrschaftsregimes einschließt, kann beispielsweise darauf abzielen, die maßgeblichen Bestimmungsfaktoren der Variation der abhängigen Variable, etwa dem Sozialausgabenniveau zu einem bestimmten Zeitpunkt, ausfindig zu machen. Ein solches Vorgehen ist aber in der Regel nur dann durchführbar, wenn mit entsprechend großer Fallzahl operiert wird und statistische Methoden zum Einsatz gelangen.

Statistische Methode(n)

Folgt man Lijphart, so unterscheidet sich die vergleichende Methode im engeren Sinne von der statistischen lediglich durch das Kriterium der Fallzahl (vgl. auch Übersicht 1). Statistische Methoden haben in der international vergleichenden Wohlfahrtsstaatsforschung vor allem seit den 60er Jahren des vergangenen Jahrhunderts an Bedeutung gewonnen. Mittlerweile stößt man in einer Vielzahl von vergleichenden Beiträgen auf Korrelations- und Regressionsanalysen. Seit den 1980er Jahren sind, maßgeblich angetrieben durch technologische Entwicklungen, insbesondere der Verbreitung von kostengünstiger Statistiksoftware, zunehmend elaborierte statistische Verfahren in der vergleichenden Wohlfahrtsstaatsforschung zum Einsatz gelangt.

Die statistische Methode im engeren Sinne nach Lijphart zeichnet sich dadurch aus, dass politiktheoretisch relevante analytische Fragestellungen nach Ursache-Wirkung-Zusammenhängen durch Überprüfungen auf überzufällige statistische Zusammenhänge zwischen zwei oder mehreren Variablen beantwortet werden.

Grundsätzlich ist zu unterscheiden, ob (univariat-deskriptive) statistische Verfahren ausschließlich zu illustrierenden und beschreibenden oder zu analytischen Zwecken eingesetzt werden. Zu Zwecken der Illustration oder vermeintlichen „Untermauerung" von Thesen gelangen einfache statistische Verfahren in der empirischen Politikforschung in einer Vielzahl methodisch höchst unterschiedlicher Studien zum Einsatz. Von der rein informationsverdichtenden Funktion der beschreibenden Statistik – beispielsweise durch Maße der zentralen Tendenz, Konzentrations- und Streuungsmaße für Output-Indikatoren der Sozialpolitik – sind die inferenzanalytischen statistischen Verfahren im engeren Sinne zu unterscheiden. Diese werden dann eingesetzt, wenn auf Basis der Akzeptanz von Grundannahmen der Wahrscheinlichkeitstheorie empirische Zusammenhänge zwischen (mindestens) zwei Variablen auf ihre (Über-)Zufälligkeit überprüft werden.[13] Voraussetzung hierfür ist neben einer ausreichend großen Fallzahl die adäquate „Übersetzung" (Operationalisierung) theoretischer Konzepte in „messbare" Größen und der Einsatz statistischer Signifikanztests.

Das Operationalisierungsproblem ist allgemein in den Sozialwissenschaften, speziell auch in der Policy-Forschung, häufig ein Indikatorenproblem, weil theoretisch relevante Konzepte (wie beispielsweise Machtressourcen, Parteienwettbewerb, Konflikt, Konsens, Polarisierung und viele andere) nicht direkt gemessen werden können, sondern häufig nur latent vorliegen. Latente Variablen müssen im Rahmen der Operationalisierung für empirische Messverfahren so gut und so weit wie möglich über eigens gebildete Indikatoren erfasst werden. Für wichtige Theorien der international vergleichenden Staatstätigkeitsforschung, wie sie in den Kapiteln 2 bis 7 vorgestellt worden sind, müssen daher quantitative Indikatoren gebildet werden, sollen sie für statistische Verfahren zugänglich gemacht werden.

Die Parteiendifferenzthese beispielsweise verlangt nach Indikatoren, welche die parteipolitische Färbung von Regierungen möglichst adäquat reflektieren. Eine prominente Möglichkeit besteht darin, die prozentualen Kabinettssitzanteile verschiedener „Parteifamilien" als einen Indikator für die parteipolitische Couleur von Regierungen zu verwenden. In der Policy-Forschung werden allerdings verschiedene Indikatoren verwendet. Zu beantworten sind darüber hinaus der grundsätzlichen Indikatorenwahl nachgeschaltete Fragen: Unter anderem diejenige, wie die Zuordnung einzelner Parteien zu Parteifamilien[14] erfolgen soll.

Auch für andere Schulen der Staatstätigkeitsforschung sind in den vergangenen Jahrzehnten eine Vielzahl von Indikatoren und Indizes entwickelt worden. Die vergleichende Wohlfahrtsstaatsforschung profitiert bei der Operationalisierung und der Datensammlung von Anstrengungen aus benachbarten Gebieten der Policy-Forschung, der empirischen Politikforschung allgemein (etwa Parteiensystemforschung, Wahlforschung, Verbändeforschung, Institutionenkunde), der Soziologie und vor allem auch – im Hinblick auf die sozioökonomische Theorie der Staatstätigkeit – von Datensammlungen in den Wirtschaftswissenschaften und von nationalen und vor allem von internationalen Organisationen wie der OECD, der UNO, des IWF, der EU und der ILO.

[13] An dieser Stelle verzichte ich aus Platzgründen auf eine weitergehende Unterscheidung zwischen deskriptiven und analytischen Inferenzschlüssen.
[14] Als Parteifamilien fungieren in einer vergleichsweise feinen Systematisierung: (1) kommunistische P.; (2) sozialdemokratische P.; (3) grüne P.; (4) Parteien der christlichen Mitte; (5) nicht-christliche Parteien der Mitte; (6) liberale P.; (7) konservative P.; (8) Regionalp.; (9) Rechtsp.

Unter den analytischen statistischen Methoden sind verschiedene For-schungsdesigns zu unterscheiden. Unterschieden werden können unter anderem Längsschnitt-, Querschnitt- und „gepoolte" Längs-Querschnitt-Analysen. Vor allem aufgrund des häufig auftretenden Problems zu geringer Fallzahlen (und damit zu weniger Freiheitsgrade) bei internationalen Querschnittvergleichen haben in den vergangenen beiden Jahrzehnten die sogenannten „gepoolten Analysen" erheblich an Bedeutung gewonnen. Allerdings sind die Ergebnisse von gepoolten Regressionsanalysen nur dann sinnvoll zu interpretieren, wenn durch die Modellspezifikation und statistische Kontrollverfahren auf Verzerrungseffekte (wie unter anderem Autokorrelation und Heteroskedastizität) kontrolliert wird beziehungsweise deren ungewünschte Nebenfolgen auf die Ergebnisse der Regressionsanalysen beseitigt werden (Kittel 2000). So verlockend die im Zuge des Poolens von Datensätzen erreichte Erhöhung der Beobachtungspunkte sein mag, so eigentümliche Probleme bringt sie mit sich, deren Nichtbeachtung und -behandlung eine nicht sachgemäße Interpretation der Daten zur Folge haben kann.

Qualitative Comparative Analysis und Spieltheorie

Neben den von Lijphart genannten maßgeblichen vergleichenden Methoden haben in den vergangenen beiden Jahrzehnten vor allem zwei Methoden in der vergleichenden Analyse politischer Systeme und der komparativen Wohlfahrts-staatsforschung an Relevanz gewonnen: makroqualitative Vergleiche und spiel-theoretische Analysen[15].

Im Bereich der vergleichenden Wohlfahrtsstaatsforschung ist erstens die so-genannte Qualitative Comparative Analysis, kurz QCA, wichtiger geworden. Die QCA ist nicht den quantitativ-statistischen Methoden zuzurechnen. Folgt man der Einordnung von Lijphart, wäre sie zwischen der vergleichenden Methode im engeren Sinne und den statistischen Methoden zu lokalisieren. Diese Zwischen-stellung zwischen qualitativen und quantitativen Methoden ist das Spezifische der QCA. Ausgehend von seiner grundsätzlichen Differenzierung in fallorientier-te und variablenorientierte Methoden hat Charles C. Ragin mit der Booleschen Algebra einen Versuch, die fallorientierte Interaktionsanalyse mit variablenorien-tierten Ansätzen zu verknüpfen, auch für Fragestellungen der vergleichenden Wohlfahrtsstaatsforschung nutzbar gemacht (Ragin 1994). In einer Weiterent-

---

[15] Im Hinblick auf den ersten Grundschritt einer jeden vergleichenden Typologie, die Klassifikation, ist zudem die Clusteranalyse zu nennen, wie sie bei der Typologisierung wohlfahrtsstaatlicher Regimes in den vergangenen Jahren zunehmend eingesetzt wird.

wicklung der QCA hat Ragin (2000) mit der sogenannten Fuzzy–Sets-Technik ein
eigentümliches Problem der QCA, nämlich die 1-0-Kodierung sämtlicher Unter-
suchungsdimensionen abgeschwächt, und zwar durch eine feinere Zuordnung
von Fällen zu unterschiedlichen Konzepten in Form von Mitgliedschaften des
Grades (variierend von 0 bis 1, aber nunmehr mit abgestuften Zwischenwerten).
       Insbesondere in den vergleichenden akteurzentrierten Studien wie denjeni-
gen von Fritz W. Scharpf haben in den 1990er Jahren zunehmend spieltheoretische Konzepte Einzug in die vergleichende Policy-Analyse gehalten. Vor allem in
Bereichen der politischen Steuerung, die Felder wie die Beschäftigungs-, die
Geld- und die Steuerpolitik betreffen, haben spieltheoretische Unterlegungen viel
zum Verständnis von Möglichkeiten und Grenzen der politischen Steuerung auf
und oberhalb der Ebene der Nationalstaaten beigetragen. In der Wohlfahrtsstaatsforschung im engeren Sinne stellen Untersuchungen, die von Theorien des
rationalen Handelns (rational choice) beeinflusst sind und spieltheoretische Modelle einsetzen, eine Rarität dar (Mares 2004). Dies gilt insbesondere für primär
soziologisch inspirierte Wohlfahrtsstaatsanalysen, aber auch für die politikwissenschaftliche Wohlfahrtsstaatsforschung und am wenigsten noch für die häufig
durch wirtschaftswissenschaftliche Theorien und Methoden beeinflusste vergleichende Politische Ökonomie, die aber wichtige Fragen der wohlfahrtsstaatlichen
Forschung im engeren Sinne aufgreift.

8.4   Fazit

Wie die Sozialwissenschaften im Allgemeinen, so zeichnet sich auch die vergleichende Wohlfahrtsstaatsforschung durch Methodenpluralismus aus. Methodenpluralismus ist aber keineswegs mit Methodenbeliebigkeit gleichzusetzen. Sowohl von der problemadäquaten Fragestellung und dem leitenden Erkenntnisin-
teresse als auch der spezifischen Kopplung von Theorie und Empirie sollte sich
eine angemessene methodische Vorgehensweise ableiten. Ist die Konkretisierung
der Problemstellung erfolgt, wird die prinzipiell vorhandene Methodenvielfalt
durch das Kriterium der adäquaten methodischen Vorgehensweise erheblich eingeschränkt, und es sind wichtige Weichenstellungen für ein angemessenes For-
schungsdesign zu stellen. Von den ersten Schritten einer im Hinblick auf die
Beantwortung realisierbaren Problemstellung, über die Fallauswahl, die Eingrenzung des Untersuchungszeitraums, die Auswahl der eingesetzten Forschungstechniken, die Datenerhebung und -auswertung bis zur Ableitung wohlbegrün-
deter Schlussfolgerungen aus den empirischen Analysen ist die vergleichende

Wohlfahrtsstaatsforschung keineswegs einem resignierenden „anything goes" ausgeliefert. Vielmehr liefern die bisherige Forschungspraxis und die allgemeine Methodenlehre in den Sozialwissenschaften eine große Zahl orientierungsförderlicher Wegmarken im Forschungsprozess und haben auch zur Etablierung methodenspezifischer Standards beigetragen. Die explizite Problematisierung unumgänglicher Entscheidungen für oder gegen einzelne Methoden schützt dabei vor einer unbewussten und daher unbegründeten Selektion und vor Forschungsartefakten.

Die vergleichende Wohlfahrtsstaatsforschung teilt eine große Zahl an Fragen und Problemen mit der vergleichenden empirischen Politikforschung im Allgemeinen und der komparatistischen Policy-Forschung im Besonderen. Nichtsdestotrotz sind ihr spezifische methodische Fragen eigen, vor allem wenn es um die Definition, Operationalisierung und unter Umständen Messbarmachung des Explanandums, der „abhängigen Variable", geht. Dissens besteht dabei auch unter renommierten Vertretern der Wohlfahrtsstaatsforschung über grundsätzliche Fragen wie die angemessene Analysehöhe oder die Vor- und Nachteile des Einsatzes qualitativer und quantitativer Methoden der Datenanalyse. Dieser Abschnitt hat die spezifischen Probleme der „abhängigen Variable" in der vergleichenden Wohlfahrtsstaatsforschung außen vor gelassen. In Teil III, das die Sozialpolitik im internationalen Vergleich in den Mittelpunkt rückt, werden einige der spezifischen Fragen ausführlicher behandelt.

 **Literatur**

Beyme, Klaus von, 1988: Der Vergleich in der Politikwissenschaft. München.

Castles, Francis, 1985: The Working Class and Welfare. Reflections on the Political Development of the Welfare State in Australia and New Zealand, 1890-1980. Wellington.

Kittel, Bernhard, 2000: Sense and Sensitivity in the Pooled Analysis of Political Data, in: European Journal of Political Research 35, 225-253.

Lijphart, Arend, 1971: Comparative Politics and the Comparative Method, in: American Political Science Review 65, 682-693.

Mares, Isabela, 2004: Warum die Wirtschaft den Sozialstaat braucht, Frankfurt a.M.

Mill, John Stuart, 1974: On the Four Methods of Experimental Inquiry, in: A System of Logic (Collected Works of John Stuart Mill, Vol. VII), Toronto/London, 388-392.

Nohlen, Dieter, 1994: Vergleichende Methode, in: Kriz, Jürgen/ Nohlen, Dieter/Schultze, Rainer-Olaf (Hg.): Lexikon der Politik Bd.2. Politikwissenschaftliche Methoden, München, 507-517.

Obinger, Herbert, 1998: Sozialpolitik in der Schweiz, Frankfurt a.M.

Pierson, Paul, 1994: Dismantling the Welfare State? Cambridge, MA.

Pryor, Frederic, 1968: Public Expenditures in Communist and Capitalist Societies, London.

Przeworski, Adam/Teune, Henry, 1970: The Logic of Comparative Social Inquiry, New York.

Ragin, Charles C., 1994: A Qualitative Comparative Analysis of Pensions Systems, in: Janoski, Thomas/Hicks, Alexander (Hg.): The Comparative Political Economy of the Welfare State. New York, 320-345.

Ragin, Charles C., 2000: Fuzzy-Set Social Science, Chicago.

Scharpf, Fritz W., 1987: Sozialdemokratische Krisenpolitik in Westeuropa, Frankfurt a.M.

9   Die sechs Theorien im Überblick und im Vergleich

Manfred G. Schmidt und Tobias Ostheim

Die vorangegangenen Kapitel haben die wichtigsten Theorien der vergleichenden Staatstätigkeitsforschung am Beispiel der Sozialpolitik vorgestellt und kommentiert. Die hier vorgestellten Schulen schreiben unterschiedlichen Größen besondere Erklärungskraft zu, haben verschiedene Stärken und Schwächen und eignen sich je nach Art des verwendeten Vergleichs mehr oder weniger zur Erklärung. Die Tabelle 4 fasst die wichtigsten Theorien vergleichend zusammen.

Jede der Theorien kann zur Erklärung der Unterschiede der Sozialpolitik beitragen. Kombiniert man sie unter Verwendung multivariater Methoden der Statistik, lässt sich sogar der größte Teil der Varianz wohlfahrtsstaatlicher Variablen erklären. Das soll in diesem Kapitel abschließend in einem Vergleich der Sozialausgaben in 21 OECD-Staaten von 1960 bis 1995 im kombinierten Längsschnitt und Querschnitt (in sogenannten gepoolten Zeitserien) verdeutlicht werden. Die abhängige Variable in dieser Untersuchung sind die jährlichen Sozialausgaben pro Kopf; als unabhängige Variablen dienen Größen, die bereits in den vorangegangenen Kapiteln als Schlüsselindikatoren der jeweiligen Schule der Wohlfahrtsstaatsforschung vorgestellt wurden.

Die multivariate Regression zeigt: Sozioökonomische, parteipolitische und politisch-institutionelle Größen sind wichtige Bedingungsfaktoren der Staatsausgaben, ebenso wie Rückwirkungen der internationalen Politik und die Erblast, die Vorgängerregierungen hinterlassen haben. Die Sozialausgaben sind demnach (umso) höher,

1. je höher das Land, gemessen am Bruttoinlandsprodukt, wirtschaftlich entwickelt ist,
2. je mehr die Arbeitslosenquote gegenüber dem Vorjahr zugenommen hat,
3. je höher der Anteil der öffentlichen Beschäftigung an der gesamten Beschäftigung und damit der Kostendruck des öffentlichen Sektors ist,
4. je stärker Linksparteien an der Führung eines Landes beteiligt sind,
5. je stärker religiöse Parteien der Mitte, vor allem christdemokratische Parteien, an der Regierung beteiligt sind,

6. wenn eine Koalitionsregierung herrscht, in der die Kompromisssuche „Aufschläge" auf die Sozialpolitik verlangt,
7. je weniger Vetospieler existieren, die die Staatstätigkeit bremsen könnten,
8. wenn die Sozialpolitik nicht durch die Teilnahme an der Europäischen Währungsunion und den damit verbundenen Restriktionen der Haushaltspolitik gezügelt wurde und
9. je höher die Sozialausgaben des Vorjahres waren.

Tabelle 4: Theorien der vergleichenden Wohlfahrtsstaatsforschung im Überblick

Theorie	Wichtige Vertreter (Auswahl)	Hauptaussage	Empirische Basis	Qualität der Theorie	Besondere Stärken (+) und Schwächen (-)	Schlüsselindikatoren
Sozioökonomische Schule	Marx (Ökonomische Schriften) A. Wagner, Zöllner, Wilensky	Sozioökonomische Bedingungen → Bedarf & Ressourcen → Policy	Sehr breit: similar und dissimilar cases designs	komparativ, dynamisch, große Reichweite, nachprüfbar	+:Verallgemeinerbarkeit, Blick f. Sozioökonomie, −: Tendenziell sozioökonomischer Determinismus	Modernisierungsindikatoren wie das Pro-Kopf-BIP; Arbeitslosenquote; Seniorenquote
Machtressourcen-Ansatz	Marx (Politische Schriften), Korpi, Esping-Andersen	Klassenlage und Klassenkonflikt → Machtressourcen → Policy	Industrieländer (vor allem westliche)	theorie- u. klassenlastig, dynamisch	+: Guter Blick für Klassenstruktur u. Strukturkonflikte −: Neigung zum klassensoziologischen Determinismus	Power of Labour-Index (Cameron), Organisationsgrad der Gewerkschaften, Lohnarbeit in % Bevölkerung, Stimmenanteil Linksparteien
Parteiendifferenztheorie	Hibbs, Tufte, Hicks & Swank	Regierungsparteien → Policy, in Abhängigkeit von Wählerpräferenzen	Vergleich entwickelter Demokratien insbes. nach 1950	komparativ, statisch u. dynamisch, anschlussfähig, gut nachprüfbar	+: Demokratiesensibilität, −: Enge, Ausblendung anderer Faktoren	Dauer u. Stärke der Regierungsbeteiligung von Parteien oder Parteifamilien

Tabelle 4 (Forts.)

Politisch-institutioneller Ansatz	Scharpf, Lijphart, Tsebelis	Institutionen als Constraints und Ermöglicher (Institutionen als geronnene Entscheidungen) → Policy	Dichte Beschreibung einzelner Länder u. Vergleich kleiner Stichproben	grounded theory, reichhaltig, anschlussfähig, statisch u. dynamisch	+: Nähe zum Prozess politischer Willensbildung u. Entscheidung –: vernachlässigt häufig Alternativansätze, geringere Generalisierung	Indizes der Interessenvermittlung und der Staatsstruktur wie Föderalismus, gegenmajoritäre Institutionen, Vetopunkte-Index, Korporatismus-Index
Internationale Hypothese	Scharpf, EU-Forschung, Denationalisierungsthese (Zürn)	Internationale u. transnationale Probleme u. Politik → Politik auf nationalstaatlicher Ebene	Globalisierungsindikatoren u. transnationale Steuerung in der EU	Beschreibung, dynamisch, potentiell große Reichweite	+:Stärke: Beschreibung, Mehrebenenanalyse, –: unterschätzt Bedeutung und Spielraum nationalstaatlicher Politik, Generalisierung strittig	Maße der Offenheit u. der internationalen Verletzbarkeit der Ökonomie z.b. Import + Export in % BIP, „weiche" Indikatoren transnationaler Politik
Politik-Erblast-Theorie	Rose & Davies, Pierson	Die „Erblast" prägt die Politik zum Zeitpunkt t	Entwicklungsgeschichtlich gerichtete Studien mit langen time lags	Deskriptiv und erklärend, prinzipiell anschlussfähig	+: Sensibilität für Erblast und Inkrementalismus -: Vernachlässigt andere Determinanten	Politische Weichenstellungen in der Vergangenheit

Mit diesem Modell lassen sich über 99 Prozent der Varianz der Sozialausgaben pro Kopf erklären (vgl. ausführlicher Schmidt 2001: 40-43). Dies zeigt: Die unterschiedlichen Erklärungsansätze der Theorien der vergleichenden Staatstätigkeitsforschung können je einen eigenständigen Erklärungsbeitrag leisten, und ihre Kombination ist sinnvoll und ertragreich. Zudem können mit ihnen nicht nur die Sozialpolitik erklärt werden, sondern auch die Unterschiede im Output und Outcome in zahlreichen benachbarten Politikfeldern. Auch in den folgenden Kapiteln soll daher auf diese Theorien zurückgegriffen werden.

 Literatur

Schmidt, Manfred G., 2001: Ursachen und Folgen wohlfahrtsstaatlicher Politik: Ein internationaler Vergleich, in: Ders. (Hg.), Wohlfahrtsstaatliche Politik – Institutionen, politischer Prozess und Leistungsprofil, Opladen, 33-53.

II. Sozialpolitik in Deutschland

1 Einführung und Überblick

Tobias Ostheim und Manfred G. Schmidt

Am beginnenden 21. Jahrhundert gehört eine ausgebaute Sozialpolitik zu den herausragenden Kennzeichen der wirtschaftlich weit entwickelten westlichen Demokratien. In all diesen Staaten profitiert die große Mehrheit der Bevölkerung von den Leistungen des Sozialstaats. Eine ausgebaute Sozialstaatlichkeit ist jedoch nicht nur im internationalen Vergleich eher die Ausnahme: Die Mehrzahl der existierenden Staaten kann den Bürgern keinen größeren Schutz gegen die Unsicherheiten des Lebens wie etwa Alter, Krankheit, Arbeitslosigkeit, Invalidität, Pflege gewährleisten. Auch im historischen Vergleich zeigt sich, dass die Entwicklung des Sozialstaats erst im späten 19. Jahrhundert einsetzte und sich dessen heutige Gestalt erst im Laufe des 20. Jahrhunderts herausbildete.

In diesem Abschnitt des Lehrbuches werden exemplarisch die Entstehung und Entwicklung des deutschen Sozialstaats und seine wichtigsten Antriebs- und Bremskräfte dargestellt. In den ersten zwei Kapiteln informiert es über die Entstehung und den Ausbau der Sozialversicherungen in Deutschland im Kaiserreich und der Weimarer Republik. Das folgende Kapitel stellt den nationalsozialistischen Wohlfahrtsstaat dar. Anschließend werden die unterschiedlichen sozialstaatlichen Entwicklungen in den beiden deutschen Staaten bis zur Wiedervereinigung einander gegenübergestellt. Das fünfte Kapitel erläutert die Restauration und den Ausbau der sozialen Sicherung in den ersten Jahren der Bundesrepublik Deutschland; das sechste Kapitel die Wende von der wohlfahrtsstaatlichen Expansion zur Konsolidierung bis zum Zeitpunkt der Wiedervereinigung. Das siebte Kapitel beschäftigt sich mit der Sozialpolitik in der DDR, die nach 1945 eine ganz andere Entwicklung nahm als diejenige im Westen Deutschlands. Die Sozialpolitik unter gravierend veränderten Kontextbedingungen seit der Wiedervereinigung ist Thema des achten Kapitels.

Eine umfassende Darstellung der Geschichte der Sozialpolitik, die in anderen, umfangreicheren Beiträgen zu finden ist, kann dieser Abschnitt nicht leisten. Vielmehr sollen die grundlegenden Trends nachgezeichnet und die wichtigsten Bestimmungsfaktoren identifiziert werden. Dabei wird insbesondere auf die im ersten Abschnitt vorgestellten Theorien der vergleichenden Wohlfahrtsstaatsforschung Bezug genommen. Im letzten Kapitel des Abschnitts wird der jeweilige

Beitrag der verschiedenen Schulen zur Erklärung der Entwicklung des deutschen Sozialstaats zusammenfassend dargestellt.

2 Der Aufbau staatlicher Sozialpolitik im deutschen Kaiserreich

Manfred G. Schmidt und Tobias Ostheim

2.1 Einleitung

Als Kaiser Wilhelm I. im Jahr 1881 eine Gesetzesinitiative zur Einführung eines Sozialversicherungssystems für Arbeiter ankündigte, existierten entwickelte staatliche Sozialversicherungssysteme weder im Deutschen Reich noch anderswo. Zwar gab es in Deutschland eine lange Tradition der Sozialfürsorge und Armenpflege. Und so bestand auch im 1871 neu gegründeten Kaiserreich eine Vielzahl von Sozialfürsorge- und Versicherungseinrichtungen auf genossenschaftlicher und betrieblicher, auf kommunaler und kirchlicher Basis. Diese Sicherungssysteme boten jedoch keinen zureichenden Schutz für alle gegen die Wechselfälle des Lebens: Ihre Leistungen waren gering, und sie erfassten nur einen kleinen Teil der Betroffenen. Ein gesetzlich gegründetes staatliches Sicherungssystem gab es dagegen – bis auf kleinere Ausnahmen, unter anderem für Soldaten und für Beamten – noch nicht.

In den 80er Jahren des 19. Jahrhunderts erfolgte jedoch ein Kurswechsel, der Deutschland die Vorreiterrolle in der staatlichen Sozialgesetzgebung einbringen sollte. Das Signal für diesen Kurswechsel gab Kaiser Wilhelm I. in einer Botschaft aus Anlass der Eröffnung der fünften Legislaturperiode des deutschen Reichstags. In der Kaiserlichen Botschaft vom 17. November 1881 kündigte er unter anderem eine Gesetzesinitiative zur Errichtung staatlicher Sozialversicherungssysteme an, die eine Unfall- und eine Krankenversicherung sowie eine Invaliditäts- und Altersversicherung umfassen sollten. Die von den Wechselfällen des Lebens Betroffenen hätten „der Gesamtheit gegenüber einen begründeten Anspruch auf ein höheres Maß staatlicher Fürsorge, als ihnen bisher hat zu Theil werden können" (Stenographische Berichte über die Verhandlungen des Reichstages, V. Legislaturperiode, I. Session 1881/1882, Eröffnungssitzung, 17.11. 1881: 1-3). Tatsächlich wurden in den folgenden Jahren im Deutschen Reich eine gesetzliche Krankenversicherung (im Jahr 1883), eine Unfallversicherung (1884) sowie eine Invaliditäts- und Altersversicherung (1889) eingeführt. Zwar waren die Leistungen der Versicherungen im Schadensfall gemessen an heutigen Maßstäben gering und reichten nur als Zubrot. Auch erfassten diese Versicherungen zunächst nur einen kleinen Teil der Bevölkerung, der freilich in den folgenden Jahrzehnten schnell anwachsen sollte. Mit ihrer Einführung wurden jedoch die Merkmale deutscher Sozialstaatlichkeit geprägt, die auch über das ganze 20. Jahrhundert und bis heute in ihren Grundzügen Bestand haben sollten:

1. Eine Sozialversicherung, die sich nicht an das ganze Volk, sondern an eine begrenzte gesellschaftliche Teilgruppe – zunächst die der Arbeiter, später auch der Angestellten – richtete und

2. Schutz im Rahmen einer Pflichtversicherung gewährte, die die gesellschaftlichen Interessen in Körperschaften öffentlichen Rechts inkorporierte und somit eine starke eigenständige Versicherungsinstitution in nur mittelbarer Staatsverwaltung schuf;

3. ein Sicherungssystem, das auf feste Kriterien bezogene rechtsförmige Leistungsansprüche Einzelner begründete und das

4. nachträglichen Sozialschutz im Schadensfalle bot und nicht primär auf präventive Maßnahmen abzielte, die in die Arbeits- und Produktionsbedingungen intervenieren und so etwa Unfällen am Arbeitsplatz vorzubeugen suchten;

5. eine Versicherung, die im Wesentlichen durch die Beiträge der Arbeitgeber und Arbeitnehmer finanziert wurde und

6. schließlich durch organisatorische Vielfalt verschiedener Versicherungsträger geprägt war, denen zudem Mitsprache- und Selbstverwaltungsrechte zukamen.

Hinsichtlich der Einführung dreier Zweige der Sozialversicherungssysteme – der Unfall-, der Kranken- und der Rentenversicherung – ging das Kaiserreich allen anderen Staaten voran. Lediglich in der erst 1927 eingeführten Arbeitslosenversicherung ist Deutschland nicht der Pionier staatlicher Sozialpolitik gewesen (vgl. Tab. 1). Seine Vorreiterrolle in den anderen Sozialversicherungszweigen ist allerdings höchst bemerkenswert. Sie verlangt umso mehr nach Erklärung, als das Deutsche Reich weder von einem Vorsprung in der ökonomischen Entwicklung gegenüber anderen großen europäischen Staaten profitieren konnte noch die Reformkräfte der Arbeiterbewegung für die Begründung der staatlichen Sozialversicherungssysteme direkt verantwortlich waren: Es war eine konservative Reichsregierung, die die wirkungsmächtige Sozialgesetzgebung auf den Weg brachte, und zwar zunächst gegen den Willen der Arbeiterbewegung.

Tabelle 1:   Gründungsjahre der Sozialpolitik

Land	Unfallver-sicherung	Krankenver-sicherung	Rentenver-sicherung	Arbeitslosen-versicherung
Australien	1902	1948	1908	1944
Belgien	1903	1894	1900	1920
Deutschland	1884	1883	1889	1927
Dänemark	1898	1892	1891	1907
Finnland	1895	1963	1937	1917
Frankreich	1898	1928	1910	1905
Griechenland	1914	1922	1934	1945
Großbritannien	1897	1911	1908	1911
Irland	1897	1911	1911	1911
Island	1925	1936	1909	1936
Italien	1898	1943	1919	1919
Japan	1911	1927	1941	1947
Kanada	1930	1977	1927	1940
Luxemburg	1902	1901	1911	1921
Neuseeland	1908	1938	1898	1930
Niederlande	1901	1931	1919	1916
Norwegen	1895	1909	1936	1906
Österreich	1887	1888	1907	1920
Portugal	1913	1935	1935	1975
Schweden	1901	1891	1913	1934
Schweiz	1918	1911	1946	1982
Spanien	1900	1942	1919	1919
USA	1930	1965	1935	1935
Mittelwert	1905	1924	1917	1929

Quelle: Schmidt 2005: 182.

2.2   Ursachen und Gründe der Sozialgesetzgebung

Die Gründe der frühen Einführung der staatlichen Sozialpolitik in Deutschland sind vielfältig. Ein erster, naheliegender Grund ist die unzweifelhafte Bedürftigkeit eines Teils der Bevölkerung aufgrund *sozioökonomischer Entwicklungen* des 19. Jahrhunderts (vgl. zur sozioökonomischen Schule Kapitel I.2). Aus dieser Perspektive erscheint die Sozialgesetzgebung der 80er Jahre des 19. Jahrhunderts als direkte Funktion der tiefgehenden gesellschaftlichen, ökonomischen und politischen Veränderungen, die von der Industrialisierung und der Urbanisierung ihre Hauptschubkraft erhielten. Der hierdurch bewirkte soziale Wandel überforderte nicht nur die alten Netze sozialer Sicherung, sondern schuf auch ganz neue Risiken. Die Gewerbefreiheit und die Industrialisierung bewirkten, dass eine wachsende Zahl an Arbeitskräften in die neu entstehenden industriellen und urbanen Zentren drängte. Das Arbeitskräfteangebot wuchs, da die alten Handwerkszweige sich der Konkurrenz aus industrieller Produktion oft nicht erwehren konnten, und es wurde durch das starke Bevölkerungswachstum (und die zunehmende Anzahl arbeitender Kinder und Frauen) sowie durch die Verdrängung zahlreicher Kleinbauern noch vergrößert. Das so entstehende Proletariat lebte unter meist erbärmlichen Bedingungen und war den Risiken abhängiger Lohnarbeit – auch den Folgen einer langen Rezession in den 1870er Jahren – unmittelbar ausgesetzt.

Aber so wünschenswert der soziale Wandel die Einführung staatlicher sozialer Sicherungssysteme machte, kann er die Einführung der Sozialgesetzgebung alleine nicht erklären: In anderen Ländern stellten sich ähnliche Probleme in noch stärkerem Maße, annähernd vergleichbare gesetzgeberische Maßnahmen wurden jedoch erst Jahrzehnte später ergriffen (vgl. Tab. 1). Die sozioökonomische Entwicklung ist eine *notwendige*, nicht aber eine *hinreichende* Bedingung für die Entwicklung des deutschen Wohlfahrtsstaates, hat Tennstedt treffend festgestellt (Tennstedt 1997: 88f.).

Die „allgemeinen Ursachen" der Sozialpolitik, so der ebenfalls treffende Befund von Gerhard A. Ritter (1991: 64), waren in den Industrienationen ähnlich, unterschiedlich war jedoch „die Art der Wahrnehmung und Verarbeitung der Probleme, die weitgehend den Charakter der Lösungen bestimmten". Vielleicht hätte auch im Deutschen Reich von 1871 die Politik das soziale Elend ignorieren können – nicht ignorieren zu können glaubte die Reichsregierung dagegen das politische Konfliktpotential, das von der Arbeiterbewegung ausging. Dieses wurde in zunehmendem Maße als eine Gefahr für die ökonomischen und die politischen Herrschaftsverhältnisse wahrgenommen. Gerade die wachsenden Gewerkschaften und die Sozialistische Arbeiterpartei Deutschlands (die spätere SPD) als wichtigste Organisationen der Arbeiterbewegung wurden zunehmend als Bedrohung empfunden und 1878 durch das Sozialistengesetz[16] verboten bzw. in ihrer Tätigkeit eingeschränkt. Dass die Sozialpolitik Teil einer Doppelstrategie war, die der Reichskanzler Bismarck mit „Peitsche und Zuckerbrot" umschrieb, ließ sich schon in der von ihm wesentlich mitverfassten Kaiserlichen Botschaft erkennen: Während das Sozialistengesetz die Organisationen der Arbeiterbewegung zerschlagen sollte, sollten die Arbeiter durch die Sozialgesetzgebung zu „Staatsrentnern" gemacht und so für den Staat gewonnen werden. Und noch ein weiteres Motiv liegt Bismarcks Eintreten für eine staatliche Sozialversicherung zugrunde: Diese versprach durch die Inkorporierung gesellschaftlicher Interessen nicht nur eine Moderierung des Konfliktpotentials der Arbeiter, sondern auch eine Stärkung der Exekutive gegenüber Parlament und Parteien, aber auch des Reichs gegenüber den Partikularstaaten.

In die Irre geht jedoch, wer die Sozialpolitik des Kaiserreichs *alleine* als eine defensive Strategie zur Sicherung und Legitimation des Staates, als Ergebnis rationaler Machterwägungen und als „taktisches Kampfmittel" (so Rosenberg 1976: 195) begreift. Sie wurzelt auch in den politischen Ideen zahlreicher deutscher Nationalökonomen und Staatstheoretiker des 19. Jahrhunderts, die dem Staat eine Rolle als aktiver Förderer der Wohlfahrt sowie eine Verantwortung für die sozial Schwachen zusprachen und sich von liberalen Laisser-faire-Konzeptionen distanzierten. Auch der Reichskanzler Otto von Bismarck war wie seine engsten Berater ein klarer Fürsprecher einer paternalistischen Fürsorge des Herrschers für die wirtschaftlich Schwachen und einer monarchisch-konservativen Sozialreform von oben – eine Position, die nicht zuletzt auch im einflussreichen Protestantismus gründete. Eine solche Reform fand in der funktionierenden Staatsbürokratie des korporatistischen Interventionsstaates zudem eine wichtige Voraussetzung. Den politischen Ideen ist für die Art und den Zeitpunkt der deutschen Sozialstaatsgesetzgebung insofern zu Recht eine bedeutende Rolle zugeschrieben worden (vgl. einführend Ritter 1991: 64-83).

---

[16] Mit dem Hinweis auf zwei Attentate gegen Kaiser Wilhelm I. setzte Otto von Bismarck das im Reichstag am 21.10.1878 verabschiedete und bis 1890 mehrfach verlängerte „Gesetz gegen die gemeingefährlichen Bestrebungen der Sozialdemokratie" durch. Mit diesem Gesetz wurden alle sozialdemokratischen, sozialistischen oder kommunistischen Vereine – auch Gewerkschaften – sowie Versammlungen und Druckschriften verboten. Die Sozialistische Arbeiterpartei Deutschlands selbst (die spätere SPD) konnte ihre parlamentarische Arbeit jedoch fortsetzen und weiter zu Reichstagswahlen antreten.

2.3   Bilanz und Wirkung

Freilich darf dies den Blick nicht dafür verstellen, dass der Sozialpolitik von oben auch erhebliche Hindernisse im Weg standen. So widersetzten sich sowohl das Zentrum als auch die Liberalen aus unterschiedlichen Gründen den sozialpolitischen Plänen des Reichskanzlers. In der Folge konnte sich Otto von Bismarck, der auf einen direkten Zugriff des Reiches auf die Sozialpolitik und einen erheblichen Finanzierungsanteil des Staates anstelle einer Finanzierung ausschließlich durch die Beiträge der Arbeitgeber und Arbeitnehmer gedrängt hatte, im Reichstag nur teilweise durchsetzen. Im Gesetzgebungsprozess zur Kranken- und Unfallversicherung wurde die Einrichtung einer Reichsversicherungsanstalt ebenso abgelehnt wie umfangreiche Reichszuschüsse zu den Sozialversicherungen. Das in den 1880er Jahren begründete deutsche Sozialversicherungssystem entspricht mit seinen Hauptcharakteristika den Bismarck'schen Vorstellungen daher nur noch teilweise. Die Annahme, die Sozialgesetzgebung sei ganz überwiegend vom Reichskanzler Bismarck gestaltet worden, ist nicht zu Unrecht als „sozialpolitischer Bismarck-Mythos" charakterisiert worden (Reidegeld 1994).

In der Folge konnte die Sozialgesetzgebung zwar dazu beitragen, die soziale Not zu verringern, auch wenn der Schutz, den sie verkörperte, gering war und der Anstieg der Reallöhne „die wirkliche, die materielle Sozialreform" war (Rosenberg 1976: 217). Das Ziel, die Arbeiterschaft mit dem Staat zu versöhnen, wurde zunächst jedoch nicht erreicht – weil die staatliche und gesellschaftliche Diskriminierung der Sozialdemokratie nach dem Ende der Sozialistengesetze anhielt, aber auch, weil die im Krankenversicherungsgesetz 1883 zugelassenen freien Hilfskassen „vielfach einen Ersatz für die verbotene Parteiorganisation der Sozialdemokratie" und später die Ortskrankenkassen „Hochburgen der sozialistischen Arbeiterbewegung" bildeten (Ritter 1991: 86f.). Und zudem gewann die Sozialdemokratie in den folgenden Reichstagswahlen kontinuierlich an Stimmen.

Es wuchs allerdings auch die Zahl und die relative Größenordnung der Versicherten: 1900 wurden beispielsweise bereits über 70 Prozent der Erwerbsbevölkerung von der Unfallversicherung und mehr als die Hälfte von der Rentenversicherung erfasst. Gleichzeitig wurden die Leistungen der 1911 in der Reichsversicherungsordnung zusammengefassten Zweige der Sozialversicherungssysteme ausgebaut. Verantwortlich für diese Entwicklung waren sowohl die Zunahme des Arbeiteranteils an der Bevölkerung als auch gesetzliche Änderungen sowie der lange Wirtschaftsaufschwung seit 1895, der bis in das Vorjahr des ersten Weltkrieges anhalten sollte und den nötigen verteilungspolitischen Spielraum für diese Maßnahmen schuf. Langfristig stieg mit der Zahl der Leistungsempfänger auch die Zahl der Befürworter der Sozialpolitik, besonders in Folge der Ende 1911 beschlossenen Sozialversicherung auch für höhere Angestellte. Auf lange Sicht erlangte der Sozialversicherungsstaat so doch die weitgehende Zustimmung in der Arbeiterschaft und bei den Angestellten. Die Gestaltung der Sozialversicherung in Deutschland als eine durch Arbeitgeber und Arbeitnehmer finanzierte Pflichtversicherung, die den Einzelnen rechtsförmige Leistungsansprüche gewährte, gehört zu den entscheidenden Weichenstellungen der deutschen Wohlfahrtsstaatspolitik. Die Sozialgesetzgebung des deutschen Kaiserreichs sollte sich als segensreich für die Sozialversicherten erweisen, aber langfristig schuf sie auch charakteristische Probleme, denen sich die Weimarer Republik, aber noch stärker die Bundesrepublik Deutschland gegenübergestellt sehen sollten.

 **Literatur**

Kommentierte Literatur

Frerich, Johannes/Frey, Martin, [2]1996: Geschichte der Sozialpolitik in Deutschland. Band 1. Von der vorindustriellen Zeit bis zum Ende des Dritten Reiches, München/Wien.
Die drei Bände von Frerich/Frey zur Geschichte der Sozialpolitik in Deutschland bieten eine umfassende Darstellung der Sozialpolitik in Deutschland im weiteren Sinne (einschließlich der politischen und ökonomischen Rahmenbedingungen, der Fürsorge, der sozialen Sicherung der Beamten, des Arbeitsrechts sowie der Beschäftigungspolitik). Die Bände von Frerich/Frey informieren insbesondere über die Chronologie der Sozialgesetzgebung und Details einzelner Regelungen.

Ritter, Gerhard, [2]1991: Der Sozialstaat. Entstehung und Entwicklung im internationalen Vergleich, München.
Obgleich Gerhard Ritters Werk international vergleichend angelegt ist, ist es eine lohnende Lektüre zum Thema „Geschichte der Sozialpolitik in Deutschland", denn es hilft, gemeinsame Trends der sozialpolitischen Entwicklung und divergierende Pfade zu erkennen.

Ritter, Gerhard A., 1998: Der deutsche Sozialstaat. Anfänge, historische Weichenstellungen und Entwicklungstendenzen, in: Rauscher, Anton (Hg.), Grundlagen des Sozialstaats, Köln, 11-44.
Gerhard Ritters Analyse der deutschen Sozialstaatsentwicklung zeichnet die wichtigsten Antriebskräfte für die Pionierrolle Deutschlands in der Sozialpolitik und die Charakteristika des so entstandenen Sicherungssystems zusammenfassend nach.

Rosenberg, Hans, 1976: Große Depression und Bismarckzeit. Wirtschaftsablauf, Gesellschaft und Politik in Mitteleuropa, Frankfurt.
Rosenberg analysiert in seinem immer noch lesenswerten Buch – insbesondere im 6. Kapitel zur Sozialpolitik – die politische Dimension der Sozialgesetzgebung, einschließlich eines instruktiven Deutschland-Österreich-Vergleichs.

Stolleis, Michael, 2003: Geschichte des Sozialrechts in Deutschland. Ein Grundriß, Stuttgart.
Ausgezeichneter Überblick über die Entwicklung der deutschen Sozialpolitik aus rechtswissenschaftlich-sozialgeschichtlicher Perspektive.

Wehler, Hans-Ulrich, 1995: Deutsche Gesellschaftsgeschichte. Dritter Band. Von der „Deutschen Doppelrevolution" bis zum Beginn des Ersten Weltkrieges, 1849-1914, München.
Wehler liefert in seiner voluminösen Studie zur deutschen Gesellschaftsgeschichte umfassende Informationen über die soziale Lage und die wirtschaftliche und politische Entwicklung. Der zweite, dem Kaiserreich gewidmete Teil des Bandes ist eine lohnende Hintergrundlektüre zur Entwicklung des deutschen Sozialstaats.

Zitierte Literatur

Frerich, Johannes/Frey, Martin [2]1996: Geschichte der Sozialpolitik in Deutschland. Band 1. Von der vorindustriellen Zeit bis zum Ende des Dritten Reiches, München/Wien.

Reidegeld, Eckart, 1994: Schöpfermythen des Wilhelmismus. Kaiser und Kanzler an der „Wiege des deutschen Sozialstaates", in: Machtan, Lothar (Hg.), Bismarcks Sozialstaat. Beiträge zur Geschichte der Sozialpolitik und zur sozialpolitischen Geschichtsschreibung, Frankfurt/New York, 261-279.

Ritter, Gerhard, [2]1991: Der Sozialstaat. Entstehung und Entwicklung im internationalen Vergleich, München.

Ritter, Gerhard A., 1998: Der deutsche Sozialstaat. Anfänge, historische Weichenstellungen und Entwicklungstendenzen, in: Rauscher, Anton (Hg.), Grundlagen des Sozialstaats, Köln, 11-44.

Rosenberg, Hans, 1976: Große Depression und Bismarckzeit. Wirtschaftsablauf, Gesellschaft und Politik in Mitteleuropa, Frankfurt.

Stenographische Berichte über die Verhandlungen des Reichstages, V. Legislaturperiode, I. Session 1881/1882, Eröffnungssitzung, 17.11. 1881: 1-3.

Tennstedt, Florian, 1997: Peitsche und Zuckerbrot oder ein Reich mit Zuckerbrot? Der Deutsche Weg zum Wohlfahrtsstaat 1871-1881, in: Zeitschrift für Sozialreform 43, 88-101.

Wehler, Hans-Ulrich, 1995: Deutsche Gesellschaftsgeschichte. Dritter Band. Von der „Deutschen Doppelrevolution" bis zum Beginn des Ersten Weltkrieges, 1849-1914, München.

3 Sozialpolitik in der Weimarer Republik

Manfred G. Schmidt und Tobias Ostheim

3.1 Einleitung

Der Erste Weltkrieg hinterließ in der Sozialpolitik tiefe Spuren. Er schuf nicht nur neue soziale Herausforderungen in Form neuer Bedarfslagen, sondern änderte auch die politischen und ökonomischen Rahmenbedingungen sozialstaatlichen Handelns nachhaltig. Die Ablösung der Hohenzollern-Monarchie durch eine mit erheblichen Funktions- und Legitimitätsdefiziten behaftete Demokratie im November 1918 änderte die politische Ordnung tiefgreifend. Aber auch die politischen Kräfteverhältnisse verschoben sich deutlich. Aus dem Krieg gingen die Gewerkschaften gestärkt hervor, und die Sozialdemokratie und das katholische Zentrum erlangten bei den Wahlen zur Nationalversammlung im Januar 1919 zusammen mit der linksliberalen Deutschen Demokratischen Partei für kurze Zeit eine große Mehrheit. In den folgenden, häufig durch politische und wirtschaftliche Instabilität gekennzeichneten vierzehn Jahren der Weimarer Republik entwickelte sich die Sozialpolitik zu einem zentralen, zunehmend von tiefgehenden politischen Konflikten geprägten Politikfeld. Die staatliche Sozialpolitik wurde auf der Basis der Bismarck'schen Sozialversicherungen zunächst ausgebaut und durch weitere wohlfahrtsstaatliche Leistungen ergänzt, später jedoch wieder beschnitten.

3.2 Auftakt im Krieg

„Nahezu alles, was zu den typischen sozialen Errungenschaften der Weimarer Republik zu zählen ist und in den Jahren 1918 bis 1920 Gesetzeskraft erlangte, lässt sich in den Grundlagen auf die Praxis der Kriegszeit zurückführen", lautet die pointierte, aber im Wesentlichen zutreffende Zusammenfassung Abelshauers (Abelshauser 1987: 15). Bereits zu Beginn des Krieges hatten sich die Arbeiterparteien und die Gewerkschaften zu einem Burgfrieden bereit gefunden. Die „militärische Sozialpolitik" (ebd.) der folgenden vier Jahre diente zuerst der Aufgabe, die sozialen Konflikte im Inneren zu minimieren, um alle möglichen Kräfte für den Krieg mobilisieren zu können. Unter dieser Zielsetzung wurden die sozialen Sicherungssysteme den Kriegsbedingungen angepasst, indem beispielsweise Kriegs- und andere Dienstzeiten in der Kranken- und Rentenversicherung anrechenbar wurden. Aber auch die Aufwertung der Arbeiterschaft wurde bedacht – durch Angleichungen an die zuvor privilegierten Angestellten: So wurde in der Rentenversicherung die Altersgrenze für Arbeiter vom 70. auf das 65. Lebensjahr herabgesetzt und damit der Angestelltenversicherung angeglichen.

In den Arbeitsbeziehungen und in der Arbeitsmarktregulierung wurden noch gewichtigere Weichenstellungen vorgenommen, insbesondere die vollständige Anerkennung der Gewerkschaften, die Einführung von Mitbestimmungsrechten im Hilfsdienstgesetz (1916) und die faktische Ausweitung des Tarifvertragswesens – Entscheidungen, die unmittelbar nach dem Krieg in die gesetzliche Anerkennung von kollektiv ausgehandelten Tarifverträgen und die Einrichtung von Betriebsräten münden sollten.

3.3   Ausbau der Sozialpolitik in der Weimarer Republik

Nach dem Ende des Ersten Weltkrieges erhielt die Sozialpolitik einen doppelten Impuls: Zum einen schufen die Demobilisierung und die schlechte wirtschaftliche Lage einen erheblichen zusätzlichen Bedarf an sozialpolitischen Leistungen, der durch gesetzgeberische Maßnahmen zur Erwerbslosenfürsorge und zur Kriegsopferversorgung gedeckt werden sollte. Zum anderen wurden die wohlfahrtsstaatlichen Leistungen sowohl unter dem Rat der Volksbeauftragten[17], der bis August 1919 die Regierungsgeschäfte führte, als auch in der Weimarer Republik bewusst ausgebaut.

Daseinsfürsorge

Zunächst galt das Augenmerk in der Sozialpolitik im Wesentlichen der Daseinsfürsorge (vgl. hierzu Sachße/Tennstedt 1988). Unmittelbar nach dem Ende des Krieges begann das Reich, sich stärker im sozialen Schutz gegen das Risiko der Arbeitslosigkeit zu engagieren, indem es sich zur Hälfte an der Finanzierung der

---

[17] Der Rat der Volksbeauftragten war die provisorische revolutionäre Regierung Deutschlands, die die SPD und die USPD am 10. November bildeten. Der Rat der Volksbeauftragten, den die USPD Ende Dezember 1918 nach Konflikten mit der SPD verlassen hatte, wurde im Februar 1919 durch die erste parlamentarische Reichsregierung unter Philipp Scheidemann abgelöst.

Erwerbslosenfürsorge beteiligte, die in Folge der Demobilisierung erhebliche Bedeutung gewann. In den folgenden Jahren wurden daneben verschiedene Formen der Sonderfürsorge eingerichtet, etwa die Kriegshinterbliebenen- und Kriegsbeschädigtenfürsorge sowie die Klein- und Sozialrentnerfürsorge, die sich an zwei große Gruppen richtete, deren Renten bzw. private Ersparnisse durch die Inflation aufgezehrt worden waren.

Mit der „Reichsverordnung über die Fürsorgepflicht" vom 13. Februar 1924 und den zum 1. Januar 1925 in Kraft tretenden „Reichsgrundsätzen über Voraussetzung, Art und Maß der öffentlichen Fürsorge" wurde der Fürsorge dann eine neue organisatorische Grundlage gegeben und ein prinzipieller Rechtsanspruch auf Fürsorge bei – freilich durch vorherige Prüfung festzustellender – Bedürftigkeit anerkannt. Gegenüber der althergebrachten Armenfürsorge, die die als selbstverschuldet angesehene Armut mit Ehrlosigkeit gleichgesetzt hatte, bedeutete dies die Überwindung des „sozialpolitischen Mittelalters" (Hentschel 1983: 127). Faktisch erkannte der Staat an, dass dem Einzelnen ohne eigenes Verschulden Schäden entstehen konnten, etwa durch Arbeitslosigkeit, Krieg oder Inflation, und suchte diese Schäden auszugleichen.

Arbeitsbeziehungen, Arbeitsschutz und Arbeitslosenversicherung

Daneben betrafen die Sozialreformen in den ersten Jahren nach dem Krieg vor allem die Arbeitsbeziehungen und den Arbeitsschutz. Was im Kriege begonnen und erstmals im Stinnes-Legien-Abkommen im November 1918 von Unternehmern und Gewerkschaften vereinbart worden war, wurde nun vollendet: In der Weimarer Reichsverfassung (WRV) und in Ausführungsgesetzen wurden die Koalitionsfreiheit, die Einrichtung von Betriebsräten, die Aufgaben von Tarifverträgen (einschließlich der Möglichkeit der Allgemeinverbindlichkeitserklärung) und das Schlichtungswesen verankert und geregelt. Die Arbeitnehmerschaft trat damit gemäß der neuen Verfassung in der Regelung der Lohn- und Arbeitsbedingungen „gleichberechtigt" neben die Unternehmer. Im Arbeitsschutz war die wichtigste Regelung die Einführung des Achtstundentages.

Die WRV formulierte darüber hinaus ein Recht auf Arbeit; soweit eine „angemessene Arbeitsgelegenheit nicht nachgewiesen werden kann", solle für den notwendigen Unterhalt gesorgt werden (Art. 163 WRV). Diese Bestimmung wurde 1927 durch den Aufbau des vierten Zweiges der Sozialversicherungssysteme, der Arbeitslosenversicherung, mit Substanz gefüllt. Im „Gesetz über Arbeitsvermittlung und Arbeitslosenversicherung" vom 16.7.1927 wurde die Reichsanstalt für Arbeitsvermittlung und Arbeitslosenversicherung als Körperschaft öffentlichen Rechts in Selbstverwaltung institutionalisiert und den Arbeitslosen ein Rechtsanspruch auf Arbeitslosengeld gewährt, das die an Bedürftigkeitstests gebundene Erwerbslosenfürsorge ablöste. Die Finanzierung erfolgte durch je zur Hälfte von den Versicherten und den Arbeitgebern getragene Beiträge, daneben auch durch Zuweisungen des Reiches. Langfristig Erwerbslose blieben freilich auf nachgeordnete Fürsorgeleistungen angewiesen.

Der wachsende Kreis der Leistungsempfänger

Auch die anderen Zweige der Sozialversicherungen erfuhren zahlreiche Modifikationen. „Durch eine Fülle für sich genommen unauffälliger Gesetze und Verwaltungsakte" (Hentschel 1987: 210) schlug die Sozialpolitik neue Wege ein: Sie erfasste zunehmend Familienangehörige, und sie zielte stärker auf Prävention und Rehabilitation. Diese und zahlreiche weitere sozialpolitische Reformen im Gesundheitswesen, in der Kinder- und Jugendfürsorge und die Förderung des Wohnungsbaus sorgten dafür, dass sich die Zahl der Empfänger von wohlfahrtsstaatlichen Leistungen ebenso wie die staatlichen Ausgaben für die Sozialpolitik gegenüber dem Kaiserreich deutlich ausweiteten. Die Zahl der Anspruchsberechtigten stieg in Deutschland in der bis etwa 1930 währenden sozialpolitischen Ausbauphase sprunghaft an. Der von Jens Alber (Alber 1982: 152) errechnete durchschnittliche Prozentsatz der in den Sozialversicherungszweigen Versicherten an der Erwerbsbevölkerung zeigt dies deutlich (Abb. 1).

Noch deutlicher als der Kreis der Sozialversicherten wuchsen die sozialen Zwecken dienenden Staatsausgaben. Wie die Berechnungen von Andic und Veverka (Andic/Veverka 1964) zeigen, erhöhte sich der Anteil der Sozialversicherungen am BSP – ohne sonstige Sozialleistungen! – zwischen 1913 und 1932 von 1,7 auf 9,2 Prozent auf mehr als das Fünffache. Er wuchs damit noch schneller als die Staatsquote, die durch zunehmende Aufwendungen für andere wohlfahrtsstaatliche Leistungen, etwa den Wohnungsbau, oder für staatliche Arbeitsbeschaffungsprogramme und Maßnahmen zur Konjunkturbelebung in den 1920er Jahren in die Höhe getrieben wurde. In der Folge wurde 1932 mehr als die Hälfte der Ausgaben aller staatlichen Ebenen im Sozialbereich getätigt.

Abbildung 1:   Sozialversichertenanteil der Erwerbsbevölkerung, 1885-1930

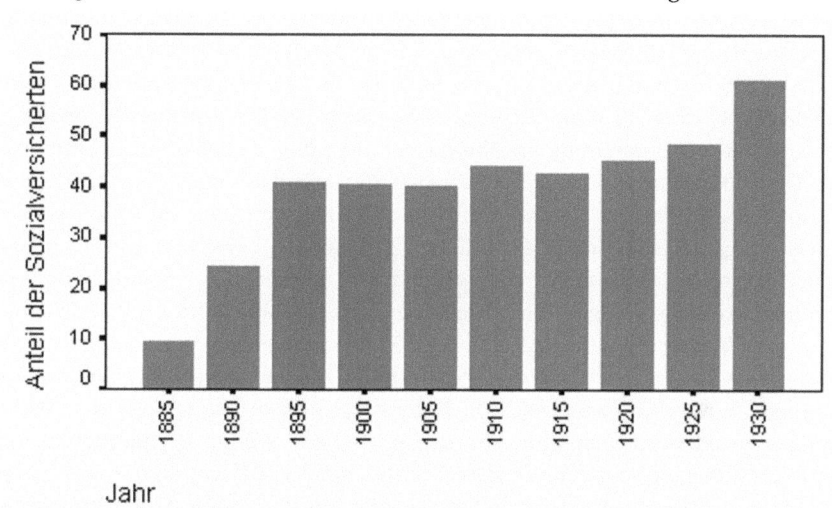

Anmerkungen: Anteil der von den Sozialversicherungen erfassten Erwerbsbevölkerung im Durchschnitt der Sozialversicherungen in Prozent, Quelle: Alber 1982: 152.

3.4   Rückbau unter ungünstigen ökonomischen Rahmenbedingungen

Diese Entwicklung fand unter ungünstigen ökonomischen Vorzeichen statt. Die vierzehn Jahre der Weimarer Republik waren eher durch wirtschaftliche Krisen geprägt als durch Phasen der Prosperität (vgl. hierzu etwa Borchardt 1976). Diese Tatsache erklärt einen Teil der rasanten Entwicklung der Sozialausgaben, da immer mehr Personen auf Leistungen der Sozialsysteme angewiesen waren. Das sollte dem Weimarer Sozialstaat mittelfristig jedoch zum ernsten Problem werden.

Die Folgen von Inflation und Weltwirtschaftskrise

Trotz der Demobilisierung und der mühsamen Rückkehr zur Friedenswirtschaft war der Arbeitsmarkt unmittelbar nach dem Krieg zunächst durch eine relativ hohe Beschäftigung gekennzeichnet. 1922 begann jedoch nicht nur die Arbeitslosenquote zu steigen, auch die Inflation verschärfte sich und ging 1923 in die bisher nicht gekannte Hyperinflation[18] über. Die kapitalfundierten[19] Sozialversicherungen gerieten in eine erste schwere Krise, da ihr Deckungskapital durch die Geldentwertung geradezu aufgefressen wurde. Nach der Stabilisierung der deutschen Geldwirtschaft kam es in den Jahren von 1924 bis 1928 zu einem Wirtschaftsaufschwung. In diesen Zeitraum fiel auch die Einführung der Arbeitslosenversicherung. Auch in dieser Phase sank die Arbeitslosigkeit nur knapp unter 800.000, und im harten Winter 1928/29 stieg die Arbeitslosenzahl auf 3 Millionen, während die Mittel der Reichsanstalt für Arbeitsvermittlung und Arbeitslosenversicherung für maximal 1,4 Millionen Arbeitslose berechnet waren. In den darauffolgenden Jahren geriet Deutschland weit stärker in den Sog der Weltwirtschaftskrise als die übrigen Industrieländer. Das Sozialprodukt sank rapide, und bereits im Winter 1931/32 wurden 6 Millionen Arbeitslose gezählt. Dies hatte gravierende Folgen auch für die Sozialpolitik: Einerseits sank das Beitragsaufkommen, andererseits wurden die Sicherungssysteme durch den enormen Bedarf überlastet und belasteten ihrerseits die Wirtschaft. Während Unternehmerverbände und Rechtsparteien hierauf mit weitreichenden Einschnitten in das soziale Sicherungsnetz – vor allem durch Abschaffung des Rechts auf Arbeitslosenunterstützung und Rückkehr zur Bedürftigkeitsprüfung – reagieren wollten, versuchten die SPD und die Gewerkschaften die sozialen Errungenschaften zu verteidigen und durch eine Beitragssatzerhöhung zu finanzieren. Zumindest vordergründig zerbrach an diesem grundlegenden Konflikt zwischen den Regierungsparteien SPD und DVP die letzte parlamentarische Regierung der Weimarer Republik im März 1930.

Einschnitte unter den Präsidialkabinetten

In den folgenden knapp drei Jahren verfolgten die Präsidialkabinette Brünings und später Papens und Schleichers eine Deflationspolitik, die zwangsläufig er-

---

[18] Die schwierige ökonomische Lage einer Volkswirtschaft in Umstellung auf eine Friedenswirtschaft, die aus dem Krieg erwachsene und zur Finanzierung der Kriegsfolgenlasten eingegangene Staatsverschuldung und die Lasten der Reparationsforderungen beschleunigten seit 1922 den Wertverfall der Reichsmark drastisch. Im Jahr 1923 erreichte der monatliche Wertverfall schwindelerregende Höhen und machte ein normales Wirtschaftsleben nahezu unmöglich. Mit der Einführung der neuen Rentenmark endete die Hyperinflation im November 1923 schlagartig.
[19] Während im Umlageverfahren die Leistungen der Sozialversicherungen aus den zur gleichen Zeit erhobenen Beiträgen der Arbeitnehmer und ihrer Arbeitgeber finanziert werden, werden im Kapitaldeckungsverfahren die Leistungen aus den Erträgen des angelegten Kapitals der Versicherungen finanziert.

hebliche Einschnitte in die Sozialleistungen – den weitaus größten Ausgabenposten des Haushalts – notwendig machte, die mit Notverordnungen realisiert wurden (für die zahllosen Details vgl. Frerich/Frey 1996)[20]. In der Folge sank beispielsweise die Zahl der Hauptunterstützungsempfänger der Arbeitslosenversicherung nach 1930, obwohl die Arbeitslosenquote noch anstieg. Hatten im März 1930 noch 67,5 Prozent der Arbeitslosen Arbeitslosenhilfe erhalten, sank diese Quote bis Januar 1933 auf 15,8 Prozent, und nachgeordnete Sicherungssysteme mussten einspringen (Hentschel 1983: 133). Ähnliches lässt sich für die anderen Zweige der Sozialversicherung zeigen. Zwischen 1930 und 1932 sanken die Gesamtausgaben der Sozialversicherungen um nominal rund ein Viertel; real blieben sie aufgrund des gleichzeitig sinkenden Preisniveaus in etwa gleich (Andic/Veverka 1964: 247).

3.5　Weimarer Sozialpolitik: Ein überforderter und überfordernder Wohlfahrtsstaat

Die Bilanz der wohlfahrtsstaatlichen Politik der Weimarer Republik ist uneinheitlich: Einerseits wurden etwa durch die Einführung der Arbeitslosenversicherung als vierte Säule des Sozialversicherungssystems und die Reformen des Arbeitsrechts wichtige Weichenstellungen vorgenommen, die den Pfad deutscher Sozialstaatlichkeit nachhaltig prägten. Auch wurde der Kreis der Empfänger wohlfahrtsstaatlicher Leistungen erheblich vergrößert, und dies trug zur Linderung der größten Not in den Krisen der 1920er und frühen 1930er Jahre bei. Andererseits schufen die Reformen Ansprüche, die nur unter günstigen ökonomischen Bedingungen zu befriedigen waren, und ab 1930 wurden die Sozialleistungen an den Einzelnen deutlich abgebaut. Angesichts dessen ist es nicht so erstaunlich, dass die Forschung in der Bewertung der Sozialpolitik der wirtschaftlich wie politisch unruhigen Jahre der Weimarer Republik uneins ist. Kontrovers beantwortet werden insbesondere folgende Fragen: Stand die Sozialpolitik im Zeichen von Kontinuität oder Wandel? Was waren ihre Antriebs- und Bremskräfte, und welche Wirkungen entfaltete sie?

---

[20] Die Reichsregierungen unter Heinrich Brüning, Franz von Papen und Kurt von Schleicher besaßen keine parlamentarische Mehrheit und stützten ihre Regierung auf den Reichspräsidenten Paul von Hindenburg. Seit März 1930 wurde die legislative Funktion zu wesentlichen Teilen durch den Reichspräsidenten ausgeübt, der – unter Rückgriff auf den Art. 48,2 der Weimarer Reichsverfassung – in Verbindung mit dem Reichskanzler zahlreiche vom Reichstag abgelehnte Gesetzesentwürfe als Notverordnungen erließ.

Kontinuität oder Wandel?

Einige Autoren haben rückblickend einen „*qualitativen Sprung* in der Entwicklung des Sozialstaats" konstatiert (Peukert 1987: 134), weil in Weimar der Sozialstaat Verfassungsrang erhalten habe und es zu einer „Erweiterung und Verbesserung der sozialen Leistungen im Einzelnen" gekommen sei. Beides ist richtig. Insbesondere das Arbeitsrecht, die neue Arbeitslosenversicherung, die individuelle Ansprüche schuf, und die Neuordnung der Fürsorge schlossen gravierende Lücken in den bestehenden Sicherungssystemen. Für die These von den „qualitativ und quantitativ neuen Dimensionen" wohlfahrtsstaatlicher Politik (Sachße/Tennstedt 1988: 211) spricht ferner, dass der Kreis der Leistungsberechtigten in den 1920er Jahren erheblich vergrößert wurde und das Reich erstmals als in großem Maße umverteilender Staat auftrat. „Aufs Grundsätzliche gesehen", so Hentschel, „hat die Weimarer Republik für die Entwicklung des deutschen Sozialstaats vermutlich mehr geleistet als das Kaiserreich und die Bonner Republik" (Hentschel 1987: 198).

Für die *Kontinuitätsthese* spricht hingegen, dass die Sozialversicherungssysteme in der Weimarer Zeit in direkter Kontinuität des Kaiserreichs gestanden hätten. „Nichts geschah, was über kurz oder lang nicht auch ohne Krieg, Revolution und demokratische Republik geschehen wäre", hat Hentschel diese Position bündig formuliert. Er konstatiert, dass es nur „einige kleinere versicherungstechnische Reformen im Rahmen der vom Kaiserreich tradierten sozialpolitischen Grundsätze" gegeben habe (Hentschel 1983: 121). Und auch die tatsächlich durchgeführten Reformen lassen sich nicht nur als Kurswechsel, sondern auch als *Veränderung im Zeichen der Kontinuität* interpretieren:

> „So war die Sozialpolitik jener Jahre im Grunde nur die Verwirklichung der sozialreformerischen Gedankengänge, die zunächst die bürgerlichen Sozialpolitiker der Wilhelminischen Epoche entwickelt und die sich dann die Gewerkschaften und die Sozialdemokratie zu eigen gemacht hatten." (Preller 1949: 497).

Für die Kontinuitätshypothese spricht zudem die Pfadtreue in der grundlegenden Ausgestaltung der sozialen Sicherungssysteme: Es blieb nicht nur die Struktur der bestehenden Sozialversicherungen erhalten, auch die neue Arbeitslosenversicherung wurde in wesentlichen Teilen nach dem Vorbild der bestehenden Pfeiler der Sozialversicherung gestaltet.

Freilich dürfen darüber Diskontinuitäten *innerhalb* der vierzehn Jahre des Bestehens der Weimarer Republik nicht übersehen werden, denn ab etwa 1930 fand ein so deutlicher sozialpolitischer Kurswechsel statt, dass einige Autoren, so vor allem Sachße/Tennstedt 1988 und 1992, die Periodisierung der Sozialpolitik nicht mit dem Ende des Republik 1933, sondern schon mit dem Jahr 1930 vorgenommen haben (vgl. hierzu auch das folgende Kapitel).

Determinanten

Diese von Kontinuität und Wandel gleichermaßen geprägte Bilanz des Weimarer Sozialstaates erklärt sich zunächst aus der Kombination von sozioökonomischen und politischen Faktoren. Einerseits war der Bedarf an Sozialleistungen vor allem für die zahlreichen Erwerbslosen durch die soziale und wirtschaftliche Lage bestimmt. Dass diesem Bedarf zumindest teilweise entsprochen wurde und es bis zum Ende der 1920er Jahre zur Ausdehnung (und Überdehnung) des Sozialstaats kam, erklärt sich zu einem Gutteil aus der Stärke der Arbeiterbewegung – der Gewerkschaften ebenso wie der Sozialdemokratie, deren Handschrift die Reformen trugen. Dies gilt insbesondere für die Weichenstellungen bis zum Jahr 1920, als die „Weimarer Koalition" aus SPD, DDP und Zentrum ihre Mehrheit verlor. Besonders über das Zentrum fanden – anders als im Kaiserreich – daneben auch die Gedanken der katholischen Soziallehre Eingang in die wohlfahrtsstaatliche Politik. Nach der Zäsur des Jahres 1930 erzwang die Weltwirtschaftskrise jedoch tiefe Einschnitte in das soziale Sicherungssystem, und auch die Machtressourcen der Sozialdemokratie schrumpften mit dem Ende der letzten großen Koalition rapide. Fortan wurde die Sozialpolitik durch die konservativ-autoritäre Politik der Präsidialkabinette geprägt. Insofern lässt sich die Sozialpolitik der Weimarer Republik zu einem Gutteil als politischer Kampf um sozialpolitische Verteilungsspielräume begreifen (so schon Preller 1949).

Freilich gab es auch Kontinuitäten über 1930 hinweg, die sich durch die Theorie von der Pfadabhängigkeit politischer Entscheidungen erklären lassen (vgl. das Kapitel I.6 zur Erblasttheorie). So blieb die Struktur der bestehenden Sozialversicherungen erhalten – trotz der enormen Belastungen durch die Hyperinflation 1922/23 und durch Arbeitslosigkeit und Weltwirtschaftskrise ab 1929/30, die zwischenzeitlich nur noch die „rechtlich-institutionelle Fassade" der Sicherungssysteme übrig ließen (so Hentschel 1983: 119), diese aber Teilen ihrer wohlfahrtsstaatlichen Substanz beraubten. Diese Pfadtreue ist bemerkenswert, weil gerade die Krisen zu Anfang und Ende der Weimarer Republik sowohl Gelegenheit als auch gute Gründe boten, die eingeschlagenen Pfade zu verlassen (Conrad 1998).

Wirkungen der Sozialpolitik

In der Forschung umstritten sind schließlich auch die Leistungen und Defizite der Sozialpolitik in der Weimarer Republik. Haben sich die wohlfahrtsstaatlichen Leistungen in der Krise bewährt, und konnten sie wirkungsvoll dazu beitragen, soziale Not zu lindern, oder trugen sie gar zum Scheitern der Weimarer Demokratie bei?

Einer als „*Bewährungsthese*" benennbaren Position zufolge hat sich die soziale Sicherung „auf fast verblüffende Weise bewährt" (Hentschel 1983: 135). Tatsächlich ist in den Jahren der Wirtschaftskrise der Anteil der Sozialversicherungen am Sozialprodukt deutlich gestiegen (s.o.). Und die Rentner wurden in der Krise trotz der Leistungskürzungen im Schnitt sogar wohlhabender, wie Hentschel gezeigt hat (ebd.). Auch die Zahl der Empfänger von Leistungen der Sozialversicherungen nahm von 1929/30 an deutlich zu. Freilich spiegeln diese Entwicklungen weniger eine zielgerichtete Sozialpolitik wider als vielmehr eine tiefe wirtschaftliche Krise: Die steigende Sozialleistungsquote ist nicht auf eine intendierte Steigerung der Sozialausgaben, sondern auf den rapiden Rückgang des Sozialprodukts und die steigende Zahl der Bedürftigen zurückzuführen. Und die von Hentschel konstatierte Steigerung der Kaufkraft der Rentner hat ihre Ursache in den deflationsbedingt abnehmenden Lebenshaltungskosten und ist vor dem Hintergrund der niedrigen Renten Ende der 1920er Jahre zu relativieren.

Den Bedarf konnten die Sozialversicherungssysteme in der Krise nicht zureichend decken: Einschnitte ins soziale Netz verringerten die Höhe der Leistungen der Sozialversicherungen an den Einzelnen, und zahlreiche Menschen wurden aus dem Kreis der Anspruchsberechtigten der Sozialversicherungen gedrängt und an nachgeordnete Fürsorgeeinrichtungen verwiesen.

All dies spricht gegen die Bewährungsthese. Außerdem ist zu bedenken: So unzureichend die wohlfahrtsstaatlichen Leistungen im Einzelnen auch waren, so groß war nach Meinung vieler Autoren dennoch die Belastung der staatlichen Haushalte durch die Sozialpolitik. Aus dieser Perspektive kam es bis 1930 nicht nur zur Ausdehnung des Sozialstaats, sondern zu seiner Überdehnung. Am deutlichsten hat Knut Borchardt diese Position vertreten. Borchardts These von der „*Krise vor der Krise*" zufolge war die Wirtschaft schon 1925 bis 1929 eine „unnormale, ja 'kranke' Wirtschaft" (Borchardt 1982: 179). Dies sei hauptsächlich darauf zurückzuführen, dass die Entwicklung der Reallöhne im Missverhältnis zur Entwicklung der Arbeitsproduktivität gestanden und so die Investitionsneigung der Unternehmer verringert habe – mit der Folge von Wachstumsschwäche und hoher Arbeitslosigkeit. Ein Weiteres sei hinzugekommen: Auch die Sozialpolitik habe über die Lohnnebenkosten eine wachsende Belastung der Unternehmer verursacht (Kruedener 1985). Diese Entwicklung sei, so Borchardt, auch in dem Zwang der Weimarer Republik gegründet gewesen, sich Legitimation über sozialstaatliche Leistungen und wachsende Löhne zu verschaffen. Das neue Instrument der tarifpolitischen Zwangsschlichtung habe erheblich dazu beigetragen, die Tariflöhne in die Höhe zu treiben, „denn die staatlichen Instanzen waren sich der politischen Dimensionen der Frage wohl bewusst" (Borchardt 1982: 181).

Borchardts These hat viel Aufsehen erregt; sie hat aber auch heftigen Widerspruch hervorgerufen. So bestritt Carl-Ludwig Holtfrerich, dass die Lohnpolitik Ursache der Wirtschaftskrise in Deutschland war, und verneinte die These, dass die Entwicklung zwingende Folge der Marktmacht der Gewerkschaften gewesen sei (Holtfrerich 1984; vgl. zur Borchardt-Kontroverse zusammenfassend Gessner 2002: 80-87). Trotz mancher berechtigter Einwände verweist Borchardt jedoch zu Recht auf die Bedeutung der Sozial- und Tarifpolitik für die Stabilisierung des politischen Regimes und ihre destabilisierenden ökonomischen Folgen:

> „Seit dem I. Weltkrieg war der neue, der innerlich und äußerlich so sehr labile Staat von Weimar darauf angewiesen, sich die Zustimmung von Eliten und Wählermassen zu verschaffen, um sich zu stabilisieren. Er tat das mit den Mitteln der Wirtschafts- und Sozialpolitik, indem er weit mehr als je zuvor ein deutscher Staat Subventions- und Umverteilungsstaat wurde. Unzweifelhaft sind großartige Dinge geschehen – aber unstreitig haben sie die Wirtschaft des Landes erheblich belastet, lebte der Staat, aus welchen politischen Zwängen heraus auch immer, über seine Verhältnisse" (Borchardt 1982: 180).

Die Weimarer Republik war insofern gleichermaßen ein überforderter und überfordernder Wohlfahrtsstaat: ein Wohlfahrtsstaat, der manche Bedürfnisse nur unzureichend decken konnte, aber die Wirtschaft zugleich zu überlasten tendierte. Eine weitere Wirkung der Sozialpolitik der Weimarer Republik sollte darüber jedoch nicht übersehen werden: Sie trug in den 1920er Jahren dazu bei, „den demokratischen Staat unter extrem ungünstigen Rahmenbedingungen zu stabilisieren und ihm zunächst überhaupt eine Chance zu geben, sich zu bewähren" (Abelshauser 1987: 23).

 **Literatur**

Kommentierte Literatur

Frerich, Johannes/Frey, Martin, ²1996: Handbuch der Geschichte der Sozialpolitik in Deutschland. Erster Band. Von der vorindustriellen Zeit bis zum Ende des Dritten Reiches, München/Wien.
Das Handbuch von Frerich/Frey eignet sich besonders, um die zahlreichen, im Allgemeinen unkoordinierten und unsystematischen sozialpolitischen Aus- und Rückbaumaßnahmen in der Weimarer Republik nachzuschlagen. Neben den Sozialversicherungen im engeren Sinne werden auch der Arbeitsschutz, die Arbeitsbeziehungen und sozialpolitisch relevante wirtschaftspolitische Maßnahmen dargestellt.

Bracher, Karl Dietrich/Funke, Manfred/Jacobsen, Hans-Adolf (Hg.), 1987: Die Weimarer Republik 1918-1933, Bonn.
Der Sammelband bietet eine gute Einführung in Politik, Ökonomie und Gesellschaft der Weimarer Republik.

Zitierte Literatur

Abelshauser, Werner, 1987: Die Weimarer Republik – ein Wohlfahrtsstaat?, in: Ders. (Hg.), Die Weimarer Republik als Wohlfahrtsstaat. Zum Verhältnis von Wirtschafts- und Sozialpolitik in der Industriegesellschaft, Wiesbaden/Stuttgart, 9-31.

Alber, Jens, 1982: Vom Armenhaus zum Wohlfahrtsstaat. Analysen zur Entwicklung der Sozialversicherung in Westeuropa, Frankfurt am Main/New York.

Andic, Suphan/Veverka, Jindrich, 1964: The Growth of Government Expenditure in Germany since the Unification, in: Finanzarchiv N.F. 23/2, 169-278.

Borchardt, Knut, 1976: Wachstum und Wechsellagen 1914-1970, in: Aubin, Hermann/Zorn, Wolfgang (Hg.), Handbuch der deutschen Wirtschafts- und Sozialgeschichte. Bd. 2, Stuttgart, 685-740.

Borchardt, Knut, 1982: Wachstum, Krisen, Handlungsspielräume der Wirtschaftspolitik. Studien zur Wirtschaftsgeschichte des 19. und 20. Jahrhunderts, Göttingen.

Conrad, Christoph, 1998: Alterssicherung, in: Hockerts, Hans Günter (Hg.), Drei Wege deutscher Sozialstaatlichkeit. NS-Diktatur, Bundesrepublik und DDR im Vergleich, München, 101-116.

Gessner, Dieter, 2002: Die Weimarer Republik, Darmstadt.

Hentschel, Volker, 1983: Geschichte der deutschen Sozialpolitik 1880-1980. Soziale Sicherung und kollektives Arbeitsrecht, Frankfurt am Main.

Hentschel, Volker, 1987: Die Sozialpolitik in der Weimarer Republik, in: Bracher, Karl Dietrich/Funke, Manfred/Jacobsen, Hans-Adolf (Hg.), Die Weimarer Republik 1918-1933, Bonn, 197-217.

Holtfrerich, Carl-Ludwig, 1984: Zu hohe Löhne in der Weimarer Republik? Bemerkungen zur Borchardt-These, in: Geschichte und Gesellschaft 10, 122-141.

Kruedener, Jürgen von, 1985: Die Überforderung der Weimarer Republik als Sozialstaat, in: Geschichte und Gesellschaft 11, 358-376.

Peukert, Detlev J.K., 1987: Die Weimarer Republik. Krisenjahre der klassischen Moderne, Frankfurt am Main.

Preller, Ludwig, 1949: Sozialpolitik in der Weimarer Republik, Stuttgart.

Sachße, Christoph/Tennstedt, Florian, 1988: Geschichte der Armenfürsorge in Deutschland. Band 2. Fürsorge und Wohlfahrtspflege 1871-1929, Stuttgart.

Sachße, Christoph/Tennstedt, Florian, 1992: Der Wohlfahrtsstaat im Nationalsozialismus. Geschichte der Armenfürsorge in Deutschland. Band 3, Stuttgart.

Schmidt, Manfred G. [3]2005: Sozialpolitik in Deutschland. Historische Entwicklung und internationaler Vergleich, Wiesbaden.

4 Ein nationalsozialistischer Wohlfahrtsstaat?

Tobias Ostheim und Manfred G. Schmidt

4.1 *Kontinuität oder Wende wohlfahrtsstaatlicher Politiken?*

Nur rund vierzehn Jahre nach dem Ende des Kaiserreichs und der Gründung der Weimarer Republik kam in Deutschland erneut ein politischer Systemwechsel zustande: Die Machtübernahme durch die Nationalsozialisten beendete 1933 die kurze Periode der Weimarer Demokratie. 1933 und in den folgenden Jahren bauten die neuen Machthaber ihre Herrschaftsposition mit allen Mitteln aus, formten die Herrschaftsstrukturen grundlegend um, richteten die deutsche Politik in wachsendem Ausmaß auf ihre Ziele aus und führten Deutschland in den Weltkrieg und den rassenideologisch begründeten millionenfachen Mord, vor allem an der jüdischen Bevölkerung Europas.

Die zwölf Jahre während NS-Herrschaft bewirkte unbestreitbar radikale Kurswechsel in der Innen- wie in der Außenpolitik. Hinsichtlich der unterschiedlichen Regelungsbereiche wohlfahrtsstaatlicher Politik ist die fachwissenschaftliche Bilanz allerdings weniger eindeutig. Einer Position zufolge wurde auch die Sozialpolitik „in allen Teilen konsequent auf das politische System und seine Zielsetzungen ausgerichtet" (Lampert 1996: 82), und ihre Leistungen wurden zunehmend nach politischen und rassistischen Kriterien gewährt. Anhänger dieser Sichtweise betonen den 1933 erfolgten Kontinuitätsbruch. Anderen Autoren zufolge blieb die Sozialpolitik nach 1933 in ihren organisatorischen Strukturen weitgehend erhalten (Teppe 1977). Und nicht nur im Zeitverlauf, sondern auch im internationalen Vergleich sei die wohlfahrtsstaatliche Politik in Deutschland allgemein zu beobachtenden Trends gefolgt (so Weißmann 1995).

Damit hat die Sozialpolitik-Forschung eine ähnliche Frage aufgeworfen wie für die Zeit der Weimarer Republik: Beschreibt die Kontinuitätsthese den Pfad der deutschen Sozialpolitik zwischen 1933 und 1945 besser, oder findet die Annahme eines Kontinuitätsbruchs mehr Unterstützung? Insbesondere Christoph Sachße und Florian Tennstedt haben mit ihrer Forschung zum „Wohlfahrtsstaat im Nationalsozialismus" einen wichtigen Beitrag zur Diskussion geliefert und differenzierende Einsichten in Kontinuität und Wandel der Sozialpolitik erbracht (Sachße/Tennstedt 1992; zusammenfassend 1992a). Sachße und Tennstedt zufolge kann zu einer zutreffenden Beschreibung der NS-Sozialpolitik nur kommen, wer zwischen drei Bereichen wohlfahrtsstaatlicher Politik differenziert: dem Arbeitsrecht, der Sozialversicherung und der Wohlfahrtspflege. Alle drei, so Sachße und Tennstedt, hätten einer eigenständigen Logik unterlegen und unterschiedliche Entwicklungsdynamiken gezeigt.

4.2 Arbeitsrecht

Am deutlichsten und am schnellsten kam Sachße und Tennstedt zufolge ein Kurswechsel in den Arbeitsbeziehungen zum Tragen. Wesentliche Errungenschaften der Weimarer Republik wurden rasch beseitigt: Die Gewerkschaften, die ihre Stellung in den Kriegsjahren und in der ersten Phase der Weimarer Republik gerade erst gesichert hatten, wurden alsbald verboten. An ihre Stelle trat die *Deutsche Arbeitsfront (DAF)*, eine Einheitsorganisation der Arbeitgeber und Arbeitnehmer[21]. Mit dem „Gesetz zur Ordnung der nationalen Arbeit" wurden die Tarifautonomie und die Mitbestimmung im Januar 1934 endgültig abgeschafft. Die bereits 1933 eingeführten „Treuhänder der Arbeit" konnten nunmehr, gebunden an Richtlinien der Reichsregierung, den Inhalt von Arbeitsverträgen und damit Lohntarife und Arbeitsbedingungen weitgehend hierarchisch regeln. In den folgenden Jahren trat eine den Zielen des Nationalsozialismus dienende Zwangsregulierung zunehmend an die Stelle eines freien Arbeitsmarkts. Unter dem Vorzeichen eines wachsenden Arbeitskräftemangels hieß dies vor allem: möglichst umfassende Mobilisierung der Arbeitskraft für die Kriegsvorbereitung und in Kriegszeiten, und zwar durch Maßnahmen wie die Aufhebung des Rechts auf freie Arbeitsplatzwahl 1934, die Möglichkeit zur Dienstverpflichtung seit 1938 und die massive Ausdehnung der Arbeitszeiten im Krieg.

---

[21] Die Deutsche Arbeitsfront war die der NSDAP angeschlossene Einheitsorganisation der Arbeiter, Angestellten, Handwerker, Gewerbetreibenden und Unternehmen, die am 10. Mai 1933 nach der Zerschlagung der Gewerkschaften gegründet wurde. Die DAF war anders als die Gewerkschaften keine Arbeitnehmervertretung und hatte keine tarifvertraglichen Kompetenzen. Sie sollte vor allem der „Erziehung aller im Arbeitsleben stehenden Deutschen zum nationalsozialistischen Staat und zur nationalsozialistischen Gesinnung" und der Leistungssteigerung des Einzelnen dienen, damit jeder „den größtmöglichen Nutzen für die Volksgemeinschaft" erbringen könne. Neben fachlichen und politischen Schulungen bot die DAF soziale Betreuung, unter anderem Angebote zur Freizeit- und Urlaubsgestaltung durch die „NS-Gemeinschaft Kraft durch Freude". 1942 umfasste die DAF unter dem Reichsorganisationsleiter Robert Ley rund 25 Millionen Mitglieder.

4.3   Sozialversicherungen

Die Entwicklung der Sozialversicherungen hingegen war zumindest in den ersten Jahren des Dritten Reiches eher von Kontinuität als von Wandel geprägt. Wichtige Charakteristika der Sozialversicherungen blieben bestehen, insbesondere die in mehrere Zweige aufgeteilte, nach Berufsständen gegliederte, auf Beitragsfinanzierung gegründete Pflichtversicherung von Arbeitern und Angestellten, die individuelle Rechtsansprüche auf die Versicherungsleistungen schuf.

Reorganisation und Abschaffung der Selbstverwaltung

Durch „Gleichschaltung"[22] faktisch abgeschafft wurde jedoch die Selbstverwaltung der Sozialversicherungen, die den Nationalsozialisten als Hort der Sozialdemokratie galt. Ferner wurden einzelne Zweige reorganisiert: Die Träger der Krankenversicherung und die Rentenversicherung wurden mit dem Aufbaugesetz vom 5. Juli 1934 zusammengefasst, und die Arbeitslosenversicherung verlor 1938 ihren Status als eigenständige Körperschaft und wurde dem Reichsarbeitsministerium eingegliedert. Weiter gehende Pläne, die in Teilen der NSDAP – vor allem der DAF unter Robert Ley – verfolgt wurden, wurden allerdings nicht umgesetzt. Diese Pläne hatten die Integration der Sozialversicherungen in die DAF und eine umfassende steuerfinanzierte Staatsbürgerversorgung als „Versorgungswerk des deutschen Volkes" an der Stelle der Sozialversicherungen vorgesehen (vgl. hierzu Teppe 1977).

---

[22] Mit dem durch die Nationalsozialisten geprägten Begriff der „Gleichschaltung" wird die Anpassung aller staatlichen und gesellschaftlichen Institutionen an die politischen und ideologischen Ziele der NSDAP und ihre Durchdringung und Beherrschung durch den Nationalsozialismus bezeichnet. Die ersten zwei „Gleichschaltungsgesetze" änderten im März/April 1933 unter anderem die Zusammensetzung der Länderparlamente nach dem Ergebnis der Reichstagswahlen vom 5. März und ermächtigten den Reichskanzler, Reichsstatthalter für die Länder zu ernennen. Mit dem „Gesetz gegen die Neubildung von Parteien" wurde die NSDAP im Sommer 1933 zur einzigen Partei in Deutschland. „Gleichschaltung" umfasste auch den Anschluss der wichtigsten Verbände an die NSDAP, etwa durch die Zerschlagung der Gewerkschaften und die Einführung der DAF in den ersten Maiwochen 1933, sowie die Zusammenfassung aller in der Ernährungs- und Forstwirtschaft tätigen Personen und Betriebe im „Reichsnährstand".

Leistungskürzungen und Leistungsausweitungen

Hinsichtlich des Leistungsumfanges knüpfte die NS-Sozialpolitik an den Kurswechsel seit 1930 an. Die Leistungseinschnitte, die die Notverordnungspolitik der Präsidialkabinette bewirkt hatte, wurden aufrechterhalten und durch gesetzliche Sanierungsmaßnahmen ergänzt. Daraus ergaben sich reale Leistungsverschlechterungen (vgl. die Zahlen bei Teppe 1977: 229-231). Dies brachte zusammen mit dem raschen Abbau der Arbeitslosigkeit seit 1933 die Haushalte der Sozialversicherungen wieder ins Gleichgewicht und begrenzte die Sozialleistungsquote. Die Entwicklung der deutschen Sozialversicherungen weise bis 1938 „weniger nationalsozialistische Züge auf als vielmehr die Merkmale einer konservativ-autoritären Reform [...], wie sie bereits vor 1933 begonnen wurde", haben Sachße und Tennstedt diese Entwicklung kommentiert (Sachße/Tennstedt 1992a: 131).

Erst 1939 wurden einige der Kürzungen der Jahre 1930-1933 zurückgenommen, und im Kriegsverlauf wurden zur Beruhigung der „inneren Front" einzelne Sozialleistungen ausgeweitet. Erweitert wurde auch der Kreis der Leistungsberechtigten: 1938 wurde die Versicherungspflicht für selbständige Handwerker eingeführt, 1939 die für landwirtschaftliche Unternehmer und deren Ehefrauen und 1941 die Krankenpflichtversicherung für Rentner. Seit 1938 besaß zudem jeder Deutsche bis zum Alter von vierzig Jahren das Recht, der Invaliden- und Angestelltenversicherung beizutreten. Mit dieser Ausweitung des Sozialversichertenkreises kehrte die NS-Sozialpolitik zu dem Trend der Jahre bis 1930 zurück.

Neue Zielsetzungen der Sozialpolitik

Ein deutlicher Kurswechsel war vor allem in der Zielsetzung der NS-Sozialpolitik erkennbar, die immer weniger der sozialen Sicherung des Einzelnen diente. Die bestehenden Sozialversicherungen wurden in zunehmendem Umfang für die ideologischen Ziele der Nationalsozialisten instrumentalisiert: So diente die Arbeitslosenversicherung immer weniger der sozialen Absicherung als der Steuerung des Arbeitskräfteeinsatzes. Zunächst wurden Überschüsse nicht zur Steigerung der äußerst knappen Leistungen verwendet, sondern u.a. zur Finanzierung von Arbeitsbeschaffungsmaßnahmen. Ab den von wachsenden Rüstungsanstrengungen geprägten späten 1930er Jahren galt es, den Arbeitskräftemangel zu verwalten, der an die Stelle der Arbeitslosigkeit trat.

Die Sozialversicherungen wurden jedoch nicht nur in den Dienst der Rüstungs-, sondern auch der Bevölkerungspolitik gestellt. Wachsende politische und rassische Diskriminierung schloss einen Teil der in Deutschland lebenden Personen von den Leistungen der Sozialversicherungen oder der Arbeit im öffentlichen Dienst aus. Schon 1933 wurden, ausgelöst durch das „Gesetz zur Wiederherstellung des Berufsbeamtentums", zahlreiche politisch missliebige oder „rassisch unerwünschte" Angestellte der Ortskrankenkassen entlassen und Ärzte von kassenärztlichen Tätigkeiten ausgeschlossen. Seit Ende 1936 konnte politischen Gegnern, die sich „in staatsfeindlichem Sinne" betätigt hatten, der Bezug der Rente verwehrt werden. Zudem wurde das lohnbezogene Äquivalenzprinzip seit 1938 durch politisch und rassisch definierte Kriterien aufgeweicht. Die auf festen Rechtsansprüchen basierenden und durch die konservative Ministerialbürokratie gestützten Sozialversicherungen erwiesen sich dennoch als vergleichsweise beharrend gegenüber einer rassisch motivierten Neuausrichtung der Sozialpolitik.

4.4   Wohlfahrtspflege als Volkspflege

In einem dritten Bereich wohlfahrtsstaatlicher Politik bewirkte die nationalsozialistische Rassenpolitik dagegen eine weitgehende Neuausrichtung: in der Fürsorge und Wohlfahrtspflege. Die nationalsozialistische Ideologie forderte, an die Stelle der auf das Individuum bezogenen Sozialpolitik eine auf die „Volksgemeinschaft" gemünzte „Volkspflege" zu setzen. Die Konzeption der bestehenden Fürsorgesysteme wurde abgelehnt, denn diese unterstützen die Kranken und Schwachen und belasteten die Gesunden. Eine nationalsozialistische Politik der „Volkspflege" habe dagegen die „wertvollen" Elemente des nach rassepolitischen Kriterien definierten Volkes zu schützen und zu fördern, nicht aber spezifische Gruppen von Bedürftigen oder Einzelne zu schützen. Aus dieser Perspektive durfte nicht die Bedürftigkeit des Einzelnen das Kriterium von Fürsorgeleistungen sein, sondern die Leistung für die „Volksgemeinschaft".

Seit 1933 traten die NS-Wohlfahrtsorganisationen so zunehmend in Konkurrenz zu den bestehenden Organisationen der Wohlfahrtspflege, die von den Gemeinden und von privaten Trägern (insbesondere den beiden großen Kirchen) unterhalten wurden. Durch sie wurde der Wohlfahrtsstaat weiter ausgebaut – ein Wohlfahrtsstaat freilich, der „der Stabilisierung rassisch definierter Ungleichheit" (Sachße/Tennstedt 1992a: 138) diente und seine Leistungen auf die Mitglieder der „Volksgemeinschaft" beschränkte. Der Gedanke der Volkspflege beinhaltete dabei nicht nur die Förderung der als „wertvoll" angesehenen Mitglieder, sondern auch die Ausgrenzung Unerwünschter durch die Politik der „Volksgesundheit".

Fördernde Elemente der „NS-Volkswohlfahrt"

Die Nationalsozialistische Volkswohlfahrt (NSV) und ihre Unterorganisationen dienten als zentrale NS-Wohlfahrtsorganisation der Unterstützung der „Volksgenossen". Die NSV erbrachte erhebliche Fürsorgeleistungen in der Familienpolitik und im Gesundheitswesen, aber auch in anderen Bereichen der Wohlfahrtspflege. Während die konfessionellen Wohlfahrtsverbände in wachsendem Maße behindert wurden, gewann die NSV an Bedeutung hinzu, vor allem während des Krieges. Ihre Leistungen wurden von Hilfswerken erbracht, vor allem dem Winterhilfswerk, das in einer jährlichen Sammelaktion Geld- und Sachspenden eintrieb, und dem Hilfswerk Mutter und Kind, das junge Familien wirtschaftlich unterstützte, Kinder betreute und zur Beratung zur Verfügung stand. Hier wie dort wurden die Leistungen von rassisch definierten Kriterien abhängig gemacht.

Ausgrenzende Elemente der NS-Wohlfahrtspolitik

Sachße und Tennstedt zufolge stand die NSV für die ‚positive', die „wertvollen" Mitglieder der Volksgemeinschaft fördernde Seite der NS-Wohlfahrtspolitik, während der öffentliche Gesundheitsdienst besonders deren negativer Seite, d.h. der Ausgrenzung Unerwünschter und „Minderwertiger" diente. Deutlich wird dies an den mit dem „Gesetz zur Vereinheitlichung des Gesundheitswesens" geschaffenen staatlichen Gesundheitsämtern. Diese dienten der Seuchenbekämpfung und der Gesundheitsfürsorge, waren aber auch ein Instrument der Diskriminierung, denn die meisten Leistungen der nationalsozialistischen Fürsorge setzten den Nachweis der „Erbgesundheit" voraus.

4.5 Fazit: Kontinuität und Diskontinuität

Steht die NS-Sozialpolitik also für Kontinuität oder für Wandel? Wie Tennstedt und Sachße sowie Stolleis (2003: 180-208) gezeigt haben, gilt es zu differenzieren: sowohl zwischen den einzelnen Bereichen wohlfahrtsstaatlicher Sicherung als auch zwischen zwei Phasen. Während das NS-Regime im Arbeitsrecht rasch einen deutlichen Pfadwechsel bewirkte und in der Wohlfahrtspflege noch tiefere Spuren hinterließ, zeigten die Sozialversicherungen stärkeres Beharrungsvermögen. Ihre Grundstrukturen tradierten sich trotz des zwischenzeitlichen Abbaus der Selbstverwaltung über die Zäsuren der Jahre 1933 und 1945 hinweg bis in die vereinigte Bundesrepublik Deutschland.

Die Abschaffung der Tarifautonomie und der Mitbestimmung sowie die Hinwendung zur Arbeitskräftemobilisierung markieren hingegen Pfadwechsel des Arbeitsrechts. Auch in der Wohlfahrtspflege resultiert das Vordringen der NSDAP in sozialstaatliche Aufgabenbereiche in Diskontinuität.

Antriebs- und Bremskräfte in den einzelnen Bereichen wohlfahrtsstaatlicher Sicherung

In der Wohlfahrtspflege tritt der bedeutendste Kurswechsel klar zu Tage: Die Instrumentalisierung der Sozialpolitik für gesundheits- und bevölkerungspolitische Ziele der Nationalsozialisten und die Abwendung von der Unterstützung des Einzelnen hin zu einer an der „Volksgemeinschaft" ausgerichteten kollektivierenden Politik. Im totalitären NS-Regime stellte die NS-Ideologie einen der zentralen Bestimmungsfaktoren sozialstaatlicher Politik dar. Selbst die Sozialversicherungen wurden in wachsendem Maße rassenideologischen Zielen untergeordnet.

Freilich gab es auch Bremskräfte: Dass weiter gehende Neugestaltungspläne der Sozialversicherungen, wie sie vor allem von der DAF formuliert worden waren, nicht durchsetzbar waren, lag an der Pfadabhängigkeit von stark verrechtlichten Systemen und am Widerstand, der aus dem konservativ dominierten Reichsarbeitsministerium kam. Die Pfadtreue ist aber auch auf ein prägendes Merkmal des nationalsozialistischen Herrschaftssystems zurückzuführen: auf das Nebeneinander staatlicher Ressorts und verschiedener Parteidienststellen mit konkurrierenden und sich teilweise überschneidenden Kompetenzen. Die relative Konstanz liegt aber nicht zuletzt in der Furcht Adolf Hitlers begründet, „die Arbeiterschaft könne sich eines Tages gegen ihn und seine Paladine wenden" (Teppe 1977: 249). Gerade in der Kriegsphase wurden zahlreiche programmatische Vorarbeiten erbracht, aber nicht verwirklicht. Folgt man Teppe, ist die Sozialpolitik zumindest im Bereich der Sozialversicherungen von einer „für das Regime charakteristische[n] Unvereinbarkeit von Ideologie und Realität" geprägt worden (ebd.).

Zwei Phasen des NS-Wohlfahrtsstaates

Sachße und Tennstedt haben schließlich zu Recht darauf verwiesen, dass die Sozialpolitik in der Anfangszeit des NS-Regimes nicht mit derjenigen der späten 1930er und frühen 1940er Jahre zu vergleichen ist. Bis 1938 stand die Sozialpolitik eher in Kontinuität zu der der Jahre 1930 bis 1933 und in Diskontinuität zum generellen, auch in Weimar bis 1930 zu beobachtenden Wachstumstrend des Sozialstaats. Die letzten Jahre der Weimarer Republik und die ersten fünf Jahre des Dritten Reiches haben Sachße und Tennstedt daher mit dem Begriff des „autoritären Wohlfahrtsstaats" belegt. Ab 1938 verstärkte sich vor allem ein Aspekt der Sozialpolitik: ihre umfassende „völkische" Instrumentalisierung. Freilich haben Sachße und Tennstedt der Zäsur des Jahres 1938 hohe Bedeutung zugemessen. Demgegenüber wird der Einfluss des Krieges auf die Entwicklung der Sozialpolitik bei ihnen etwas unterbelichtet. Möglicherweise wären nach einem gewonnenen Krieg auch weitreichende Reformkonzeptionen umgesetzt worden. Und jenseits solch kontrafaktischer Erwägungen stellte der Krieg nach außen ganz neue Anforderungen an wohlfahrtsstaatliche Politik, und er war mit der Radikalisierung des „Kriegs nach innen", der in der systematischen Ermordung der europäischen Juden gipfelte, untrennbar verbunden.

 **Literatur**

Kommentierte Literatur

Hackerts, Hans Günter (Hg.), 1997: Drei Wege deutscher Sozialstaatlichkeit. NS-Diktatur, Bundesrepublik und DDR im Vergleich, München.
Ergiebiger Vergleich der Sozialpolitik in drei unterschiedlichen politischen Regimen in Deutschland.

Sachße, Christoph/Tennstedt, Florian, 1992: Der Wohlfahrtsstaat im Nationalsozialismus, Geschichte der Armenfürsorge in Deutschland. Band 3. Stuttgart/Berlin/Köln.
Die detailreiche Studie von Sachße und Tennstedt informiert über die Gesamtentwicklung der sozialen Sicherungssysteme in Deutschland, setzt dabei aber einen Schwerpunkt auf die Entwicklung der Wohlfahrtspflege. Den Autoren zufolge wurde die Sozialpolitik immer stärker ideologisch überformt und insbesondere den bevölkerungspolitischen Zielen der Nationalsozialisten untergeordnet.

Sachße, Christoph/Tennstedt, Florian, 1992a: Der Wohlfahrtsstaat im Nationalsozialismus, in: Zeitschrift für Sozialreform 38 (3), 129-148.
Eine knappe Zusammenfassung der wichtigsten Ergebnisse von Sachße/Tennstedt 1992.

Teppe, Karl, 1977: Zur Sozialpolitik des Dritten Reiches am Beispiel der Sozialversicherung, in: Archiv für Sozialgeschichte XVII, 195-250.
Teppe beschäftigt sich ausführlich sowohl mit den erfolgreichen Reformen der Sozialversicherungen als auch mit den gescheiterten Reformversuchen und programmatischen Vorarbeiten. Er betont dabei die Bedeutung des Nebeneinanders unterschiedlicher Ressorts und konkurrierender Parteidienststellen als Determinante sozialstaatlicher Entwicklung.

Wehler, Hans-Ulrich, 2003: Deutsche Gesellschaftsgeschichte. Vierter Band. Vom Beginn des Ersten Weltkriegs bis zur Gründung der beiden deutschen Staaten 1914-1949, München.
Wehler erörtert die Sozialpolitik des NS-Staates vor dem Hintergrund einer weit gespannten, tiefenscharfen Analyse der Gesellschaftsgeschichte dieser Zeit.

Zitierte Literatur

Lampert, Heinz, ⁴1996: Lehrbuch der Sozialpolitik, Berlin/Heidelberg.
Sachße, Christoph/Tennstedt, Florian, 1992: Der Wohlfahrtsstaat im Nationalsozialismus, Geschichte der Armenfürsorge in Deutschland. Band 3. Stuttgart/Berlin/Köln
Sachße, Christoph/Tennstedt, Florian, 1992a: Der Wohlfahrtsstaat im Nationalsozialismus, in: Zeitschrift für Sozialreform 38 (3), 129-148.
Stolleis, Michael, 2003: Geschichte des Sozialrechts in Deutschland, Stuttgart.
Teppe, Karl, 1977: Zur Sozialpolitik des Dritten Reiches am Beispiel der Sozialversicherung, in: Archiv für Sozialgeschichte XVII, 195-250.
Weißmann, Karlheinz, 1995: Der Weg in den Abgrund: Deutschland unter Hitler 1933 bis 1945, Berlin.

5 Gründungskrise und Sozialpolitik: die 1950er Jahre der Bundesrepublik Deutschland

Tobias Ostheim und Manfred G. Schmidt

5.1 Einleitung

Der Zweite Weltkrieg endete für Deutschland im Mai 1945 in einer totalen militärischen Niederlage, dem Zusammenbruch der nationalsozialistischen Herrschaft und der Besetzung des Landes. Die folgenden Jahre waren durch größte materielle Not gekennzeichnet. Zahlreiche Menschen hatten ihre Existenzgrundlage verloren, vor allem die Millionen von Flüchtlingen und Vertriebenen, die in das spätere Bundesgebiet strömten. Aufgrund der immensen Zerstörungen in den deutschen Großstädten war die Wohnungsnot groß, die Ernährung war allgemein unzureichend, und die Zahl der Krankheitsfälle in der deutschen Bevölkerung nahm rapide zu. Handel auf dem Schwarzmarkt gehörte für die deutsche Bevölkerung zum prägenden Faktor des Alltagslebens. Gleichzeitig sank das Sozialprodukt drastisch: 1945 schrumpfte es gegenüber dem Vorjahr um 26 Prozent, 1946 dann um weitere 51 Prozent (berechnet nach Maddison 2003: 60-62).

Für die Sozialpolitik brachte das Kriegsende eine vierfache Herausforderung mit sich. Erstens stellten die direkten und indirekten Kriegsfolgen eine gewaltige soziale Hypothek dar: Wie die sozialen Sicherungssysteme den großen sozialpolitischen Bedarf decken sollten und wie die zahllosen Flüchtlinge und Vertriebenen integriert werden könnten, war unklar. Zweitens waren auch die finanziellen Grundlagen des Sozialstaats weitgehend zusammengebrochen, da die Reichs- und Staatsanleihen, in denen die Sozialversicherung den größten Teil ihres Vermögens investiert hatte, durch den Zerfall des Deutschen Reiches entwertet worden waren. Zur Lösung der unmittelbaren sozialen Probleme konnten die Sicherungssysteme daher wenig beitragen. Und drittens galt es, die nationalsozialistische Ausrichtung wohlfahrtsstaatlicher Politik, die nicht mit den Zielsetzungen der Besatzungsmächte vereinbar war, wieder zu beseitigen. Viertens schließlich musste ein schwerer Konflikt zwischen Regierung und Gewerkschaften bewältigt werden.

Trotz der schweren sozialen Krise der ersten Nachkriegsjahre, für die Hans Günter Hockerts den treffenden Begriff der „Gründungskrise" geprägt hat (Ho-

ckerts 1986), konnte die junge Bundesrepublik kaum zwanzig Jahre nach dem
Ende des Zweiten Weltkrieges eine in vielerlei Hinsicht erstaunliche Bilanz aufweisen: Getragen vom Aufschwung des „Wirtschaftswunders" war die in ihren
Grundfesten erschütterte Sozialpolitik wieder aufgebaut und zum Wohlfahrtsstaat ausgebaut worden. Ausgehend von Hockerts Befund soll in diesem Kapitel
dargestellt werden, wie die Sozialpolitik dazu beitrug, die „Gründungskrise" zu
überwinden, und was die wichtigsten Maßnahmen waren, die für die kommenden Jahrzehnte westdeutscher Sozialstaatlichkeit prägend werden sollten.

5.2   Gründungskrise und Sozialpolitik

Hans Günter Hockerts (1986) zufolge hatte die in den Gründungsjahren der Bundesrepublik herrschende soziale Krise drei Dimensionen: die direkten Kriegsfolgen und die vom Nationalsozialismus hinterlassenen sozialen Hypotheken, die
Defizite der sozialen Sicherungssysteme und das Konfliktpotential zwischen den
deutschen Gewerkschaften und der Bundesregierung.

Dramatische soziale Lage nach dem Krieg

Der NS-Staat hatte gewaltige Hypotheken hinterlassen, wie allein die Größe des
Heers der in Not Geratenen und der besonders Schutzbedürftigen zeigt: Zu ihm
zählten etwa elf Millionen Flüchtlinge und Vertriebene, ferner mehr als vier Millionen Kriegsopfer, die als Witwen, Waisen oder Invaliden aus dem Gemetzel
den Jahren von 1939 bis 1945 hervorgegangen waren, sodann zahllose Evakuierte,
überdies bei Kriegsende über zehn Millionen Zwangsarbeiter und Flüchtlinge
fremder Nationalität sowie mehr als drei Millionen Kriegssachgeschädigte, d.h.
deutsche Staatsbürger, deren Haus- oder Wohnbesitz oder Betriebsvermögen
kriegs- oder kriegsfolgenbedingt zerstört worden waren. Hinzu kam die Aufgabe
der Wiedereingliederung der Millionen, die aus der Kriegsgefangenschaft entlassen wurden.
   Der Krieg hatte in Deutschland aber auch schwere materielle Verwüstungen
hinterlassen. Zahlreiche Menschen hatten ihr gesamtes Vermögen verloren, und
die Flächenbombardierungen deutscher Städte hatten eine dramatische Wohnungsnot verursacht, die durch die nach Millionen zählenden Flüchtlinge, die
nach Westdeutschland strömten, noch verschlimmert wurde. „Die Allgemeinheit
erlitt eine Not, wie sie früher die Sorge der Armen und der unteren Schichten der

‚Lohnarbeiter' war", hat Hans Zacher die soziale Nachkriegssituation treffend charakterisiert (Zacher 2001: 438).

Defizite der bestehenden Sozialversicherungen

Die Linderung der dringlichsten Notlagen, die der Krieg hervorgerufen hatte, und die Entschädigung der Opfer des Krieges stellten eine große sozialpolitische Herausforderung dar. Das überlastete die existierenden sozialen Sicherungssysteme keinen wirklichen Beitrag leisten. Zwar arbeiteten die Sozialversicherungen nach 1945 im Wesentlichen weiter, doch waren ihre Leistungen noch lückenhaft, karg, oft auch unstet. Die weit verbreiteten großen Existenzängste vieler gesellschaftlicher Gruppen konnten von der Sozialpolitik in dieser Zeit nur in geringem Umfang vermindert werden.

Zu diesen Gruppen zählten zuvörderst die Rentner. Mit dem Ende des Erwerbslebens drohte der tiefe Absturz in Altersarmut. Während die Einkommen der arbeitenden Bevölkerung infolge des Wirtschaftswachstums langsam zunahmen, blieb die Höhe der durchschnittlichen Altersrente bei steigenden Lebenshaltungskosten unzureichend: Sie betrug in den 1950er Jahren nur etwa 30 Prozent der Löhne und Gehälter. Noch schlechter waren die Witwen und Waisen gestellt.

Lücken gab es im Versicherungsschutz auch im Bereich der Krankenversicherung: Arbeiter erhielten – anders als Angestellte – im Krankheitsfall keine Lohnfortzahlung. In einer besonders schwierigen, die Gefahr der Armut bergenden Situation sahen sich kinderreiche Familien. Die soziale und ökonomische Lage von Familien war schwierig, und die familienpolitischen Leistungen der nationalsozialistischen Sozialpolitik waren von den Alliierten größtenteils abgeschafft worden – unter ihnen auch das Kindergeld.

Grundlegende politische Gegensätze

Ein drittes Element der „Gründungskrise" der Bundesrepublik bestand Hockerts zufolge in den gegensätzlichen Zielen der bürgerlich-liberalen Regierungskoalition im Bund und den Gewerkschaften. Der DGB strebte im Bereich des Arbeitsrechts nach einer weitreichenden Mitbestimmung und forderte daneben die Sozialisierung von Schlüsselindustrien und eine zentrale volkswirtschaftliche Planung. In der CDU hatten dagegen Positionen, die eine Lenkung der Wirtschaft sowie die Vergesellschaftung von Produktionsmitteln forderten, gegenüber dem von Ludwig Erhard maßgeblich verfochtenen Konzept der sozialen Marktwirtschaft spätestens seit 1948 ihre Bedeutung verloren.

5.3   Sozialpolitische Weichenstellung in der Besatzungszeit

Unmittelbar nach der Machtübernahme in Deutschland hoben die Alliierten mit den Kontrollratsgesetzen Nr. 1 und Nr. 2 Gesetze nationalsozialistischen Inhalts auf und lösten die NS-Organisationen, darunter etwa das Winterhilfswerk und die NS-Volkswohlfahrt, auf. Damit wurde die nationalsozialistische Überformung der deutschen Sozialpolitik mit ihrer Ausrichtung des Wohlfahrtsstaates auf bevölkerungs- und rassenpolitische Ziele bereits zu Beginn der Besatzungszeit beseitigt.

Im Zeichen der zunehmenden Ost-West-Konfrontation kamen die Ansätze zu einer gemeinsamen Sozialpolitik im Osten und Westen Deutschlands alsbald zum Stillstand. Zwar hatten die Besatzungsmächte im Alliierten Kontrollrat[23] im März 1946 Grundsätze für die Reform der Sozialversicherung niedergelegt, und im Sozialversicherungskomitee des Kontrollrats war ein Sozialversicherungsgesetz für ganz Deutschland entworfen worden. Im Kern zielte man dabei auf die Vereinheitlichung der verschiedenen Sozialversicherungszweige und wollte somit den von der Pflichtversicherung erfassten Personenkreis erheblich ausweiten. Verabschiedet und umgesetzt wurden diese Pläne jedoch nur in der Sowjetischen Besatzungszone. Damit wurde ein Kurswechsel eingeleitet, der zu einer grundlegenden Neuordnung der sozialen Sicherungssysteme in der DDR führte (vgl. Kapitel II 7).

Die drei westlichen Besatzungsmächte schlugen dagegen den Weg zu einer weitgehenden institutionellen Restauration der alten Sozialversicherungssysteme ein. Die Bestimmungen galten teilweise nach 1945 fort oder wurden – wie im Bereich der Arbeitslosenversicherung, die bis 1946/47 keine Leistungen gezahlt hatte – in den Folgejahren wiederhergestellt. In der französischen Besatzungszone wurde der begonnene Aufbau einer Einheitsversicherung 1949 rückgängig gemacht.

---

[23] Der Alliierte Kontrollrat wurde nach dem Ende des Zweiten Weltkriegs als oberste Regierungsgewalt des in vier Besatzungszonen aufgeteilten Deutschlands eingerichtet. Der Kontrollrat, für die Regelung der Deutschland als Ganzes betreffenden Fragen zuständig, wurde jedoch bereits im Jahr 1946 durch die wachsenden Gegensätze zwischen der UdSSR und den drei westlichen Besatzungsmächten faktisch blockiert.

Nach 1949 wurde zwar die zwischen dem Sozialrecht der amerikanischen, britischen und der französischen Zone, aber auch Westberlins eingetretene Zersplitterung beseitigt. An der Vielfalt der deutschen Sozialversicherung änderte sich jedoch nichts: Die historisch ererbte Differenzierung der Sozialversicherung nach Berufsständen wurde ebenso beibehalten wie die Vielfalt der Krankenkassen und die separate Organisation der Erwerbslosenversicherung in der Bundesanstalt für Arbeitsvermittlung und Arbeitslosenversicherung.

Außerdem schien zunächst die Aufbesserung der unzureichenden Sozialleistungen wichtiger als ihre grundlegende Neuordnung. Mit der Währungsreform[24] vom 20. Juni 1948 waren die Beiträge und Leistungen der Sozialversicherungen im Verhältnis von 1:1 von Reichsmark in D-Mark umgerechnet worden, während ansonsten eine Umrechnung im Verhältnis von 10:1 erfolgt war. Durch die Preisentwicklung war die Kaufkraft der Renten jedoch schon 1948 erheblich geringer als noch 1938. Eine spürbare Verbesserung der Leistungen war erst mit dem *Sozialversicherungsanpassungsgesetz* verbunden gewesen, das am 1. Juni 1949 in Kraft trat und unter anderem die Renten erheblich erhöhte: Die durchschnittliche Arbeiterrente stieg um 35 Prozent, die durchschnittliche Angestelltenrente um 19 Prozent und die Witwenrente im Durchschnitt sogar um 48 bzw. 32 Prozent (Zahlen nach Hentschel 1983: 153).

5.4 Restauration und Ausbau der Sozialversicherungssysteme in der jungen Bundesrepublik

Die Bewältigung der unmittelbaren Kriegsfolgen: Kriegsopferversorgung, Wiedergutmachung und Lastenausgleich

Ganz neue Wege musste die Sozialpolitik in Deutschland für die Bewältigung der direkten Kriegsfolgen einschlagen. Zur Entschärfung der dramatischen sozialen Lage nach dem Krieg und zur Entschädigung der Kriegs- und der NS-Opfer wurde in der ersten Legislaturperiode eine ganze Reihe von umfassenden Gesetzesmaßnahmen verabschiedet. Den Anfang machte 1950 das „Gesetz zur Verbesserung der Leistungen an Kriegsopfer" und wenig später das „Gesetz zur Ver-

---

[24] In den drei westlichen Besatzungszonen wurde am 20. Juni 1948 die Reichsmark durch die Deutsche Mark abgelöst. Die Einführung der neuen Währung brachte das Ende der Preisbindung und Bewirtschaftung der meisten Güter mit sich und markierte den Beginn des ökonomischen Aufschwungs der folgenden Jahre. Die Währungsreform von 1948 hatte jedoch auch erhebliche Umverteilungswirkungen, die Besitzer von Sachwerten begünstigten, während Kapitalvermögen weitgehend entwertet wurden.

sorgung der Kriegsopfer" (Bundesversorgungsgesetz) vom 20. Dezember 1950, welche die Existenzgrundlagen von Kriegsbeschädigten, Hinterbliebenen und Angehörigen von Kriegsgefangenen und Internierten sichern sollten. Während die Versorgung von Kriegsopfern zumindest an die Gesetze aus der Weimarer Republik anknüpfen konnte, betrat man in der jungen Bundesrepublik mit der *Wiedergutmachung* sozialpolitisches Neuland. Ziel der Wiedergutmachung war es zum einen, das Eigentum zurückzuerstatten oder zu ersetzen, das Verfolgten während der NS-Herrschaft entzogen worden war. Zum anderen sollte den aus politischen Gründen, aus Gründen des Glaubens oder der Rasse Verfolgten für das unter der nationalsozialistischen Unrechtsherrschaft erlittene Leid wenigstens eine gewisse Entschädigung geleistet werden. Neben einer Reihe von einzelnen Gesetzesmaßnahmen verabschiedete der Deutsche Bundestag dazu das Bundesentschädigungsgesetz vom 18. September 1953, durch das den Opfern teils Einmalabfindungen, teils laufende Zahlungen gewährt wurden.

Aber nicht nur die Opfer des Krieges und der NS-Gewaltherrschaft mussten entschädigt werden; es galt auch die *Kriegsfolgelasten* gerecht zu verteilen. So hatten manche ihren Besitz weitgehend unbeschadet über den Krieg gerettet, während die Vertriebenen meist ihr gesamtes Vermögen verloren hatten. Ähnlich schwer waren viele durch die Zerstörungen des Bombenkrieges betroffen. Nach dem Krieg hatte zudem die Währungsreform das Vermögen vieler weitgehend entwertet, während andere großen Nutzen aus der Währungsreform zogen. Die Gesetzgebung zum Lastenausgleich verabschiedete der erste Deutsche Bundestag in den Jahren 1952/53. Dabei enthielt das wegen des Umverteilungscharakters stark umstrittene eigentliche Lastenausgleichsgesetz vom 14. August 1952 die bedeutsamsten Regelungen. Es sah unterschiedliche, teils einmalige, teils laufende Entschädigungsleistungen an die Betroffenen vor, die zu Teilen durch eine Abgabe auf größere Vermögen und Währungsumstellungsgewinne finanziert wurden. Diese Leistungen dienten freilich nicht dem Ausgleich der erlittenen Verluste, sondern sollten die ökonomische Wiedereingliederung sichern helfen. Zu den vielfältigen die Eingliederung flankierenden Maßnahmen im weiteren Sinne lässt sich etwa das bereits 1950 verabschiedete erste Wohnungsbaugesetz zählen, das durch Zuschüsse und Darlehen dazu beitragen sollte, die dramatische Wohnungsnot zu mildern.

In den folgenden Jahren wurde das Lastenausgleichsgesetz vielfach überarbeitet und durch eine ganze Reihe weiterer sozialpolitischer Maßnahmen ergänzt, etwa das Bundesvertriebenengesetz vom 19. Mai 1953. Der Personenkreis, der Anspruch auf Leistungen hatte, wurde dabei erheblich ausgeweitet, unter anderem auf Flüchtlinge aus der DDR.

Das Wirtschaftswunder und die Sozialpolitik

Insgesamt können die verschiedenen Maßnahmen zur Bewältigung der Kriegsfolgen als ein entscheidender sozialpolitischer Erfolg der noch jungen Bundesrepublik angesehen werden. Insbesondere das Lastenausgleichsgesetz trug zur Integration der Millionen Vertriebenen, Flüchtlinge und schwer Geschädigten wesentlich bei und half so, die „Gründungskrise" zu überwinden. Freilich hätten auch die begrenzten Leistungen des Lastenausgleichs, der Kriegsopferversorgung und der Entschädigungen ohne den einsetzenden Wirtschaftsaufschwung kaum eine größere Wirkung haben können.

Das starke Wachstum des Sozialprodukts sorgte für wachsende Staatseinnahmen, und die bis dahin leeren Kassen der Sozialversicherungen füllten sich mit der steigenden Zahl der Beschäftigten, die in die sozialen Sicherungssysteme einzahlten. Gleichzeitig sank die Zahl der Leistungsempfänger der Arbeitslosenversicherung erheblich. Die deutsche Bevölkerung profitierte aber auch von der „anonymen Sozialpolitik des Marktmechanismus" (Rosenberg 1976: 217), da die Realeinkommen aus entlohnter Arbeit in den 1950er Jahren erheblich zunahmen. Das passte trefflich zu der Auffassung, dass „die beste Sozialpolitik eine gesunde Wirtschaftspolitik ist, die möglichst vielen Arbeit und Brot gibt", so die Worte des Bundeskanzlers Konrad Adenauer in seiner Regierungserklärung vom 20. September 1949 (PlPr 1/49, 26). Man kann sogar den Hauptschlüssel für die Überwindung der Gründungskrise in dem „beispiellosen Wirtschaftswachstum" (Hockerts 1986: 40) sehen.

Begrenzte Mitbestimmung

Eines der wichtigeren politischen Konfliktfelder der jungen Bundesrepublik war die Forderung der Gewerkschaften (und der SPD) nach weitreichender Mitbestimmung und Verstaatlichung. Zwar hatte die CDU in ihrem Ahlener Programm von 1947 noch Verstaatlichungsforderungen erhoben, sie war jedoch von dieser Idee rasch abgekommen. Eine Sozialisierung von Schlüsselindustrien war mit der marktwirtschaftlichen Politik der ersten Bundesregierung unvereinbar und fand nicht statt. Den Forderungen der Gewerkschaften sowie der SPD nach Mitbestimmung wurde jedoch bedingt Rechnung getragen, vor allem durch die Gesetzgebung zur Montan-Mitbestimmung (1951) und zur Betriebsverfassung (1952). Während das Montanmitbestimmungsgesetz eine paritätische Mitbestimmung im Bergbau und der Eisen- und Stahlerzeugung festlegte, konnten sich die Gewerkschaften mit ihren Forderungen in den übrigen Wirtschaftssektoren nur teilweise durchsetzen. Was die eigentliche wirtschaftliche Tätigkeit der Unternehmen betraf, wurden den Betriebsräten nur Informationsrechte zugestanden. Die Gesetzgebung zur Mitbestimmung löste die bestehenden Konflikte daher nicht auf; sie trug dennoch zu ihrer Moderierung bei.

Eingebunden wurden die Gewerkschaften daneben in bewährter Weise in die Selbstverwaltung der Sozialversicherung, allerdings in abgewandelter Form. Die Bundesregierungen setzten in allen Sozialversicherungszweigen (mit Ausnahme der Knappschaftsversicherung) die Parität von Arbeitnehmer- und Arbeitgebervertretern durch. Das geschah gegen die Opposition von Gewerkschaften und SPD, die für eine Zweidrittelmehrheit der Arbeitnehmerseite entsprechend der früheren gesetzlichen Regelungen in der Selbstverwaltung der Krankenversicherung eingetreten waren.

Weichenstellung in der Sozialversicherung: Die Rentenreform von 1957

Die Fortführung der überkommenen Sozialversicherungssysteme in der neu gegründeten Bundesrepublik führte dazu, dass sich an den vorhandenen Strukturmängeln zunächst nichts änderte. Auch waren trotz der Verbesserungen des Sozialversicherungsanpassungsgesetzes von 1949 die Leistungen allgemein unzureichend. Daran änderten auch Steigerungen der Renten durch eine Reihe von Aufbesserungsgesetzen in der ersten Hälfte der 1950er Jahre wenig. Seit dem Jahr 1953 wurde daher in der Regierung eine grundlegende Reform der Sozialversicherungen diskutiert. Politische Barrieren in den Regierungsparteien und Konflikte zwischen den beteiligten Fachministerien ließen das umfassende Reformvorhaben jedoch scheitern; seit 1955 rückte stattdessen das begrenzte Ziel einer Rentenreform in den Vordergrund.

Mit der Rentenreform von 1957, die durch das mit Zustimmung der oppositionellen SPD verabschiedete Rentenneuregelungsgesetz vom 23. Februar 1957 begründet wurde, wurden die laufenden Altersrenten drastisch erhöht: In der Arbeiterrentenversicherung stiegen die Versichertenrenten um 60 Prozent, die Witwenrenten um 81 Prozent und die Waisenrenten um 57 Prozent, und in der Angestelltenversicherung um 66, um 91 und um 40 Prozent (Schäfer 1997: 264). Daneben wurde mit der Rentenreform die Arbeiterrentenversicherung den anderen Rentenversicherungen rechtlich weitgehend angeglichen, wovon die Mitglieder der Arbeiterrentenversicherung erheblich profitierten.

Die Lebenslage der Rentner verbesserte sich in der Folge ganz erheblich. Für die Zukunft bedeutender waren jedoch grundlegende Weichenstellungen der Rentenreform. So wurde in Deutschland die beitragsäquivalente, einkommensbezogene Altersrente eingeführt. Durch dieses Rentenprinzip sollte sichergestellt werden, dass der Einkommens- und Lebensstandard im Alter annähernd aufrechterhalten und der Sozialstatus der Beitragszahler erhalten werden sollte. Ein Arbeitnehmer mit einem Lohn in der Höhe des Durchschnittslohns aller versicherungspflichtigen Arbeitnehmer sollte nach 40 Jahren Beitragszahlung Anspruch auf eine Rente in Höhe von 60 Prozent der durchschnittlichen Bruttolöhne erworben haben.

Um die Entwicklung der Renten sicherzustellen und die Rentner am wachsenden Wohlstand der Gesellschaft teilhaben zu lassen, wurde die Rente mit der Rentenreform von 1957 zudem dynamisiert: Die Anpassung der Renten sollte in Zukunft an den Zuwachs der Bruttolöhne und -gehälter der Versicherten gekoppelt werden. Mit der Dynamisierung der Altersrenten wurde zudem das Umlageverfahren zur Finanzierung der Alterssicherung gesetzlich verankert.

Mit der Rentenreform 1957 wurde die Höhe der Altersrenten von vier Faktoren abhängig gemacht: der allgemeinen Bemessungsgrundlage, dem durchschnittlichen persönlichen Prozentsatz, der Versicherungsdauer und dem Steigerungssatz.

Die allgemeine Bemessungsgrundlage diente als Bezugsgröße, die die tatsächlichen Arbeitseinkommen erfasste. Sie wurde jährlich neu festgelegt und orientierte sich zunächst an der Entwicklung des Bruttoarbeitsentgelts aller Versicherten in den vorangegangenen drei Kalenderjahren. Der durchschnittliche persönliche Prozentsatz setzte das Bruttojahresarbeitsentgelt des Versicherten ins Verhältnis zum Bruttojahresarbeitsentgelt aller Versicherten und übertrug so die Position, die der Versicherte während seines Arbeitslebens in der Einkommenspyramide eingenommen hatte, auf die Höhe und die Schichtung der Altersrenten: Ein höheres Arbeitseinkommen im Arbeitsleben beispielsweise führte zu höheren Beiträgen und in der Folge zu höheren Renten. Die Versicherungsdauer wurde anhand der Anzahl der Jahre, während derer Versicherungsbeiträge entrichtet wurden, sowie anhand von Ersatzzeiten ermittelt. Der Steigerungssatz gab an, wie viel Prozent der persönlichen Bemessungsgrundlage – der allgemeinen Bemessungsgrundlage multipliziert mit dem durchschnittlichen persönlichen Prozentsatz – in jedem Jahr erworben werden können. Der Jahresbetrag der Rente wegen Berufsunfähigkeit für jedes anrechnungsfähige Versicherungsjahr wurde auf 1 Prozent der individuellen Bemessungsgrundlage, derjenige der Rente wegen Erwerbsunfähigkeit und des Altersruhegeldes auf 1,5 Prozent festgelegt.

Die Rentenreform kann mit Recht als „sozialpolitische Leistung erster Ordnung" (Hentschel 1983: 175) angesehen werden. Sie brachte eine deutliche Verbesserung der Lebenslage der meisten Rentner, und sie stellte sicher, dass die
Rentner auch künftig an der allgemeinen Wohlstandsentwicklung teilhaben
konnten. Sie war deshalb auch überaus populär und trug wesentlich zur Befriedung der deutschen Gesellschaft bei.

Freilich begünstigte sie nicht alle Gruppen gleich: Bezieher eines höheren
Einkommens konnten in Zukunft deutlich höhere Renten erwarten, während
Personen mit einer lückenhaften Erwerbsbiographie, nur kurzer beitragspflichti-
ger Beschäftigung oder niedrigen Arbeitseinkommen auch nur geringe Renten zu
erwarten hatten. Durch die Politik der christdemokratischen Regierung erhielt
der deutsche Sozialstaat eine Prägung, die dem Muster des „sozialen Kapitalismus" entspricht. In der Folge positionierte sich die deutsche Sozialpolitik mit
ihrer statuserhaltenden Sozialversicherung zwischen einer liberalen, marktorientierten Sicherung, die nur selektiv und meist nach Maßgabe von Bedürftigkeitstests eingreift, und einer eher egalitären Staatsbürgerversorgung. Deutschland
kann insoweit dem Typus des konservativen Wohlfahrtsstaatsregimes im Sinne
Esping-Andersens zugeordnet werden (vergleiche das Kapitel III.3).

5.5 Entschärfung der Gründungskrise und Lasten für die Zukunft: die
Auswirkungen der Sozialpolitik

Unzweifelhaft verbesserten die geschilderten sozialpolitischen Maßnahmen die
Absicherung des Einzelnen gegen Risiken infolge von Alter, Krankheit, Invalidität und dergleichen erheblich. Sie halfen, den gesellschaftlichen Frieden zu sichern und die Entwurzelten oder ökonomisch ins Abseits Geratenen wieder zu
integrieren, und trugen maßgeblich zur Überwindung der Gründungskrise der
Bundesrepublik bei. Gerade die Rentenreform ging über die Bewältigung der
Kriegsfolgen und die bloße Absicherung gegen die existenziellen Risiken weit
hinaus. Sie brachte den meisten sozialversicherten Arbeitnehmern einen erheblichen Gewinn, der sie auch am wachsenden Wohlstand der Gesellschaft teilhaben
ließ.

Freilich schuf die Rentenreform auch ein politisches Erbe, das sich langfristig als eine schwere Last erweisen sollte. Die bruttolohnbezogene Dynamisierung
der Renten sorgte mit dem Ende des hohen Wirtschaftswachstums für eine wachsende finanzielle Belastung durch die Sozialabgaben, ein Problem, das sich mit
dem demographischen Wandel noch verschärfte: Mit einer wachsenden Lebens-

erwartung und sinkenden Geburtenraten droht das Zahlenverhältnis von Beitragszahlern und Leistungsempfängern immer ungünstiger zu werden. Diese Folgen der Reform waren bereits in den 1950er Jahren grundsätzlich absehbar. Die zur Abwehr des Vorhabens von Banken und Versicherungen gegründete „Gemeinschaft zum Schutz der Deutschen Sparer" schrieb 1957 anklagend: „Die Gesetzgebenden Körperschaften haben eine schwere Verantwortung, nicht nur vor der gegenwärtigen, sondern auch vor zukünftigen Generationen auf sich genommen" (Gemeinschaft zum Schutz der Deutschen Sparer 1957: 44). Über solche Bedenken setzte sich Bundeskanzler Konrad Adenauer aber nicht zuletzt aus wahltaktischen Überlegungen hinweg.

Die Rentenreform von 1957 markiert letztlich den Einstieg in den Wohlfahrtsstaat, der über die bloße Absicherung gegen die wirklich existenziellen Risiken des Lebens weit hinausgeht. Bis in die 1970er Jahre wurden die sozialpolitischen Leistungen in der Bundesrepublik Deutschland weiter ausgebaut. So wurden mit dem Kindergeld Leistungen für kinderreiche Familien eingeführt und später aufgestockt, das Wohngeld verbesserte die Situation einkommensschwacher Mieter, und die Einkommenssicherung der Arbeiter im Krankheitsfall wurde der der Angestellten angeglichen. Das Bundessozialhilfegesetz schließlich schuf ein von Bedürftigkeitsprüfung gekennzeichnetes unterstes Sicherungsnetz für alle diejenigen, die nicht imstande waren, selbst ein menschenwürdiges Einkommen zu erzielen, und auch durch die Maschen der Sozialversicherungen gefallen waren.

Die Sozialpolitik brachte also entscheidende Weichenstellungen. Sie trug maßgeblich dazu bei, die Gründungskrise der jungen Bundesrepublik Deutschland zu überwinden. Sie restaurierte die alten Sozialversicherungen, ergänzte neue, durch den Krieg notwendig gewordene Regelungsbereiche und stellte in Teilbereichen die Weichen neu, insbesondere in der Rentenpolitik.

Die CDU/CSU-geführten Bundesregierungen praktizierten in ihrer Politik der „sozialen Marktwirtschaft" neben einer marktfreundlichen Politik in erheblichem Umfang einen sozialpolitischen Staatsinterventionismus. Dies führte dazu, dass die deutsche Sozialleistungsquote – ebenso wie die Beiträge der Arbeitgeber und Arbeitnehmer zu den Sozialversicherungen – erheblich anstieg und in den 1950er und 1960er Jahren zu den weltweit höchsten gehörte. Die Kosten dieser Politik sollte Deutschland insbesondere seit dem Einbruch des Wirtschaftswachstums Mitte der 1970er Jahre und mit der zunehmenden Alterung der Gesellschaft zu spüren bekommen.

 **Literatur**

Kommentierte Literatur

Hockerts, Hans Günter, 1986: Integration der Gesellschaft. Gründungskrise und Sozialpolitik in der frühen Bundesrepublik, in: Zeitschrift für Sozialreform 32 (1), 25-41.
Hans Günter Hockerts Beitrag hat den Begriff der „Gründungskrise" etabliert, die durch die direkten Kriegsfolgen, bestehende Defizite der sozialen Sicherungssysteme und die politische Spannung zwischen Regierungskoalition und Gewerkschaften gekennzeichnet gewesen sei. Hockerts betont die erstaunlich schnelle Entschärfung des vorhandenen Krisenpotentials vor allem infolge des Wirtschaftswachstums, aber auch durch die integrativen Wirkungen der Sozialpolitik.

Frerich, Johannes/Frey, Martin, ²1996: Handbuch der Geschichte der Sozialpolitik in Deutschland. Band 3. Sozialpolitik in der Bundesrepublik Deutschland bis zu Herstellung der Deutschen Einheit, München/Wien.
Die systematisch gut gegliederte Darstellung von Johannes Frerich und Martin Frey legt den Schwerpunkt auf die Beschreibung der sozialpolitischen Gesetzgebung. Sie informiert insbesondere rasch und knapp über die einzelnen Gesetzgebungsmaßnahmen.

Zitierte Literatur

Frerich, Johannes/Frey, Martin, ²1996: Handbuch der Geschichte der Sozialpolitik in Deutschland. Band 3. Sozialpolitik in der Bundesrepublik Deutschland bis zu Herstellung der Deutschen Einheit, München/Wien.

Gemeinschaft zum Schutz der Deutschen Sparer, 1957: Die Rentenreform 1956/57. Eine Zusammenfassung kritischer Stimmen, Köln.

Hentschel, Volker, 1983: Geschichte der deutschen Sozialpolitik 1880-1980, Frankfurt am Main.

Hockerts, Hans Günter, 1986: Integration der Gesellschaft. Gründungskrise und Sozialpolitik in der frühen Bundesrepublik, in: Zeitschrift für Sozialreform 32 (1), 25-41.

Maddison, Angus, 2003: The World Economy. Historical Statistics, Paris.

Zacher, Hans F., 2001: Grundlagen der Sozialpolitik in der Bundesrepublik Deutschland, in: Bundesministerium für Arbeit und Sozialordnung/Bundesarchiv (Hg.), Geschichte der Sozialpolitik seit 1945. Band 1. Grundlagen der Sozialpolitik, Baden-Baden, 333-684.

6 Vom Ausbau zur Konsolidierung: Sozialpolitik von der sozial-liberalen Koalition bis zur Wiedervereinigung

Tobias Ostheim und Manfred G. Schmidt

6.1 Einleitung

In den ersten zwei Jahrzehnten nach der Gründung der Bundesrepublik war der Sozialstaat auf den ererbten institutionellen Grundlagen wiedererrichtet und zum Wohlfahrtsstaat kontinentaler Prägung ausgebaut worden. Das anhaltende und starke Wirtschaftswachstum hatte den Sozialstaat lange gestützt, und Sozialschutz und Wirtschaftskraft waren weitgehend im Gleichgewicht gehalten worden: Während die Haushalte des Staates und der Sozialversicherungen stabile Einnahmen erzielten, sank der Bedarf an Leistungen der Arbeitslosenversicherungen und der Fürsorge, und mit wachsendem zeitlichem Abstand vom Krieg nahmen auch die Ausgaben für die Kriegsopferversorgung ab.

Das Jahr 1966 brachte der Bundesrepublik Deutschland die erste Rezession und den ersten großen Regierungswechsel auf Bundesebene. Die neue Regierung aus CDU, CSU und SPD sah ihre wichtigste Aufgabe darin, die Wirtschaftskrise zu bewältigen und eine Reihe notwendiger Verfassungsreformen durchzuführen. Mit dem Stabilitätsgesetz von 1967 wurden die Instrumente geschaffen, die der Bundesregierung die Stabilisierung der Konjunktur erlauben sollten, und das Arbeitsförderungsgesetz von 1969 ergänzte die passive Arbeitsmarktpolitik um Instrumente der aktiven Arbeitsmarktpolitik. [25]

Vom Krisenmanagement der Großen Koalition war auch die Sozialpolitik betroffen. Um die Finanzierung der Rentenversicherung sicherzustellen, wurden die Abgaben zur Alterssicherung deutlich erhöht, und die bislang bestehende Versicherungspflichtgrenze für Angestellte wurde beseitigt. Daneben wurde ein Finanzausgleich zwischen der Arbeiter- und der Angestelltenrentenversicherung

---

[25] Während die passive Arbeitsmarktpolitik die Folgen der Arbeitslosigkeit für den Betroffenen durch die Auszahlung von Lohnersatzleistungen abmildert, zielt die aktive Arbeitsmarktpolitik auf den Erhalt der oder die Wiedereingliederung in die Erwerbstätigkeit. Neben der bloßen Vermittlung sind die Weiterbildung, Trainingsmaßnahmen oder die Subventionierung von Beschäftigung etwa durch Arbeitsbeschaffungsmaßnahmen typische Instrumente der aktiven Arbeitsmarktpolitik.

geschaffen und die Lohnfortzahlung im Krankheitsfall der Arbeiter der der Angestellten angeglichen.

Die der Großen Koalition nachfolgenden Bundesregierungen mussten jedoch in den folgenden drei Jahrzehnten erfahren, dass die Systeme der sozialen Sicherung trotz erster Korrekturen nur bedingt krisenfest waren. Die dem Ölpreisschock nachfolgenden Wirtschaftskrisen von 1973/74 und 1980/82 und die Wiedervereinigung stellten ebenso wie die langfristige Dynamik früher getroffener Entscheidungen (insbesondere in der Rentenpolitik) oder die Alterung der Gesellschaft gravierende sozialpolitische Herausforderungen dar. Zudem war der Sozialschutz in den ersten zwei Jahrzehnten zwar ausgebaut worden. Er erfasste aber nicht alle Bedarfslagen, und es kamen neue dazu, etwa im Bereich der Pflege älterer Menschen. Besonders große Herausforderungen für die sozialen Sicherungssysteme brachten schließlich die deutsche Einheit und ihre Folgen mit sich.

Die zwei folgenden Kapitel befassen sich mit den Antworten der bundesdeutschen Sozialpolitik auf diese Krisen. Während dieses Kapitel die Wende von der sozialpolitischen Expansion zur Politik der Konsolidierung unter den sozialdemokratisch-liberalen Bundesregierungen der Bundeskanzler Willy Brandt und Helmut Schmidt und der christdemokratisch-liberalen Regierungen unter Helmut Kohl bis zur deutschen Einheit darstellt, skizziert das achte Kapitel die Sozialpolitik nach der Wiedervereinigung.

6.2   Jahre der Expansion

Die Ablösung der Regierung der Großen Koalition durch eine SPD/FDP-Koalition bahnte den Weg zur weiteren Sozialstaatsexpansion: Der Machtwechsel des Jahres 1969 hatte den Charakter eines politischen Aufbruchs, bei dem sich die neue Regierung den Zielen Demokratisierung, Chancengleichheit, sozialer Ausgleich und Bekämpfung öffentlicher Armut verschrieb. Trotz erheblicher programmatischer Gegensätze in der Wirtschafts- und Sozialpolitik wurde in der Folge auch der Sozialpolitik ein neuer, höherer Stellenwert eingeräumt.

Tatsächlich leitete die sozial-liberale Koalition in den ersten Jahren nach der Regierungsübernahme – großteils unter Einbeziehung der oppositionellen CDU/CSU – eine Reihe von Reformen ein, durch die die sozialen Sicherungssysteme erheblich ausgebaut wurden. Dabei wurden zum einen die einzelnen Leistungen deutlich erhöht, zum anderen wurden aber auch neue Leistungen eingeführt und der Kreis der Anspruchsberechtigten erheblich erweitert.

So führte die Rentenreform von 1972 unter anderem eine flexible Altersgrenze mit der Möglichkeit einer vorzeitigen Verrentung ein und öffnete die Rentenversicherung für nicht abhängig Beschäftigte wie Selbständige oder nicht erwerbstätige Hausfrauen. Die „Rente nach Mindesteinkommen" hob die Rente für diejenigen, die in ihrem Erwerbsleben am unteren Ende der Lohnskala gestanden hatten und deshalb nur eine sehr niedrige Rente zu erwarten hatten, deutlich an. Erhöht wurden auch die Altersgelder für Landwirte.

Auch die Sicherung gegen die Risiken von Krankheit wurde ausgebaut. Noch von der Großen Koalition war 1969 mit dem Lohnfortzahlungsgesetz die Lohnfortzahlung im Krankheitsfall für Arbeiter derjenigen der Angestellten angeglichen worden. Die neue sozial-liberale Koalition führte in mehreren Reformmaßnahmen seit 1970 zum einen eine Reihe von Leistungsverbesserungen durch; zum anderen wurde der Kreis der Berechtigten ähnlich ausgeweitet wie in der Rentenversicherung: Zunächst kamen 1972 Landwirte sowie Familienangehörige in den Genuss einer eigenständigen Krankenversicherung; 1975 wurde der Versicherungsschutz der Gesetzlichen Krankenversicherung auf Behinderte und Studenten ausgeweitet. Auch die Unfallversicherung wurde 1971 auf Studenten – wie auf Schüler und Kinder in Kindergärten – ausgeweitet. Studenten und Schüler profitierten außerdem von den Leistungen des Bundesausbildungsförderungsgesetzes von 1971 und den Verbesserungen einiger Folgegesetze.

Das Arbeitsförderungsgesetz schließlich sah die Ergänzung der passiven Arbeitsmarktpolitik vor – wie eine verbesserte Arbeitsvermittlung, die Umschulung und Weiterqualifizierung von Arbeitskräften sowie Lohnkostenzuschüsse durch die die Anpassung von Arbeitsangebot und Arbeitsnachfrage verbessert werden sollte.

6.3 Der Sozialstaat in der Krise

Die Reformschritte der ersten fünf bis sechs Jahre der sozialliberalen Koalition hatten den sozialen Schutz für viele erheblich verbessert. Freilich war der Kreis der Versicherten mit diesen Maßnahmen gerade um Gruppen erweitert worden, die keine oder nur geringe Sozialversicherungsbeiträge (und Steuern) zahlten. Die Reformen waren zudem unter reichlich optimistischen Annahmen über die zukünftige Wirtschaftsentwicklung getroffen worden. Die enorme Verteuerung des Erdöls – der „erste Ölpreisschock" – führte 1973/74 zu einer dramatischen Verschlechterung der gesamtwirtschaftlichen Lage, die von Rezession und steigender Arbeitslosigkeit (und in den meisten Industrieländern auch höheren Inflationsraten) gekennzeichnet war. In der Folge schrumpften die Einnahmen aus Steuern und aus den Sozialabgaben, während die Sozialausgaben stiegen, da die Zahl der Empfänger von Arbeitslosengeld und Sozialhilfeleistungen erheblich zunahm. Alterungsbedingt und infolge von Frühverrentung wuchs die Zahl der Altersrentner weiter. Die rentenpolitischen Entscheidungen der jüngeren Vergangenheit – die Ausweitung des Kreises der Anspruchsberechtigten in verschiedenen Zweigen der Sozialversicherungen, die Dynamisierung der Altersrente – trugen ihren Teil zur Belastung der sozialen Sicherungssysteme bei. Daneben wurde in wachsendem Maße erkennbar, dass ein ausgebauter Sozialstaat starke unerwünschte Nebenwirkungen zeitigen kann. So wurde der Faktor Arbeit stärker belastet, da zur Finanzierung die Sozialbeiträge von Arbeitnehmern und Arbeitgebern insbesondere seit 1968 mehrfach erhöht wurden.

In der nun entbrennenden öffentlichen und wissenschaftlichen Debatte wurde konstatiert, der Sozialstaat sei in eine ernste Krise geraten. Eine Finanzkrise diagnostizierte eine Beobachtergruppe. Andere vertraten die Auffassung, die „alte soziale Frage" der klassenspezifischen sozialen Probleme sei überwunden, doch harre noch die „neue soziale Frage" einer Lösung (Geißler 1976), also diejenige soziale Frage, die sich aus der relativen Benachteiligung oder relativen Armut von Unterprivilegierten mit geringer Organisations- und Konfliktfähigkeit ergibt, z.B. von Immigranten, kinderreichen Familien und nicht-berufstätigen Alleinerziehenden.

6.4   Der Beginn der Konsolidierung

Auf die Wirtschaftskrise von 1974/75 und die nachfolgenden Jahre des reduzierten Wirtschaftswachstums reagierte die Bundesregierung mit einer Stabilitätspolitik, deren Instrumentarium von der Großen Koalition mit dem Stabilitätsgesetz von 1967 geschaffen worden war. Daneben wurden seit Mitte der 1970er Jahre jedoch auch Leistungen des Sozialstaats gekürzt. Zunächst wurden der finanzielle Aufwand für Umschulung und Weiterqualifikation sowie die Ausbildungsförderung beschränkt, und die Zumutbarkeitsregeln über von Arbeitslosen anzunehmende Beschäftigung wurden verschärft. Seit 1977 versuchte man auch durch eine verzögerte und verringerte Anpassung der Renten an die Löhne, eine Kostenbeteiligung in der Krankenversicherung, die wiederholte Verschärfung von Anspruchsvoraussetzungen für den Bezug von Leistungen der Arbeitslosenversicherung und zudem deren Kürzungen die Krise des Sozialstaats zu meistern. Insofern markierte der Wechsel im Amt des Bundeskanzlers von Willy Brandt zu

Helmut Schmidt im Jahr 1974 trotz Kontinuität der regierenden SPD-FDP-Koalition einen sozialpolitischen Kurswechsel, der als Wende zur „Sozialpolitik der mageren Jahre" (Windhoff-Héritier 1983) bezeichnet worden ist.

Nach einer kurzen Erholung verschlechterte sich die Wirtschaftslage jedoch schon zu Beginn der 1980er Jahre wieder und führte zu weiter steigenden Arbeitslosenzahlen und zu erneut verschärften Finanzierungsproblemen des Sozialstaats – trotz der von der Regierungskoalition verabschiedeten Maßnahmen der Kostendämpfung. An den wachsenden Auseinandersetzungen um die Wirtschafts- und Sozialpolitik zerbrach die Koalition aus SPD und FDP schließlich im Herbst 1982.

6.5   Die Politik der christdemokratisch-liberalen Bundesregierung

Ihre Nachfolgerin, die Koalition von CDU, CSU und FDP, führte die finanzielle Konsolidierung des Sozialstaates zunächst in höherem Tempo und mit größerem Nachdruck weiter. In den Jahren 1983 und 1984 kam es zu Einschnitten in zahlreichen Bereichen der sozialen Sicherungssysteme. Die Ausbildungsförderung für bei Eltern wohnende Schüler wurde gestrichen, die für Studenten nur noch als Darlehen gewährt. Die Leistungen des Arbeitslosengeldes und der Arbeitslosenhilfe wurden weiter gekürzt, die Bezugsvoraussetzungen weiter verschärft. Die Wirtschaftskrise und die wachsende Zahl derer, die durch die größer gewordenen Maschen der Arbeitslosenversicherung fielen, sorgten dafür, dass die Aufwendungen für Sozialhilfeleistungen stark anstiegen. Auch die Sozialhilfe blieb jedoch von Leistungseinschränkungen nicht verschont – ebenso wie die Altersrenten sowie die Berufs- und Erwerbsunfähigkeitsrenten.

Diese Einschnitte führten dazu, dass das Wachstum der Sozialausgaben tatsächlich gebremst wurde. Von 1982 bis 1990 sank die Sozialleistungsquote immerhin von 30,7 auf 27,6 Prozent. Gleichzeitig trugen sie einen Teil zur Konsolidierung der Staatsfinanzen bei, die bis 1989 allmählich erreicht wurde.

Auch die mit Zustimmung der meisten SPD-Abgeordneten im Spätherbst 1989 beschlossene Rentenreform 1992 suchte eine Antwort auf demographische Entwicklungen und finanzielle Zwänge zu geben. Ohne eine Neugestaltung der Rentenanpassung hätten die Beiträge zur Rentenversicherung in den ersten Jahrzehnten des 21. Jahrhunderts die Lohnnebenkosten auf ökonomisch untragbare Höhen gesteigert. Seit der Rentenreform orientieren sich zukünftige Rentenanpassungen nicht länger an den Bruttolöhnen, wodurch der für die Zukunft zu erwartende Zuwachs der Nettorenten deutlich gebremst wurde. Die Altersgrenze wurde – freilich erst mit Wirkung ab 2001 – auf 65 Jahre angehoben und die Anrechnung der Beitragszeiten meist restriktiv geregelt. Auch der Bundeszuschuss zur Rentenversicherung wurde neu gestaltet. Insgesamt wurde der Konsolidierungskurs in der zweiten Hälfte der 1980er Jahre von der christdemokratisch-liberalen Koalition jedoch nicht konsequent fortgeführt. Vielmehr folgten seit 1985 sozialpolitische Verbesserungen, unter ihnen die Aufstockung der Mittel für die aktive und die passive Arbeitsmarktpolitik. Vor dem Hintergrund der Traditionen des deutschen Sozialstaats waren zudem vor allem diejenigen Neuerungen bemerkenswert, die eine familien- und frauenpolitische Zielsetzung besaßen. Hierzu zählen die Einführung des Erziehungsgeldes und eines Erziehungsurlaubs für Väter und Mütter und die 1985 eingeführte und in der Rentenreform von 1992 neugestaltete Anrechenbarkeit von Kindererziehungszeiten als Beitragszeiten in der Altersrente. Hierdurch wurden zum ersten Mal die Tätigkeit in der Familie und die Kindererziehung der Erwerbstätigkeit grundsätzlich gleichgestellt.

6.6   Von der Expansion zur Konsolidierung

Misst man die Sozialstaatlichkeit der Bundesrepublik Deutschland an der Sozialleistungsquote, wird erkennbar, dass sich der Trend zur Sozialstaatsexpansion über den Machtwechsel zur ersten sozialdemokratisch-liberalen Koalition fortsetzte. In den Jahren nach 1969 war der Umfang sozialpolitischer Wohltaten sogar besonders groß. Die Bundesregierung entschied sich – bei den wichtigsten Sozialgesetzen gemeinsam mit der oppositionellen CDU/CSU – für den weiteren Ausbau der sozialen Sicherung. Das noch bestehende Wirtschaftswachstum und die Aufbruchsstimmung nach dem Regierungswechsel förderten die Sozialstaatsexpansion. Auch die Regierungsbeteiligung der wirtschaftsliberalen FDP bremste das Wachstum des Sozialbudgets nicht, nicht nur weil die Koalitionsraison dies erforderte, sondern auch weil von Teilen der sozialpolitischen Innovationen – etwa der Erweiterung der Altersversicherung für Landwirte und der Öffnung der Sozialversicherung für Selbständige – auch die Klientel der Liberalen profitierte. Die Grenze zog der kleine Koalitionspartner freilich bei dem von SPD und Gewerkschaften vorgesehenen Ausbau der Mitbestimmung, den die FDP weitgehend abwehrte.

Die Sozialleistungsquote und das deutsche Sozialbudget stiegen von 1973 bis 1975 aber auch aufgrund des erheblich gewachsenen Bedarfs zunächst sprunghaft an. Seit der Wirtschaftskrise 1973/74 sah sich der Sozialstaat vor neue Herausforderungen gestellt, in deren Folge sein Wachstum bereits in der Mitte der 1970er Jahre

„jäh gebrochen" wurde, so Albers zutreffende Charakterisierung (Alber 2001: 243). Schon in der sozial-liberalen Koalition wurde nach dem Wechsel zu Helmut Schmidt die Wende zur Begrenzung der sozialpolitischen Ausgaben eingeleitet. Der Regierungswechsel des Jahres 1982 spiegelt sich in den Daten nicht als scharfe Zäsur wider. Die christdemokratisch-liberale Koalition war mit dem Ziel angetreten, für Staatsentlastung und mehr Markt zu sorgen. Tatsächlich wurde insbesondere 1983/84 gegen den Widerstand der SPD, der Gewerkschaften und der Wohlfahrtsverbände kräftig Sparpolitik betrieben, und die Sozialleistungsquote sank in der Folge. Nach 1985 kam es jedoch zu keinen einschneidenden Kürzungen mehr, und von dem von der Opposition beklagten „Sozialabbau" war am Ende wenig zu sehen. Insofern entpuppte sich die 1982 angekündigte Politikwende in der Sozialpolitik bestenfalls als eine „halbe Wende" (Schmid 1998: 95).

Abbildung 2: Die Sozialleistungsquote 1950 bis 2005

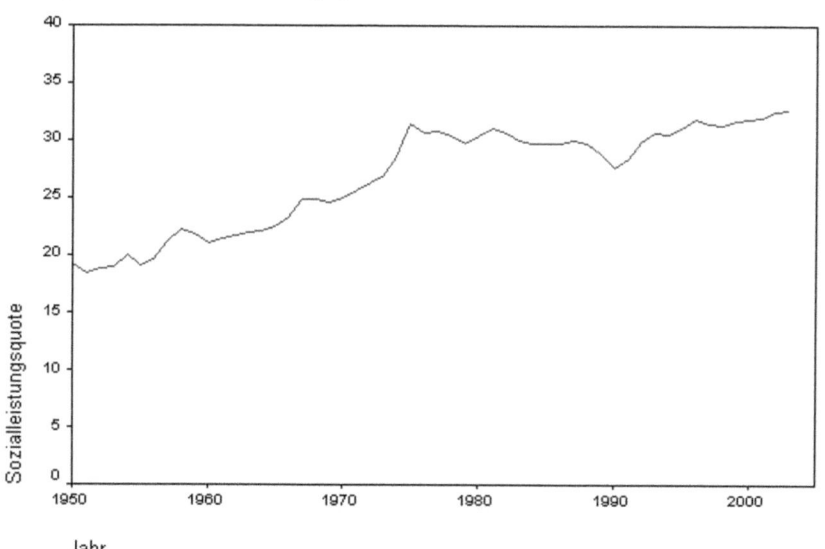

Jahr

Anmerkungen: Sozialleistungsquote (öffentliche Sozialausgaben in Prozent des Bruttosozialprodukts). 1960-2003: Sozialbudget-Daten (BMGS 2005a: 934). 1950-59: Schätzungen des Sozialbudgets anhand von Alber 1987: 325. 2001-2003: Vorläufige Daten. Quelle: Schmid 2005: Tabelle 2.

Hinter den aggregierten Daten verbirgt sich auch auf der Ebene der einzelnen sozialstaatlichen Programme keine grundlegende Abkehr von dem bisherigen Pfad. Zwar setzte die stärkere Berücksichtigung von familien- und frauenpolitischen Prioritäten neue Akzente, die nach 1990 noch deutlicher werden sollten. Die Sozialpolitik blieb jedoch bei institutioneller Kontinuität frei von grundlegenden Kurswechseln, was auf das Beharrungsvermögen von Institutionen und das Gewicht des Politikerbes hinweist, wie Conrad überzeugend dargelegt hat (vgl. Conrad 1998 und das Kapitel I.7 zum Politikerbe).

 Literatur

Kommentierte Literatur

Alber, Jens, 2001: Der deutsche Sozialstaat in der Ära Kohl. Diagnosen und Daten, in: Leibfried, Stefan/Wagschal, Uwe (Hg.), Der deutsche Sozialstaat. Bilanzen – Reformen – Perspektiven, Frankfurt a. M., 235-275.
Fundierter Überblick über Theorie und Empirie der Sozialpolitik der Regierung Kohl.

Schmidt, Manfred G., 2005: Gesamtbetrachtung, in: Schmidt, Manfred G. (Hg.), Bundesrepublik Deutschland 1982-1989. Finanzielle Konsolidierung und institutionelle Reform. Geschichte der Sozialpolitik in Deutschland, Band 7, Baden-Baden, 749-811.
Bilanz von Kontinuität und Wandel der Sozialpolitik in der ersten Hälfte der Ära Kohl.

Zitierte Literatur

Alber, Jens, 1987: Germany, in: Flora, Peter (Hg.), Growth to Limits. The Western European Welfare States Since World War II. Band 4. Appendix (Synopses, Bibliographies, Tables), Berlin, 247-354.

Alber, Jens, 2001: Der deutsche Sozialstaat in der Ära Kohl. Diagnosen und Daten, in: Leibfried, Stefan/Wagschal, Uwe (Hg.), Der deutsche Sozialstaat. Bilanzen – Reformen – Perspektiven, Frankfurt a. M., 235-275.

Conrad, Christoph, 1998: Alterssicherung, in: Hockerts, Hans Günter (Hg.), Drei Wege deutscher Sozialstaatlichkeit. NS-Diktatur, Bundesrepublik und DDR im Vergleich, München, 101-116.

Geißler, Heiner, 1976: Die Neue Soziale Frage, Freiburg u.a.

Schmid, Josef, 1998: Mehrfache Desillusionierung und Ambivalenz. Eine sozialpolitische Bilanz, in: Wewer, Göttrik (Hg.), Bilanz der Ära Kohl, Opladen, 89-111.

Schmidt, Manfred G., [3]2005: Sozialpolitik in Deutschland. Historische Entwicklung und internationaler Vergleich, Wiesbaden.

7 Sozialpolitik in der Deutschen Demokratischen Republik

Manfred G. Schmidt und Tobias Ostheim

7.1 Einleitung

Nur vier Jahre nach dem Ende des Zweiten Weltkriegs etablierten sich auf deutschem Boden zwei politische Regimes, die unterschiedlicher kaum hätten sein können. Während im Westen des Landes mit der Gründung der Bundesrepublik Deutschland der Weg zu einem demokratischen, föderalistischen, einem sozialen Staatsziel verpflichteten Rechtsstaat eingeschlagen wurde, wurde in der Sowjetischen Besatzungszone mit der Deutschen Demokratischen Republik ein repressiv-autoritäres sozialistisches Staatswesen geschaffen. Formell eine Volksdemokratie mit einem Mehrparteiensystem, wurde die DDR durch die Politik der hegemonialen Sozialistischen Einheitspartei Deutschlands nachhaltig geprägt. So beschritt sie mit dem Übergang zum Sozialismus und zu einer zentralverwalteten Wirtschaft ganz andere staats- und wirtschaftspolitische Wege als die Bundesrepublik.

Viele Autoren haben nach dem Ende der DDR aus vergleichender Perspektive konstatiert, dass auch der Pfad der Sozialstaatlichkeit, der im Kaiserreich gewählt und in Weimar stabilisiert worden sei und der die Bundesrepublik nachhaltig geprägt habe, in der Sowjetischen Besatzungszone und später der DDR verlassen worden sei (so Conrad 1998: 115). Wohin hat sich die Sozialpolitik in der DDR entwickelt? Unterschied sie sich tatsächlich so sehr von ihren kapitalistischen Pendants? Welche Leistungen erbrachte sie, welche Mängel wies sie auf, und wie ging ihre politische Führung mit dem Zielkonflikt zwischen Sozialschutz und wirtschaftlicher Entwicklung um? Was erklärt die Besonderheiten der DDR-Sozialpolitik? Schließlich: Wie ist die wohlfahrtsstaatliche Politik des „Arbeiter- und Bauernstaates" im Vergleich zu derjenigen westlicher Demokratien einzuordnen? Diese Fragen sollen im vorliegenden Kapitel beantwortet werden.

Dabei soll keine umfassende Darstellung der Entwicklung der DDR-Sozialpolitik über die Zeit geboten, sondern ihre Grundzüge der Sozialpolitik nachgezeichnet werden. Auch der neue sozialpolitische Kurs, der auf dem Wege zur deutschen Einheit seit Anfang 1990 eingeschlagen wurde, findet an dieser Stelle keine Beachtung. Insofern ist im Rahmen dieses Kapitels unter „DDR-Sozialpo-

litik" die Sozialpolitik bis zum Zeitpunkt der Ablösung Honeckers im Jahr 1989
zu verstehen.

7.2   Die fünf Kreise der DDR-Sozialpolitik

Bereits der Sozialpolitikbegriff der DDR unterschied sich grundlegend von dem
der Bundesrepublik Deutschland. Bis in die Mitte der 1960er Jahre bestand ein
auffälliges Missverhältnis zwischen der sozialpolitischen Praxis und der parteiof-
fiziellen Ideologie, in der der Begriff der Sozialpolitik keine wesentliche Rolle
spielte. Nicht wenige Mitglieder der SED sahen keine Notwendigkeit einer ausgebauten Sozialpolitik, die man dem Klassengegner und der alten Sozialen Frage
zuordnete, also der Spaltung in Proletariat und Bourgeoisie. Aus dieser Perspektive konnte die Sozialpolitik als ein Instrument der kapitalistischen Gesellschaft
begriffen werden, das der Einbindung der Arbeiterschaft und der Verschleierung
der Klassenspaltung der Gesellschaft diente. In der DDR sah man die alte Soziale
Frage dagegen als beseitigt und die materiellen Bedürfnisse der eigenen Bevölkerung durch die Planwirtschaft und die Arbeitsplatzgarantie als im Wesentlichen
erfüllt an. Erst in der zweiten Hälfte der 1960er Jahre und erst recht seit dem
Machtwechsel von Ulbricht zu Honecker 1971 wurde die Sozialpolitik auch ter-
minologisch aufgewertet und 1976 in die parteioffizielle Formel der „Einheit von
Wirtschafts- und Sozialpolitik" gegossen.

Dennoch waren weit definierte sozialpolitische Maßnahmen seit der Gründung der Deutschen Demokratischen Republik ein wesentlicher Teil ihrer Politik.
Die „Sozialistische Sozialpolitik" unterschied sich in Form und Inhalt ebenso wie
in ihrer Prozessdimension aber markant von der Sozialpolitik „bürgerlicher",
westlicher Staaten. Ihre Grundausrichtung hatte die DDR-Sozialpolitik bereits
vor der ostdeutschen Staatsgründung unter sowjetischer Besatzungsherrschaft
und mit Unterstützung ihrer innergesellschaftlichen Bündnispartner, vor allem
der SED, erhalten. Nach der Gründung der DDR fanden weitere Weichenstellungen statt, die die ostdeutsche Republik auf einen ganz anderen sozialpolitischen
Pfad lenkten als die Bundesrepublik. Im Ergebnis entstanden fünf sich überlappende und ergänzende Kreise der sozialen Sicherung, denen ein wesentlich weiteres Verständnis von sozialer Sicherheit zugrunde lag als in der Bundesrepublik
Deutschland, umfasste doch der Sozialpolitikbegriff zuletzt „die Gesamtheit der
Gestaltung der sozialen Verhältnisse" (Hockerts 1994).

Der erste Kreis: das Recht auf Arbeit

Den ersten Kreis der Sozialpolitik bildeten das Recht auf Arbeit und die faktische Garantie eines Arbeitsplatzes. Dem Recht auf Arbeit wurde eine sozialpolitische Hauptfunktion zuteil: Es schützte vor dem Risiko der Arbeitslosigkeit und dem damit verbundenen Einkommensverlust. Hinzu kam ein durch Mindestlohnvorschriften geschütztes Arbeitseinkommen, das den Absturz der Erwerbstätigen in die Armut verhindern sollte. Die Arbeitsplatzgarantie wurde durch einen strengen Kündigungsschutz in den sozialistischen Betrieben erreicht. Erleichtert wurde die Vollbeschäftigung zudem durch das knappe Angebot an Arbeitskräften – unter anderem infolge der bis zum Mauerbau hohen Abwanderung in den Westen.

Freilich kannte die DDR nicht nur ein Recht auf Arbeit: „Das Recht auf Arbeit und die Pflicht zur Arbeit bilden eine Einheit," formulierte die DDR-Verfassung 1974. Tatsächlich sorgten der stumme Zwang, ein Arbeitseinkommen zu erzielen, und zahlreiche sozialpolitische Anreize zur Arbeitsaufnahme – auch und insbesondere für Mütter – für eine weitgehende Mobilisierung des Arbeitskräftepotentials. In der Folge wies die DDR eine im internationalen Vergleich ungewöhnlich hohe Erwerbsquote und eine kaum minder hohe Frauenerwerbsquote auf.

Der zweite Kreis: die Sozialversicherungssysteme

Den zweiten Kreis der Sozialpolitik der DDR bildeten die Sozialversicherungssysteme, die – anders als die Sozialversicherungssysteme der Bundesrepublik – rasch den im Kaiserreich und der Weimarer Republik beschrittenen Pfad verließen. Bereits vor der Gründung der DDR war mit dem Befehl Nr. 28 der Sowjetischen Militäradministration vom 28. Januar 1948 ein Systemwechsel hin zu einer zentralisierten Volks- und Einheitsversicherung eingeleitet worden. Diese bestand aus der Sozialversicherung der Arbeiter und Angestellten (SVAA) und der Sozialversicherung bei der Staatlichen Versicherung der DDR (SV-StV) bzw. deren Vorläufer, der Deutschen Versicherungs-Anstalt. Die SVAA, die seit 1956 vom Freien Deutschen Gewerkschaftsbund (FDGB), der Einheitsgewerkschaft der DDR, verwaltet wurde, versicherte vor allem Arbeiter und Angestellte, aber auch Ärzte mit eigener Praxis sowie Kunst- und Kulturschaffende. Einschließlich der Familienangehörigen dieser Erwerbstätigen und der Rentner gehörten der SVAA 1989 rund 90 Prozent der Wohnbevölkerung an. In der DVA bzw. SV-StV waren Mitglieder von Genossenschaften und Kollektiven sowie Selbständige versichert.

Die Sozialversicherungen versicherten nicht nur gegen die Risiken von Krankheit, Unfall und Alter; daneben sahen sie eine Vielzahl weiterer Leistungen bei Mutterschaft, der Betreuung von Kleinkindern und der Pflege erkrankter Kinder, beim Tod des Ernährers und für Bestattungen vor.

Neben der Pflichtversicherung bildete seit 1968/71 die Freiwillige Zusatzrentenversicherung die zweite Säule der Sozialversicherung. Finanziert wurden die Leistungen aus Beiträgen der Versicherten, der Betriebe und Genossenschaften sowie aus einem Staatszuschuss, der bis zum Ende der DDR auf annähernd die Hälfte der Ausgaben der Sozialversicherungen anstieg.

Anders als die relativ umfassenden Gesundheitsdienstleistungen blieben die Leistungen der Altersvorsorge für diejenigen relativ dürftig, die nicht in den Genuss von Sonder- und Zusatzversorgungssystemen kamen (siehe hierzu den 5. Kreis der Sozialpolitik). Die Leistungen der Freiwilligen Zusatzrente (FZR) waren in den 1980er Jahren noch gering; erst ab den 1990ern hätte die FZR einen größeren Effekt entfalten können. Noch schlechter stand, wer keine Ansprüche aus den eigentlichen Sozialversicherungssystemen hatte erwerben können und auf die Sozialfürsorge, Altenpflege und Leistungen für Behinderte angewiesen war.

Keine Rolle spielte aufgrund der faktischen Vollbeschäftigung in der DDR bis 1990 die Arbeitslosenversicherung, für die keine Beiträge erhoben wurden und deren Leistungszweig 1977 sogar formal abgeschafft und erst 1990 in Vorbereitung auf die Wiedervereinigung wieder eingerichtet wurde. Die Abwanderung von Arbeitskräften nach Westdeutschland, die Geburtenentwicklung und die geringe Arbeitsproduktivität stellten den ostdeutschen Staat bis 1989 nicht vor das Problem der Arbeitslosigkeit, sondern des chronischen Arbeitskräftemangels, und aus dieser Not machte die DDR „die Tugend eines ‚Rechts auf Arbeit'" (Hockerts 1994: 522).

Der dritte Kreis: soziale Sicherung im Reproduktionsbereich

Wie das Recht auf Arbeit stellt der dritte Kreis der DDR-Sozialpolitik, die soziale Sicherung im Reproduktionsbereich, eine regimespezifische Besonderheit dar. Mit ihr suchte die DDR-Führung diejenigen Bedarfslagen bevorzugt zu decken, die für die Produktion und die Reproduktion besonders wichtig waren, während andere Bedarfslagen – etwa Pflegefälle oder Behinderte, aber auch die Wiedergutmachung für Vertriebene – weniger berücksichtigt wurden. Der dritte Kreis umschloss die Familien- und Frauenförderung, in zunehmendem Maße auch die

Wohnungspolitik sowie die Politik der Preissubventionierung von Gütern und Dienstleistungen des Grundbedarfs. Die *Familienpolitik* der DDR zielte einerseits darauf, zusätzliche Arbeitskräfte zu mobilisieren, andererseits diente sie pronatalistischen Zielen in einem durch schrumpfende Bevölkerung und Arbeitskräftemangel geprägten Staat. Die umfangreichen *Preissubventionierungen*, die zusammen mit den Mindestlöhnen und Mindestrenten der Grundsicherung dienten, stellten ein Markenzeichen der DDR-Sozialpolitik dar. Die Preisstützungen erstreckten sich auf zahlreiche Waren des Grundbedarfs, aber auch auf Tarife und Dienstleistungen. Ihr Subventionseffekt war hoch; hoch waren allerdings auch die Belastung des Staatshaushalts und die offensichtliche Verschwendung, zu der das System einlud. Bestandteil der weit definierten DDR-Sozialpolitik war schließlich auch die vor allem in der Ära Honecker stark ausgeweitete *Wohnungspolitik*, die der IX. Parteitag der SED 1976 als „Kernstück der Sozialpolitik der Sozialistischen Einheitspartei Deutschlands" bezeichnete. Auch wenn das Planungssoll stets deutlich verfehlt wurde, halfen die groß angelegten staatlichen Wohnungsbauprogramme doch, den Verlust infolge des vernachlässigten Altbestandes zu kompensieren und das Wohnungsangebot zu verbessern.

Der vierte Kreis: die betriebliche Sozialpolitik

Den Betrieben kam im wirtschaftlichen und gesellschaftlichen Leben der DDR zentrale Bedeutung zu. Dies galt nicht zuletzt aufgrund der betrieblichen Sozialpolitik, des vierten Kreises der wohlfahrtsstaatlichen Politik in der DDR. Bereits die sowjetische Militäradministration hatte 1947 mit dem SMAD-Befehl Nr. 234 den Betrieben gesellschaftliche und soziale Aufgaben zugewiesen, die über die bloße Produktion weit hinauswiesen. Insbesondere die großen sozialistischen Betriebe dienten nicht nur der Verwirklichung des Rechts auf Arbeit, sondern boten auch erhebliche Zusatzleistungen durch Zusatzrenten oder Leistungsanreize setzende Prämien- und Zuschlagszahlungen. Darüber hinaus sorgten sie für Betreuung und Gesundheitsleistungen, aber auch für Abhilfe bei vielen Mängeln des DDR-Alltags: etwa durch die gastronomische Versorgung der Beschäftigten, durch Angebote an Waren und Dienstleistungen und nicht zuletzt durch Angebote für die Freizeitgestaltung. Verstärkt wurde die Rolle der Betriebsebene noch dadurch, dass auch der Schwerpunkt der Tätigkeiten des FDGB für den Einzelnen in den Betrieben lag.

Der fünfte Kreis: Zusatz- und Sonderversorgungssysteme

Zwar bewirkten die Einheitsversicherung und die Abschaffung der alten ständischen Differenzierungen der Sozialpolitik eine beträchtliche Nivellierung wohlfahrtsstaatlicher Leistungen. Dennoch gab es in der DDR regimespezifische sozialpolitische „Versorgungsklassen". Diese entstanden vor allem durch die bestimmten Berufsgruppen zukommenden Zusatz- und Sonderversorgungssysteme sowie durch „Ehrenpensionen". Die Errichtung der Zusatz- und Sonderversorgungssysteme diente vor allem dem Zweck, bestimmte gesellschaftliche Teilgruppen enger an das politische System zu binden und mit Anreizen ihrer Abwanderung vorzubeugen.

Die *Sonderversorgungssysteme* schufen eine eigenständige Alterssicherung für wachsende Bereiche des öffentlichen Dienstes, zunächst (1953) für die Mitarbeiter des Ministeriums für Staatssicherheit, wenig später für die Volkspolizei, der Feuerwehr, des Justizvollzugs und der NVA und schließlich der Zollverwaltung. Die Sonderversorgungssysteme privilegierten ihre rund 120.000 Empfänger (1990) erheblich, denn ihre Leistungen, im Allgemeinen 90 Prozent des letzten Nettolohns, gingen über die der normalen Altersrenten weit hinaus.

Die *Zusatzversorgungen*, die auf einer Vielzahl unterschiedlicher Zusatzversorgungssysteme basierten, stockten die Renten der Sozialversicherung für bestimmte Berufsgruppen auf. Zugute kamen sie in den 1950er Jahren zunächst der technischen, wissenschaftlichen, künstlerischen und pädagogischen „Intelligenz". Seit den 1970ern wurden zudem Mitglieder des Staatsapparats und der Partei sowie gesellschaftlicher Organisationen und in den 1980er Jahren beispielsweise Künstler und Schriftsteller, Ärzte, Vorsitzende der LPG und Generaldirektoren bedient. 1990 erhielten rund 230.000 Personen Zuwendungen; die Zahl der Anwärter wurde auf rund eine Million geschätzt.

Ehrenpensionen, deren Höhe die durchschnittliche Altersrente ebenfalls deutlich übertraf, belohnten schließlich besondere politische Loyalität.

7.3   *Leistungen und Fehlleistungen der DDR-Sozialpolitik*

Die DDR-Sozialpolitik zielte einerseits darauf, die Staatsbürger – vor allem die 'Werktätigen' – vor materieller Not und industriegesellschaftlichen Risiken des Einkommensausfalls zu schützen. Neben dieser sozialintegrativen Funktion besaß sie auch eine wichtige systemintegrative Funktion. Diese bestand in der Aufgabe, die sozialistische Gesellschafts- und Wirtschaftsordnung und die SED-Herrschaft zu formen, zu schützen und zu stabilisieren.

Nach außen gaben sich die Funktionäre des SED-Staates von den heilbringenden Wirkungen der Sozialpolitik überzeugt, die sich grundlegend von der des kapitalistischen Klassenfeindes unterscheide und ohne historisches Vorbild sei. So fasste Erich Honecker im Jahr 1986 zusammen:

> „Unser Volk hat auf Grund der Entwicklung der Produktivkräfte und der sozialistischen Produktionsverhältnisse einen Lebensstandard erzielt wie noch nie in seiner Geschichte. Arbeitslosigkeit ist für uns ein Begriff aus einer anderen, fremden Welt. Gewährleistet sind bei uns soziale Sicherheit und Geborgenheit, Vollbeschäftigung und gleiche Bildungschancen für alle Kinder des Volkes." (Honecker 1986)

Leistungsmängel und begrenzte Legitimierungseffekte

Dies war jedoch nur zum Teil eine zutreffende Beschreibung; zu einem Gutteil war es auch Beschönigung und Propaganda. Tatsächlich wurden in der DDR das Recht auf Arbeit bzw. die Vollbeschäftigung und die Maßnahmen zur Sicherstellung der Grundversorgung insgesamt geschätzt und genutzt. Andere Teile der Sozialpolitik, beispielsweise die Alterssicherung, wiesen dagegen schwere Mängel auf. Ihre Leistungen blieben für einen erheblichen Teil der Bevölkerung im Rentenalter auf einem dürftigen Niveau. Die soziale Absicherung in produktions- und reproduktionsfernen Lebenslagen wurde insgesamt vernachlässigt. Unzufrieden waren viele Bürger der DDR daneben mit der Lohnpolitik, und die Wohnungsfrage war trotz der hohen Aufmerksamkeit, der die SED ihr widmete, am Ende der DDR nicht wirklich gelöst. Aufgrund dessen konnte die Sozialpolitik – anders als von der Führung von Staat und Partei erhofft – auch nur einen begrenzten Beitrag zur Stabilisierung der DDR leisten.

Und auch wo die sozialpolitischen Leistungen ausgebaut waren, trugen sie nur in schwindendem Maße zur Legitimierung des SED-Regimes bei. Zwar wurden die subventionierten Güter und Dienstleistungen des Grundbedarfs oder Leistungen der Gesundheitseinrichtungen wie selbstverständlich konsumiert, aber mit vergleichendem Blick auf die Referenzgesellschaft der Bundesrepublik. Die Sozialpolitik und das Konsumniveau in der DDR ragten aber nur im Vergleich mit den sozialistischen Ländern hervor; im Ost-West-Vergleich wirkten sie bestenfalls mittelmäßig. Insbesondere konnten sie den Bedarf an gehobenen Konsumgütern nicht zureichend decken; und soweit erhältlich, waren diese mit einem niedrigen Einkommen kaum noch erschwinglich. Und auch im Längsschnitt

konnte die Sozialpolitik nicht überzeugen: Mit zunehmendem Alter der DDR
wuchsen die wohlfahrtsstaatlichen Ansprüche, ohne dass diese vom SED-Staat
hätten wirklich befriedigt werden können. Auch die fallweise, meist zu wichtigen
DDR-Jubiläen und Parteitagen vorgenommenen Erhöhungen der Renten und
anderer Sozialleistungen reichten nicht aus, um die zunehmenden Legitimitäts-
defizite zu mindern.

Der Verlust der „Einheit von Wirtschafts- und Sozialpolitik"

Noch schwerer wog aber, dass die Sozialpolitik der DDR systematisch unerwünschte Wirkungen zeitigte. So produzierten einzelne wohlfahrtsstaatliche Bereiche systematisch Fehlleistungen. Beispielsweise trugen in der Wohnungsbaupolitik die Konzentration auf den Neubau und im Falle von Häusern in Privatbe-
sitz die geringen Mieteinnahmen zur Verrottung des Altbestandes bei. Schwerer
wog, dass sich die Formel der „Einheit von Wirtschafts- und Sozialpolitik" angesichts eines wachsenden Zielkonflikts zwischen wirtschaftlicher Leistungskraft
und ausgebautem Sozialschutz als Illusion erwies. Die wirtschaftliche Leistungskraft wurde zunehmend überfordert, aber weniger durch die Last der Sozialpolitik im engeren Sinne, die gemessen an der Sozialleistungsquote der DDR im internationalen Vergleich nicht besonders hoch lag. Schwer wog vielmehr die Ge-
samtlast aus Sozialversicherungspolitik, der immer weiter ausgebauten und zur
Verschwendung anreizenden Preissubventionierung und dem Recht auf Arbeit.
Dessen hohe ökonomische Kosten wurden wie die Kosten der mütter- und kin-
derfreundlichen Arbeitszeitregelung auf die Betriebe abgewälzt.

Die Sozialpolitik trug aber nicht wie erhofft zur Steigerung der Arbeitsproduktivität bei. Das Recht auf Arbeit, die nivellierende Lohnpolitik und der geringe Leistungsanreiz infolge der hohen Beschäftigungssicherheit führten stattdessen zu hoher verdeckter Arbeitslosigkeit und gravierenden Produktivitätsdefizi-
ten, und die Sozialpolitik insgesamt förderte Anspruchsdenken und Passivität
und wirkte leistungsfeindlich.

Zudem trugen die ehrgeizigen sozialpolitischen Anstrengungen zur Verschuldung der DDR bei. Insbesondere die Auslandsverschuldung wuchs gravierend. Die Ursachen hierfür wurden in der DDR-Führung schon zu Beginn der
1970er Jahre erörtert, aber erst nach der Ablösung Erich Honeckers im Herbst
1989 offen benannt: Die Sozialpolitik beruhte seit dem VIII. Parteitag nicht in vol-
lem Umfang auf eigenen Leistungen des DDR-Staates, sondern war durch Verschuldung im nichtsozialistischen Ausland finanziert worden (Schürer 1992).

Eigenen Analysen der DDR-Führung zufolge stand die DDR sogar kurz vor dem Staatsbankrott: „Allein ein Stoppen der Verschuldung würde im Jahre 1990 eine Senkung des Lebensstandards um 25-30 % erfordern und die DDR unregierbar machen" (Schürer 1992: 1119)! Dieser Befund bleibt im Grundsatz richtig, auch wenn nachträgliche Schätzungen der Deutschen Bundesbank gezeigt haben (Deutsche Bundesbank 1999), dass die Verschuldungssituation nicht so gravierend war, wie sie Schürer, zwischen 1965 und 1989 Vorsitzender der Staatlichen Plankommission der DDR, 1989 einschätzte. Doch hatte die Wirtschafts- und Sozialpolitik der DDR Ende der 1980er Jahre keine Perspektive mehr; mittelfristig hätte die Wirtschaft der DDR die Last der Sozialpolitik unzweifelhaft nicht mehr tragen können. Gleich einem deus ex machina trat in dieser Situation die Wirtschafts-, Währungs- und Sozialunion auf den Plan, die die Bürger der DDR von der Notwendigkeit entband, die Kosten der über Jahrzehnte verfehlten Politik der DDR-Führung zu tragen.

7.4   Determinanten der sozialstaatlichen Kurstreue

Die Architekten der DDR-Sozialpolitik wollten zu viel erreichen: Vollbeschäftigung, einen hohen und weiter zunehmenden Sozialschutz, Lohnnivellierung bei stabilen Preisen für Güter und Dienstleistungen des Grundbedarfs, um nur einige Ziele zu nennen. All dies sollte trotz der vergleichsweise niedrigen Produktivität, eines offensichtlichen Zielkonflikts zwischen Sozialpolitik und wirtschaftlicher Leistungskraft sowie offensichtlicher Fehlleistungen wie einer wachsenden Verschuldung in den Hartwährungsländern erreicht werden. Obwohl die Sozialpolitik erheblich zur Überlastung der Wirtschaft beigetragen hat, hat die DDR-Führung über Jahrzehnte keine entscheidenden Kurskorrekturen vorgenommen. Warum hielt man unbeirrt an den eigenen anspruchsvollen wohlfahrtsstaatlichen Zielen auch dann noch fest als die ökonomischen Kosten immer größer wurden?

Willensbildungs- und Entscheidungsprozesse

Der Verlust der „Einheit von Wirtschafts- und Sozialpolitik" und der wachsende Zielkonflikt zwischen Sozialpolitik und Wirtschaftskraft gründeten hauptsächlich in regimespezifischen politischen Ursachen. Zu diesen zählt der regimespezifische Willensbildungs- und Entscheidungsprozess in der DDR-Sozialpolitik. Zentralisierung, Einheitsstaatlichkeit und der Anspruch der SED auf Alleinzuständigkeit kennzeichneten ihn. Die politische Führung im Politbüro, im Sekretariat des ZK der SED[26] und im SED-Apparat sah sich durch keine nennenswerten Zwänge in ihrem Handeln beschränkt: Das Wirtschaftsgeschehen stand wie das Recht unter der Suprematie der Politik. Der Gefahr drastischer Wählerstimmenverluste oder gar einer Abwahl der Regierung bestand nicht. Auch existierten keine Gewaltenteilung oder institutionalisierte Vetospieler: Weder gab es eine Koalitionsregierung oder Mitspracherechte nachgeordneter Einheiten im Bundesstaat noch autonome Verbände, unabhängige Medien oder eine unabhängige Sozial- bzw. Verfassungsgerichtsbarkeit. Aufgrund dessen fehlten entscheidende Korrektive und ‚Frühwarnsysteme', die in demokratischen pluralistischen politischen Systemen existieren.

Ähnliches galt auch für sozialpolitische und arbeitsrechtliche Institutionen: Eine Sozialpartnerschaft mit der Möglichkeit zur eigenständigen Regelung oder echte Selbstverwaltungseinrichtungen wie in der Bundesrepublik existierten in der DDR nicht. Zwar hatte insbesondere der FDGB zahlreiche Aufgaben im Bereich der Sozialpolitik: Er verwaltete die Sozialversicherung der Arbeiter und Angestellten, in der er „in weiten Teilen Legislativorgan, Exekutivorgan und Rechtsprechungsorgan in einer Person" (Sander 1997: 17, 19) war. Daneben überwachte er etwa die Einhaltung von Arbeitsschutzbestimmungen und erbrachte umfangreiche Leistungen für seine Mitglieder (s.o.). Die „Gemeinsamen Beschlüsse" des ZK der SED, des DDR-Ministerrats und des FDGB verwiesen explizit auf die Einheitsgewerkschaft als sozialpolitisch Verantwortlichen. Dennoch blieb der Gewerkschaftsbund unter der Suprematie der SED und funktionierte als verlängerter Arm des Staats- und Parteiapparats. Politische Innovationen waren vom FDGB kaum zu erwarten.

Die Sozialpolitik in der DDR kennzeichnete trotz des Alleinzuständigkeitsanspruchs der SED und des Fehlens institutionalisierter Vetospieler zugleich eine relativ starke horizontale Fragmentierung. Die sozialpolitischen Kompetenzen waren auf verschiedene Institutionen verteilt; ein Ministerium für Sozialpolitik oder ein eigenständiges sozialpolitisches Sekretariat auf der Ebene der ZK-Sekretariate gab es nicht. Die zuständigen Abteilungen schotteten sich zudem in erheblichem Maße voneinander ab. Aus der Verbindung dieser Eigenschaften ergaben sich eine segmentierte Problemsicht und eine geringe Fehlerkorrektur der DDR-Sozialpolitik. Unerwünschte Effekte oder gravierende Zielkonflikte zwischen

---

[26] Das Politbüro war das zentrale politische Führungsorgan in der DDR. Es wurde vom Zentralkomitee der SED gewählt. Unter den im Politbüro versammelten Funktionären waren auch die Sekretäre des ZK; der Generalsekretär des ZK der SED war gleichzeitig der Vorsitzende des Politbüros. Gegenüber dem Politbüro als eigentlichem Machtzentrum hatte die Regierung nur noch ausführende Funktion.

Sozial- und Wirtschaftspolitik fanden wenig Beachtung bzw. führten nicht zu problemadäquaten Reaktionen.

Grenzen des sozialpolitischen Handlungsspielraums

Zudem war der Handlungsspielraum in der Sozialpolitik begrenzt. So setzte die Existenz der Bundesrepublik Deutschland die DDR unter sozialpolitischen Zugzwang, sahen doch die meisten Bürger die Bundesrepublik als attraktive Referenzgesellschaft an, mit deren Leistungen, insbesondere deren Wohlstand, sich die ostdeutsche Republik beständig zu messen hatte. Die DDR, die zunächst versucht hatte, den Westen Deutschlands einzuholen, dann „zu überholen ohne einzuholen", laborierte am Makel des offensichtlichen Zurückbleibens. Durch den Ausbau der Sozialpolitik versuchte die DDR-Führung, diesen Rückstand auszugleichen und den offenkundigen Mangel an Legitimität zu kompensieren. Dies geschah auch noch in den letzten Jahren der DDR, als die Kosten der Sozialpolitik die wirtschaftliche und finanzielle Leistungsfähigkeit des Landes längst überfordert hatten.

Zudem unterlag die DDR einer starken Außensteuerung durch die UdSSR, die den Willensbildungs- und Entscheidungsprozess auch in der Sozialpolitik vorprägte. Dies gilt für die Weichenstellungen der SMAD in der Zeit der sowjetischen Besatzung Ostdeutschlands bis 1949, aber auch danach. So folgte die Ausweitung des Sozialkonsums nach dem Amtsantritt Honeckers dem Vorbild der UdSSR unter Leonid Breschnew.

Von größter Bedeutung für die Richtung und Reichweite der Sozialpolitik war daneben der Schock des 17. Juni 1953, als eine Erhöhung der Arbeitsnormen – faktisch also eine Verminderung des realen Arbeitslohns – einen Aufstand gegen das SED-Regime ausgelöst hatte. Vor dem Hintergrund dieser Erfahrungen versuchte das SED-Regime alles zu unterlassen, was eine dem 17. Juni vergleichbare Lage hätte herbeiführen können. Kürzungen der Löhne oder der Sozialleistungen gehörten seither zu den Tabus der DDR-Politik.

Programmerbe und Wirklichkeitsdeutung

Da die Willensbildungs- und Entscheidungsprozesse der Politik der SED großen Spielraum ließen, konnten das Selbstverständnis und die gesellschaftspolitischen Ziele der Partei den sozialpolitischen Kurs stark prägen. Das Politik- und Programmerbe einer Partei, die nach einer Gesellschaft ohne Not, Arbeitslosigkeit, Standes- und Klassenunterschiede mit einem Höchstmaß an Produktivkraftentfaltung strebte, verbot die Preisgabe des erreichten Stands der Versorgung. Auch die Erfahrung prekärer Existenz, die einen Großteil der SED-Spitze unter Honecker wie unter Ulbricht geprägt hatte, nahm die DDR für eine Sicherheit versprechende Sozialpolitik ein. Die DDR wurde zudem Gefangener der eigenen Programmatik, in der sie sich unentwegt auf den Nutzen der vielen berief – in den Worten der DDR-Verfassung: „dem Wohle des Volkes" (Art. 4 der DDR-Verfassung). Auch dies machte die Rücknahme erreichter sozialpolitischer Wohltaten schwierig. Und weil sich die Partei als generalzuständig für Gesellschaft, Politik und Wirtschaft erklärte, war sie auch der Adressat der kleinen und größeren Sorgen und Nöte der Bürger. Diese Politik überlastete die Steuerungsfähigkeit der Staats- und Parteiführung, wie kritische Eingaben eindrucksvoll belegen (vgl. die zahlreichen Beispiele bei Bouvier 2002).

Hinzu kam der Traum der DDR-Führung, das im Vergleich leistungsfähigere Gesellschaftsmodell zu verwirklichen. Dies verlangte unter anderem, das wirtschafts- und sozialpolitische Leistungsniveau dem der wohlhabenderen Bundesrepublik anzunähern. Zu ihrem Versuch, die DDR international wirtschafts- und sozialpolitisch hoffähig zu machen, passte auch in wirtschaftlich widrigen Zeiten kein Abweichen vom anspruchsvollen eigenen sozialpolitischen Kurs.

Schließlich war die SED von einem politikzentrierten Weltbild und ausgeprägtem Steuerungsoptimismus geprägt. Sie überschätzte die Belastungsfähigkeit der Wirtschaft und Gesellschaft weit und unterschätzte ökonomische Faktoren wie etwa die außenwirtschaftliche Abhängigkeit. Hierzu hat nicht zuletzt auch die Alterung und Verknöcherung der politischen Führung im ZK und Politbüro beigetragen.

7.5   Die DDR – ein autoritärer sozialistischer Wohlfahrts- und Arbeitsstaat

Wie sich aus dem in diesem Kapitel gegebenen Überblick erkennen lässt, hat die DDR in den vierzig Jahren ihres Bestehens einen eigenständigen wohlfahrtsstaatlichen Weg eingeschlagen. Dessen Charakteristika zeigen sich besonders deutlich, wenn man die DDR-Sozialpolitik in eine der üblichen Typologien der Sozialpolitik einordnet, wie sie für den Vergleich westlicher Industrieländer entwickelt wurden, etwa G. Esping-Andersens Typologie „wohlfahrtsstaatlicher Regimes" (vgl. hierzu Kapitel III.3 sowie Esping-Andersen 1990). Die Besonderheiten treten aber auch im Vergleich zur Bundesrepublik Deutschland hervor, an deren Leistungen die Bürger der DDR die sozialstaatlichen „Errungenschaften" ihres „Arbeiter- und Bauernstaats" maßen. Misst man die DDR-Sozialpolitik an den Elementen einer erweiterten Typologie der sozialdemokratischen, konservativen und liberalen wohlfahrtsstaatlichen Regimes (vgl. Esping-Andersen 1990; Schmidt 2004), ergeben sich die folgenden Befunde (vgl. auch die zusammenfassende Tabelle 2):

Konditionale Sozialrechte

Die Sozialpolitik der DDR basierte auf *Sozialrechten* des Einzelnen – Sozialrechten allerdings, die stets unter dem Vorbehalt des Politischen standen. So hat die DDR den Schritt, den die Rentenpolitik in der Bundesrepublik Deutschland mit der regelgebundenen Dynamisierung der Altersrenten schon 1957 gegangen war, nie nachvollzogen. Stattdessen wurden Rentenerhöhungen nur fallweise vorgenommen.

Ähnlich dem NS-Wohlfahrtsstaat wurde in der DDR der Zugang zu wohlfahrtsstaatlichen Leistungen teilweise von der Unterstützung des politischen Regimes abhängig gemacht. Ausreisewillige, Republikflüchtlinge oder der NSDAP-Mitgliedschaft Verdächtige blieben ganz ausgeschlossen, und Parteimitgliedschaft oder besonders aktive Mitwirkung an parteinahen Veranstaltungen eröffnete einen privilegierten Zugang.

Leistungsumfang und Umverteilungswirkung

Die DDR leistete sich einen heterogenen Wohlfahrtsstaat von großer Reichweite und hochgradigem Staatsinterventionismus, der – ähnlich dem sozialdemokratischen und dem kontinentalen wohlfahrtsstaatlichen Regime – allen Staatsbürgern eine *Grundsicherung* gewährte. Hinsichtlich der *Größe des Versichertenkreises* kam diese einer Staatsbürgerversorgung gleich, wie sie dem sozialdemokratischen Regime des Wohlfahrtsstaats zu Eigen ist. Freilich blieben die Leistungen der Basissicherung in der DDR auf insgesamt niedrigem Niveau, das etwa dem Lebensstandard eines Arbeiterhaushaltes in Deutschland am Ende der 1930er Jahre entsprach.

Anders als im liberalen Wohlfahrtsstaat westlicher Prägung wurde die spärliche Grundsicherung der DDR-Sozialpolitik jedoch nicht durch *private Sozialausgaben* ergänzt; ihr Anteil am gesamten Sozialaufwand war verschwindend gering.

Die Einnahmen der sozialen Sicherung im engeren Sinn stammten gegen Ende der DDR rund zur Hälfte aus Steuern; die sozialpolitischen Leistungen im weiteren Sinn, etwa die Preissubventionen und der Wohnungsbau, wurden nahezu ausschließlich durch Steuern finanziert. Neben der staatlichen Sozialpolitik spielte die betriebliche Sozialpolitik eine bedeutende Rolle, allerdings als Teil der zentralgelenkten Wirtschaftsplanung.

Trotz der insgesamt starken *Umverteilungswirkung* schuf die Sozialpolitik der DDR auch beträchtliche neue Ungleichheiten, indem sie einzelne politisch wichtige Berufsgruppen systematisch begünstigte. Beispielsweise war die *Höhe des Lohnersatzes* der Rente für die meisten Rentner gering; für diejenigen, die an Zusatz- oder Sonderversorgungssystemen teilhaben konnten, war sie jedoch hoch. Große Unterschiede wurden daneben zwischen der Absicherung produktions- und bevölkerungspolitisch wichtiger und unwichtiger Risiken gemacht. Während Familien, vor allem Familien mit Kindern, Alleinerziehende und Erwerbstätige privilegiert wurden, wurden beispielsweise Altersrentner deutlich benachteiligt – ganz anders als in der Bundesrepublik Deutschland.

Sozialpolitik im Produktions- und Reproduktionsbereich

Auch das politische Profil der wohlfahrtsstaatlichen Politiken des „dritten Kreises" entspricht trotz einzelner Ähnlichkeiten keinem der von westlichen Wohlfahrtsstaaten vertrauten Muster. Die pronatalistische *Familienpolitik* der DDR zeigte zwar Parallelen zu der des französischen Wohlfahrtsstaates. Die Familienpolitik Frankreichs besaß jedoch keine beschäftigungspolitische Komponente: Sie zielte anders als die der DDR nicht auf die Mobilisierung des Arbeitskräftepotentials der weiblichen Bevölkerung. Noch augenfälliger wird dieser Unterschied im Vergleich zur Bundesrepublik, in der die Erwerbsbeteiligung der Frauen lange Zeit gezielt niedrig gehalten wurde.

Ähnlichkeiten besaß die DDR-Familienpolitik auch zur bevölkerungspolitisch instrumentalisierten NS-Sozialpolitik – freilich ohne deren rassenbiologische Komponente. Eine vergleichbar große *Preissubventionierung* der Waren und Dienstleistungen des Grundbedarfs ist in den wohlfahrtsstaatlichen Systemen des Westens nicht zu finden.

Arbeitsstaat

In der Beschäftigungspolitik war die DDR überaus ehrgeizig. Zwar ähnelte die Orientierung an den Zielen der Arbeitskräftemobilisierung und *Vollbeschäftigung* der Politik von Ländern, die dem sozialdemokratischen Regime zuzuordnen sind. In der DDR ist die Vollbeschäftigung allerdings tatsächlich erreicht und aufrechterhalten worden. Freilich existierte nicht nur eine Vollbeschäftigungsgarantie mit dem Recht auf Arbeit, sondern auch die Pflicht zur Arbeit. In noch größerem Ausmaß als in Westdeutschland war die Sozialpolitik im ostdeutschen Staat durch ihre Orientierung an der Erwerbsarbeit geprägt.

Die starken *Zwänge zur Arbeitsaufnahme* entstanden auch dadurch, dass die Sozialpolitik im ostdeutschen Staat in noch größerem Ausmaß als in Westdeutschland durch ihre Orientierung an der Erwerbsarbeit geprägt war. Die knappen Altersrenten und die geringen Leistungen der Sozialfürsorge verliefen parallel zu den Anreizstrukturen in liberalen Regimen des Wohlfahrtsstaats. Anders als beispielsweise in den USA war der *Schutz vor den Marktkräften* dennoch ausgesprochen hoch: Entlassungen beispielsweise waren kaum zu fürchten. Mitursächlich für dieses politische Profil waren die besonderen Probleme der Arbeitsverfassung der DDR, die nicht von Arbeitslosigkeit gekennzeichnet war, sondern von Arbeitskräftemangel.

Sozialleistungsquote

Aufschlussreich ist schließlich der vergleichende Blick auf den Umfang der Aufwendungen für die soziale Sicherung im Verhältnis zur Wirtschaftskraft des Landes. Gemessen an der Sozialleistungsquote in der Definition der ILO war das Niveau der sozialen Sicherung in der DDR weder im Vergleich der sozialistischen Länder noch im Vergleich mit westlichen Demokratien besonders hoch (vgl. Schmidt 2005: 233-244). 1989 betrug die Sozialleistungsquote der DDR 15,6 Prozent. Sehr hoch – höher als im aktivsten aller westlichen Wohlfahrtsstaatsmodelle, dem sozialdemokratischen – waren die Ausgaben dagegen, wenn man die wohlfahrtsstaatlichen Aufwendungen im weiteren Sinne, also einschließlich der Kosten etwa für Wohnungsbaupolitik oder der Preissubventionierungen, einbezieht.

Ein autoritärer sozialistischer Wohlfahrts- und Arbeitsstaat

Die hohen sozialstaatlichen Aufwendungen, der starke Anreiz zur Arbeitsaufnahme und die vorrangige Ausrichtung der Sozialpolitik auf produktions- und
bevölkerungspolitisch wichtige Lebenslagen und Risiken machten die DDR zu
einem Wohlfahrtsstaat, dem eine Doppelstruktur eigen war. Er war erstens ein
Wohlfahrtsstaat der autoritär-paternalistischen Variante, der für Schutz gegen Markt-
kräfte sorgte und eine Grundversorgung auf niedrigem Niveau für fast alle
Staatsbürger garantierte, aber auch bestimmte Gruppen besonders umwarb. Er
tat dies hierarchisch und autoritär und durchaus mit Zügen einer „Versorgungs-
diktatur" (Bouvier 2002: 337). Er war zweitens ein *Arbeitsstaat,* der nach einer umfassenden Mobilisierung des Arbeitskräfteangebots strebte und Arbeitsplatzsicherheit garantierte – auch unter Inkaufnahme schwerster wirtschaftlicher Effi-
zienzmängel. Dieser Wohlfahrts- und Arbeitsstaat unterschied sich markant vom
Sozialstaat der Bundesrepublik, und er stand in großer Distanz sowohl zum liberalen als auch zum konservativen und sozialdemokratischen Typus des Wohlfahrtsstaats.

Wie spätestens die 1980er Jahre gezeigt haben, handelte es sich jedoch zunehmend um einen Wohlfahrtsstaat auf Pump, der nicht zukunftsfähig war.
Daher ist die Geschichte der DDR-Sozialpolitik ein Beispiel dafür, dass unter
bestimmten politischen Bedingungen, wie insbesondere in einem mit Legitimitätsdefiziten behafteten, autoritären Staat mit hochgradig zentralistischer Struktur, Staatspartei und Zentralverwaltungswirtschaft, eine Industriegesellschaft
Gefahr läuft, sich aufgrund von nur mäßiger Arbeitsproduktivität und überehr-
geiziger Sozialpolitik zu übernehmen und langfristig zu ruinieren. Dies lehrt,
dass die Verbindung aus inhaltlicher Selbstüberforderung und struktureller Un-
fähigkeit zur Fehlerwahrnehmung und -korrektur die Wirtschaft überlasten und
in einen Strudel ziehen kann, aus dem ohne Hilfe von außen kein Entkommen
mehr möglich ist.

Tabelle 2: Anhang: Die Sozialpolitik der DDR – Befunde des erweiterten Wohlfahrtsstaatsvergleichs

Merkmal	DDR	Bundesrepublik Deutschland	Liberales Regime des Wohlfahrtsstaates	Konservatives Regime des Wohlfahrtsstaates	Sozialdemokratisches Regime des Wohlfahrtsstaates
Vollbeschäftigungsgarantie	Ja (Soll und Ist)	Nein	Nein	Nein	Ja (Soll)
Sozialrechte oder Armenunterstützung	Sozialrechte – unter Vorbehalt des Politischen	Sozialrechte	Armenunterstützung	Sozialrechte	Sozialrechte
Private Sozialausgaben	Gering	Mittel	Relativ groß	Mittel	Gering
Finanzierungsanteil der Sozialbeiträge	Mittel, Tendenz abnehmend	Groß	Mittel	Groß	Mittel
Finanzierungsanteil des Staates	Groß und zunehmend	Etwa ein Drittel	Mittel	Klein	Groß
Differenzierung der Leistungen nach Berufsgruppen	Für die Masse der Bevölkerung gering. Privilegierung politisch besonders wichtiger Gruppen	Mittel	Gering	Groß	Gering
Höhe des Lohnersatzes der Rente	Niedrig (Zusatz-/Sonderversorgungssysteme: hoch)	Mittel bis hoch	Niedrig	Hoch	Hoch
Höhe der Nettostandardrente	Niedrig (Sonderversorgung: hoch)	Mittel bis hoch	Gering	Mittel bis hoch	Mittel bis hoch
Beitragsjahre bis zur Anspruchsberechtigung	Relativ wenige	Mittel	Viele	Mittel	Mittel
Größe des von der Sozialpolitik geschützten Kreises	Staatsbürgerversorgung	Sozialversicherte und Angehörige, Sozialhilfe für alle	Klein	Groß	Staatsbürgerversorgung

Preissubvention für Güter des Grundbedarfs	Ja, zunehmend	Gering	Nein	Gering	Gering
Umverteilung	Groß	Relativ groß	Bei den – eng definierten – Zielgruppen relativ groß	Relativ gering (Vorrang des Statuserhalts)	Groß (wegen ausgeprägter Staatsbürgerversorgung)
Profil der Familienpolitik	Beschäftigungspolitisch und pronatalistisch	Zwischen konservativer und egalitärer Geschlechterordnung	Marktorientiert	Zielt auf traditionelle Arbeitsteilung zwischen Frauen und Männern	Zielt auf egalitäre Arbeitsteilung zwischen Frauen und Männern
Sozialausgaben in % BIP	Mittel (enge Definition), hoch (weite Definition)	Hoch	Niedrig	Hoch	Hoch
Schutz gegen Marktkräfte	Extrem stark	Mittel	Schwach	Mittel	Stark
Anreiz oder Zwang zur Arbeit	Sehr stark	Schwach	Stark	Schwach	Schwach
Lohnpolitik	Staatsdominiert, geringe Lohndifferenzierung	Sozialpartnerschaftlich geregelt, mäßig hohe Lohnspreizung	(Niedriger) Mindestlohn, i.d.R. betriebsspezifische Regelung, weite Lohnspreizung	Sozialpartnerschaftlich, mittlere Lohnspreizung	Sozialpartnerschaftlich, in der Regel moderate Lohnspreizung
Basissicherung	Ja, insbes. durch Mindestlohn, Mindestrenten und Preissubventionspolitik	Ja, durch Sozialhilfe bzw. Leistungen nach Asylbewerberleistungsgesetz	Keine	Sozialassistenz	Ja

Arbeitsverfassung	Autoritär-konsultativ	Sozialpartnerschaftlich-freiheitlich	Freiheitlich	Sozialpartnerschaftlich-freiheitlich	Sozialpartnerschaftlich-freiheitlich
Beziehung zwischen Staat und Verbänden	Etatismus und autoritärer Korporatismus	Teils liberal-korporatistisch, teils pluralistische Staat-Verbände-Beziehungen	Pluralistische Staat-Verbände-Beziehungen	Liberal-korporatistisch	Liberal-korporatistisch und mitunter staatszentriert
'Zuckerbrot' und 'Peitsche'	Beide kamen vermehrt zum Einsatz	Zunehmende Bedeutung des 'Zuckerbrots', abnehmende der 'Peitsche'	Geringer zunehmende Bedeutung des 'Zuckerbrots', abnehmende der 'Peitsche'	Zunehmende Bedeutung des 'Zuckerbrots', abnehmende der 'Peitsche'	Zunehmende Bedeutung des 'Zuckerbrots', abnehmende der 'Peitsche'
Höhe der Pro-Kopf-Leistungen	Mäßig	Sehr hoch	Mittel	Hoch	Sehr hoch
Typ des Wohlfahrtsstaates	Autoritärer, sozialistischer Wohlfahrts- und Arbeitsstaat	Zentristischer Wohlfahrtsstaat	Liberaler Wohlfahrtsstaat	Konservativer Wohlfahrtsstaat	Sozialdemokratischer Wohlfahrtsstaat

Anmerkung: Die Charakterisierungen der Sozialpolitik in der DDR gelten für den Zeitraum bis zum Ende der Ära Honecker. Benennung und Kennzeichnung der wohlfahrtsstaatlichen Regimes erfolgen in Weiterführung von Esping-Andersen 1990. Kursänderungen der DDR-Sozialpolitik, die auf dem Weg zur deutschen Einheit erfolgten, sind hier nicht berücksichtigt worden.

 **Literatur**

Kommentierte Literatur

Hockerts, Hans Günter, 1994: Grundlinien und soziale Folgen der Sozialpolitik in der DDR, in: Kaelble, Hartmut/Kocka, Jürgen/Zwahr, Hartmut (Hg.), Sozialgeschichte der DDR, Stuttgart, 519-544.
Sozialhistorischer Beitrag zu den Strukturen und den gesellschaftlichen Wirkungen der DDR-Sozialpolitik.

Schmidt, Manfred G., 2004: Die Sozialpolitik der Deutschen Demokratischen Republik, Wiesbaden.
Analyse der Grundzüge der Institutionen, Prozesse, Inhalte und Wirkungen der DDR-Sozialpolitik.

Zitierte Literatur

Bouvier, Beatrix, 2002: Die DDR – ein Sozialstaat? Sozialpolitik in der Ära Honecker, Bonn.

Conrad, Christoph, 1998: Alterssicherung, in: Hockerts, Hans Günter (Hg.), Drei Wege deutscher Sozialstaatlichkeit. NS-Diktatur, Bundesrepublik und DDR im Vergleich, München, 101-116.

Deutsche Bundesbank, 1999: Die Zahlungsbilanz der ehemaligen DDR 1975 bis 1989, Frankfurt am Main.

Esping-Andersen, Gøsta, 1990: The Three Worlds of Welfare Capitalism, Cambridge.

Hockerts, Hans Günter, 1994: Grundlinien und soziale Folgen der Sozialpolitik in der DDR, in: Kaelble, Hartmut/Kocka, Jürgen/Zwahr, Hartmut (Hg.), Sozialgeschichte der DDR, Stuttgart, 519-544.

Hockerts, Hans Günter (Hg.), 1998: Drei Wege deutscher Sozialstaatlichkeit. NS-Diktatur, Bundesrepublik und DDR im Vergleich, München.

Honecker, Erich, 1986: Bericht des Zentralkomitees der Sozialistischen Einheitspartei Deutschlands an den XI. Parteitag der SED. XI. Parteitag der SED vom 17. bis 21. April 1986 in Berlin, Berlin.

Sander, Peter, 1997: Interessenvertretung der Arbeitnehmer im Betrieb, Opladen.

Schmidt, Manfred G., 2004: Die Sozialpolitik der Deutschen Demokratischen Republik, Wiesbaden.

Schmidt, Manfred G., [3]2005: Sozialpolitik in Deutschland. Historische Entwicklung und internationaler Vergleich, Opladen.

Schürer, Gerhard, 1992: „Schürers Krisenanalyse", in: Deutschland-Archiv 25, 1112-1120.

8   Sozialpolitik nach der Wiedervereinigung

Tobias Ostheim und Manfred G. Schmidt

8.1   Einleitung

Die Wende des Herbstes 1989 als Teil der friedlichen Revolution in Osteuropa änderte die Politik und Ihren Kontext in Deutschland dramatisch. Auch in der Sozialpolitik schuf sie ganz neue Herausforderungen und Bedarfslagen, auf die reagiert werden musste. Gleichzeitig verstärkten sich in den 1990er Jahren die europäische und die globale Integration der Märkte. In diesem Kapitel sollen die wichtigsten sozialpolitischen Antworten hierauf dargestellt und analysiert werden, die die schwarz-gelbe Bundesregierung unter Bundeskanzler Helmut Kohl und die von 1998 bis 2005 amtierende rot-grüne Koalitionsregierung Gerhard Schröders gegeben haben.

Welchen Weg die Sozialpolitik unter den christdemokratisch-liberalen Regierungen Helmut Kohls einschlug, hat unter anderen Jens Alber anhand der wichtigsten sozialwissenschaftlichen Diagnosen systematisch untersucht (Alber 2001). Ihm zufolge lassen sich in sozialwissenschaftlichen Analysen der Sozialpolitik der christdemokratisch-liberalen Regierungen Helmut Kohls drei unterschiedliche Diagnosen finden. Die erste Diagnose lautet, die schwarz-gelbe Regierung habe eine konservative Transformation des Sozialstaats bewirkt, durch die dessen grundlegender Charakter nachhaltig geändert worden sei – in Gestalt der Verlagerung sozialer Zuständigkeiten auf die Familie oder in Form einer Rekommodifizierung[27] der deutschen Politik, durch die der Wohlfahrtsstaat an die Zwänge der Globalisierung angepasst werde. Eine zweite Schule kommt zu dem Schluss, es habe eine Abkehr von der Bedarfsorientierung hin zu finanzpolitischen Prioritäten gegeben. Eine dritte Gruppe von Autoren betont schließlich die Kontinuität und institutionelle Trägheit der deutschen Sozialpolitik und kons-

---

[27] In Anlehnung an Esping Andersens (1990) Konzept der Dekommodifizierung (vgl. Kapitel III.4) wird unter Rekommodifizierung die „Vermarktlichung" der sozialen Sicherungssysteme und der Beschäftigungsverhältnisse verstanden. Die Arbeitskräfte müssen also ihre Arbeitskraft wieder stärker auf dem Arbeitsmarkt anbieten – auch zu ungünstigen Bedingungen –, wovon der Sozialstaat, sofern er dekommodifizierend wirkte, sie bislang teilweise entbunden hatte.

tatiert das Festhalten am Charakter des christdemokratisch geprägten Wohlfahrtsstaats bzw. die Bedeutung von Reformblockaden.

Ähnlich widersprüchlich sind die Befunde zur sozialdemokratisch-grünen
Sozialpolitik der beiden Regierungen Schröder seit 1998. Das Jahr 1998 brachte
einen umfassenden Regierungswechsel. Zudem kam 1998 mit der SPD eine Partei
nach 16 Jahren wieder an die Regierung, die sich bislang als die am stärksten
nach Sozialstaatlichkeit strebende Kraft erwiesen hatte. Bei der Regierungsübernahme war die ökonomische Situation aber von geringem Wachstum, sehr hoher
Arbeitslosigkeit, einem hohen sozialpolitischen Bedarf bei großer Finanzknapp-
heit der sozialen Sicherungssysteme und des Bundeshaushalts und einer zunehmenden Herausforderung durch die Globalisierung geprägt.

Im Selbstverständnis der Regierung galten die eigenen Reformprojekte dem
Erhalt, der Erneuerung und dem „Wetterfestmachen" des Sozialstaats angesichts
von Alterung der Gesellschaft, Internationalisierung der Wirtschaft, Europäisierung und harter Standortkonkurrenz um Investitionen und Arbeitsplätze.

Die Politik, mit der die rot-grüne Regierung auf diese Situation zu antworten suchte, wurde aber auch als „Neoliberalismus in Rot/Grün" (Butterwegge
2001: 187) zur Sicherung des Wirtschaftsstandorts gedeutet. Aus einer ähnlichen
Perspektive wurden der rot-grünen Sozialpolitik die „umfangreichsten Leistungskürzungen seit Bestehen der Bundesrepublik" bescheinigt, die „eine neue
Epoche des deutschen Sozialstaates" eingeleitet hätten (Trampusch 2005: 3).

Eine dritte Perspektive hingegen sieht die Sozialpolitik auch nach 1998 in
der Kontinuität eines ehrgeizigen Wohlfahrtsstaates. Diese Einschätzung speiste
sich vor der Wahl insbesondere aus der Vergangenheit der SPD als „erste" deutsche Sozialstaatspartei, die der Regierung Kohl sechzehn Jahre lang vorgeworfen
hatte, „Sozialabbau" zu betreiben, die „Spaltung der Gesellschaft" zu vertiefen,
für „Umverteilung von unten nach oben" zu sorgen, Arbeitnehmerschutzrechte
abzubauen und die sozialpartnerschaftlichen Arbeitsbeziehungen zu gefährden.

In diesem Kapitel soll die Frage beantwortet werden, welche dieser Diagnosen die sozialpolitischen Entscheidungen seit der deutschen Wiedervereinigung
am besten fasst. Dabei soll zunächst auf die besondere Herausforderung durch
die deutsche Vereinigung und deren Folgen für die Sozialpolitik eingegangen
werden, ehe eine bilanzierende Darstellung der Inhalte der schwarz-gelben und
der rot-grünen Regierungspolitik erfolgt.

8.2   Sozialpolitik im Zeichen der Wiedervereinigung

Im Herbst 1989 führte die politische Wende in der DDR das überraschend schnelle Ende des SED-Regimes herbei. Die Wende leitete nicht nur einen politischen Wandel zur Demokratie ein, sondern auch den Übergang zu einer marktwirtschaftlichen Wirtschaftsordnung, der allerdings mit einer schweren ökonomischen Krise im Osten Deutschlands verbunden war und die ostdeutschen Sozialleistungssysteme völlig überforderte. Der höchst unterschiedliche Entwicklungsstand der Wirtschaft in den beiden deutschen Staaten, die rasch wachsende Arbeitslosigkeit und die seit Juli 1990 volle Teilhabe der ostdeutschen Bürger an den Sozialleistungen nach bundesdeutschem Sozialrecht stellten die Systeme der sozialen Sicherung vor ganz neue Herausforderungen. Die Entscheidung, die Lebensverhältnisse in Ostdeutschland rasch an die Westdeutschlands anzugleichen, sorgte zudem wesentlich dafür, dass die Sozialleistungsquote in den nur fünf Jahren von 1990 bis 1996 um 4,3 Prozentpunkte steigen sollte.

Im Osten Deutschlands war nach 1945 der im Kaiserreich begründete sozialpolitische Pfad verlassen worden. Die Sozialpolitik in der Sowjetischen Besatzungszone und vor allem in der DDR unterschied sich von der Sozialpolitik der Bundesrepublik Deutschland in ihren Institutionen ebenso wie in ihren Zielen und Wirkungen. Auf dem Weg zur Vereinigung beider deutscher Staaten entstand damit das Erfordernis, die sozialen Kosten der Einheit abzufedern und das Sozialrecht der Bundesrepublik Deutschland auf die beitretenden Länder Ostdeutschlands auszudehnen.

Allerdings waren die Finanzierungsprobleme der bestehenden Sozialversicherungssysteme in den 1980er Jahren nicht beseitigt worden. Gleichzeitig steigerten die mit der Alterung der Gesellschaft verbundene wachsende Zahl der Altersrentner und steigende Pflegeleistungen sowie die zunehmende Arbeitslosigkeit den Bedarf an sozialer Sicherung.

Der Transfer des westdeutschen Sozialversicherungssystems

Im Winter 1989/90 versuchte die DDR-Regierung unter Hans Modrow zunächst mit zahlreichen sozialpolitischen Einzelmaßnahmen auf die ökonomische Entwicklung zu reagieren, die die zunächst begrenzte Abkehr von der Planwirtschaft mit sich brachten. So wurde mit zwei Verordnungen vom 8. Februar 1990 in der DDR wieder eine Arbeitslosenversicherung eingeführt und die Möglichkeit zu

Vorruhestandsgeld gewährt, um die Folgen der zunehmenden Arbeitslosigkeit abzufedern.

Im Verlauf der politischen und ökonomischen Wende zeichnete sich bald ab, dass die von der Regierung Modrow angestrebte Stabilisierung der DDR-Wirtschaft nicht möglich war. Die schnelle Wiederherstellung der wirtschaftlichen und sozialen Einheit Deutschlands wurde zu einer ökonomischen Notwendigkeit. Hinzu kam der Wunsch eines Großteils der DDR-Bevölkerung nach politischer Wiedervereinigung, der sich auch in der ersten freien Wahl der DDR ausdrückte, bei der die CDU 40,8 Prozent der Stimmen erlangte.

Die neue, von einer breiten Koalition getragene DDR-Regierung unter Ministerpräsident Lothar de Maizière handelte im Frühjahr 1990 mit der Bundesregierung den Staatsvertrag zur Wirtschafts-, Währungs- und Sozialunion aus. Der am 1. Juli 1990 in Kraft getretene Staatsvertrag führte in der DDR eine durch die Institutionen des westdeutschen Sozialrechts flankierte marktwirtschaftliche Ordnung sowie – als bedeutsamstes Symbol dieser Entwicklung – die DM ein. Dabei wurden Löhne, Gehälter, Renten, Stipendien, Mieten und Pacht im Verhältnis 1:1, Guthaben bis zu bestimmten Obergrenzen ebenfalls 1:1, sonstige Vermögen in der Regel 2:1 umgestellt. Die bisherige Einheitsversicherung, die zahlreichen Zusatz- und Sonderversorgungssysteme und sonstige Einrichtungen der DDR-Sozialpolitik wurden ersetzt durch die Sozialversicherungen nach westdeutscher Bauart und flankierende Sozialsysteme, die auf Grundsätzen wie Fürsorge, Versorgung, soziale Hilfen und Entschädigung basieren. Konkretisiert wurde die Übertragung des westdeutschen Sozialschutzsystems im Juni 1990 u. a. mit dem Sozialversicherungsgesetz und dem Rentenangleichungsgesetz, durch das die Anwartschaften für die Altersrente und für die Sonder- und Zusatzversorgungssysteme sowie die Leistungshöhe in das neue System übertragen wurden. Ähnlich wurden das Gesundheitssystem und die Krankenversicherung sowie das Arbeitsrecht weitgehend angeglichen, zudem wurde die Sozialhilfe eingeführt.

Mit dem im Sommer verhandelten Einigungsvertrag vom 31. August 1990 wurde zwischen den beiden deutschen Staaten der Beitritt der ostdeutschen Länder zur Bundesrepublik Deutschland nach Artikel 23 des Grundgesetzes beschlossen. Damit dehnte sich zum 3. Oktober 1990 die Rechtsordnung der Bundesrepublik Deutschland auch auf den Osten des nunmehr vereinigten Landes aus – auch im Sozialrecht, freilich mit zahlreichen Ausnahmen und Sonderregelungen.

Sozialpolitische Erfolge und Fehlentwicklungen im Kontext der Vereinigung

Insgesamt verlief der Transfer des westdeutschen Sozialsystems überraschend schnell und problemlos. Angesichts der Größe der Aufgabe liegt hierin wohl der größte sozialpolitische Erfolg der christdemokratisch-liberalen Bundesregierung. Zahlreiche Bürger im Osten Deutschlands profitierten von den besseren Leistungen der neuen Sicherungssysteme, am stärksten die in der DDR im Allgemeinen relativ schlechter gestellten Altersrentner.

Der plötzliche Systemwechsel von der Planwirtschaft zur Marktwirtschaft verursachte jedoch eine schwerwiegende Anpassungskrise. Die ostdeutsche Wirtschaft erwies sich ganz überwiegend als nicht wettbewerbsfähig, und die lohnpolitischen Entscheidungen hoben die Arbeitskosten weit über das aufgrund der Produktivität angemessene Niveau. In Reaktion darauf sank die Wirtschaftsleistung im Osten Deutschlands 1990/91 erheblich, und die Zahl der Arbeitslosen stieg rasch an. Diese Entwicklung konnte selbst durch den intensiven Einsatz von Instrumenten der aktiven Arbeitsmarktpolitik nur gemildert werden.

Um das Gefälle zwischen der Wirtschaftskraft im Osten und im Westen auch nur annähernd auszugleichen, wurde in den Folgejahren ein massiver Finanztransfer notwendig. Knapp die Hälfte des Bruttotransfers von 1280 Milliarden Euro bis 2003 wurde in Form von Arbeitslosengeld, Leistungen für Maßnahmen der aktiven Arbeitsmarktpolitik und Renten über die sozialen Sicherungssysteme erbracht. Im Osten Deutschlands kletterte deshalb die Sozialleistungsquote 1992 auf international und historisch einmalige 55,4 Prozent.

Die bis dahin beispiellose Umverteilung half wesentlich, den Übergang zur Marktwirtschaft sozialpolitisch abzufedern. Sie beendete jedoch zunächst die Konsolidierungsbemühungen der Bundesregierung und erhöhte die Kosten des deutschen Sozialstaates beträchtlich. Sie machte in den 1990er Jahren Steuererhöhungen und eine mehrfache Anhebung der Beitragssätze der Sozialversicherungen notwendig, durch die dem Faktor Arbeit weitere sozialpolitische Lasten auferlegt wurden. Der Gesamtsozialversicherungsbeitrag stieg von 36,0 Prozent 1989 auf 42,1 Prozent im Jahr 1998 – auch infolge der Entscheidung, eine Pflegeversicherung einzuführen (s.u.), vor allem jedoch infolge der Lasten der Einheit. Die Sozialleistungsquote Gesamtdeutschlands erreichte im selben Jahr 31,3 Prozent, und die Schuldenquote Deutschlands sprang in acht Jahren um rund 19 Prozentpunkte auf 60,9 Prozent.

Die zur Abfederung der Folgen der Einheit verbesserte Möglichkeit zur Frühverrentung durch das 1990 befristet eingeführte Altersübergangsgeld sollte das Arbeitskräfteangebot verringern und so die Arbeitslosigkeit senken – eine in der deutschen Arbeitsmarktpolitik vertraute Strategie. Rasch zeigte sich, dass die Unternehmensführungen zusammen mit den Betriebsräten – ähnlich wie im Falle der mit der Rentenreform 1992 im Jahr 1989 geschaffenen Möglichkeiten zur Altersteilzeit – in großem Umfang die Möglichkeit nutzten, ältere Arbeitnehmer auf Kosten des Sozialstaates in den Ruhestand zu schicken. Daneben wurde eine Reihe neuer Instrumente der aktiven Arbeitsmarktpolitik wie Lohnkostenzuschüsse eingeführt. Deutlich mehr als die Hälfte der Erwerbstätigen Ostdeutschlands nahm seit 1990 an einer arbeitsmarktpolitischen Maßnahme teil. Zugleich erwiesen sich diese Instrumente jedoch als außerordentlich kostspielig und im Kontext einer stark in den europäischen Binnenmarkt und den Weltmarkt integrierten Ökonomie als nicht problemadäquat.

8.3   Christdemokratisch-liberale Politik im Zeichen des sozialen, demographischen und ökonomischen Wandels

Die Wiedervereinigung war jedoch nicht der einzige tiefgreifende Wandel des politischen, sozialen und ökonomischen Kontextes, der die Sozialpolitik seit den 1990er Jahren prägt. Eine große Bedeutung besitzen auch die Europäische Integration und die Globalisierung. Beide haben die intendierten und unintendierten Wirkungen der Sozialpolitik nach Meinung vieler Beobachter grundlegend verändert (vgl. das Kapitel I.6 zur *Internationalen Hypothese*) und Zwänge geschaffen, die Wirtschaft von zu hohen Kosten des Sozialstaats zu entlasten. Diese Veränderungen trafen auf einen Sozialstaat, der „ohnedies längst heimgesucht war von Plagen" (Zacher 2001: 593) wie schwacher Wirtschaftsentwicklung, einer alternden Bevölkerung, dem Wandel des Erwerbslebens und der familiären Strukturen.

Antworten auf die finanziellen und ökonomischen Problemlagen

Eine Reihe von Maßnahmen spiegelt das Bestreben der Bundesregierungen wider, in ökonomisch schwierigen Zeiten die Ausgaben der Sozialversicherungssysteme zu begrenzen. Großes Gewicht kam dabei dem am 21. Dezember 1992 unter Einbezug der SPD verabschiedeten Gesundheitsstrukturgesetz zu, das die Kostensteigerungen durch Budgetierung der Ausgaben, Strukturveränderungen im Gesundheitswesen einschließlich der Einführung eines Risikostrukturausgleichs und durch eine höhere Selbstbeteiligung der Versicherten bremsen sollte. Von der Bundesregierung geplante weitere Maßnahmen der Gesundheitsreform scheiterten allerdings weitgehend am Widerstand der SPD-Mehrheit im Bundesrat; verabschiedet wurde 1996 nur das Beitragsentlastungsgesetz, das für 1997 die Senkung der Beitragssätze zur GKV um 0,4 Prozentpunkte vorschrieb und zur Finanzierung höhere Zuzahlungen der Versicherten vorsah.

Auf eine Stabilisierung der Ausgaben zielte auch das Ende 1993 verabschiedete Spar-, Konsolidierungs- und Wachstumsgesetz, durch das Einschnitte bei den Lohnersatzleistungen vorgenommen wurden.

Konflikte zwischen der Regierung einerseits und der Opposition andererseits entzündeten sich in der 13. Wahlperiode (1994-1998) insbesondere an dem „Sparpaket" genannten „Programm für mehr Wachstum und Beschäftigung", mit dem die Bundesregierung 1996 unter anderem die gesetzliche Lohnfortzahlung im Krankheitsfall von hundert auf achtzig Prozent senkte und das Krankengeld um zehn Prozentpunkte kürzte. Gelockert wurde mit diesem Paket auch der Kündigungsschutz, der fortan nicht mehr für Betriebe mit mindestens fünf, sondern nur noch mindestens zehn Beschäftigten gelten sollte. Auf die Inhalte dieser Reformen hatte die sozialdemokratische Opposition trotz Mehrheit im Bundesrat kaum Einfluss, weil sie nicht der Zustimmungspflichtigkeit der Bundesratsmehrheit unterlagen. Ähnliches gilt für die Leistungseinschnitte des Arbeitsförderungs-Reformgesetzes von 1997 (Zohlnhöfer 1999), das eine Schwächung der passiven Arbeitsmarktpolitik und eine stärkere Selbstverpflichtung der Arbeitslosen sowie eine Kürzung der Arbeitsbeschaffungsmaßnahmen für Ostdeutschland brachte.

Auch in der Ende 1997 beschlossenen „Rentenreform 1999" kam es zu keiner Einigung zwischen Regierung und Opposition. Die nicht zustimmungspflichtigen Teile des Reformvorhabens wurden ohne die Zustimmung der SPD verabschiedet, die insbesondere den „demographischen Faktor", durch den das Rentenniveau in der Zukunft abgesenkt werden sollte, um die Effekte der Alterung der Gesellschaft zu kompensieren, scharf kritisierte.

Die Einführung der Pflegeversicherung

Die Alterung der Gesellschaft in Deutschland schlägt sich nicht nur in einem wachsenden Missverhältnis zwischen Beitragszahlern und -empfängern in der Rentenversicherung nieder, sondern auch in steigender Pflegebedürftigkeit. Unter Beteiligung der Opposition verabschiedete die Regierungsmehrheit – nicht ungefähr in einem Wahljahr – das „Gesetz zur sozialen Absicherung des Risikos der Pflegebedürftigkeit" vom 26. Mai 1994, mit dem ein fünfter Zweig der deutschen Sozialversicherung begründet wurde, der am 1.1.1995 in Kraft trat.

Seit der Einführung der neuen Versicherung unterliegen gesetzliche Krankenversicherte damit gleichzeitig einer Versicherungspflicht in der Pflegeversicherung, die unter dem Dach der GKV eingerichtet wurde. Der Kreis der Pflichtversicherten wurde sogar noch weiter ausgestaltet als in den übrigen Versicherungszweigen und trägt universalistische Züge: privat Krankenversicherte unterliegen der Verpflichtung, eine private Pflegeversicherung abzuschließen. Dabei wurde die Absicherung des Risikos gegen den Widerspruch der Wirtschaft und der FDP nach dem Modell der bestehenden Sozialversicherungen im Umlageverfahren und nicht durch steuerfinanzierte oder private Sicherungssysteme gestaltet. Dem Pfad des „Sozialen Kapitalismus" folgte die Regierung Kohl insofern auch in wirtschaftlich und finanzpolitisch widrigen Zeiten.

Die Pflegeversicherung konstituiert einen Rechtsanspruch auf Pflegedienste oder ersatzweise auf Pflegegeld und schloss dadurch eine wesentliche Lücke der bestehenden Sicherungssysteme. Sie kann neben der Übertragung des westdeutschen Sozialleistungssystems auf Ostdeutschland als zweiter großer sozialpolitischer Erfolg der Ära Kohl angesehen werden. Die Kehrseite ist, dass durch die Pflegeversicherung die Kosten des Sozialstaats weiter stiegen und der Faktor Arbeit aufgrund der Finanzierung durch Sozialbeiträge weiter belastet worden ist. Freilich ist die Finanzierung nur oberflächlich paritätisch: Zwar zahlen Arbeitgeber und Arbeitnehmer die Beiträge von 1,7 Prozent hälftig, die Arbeitgeberseite wurden jedoch durch die Streichung eines gesetzlichen Feiertages entschädigt.

Die durch die Pflegeversicherung weiter wachsenden Kosten des Sozialstaats sollen durch die Deckelung der Ausgaben zumindest begrenzt werden: Leistungen werden im Rahmen von drei standardisierten Pflegestufen erbracht. Sie orientieren sich nicht am tatsächlichen individuellen Bedarf und folgen eher dem Budgetprinzip als dem Bedarfsprinzip. Neben einer Ausgabenbegrenzung hat dies den Effekt, die häusliche, faktisch familiäre Pflege zu bevorzugen, da die Leistungen der Pflegeversicherung für teilstationäre und stationäre Pflege nicht bedarfsdeckend sind.

Punktueller Ausbau und neue Akzentsetzungen

Neben den Einschnitten in die sozialen Sicherungssysteme kam es mithin auch in den 1990er Jahren zu Leistungsverbesserungen, die die vor 1990 eingeschlagene Linie fortsetzten. Dabei ist nicht nur an die Pflegeversicherung zu denken, die überdies einen starken familienpolitischen Akzent hatte, weil sie durch die Familie erbrachte Leistungen erheblich aufwertete. Schon in den 1980er Jahren hatte die christdemokratisch-liberale Regierung das Erziehungsgeld und den Erziehungsurlaub eingeführt und Kindererziehung und Pflege in der Familie als Rentenansprüche begründende Tätigkeiten anerkannt. Diese Tendenz zur Gleichstellung von Familien- und Erwerbsarbeit wurde mit der „Rentenreform 1997" fortgesetzt: Kindererziehungszeiten werden in der Rentenberechnung nicht nur höher bewertet, bei gleichzeitiger Erwerbstätigkeit können diese Beitragszeiten auch zusätzlich angerechnet werden. Diese Änderungen waren allerdings auch motiviert durch zwei familienfrendliche Entscheidungen des Bundesverfassungsgerichts aus den Jahren 1992 und 1996. Die Aufwertung der Erziehungszeiten geschah freilich insbesondere auf Kosten der Anrechnung von Hochschulausbildungszeiten.

8.4   Rot-grüne Sozialpolitik 1998-2005

Der rot-grüne Wahlsieg von 1998 brachte einen grundlegenden Machtwechsel. Insofern ließen sich gerade aus der Perspektive der *Parteiendifferenztheorie* (vgl. Kapitel I.4) und der Mandatetheorie, derzufolge Regierungsparteien ihre vor der Wahl deklarierten Versprechen weitgehend umsetzen, vom Ende der Ära Kohl und dem neuen „rot-grünen Projekt" deutliche Spuren in den Inhalten der Sozialpolitik erwarten. Dies galt auch und besonders für die Sozialpolitik, da die SPD im Wahlkampf mit dem Versprechen angetreten war, eine Reihe von als „Sozialabbau" dargestellten Maßnahmen der Regierung Kohl nach dem Wahlsieg zurückzunehmen.

Einlösung der Wahlkampfversprechen

Tatsächlich begann die neue Bundesregierung noch im November 1998 mit der Rücknahme zahlreicher Reformen der letzten Kohl-Regierung. Die Lockerung des Kündigungsschutzes wurde ebenso beseitigt wie die Kürzung der Lohnfortzahlung im Krankheitsfall. Der gerade erst eingeführte Demographiefaktor in der Rentenpolitik wurde für die kommenden zwei Jahre ausgesetzt, im weiteren Verlauf der Legislaturperiode abgeschafft, doch in der darauf folgenden Legislaturperiode leicht abgeändert unter anderem Namen wieder eingeführt. Ebenso wurden die Kürzungen bei den Berufs- und Erwerbsunfähigkeitsrenten wieder gestrichen. In der Gesundheitspolitik wurde noch im Dezember 1998 mit dem

„Gesetz zur Stärkung der Solidarität in der GKV" die Selbstbeteiligung der Versicherten wieder reduziert.

Sozialpolitisch neu war auch die Ausdehnung der Sozialversicherungspflicht auf die „Scheinselbständigen", durch die die Umgehung der Versicherungspflicht unterbunden werden sollte. Ausgeweitet wurde die Versicherungspflicht auch auf die zunehmend restriktiver geregelte geringfügige Beschäftigung. Sofern diese die oftmals abschreckende Neuregelung überstand, erzeugte sie nun erstmals versicherungsrechtliche Ansprüche.

Insgesamt markiert die erste Phase der rot-grünen Regierung die klare Prägung der Sozialpolitik durch die parteipolitische Färbung der Regierung und im Sinne der Mandatetheorie.

Die „Riester-Rente"

Manche Weichenstellungen der rot-grünen Koalition führten allerdings weit über etablierte Bahnen hinaus. So wurde im Rahmen der Rentenreform des Jahres 2000/2001 in der 14. Legislaturperiode eine bedeutende sozialpolitische Neuerung eingeführt: die sogenannte „Riester-Rente". Die nach dem damaligen Bundesarbeitsminister benannte Riester-Rente ist eine staatlich geförderte kapitalfundierte private Altersvorsorge, die die bisherige umlagefinanzierte Alterssicherung zu einem gewissen Teil ersetzen soll. Die maximale Förderungshöhe erhält, wer ab 2008 mindestens 4 Prozent seines Bruttolohnes in bestimmten zertifizierten Anlagen anspart. Die Riester-Rente soll sicherstellen, dass die Lücken in der Alterssicherung, die aus der erforderlichen Anpassung der gesetzlichen Rentenversicherung entstehen, durch private Vorsorge geschlossen werden.

Die rot-grüne Rentenreform zielte darauf ab, die Sozialbeiträge der Arbeitnehmer und Arbeitgeber, die wie eine beschäftigungssenkende zusätzliche Steuer auf den Faktor Arbeit wirken, zu vermindern, Finanzierungsengpässen zu begegnen und dem demographischem Wandel Rechnung zu tragen. Eine ähnliche Absicht verband sich auch mit der „Ökosteuer", die ökologische Lenkungsfunktionen haben sollte, deren Aufkommen aber auch zur Senkung der Sozialabgaben für die Rentenversicherung verwendet wurde. Tatsächlich konnte der Beitragssatz von 21,25 Prozent 1998 auf zunächst 20,5 Prozent (2001) gesenkt werden – 2003 wurde er allerdings auf 21 Prozent erhöht.

Die Rentenreform von 2000/2001 ergänzt das tradierte Sozialversicherungsprinzip durch eine kapitalfinanzierte Alterssicherung. Das ist ein bemerkenswerter Pfadwechsel, der allerdings eine eigentümliche Form hervorbrachte: die individuelle Vorsorge wird durch staatliche Leistungen massiv gefördert – sie ist sowohl Privatisierung als auch Etatisierung.

Gleichzeitig wurde mit dieser Reform die Alterssicherungspolitik stärker als zuvor an die Einnahmenbasis angepasst. Die Hinwendung zu einer einnahmen-orientierten Ausgabenpolitik – ähnlich wie in der Pflegeversicherung – kann mit Recht als ein rentenpolitischer „Paradigmenwechsel" (Schmähl 2001: 313) ange-sehen werden. Auch lässt sich die private Zusatzrente als Abkehr von der paritä-tischen Finanzierung der Altersversorgung und eine gewisse Benachteiligung Geringverdienender interpretieren, die kaum in der Lage sind, zusätzliche Mittel für die Altersvorsorge beiseitezulegen (Egle 2005: 178f.). All dies führt den deut-schen Sozialstaat ein Stück weit ab vom über mehr als ein Jahrhundert verfolgten Pfad des Sozialversicherungsstaats.

Sozialpolitische Kurskorrektur: die Rücknahme der Rücknahme

Unmittelbar nach der Regierungsübernahme hatte die rot-grüne Koalition in verschiedenen Bereichen Leistungskürzungen der Vorgängerregierung zurück-genommen und in anderen Bereichen Leistungen erhöht (s.o.). Da für die Finan-zierungsprobleme der Sozialpolitik aber keine Lösung gefunden worden war und sich die unerwünschten Nebeneffekte – insbesondere auf den Arbeitsmarkt – noch verschärften, wurde in den Folgejahren eine weitgehende „Rücknahme der Rücknahmen" nötig: Manche der Maßnahmen wurden in gleicher oder geänder-ter Gestalt wieder eingeführt.

So wurden die Erwerbs- und Berufsunfähigkeitsrenten mit der Rentenreform von 2000/2001 durch eine einheitliche Erwerbsminderungsrente ersetzt – meist mit dem Effekt einer deutlichen Leistungsabsenkung. Nur noch vor dem Jahr 1960 Geborene konnten damit Leistungen wegen Berufsunfähigkeit beziehen.

Auch sah sich die rot-grüne Regierung in der Rentenreform genötigt, Kor-rekturen bei der Rentenberechnung vorzunehmen. Die neue, komplizierte Ren-tenformel zielte darauf, den Beitrag zur Gesetzlichen Rentenversicherung trotz der wachsenden Zusatzlasten infolge der Alterung der Gesellschaft zu stabilisie-ren, wofür freilich eine deutliche Minderung des zukünftigen Rentenniveaus im Rahmen der Gesetzlichen Rentenversicherung erforderlich war. Nach der neuen Rentenformel sinkt das Rentenniveau bis 2030 auf ca. 64 Prozent des Durch-schnittseinkommens. 2004 musste die Rentenformel erneut geändert und um einen „Nachhaltigkeitsfaktor" ergänzt werden, der die Renten stärker an die Zu-satzlasten infolge der Alterung anpassen soll und weitere Leistungseinschnitte bedeutet. Daneben wurde nach einem Urteil des Bundesverfassungsgerichts, in dem vom Gesetzgeber gefordert worden war, Renten und Pensionen steuerlich gleich zu behandeln, 2004 der Übergang zur nachgelagerten Besteuerung eingeleitet: Künftig werden die Beiträge nicht mehr besteuert, es findet stattdessen eine Besteuerung bei der Rentenauszahlung statt.

In der Gesetzlichen Krankenversicherung wurden 2003 mit dem Beitragssicherungsgesetz und dem GKV-Modernisierungsgesetz zahlreiche Leistungskürzungen vorgenommen, die teilweise auf heftigen Protest der Betroffenen stießen, etwa die vierteljährlich zu zahlende Praxisgebühr. Einige Einschnitte – so die Ausgliederung des Zahnersatzes aus der Krankenversicherung – wurden schon im folgenden Jahr wieder zurückgenommen.

Die Kurskorrekturen ließen die Politik der SPD insgesamt „erratisch und konzeptionslos" (Egle 2005: 186) erscheinen. Sie fügen sich jedoch in die Politik nach der Wahl 2002 ein, die insgesamt dadurch gekennzeichnet war, dass in der Sozialpolitik arbeitsmarktpolitische Ziele aufgewertet wurden und zur finanziellen Konsolidierung eine Reihe weiterer Leistungseinschnitte beschlossen wurde.

„Hartz IV": Orientierung an den Zwängen des Wettbewerbsstaates

Nach der Bundestagswahl markierte die Auflösung des alten Bundesministeriums für Sozialordnung die Bereitschaft der wiedergewählten rot-grünen Regierung, die Sozial- und die Wirtschaftspolitik stärker zu verzahnen. In der 15. Legislaturperiode einigte sich die Koalition – teilweise mühevoll – auf eine Reihe von Reformgesetzen, die sowohl eine Abkehr von der Politik der 14. Legislaturperiode als auch von dem tradierten Pfad deutscher Sozialstaatlichkeit bedeuten. Die wichtigsten Maßnahmen finden sich in den vier Stufen der Arbeitsmarktreform, die allgemein nach dem Vorsitzenden der Kommission „Moderne Dienstleistungen am Arbeitsmarkt", Peter Hartz, als Hartz-Gesetze bezeichnet werden.

So wurden mit „Hartz II" in der 15. Legislaturperiode unerwünschte Folgen der eigenen restriktiven Gesetzgebung im Bereich der Minijobs, der geringfügigen Beschäftigung und der Scheinselbständigkeit durch die rot-grüne Regierung korrigiert. Die „Rücknahme der Rücknahme" kam auch im Bereich des Kündigungsschutzes zum Zuge. Die Betriebsgröße, ab der das Kündigungsschutzgesetz Anwendung findet, wurde zum Jahr 2004 wieder auf 10 Arbeitnehmer erhöht. Für Beschäftigungsverhältnisse in Betrieben mit mehr als fünf Beschäftigten, die vor dem 1. Januar 2004 begonnen haben, wurde allerdings Bestandsschutz gewährt.

Mit „Hartz IV" wurde die Bezugsdauer des Arbeitslosengeldes verkürzt, die Sozialhilfe mit der Arbeitslosenhilfe zusammengelegt und die Arbeitslosenhilfe durch das Arbeitslosengeld II ersetzt. Dieses wird wie das Sozialgeld als Fürsorgeleistung erbracht, ist also wie die Sozialhilfe von einer Bedürftigkeitsprüfung abhängig und stellt keinen durch Beitragszahlungen erworbenen unbedingten Rechtsanspruch auf Sozialversicherungsleistungen mehr dar.

Ziel der Reform war es, den Anreiz zur Arbeitsaufnahme zu stärken und den Grundgedanken des „aktivierenden Sozialstaates" – Fördern und Fordern – auf die Sozialhilfe und die Arbeitslosenversicherung zu übertragen: Die Leistungen wurden nicht nur von Bedürftigkeit abhängig gemacht, sondern auch vom aktiven Bemühen um neue Arbeit. Zugleich sollten die Leistungen der in die „Bundesagentur für Arbeit" umbenannten Bundesanstalt für Arbeit erheblich verbessert werden. Dem diente eine Reihe von neuen arbeitsmarktpolitischen Instrumenten, etwa die Zuschüsse für die Gründung von „Ich-AGs".

Damit wurde die Politik der ersten rot-grünen Legislaturperiode, die eine stärkere Aktivierung nicht nur der Empfänger von Leistungen der Arbeitslosenversicherung, sondern auch der Sozialhilfe vorsah, verstärkt fortgesetzt.

Punktueller Leistungsausbau

Freilich ginge fehl, wer in der Sozialpolitik lediglich eine Korrektur der eigenen Rücknahmen in Richtung Abbau sozialstaatlicher Schutzleistungen erkennt. Jenseits dieser Kürzungen wurden auch einzelne Leistungen ausgebaut. So erfuhr unter Rot-Grün die Familienpolitik eine Akzentuierung. Die Leistungen des Kindergelds wurden in der 14. Legislaturperiode mehrmals deutlich erhöht, und anstelle des bisherigen Erziehungsurlaubs wurde eine großzügigere Regelung der „Elternzeit" eingeführt. Daneben wurde ein von Wirtschaftsvertretern heftig kritisierter genereller Anspruch auf Teilzeitarbeit festgelegt. Durch diese Maßnahmen sollte die Wahlmöglichkeit zwischen beruflicher Arbeit und Erziehungstätigkeit im Hause gesteigert werden. In die gleiche Richtung sollte die finanzielle Förderung der Einrichtung von Ganztagsschulen zielen, der sich die Bundesregierung vor allem in der 15. Wahlperiode verschrieb. In der Pflegeversicherung schließlich wurden 2004 als Reaktion auf ein Urteil des Verfassungsgerichts Versicherte ohne Kinder durch einen Beitragszuschlag schlechter gestellt.

Die mit der Rentenreform eingeführte bedarfsorientierte Grundsicherung im Alter sollte der Bekämpfung der Altersarmut dienen und damit einen Bedarf schließen, den die Sozialleistungssysteme bislang nur unzureichend decken. Die sich am Regelsatz der Sozialhilfe orientierende Leistungshöhe der Grundsicherung erlaubt allerdings die Einstufung als eine „halbherzige Reform" (Buhr 2003: 155).

8.5 Erfolge und Misserfolge, Kontinuitäten und Pfadwechsel der Sozialpolitik seit 1990

Bilanziert man Erfolg und Misserfolg der christdemokratisch-liberalen Politik seit 1990, dann muss die Bewältigung der sozialpolitischen Aufgaben der Wiedervereinigung unzweifelhaft als großer Erfolg bewertet werden. Ein Erfolg stellt auch die Pflegeversicherung dar, die eine durch die Alterung der Gesellschaft größer werdende Lücke in den bestehenden Sicherungssystemen schloss. Schließlich wurden in der zweiten Hälfte der Regierung Kohl die familienpolitischen Akzente der Jahre von 1982 bis 1990 weitergeführt und ergänzt.

Die Probleme der Finanzlast der Wiedervereinigung, des sich verschlechternden Verhältnisses von Beitragszahlern und Beitragsempfängern und der durch die wachsenden Sozialabgaben schwerer werdenden Last, die die Sozialpolitik dem Faktor Arbeit auferlegt, wurden jedoch nicht wirklich gelöst. Die Rentenreform und die Gesundheitsreform dämpften zwar den ausgabenerhöhenden Effekt der Alterung und der Arbeitslosigkeit. Die bis 1989 stabilisierte Sozialleistungsquote nahm in der Folge der Vereinigung sprunghaft zu, ebenso die Sozialabgabenquote und die Staatsverschuldung. Vor allem aber gelang es trotz mancher Einschnitte in den Sozialversicherungen und im Arbeitsrecht nicht, dem Problem der Arbeitslosigkeit Herr zu werden. Ohne die Arbeitsmarktpolitik der Bundesanstalt für Arbeit wäre die Beschäftigungsbilanz freilich noch ungünstiger ausgefallen.

Die Politik der Jahre 1990 bis 1998 war also gleichermaßen von Erfolg und Misserfolg geprägt, von Umbau, Abbau und Ausbau des Sozialstaates. Die These einer konservativen Transformation des Wohlfahrtsstaates beschreibt diese Politik daher nur unzureichend; gegen diese These sprechen beispielsweise der Aufbau der Pflegeversicherung und der expansive Einsatz der Arbeitsmarktpolitik. Die These einer Rekommodifizierung betont dagegen die Kürzungen und Verschärfungen der Leistungsvoraussetzungen zu stark und unterschätzt den Aufwand der aktiven Arbeitsmarktpolitik. Sie trifft wenn überhaupt mindestens ebenso sehr für die letzten Jahre der rot-grünen Regierungspolitik zu. Zutreffender ist Alber zufolge die These von der Wende zur „einnahmeorientierten Ausgabenpolitik" (Alber 2001). Aber auch hier verstärkte sich die Tendenz erst unter der rot-grünen Bundesregierung. Wie auch bei ihrer Nachfolgerin schillert die Sozialpolitik der Regierungen Kohl in vielen Farben: neben schwarzen Tönen sind rote Einfärbungen – etwa in der Arbeitsmarktpolitik und in der einheitsbedingten Sozialpolitik – sowie gelbe Einsprengsel, insbesondere bei der Konsolidierung der Sozialfinanzen und der Suche nach Deregulierungen im Arbeitsmarkt, nicht zu übersehen (Schmidt 2005).

Der rot-grüne Kurswechsel nach 1998 brachte für die Klientel der SPD manche Verbesserung, vor allem, solange im Bundesrat eine eigene Mehrheit noch relativ sicher war. Manche Maßnahme entpuppte sich jedoch als ineffizient und erlegte der Wirtschaft offensichtlich erhebliche zusätzliche Lasten auf. Nach der ersten Phase des Ausbaus sozialstaatlicher Leistungen traten die Korrektur der Leistungsverbesserungen, die Bewältigung kurzfristiger Finanzierungsprobleme und der Ausgleich unerwünschter Nebenwirkungen des Sozialstaates in den Vordergrund. Zwar wurden einzelne Leistungsbereiche nach wie vor ausgebaut – in relativer Kontinuität mit der Vorgängerregierung insbesondere bei der Aufwertung der Kindererziehung. Insgesamt wurde die Zäsur der ersten Monate nach der Regierungsübernahme aber alsbald geglättet.

Die nach wie vor bestehenden ökonomischen, gesellschaftlichen und finanziellen Probleme der Bundesrepublik Deutschland machten manche Korrektur und manchen tieferen Einschnitt in der Sozialpolitik nötig. Das bei einer schlechten Wirtschaftsentwicklung und hoher Arbeitslosigkeit auftretende Problem steigender Ausgaben für die wohlfahrtsstaatliche Sicherung bei gleichzeitig sinkenden Einnahmen aus Steuern und Sozialabgaben bei auf dem Prinzip der Sozialversicherung basierenden Wohlfahrtsstaaten stellte sich wie schon 1974/75 und nach der deutschen Einigung auch in der 14. und 15. Legislaturperiode. Gleichzeitig haben sich die aus der Internationalisierung und Europäisierung resultierenden Zwänge des Standortwettbewerbs erheblich verschärft. Dies trug dazu bei, dass sich die rot-grüne Regierung zu Reformen durchrang, die den 1998/99 eingeschlagenen Kurs korrigierten.

Besonders auffällig waren die Kursänderungen im Falle der „Hartz IV"-Reformen. In anderen Bereichen hingegen prägten Nichtentscheidungen die Politik: Beispiele sind das Ausbleiben von Arbeitsmarktflexibilisierung und der Verzicht auf Anhebung des Renteneintrittsalters. Für zahlreiche von Arbeitslosigkeit Betroffene brachte Hartz IV schmerzhafte Einschnitte in Status und Leistungshöhe und den Zwang, vor dem Leistungsbezug zunächst bestimmte Arten ersparten Vermögens zu verbrauchen. Aufgrund dessen wurde die Hartz IV-Reform Gegenstand heftigster Attacken. Die erwarteten Arbeitsmarkteffekte der Reform blieben jedoch zunächst aus. Auch gelang es nicht, das Wachstum der

Sozialabgaben zu bremsen. Trotz der Ökosteuer und der begrenzten Leistungseinschnitte konnte der durchschnittliche Beitragssatz nicht wie angestrebt unter
40 Prozent gehalten werden, und die Sozialleistungsquote erreichte 2003 mit 32,6
Prozent einen neuen Höchststand.

Die rot-grüne Regierung unternahm insofern Anstrengungen, die auf finanzielle Konsolidierung und wetterfesten Umbau der Sozialpolitik zielen sollten,
die Ergebnisse blieben aber begrenzt. Insbesondere schlugen sich die Einschnitte
der 15. Legislaturperiode, die teilweise deutlich von der politisch-ideologischen
Grundrichtung der SPD und der Grünen abwichen, im Arbeitsmarkt nicht unmittelbar in einem deutlichen Anstieg der Beschäftigung und einer spürbaren Verringerung der Arbeitslosigkeit nieder. Das große Defizit der Kohl-Regierungen –
die hohe Arbeitslosigkeit – war auch ein großes Defizit der rot-grünen Regierung.

Sieben Jahre rot-grüner Sozialpolitik haben die Einnahmeorientierung der
Sozialpolitik verstärkt. Auch wurde durch die Rentenreform die konservative,
statuserhaltende Ausrichtung des deutschen Sozialversicherungssystems „ein
Stück weit" (Egle 2005: 180) gelockert. In die gleiche Richtung weist die „Hartz
IV"-Reform.

Die Abkehr vom reinen Bedarfsprinzip hin zum Budgetprinzip kann mit gu-
tem Grund als „wesentliche Veränderung bisher geltender Strukturprinzipien
des deutschen Sozialstaates" (Ostner/Leitner/Lessenich 2001) gelesen werden.
Und die private und die betriebliche Altersvorsorge werden zukünftig mehr
Gewicht haben. Dies bedeutet noch keine grundsätzliche Abkehr vom „Sozialversicherungsstaat", aufgrund dessen Esping-Andersen Deutschland als Musterbei-
spiel für den „konservativen Wohlfahrtsstaat" eingestuft hatte (vgl. den Abschnitt zu den Welten des Wohlfahrtskapitalismus). Dennoch brachten beide
Reformen deutliche Pfadabweichungen der sozialen Sicherungssysteme zustande, so dass diese mittlerweile vielgestaltiger sind als zu Beginn der 1980er Jahre.

 **Literatur**

Kommentierte Literatur

Alber, Jens, 2001: Der deutsche Sozialstaat in der Ära Kohl. Diagnosen und Daten, in:
Leibfried, Stephan/Wagschal, Uwe (Hg.), Der deutsche Sozialstaat. Bilanzen – Reformen –
Perspektiven. Frankfurt, 235-275.
Fundierter Überblick über Theorie und Empirie der Sozialpolitik der Regierung Kohl.

Trampusch, Christine, 2005: Sozialpolitik in Post-Hartz Germany, in: WeltTrends 47, 77-90. *Vorzügliche Analyse des Wandels der Sozialpolitik von Rot-Grün im Zeichen der Hartz-Reformen.*

Zitierte Literatur

Alber, Jens, 2001: Der deutsche Sozialstaat in der Ära Kohl. Diagnosen und Daten, in: Leibfried, Stephan/Wagschal, Uwe (Hg.), Der deutsche Sozialstaat. Bilanzen – Reformen – Perspektiven. Frankfurt, 235-275.

Buhr, Petra, 2003: Wege aus der Armut durch Wege in eine neue Armutspolitik?, in: Gohr, Antonia/Seeleib-Kaiser, Martin (Hg.), Sozial- und Wirtschaftspolitik unter Rot-Grün. Wiesbaden, 147-166.

Bundesministerium für Gesundheit und soziale Sicherung (Hg.), 2005: Übersicht über das Sozialrecht, Nürnberg.

Butterwegge, Christoph, [3]2001: Wohlfahrtsstaat im Wandel. Probleme und Perspektiven der Sozialpolitik, Opladen.

Egle, Christoph, 2005: Programm und Politik der SPD in Deutschland von 1998 bis 2005, in: Merkel, Wolfgang et al., Die Reformfähigkeit der Sozialdemokratie. Regierungspolitik in Westeuropa. Wiesbaden, 146-188.

Ostner, Ilona/Leitner, Sigrid/Lessenich, Stephan, 2001: Sozialpolitische Herausforderungen. Zukunft und Perspektiven des Wohlfahrtsstaats in der Bundesrepublik. Arbeitspapier 49, Hans-Böckler-Stiftung.

Schmähl, Winfried, 2001: Alte und neue Herausforderungen nach der Rentenreform 2001, in: Die Angestelltenversicherung 48, 313-322.

Schmidt, Manfred G., 2005: Gesamtbetrachtung, in: Schmidt, Manfred G. (Hg.), Bundesrepublik Deutschland 1982-1989. Finanzielle Konsolidierung und institutionelle Reform. Geschichte der Sozialpolitik in Deutschland, Band 7, Baden-Baden, 749-811.

Trampusch, Christine, 2005: Sozialpolitik in Post-Hartz Germany, in: WeltTrends 47, 77-90.

Zacher, Hans F., 2001: Grundlagen der Sozialpolitik in der Bundesrepublik Deutschland, in: Bundesministerium für Arbeit und Sozialordnung/Bundesarchiv (Hg.), Geschichte der Sozialpolitik in Deutschland seit 1945. Band 1. Grundlagen der Sozialpolitik, Baden-Baden, 333-684.

Zohlnhöfer, Reimut, 1999: Die Wirtschaftspolitik der Ära Kohl. Eine Analyse der Schlüsselentscheidungen in den Politikfeldern Finanzen, Arbeit und Entstaatlichung 1982-1998, Opladen.

9 Sozialpolitik in Deutschland –
ein Fazit aus Sicht der Theorien der vergleichenden Wohlfahrtsstaatsforschung

Manfred G. Schmidt und Tobias Ostheim

In Deutschland wurde das Fundament der staatlichen Sozialpolitik bereits in den 80er Jahren des 19. Jahrhunderts gelegt. Bis 1927 waren die wichtigsten Sozialversicherungssysteme errichtet – mit Ausnahme der 1994 eingeführten Pflegeversicherung. Nach den Jahren des NS-Wohlfahrtsstaates und den Jahren der Besatzung wurde die Sozialpolitik zu einem ehrgeizigen Wohlfahrtsstaat ausgebaut – zunächst langsam, später schneller, vor allem von Mitte der 1950er Jahre bis in die 1970er Jahre und in der Phase nach der deutschen Wiedervereinigung. In der DDR war der Regimewandel mit einem besonders radikalen Umbau der Sozialpolitik verbunden. Doch nach der Wiedervereinigung kehrte auch der Osten Deutschlands zu den Strukturen eines gegliederten Sozialversicherungssystems zurück, das um zahlreiche ergänzende Sicherungssysteme auf Fürsorge-, Entschädigungs-, Hilfestellungs- oder Versorgungsbasis erweitert worden ist und seit 2001 von einer kapitalgedeckten Versicherung flankiert wird.

In diesem Kapitel soll unter Rückgriff auf die Theorien der vergleichenden Wohlfahrtsstaatsforschung (vgl. Kapitel I) zusammenfassend dargestellt werden, welche Faktoren den Ausbau der Sozialen Sicherung und die wichtigen sozialpolitischen Weichenstellungen förderten und welche sie hemmten.

9.1 *Sozioökonomische Determinanten der Sozialstaatsexpansion*

Die im Kapitel zur These der *sozioökonomischen Determination* vorgestellte Interpretation Zöllners einer Geschichte der immerwährenden Expansion der Sozialversicherung hat einiges für sich, sofern sie um die These der Wachstumsgrenzen und des Umbaus des Sozialstaats ergänzt wird. Ansonsten beschreibt die sozioökonomische These den potenziell expansiven Impuls der Sozialpolitik eines Landes auf dem Pfad der sozial-ökonomischen Modernisierung treffend. Das Deutsche Reich von 1871 und die Bundesrepublik Deutschland sind Beispiele für die Bedeutung insbesondere der Zunahme der Arbeitnehmerquote. Da die Sozialversicherung in Deutschland vorrangig auf Risiken von Arbeitnehmern ausgerichtet ist, vergrößerte sich der Kreis der Versicherten auch ohne Zutun der Sozialpolitik mit dem Wachstum der Arbeitnehmerschaft. Aber auch Kriegsfolgelasten, der wachsende Anteil der über 65-Jährigen und die Beschäftigungslage sind auf die Sozialpolitik einwirkende wichtige Faktoren. Mit dem Anteil der mindestens 65-Jährigen wächst zudem die Nachfrage nach ausgabenintensiven Leistungen der Alterssicherungssysteme, der Krankenversicherung und der Pflegeversicherung. Die sozialen Zeitbomben, die die NS-Diktatur und der Weltkrieg 1945 für die folgenden Jahre hinterlassen hatten, bieten Belege für die nachfrageseitig expansiven Wirkungen von Katastrophen und Krisen. Aber auch Wirtschaftskrisen erhöhen den Bedarf an sozialer Sicherung. Hohe Arbeitslosenquoten ergeben unter sonst gleichen Bedingungen höhere Ausgaben der Arbeitslosenversicherung, und die Sozialhilfebedürftigkeit wächst tendenziell mit der Tiefe und der Dauer von Beschäftigungskrisen.

Gerade in Sozialversicherungssystemen sind die ökonomisch fetten Jahre dagegen meist auch fette Jahre der Sozialpolitik: ein hohes Wirtschaftswachstum stärkt die Beschäftigung und vergrößert somit die Zahl der Beitragszahler und das Volumen der Sozialabgaben. Dies ermöglicht die Erweiterung und Leistungsverbesserung der sozialen Sicherungssysteme. Bis in die frühen 1970er Jahre wurde diese Möglichkeit von den verschiedenen Regierungen der Bundesrepublik Deutschland weidlich genutzt. Den negativen Zusammenhang zwischen sozialstaatlichem Bedarf und sozialstaatlicher Leistungsfähigkeit haben die Weimarer Republik und später die Bundesrepublik Deutschland ebenfalls erfahren müssen – durch die Konfrontation mit hohem Bedarf und schwacher Leistung, wie in der Weimarer Republik und in der Bundesrepublik seit Mitte der 1970er Jahre.

9.2   Die Bedeutung der Machtressourcen und der Parteiendifferenz

Allerdings prägen die sozialökonomischen Faktoren die Staatstätigkeit nicht direkt: um Einfluss auf das Regieren zu gewinnen, bedürfen sie der politischen Artikulation und der Umsetzung in politische Entscheidungen. Mit den Ansätzen der *Machtressourcentheorie* lassen sich die sozialpolitischen Entscheidungen Deutschlands nur begrenzt erklären, etwa das Wachstum der Sozialpolitik in der Weimarer Republik. Dass der Machtressourcenansatz in reiner Form, so wie bei Walter Korpi, nicht ins Spiel kommt, hat unter anderem damit zu tun, dass in Deutschland der Klassenkonflikt nur eine von mehreren Konfliktlinien ist. Zudem hat die Sozialpolitik maßgeblich an der Konstituierung von gesellschaftli-

chen Klassen mitgewirkt, und sie trug dazu bei, die konfligierenden Gesell-
schaftsklassen und die verschiedenen Arbeitnehmerstände dem Staat als Sozialpartner zu inkorporieren.

Die *Parteiendifferenztheorie* trägt direkter dazu bei, Hemmnisse und Schub-
kräfte der Sozialpolitik zu erklären. Das gilt nicht nur für die Extremfälle des
Einparteienstaates, wie des NS-Staats mit der NSDAP, oder des verkappten Einparteienstaates, wie der DDR mit der sozialistischen SED. Die Parteiendifferenzthese erklärt auch die besonders günstigen Bedingungen, die der Sozialstaat der
Bundesrepublik im Parteiensystem vorfindet: dieser gründet sich auf das Wirken
zweier konkurrierender Sozialstaatsparteien. Nur wenige Staaten haben ein der
Bundesrepublik ähnliches sozialstaatsfreundliches Parteiensystem. Allerdings
gibt es zwei einflussreiche Gegentendenzen: erstens den Wirtschaftsflügel der
Unionsparteien, der den Sozialstaat kritisch beäugt, und zweitens die FDP, die in
Wirtschafts- und Sozialpolitikfragen den Wirtschaftsliberalismus betont.

Aber auch die Parteien des starken Sozialstaats hegen unterschiedliche Vorstellungen von der besten Sozialpolitik. Die Unionsparteien zogen den Wieder-
aufbau und den Ausbau des Sozialversicherungsstaates dem egalitären Wohlfahrtsstaat vor und folgten dem Sozialstaatsmodell eines „Sozialen Kapitalismus". Im Gegensatz hierzu richteten sich sozialpolitische Programmatik und
Praxis der SPD mehr an umfassender Staatsbürgerversorgung und Beschäfti-
gungssicherung aus, und im Zweifelsfall optiert die SPD stärker und nachhaltiger
als ihre christdemokratische Konkurrenz für egalitär ausgerichtete „Soziale Gerechtigkeit" als für wirtschaftsfreundliche Gestaltung. Insoweit sind die Unterschiede in der Bundesrepublik zwischen den Unionsparteien und der SPD im
Politikfeld Arbeit und Soziales beachtlich. Allerdings sind sie viel kleiner als die
ideologische Distanz zwischen der Sozialdemokratischen Partei und den bürgerlichen Parteien im Deutschen Reich vor 1914 und in der Weimarer Republik.

9.3   Die Prägung der Sozialpolitik durch die Institutionen

Der *politisch-institutionalistische Ansatz* hat seine Erklärungskraft auch in der Sozialpolitikforschung unter Beweis gestellt. Zu seinen Schlüsselgrößen gehören
besonders Bestimmungsfaktoren wie der korporatistische Interventionsstaat, die
politisch-institutionellen Schub- und Bremsfaktoren der Sozialpolitik und das
politische Regime, insbesondere das Spielregelwerk der Staatsverfassung.

Der korporatistische Interventionsstaat und Befürworterkoalitionen

So tendiert eine spezialisierte Bürokratie dazu, Beharrungs- und Wachstumsten-
denzen in dem von ihr verwalteten Politikfeld zu entfalten. Dieser Mechanismus
wirkt in Deutschland besonders stark, denn hierzulande hat die Sozialstaatsver-
waltung eine lange und einflussreiche Tradition und aufgrund ihrer Verankerung
in korporatistischen Arrangements besonders tiefe, Halt gebende Wurzeln. Durch
das Zusammenwirken von Bürokratie und angelagerten Interessengruppen und
Wissenschaftlern entstehen „Befürworterkoalitionen", die die Bedeutung des
Politikfeldes zu erhalten und zu vergrößern suchen.

Meist schützte auch die Beharrungstendenz gesetzlich regulierter Materien
die Sozialpolitik vor Rücknahme oder Kürzung, denen einklagbare Rechtsansprüche und die politische Schwierigkeit von Bestrebungen, Vergünstigungen abzubauen, im Wege stehen. Dieser Faktor konnte in der deutschen Sozialpolitik
besonderes Gewicht gewinnen, weil ihr Kern aus Sozialversicherungen besteht,
deren Beiträge einen eigentumsrechtlichen Leistungsanspruch begründen.

Beide Faktoren können sowohl einen Erklärungsbeitrag für das relative Beharrungsvermögen als auch die Reformstrategien der letzten Jahre, bei denen die
Verbände weitgehend außen vor blieben, leisten.

Konsenszwänge und Vetospieler

Zugute kam dem Aufschwung der Sozialpolitik auch die Demokratieform der
Bundesrepublik Deutschland, die eine Mischung aus Mehrheitsdemokratie und
Konkordanzdemokratie ist und der die für Mehrheitsdemokratien typische Polarisierung zwischen den wichtigsten Parteien und die Förderung der Konkurrenz
zwischen einer sozialstaatsfreundlichen und einer sozialstaatskritischen Partei
fehlt.

Ebenso unverzichtbar zum Verständnis der Sozialpolitik hierzulande sind
die institutionellen Begrenzungen des Parteienstaates in der Bundesrepublik. Der
Föderalismus mit der besonderen Rolle des Bundesrats gehört zu ihnen, aber
auch das Bundesverfassungsgericht und die Deutsche Bundesbank bzw. die Europäische Zentralbank. Zu ihnen zählt auch der „Sozialversicherungsstaat", den
eine erhebliche Selbststeuerung und der Schutz vor politischem Zugriff auszeich-
nen. Auch der vergleichsweise kleine finanzpolitische Spielraum der Bundesregierungen verdient in diesem Zusammenhang Erwähnung: er resultiert aus der
Fragmentierung der öffentlichen Haushalte in den Bundeshaushalt, die Länder-

und Gemeindehaushalte und die Etats der Sozialversicherungen und der Bundesagentur für Arbeit.

Die gegenmajoritären Institutionen vergrößern die Zahl und Wirkungskraft von „Vetospielern" (vgl. das Kapitel I.5 zur *politisch-institutionalistischen Theorie*), begrenzen die Manövrierfähigkeit des Zentralstaates und erschweren Kurswechsel der Regierungspolitik. Als Hemmschuh für größere Kurswechsel in der Politik wirkt auch der Beinahe-Dauerwahlkampf in Deutschland. All dies trägt zur Erklärung dafür bei, warum trotz sozialstaatsfreundlicher Struktur des Parteiensystems die Sozialleistungsquote hierzulande lange langsamer als in den nordischen Ländern und den Niederlanden wuchs und die Politik eher den „konservativen" als den „sozialdemokratischen" Wohlfahrtsstaat ansteuerte (vgl. das Kapitel III.4 zu den *Welten des Wohlfahrtskapitalismus*).

Allerdings erschweren die politisch-institutionellen Bedingungen in Deutschland auch die elastische Anpassung der Sozialpolitik nach unten an veränderte Rahmenbedingungen wie Wirtschaftsschwäche oder Alterung der Gesellschaft – mit einer gewichtigen Einschränkung: Institutionen sind im Allgemeinen wirkungsmächtig, aber sie determinieren nicht die Wahl von Handlungsalternativen. Die in der Alterssicherungspolitik bewirkten Kurswechsel insbesondere in den Jahren der rot-grünen Regierungen Schröder sind hierfür ein lehrreiches Beispiel.

Demokratiespezifische Besonderheiten

Unübersehbar sind auch die demokratiespezifischen Kennzeichen der Sozialpolitik in der Bundesrepublik Deutschland. Die Wählerstimmenmacht der potenziell Sozialschutzbedürftigen wirkt zusammen mit dem demokratischen Parteienwettbewerb, der kurzen Abfolge der Wahlen, der harten Konkurrenz zwischen zwei großen Sozialstaatsparteien und dem Wachstum der Sozialstaatsklientel als Schubkraft eines weit ausgebauten Sozialstaates.

Auch in der Sozialpolitik macht die Differenz zwischen Demokratie und Diktatur einen großen Unterschied. Die soziale Sicherung wurde in den demokratischen Phasen der deutschen Geschichte, also in der Weimarer Republik und der Bundesrepublik Deutschland, viel stärker gefördert als im semiautoritären Deutschen Reich vor 1918 und im NS-Staat. Allerdings ist dieser Zusammenhang nichtlinear und mehrdimensional: Auch ein autokratischer Staat kann ein elementares Interesse an sozialer Sicherung haben, vor allem an einer Sozialpolitik, die strategisch besonders wichtige soziale Klassen einbindet, wie im Kaiserreich, an einer Sozialprotektion, die Massenloyalität und rassenideologische Ziele anstrebt, wie im NS-Staat, oder an einem Sozialschutz, der neben egalitärer Basissicherung auf niedrigem Niveau auf Mobilisierung von Arbeitskräften und pronatalistische Bevölkerungspolitik zielt, so im Falle der DDR.

9.4 Die Pfadabhängigkeit deutscher Sozialpolitik

Auch das politische „Erbe" (vgl. Kapitel I.7 zur *Erblastentheorie*) hat die Inhalte der Politik maßgeblich geprägt. Inkrementalismus, Spätwirkungen früherer Entscheidungen und Pfadabhängigkeit sind in der Sozialpolitik der Bundesrepublik Deutschland verbreitet. Unintendierte Nachwirkungen früher getroffener Entscheidungen können gravierend sein. So entfaltete die Einführung der dynamisierten bruttolohnbezogenen Altersrente in der Ära Adenauer ihre Wirkung erst viel später, als der Anteil der älteren Bevölkerung zunahm und die Zahl der Beitragszahler stagnierte. Sozialpolitische Änderungen zudem werden meist in kleinen Schritten und auf der Basis eines prägenden Erbes vollzogen. Ein schlagendes Beispiel für Pfadabhängigkeit ist die Entwicklung des deutschen Sozialstaats, dessen Problemlösungen vom Sozialversicherungsprinzip der Bismarck'schen Sozialreformen mitgeformt sind, so auch im Falle der Pflegeversicherung. Auch zu Beginn des 21. Jahrhunderts ist Deutschlands Sozialstaat noch zu immerhin 60 Prozent ein Sozialversicherungsstaat: 60 Prozent seiner Finanzen stammen aus Sozialbeiträgen. Kontinuität zeigen auch die Binnenstrukturen der Sozialpolitik an, wie das gegliederte System der sozialen Sicherung, die Vielfalt in Selbstverwaltung organisierter Kassen, die Orientierung der Leistungshöhe vieler Sozialleistungen an den Beitragszahlungen und die Größe der Mitgliedschaft.

Diese Pfadabhängigkeit und die Möglichkeit der Wahl von Handlungsalternativen werden allerdings in beträchtlichem Maß von politischen Bedingungen geprägt, wie die Geschichte der Sozialpolitik in Deutschland zeigt. Insbesondere schlagen sich Regimewechsel in Unterschieden der Form und der Substanz der Sozialpolitik nieder. Die paternalistische Sozialpolitik des Kaiserreichs, die auf Einbindung und Gefahrenabwehr zielte, unterschied sich von der Sozialpolitik der Weimarer Demokratie mit ihrer offenen, parteienwettbewerblich organisierten Werbung um Bundesgenossen und Gefolgschaft. In der Weimarer Republik erhielt die Sozialpolitik zudem Antrieb von der gewachsenen Macht der Arbeiterbewegung und der Regierungsbeteiligung sozialstaatsfreundlicher Parteien, vor allem des Zentrums und der SPD.

Einen großen Kontinuitätsbruch bewirkte der Regimewechsel zum NS-Staat. Austerität und die Begrenzung des Sozialschutzes auf die „Volksgemeinschaft" charakterisierten die Politik der sozialen Sicherung im NS-Staat. Unter der NS-Herrschaft wurden zudem die Selbstverwaltung in der Sozialversicherung aufgelöst, die Gewerkschaften zerschlagen und eine eigenständige NS-Wohlfahrtspflege eingerichtet.

Einen weiteren radikalen Umbau machte die Sozialpolitik in der Sowjetischen Besatzungszone und in der DDR durch. Zu ihren Merkmalen zählte ein autoritärer Wohlfahrts- und Arbeitsstaat mit fünf Ringen des Sozialschutzes einschließlich einer Vollbeschäftigungsgarantie, eines ausgeprägten Pronatalismus in der Familienpolitik und der Förderung von Alleinerziehenden sowie der Privilegierung politisch besonders wichtiger Gruppen durch Zusatz- und Sonderversorgungssysteme. All dies zeigt, dass trotz der Pfadabhängigkeit Sozialpolitik – unter unterschiedlichen Bedingungen und in unterschiedlichem Ausmaß – kontingent bleibt.

9.5   Internationale Hypothese

Auch inter- und transnationale Beziehungen haben die Sozialpolitik in der Bundesrepublik Deutschland beeinflusst. Dies gilt bis 1989/90 besonders für den Ost-West-Konflikt. Die Spaltung Deutschlands sensibilisierte die Politiker aller Parteien für den Wettstreit zwischen dem demokratischen Kapitalismus im Westen und dem autoritären Sozialismus im Osten und trug in beiden deutschen Staaten erheblich zum Ausbau des Sozialstaates bei. Seit den 1990er Jahren haben dagegen Anpassungszwänge, die den Sozialstaat besser auf den wirtschaftlichen Standortwettbewerb im Zeichen einer sich globalisierenden Wirtschaft einstellen, und Rückwirkungen der Europäischen Union auf die nationalstaatliche Sozialpolitik an Bedeutung gewonnen.

Auch dies bestätigt, dass die *Internationale Hypothese* zur Erklärung der Sozialpolitik beitragen kann. Die Integration der Märkte hat die Zwänge für eine Konsolidierung der nationalen Sozialpolitik – insbesondere durch Abbau wachstums- und beschäftigungsschädlicher Elemente wie hoher Sozialbeiträge – deutlich erhöht. Die Impulse, die von der Europäischen Union ausgehen, haben bislang allerdings zwar manche Anregung gegeben, aber diese Anstöße waren nicht strukturbestimmend. Gegenüber den innenpolitischen und sozioökonomischen Faktoren und der Prägekraft der Institutionen besitzt die Europäische Union bislang nachgeordnete Bedeutung. Somit zeigt auch die Internationale Hypothese, dass die dichteste Beschreibung der Sozialpolitik und die leistungsfähigste

Erklärung am ehesten in einer Kombination von verschiedenen Hypothesen und Theorieschulen zu finden ist.

III. Soziale Sicherungssysteme im Vergleich

1 Sozialpolitik im internationalen Vergleich von den Anfängen bis zur Gegenwart

Nico A. Siegel

Ein ausgebautes staatliches System der sozialen Sicherheit stellt seit der zweiten Hälfte des 20. Jahrhunderts ein Kerncharakteristikum der wirtschaftlich entwickelten Demokratien dar. Umfassende staatliche soziale Sicherungssysteme in Schlüsselbereichen wie Alterssicherung, Gesundheitspolitik, Arbeitsmarktpolitik, Familienpolitik und Sozialhilfe, um nur die wichtigsten Bereiche zu nennen, sind historisch vergleichsweise junge Erscheinungen moderner Staatlichkeit, die sich erst in der zweiten Hälfte des 20. Jahrhunderts herausgebildet haben. Die historischen Wurzeln moderner Wohlfahrtsstaaten können dagegen auf das ausgehende 19. und die ersten beiden Dekaden des 20. Jahrhunderts datiert werden. Die Expansion der staatlichen Sozialpolitik und benachbarter wohlfahrtsstaatlicher Politikbereiche stellt aus international und historisch vergleichender Perspektive neben der Verbreitung der demokratischen Staatsform wohl eine der am weitesten reichenden und folgenschwersten Veränderungen der Staatlichkeit während des vorigen Jahrhunderts dar. Besonders bemerkenswert war dabei die Expansion der Sozialpolitik in den ersten drei Dekaden nach dem Ende des Zweiten Weltkriegs, jener Zeitspanne, für die in der vergleichenden Policyforschung häufig der Topos des „goldenen Zeitalters" des Wohlfahrtsstaates gebraucht wird.

War die staatliche Sozialpolitik im 20. Jahrhundert der Tendenz nach überwiegend durch Ausbaumaßnahmen gekennzeichnet, so schlägt seit zwei Jahrzehnten die Diskussion über den Um- und Rückbau der staatlichen Sozialpolitik in der Mehrheit der OECD-Demokratien hohe Wellen. Verschiedene Um- und Rückbaukonzepte werden kontrovers diskutiert. Dies trifft nicht nur auf die seit der Vereinigung durch besondere Problemlasten gekennzeichnete Sozialpolitik in Deutschland zu, sondern auf die meisten OECD-Demokratien. Im Vergleich zur Geschichte wohlfahrtsstaatlicher Politik bis circa Mitte der 1970er Jahre kommt dem weiteren Ausbau der Sozialpolitik in der Regierungstätigkeit der liberalen Verfassungsstaaten nur in wenigen sozialpolitischen Bereichen noch Priorität mehr zu. Vielmehr sind die Konsolidierung der Sozialausgaben und der Um- sowie Rückbau der sozialen Sicherungssysteme mittlerweile zu einer der dringlichsten politischen Aufgaben geworden. Die Auseinandersetzungen um die staatlichen Sicherungssysteme sind die (mittelbare) Folge der Rückwirkungen des Ausbaus der Sozialpolitik, der nach 1945 maßgeblich das Wachstum der Staatsaufgaben und der Staatsausgaben gespeist hat. Zwar stach die Expansion der Sozialpolitik vor allem im dritten Viertel des 20. Jahrhunderts und in besonderem Maße in den westeuropäischen und nordeuropäischen Demokratien hervor. Doch die Ursprünge der staatlichen Sozialschutzgesetzgebung reichen viel weiter zurück.

Die Einführung der sozialen Sicherungssysteme auf nationalstaatlicher Ebene erfolgte in der Mehrheit der europäischen Länder während der beiden letzten Jahrzehnte des 19. beziehungsweise in den ersten Dekaden des 20. Jahrhunderts. Das Deutsche Kaiserreich nahm bei der Schaffung der ersten gesetzlichen Sozialversicherungen eine Pionierrolle ein (vgl. Abschnitt II). In anderen europäischen und außereuropäischen Ländern wurden die ersten staatlichen Sozialsysteme später, meist auf einem wesentlich höheren Niveau der wirtschaftlichen Entwicklung eingeführt. In den nordeuropäischen Demokratien, vor allem aber in den englischsprachigen Ländern wich die institutionelle Gestaltung der sozialen Sicherungssysteme markant von der deutschen Variante der gesetzlich obligatorischen, überwiegend durch Beiträge finanzierten Sozialversicherungskonstruktion für abhängig Beschäftigte ab. Im 20. Jahrhundert, vor allem in dessen zweiter Hälfte, waren es neben den Niederlanden vor allem die nordeuropäischen Demokratien Dänemark, Norwegen und Schweden, die, gemessen an den Ausgaben und der sozialrechtlichen Generosität der staatlichen Sozialpolitik, Deutschland sozialpolitisch überflügelten und dadurch bereits in den 1980er Jahren einen größeren Konsolidierungsdruck zu verzeichnen hatten als dies in der Bundesrepublik bis 1989 der Fall war. Ein dichtes, in zentralen Bereichen universales soziales Sicherungssystem war vor allem zentraler Bestandteil des skandinavischen Wohlfahrtskapitalismus. Allerdings zeichneten sich auch einige kontinentaleuropäische Länder, in denen die Dominanz christdemokratischer Parteien bei der Regierungsbildung maßgeblich zur Prägung eines sozialen Kapitalismus beitrug (vgl. van Kersbergen 1995), durch transferintensive Sozialversicherungssysteme aus. Bei den Anhängern eines starken Wohlfahrtsstaates kam nichtsdestotrotz vor allem dem schwedischen Wohlfahrtskapitalismus lange eine Art Vorbildrolle zu, während liberale und konservative Befürworter eines schlanken Staates das schwedische Modell zum abschreckenden Negativbeispiel eines Versorgungsstaates, gar einer „Wohlfahrtsstaatsdiktatur" stilisierten.

In den mehr als 100 Jahren, die seit der Etablierung der ersten Sozialversicherungen vergangen sind, hat die Sozialpolitik eine wechselhafte Entwicklung durchlaufen. Zwar mag Detlev Zöllners Feststellung, die Geschichte der Sozialpolitik sei vor allem eine Geschichte ihrer Expansion, den wesentlichen Entwicklungstrend pointiert zum Ausdruck bringen (Zöllner 1981). Allerdings ergeben sich bei genauerer Betrachtung interessante Abweichungen von einem allgemeinen und kontinuierlich verlaufenden Wachstumstrend. Phasen der Retardierung waren in der sozialpolitischen Entwicklung demokratischer Verfassungsstaaten zu verzeichnen und auch, obschon weniger häufig, Perioden des zumindest vorübergehenden Zurückdrängens der Sozialpolitik, wie unter anderem in den letzten Jahren der Weimarer Republik und vor allem im Sog sparpolitischer Konsolidierungskurse, die in einer Reihe von entwickelten Demokratien in den 1980er und 1990er Jahren an Bedeutung gewannen.

Gegen eine zu allgemein formulierte Expansionsthese spricht auch, dass generalisierende Bilanzierungen mit dem Hinweis auf allgemeine Entwicklungstendenzen in einem Politikfeld wie der Sozialpolitik Gefahr laufen, nur auffällige Gemeinsamkeiten angemessen zu berücksichtigen. Die im internationalen Vergleich ebenso bemerkenswert hervortretenden Unterschiede werden dagegen häufig nicht ausreichend gewürdigt. Aus vergleichender Perspektive aber sind Abweichungen in der sozialpolitischen Entwicklungsdynamik sowohl zwischen den Ländern als auch zwischen verschiedenen sozialpolitischen Handlungsfeldern oder Programmbereichen auffällig. Die Geschichte der sozialpolitischen Kernprogramme wohlfahrtsstaatlicher Politik – wie der gesetzlichen Alterssicherung und der Krankenversicherung – verlief im Vergleich zu Randbereichen der Sozialpolitik, bei den Sozialhilfeprogrammen und den Leistungen für Arbeitslose, bisweilen höchst unterschiedlich.

Die Gemeinsamkeiten und die Unterschiede der sozialpolitischen Entwicklungen aus international vergleichender Perspektive stehen im Zentrum der folgenden Kapitel. Dabei können die Ergebnisse der komparativen Wohlfahrtsstaatsforschung weder umfassend noch detailliert vorgestellt und gewürdigt, sondern oft nur skizziert werden. Ziel ist daher keine vollständige und systematische Einführung, sondern eine Einführung in die Kernprobleme der vergleichenden Analyse von staatlicher Sozialpolitik. Die Beschreibung rückt dabei ebenso in den Mittelpunkt wie analytische Fragen nach den wichtigsten Bestimmungsfaktoren der gesetzlichen Sozialpolitik. In Anknüpfung an die Vorstellung der Theorien der vergleichenden Staatstätigkeitsforschung in Abschnitt I werden unter anderem Fragen wie die nach der Bedeutung sozialer und wirtschaftlicher beziehungsweise politischer Einflussfaktoren für wohlfahrtsstaatliche Politik diskutiert. Handelt es sich bei der Sozialpolitik in erster Linie um reaktive Anpassungsmaßnahmen staatlicher Akteure an sozialökonomische Entwicklungen und Herausforderungen? Oder sind die Handlungsspielräume für politische Akteure

wie Verbände, Parteien und vor allem Regierungen weiter gesteckt als funktionalistische Theoreme dies gewöhnlich postulieren? Welche politischen Faktoren
drücken der Sozialpolitik ihren Stempel auf, und zwar sowohl deren institutioneller Gestalt als auch deren Inhalt? Das sind einige Leitfragen, die in dieser Einführung in die vergleichende Sozialpolitik im Mittelpunkt stehen.

Der Abschnitt „Sozialpolitik im Vergleich" umfasst dabei im Einzelnen die folgenden Kapitel:

In dem an diese Einleitung anschließenden Kapitel III.2 werden die Anfänge und
der Ausbau der staatlichen Sozialpolitikgesetzgebung in den 80er und 90er Jahren des 19. Jahrhunderts und zu Beginn des 20. Jahrhunderts dargestellt. Kapitel
III.3 rückt die Expansion und die Reform der sozialen Sicherungssysteme nach
1945 in den Mittelpunkt. Die institutionelle Regelungsvielfalt der Sozialpolitik ist
Gegenstand von Kapitel III.4. In diesem wird die einflussreiche Wohlfahrtsstaatstypologie Gøsta Esping-Andersens vorgestellt und gewürdigt. Herbert Obinger
stellt in Kapitel III.5 eine wichtige Besonderheit einiger wirtschaftlich entwickelter Demokratien ausführlicher vor: die im Vergleich zum ökonomischen Entwicklungsstand niedrigen Sozialausgaben und insgesamt in vielen Bereichen mageren
staatlichen Sozialleistungen in Ländern wie Australien, Neuseeland, Japan, den
USA, Kanada und über weite Strecken des 20. Jahrhunderts auch in der Schweiz.
    Während die Kapitel III.1 bis III.5 die Entwicklung der staatlichen Sozialpo-
litik respektive der wohlfahrtsstaatlichen Politik im Allgemeinen zum Gegenstand haben, wird in Kapitel III.6 der Blick auf Teilbereiche der Sozialpolitik
gerichtet, auf die Programmebene. Anhand dreier zentraler sozialpolitischer
Felder – der gesetzlichen Alterssicherung, der Gesundheitspolitik sowie der Ar-
beitslosenunterstützungen – werden die einzelnen Bereiche staatlicher Sozialpolitik vorgestellt.
    Das Ziel dieses Abschnitts ist es, interessierten Lesern die wichtigsten Theo-
rien und Befunde der vergleichenden Sozialpolitikforschung vorzustellen, sofern
dies in der gegebenen Kürze überhaupt geleistet werden kann. Durch den Verweis auf wichtige Standardtexte der international vergleichenden Sozialpolitikforschung sollen den Lesern darüber hinaus Angebote zur Verbreiterung und
Vertiefung ihrer Kenntnisse der Sozialpolitik aus international vergleichender
Perspektive unterbreitet werden.

2 Einführung und Ausbau erster staatlicher Sozialpolitikprogramme am Ende des 19. und zu Beginn des 20. Jahrhunderts

Nico A. Siegel

2.1 *Sozialpolitische Grundsteinlegungen am Ende des 19. Jahrhunderts*

Der Auftakt der staatlichen Sozialpolitikgesetzgebung auf nationaler Ebene ist auf die 80er Jahre des 19. Jahrhunderts zu datieren. Zuerst im Deutschen Kaiserreich mit dem "Gesetz, betreffend die Krankenversicherung der Arbeiter" von 1883, in den darauf folgenden Jahren und Jahrzehnten in einer Reihe von anderen europäischen Ländern, wurden die ersten Sozialpolitikgesetze auf nationalstaatlicher Ebene kodifiziert. Damit wurden Grundsteine für die im 20. Jahrhundert, vor allem in dessen zweiter Hälfte, erfolgende Expansion der staatlichen Sozialpolitik gelegt. Deutschland war die Pioniernation in der staatlichen Sozialpolitikgesetzgebung (vgl. auch Abschnitt II). Andere Länder – inner- und außerhalb Europas – folgten mit unterschiedlichem zeitlichem Abstand zur Sozialschutzgesetzgebung im Deutschen Kaiserreich.

Die ersten sozialen Sicherungssysteme zielten vor allem auf Schutz gegen Risiken wie die Folgen von Unfällen am Arbeitsplatz und den Einkommensverlust infolge von Krankheit und Invalidität sowie im Alter. Sie wurden, von wenigen Ausnahmen abgesehen, in den meisten der heutzutage wirtschaftlich entwickelten Länder West- und Nordeuropas sowie in Nordamerika, Australien und Neuseeland bis zum Vorabend des Ersten Weltkrieges aufgebaut. Zunächst schritten nichtdemokratische, autoritäre Regimes bei der Sozialschutzgesetzgebung voran. Während der Zwischenkriegszeit (1919-1939) forcierten dagegen vor allem demokratische Regierungen die Ausbaumaßnahmen in der staatlichen Sozialpolitik und in benachbarten wohlfahrtsstaatlichen Politikbereichen (wie insbesondere der Arbeitsschutzgesetzgebung und den Arbeitsbeziehungen auf betrieblicher und überbetrieblicher Ebene).

Insofern auf die Gemeinsamkeit vor allem der europäischen Staaten bezüglich des Aufbaus erster sozialer Sicherungssysteme bis zum Ersten Weltkrieg hinzuweisen ist, muss auch betont werden, dass die Zeitpunkte erster Sozialschutzgesetze erheblich variierten, und zwar zwischen den Ländern und zwischen einzelnen Bereichen der Sozialpolitik. Ebenso wurden, trotz der Tendenzen zu einer grenzüberschreitenden Diffusion sozialpolitischer Leitideen und Konzeptionen wie vor allem der gesetzlichen Sozialversicherung in Europa, verschiedene normative und institutionelle Varianten der staatlichen Sozialpolitik begründet. Infolgedessen wurden die Weichen auf institutionelle Vielfalt gestellt. Die Institutionen der staatlichen Sozialpolitik wurden nicht durch einen politisch forcierten Konvergenzprozess in Richtung eines einheitlichen europäischen Sozialpolitikmodells transformiert. Der internationale Vergleich fördert vielmehr eine institutionelle „Clusterbildung" von Realtypen entlang verschiedener sozialpolitischer Leitkonzeptionen zutage.

Ein erstes ordnungspolitisches sozialpolitisches Leitprinzip waren die, den älteren lokalen Sicherungsformen am stärksten ähnelnden, bedürftigkeitsgeprüften Mindestsicherungssysteme in der Tradition der lokalen Armenfürsorge. Organisatorisch und politisch stießen solche, dem Fürsorgegedanken verpflichteten Mindestsicherungssysteme auf den geringsten Widerstand seitens Arbeitgebern und staatlichen Bürokratien. Sowohl die Ausgaben als auch der administrative Aufwand waren in den überwiegend auf Fürsorge ausgerichteten sozialen Sicherungssystemen überschaubar und insofern kalkulierbar, als auch kurzfristige Einschnitte in die sozialpolitischen Leistungen seitens der Politik prinzipiell zu jeder Zeit möglich waren. Von gesetzlich oder verfassungsrechtlich genau definierten Sozialrechten waren die Leistungen in solchen Systemen noch weit entfernt, diskretionäre Entscheidungsmacht prägte statt dessen diese älteste Form bedürftigkeitsgeprüfter, staatlicher Mindestsicherung.

Zweitens folgte die staatliche Sozialpolitik in Westeuropa vor allem in den Bereichen Unfall-, Kranken- und Rentenversicherung häufig dem Typ der gesetzlichen Sozialversicherung. Über die Zeit und zwischen den Ländern unterschieden sich die Sozialversicherungsarrangements nichtsdestotrotz unter anderem durch die freiwillige oder obligatorische Mitgliedschaft und die Verwaltung der Sozialversicherungen durch staatliche Behörden und Institutionen oder aber private Vereinigungen beziehungsweise soziale Interessengruppen, die der gesetzlichen Aufsicht des Staates unterstellt waren. Im so genannten Ghenter System der freiwilligen Arbeitslosenversicherung verwalteten beispielsweise Gewerkschaften Versicherungsfonds, während staatliche Akteure die Leistungsansprüche regulierten. Nicht nur bezüglich der Frage, ob die Mitgliedschaft für abhängig Beschäftigte obligatorisch war oder nicht, differierten die Sozialversicherungssysteme, sondern auch bezüglich der Aufteilung der Finanzierung zwischen Staat, Arbeitgebern und Versicherten.

Im weiteren Verlauf der Expansion der staatlichen Sozialpolitik wurde vor allem ab den 30er und 40er Jahren des 20. Jahrhunderts und insbesondere in

Ländern, in denen die bedürftigkeitsabhängige Armenfürsorge zuvor das zentrale Leitprinzip staatlicher Sozialpolitik war, steuerfinanzierten universalen Grundsicherungssystemen, die auf eine Staatsbürgerversorgung abzielten, der Weg gebahnt. Allerdings markierten solche Ausdehnungsschritte, die vor allem in den nordischen Demokratien und in Großbritannien (und in geringerem Ausmaße auch in Australien und Neuseeland sowie den Niederlanden) ab den 30er Jahren des 20. Jahrhunderts zu beobachten waren, bereits die nicht mehr zu den Gründungsjahren der staatlichen Sozialschutzgesetzgebung zählenden Ausbautendenzen im 20. Jahrhundert. In Kapitel III.4 werden die „Welten des Wohlfahrtskapitalismus", wie sie sich in der zweiten Hälfte des 20. Jahrhunderts herausgebildet hatten, ausführlicher beschrieben und erläutert.

Während der ersten Dekaden der Kodifizierung nationaler Sozialpolitikgesetzgebung erfasste die staatliche Sozialpolitik bei Weitem nicht alle sozialen Risiken, wie sie die heute bestehenden sozialen Sicherungssysteme in den wirtschaftlich entwickelten OECD-Demokratien annähernd abdecken. Rückblickend betrachtet, war für eine Reihe von Ländern eine spezifische Einführungssequenz charakteristisch. Den Auftakt gaben am häufigsten die gesetzlichen Unfallversicherungen. Mit vergleichsweise geringem zeitlichem Abstand folgte in vielen Fällen die Einführung von Krankenversicherungssystemen. Nicht wenige Länder führten sodann mit vergleichsweise geringer Verzögerung die ersten (rudimentären) gesetzlichen Altersrenten und Invaliditätsrenten ein. Zwischen diesen drei sozialpolitischen Bereichen gab es bezüglich der Einführungstermine in den in Tabelle 1 abgebildeten Ländern freilich ganz erhebliche Abweichungen. Nichtsdestotrotz ist in der Mehrzahl der Länder ein deutlicher Vorsprung der ersten nationalen staatlichen Sozialpolitikgesetzgebung in den Bereichen Unfallversicherung, Krankenversicherung, Alters- und Invaliditätsrente festzusellen.

Erst nach dem Ersten Weltkrieg fanden die ersten obligatorischen Arbeitslosenversicherungen Eingang in das Repertoire der Regierungstätigkeit. Der zeitliche Abstand zwischen dem Aufbau der ersten und der zuletzt errichteten Säule der staatlichen Sozialpolitik betrug in einigen Ländern nicht weniger als 50 Jahre. In vielen Ländern wurden zudem eigenständige, das heißt von älteren Systemen der Sozial- und Jugendfürsorge unabhängige Familienunterstützungsleistungen erst während oder nach dem Zweiten Weltkrieg auf den Weg gebracht. Schließlich folgten erst am Ende des 20. Jahrhunderts in einer Reihe von wirtschaftlich entwickelten Industrieländern eigenständige Systeme zur Absicherung des Pflegerisikos, das bis dahin – auch in Deutschland – meist nur mittelbar und rudimentär durch bedarfsorientierte Sozialhilfeprogramme, die jeweiligen nationalen Gesundheitssysteme oder durch private Pflege abgedeckt wurde.

Aussagen über vermeintlich allgemeine Entwicklungstendenzen und Einführungssequenzen der staatlichen Sozialpolitik sind aufgrund der enormen Variation der Einführungszeitpunkte, der Dynamik des Ausbaus der Sozialpolitik und der institutionellen Regelungsvielfalt nur eingeschränkt möglich. Zudem erfassten die ersten staatlichen Sozialpolitikprogramme nicht die gesamte Bevölkerung oder auch nur alle Erwerbstätigen. Im Hinblick auf den Radius der staatlichen Sozialpolitik am Ausgang des 19. Jahrhunderts und zu Beginn des 20. Jahrhunderts können erhebliche Unterschiede zwischen den Ländern beobachtet werden. Das zeigt ein Blick auf Jens Albers (1982) Indikatoren zum Radius der Sozialversicherungen in Westeuropa in Tabelle 1. Trotzdem erhielten die abhängig beschäftigten Arbeitnehmer, vorzugsweise die Lohnarbeiterschaft in der Industrie im Deutschen Reich, oftmals zuerst Zugang zu den gesetzlichen Sozialversicherungen. Den Erwerbstätigen in den Kleinbetrieben des Handwerks, Arbeitern und Mithelfenden in der Agrarwirtschaft sowie im Allgemeinen den Selbständigen und auch ganz allgemein den Frauen blieb der Zugang zu den kollektiven Sicherungssystemen vorerst häufig verwehrt. Im Zuge der Ausbaudynamiken im 20. Jahrhundert wurden nach und nach mehr Berufsgruppen und, zuerst in Skandinavien, schrittweise die Frauen von der staatlichen Sozialpolitik erfasst, von den Berufsgruppen zunächst vor allem die Angestellten und in vielen Ländern über Sonderversorgungssysteme die Staatsbeschäftigten.

Typisch waren in einigen Ländern mit Sozialversicherungssystemen zudem statusbezogene Sozialversicherungen für bestimmte Berufsgruppen, so beispielsweise in Deutschland und Österreich. Neben der organisatorischen und damit institutionellen Zersplitterung wurde hierdurch zunächst ein bisweilen erhebliches Leistungsgefälle zwischen Berufsgruppen beziehungsweise zwischen Erwerbstätigen unterschiedlicher Wirtschaftssektoren begründet. Erst nach dem Zweiten Weltkrieg kam in einigen Ländern die Tendenz zur Angleichung oder Vereinheitlichung der gesetzlichen Sicherungssysteme, unter anderem der Leistungen für Arbeiter und Angestellte, voll zum Tragen. Aber nicht in allen Ländern, in denen die Leistungsstandards durch gesetzliche Maßnahmen vereinheitlicht oder zumindest angeglichen wurden, wurde auch die in den Gründungsjahren der Sozialpolitik angelegte organisatorische Segmentierung der sozialen Sicherungssysteme beseitigt. Ein weiteres Charakteristikum der Entwicklung der sozialen Sicherung in den kontinentaleuropäischen Ländern war und ist die Familienstandsabhängigkeit der Sozialleistungen für Frauen. Familienstandsabhängigkeit bedeutet, dass Ehefrauen keine eigenständigen, sondern nur „abgeleitete" Leistungen erhielten, also z.B. eine Witwenrente. Erwerbstätige Ehefrauen waren häufig wesentlich schlechter als erwerbstätige Männer bzw. nur über den Erwerbstatus des Ehemannes abgesichert.

Der generelle Hinweis auf die sukzessive Verbreiterung des Radius der geschützten Personenkreise vom Ende des 19. oder der ersten Dekaden des 20. Jahrhunderts an sagt noch nichts über die Generosität der gesetzlich vorgeschriebenen Sozialleistungen für die Empfängerinnen und Empfänger aus. Die Höhe der Sozialleistungen im ausgehenden 19. und frühen 20. Jahrhundert gewährleistete für viele Leistungsempfänger, auch wenn sie etwa Standardleistungen wie eine gesetzliche Altersrente bezogen, häufig nur ein mageres Zubrot zum Lebensunterhalt. Dies galt insbesondere für Frauen. Von einem wirklich angemessenen Einkommensersatz oder einem individuellen Anrecht auf ein ausschließlich durch sozialpolitische Maßnahmen gesichertes Existenzminimum war die staatliche Sozialpolitik bis Mitte des 20. Jahrhunderts in den meisten Ländern noch weit entfernt. Wenn also retrospektiv zu Recht auf die epochale Bedeutung der ersten staatlichen Sozialpolitikgesetze auf nationaler Ebene verwiesen wird, weil diese den Vormarsch wohlfahrtsstaatlicher Regierungstätigkeit begründeten, so sollte im Hinblick auf die sozialpolitischen Leistungsstandards in den wirtschaftlich entwickelten Ländern während der zweiten Hälfte des 20. Jahrhunderts ebenfalls festgehalten werden, dass sich die wirtschaftlichen Lebensverhältnisse, die politischen Leitkonzeptionen und Zielvorstellungen und daher die gesetzlich definierten Sozialleistungen während der ersten Jahrzehnte der Grundlegung staatlicher Sozialpolitik erheblich von denjenigen unterschieden, die rund 100 Jahre später in den meisten Wohlfahrtsstaaten das Leistungsspektrum kennzeichneten. Jens Alber hat die enorme Entwicklungsdynamik der Sozialpolitik mit seinem Buchtitel *„Vom Armenhaus zum Wohlfahrtsstaat"* (1982) trefflich gefasst. Durch die ersten gesetzlich kodifizierten nationalen sozialen Sicherungssysteme wurde das Fundament des heutigen Wohlfahrtsstaates errichtet – auf diesem fußten der Ausbau der Leistungsstandards und der Programmvielfalt, die zusammen, vor allem über weite Strecken der zweiten Hälfte des 20. Jahrhunderts, die Expansion der staatlichen Sozialpolitik prägten.

2.2 Bestimmungsfaktoren der Einführung und der Expansion staatlicher Sozialpolitik vom Ende des 19. Jahrhunderts bis zum Ersten Weltkrieg

Erklärungsansätze

Gegenstand der historisch und international vergleichenden Sozialpolitikforschung ist nicht nur die dichte Beschreibung der Einführung gesetzlicher Sozialpolitik, sondern auch die Frage nach den Ursachen der Initiierung und der Expansion der staatlichen Sozialpolitik. Dabei hat die international vergleichende Wohlfahrtsstaatsforschung sowohl erklärungsbedürftige Gemeinsamkeiten als auch Unterschiede in der Phase der Initiierung der Sozialpolitik sowie des Ausbaus beleuchtet. Aus der Vielzahl unterschiedlicher sozialwissenschaftlicher Erklärungsansätze können, in Anlehnung an Jens Albers Klassifikation, zwei große Paradigmenstränge der sozialwissenschaftlichen Theoriebildung unterschieden werden. Zum einen sind dies funktionalistische Theorieansätze, die vor allem sozioökonomische Ursachen für wohlfahrtsstaatliche Politik in den Mittelpunkt rücken. Der staatlichen Politik wird dabei in erster Linie eine reagierende Rolle auf wirtschaftliche und soziale Modernisierungsprozesse und andere Entwicklungen zugeschrieben. Auf dem anderen Flügel der sozialwissenschaftlichen Theoriebildung sind die konflikttheoretischen Stränge zu verorten. Sie heben die Bedeutung politischer Institutionen und Prozesse sowie, aus handlungstheoretischer Sicht, das Gewicht von Entscheidungen individueller und kollektiver Akteure für die Prägung von Sozialpolitikinhalten hervor.

Sowohl in liberal-modernisierungstheoretischen als auch in neomarxistischen Varianten funktionalistischer Erklärungsansätze wird staatliche Sozialpolitik vor allem als Reaktion des Staates auf tiefgreifende sozioökonomische Umbrüche im Zuge von Modernisierungsprozessen wie Industrialisierung und Urbanisierung interpretiert. Folgt man einem funktionalistischen Politikverständnis, stellten die ersten Sozialpolitikgesetze am Ausgang des 19. Jahrhunderts eine Reaktion der staatlichen und wirtschaftlichen Eliten auf die „Soziale Frage" dar, die durch die epochalen Brüche in der wirtschaftlichen und sozialen Entwicklung vor allem in der zweiten Hälfte des 19. Jahrhunderts aufgeworfen wurde. Staatlichem Handeln kommt diesem Verständnis von Politik zufolge vor allem die Rolle zu, die Funktionsvakui zu füllen, die durch große sozioökonomische Veränderungen entstehen. Die analytischen Schlüsselkonzepte heißen Modernisierung, Industrialisierung, technischer Fortschritt, Urbanisierung, Ausbreitung abhängiger Beschäftigung und die mit ihnen systematisch verbundenen Risiken (wie Unfälle am Arbeitsplatz und Arbeitsplatzverlust), die Auflösung traditioneller lokaler nachbarschaftlicher und familiärer Netze, Verarmung und Verelendung (Ritter 1991: 64-65).

Schlüsselindikatoren der Modernisierungstheorie für die empirische Sozialforschung sind unter anderem der Stand wirtschaftlicher Entwicklung (gemessen an der Wirtschaftsleistung pro Kopf), die Verbreitung der abhängigen Erwerbsarbeit (festgemacht an der Arbeitnehmerquote) und der Verstädterungsgrad (ermittelt über den Anteil der Bevölkerung in städtischen Gemeinden in Relation zur Gesamtbevölkerung). Folgt man funktionalistischen Erklärungsansätzen, so kann aus ihnen die Hypothese abgeleitet werden, dass alle Länder im Zuge von Modernisierungsprozessen Sozialpolitikgesetze auf den Weg bringen und länderspezifische Abweichungen bei den Einführungsterminen auf unterschiedliche Wohlstands- und Entwicklungsniveaus beziehungsweise andere sozioökonomische Konstellationen zurückzuführen sind.

Wie im nächsten Abschnitt bei der kritischen Würdigung der einzelnen Theorien auf der Basis der Ergebnisse der historisch-vergleichenden Wohlfahrtsstaatsforschung ausführlicher dargelegt wird, zeichnen sich die Kernpostulate funktionalistischer Theoreme durch ein quasi-deterministisches Verständnis des Verhältnisses von Wirtschaft und Gesellschaft auf der einen Seite und staatlicher Politik auf der anderen Seite aus. Dabei bleiben Handlungsräume politischer Akteure ausgeblendet, die Bedeutung politischer Institutionen und Entscheidungsprozesse wird vernachlässigt. Funktionalistische Ansätze warten nichtsdestotrotz mit einem Bündel an Erklärungsgrößen auf, die für eine hinreichende Erklärung des Aufkommens und der Expansion der staatlichen Sozialpolitik unentbehrlich sind. Sie nennen die für Ausbauprozesse der Staatstätigkeit notwendigen sozioökonomischen Hintergrundbedingungen im Sinne von Kontextfaktoren, ohne die das politische Handeln von Regierungen meist nicht angemessen verstanden und erklärt werden kann.

Konflikttheoretische Ansätze betonen dagegen die Bedeutung politischer Größen für die Staatstätigkeit und damit auch für Sozialpolitikinhalte. Während der Machtressourcenansatz und die Parteiendifferenzhypothese (vgl. Kap. I.3 und Kap. I.4) vor allem die Schlüsselrolle von organisierten Interessen in Form kollektiver Akteure wie Staat, Verbände und politische Parteien hervorheben, legen institutionalistische Erklärungsansätze das Augenmerk auf politische Institutionen, unter anderem auf den Staatsaufbau und die Binneninstitutionen des Regierungssystems. Neoinstitutionalistische Konzepte sind bemüht, die Kontexte der Interaktion von Akteuren und Institutionen zu spezifizieren. Vor allem für die Beantwortung der Frage nach den Ursachen der unterschiedlichen Einführungszeitpunkte von Sozialpolitikgesetzen sind Theoriestränge der Wohlfahrtsstaatsforschung, die politische Faktoren wie Entscheidungen und Nicht-Entscheidungen von politisch Verantwortlichen in Staat und Gesellschaft hervorheben, von zentraler Bedeutung. Die Vertreter akteurszentrierter und institutionalistischer Erklärungsansätze haben zurecht darauf hingewiesen, dass ein erheblicher Teil der Unterschiede, die im historischen und internationalen Vergleich bei der Einführung der Sozialpolitikgesetze auf nationaler Ebene erklärungsbedürftig sind, ohne den Rekurs auf politische Faktoren im engeren Sinne nicht hinreichend verstanden oder erklärt werden können. Und zwar deshalb nicht, weil entgegen den Annahmen funktionalistischer Theorien die Pioniere der staatlichen Sozialpolitikgesetzgebung nicht die im Modernisierungsprozess am weitesten vorangeschrittenen Länder waren. Just einige der reichsten Länder, gemessen an der Wirtschaftsleistung pro Kopf, zählten zu den Nachzüglern der wohlfahrtsstaatlichen Politik, so Kanada, die USA oder die Schweiz. Dagegen wurde das Deutsche Reich, in den 80er und 90er Jahren des 19. Jahrhunderts ein Nachzügler in der wirtschaftlichen Entwicklung, zum Vorreiter bei der Sozialpolitikgesetzgebung.

Ergebnisse

In der vergleichenden Wohlfahrtsstaatsforschung haben vor allem die Analysen von Jens Alber (1982) zur Einführung und Entwicklung der Sozialversicherung in Westeuropa Licht auf die Bestimmungsfaktoren für unterschiedliche Einführungszeitpunkte der kollektiven sozialen Sicherungssysteme geworfen. Die folgenden Ausführungen beruhen auf seinen Analysen, erweitert um die Analysen von Hicks/Misra/Ng (1995), den Beiträgen in Kittel/Obinger/Wagschal (2000) sowie den zusammenfassenden Ausführungen bei Ritter (1991) und Schmidt (2005).

Festzuhalten ist zunächst gegen funktionalistische Erklärungsansätze, dass die ersten sozialen Sicherungssysteme auf sehr unterschiedlichen Niveaus wirtschaftlicher Entwicklung eingeführt wurden. Schon Jens Alber hatte im Rahmen seiner äußerst instruktiven historischen Untersuchung zur Sozialversicherung auf keine signifikanten Zusammenhänge zwischen dem Stand wirtschaftlicher Entwicklung und dem Einführungszeitpunkt der ersten Sozialversicherungen gefunden. Im Deutschen Kaiserreich wurde die gesetzliche Sozialpolitik auf einem vergleichsweise niedrigen Niveau der wirtschaftlichen Entwicklung initiiert. In Ländern wie den USA fasste die Sozialpolitik dagegen wesentlich später und auf einem wesentlich höheren wirtschaftlichen Entwicklungsstand Fuß – auch wenn die Sonderstellung der Sozialleistungen für Kriegsversehrte und Mütter als „selektiv-protektionistische" Ausnahme berücksichtigt werden müssen (Skocpol 1985). Das Beispiel „verspäteter" Einführung wohlfahrtsstaatlicher Kernprogramme in den USA und anderen entwickelten Demokratien verdeutlicht, dass kein monokausaler Zusammenhang zwischen Modernisierungsgrößen und der Entwicklung staatlicher Sozialpolitik bestand – weder während der Initiierungsperioden der Sozialgesetzgebung noch während späterer Ausbauphasen.

Konflikttheoretische Erklärungsansätze, unter denen vor allem die Machtressourcenansätze mit Erklärungspotential für die Diskussion um die Einführung der Sozialpolitik aufwarten, rekurrieren auf die organisierte politische Macht der Arbeiterbewegung, die an der Stärke sozialistischer oder sozialdemokratischer Arbeiterparteien und der Gewerkschaften festgemacht wird. Ohne die Diskussion an dieser Stelle im Detail nachzeichnen zu wollen, ist zweierlei festzuhalten. Erstens haben Albers Analysen gezeigt, dass das Zugeständnis des Koalitionsrechts für Gewerkschaften und auch die Gründungstermine erster Dachverbände der Gewerkschaftsbewegungen nicht in einem direkten Zusammenhang mit den Einführungsterminen erster Sozialpolitikprogramme standen. Die Mobilisierung der Arbeiterschaft in politischen Parteien entpuppte sich hingegen als eine wichtige Größe. So konnte Alber sowohl einen positiven Zusammenhang zwischen den Gründungsdaten von Arbeiterparteien und der Einführung erster sozialer Sicherungssysteme als auch zwischen den Wahlerfolgen von Arbeiterparteien und der sozialpolitischen Innovationsdynamik nachweisen. Dies bedeutet freilich nicht, dass es Arbeiterparteien, die über einen parlamentarischen Mehrheitsstatus verfügten, waren, die ihre Machtressourcen in den gesetzgebenden Kammern ausschöpften und die Einführung der Sozialpolitik forcierten. Die parlamentarische Repräsentation von Arbeiterparteien war in der ersten Phase der Sozialpolitikgesetzgebung in vielen Ländern noch gar nicht gegeben. Und die ersten, auf parlamentarischen Mehrheiten beruhenden Regierungen sozialdemokratischer, sozialistischer oder labouristischer Arbeiterparteien ließen noch auf sich warten. Daher waren die parlamentarischen Machtressourcen von Arbeiterparteien für die sozialpolitische Innovationsfreudigkeit der herrschenden Eliten weniger wichtig, ihr Stimmenpotenzial an den Wahlurnen indes durchaus. Die erste Phase der Sozialpolitik kann somit auch nicht als eine Phase der „Sozialpolitik von unten" charakterisiert werden. Alber fasste sie vielmehr als eine defensive, auf Herrschaftssicherung ausgerichtete „Sozialpolitik von oben". So bilanziert er:

„Die weitgehende Unabhängigkeit der Sicherungsgesetzgebung von der Wahlrechtsentwicklung und der gewerkschaftlichen wie politischen Stärke der Arbeiterbewe-

gung widerspricht eindeutig konflikttheoretischen Vorstellungen, die in der Sozialversicherung eine Errungenschaft der Arbeiterbewegung sehen. Ihr enger zeitlicher
Bezug zur Entstehungsphase der politischen Arbeiterbewegung stützt dagegen die
elitentheoretische Variante der Gruppenkonfliktmodelle, welche die Sozialpolitik als
Legitimierungsinstrument versteht, mit dessen Hilfe weitergehende Reformbestre-
bungen der Arbeiterbewegung die Spitze genommen werden sollte."

Die These einer Art präventiven oder antizipatorischen „Sozialpolitik von oben"
haben Analysen bestätigt, die sich nicht ausschließlich auf die Entstehung und
Ausbreitung der Sozialversicherung in Westeuropa beschränkten. Dabei passt die
These von den durch Streben nach Legitimitätssicherung gekennzeichneten sozialpolitischen Reformen konservativer Eliten in autoritären politischen Systemen
zu den Ergebnissen des europäischen Vergleichs, dem zufolge bis zur Wende
vom 19. zum 20. Jahrhundert eine Reihe autoritärer Regimes einen beachtlichen
Vorsprung in der sozialpolitischen Regierungstätigkeit gegenüber Demokratien
aufwiesen (Rimlinger 1970). Allerdings ist zweierlei hinzuzufügen, ohne dass die
These von der „Sozialpolitik von oben" für das späte 19. Jahrhundert obsolet
wird. Erstens holten die parlamentarischen Demokratien im 20. Jahrhundert den
Vorsprung der autoritären Systeme rasch auf und überholten diese sogar. Dass
die Geschichte der Sozialpolitik im 20. Jahrhundert ganz überwiegend eine Geschichte ihrer Expansion wurde (Zöllner 1981), lag nicht zuletzt daran, dass das
20. Jahrhundert ein Jahrhundert wurde, in dem die Demokratie, trotz autoritärer
und totalitärer Gegentendenzen und auch spektakulärer Regimezusammenbrü-
che, einen Siegeszug antrat.

Darüber hinaus haben methodisch versiertere und nicht auf die Entwicklung
der Sozialversicherung in Westeuropa beschränkte empirische Untersuchungen
gezeigt, dass es verschiedene politische Konstellationen gab, die einer vergleichsweise frühen Initiierung und einem forcierten Ausbau der Sozialpolitik
während der ersten Jahrzehnte des vergangenen Jahrhunderts den Weg ebneten.
Neben der „Sozialpolitik von oben" in den autoritären Regimen kam – vor allem
zwischen den Weltkriegen – in den bereits weitgehend demokratisch verfassten
Ländern frühzeitig auch die „Sozialpolitik von unten" zum Tragen. Diese wurde
durch spezifische parteipolitische Konstellationen und institutionelle Faktoren
behindert: so standen dem Ausbau der Sozialpolitik starke konservative Parteien
als sozialstaatskritische Akteure im Parteiensystem gegenüber. Aber auch der
föderalistische Staatsaufbau sorgte in einigen Demokratien für deutliche Bremsef-
fekte. Auf der anderen Seite wirkten die Regierungsbeteiligung zentristischer und
linker Sozialstaatsparteien und eine Staatsstruktur, die dem Ausbau der Sozialpo-

litik nur wenige institutionelle Vetopunkte entgegenstellte, als Schubfaktoren für eine forcierte Expansion der staatlichen Sozialpolitik.

Eine wichtige Größe, die auch beim Blick über Europa hinaus, so vor allem auf die USA und Australien an Gewicht gewinnt, ist der Staatsaufbau, genauer das Ausmaß an Konzentration politischer Steuerungsressourcen (wie Geld und Recht) in den Händen der zentralstaatlichen Regierungen. In den jüngeren Staatengebilden außerhalb Europas, in denen keine Traditionen feudaler und absolutistischer Herrschaft entscheidend nachwirkten und föderalistische Demokratiestrukturen mit stark dezentraler Herrschaftsstruktur vorlagen (Australien, Kanada, USA), bedurfte es erst der Konzentration politischer Steuerungskompetenz auf der zentralstaatlichen Ebene, um diese mit den notwendigen rechtlichen und finanziellen Ressourcen für die aufwendigen Bereiche der staatlichen Sozialpolitik auszustatten. Wegbereitend im Sinne einer Zentralisierung politischer Steuer(ungs)ressourcen waren vor allem krisenhafte Ereignisse, unter anderem während der beiden Weltkriege (so in Australien) und während der Weltwirtschaftskrise (in den USA).

Auch anhand der Geschichte der Sozialpolitik in der Schweiz konnten die Bremswirkungen eines föderalistischen Staatsaufbaus auf die sozialpolitische Expansion im 19. und im frühen 20. Jahrhundert illustriert werden (Obinger 1998). Der Hinweis auf die Verzögerungseffekte, die von einem stark dezentralisierten föderalistischen System auf die Sozialpolitik ausgingen, passt auch zu einem weiteren Erklärungsstrang der Staatstätigkeitsforschung, der, an Max Webers Herrschaftssoziologie anknüpfend, die Existenz starker administrativer Kapazitäten staatlicher Bürokratien und deren Lerneffekte im Zuge der kapitalistischen Entwicklung als einen wichtigen Erklärungsfaktor für die Expansion der Staatstätigkeit im Allgemeinen und des Wohlfahrtsstaates im Besonderen betrachtet (Heclo 1974). Dies gilt insbesondere auch für die Phasen des weiteren Ausbaus der Sozialpolitik im 20. Jahrhundert. Dieser Ausbau wird in Kapitel III.3 über die Sozialpolitik im internationalen Vergleich behandelt.

2.3   Fazit

Dieses Kapitel über die Einführung der staatlichen Systeme sozialer Sicherung im internationalen Vergleich hat einige der grundlegenden Fragen der historisch und international vergleichenden Sozialpolitikforschung ausschnitthaft behandelt. Freilich war mehr als ein äußerst grobrastriger Überblick, der wichtige Tendenzen heraushob, ohne erklärungsbedürftige Sonderentwicklungen und Detailfragen anzusprechen, im Rahmen dieses Kapitels nicht möglich. Sowohl die dichte Beschreibung der sozialpolitischen Grundsteinlegungsprozesse als auch deren theoretische Durchleuchtung ist ein weites Feld. Die Nutzbarmachung dieses Forschungsfeldes hat für die vergleichende Staatstätigkeitsforschung reichen Ertrag gebracht, weshalb eine weiter und tiefer gehende Beschäftigung mit dem Gegenstand lohnt. Sowohl die Analyse der Strukturen und Ordnungsprinzipien als auch die Entscheidungsprozesse der Sozialpolitikgesetzgebung, als diese noch in den Kinderschuhen steckte, hat für die Policyforschung wichtige Einsichten zutage gefördert Zudem erweist sich der Blick auf die Phasen der sozialpolitischen Grundsteinlegung in einzelnen Ländern als wichtig für das Verstehen des sozialpolitischen Status quo der Gegenwart und für die angemessene Würdigung von Entwicklungsdynamiken, welche den Weg in die Zukunft der Sozialpolitik im 21. Jahrhundert weisen. Wie vor allem Theorien der Pfadabhängigkeit explizieren und wie eine Reihe von historischen Untersuchungen zu Kontinuität und Wandel der sozialen Sicherungssysteme zeigen, wirkt das Erbe sozialpolitischer Grundsatzentscheidungen der Vergangenheit in erheblichem Maße auf Problemkonfigurationen im Sinne interner sozialpolitischer Herausforderungen und auf die Reformoptionen späterer Perioden. Nicht nur in der sozialpolitischen Gegenwart Deutschlands werden, über politische Regimewechsel hinweg, grundlegende sozialpolitische Ordnungsprinzipien und Leitideen der Vergangenheit reflektiert.

Tabelle 1: Einführungstermine der ersten staatlichen sozialen Sicherungssysteme auf nationaler Ebene in fünf Programmbereichen und 23 Ländern

	Unfallversicherung	Krankenversicherung	Alters-/ Invalidensicherung	Arbeitslosenunterstützung/versicherung	Familienunterstützung/ Kindergeld	Durchschnittliche Verzögerung in den fünf Programmen gegenüber Pionierland/Nachzüglerrang	Demokratiegrad im Jahr der Einführung des ersten Programms
Australien	1902	1948	1908	1944	1941	31,2 / 15	10
Belgien	1903	1894	1900	1920	1930	12,0 / 3	7
Dänemark	1898	1892	1891	1907	1952	10,6 / 2	0
Deutschland	1884	1883	1889	1927	1954	10,0 / 1	0
Finnland	1895	1963	1937	1917	1948	34,6 / 17	8
Frankreich	1898	1928	1910	1905	1932	17,2 / 6	8
Griechenland	1914	1922	1934	1945	1958	37,2 / 18	10
Großbritannien	1897	1911	1908	1911	1945	17,0 / 5	7
Irland	1897	1911	1911	1911	1944	17,4 / 7	8
Island	1925	1936	1909	1936	1946	33,0 / 16	10
Italien	1898	1943	1919	1919	1937	25,8 / 13	0
Japan	1911	1927	1941	1947	1971	42,0 / 19	4
Kanada	1930	1977	1927	1940	–	51,6 / 23	10
Luxemburg	1902	1901	1911	1921	1947	19,0 / 8	7
Neuseeland	1908	1938	1898	1930	1926	22,6 / 11	10
Niederlande	1901	1931	1919	1916	1939	23,8 / 12	3
Norwegen	1895	1909	1936	1906	1946	21,0 / 10	3
Österreich	1887	1888	1907	1920	1948	12,6 / 4	0
Portugal	1913	1935	1935	1975	1942	42,6 / 21	8
Schweden	1901	1891	1913	1934	1947	19,8 / 9	1
Schweiz	1918	1911	1946	1982	1952	44,4 / 22	10
Spanien	1900	1942	1919	1919	1938	26,2 / 14	6
USA	1930	1965	1935	1935	1935	42,6 / 21	10

Quelle: Schmidt 2005: 182.

 **Literatur**

Kommentierte Literatur

Alber, Jens, 1982: Vom Armenhaus zum Wohlfahrtsstaat. Analysen zur Entwicklung der Sozialversicherung in Westeuropa, Frankfurt a.M.

Albers Studie ist auch mehr als 20 Jahre nach ihrer Veröffentlichung nach wie vor das Standardwerk der historisch vergleichenden Wohlfahrtsstaatsforschung in deutscher Sprache. Das Buch bietet nicht nur einen sehr gelungenen Überblick über die wichtigsten sozialwissenschaftlichen Erklärungsansätze, sondern auch empirisch sehr gehaltvolle Kapitel über die Entstehung und die Ausdehnung der Sozialversicherung in Westeuropa. Informationsreiche Tabellen und Übersichten und ein gesonderter Anhang machen das Werk zu einer Pflichtlektüre für all diejenigen Leser, die einen möglichst umfassenden Einblick in die maßgeblichen Fragestellungen der historisch und international vergleichenden Wohlfahrtsstaatsforschung erhalten möchten.

Schmidt, Manfred G., [3]2005: Sozialpolitik in Deutschland. Historische Entwicklung und internationaler Vergleich, Wiesbaden.

Vor allem in Teil I, in dem Schmidt die Geschichte der Sozialpolitik vom Kaiserreich bis zur Gegenwart skizziert, aber auch in Teil II, in dem der internationale Vergleich der Sozialpolitik im Zentrum steht, werden wichtige Theorien und Befunde der historischen Wohlfahrtsstaatsforschung vorgestellt. Vor allem die in Teil I gebotene Zusammenfassung der Geschichte der Sozialpolitik in Deutschland bietet einen sehr guten Überblick über die wichtigsten Fragen und Ergebnisse zur Einführung und zum Ausbau der Sozialpolitik im ausgehenden 19. und frühen 20. Jahrhundert.

Zitierte Literatur

Alber, Jens, 1982: Vom Armenhaus zum Wohlfahrtsstaat. Analysen zur Entwicklung der Sozialversicherung in Westeuropa, Frankfurt a.M.

Heclo, Hugh, 1974: Modern Social Politics in Britain and Sweden, New Haven/London.

Hicks, Alexander/Misra, Joya/Ng, Tang Nah, 1995: The Programmatic Emergence of the Welfare State, in: American Sociological Review 60, 329-349.

Kittel, Bernhard/Obinger, Herbert/Wagschal, Uwe, 2000: Die gezügelten Wohlfahrtsstaaten im internationalen Vergleich. Politisch-institutionelle Faktoren der Entstehung und Entwicklungsdynamik, in: Obinger, Herbert/Wagschal, Uwe (Hg.), Der gezügelte Wohlfahrtsstaat, Opladen, 329-364.

Rimlinger, Gaston V., 1971: Welfare Policy and Industrialization in Europa, America and Russia, New York.

Ritter, Gerhard, 1991: Der Sozialstaat. Entstehung und Entwicklung im internationalen Vergleich, München.

Schmidt, Manfred G., [3]2005: Sozialpolitik in Deutschland. Historischer und internationaler Vergleich, Wiesbaden.

Zöllner, Detlev, 1981: Ein Jahrhundert Sozialversicherung in Deutschland, Berlin.

3 Expansion und Reform der sozialen Sicherungssysteme 1945-2005

Manfred G. Schmidt und Frieder Wolf

Nach dem Ende des Zweiten Weltkriegs waren die Systeme der sozialen Sicherung in den westlichen Demokratien für drei Jahrzehnte auf dem Expansionspfad. Seit etwa Mitte der 1970er Jahre ist dies nicht mehr uneingeschränkt der Fall. Ziel dieses Unterkapitels ist es, die Entwicklungslinien der sozialen Sicherungssysteme und der Sozialausgaben der OECD-Staaten zu beschreiben, ihre Bestimmungsfaktoren darzustellen und die wissenschaftliche Diskussion darüber zusammenzufassen, ob wir es nunmehr mit einer sozialstaatlichen Rückbaudynamik zu tun haben (und wie diese gegebenenfalls zu erklären wäre). Abschließend wird außerdem die Reformdiskussion der letzten fünfzehn Jahre in aller Kürze rekapituliert.

3.1 Die Expansionsdynamik der Sozialpolitik in den OECD-Ländern nach 1945

Die Geschichte der Sozialpolitik war lange die Geschichte einer Expansion (Zöllner 1981). Allerdings gab es auch Phasen der Stagnation und des Rückschritts. Ferner stieß die Expansion der Sozialpolitik an obere Grenzen, wie vor allem die 80er und 90er Jahre des 20. Jahrhunderts zeigen, teils an Sättigungs-, teils an Finanzierungsgrenzen (Flora 1986a, 1986b, 1986c). Zudem variierten Reichweite, Quantität und Qualität der Expansion der Sozialpolitik von Land zu Land. Dies wird im vorliegenden Kapitel anhand der relativen Größe des Kreises der Sozialversicherten untersucht. Gemessen wird dieser Kreis durch den Anteil der Sozialversicherten an den Erwerbspersonen, und zwar auf der Grundlage des durchschnittlichen Prozentsatzes der in der Unfall-, Kranken-, Renten- und Arbeitslosenversicherung erfassten Erwerbsbevölkerung.[28] Wie vor allem Jens Albers Studie über die westeuropäischen Wohlfahrtsstaaten und ergänzende Analysen gezeigt haben, charakterisieren sechs Hauptmerk-

---

[28] Als Hauptquelle dient Alber 1982, ergänzend Kudrle/Marmor 1981. International vergleichbare Daten für andere Indikatoren des Schutzes durch Sozialpolitik sind für die hier zu erfassende Periode nicht mit ausreichender Flächendeckung verfügbar.

male die Entwicklung der Sozialversicherungen (Alber 1982: 152; Kudrle/Marmor 1981: 85):

1. In allen Ländern erfassten die Sozialversicherungen einen zunehmend größeren Anteil der Erwerbspersonen und ab Mitte der 1960er Jahre mindestens zwei Drittel der Erwerbspersonen – mit Ausnahme der USA und Kanadas. Dabei expandierte die Sozialversicherung in Sprüngen, auf die plateauartige Stagnationsphasen folgten, wie während der Depression der frühen 1930er Jahre und der Jahre des Zweiten Weltkriegs (Campbell 1992: 4).

2. Besonders stark erweitert wurden die Sozialversicherungen in der Mehrzahl der westeuropäischen Länder vor allem nach dem Ersten und nach dem Zweiten Weltkrieg sowie in der zweiten Hälfte der 1920er und der 1930er Jahre.

3. Vor allem die Periode von 1945 bis Mitte der 1970er Jahre stand im Zeichen eines „allgemeinen und kontinuierlichen Siegeszuges der Sozialversicherung" (Alber 1982: 151). Mit ihm wurden die Sozialschutzprogramme, vor allem in Westeuropa, allmählich auf den größten Teil der Erwerbspersonen ausgedehnt, allen voran auf die abhängig Beschäftigten. Mitte der 1970er Jahre erfassten die Sozialversicherungen mehr als 80 Prozent der Erwerbsbevölkerung; von den übrigen 20 Prozent standen nicht wenige unter dem Schirm eigenständiger Sicherungssysteme, so in der Bundesrepublik Deutschland die Beamten in der vom Staat finanzierten beamtenrechtlichen Fürsorge. Allerdings kam die Sozialversicherung in nahezu allen Ländern nur einem Teil der Selbständigen zugute, wenngleich auch für diese der Zugang zur sozialen Sicherung beträchtlich erweitert worden war (Europäische Kommission 1996: Kp. 6).

4. In den Ländern mit tendenziell universalistischem Sozialschutz (im Sinne einer Sozialpolitik für alle Staatsbürger) reichten die Sicherungsnetze ohnehin schon weit über die Grenze zwischen Erwerbs- und Nichterwerbspersonen hinaus, z.B. in Schweden. Aber auch dort, wo die Sozialpolitik ursprünglich als Arbeitnehmerversicherung oder als berufsgruppenspezifische Sozialversicherung gedacht war, wie in Deutschland, kamen die Sozialleistungen zunehmend zuvor ausgeschlossenen Gruppen zugute, beispielsweise durch Öffnung für Familienangehörige und andere Nichterwerbspersonen wie Hausfrauen, Schüler und Studenten.

5. Aufschlussreiche Einsichten vermittelt die Rangreihung der Staaten nach der Größe des versicherten Personenkreises zu verschiedenen Zeitpunkten. Gemessen an diesem Anzeiger, hielt Deutschland bis 1915 den ersten Platz.

Auch in den folgenden Jahrzehnten blieb Deutschland in der Spitzengruppe, doch wurde der Ausdehnungsgrad seiner Sozialversicherung nun von dem Großbritanniens und dem der nordeuropäischen Staaten (zunächst mit Ausnahme von Finnland) übertroffen. Überdies stießen in den 1950er und 1960er Jahren Belgien und die Niederlande in die Spitzengruppe der sozialpolitisch besonders aktiven Staaten vor (Roebrok 1993; Kersbergen 1995).

6. Zu den Nachzüglerstaaten der Sozialpolitik zählten, gemessen am Niveau und der Expansion der Sozialversicherung, bis 1975 Irland, lange auch die Schweiz und – trotz frühzeitiger Einführung von Sozialgesetzen – Italien. In diesen Ländern war der Ausdehnungsgrad der Sozialversicherung bis Mitte der 1970er Jahre nur unterdurchschnittlich groß, mit Ausnahme der Schweiz, in der die Sozialpolitik allmählich beträchtlich erweitert wurde (vgl. Schmidt 1985; Obinger 1998; Obinger/Wagschal 2000; Obinger/Leibfried/Castles 2005). Zögerlicher entwickelte sich die Sozialpolitik in den USA und zunächst auch in Kanada, doch näherte sich Kanadas Sozialpolitik seit Mitte der 1950er Jahre den führenden europäischen Sozialstaaten an (Kudrle/Marmor 1981: 82ff.; Obinger/Wagschal 2000).

Welche Ursachen hatte die Expansion der Sozialversicherung und wie sind die länderspezifischen Unterschiede ihres Entwicklungstempos zu erklären?[29] Hierfür kommen die Determinanten in Betracht, die schon die Analyse der Sozialpolitik in Deutschland im zweiten Kapitel dieses Buches aufgedeckt hat, beispielsweise die Modernisierung, die Alterung der Gesellschaft oder der Wandel der politischen Regimes und die Parteienkonkurrenz. Allerdings gibt es keine Eins-zu-eins-Entsprechung zwischen dem Niveau und der Expansion der Sozialversicherung einerseits und den wirtschaftlichen, demographischen und politischen Bedingungen andererseits. Jedoch bestehen signifikante Zusammenhänge zwischen der Entwicklung der Sozialversicherung und den ökonomischen und politischen Strukturmerkmalen: Der Ausdehnungsgrad der Sozialversicherung ist insgesamt in den Demokratien spürbar größer als in autoritär verfassten Regimes, wenngleich es gewichtige Ausnahmen von dieser Tendenz gibt, wie den Auf- und Ausbau der Sozialversicherungspolitik im Wilhelminischen Kaiserreich und später in den sozialistischen Ländern Mittel- und Osteuropas. Doch auch wenn man die Erblast früherer sozialpolitischer Entscheidungen mitberücksichtigt, sind insgesamt ein kräftiger Demokratieeffekt zugunsten der Sozialpolitik

---

[29] Die abhängige Variable ist hier weiter das Niveau bzw. die Veränderung des Niveaus des sozialversicherten Bevölkerungsanteils (vgl. Alber 1982: 236-239).

und ein dämpfender oder rückschrittlicher Effekt der meisten autoritären Regimes nachweisbar. Positive Zusammenhänge existieren ferner zwischen dem Niveau der Sozialversicherung und der Staatsquote, dem Anteil öffentlicher Ausgaben am Sozialprodukt. Nicht minder auffällig ist die Korrelation mit dem Stand der wirtschaftlichen Entwicklung: je höher der Stand der ökonomischen Entwicklung, desto tendenziell größer der sozialversicherte Bevölkerungsanteil. Überdies kommt das Politik-Erbe zum Zuge: Der Sozialversicherungsschutz zu einem bestimmten Zeitpunkt wird auch maßgeblich von seiner Größe in der Vorperiode bestimmt.

Inwieweit haben demokratieinterne Unterschiede den Ausdehnungsgrad der Sozialpolitik befördert? Inwieweit bestimmen beispielsweise der Parteienwettbewerb und die parteipolitische Zusammensetzung von Regierungen das Niveau und die Entwicklung der Sozialversicherung? Hierauf gab Jens Alber eine interessante Antwort (Alber 1982: 155ff.). Man müsse drei Etappen unterscheiden. Vor dem Ersten Weltkrieg habe die ‚Sozialpolitik von oben‘ das Feld beherrscht, in der Zwischenkriegszeit hingegen die ‚Sozialpolitik von unten‘ mit kräftigen parteipolitischen Differenzen: Besonders weit seien die Sozialprogramme ausgebaut worden, wenn Linksparteien regierten oder Arbeiterparteien zumindest größere Wahlerfolge verzeichneten. Nach dem Ende des Zweiten Weltkrieges habe eine dritte Phase begonnen. Ihr war Alber zufolge „eine Entpolitisierungstendenz" (Alber 1982: 164) eigen. Nunmehr sei die Expansion der sozialpolitischen Programme unter Links- und Rechtsregierungen ähnlich verlaufen. Hinzuzufügen sei ein Aufholprozess: „Im Zeichen einer internationalen Konvergenz trieben, unabhängig von der inneren Kräfteverteilung, vor allem jene Länder die Erweiterung der Programme voran, die bei Ausbruch des Krieges im westeuropäischen Vergleich zu den Nachzüglern der Sozialversicherungsentwicklung gezählt hatten" (ebd.).

Solange die wirtschaftlichen Ressourcen kontinuierlich flossen, neigten in den demokratisch verfassten Ländern „alle Parteien der breiten Mitte" (ebd.) zu einer expansiven Sozialpolitik, so Jens Alber weiter. In wirtschaftlich widrigen Lagen hingegen sorgten nur noch Linksparteien für den weiteren Ausbau des Sozialstaates. Für Perioden wirtschaftlicher Prosperität scheint demnach eine sozialpolitische Variante der Allerweltsparteien-These zu passen.[30]

---

[30] Dieser These zufolge haben Parteien, denen es vorrangig um Optimierung von Wählerstimmen geht und die konfessionell und klassenstrukturell unspezifisch geworden sind, die alten Gesinnungs- und Kampfgemeinschaften auf konfessioneller und klassenstruktureller Basis abgelöst, so Kirchheimer 1965, der Hauptvertreter dieser These.

Passt die Allerweltsparteien-These wirklich zur Sozialversicherungspolitik nach 1945? Unbestritten wirkten sowohl sozialdemokratische als auch christdemokratische Parteien kräftig am Auf- und Ausbau des Sozialstaates nach 1945 mit (van Kersbergen 1995). Beide Parteien prägte die Erfahrung gemeinsamer Not in der Wirtschaftskrise der frühen 1930er Jahre und im Zweiten Weltkrieg. Und beide betrachteten die Sozialpolitik „als Ausdruck nationaler Solidarität" (Alber 1982: 164), Voraussetzung innenpolitischer Stabilität und Garant eines politisch und ökonomisch produktiven sozialen Friedens. Insoweit sind beide Sozialstaatsparteien. Diesen Eindruck bestätigen die Daten zur Politikorientierung von Parteien und die Wahlkampfplattformen politischer Parteien in westlichen Demokratien (Laver/Hunt 1992; Klingemann u.a. 1994).

Allerdings expandierten die Sozialversicherungen zwischen 1950 und 1975 unter den Regierungen der Mitteparteien sogar überdurchschnittlich stark, stärker als unter Linksregierungen. Warum? Zum Teil liegt das an der pro-sozialpolitischen Programmatik der Mitte-Parteien, zum Teil auch an ihrem wahlpolitischen Kalkül. Bekanntlich haben namentlich die großen Parteien der Mitte eine soziale Basis in der Wählerschaft, die breiter und heterogener ist als die der liberalen, der konservativen, der sozialdemokratischen und der grünen Parteien. Zu ihr gehören Landwirte, Selbständige, Arbeiter, Beamte, Angestellte und Sozialrentner. Die heterogene soziale Basis und die Verankerung in der Sozialstaatsklientel sensibilisierten die Mitte-Parteien aus wahlpolitischen Gründen für die Sozialpolitik. Und unter den Bedingungen der langen Nachkriegsprosperität und des rapiden wirtschaftlichen Strukturwandels gerade im ureigenen Wählerbereich war die Neigung der Mitte-Parteien zur Sozialpolitik, vor allem zum Ausbau des „Sozialversicherungsstaates" (Riedmüller/Olk 1994), sogar besonders ausgeprägt.

Hierin liegt im Übrigen auch ein Schlüssel zur Erklärung der Politik des „Sozialen Kapitalismus", zu der eine spezielle Gruppierung unter den Parteien der Mitte neigte, nämlich die christdemokratischen Parteien. Die Politik des „Sozialen Kapitalismus" (van Kersbergen 1995), brachte einen Sozialstaat hervor, der in quantitativer und qualitativer Hinsicht mit dem Wohlfahrtsstaat, den die sozialdemokratisch geführten Regierungen in Nordeuropa schufen, mithalten kann. Allerdings sind die Unterschiede zwischen beiden Sozialstaatstypen unübersehbar (siehe hierzu auch Abschnitt 3.4): der Wohlfahrtsstaat des „Sozialen Kapitalismus" orientiert sich stärker an Sozialversicherung, Leistung, Markteinkommen und Statusgruppen- oder Standeszugehörigkeit als der sozialdemokratische Wohlfahrtsstaat. Und im Gegensatz zu diesem delegiert der Wohlfahrtsstaat des „Sozialen Kapitalismus" einen erheblich größeren Teil der sozialpolitischen Aufgaben an die Wohlfahrtsverbände, im Besonderen an die Kirchen. Überdies legt sich der Wohlfahrtsstaat des „Sozialen Kapitalismus" in der Beschäftigungspolitik Zurückhaltung auf. Diese gilt ihm als Sache des Marktes und der Sozialpartner, im Gegensatz zum Wohlfahrtsstaat der Sozialdemokratie, der, so zumindest die Idee, nach sozialer Sicherung und nach ehrgeiziger Beschäftigungspolitik strebt. Insofern hat der Konsens über die Sozialpolitik unter den großen „Parteien der breiten Mitte" (Alber 1982: 164) ähnlich große leistungsstarke Systeme der sozialen Sicherung geschaffen, aber Raum für unterschiedliche Gestaltung der Sozialpolitik und unterschiedliche Entwicklungstempi gelassen.

Zu dieser These passt auch eine weitere parteipolitische Hypothese: Die Alleinregierung oder Regierungsdominanz von marktorientierten Parteien, wie die Liberalen oder die britische Conservative Party in der Ära des Thatcherismus ab 1979, manifestiert sich in der Neigung zum ‚schlankeren Staat' und zur ‚schlankeren Sozialpolitik'. Für Letzteres war auch Japan bis 1975 ein Beispiel, bis dort die steil ansteigende Senioren- und Altersrentnerquote und die Überlastung der familiären und betrieblichen Sozialnetze einen Kurswechsel in der Sozialpolitik hervorriefen, der vor allem dem Ausbau der Alterssicherung zugute kam (Campbell 1992). Ein weiteres Beispiel sind die Vereinigten Staaten von Amerika, die nach dem wirtschaftlichen Entwicklungsstand zu den reichsten Staaten der Welt und nach der Ausdehnung der Sozialversicherung außerhalb der Alterssicherung zu den armen Vettern unter den westlichen Demokratien zählen.

3.2   Die Entwicklung der Sozialausgaben

Nach dem sozialversicherten Anteil der Erwerbsbevölkerung zu urteilen, konvergiert die Sozialpolitik der westlichen Länder. Andere Messlatten zeigen allerdings nicht Konvergenz an, sondern Konstanz oder Divergenz (vgl. O'Connor/ Brym 1988). Ein Beispiel ist die Sozialleistungsquote, der Anteil der öffentlichen Sozialausgaben am Bruttoinlandsprodukt. Zwar stieg diese Quote in allen westlichen Ländern vor allem in der zweiten Hälfte des 20. Jahrhunderts höher als je zuvor, doch verringerte dies die Unterschiede zwischen den Industrieländern nicht nennenswert. Vielmehr wuchs der Abstand zwischen den Staaten mit der jeweils höchsten und der niedrigsten Sozialleistungsquote. Im Jahre 1950 betrug diese Spannweite in den demokratischen Industrieländern den Berechnungen der ILO zufolge 11,3 Prozentpunkte: die höchste Sozialleistungsquote verzeichnete damals die Bundesrepublik Deutschland mit 14,8 Prozent, die niedrigsten Japan und die USA mit jeweils 4 Prozent.

Tabelle 2: Sozialleistungsquoten in OECD-Mitgliedstaaten seit 1950

Staat	1950 ILO-Daten	1996 ILO-Daten	1960 OECD-Daten	1980 OECD-Daten	2001 OECD-Daten	2001 Private Ausgaben	2001 Pro-Kopf-Ausgaben
Australien	4,7	15,7	17,7	11,3	18,0	0,9	3939
Belgien	11,6	29,7	14,5	24,1	27,2		5691
BR Deutschland	14,8	33,0	17,5	23,0	27,4	1,4	5117
Dänemark	7,9	33,0	12,4	29,1	29,2	0,3	6763
Finnland	7,4	32,3	18,0	18,5	24,8	0,1	5045
Frankreich	11,5	30,1	14,3	21,1	28,5		6011
Griechenland	4,0	22,7	(6,1)	11,5	24,3		3040
Großbritannien	9,6	22,8	19,8	17,9	21,8	0,5	4388
Irland	7,2	17,8	19,0	17,0	13,8		3202
Island	5,5	18,6			19,8	1,4	
Italien	8,4	23,7	13,3	18,4	24,4	1,4	4646
Japan	4,0	14,1	14,7	10,2	16,9	0,6	3495
Kanada	6,2	17,7	18,6	14,3	17,8		3970
Korea		5,6			6,1	2,6	895
Luxemburg	10,8	25,2	14,5	23,5	20,8		
Mexiko	2,0	3,7			11,8		836
Neuseeland	9,7	19,2	10,7	17,2	18,5		2982
Niederlande	8,0	26,7	11,3	26,9	21,8	0,7	4735
Norwegen	6,2	28,5	17,9	17,9	23,9	1,3	5874
Österreich	12,4	26,2	16,5	22,5	26,0	0,9	5259
Polen	7,1	25,1			23,0		1723
Portugal	4,9	19,0		10,9	21,1	0,4	3002
Schweden	9,7	34,7	10,3	28,8	28,9	0,6	5942
Schweiz	5,9	25,9	15,0	14,2	26,4	0,6	5877
Slovak. Republik	10,8	20,9			17,9	0,3	1447
Spanien	3,4	22,0		15,9	19,6		3069
Tschech. Rep.	10,8	18,8			20,1		1880
Türkei	1,4	7,1		4,3	13,2		823
Ungarn	8,8	22,3			20,1		1494
USA	4,0	16,5	17,1	13,3	20,4	0,4	4136
Mittelwert	7,5	21,8	15,4	17,9	21,1	0,8	3760

Spalte 1: Ländername. Berücksichtigt werden alle Mitgliedstaaten der OECD im Jahre 2005.
Spalte 2: Öffentliche Sozialausgaben in Prozent BSP 1950 (ILO-Definition). ILO 1972: 324-330, ergänzend ILO 1958, 1961, 1972. Griechenland geschätzt auf der Basis von 1960 und für die Tschechische Republik und die Slovakische Republik Schätzung auf der Basis der Zahlen für die Tschechoslowakei 1950. Messung von Mexiko 1961, Polen 1955, Portugal 1952, Spanien 1958 und Ungarn 1961.
Spalte 3: Öffentliche Sozialausgaben (% BIP) 1996 (ILO-Definition). Belgien: 1986, Griechenland 1988. ILO 2002.
Spalte 4: Öffentliche Sozialausgaben in Prozent BIP 1960 (OECD 1985, abzüglich der Bildungsausgaben). Belgien: 1964, Dänemark und Luxemburg: Schätzungen auf der Basis von OECD- und ILO-Daten.
Spalte 5: Öffentliche Sozialausgaben in Prozent BIP 1980 (OECD 2004).
Spalte 6: Öffentliche Sozialausgaben in Prozent BIP 2001 (OEDC 2004a, Türkei: 1999, Quelle: OECD 2003).
Spalte 7: Gesetzlich vorgeschriebene private Sozialausgaben in Prozent BIP, OECD 2004.
Spalte 8: Öffentliche Sozialausgaben pro Kopf in Geary-Khamis Dollar nach Maddison 2003, OECD 2004.

Viereinhalb Jahrzehnte später war die Spannweite zwischen dem demokratischen Industriestaat mit der höchsten und demjenigen mit der niedrigsten Sozialleistungsquote noch größer: bei 14,1 Prozent lag sie in Japan und bei 34,7 Prozent in Schweden, so die Berechnungen der ILO für das Jahr 1996 (ILO 1958, 1961, 2002). Noch größere Spannweiten ergeben sich, wenn auch die wirtschaftlich weniger weit entwickelten OECD-Mitgliedstaaten berücksichtigt werden, wie die Türkei. Ähnliches zeigen die OECD-Sozialausgaben. Ihnen zufolge betrug der durchschnittliche Anteil der öffentlichen Sozialleistungen am Bruttoinlandsprodukt in den Mitgliedstaaten der OECD im Jahre 2001 21,2 Prozent. Weit überdurchschnittliche Quoten wurden in Dänemark, Schweden, Frankreich und Deutschland erreicht. Unterdurchschnittliche Sozialleistungsquoten charakterisieren demgegenüber unter anderem Japan, die USA, Australien und Irland sowie die wirtschaftlich weniger entwickelten Länder.[31] Wie die Statistiken der OECD und der ILO ferner zeigen, wuchs die Sozialleistungsquote in einem von Land zu Land unterschiedlichen Tempo, beispielsweise verhalten in Japan und in den USA. In anderen Ländern nahm der Anteil der Sozialausgaben am Sozialprodukt vor allem in den 1960er und 1970er Jahren sehr schnell zu, so in den Niederlanden, in Dänemark, Schweden und Norwegen. Über die Details informiert die Tabelle 2. Sie enthält verschiedene Schätzungen der Sozialleistungsquote zwi-

---

[31] Details in Tabelle 2, vgl. OECD 2004. Nach der Definition der ILO umfassen die Sozialausgaben vor allem den öffentlichen Finanzaufwand für die klassischen Sozialversicherungssysteme, das öffentliche Gesundheitswesen, die Beamtenversorgung, Familienbeihilfen, Sozialhilfe und Kriegsopferversorgung. Die OECD zählt dem vor allem gesetzliche Leistungen für die aktive Arbeitsmarktpolitik, für soziale Förderung des Wohnens, soziale Dienstleistungen für Familien, Hinterbliebenenversorgung, Behinderte und für die Pflege hinzu (OECD 1996).

schen 1950 und dem frühen 21. Jahrhundert.[32] Ferner informiert die letzte Spalte über die Höhe der Pro-Kopf-Sozialleistungen. Diese Zahlen unterstreichen einerseits die Spitzenposition der nordischen Länder in der Sozialpolitik, sie machen aber auch deutlich, dass das hohe Pro-Kopf-Sozialprodukt der USA trotz unterdurchschnittlicher Sozialleistungsquote zu beachtlichen Pro-Kopf-Sozialausgaben führt.

Besonders rasch nahmen die Sozialleistungsquoten in den 1960er und den 1970er Jahren und zu Beginn der 1990er Jahre zu, während sie sich in den 1950er und 1980er Jahren meist nur verhalten entwickelten. Ein Teil der Expansion der Sozialpolitik fiel in die Prosperitätsperiode nach Ende des Zweiten Weltkrieges, in der die Wirtschaft – auch im historischen Vergleich – sehr stark wuchs. Hierdurch nahm auch die „anonyme Sozialpolitik des Marktmechanismus" (Rosenberg 1976: 217) in ungewöhnlichem Tempo zu. Diese und die Verteilungswirkungen der Sozialpolitik schufen Wohlstand für viele. Allerdings entpuppte sich die Nachkriegsprosperität als eine vorübergehende Erscheinung, als „kurzer Traum immerwährender Prosperität", so Burkart Lutz (Lutz 1984). Die Prosperitätsphase brachte allerdings mehr Wohlstand als je zuvor und leitete einen tiefgreifenden Wandel der Arbeitsteilung zwischen Staat und Markt ein: Der Anteil der Staatsausgaben am Sozialprodukt nahm im Trend zu, und zwar fast so, wie es das Wagner'sche Gesetz des wachsenden Staatsbedarfs vorhergesagt hatte. Sein Urheber, Adolph Wagner, ein deutscher Nationalökonom, hatte hellsichtiger als viele andere den heranwachsenden Industriegesellschaften das Wachstum des „Cultur- und Wohlfahrtsstaates" prognostiziert: Der „Staat fortschreitend kulturfähiger Völker, so namentlich der modernen, hört immer mehr auf, einseitig Rechtsstaat, im Sinne der möglichst alleinigen Verwirklichung des Rechts- und Machtzwecks zu sein und wird immer mehr Cultur- und Wohlfahrtsstaat in dem Sinne, dass gerade seine Leistungen auf dem Gebiete des Cultur- und Wohlfahrtszwecks sich beständig mehr ausdehnen und mannigfachen Inhalt gewinnen" (Wagner 1893 Teil I: 888). Wagners Gesetz zufolge wachsen die Staatsaufgaben und der hierfür erforderliche Finanzaufwand mit zunehmender Industrialisierung und Urbanisierung. Das kommentierte Wagner beifällig, zählte er doch

---

[32] Nicht systematisch berücksichtigt werden beispielsweise ein sozialpolitisch motivierter Einnahmenverzicht des Staates, Steuern und Sozialbeiträge auf Sozialleistungen, indirekte Steuern auf durch Sozialleistungen finanzierten Konsum und freiwillig erbrachte private Sozialleistungen. Ersten Schätzungen diesbezüglich umgerechneter Sozialausgaben („Nettosozialleistungen") zufolge, sind die Nettoausgabenquoten der entwickelten Wohlfahrtsstaaten wie Schweden bis zu einem Sechstel niedriger und die der Länder mit geringeren Sozialleistungsquoten deutlich – in den USA sogar um die Hälfte – höher als die bislang ausgewiesenen Bruttosozialleistungsquoten. Siehe hierzu das Kapitel 5 im vorliegenden Band.

zu den von liberalen Kritikern als Kathedersozialisten beschimpften Anhängern einer Lehre, die auf den Machtstaatsgedanken und den des sozialen Ausgleichs setzte.
Dass der soziale Ausgleich allerdings die Oberhand über die Machtstaatsidee gewann, zeigen das Wachstum der Sozialausgaben und die – bis auf Kriegszeiten – vergleichsweise geringen und seit den 1960er Jahren tendenziell abnehmenden Militärausgabenquoten (Keman 1997). Mehr noch: Das Wachstum der Sozialetats ist die Hauptursache der wachsenden Staatsquote. Mindestens zwei Drittel des Anstiegs der Staatsquote in den demokratisch verfassten Industrieländern seit 1950 können auf das Wachstum der Sozialausgaben zurückgeführt werden.

3.3   Bestimmungsfaktoren der Sozialausgaben im internationalen Vergleich

Wovon wird die Höhe der Sozialausgaben im 21. Jahrhundert bestimmt, und welche Kräfte bewirken ihre Veränderung? Wie sind die Unterschiede des Niveaus und der Veränderung der Sozialleistungsquote oder der Pro-Kopf-Sozialausgaben zu erklären? Warum haben Schweden, Frankreich und Deutschland zu Beginn des 21. Jahrhunderts eine Sozialleistungsquote, die mindestens doppelt so hoch ist wie in Japan und den USA? Hinweise zur Beantwortung dieser Fragen erhält, wer die (in Kapitel 1 dieses Buches vorgestellten) wichtigsten Theorien der vergleichenden Staatstätigkeitsforschung kombiniert, also den sozioökonomischen Ansatz, die Lehre von den politischen Institutionen, die Parteiendifferenztheorie, den Lehrsatz vom Politik-Erbe, ferner potenzielle Rückwirkungen inter- und supranationaler Politik auf die Nationalstaaten und mitunter auch die Machtressourcentheorie.
Wie umfangreiche Auswertungen Manfred G. Schmidts zeigen (vgl. z.B. Schmidt 2005), sprechen etliche Befunde für die verschiedenen Lehrmeinungen. Um den Argumentationsgang überschaubar und möglichst nachvollziehbar zu halten, werden im Folgenden zunächst nur ausgewählte Befunde von bivariaten Analysen präsentiert, also Analysen des Zusammenhangs zwischen zwei Variablen. Für die sozialökonomische Schule spricht viel, beispielsweise die hohe Korrelation der öffentlichen Sozialleistungsquote 2001 und der Seniorenquote dieses Jahres.[33] Für diese Schule spricht ferner die ebenfalls enge Beziehung zwischen

---

[33] Pearsons Korrelationskoeffizient r = 0,56, 30 Beobachtungsfälle (im Folgenden abgekürzt als N = 30) – es sind dies alle Länder der Tabelle 2.

den Pro-Kopf-Sozialleistungen 2001 und dem Stand der wirtschaftlichen Entwicklung: je reicher ein Land, desto höher seine Sozialleistungen pro Kopf der Bevölkerung.[34]

Eindrucksvoll gestützt wird die Parteiendifferenzthese: Die Sozialleistungsquote ist umso höher, je stärker in den Jahren von 1950 bis 2001 die Linksparteien an der Regierung beteiligt waren – gemessen an ihrem Kabinettssitzanteil[35] – je schwächer die Regierungsbeteiligung von marktorientierten konservativen Parteien ausfiel[36] und je größer der Abstand zwischen der Regierungsbeteiligung von Linksparteien und säkular-konservativen Parteien war.[37]

Für die Machtressourcenschule hingegen werden die Belege schwächer. Während die ältere Forschung noch enge Zusammenhänge zwischen der Höhe der Sozialleistungsquote und dem Organisationsgrad der Gewerkschaften zu Beginn der 1990er Jahre berichtete, ist dieser Zusammenhang nicht länger signifikant. Im Kreis der alten OECD-Mitgliedstaaten – also ohne die post-sozialistischen Länder und sonstigen neuen Mitglieder – korrelieren allerdings nach wie vor die Sozialleistungsquoten mit dem Korporatismusgrad der Staat-Verbände-Beziehungen.[38]

Auch die institutionelle Sichtweise trägt – den bivariaten Analysen nach zu urteilen – insgesamt nur wenig zur Erklärung der Sozialleistungsquoten von 2001 bei. Das gilt sowohl für die gängigen Indizes der gegenmajoritären Begrenzungen als auch für die Vetospieler- und Mitregentendichte (Schmidt 2000: 352f.) und die Föderalismus-Indikatoren. Nur der Indikator der Demokratieformen, den Lijpharts Studie von 1999 aufdeckt, steht in einem lockeren Zusammenhang mit den

---

[34] r = 0,82, N = 28 (ohne Island und Luxemburg).

[35] r = 0,63, N = 23 – berücksichtigt werden aus Gründen der besseren Vergleichbarkeit nur die etablierten Demokratien unter den OECD-Ländern. Der unstandardisierte Regressionskoeffizient (b = 0,15 und t = 3,76) zeigt einen starken Linksparteieneffekt an: Ihm zufolge führt eine im gesamten Untersuchungszeitraum allein regierende Linkspartei in der Regel zu einer Sozialleistungsquote, die um 15 Prozentpunkte höher ist als bei Nichtbeteiligung von Linksparteien an der Regierung.

[36] r = -0,62, N = 23. Unstandardisierter Regressionskoeffizient b = -0,09 (t = -3,59). Der unstandardisierte Regressionskoeffizient zeigt einen starken Effekt der marktorientierten konservativen Parteien an: Ihm zufolge führt eine im gesamten Untersuchungszeitraum allein regierende konservative Partei in der Regel zu einer Sozialleistungsquote, die um 9 Prozentpunkte niedriger ist als bei Nichtbeteiligung von säkular-konservativen Parteien an der Regierung. Die säkular konservativen Parteien nach Art der britischen Conservative Party oder der Republican Party der USA sind strikt von den üblicherweise viel sozialpolitikfreundlicher gestimmten Mitte-Parteien zu unterscheiden, unter denen vor allem die christdemokratischen Parteien als Sozialstaatsparteien herausragen.

[37] r = 0,75, N = 23, Beobachtungszeitraum 1950-2001.

[38] r = -0,68 (N = 13) im Falle des Korporatismusindikators von Siaroff 1999 und r = 0,60 (N = 18) im Falle des Indikators von Czada 1992.

Sozialausgaben: höhere Sozialleistungsquoten kennzeichnen eher die nichtmajoritären Demokratien, insbesondere die föderalen Konsensusdemokratien (zum Beispiel Deutschland, Österreich und die Schweiz) sowie einige einheitsstaatliche Konsensusdemokratien, insbesondere die nordischen Länder.[39] Die Internationale Hypothese allerdings wird durch die Daten zu Beginn des 21. Jahrhunderts nicht länger gestützt: die Außenhandelsabhängigkeit beispielsweise steht in keinem signifikanten Zusammenhang mit dem Sozialausgabenanteil am Sozialprodukt. Die Lehre vom Politik-Erbe aber erfährt erneut Bestätigung: die Staaten, die vor rund 20 Jahren sozialpolitisch stark engagiert waren, sind dies auch heute noch[40] – wenngleich Aufholvorgänge zustande kamen.[41] Gleiches gilt, wenn man noch weiter zurückblickt und den Zusammenhang zwischen der Sozialleistungsquote zu Beginn der 1950er Jahre und am Anfang des 21. Jahrhunderts untersucht. In diesem halben Jahrhundert ist das Sozialbudget aller OECD-Länder stark gewachsen und hat sich überall mindestens verdoppelt, mitunter sogar verdreifacht oder vervierfacht. Dabei haben vor allem die nordischen Länder und – überraschend, weil sie lange als Verkörperung einer stark liberal geprägten Sozialpolitik galt – die Schweiz besonders rasch aufgeholt und etliche Länder überholt.

Nicht zuletzt stehen die Sozialausgaben in engem Zusammenhang mit der Wirtschaftsentwicklung: Je schwächer das jahresdurchschnittliche Wirtschaftswachstum nach dem ersten Ölpreisschock von 1973 bis 2001, desto tendenziell stärker stieg die Sozialleistungsquote an und desto höher war ihr Stand zu Beginn des 21. Jahrhunderts.[42] (Dieses Anwachsen der Sozialausgabenquote bei schwachem Wirtschaftswachstum beruht auf der unterschiedlichen Entwicklung ihrer beiden Komponenten: Zum einen stagniert der Nenner, das Bruttosozialprodukt, zum anderen wächst zugleich in der Regel der sozialpolitische Nachfragedruck, beispielsweise wegen wachsender Arbeitslosigkeit.) Wer die verschiedenen Determinanten in einem Erklärungsmodell bündeln will, stößt auf eng gezogene Grenzen: die vergleichsweise geringe Zahl der Untersuchungsfälle – 23 alte OECD-Mitglieder, 30 einschließlich der neuen Mitgliedstaaten – begrenzt die Zahl der Erklärungsfaktoren, die gleichzeitig in ihrem Zusammenhang mit der Sozialleistungsquote erfasst werden können. Hinzu kommt, dass für die neuen

---

[39] $r = 0,41$ (Sozialleistungsquote und Lijpharts Indikator der „Executives-Parties"-Dimension), N = 22.

[40] $r = 0,62$, N = 22 (Sozialleistungsquote 1980 und 2001).

[41] $r = 0,62$, N = 22 (Korrelation zwischen der Sozialleistungsquote 1980 und der Differenz zwischen dieser Quote und der von 2001).

[42] $r = -0,50$, N = 23 (alte OECD-Mitgliedstaaten) für die Korrelation des durchschnittlichen Wirtschaftswachstums mit der Veränderung der Sozialleistungsquote und $r = -0,63$, N = 23 für die Korrelation mit ihrem Niveau 2001.

OECD-Mitgliedstaaten, unter ihnen die post-sozialistischen Länder, keine ver-
gleichbaren Daten für die Entwicklung vor 1990 vorliegen. Das erschwert den
Vergleich und legitimiert die Konzentration einer Erklärung der Sozialausgaben
zumindest auf die 23 Fälle umfassende Gruppe der älteren OECD-Mitgliedstaaten. Innerhalb dieser Grenzen zeigt die statistische Analyse mit Hilfe einer
linearen Mehrfachregression, dass die Sozialleistungsquote 2001 am besten mit
fünf Faktoren erklärt werden kann: ihrem Niveau in den frühen 1950er Jahren,
der Alterung der Gesellschaft (insbesondere dem Bevölkerungsanteil der über 65-
Jährigen), dem Tempo des Wirtschaftswachstums insbesondere nach dem ersten
Ölpreisschock von 1973, der Regierungsbeteiligung sozialdemokratischer Partei-
en und dem Kabinettssitzanteil säkular-konservativer Regierungen jeweils in der
gesamten Untersuchungsperiode. Dabei zeigen sich im Einzelnen folgende Zusammenhänge: Die Sozialleistungsquote ist umso höher (niedriger), je höher
(niedriger) sie 1950 war, je höhere (niedrigere) Werte die Seniorenquote erreichte,
je langsamer (schneller) die Wirtschaft insbesondere nach 1973 wuchs, je mehr
(weniger) Linksparteien an der Regierung beteiligt waren und je schwächer (stärker) die Regierungsbeteiligung der säkular-konservativen Parteien ausfiel. Diese
Bestimmungsfaktoren erklären zusammen mit 83 Prozent, so der bereinigte De-
terminationskoeffizient, einen Großteil der zu erklärenden Unterschiede der
Sozialleistungsquote von 2001.[43]

Somit schließt sich der Kreis. Wie die oben vorgestellten Ergebnisse zeigen,
können Höhe wie Wandel der Sozialleistungsquote in den Demokratien der
zweiten Hälfte des 20. Jahrhunderts in beträchtlichem Umfang erklärt werden.
Zu den Erklärungsfaktoren gehören Schlüsselgrößen der sozialökonomischen
Schule wie wirtschaftliche Konstellationen und die Altersstruktur der Bevölkerung. Von hervorragender Bedeutung sind sodann die Effekte politischer Partei-
en auf die Regierungspolitik und nicht zuletzt das Politik-Erbe. Dieser Befund hat
umso mehr Gewicht, als er von einer Vielzahl qualitativ-historiographischer
Länderanalysen gestützt wird, aber auch mit einer beträchtlichen Reihe von
quantitativen Studien kompatibel ist, vorausgesetzt, dass diese die längeren Wel-

---

[43] Alle Koeffizienten sind mindestens auf dem 0,02-Niveau signifikant. Die lineare Regressionsgleichung
hat die Form: Y = 15,91 + 0,37*Sozialleistungsquote (1950) + 0,52*Seniorenquote – 1,89*Wirtschaftswachstum 1974/73-2001/2000 + 0,07*(Kabinettssitzanteil sozialdemokratischer Parteien) – 0,04*(Kabinettssitzanteil säkular-konservativer Parteien). – Wer die Bestimmungsfaktoren der Sozialleistungsquote allerdings
noch genauer erfassen will, muss Quer- und Längsschnittanalysen zusammenlegen und zudem nach
Sozialpolitikprogrammen unterscheiden. Vgl. hierzu beispielsweise Schmidt 1999 (anhand der Gesundheitsausgaben in den älteren OECD-Demokratien), Schmidt 2001b (anhand der Pro-Kopf-Sozialausgaben
in der gleichen Ländergruppe) und Siegel 2002 am Beispiel der Rentenausgaben ebenfalls hinsichtlich der
älteren OECD-Demokratien.

len der sozialpolitischen Entwicklung erkunden und nicht nur kleinere Unterperioden, die für konjunkturelle und Sonderperiodeneffekte anfällig sind.

3.4 Veränderte Rahmenbedingungen sozialpolitischen Handelns ab Mitte der 1970er Jahre: Kontroversen um die Expansions- und Rückbaudynamik

Während für die ersten drei Nachkriegsjahrzehnte Einhelligkeit in der Diagnose sozialstaatlicher Expansion herrscht, bietet sich seit Mitte der 1970er Jahre ein uneinheitlicheres Bild. Die sozialen Sicherungssysteme hatten in einigen Staaten seit der ersten Ölkrise mit zunehmendem Problemdruck an verschiedenen Fronten (geringeres Wachstum, höhere Arbeitslosigkeit und in der Folge defizitäre Haushalte, aber auch stärkere ideologische Vorbehalte gegen einen als überproportioniert empfundenen Wohlfahrtsstaat) zu kämpfen.

Trotz allem Streben nach Kostendämpfung, Umbau oder Rückbau ist die Sozialpolitik zwar einerseits vom Aufwand her betrachtet ein ziemlich stabiles, tendenziell weiter wachsendes System geblieben (Borchert 1995: 55; Pierson 1994: 199, 2001). Davon zeugt die Entwicklung der Sozialleistungsquote. Zwischen 1980 und 2001 beispielsweise schrumpfte die Sozialleistungsquote nur in drei Ländern: in Irland, wo der Abwärtstrend des Anteils der Sozialausgaben am BIP ohne Kürzungen des Schutzniveaus durch einen beispiellosen Wirtschaftsaufschwung ermöglicht wurde, in Luxemburg und in den Niederlanden. In allen anderen OECD-Staaten nahm die Sozialleistungsquote weiter zu oder verharrte auf dem Anfang der 1980er Jahre erreichten Stand. Zurückgegangen ist dagegen der BIP-Anteil der Ausgaben für denjenigen Block der Staatstätigkeit, der nach Abzug der Sozial- und Zinsausgaben übrig bleibt, also für Bildung, Verteidigung etc., so Castles 2007.

Andererseits ist die Sozialleistungsquote nur ein Indikator unter anderen.[44] Andere Anzeiger, wie die Messlatten des Schutzes, den die Sozialpolitik gegen Marktabhängigkeit gewährt, die Dekommodifizierungs-Indikatoren, zeigen sogar

---

[44] Bei der Auslegung der Sozialleistungsquote muss Folgendes bedacht werden: Sie misst den relativen Anteil der Sozialausgaben am Sozialprodukt. Sie kann deshalb keine Auskunft über die sozialpolitische Bedeutung geben, die dem Umfang des Sozialproduktes zuzuschreiben ist. Wenn ein sehr wohlhabendes Land eine niedrige Sozialleistungsquote hat, können dennoch die Pro-Kopf-Sozialleistungen hoch sein – die USA sind ein Beispiel. Und umgekehrt kann eine hohe Sozialleistungsquote in einem ärmeren Land mit relativ niedrigen Pro-Kopf-Sozialleistungen einhergehen – die postsozialistischen Länder kann man hierzu zählen.

eine beträchtliche Veränderungsdynamik der Sozialpolitik an. In zehn Ländern[45] war demnach das Sozialschutzniveau 1998/99 (teilweise deutlich) geringer als 1980, und auch im OECD-Durchschnitt ging es zurück[46] (vgl. Schmidt 2005: 222, wo die Auswertungen von Esping-Andersen 1990 und Bambra 2004 verglichen werden).

Vor dem Hintergrund der nur noch hinsichtlich bestimmter Indikatoren feststellbaren Expansion und des Rückbaus mancher sozialer Rechtsansprüche und Schutzniveaus in mehreren Staaten kam es zu zwei Kontroversen in der Politikwissenschaft: zum einen über die Frage, ob der Sozialstaat seine Wachstumsgrenzen erreicht oder gar seinen Zenit überschritten hat – hier scheint eher Ersteres der Fall zu sein (vgl. Flora 1986a: xxiff.; Castles 2004: 167ff. u. Castles 2006), und zum anderen über die Erklärung der skizzierten Entwicklungen seit Mitte der 1970er Jahre: Sind die Kausalmechanismen, die zur Variation der Sozialausgaben in und zwischen Staaten führen, und damit die theoretischen Ansätze zu ihrer Erklärung, in Zeiten üppig sprudelnder öffentlicher Einnahmen und wohlfahrtsstaatlicher Ausbaudynamik dieselben wie in Zeiten knapper Kassen[47] und des Sozialstaatsrückbaus? Diese Frage ist in der vergleichenden Staatstätigkeitsforschung lange mit einem impliziten Ja beantwortet worden bzw. wurde überhaupt nicht gestellt. Es ist insbesondere Piersons Verdienst, die Aufmerksamkeit der Disziplin mit starken Thesen hierauf gelenkt zu haben:

> „My central thesis is that retrenchment is a distinctive and difficult political enterprise. It is in no sense a simple mirror image of welfare state expansion." (Pierson 1994: 1f.)

Pierson zufolge ist der Rückbau sozialer Sicherungssysteme ein von ihrem Auf- und Ausbau vor allem in zweierlei Hinsicht stark unterschiedlicher politischer Prozess: Zum einen haben die Beteiligten Politiker andere Ziele, nämlich nicht sich mit bei den Wählern beliebten sozialpolitischen Wohltaten zu brüsten (‚credit claiming'), sondern es vielmehr zu vermeiden, für die kritisch beurteilten

---

[45] Belgien, Dänemark, Großbritannien, Irland, Japan, Neuseeland, Niederlande, Norwegen, Schweden, Schweiz.

[46] Deutschland und Österreich wiesen im Übrigen zur Jahrhundertwende einen gegenüber 1980 unveränderten Dekommodifizierungsgrad auf.

[47] Der in der englischsprachigen Literatur verwendete Begriff ‚austerity' kann auch mit ‚selbstauferlegte Sparsamkeit' übersetzt werden, was den Aspekt stärker betont, dass finanzpolitische Ausgabenreduktionen sowohl auf tatsächlichen als auch auf durch die entscheidenden Akteure (z.B. auch aus ideologischen Gründen) wahrgenommenen Zwängen beruhen können, welche nicht unbedingt identisch sein müssen. Wenn hier von knappen Kassen die Rede ist, schließt dies beide Bedeutungen ein.

Einschnitte verantwortlich gemacht zu werden ('blame avoidance'). Zum anderen sei der Kontext, in dem Rückbaumaßnahmen diskutiert und konzipiert würden, ein fundamental anderer, und zwar wegen der Interessenlagen, die der
Ausbau der sozialen Sicherungssysteme selbst geschaffen habe (Pierson 1996:
144ff.).

Siegel hat überzeugend auf die theoretischen, methodischen und empirischen Schwächen der Argumentation Piersons hingewiesen, der zufolge in Zeiten
der 'New Politics of the Welfare State' (Pierson 1996) den Erkenntnissen der 'Ex-
pansionsforschung' keine Erklärungskraft mehr innewohne (Siegel 2002: 94ff.).[48]
Während die These einer völlig neuen sozialstaatlichen Funktionslogik damit auf
wackligen Beinen steht, spricht Vieles für einen „Erweiterungs- und Modifizie-
rungsbedarf" (ebd.: 91) der etablierten theoretischen Ansätze und für die Vermutung, dass deren relative Erklärungsbeiträge in den beiden (bisher recht holz-
schnittartig nebeneinander gestellten) Zeiträumen unterschiedlich groß sind. So
stellen Kittel/Obinger in ihrer Untersuchung der Dynamik der Sozialausgaben in
Zeiten der Austerität für den Zeitraum 1982-97 fest, dass der Einfluss (partei-)
politischer Variablen auf die Variation der Sozialausgaben zurückgegangen sei
(Kittel/Obinger 2003: 20). Unberührt davon bleiben jedoch die Diagnosen zu den
längeren Wellen der sozialpolitischen Entwicklung, die weiter oben im vorliegenden Kapitel dargelegt wurden.

3.5   Zunehmende Reformdiskussion seit den 1990er Jahren

Sozialpolitische Reformdiskussionen laufen zum allergrößten Teil in nationalen
Arenen ab und drehen sich daher im internationalen Vergleich auch um unterschiedliche Themenfelder. Es lassen sich jedoch vier (überlappende und sich ge-
genseitig beeinflussende) Bereiche identifizieren, die in den meisten OECD-Staaten in den letzten 15 Jahren intensiv debattiert wurden (und auch schon zu zahlreichen Gesetzesänderungen geführt haben). Der erste betrifft die Rolle des Staates: Welche (Dienst-)Leistungen soll er erbringen, und welche Risiken sind privat
– ob in der Familie oder marktvermittelt – zu tragen? Zweitens stehen die Gestal-
ter der sozialen Sicherungssysteme vor der Frage, wie auf die wachsende Nachfrage nach deren Leistungen in der Folge der (unterschiedlich stark ausgepräg-

---

[48] Castles bemerkt dazu: „The king must surely be dead before we anoint his successor!" (Castles 2004:
115).

ten, aber nahezu ubiquitären) demographischen Alterung[49] und der Zunahme sogenannter ‚neuer sozialer Risiken' wie dem Alleinerziehendenstatus zu reagieren ist. Kürzungen renten- und gesundheitspolitischer Leistungen, welche den Löwenanteil der Sozialbudgets ausmachen, sind in weiten Teilen der Wählerschaft unpopulär, höhere Steuern und Abgaben aber ebenso.[50] Diese Konstellation vergrößert drittens tendenziell die in einigen Ländern ohnehin schon beträchtlichen Defizite der öffentlichen Haushalte und damit auf Dauer die Schulden- bzw. Zinslast. Viertens stehen die Finanzierungsprobleme des Sozialstaats in Zusammenhang mit der Wachstums- und Beschäftigungsperformanz der jeweiligen Länder. Jene Länder, die wie Deutschland die Finanzierung der Sozialpolitik in hohem Maße über Sozialversicherungsbeiträge den Arbeitnehmern und Arbeitgebern aufbürden, stehen hierbei vor besonders großen Herausforderungen (zu den verschiedenen Wohlfahrtsstaatsregimen und für sie typischen Problemkonstellationen siehe auch das folgende Kapitel III.4).

Ein fünfter Bereich der Reformdiskussion betrifft die EU-Mitgliedstaaten: Für sie stellt sich die Frage, ob sozialpolitische Maßnahmen auf nationalstaatlicher Ebene angesichts der Integration der Märkte für Güter, Dienstleistungen und Arbeitskräfte noch wirksam genug und finanzierbar sind. Einer Europäisierung der sozialen Sicherung (zumindest in ihren Kernbereichen) stehen allerdings die Diversität der vorhandenen Arrangements und die Angst vor Kompetenz- und Einflussverlust bei Politikern und Wählern entgegen.

 **Literatur**

Kommentierte Literatur

Castles, Francis G., 2004: The Future of the Welfare State. Crisis Myths and Crisis Realities, Oxford.
Auf der Basis von Studien ihrer Entwicklung in den vergangenen Jahrzehnten und im Lichte demographischer Trends prognostiziert Francis Castles in diesem wegweisenden Band die Zukunft der Sozialpolitik in den OECD-Ländern. Von einer Krise des Wohlfahrtsstaats kann ihm zufolge nicht die Rede sein, vielmehr habe dieser nur seine Expansionsphase hinter sich und nähere sich einem

---

[49] In Ländern mit besonders niedrigen Geburtenraten wie der Bundesrepublik Deutschland werden in diesem Zusammenhang auch fertilitätsförderliche Maßnahmen intensiv diskutiert.

[50] Das soll nicht heißen, dass es keine bedeutsamen Unterschiede zwischen den Abgabebereitschaften der Bevölkerungen der OECD-Staaten gäbe. Im Gegenteil: diese Größe variiert ganz beträchtlich.

stationären Zustand, in dem auch die zwischenstaatlichen Unterschiede der Ausgaben geringer werden.

Flora, Peter, 1986c: Introduction, in: Flora, Peter (Hg.), Growth to Limits. The Western European Welfare States Since World War II, Bd. 2, Berlin/New York, XI-XXXVI.
In der Einleitung der ,Growth to Limits'-Bände zeichnet Peter Flora die gemeinsamen Wurzeln der europäischen Wohlfahrtsstaaten und die Gründe für die Diversität ihrer Entwicklungen nach, um sodann die These aufzustellen, dass sie – unter anderem aufgrund persistenter Arbeitslosigkeit, hoher Haushaltsdefizite und begrenzter Abgabebereitschaft – die Grenzen ihrer Expansion erreicht hätten.

Pierson, Paul, 1994: Dismantling the Welfare State? Reagan, Thatcher, and the Politics of Retrenchment, Cambridge.
Paul Pierson untersucht in dieser wegweisenden Monographie zum einen die Versuche der Regierungen Reagan und Thatcher, die Sozialausgaben zu senken. Zum anderen begründet er auf dieser Analyse die These, dass die hinsichtlich deren Expansion bewährten theoretischen Ansätze zu einer Erklärung sozialstaatlichen Rückbaus wenig beitragen.

Siegel, Nico A., 2002: Baustelle Sozialpolitik. Konsolidierung und Rückbau im internationalen Vergleich, Frankfurt a.M.
In Kapitel 3 diskutiert Nico Siegel die Stärken und Schwächen der Pierson'schen These von den ,new politics of the welfare state'.

Zitierte Literatur

Alber, Jens, 1982: Vom Armenhaus zum Wohlfahrtsstaat. Analysen zur Entwicklung der Sozialversicherung in Westeuropa, Frankfurt a.M./New York.

Bambra, Clare, 2004: Weathering the Storm. Convergence, Divergence and the Robustness of the „Worlds of Welfare", in: The Social Policy Journal 3 (3), 3-23.

Borchert, Jens, 1995: Die konservative Transformation des Wohlfahrtsstaates, Frankfurt a. Main/New York.

Campbell, John C., 1992: The Japanese Government and the Ageing Society, Princeton.

Castles, Francis, 2007 (Hg.) i.E.: The Disappearing State? Cheltenham.

Czada, Roland, 1992: Korporatismus, in: Schmidt, Manfred G. (Hg.), Die westlichen Länder, München, 218-224.

Esping-Andersen, Gøsta, 1990: The Three Worlds of Welfare Capitalism, Cambridge.

Europäische Kommission 1996: Soziale Sicherheit in Europa 1995, Brüssel.

Flora, Peter (Hg.), 1986a: Growth to Limits. The Western European Welfare States Since World War II, Bd. 1, Berlin/New York.

Flora, Peter (Hg.), 1986b: Growth to Limits. The Western European Welfare States Since World War II, Bd. 2, Berlin/New York.

ILO 1958: The Cost of Social Security. 1949-1954, Genf.

ILO 1961: The Cost of Social Security. 1949-1957, Genf.

ILO 1972: The Cost of Social Security. Seventh International Inquiry: 1964-1966, Genf.

ILO 2002: The Cost of Social Security (http://www.ilo.org – November 2002).

Keman, Hans, 1987: Welfare and Warfare. Critical Options and Conscious Choice in Public Policy, in: Castles, Francis G./Lehner, Franz/Schmidt, Manfred G. (Hg.), Managing Mixed Economies, Berlin/New York, 97-141.

Kersbergen, Kees van, 1995: Social Capitalism. A Study of Christian Democracy and the Welfare State, London.

Kirchheimer, Otto, 1965: Der Wandel des westeuropäischen Parteiensystems, in: Politische Vierteljahresschrift 6, 20-41.

Kittel, Bernhard/Obinger, Herbert, 2003: Political Parties, Institutions, and the Dynamics of Social Expenditure in Times of Austerity, in: Journal of European Public Policy 10 (1), 20-45.

Klingemann, Hans-Dieter/Hofferbert, Richard I./Budge, Ian u.a., 1994: Parties, Policies, and Democracy, Boulder.

Kudrle, Robert T./Marmor, Theodore R., 1981: The Development of Welfare States in North America, in: Flora, Peter/Heidenheimer, Arnold J. (Hg.), The Development of the Welfare State in Europe and America, New Brunswick/London, 81-124.

Laver, Michael/Hunt, W. Ben, 1992: Policy and Party Competition, London.

Lutz, Burkart, 1984: Der kurze Traum immerwährender Prosperität, Frankfurt a.M.

Obinger, Herbert, 1998: Politische Institutionen und Sozialpolitik in der Schweiz, Bern u.a.

Obinger, Herbert/Leibfried, Stephan/Castles, Francis G. (Hg.), 2005: Federalism and the Welfare State. New World and European Experiences, Cambridge.

Obinger, Herbert/Wagschal, Uwe (Hg.), 2000: Der gezügelte Wohlfahrtsstaat. Sozialpolitik in reichen Industrienationen, Frankfurt a.M.

O'Connor, Julia S./Brym, Robert J., 1988: Public welfare expenditure in OECD countries. Towards a reconciliation of inconsistent findings, in: British Journal of Sociology 39, 47-68.

OECD 1996: Social Expenditure Statistics of OECD Member Countries, Paris.

OECD 2003: OECD Health Data 2003, Paris.

OECD 2004: Social Expenditure Data Base 2004, Paris (CD-Rom).

Pierson, Paul, 1996: The New Politics of the Welfare State, in: World Politics 48, 143-179.

Pierson, Paul (Hg.), 2001: The New Politics of the Welfare State, Oxford.

Riedmüller, Barbara/Olk, Thomas (Hg.), 1994: Der Sozialversicherungsstaat, Opladen.

Roebroek, Joop M., 1993: The Imprisoned State, Tilburg.

Rosenberg, Hans, 1976: Große Depression und Bismarckzeit. Wirtschaftsablauf, Gesellschaft und Politik in Mitteleuropa, Frankfurt a.M. u.a.

Schmidt, Manfred G., 1985: Der Schweizerische Weg zur Vollbeschäftigung. Eine Bilanz der Beschäftigung, der Arbeitslosigkeit und der Arbeitsmarktpolitik, Frankfurt a.M./New York.

Schmidt, Manfred G., 1999: Warum die Gesundheitsausgaben wachsen. Befunde des Vergleichs demokratisch verfasster Länder, in: Politische Vierteljahresschrift 40, 229-245.

Schmidt, Manfred G., [3]2000: Demokratietheorien, Opladen.

Schmidt, Manfred G. (Hg.), 2001a: Wohlfahrtsstaatliche Politik. Institutionen, politischer Prozess und Leistungsprofil, Opladen.

Schmidt, Manfred G., 2001b: Ursachen und Folgen wohlfahrtsstaatlicher Politik. Ein internationaler Vergleich, in: Schmidt 2001a, 33-53.

Schmidt, Manfred G., 32005: Sozialpolitik in Deutschland. Historische Entwicklung und internationaler Vergleich, Wiesbaden.

Siaroff, Alan, 1999: Corporatism in 24 Industrial Democracies: Meaning and Measurement, in: European Journal of Political Research 36, 175-205.

Siegel, Nico A., 2002: Baustelle Sozialstaat. Konsolidierung und Rückbau im internationalen Vergleich, Frankfurt a.M.

Wagner, Adolph, 1893: Grundlegung der Politischen Ökonomie, Teil I: Grundlagen der Volkswirtschaft, Leipzig.

Zöllner, Detlev, 1981: Ein Jahrhundert Sozialversicherung in Deutschland, Berlin.

4 Welten des Wohlfahrtskapitalismus und Typen wohlfahrtsstaatlicher Politik

Nico A. Siegel

4.1 Einleitung

In Kapitel III.3 wurde die Expansion der Sozialpolitik in der zweiten Hälfte des 20. Jahrhunderts dargestellt. Als Messlatten für das Wachstum der Sozialpolitik dienten dabei vor allem quantitative Indikatoren, unter anderem die relative Größe des durch die Sozialpolitik geschützten Personenkreises oder der Anteil der Sozialausgaben am Bruttoinlandsprodukt. Solche quantitativen Informationen sind wichtige Bestandteile einer qualitativ „dichten Beschreibung" der Sozialpolitik und in der vergleichenden Wohlfahrtsstaatsforschung oft Ausgangspunkt weiterer Analysen. Allerdings sind neben den häufig gut dokumentierten quantitativen Kennziffern für eine Vielzahl wichtiger Fragen der vergleichenden Wohlfahrtsstaatsforschung qualitative Indikatoren der Sozialpolitik unverzichtbar. In diesem Kapitel wird das Gewicht auf die Institutionen und Strukturen der Sozialpolitik gelegt, eine Vergleichsdimension, der aus deskriptiven, analytischen und praxeologischen Gesichtspunkten große Bedeutung zukommt.

Wie die Geschichte der Sozialpolitik und deren internationaler Vergleich zeigen, sind der formale organisatorische Aufbau der sozialen Sicherungssysteme und deren interne Struktur sehr vielfältig. Zwar werden insbesondere durch den historischen Vergleich erhebliche Kontinuitäten und institutionelle Pfadabhängigkeiten deutlich, so auch bei einer Analyse der Sozialpolitik in Deutschland vom Deutschen Kaiserreich bis zur Gegenwart und im Hinblick auf die dominanten handlungsleitenden Organisationsprinzipien in der gesetzlichen Sozialversicherung. Allerdings sind neben starken Kontinuitätstrends, wie sie nicht nur in der Sozialpolitik Deutschlands zutage treten, auch diskontinuierliche Entwicklungen bemerkenswert. Und noch wesentlich stärker als im intranationalen Längsschnittvergleich tritt bei internationalen Vergleichsstudien die enorme institutionelle Regelungsvielfalt zutage, welche die sozialpolitischen Prozesse und Inhalte umrahmt.

4.2 Esping-Andersens „Drei Welten des Wohlfahrtskapitalismus"

Insbesondere die Arbeiten von Gøsta Esping-Andersen (1990, 1999) haben die Diskussion um verschiedene Typen des Wohlfahrtsstaates in wirtschaftlich entwickelten Demokratien beeinflusst. Sein bahnbrechendes Buch „The Three Worlds of Welfare Capitalism" hat wie keine zweite Publikation in den vergangenen Jahren der international vergleichenden Wohlfahrtsstaatsforschung ihren Stempel aufgedrückt. Esping-Andersen geht es in dieser Schlüsselpublikation um mehr als die institutionelle Gestaltungsvielfalt sozialer Sicherungssysteme in den OECD-Demokratien. Seine deskriptiven und analytischen Zielsetzungen richten sich auf sogenannte „Wohlfahrtsstaatsregimes" (welfare state regimes).

Den Regimebegriff wählt Esping-Andersen, um auf die internen Strukturen und Interdependenzen wohlfahrtsstaatlicher Programme und Arrangements hinzuweisen, auf die „systematische Verwobenheit" institutioneller und inhaltlicher wohlfahrtsstaatlicher Politikarrangements und deren Auswirkungen auf die soziale Schichtung allgemein und beschäftigungsstrukturelle Merkmale im Besonderen: „To talk of 'a regime' is to denote the fact that in the relation between state and economy a complex of legal and organizational features are systematically interwoven" (Esping-Andersen 1990: 2).

Der staatlichen Sozialpolitik im engeren Sinne kommt bei der komparativen Verortung nationaler Wohlfahrtsstaatsregimes durch Esping-Andersen besonderes Gewicht zu. In diesem Kapitel ist es lediglich möglich, Ausschnitte der facettenreichen Arbeit(en) Esping-Andersens zu den Welten des Wohlfahrtskapitalismus vorzustellen. Auch können die äußerst lesenswerten Weiterentwicklungen nur gestreift werden (Esping-Andersen 1999). Der Fokus wird im Einklang mit der Gesamtfragestellung dieses Abschnitts auf die staatliche Sozialpolitik (im engeren Sinne) gelegt. Dabei stehen vor allem die folgenden Fragen im Zentrum: Welches sind die wichtigsten Grundannahmen und Begriffe, die Esping-Andersen für seine Typologie benutzt? Welches sind die Typen, denen sich die gesetzlichen Sozialpolitiksysteme zuordnen lassen? Wie kommt es zur Herausbildung, zur Konsolidierung und gegebenenfalls zum Wandel sozialpolitischer Leitkonzeptionen?

Die Regimetypologie Esping-Andersens

Esping-Andersen knüpfte in „The Three Worlds of Welfare Capitalism" an ältere Typologien der Sozialpolitikforschung an (vgl. Titmuss 1974). Er schwankt bei seiner Typologisierung zwischen einer eher idealtypisierenden Vorgehensweise

im Sinne Webers und einer eher empirisch fundierten Realtypologie. Dieses un-
gelöste Spannungsverhältnis in seiner Drei-Welten-Studie ist häufig kritisiert
worden (vgl. Kohl 1993). Dieser Kritikpunkt hat allerdings wenig daran geändert,
dass Esping-Andersens Typologie enorm hilfreiche und zum Teil unverzichtbar
erscheinende Anhaltspunkte zur Typologisierung von Wohlfahrtsstaaten liefert.

Drei Wohlfahrtsstaatsregime sind gemäß Esping-Andersen zu differenzieren,
ist man an einer theoretisch begründeten und empirisch nachweisbaren Ordnung
der Vielfalt wohlfahrtsstaatlicher Regime am Ende des 20. Jahrhunderts interessiert: „the study presented here identifies three highly diverse regime-types, each
organized around its own discrete logic of organization, stratification, and societal
integration. They owe their origins to different historical forces, and they follow
qualitatively different developmental trajectories" (Esping-Andersen 1990: 3).

Esping-Andersen unterscheidet zwischen dem liberalen, dem konservativen
(auch korporatistisch oder konservativ-korporatistisch genannten) und dem sozialdemokratischen Wohlfahrtsregime. Die Regimebezeichnungen sind bewusst an
zentrale ideengeschichtliche Strömungen angelehnt. Die drei Dachbegriffe für
sozialpolitische Grundströmungen sollen als Orientierungshilfe dienen, um Ordnung in die Vielfalt der Leitbilder wohlfahrtsstaatlicher Politik zu bringen.

Das liberale Wohlfahrtsstaatsregimes

Unter einem liberalen Wohlfahrtsstaatsregimes fasst Esping-Andersen eine sozialpolitische Leitkonzeption, in welcher der staatlichen Sozialschutzgesetzgebung
nur eine eng begrenzte Rolle zukommt, insofern die staatliche Sozialpolitik vor-
wiegend dem Ziel der Armutsvermeidung verschrieben ist. Greift man auf die im
deutschen Sprachraum gängige Begrifflichkeit zurück, so dominiert – idealtypisch gefasst – im liberalen Wohlfahrtsstaatsregime das Fürsorgeprinzip in der
sozialpolitischen Leistungsgewährung. Letztere erfolgt demnach nur im Anschluss an Bedürftigkeitsprüfungen und in Form steuerfinanzierter Mindestleis-
tungen. Richard Titmuss hatte in einer vorausgehenden idealtypischen Unterscheidung verschiedener sozialpolitischer Idealtypen eine solche Konzeption als
„residual" bezeichnet. Dieser Terminologie schließt sich Esping-Andersen an verschiedenen Stellen seiner Three-Worlds-Studie an.

Die Bezeichnung „liberales Wohlfahrtsstaatsregimes" orientiert sich an der
Forderung liberaler Ökonomen und Staatstheoretiker, dem Staat nur einen eng
begrenzten Zuständigkeitsraum zuzugestehen und dem Markt Vorrang einzu-
räumen. Eine residuale Wohlfahrtsstaatskonzeption ist laut Esping-Andersen die

logische Konsequenz einer Position, die den schlanken Staat befürwortet. Im Rahmen dieser Wohlfahrtsstaatskonzeption dominiert in der sozialpolitischen Praxis das Fürsorgeprinzip, dem gemäß Sozialleistungen nur (nachweislich) Bedürftigen zustehen sollen – also etwa in Form bedürftigkeitsgeprüfter Leistungen wie der deutschen Sozialhilfe.

Freilich ist von einer grundsätzlich im Wirtschaftsliberalismus verankerten Position die faktische programmatische Verortung liberaler Parteien im 20. Jahrhundert zu unterscheiden. In nicht wenigen europäischen Ländern wirkten liberale Parteien – überwiegend als Juniorpartner in Koalitionsregierungen – an wichtigen sozialpolitischen Reformen mit, die sich am Sozialversicherungsprinzip oder gar an der Staatsbürgerversorgung orientierten. Dagegen votierten konservative Parteien wie die *Tories* Großbritanniens oder die *Republicans* in den Vereinigten Staaten vor allem in arbeitsmarktnahen Bereichen häufiger für sozialpolitische Lösungen, die eine an Bedürftigkeit orientierte Sozialpolitikkonzeption und damit die Entstehung bzw. die Fortschreibung eines liberalen Wohlfahrtsregimes im Sinne Esping-Andersens forcierten. Dies gilt es insbesondere aufgrund der Namensschöpfung Esping-Andersens für die zweite der drei Wohlfahrtsstaatswelten hervorzuheben.

Das konservative (korporatistische) Wohlfahrtsstaatsregimes

Das zweite Wohlfahrtsstaatsregime in Esping-Andersens Typologie ist das von ihm als konservativ(-korporatistisch) bezeichnete. Dominantes sozialpolitisches Gestaltungsprinzip ist in dieser Wohlfahrtsstaatswelt die (beruflich gegliederte) gesetzliche Sozialversicherung. In vielen europäischen Ländern entwuchs die gesetzliche Sozialversicherung ehemals freiwilligen Genossenschaften. Dies ist eine, aber nicht die einzige Ursache dafür, dass sich auch heute noch in vielen Ländern berufsgruppenspezifische Statuseffekte im Aufbau und in den Leistungen der gesetzlichen Sozialversicherung spiegeln – wenngleich mit deutlich abnehmender Tendenz, wie nicht nur das deutsche Beispiel zeigt.

Charakteristisch sind für die konservativ-korporatistische Wohlfahrtsstaatswelt überwiegend beitragsfinanzierte Sozialversicherungsleistungen. Esping-Andersens zweite Wohlfahrtsstaatswelt weist damit grundsätzliche Übereinstimmungen mit dem von Titmuss als „industrial achievement model" bezeichneten Idealtypus auf.

Finanzierungsmodi und Leistungsgewährung variieren zwar im internationalen Vergleich und je nach sozialpolitischen Handlungsbereich erheblich. Gemeinsam ist trotz der abweichenden Umsetzungen die grundlegende Idee einer gesetzlichen Sozialversicherung und die – bisweilen erheblich abgeschwächte – Orientierung am sogenannten Äquivalenzprinzip. Dem Äquivalenzprinzip zufolge sollen sozialpolitische Leistungen, etwa im Bereich der gesetzlichen Rentenversicherung, der Arbeitslosenversicherung und der Lohnfortzahlung im Krankheitsfall, die Höhe zuvor erbrachter Beiträge zu den Sozialversicherungssystemen reflektieren. Trotz der weit verbreiteten deutlichen Abschwächung des Äquivalenzprinzips in der sozialpolitischen Praxis der meisten wirtschaftlich entwickelten Demokratien ist die Kopplung von Leistungen an Beiträge charakteristisch für die konservative oder korporatistische Wohlfahrtsstaatswelt.

Freilich ist auch bei diesem Typ Vorsicht bezüglich der Namensgebung Esping-Andersens geboten, insofern politische Strömungen und parteipolitische Kräfte mit dem konservativen Wohlfahrtsstaatsregime in Verbindung gebracht werden. Vor allem in der zweiten Hälfte des 20. Jahrhunderts kam der Sozialversicherungskonzeption großes Gewicht in der sozialpolitischen Programmatik christdemokratischer Mitteparteien zu. Die Präferenz für einen „sozialen Kapitalismus" (van Kersbergen 1995) hebt die Parteien der christlichen Mitte markant von konservativen Parteien ab, die insbesondere in den englischsprachigen Demokratien eine wichtige Rolle als „natürliche Regierungsparteien" einnehmen und in wirtschafts- und sozialpolitischen Bereichen häufiger dem Markt den Vorrang ließen und daher häufig für bedürftigkeitsgeprüfte staatliche Sozialleistungen entsprechend eines liberalen Wohlfahrtsstaatsregimes eintraten.

Zwar haben die Parteien der christlichen Mitte (wie die Unionsparteien in Deutschland) in den kontinentaleuropäischen Demokratien einen zentralen Beitrag zum Ausbau der Sozialversicherungen geleistet, aber ein exklusiver Beitrag war dies nicht. Auch die sozialdemokratischen Parteien West- und Nordeuropas haben die gesetzliche Sozialversicherung in der zweiten Hälfte des 20. Jahrhunderts als sozialpolitisches Leitbild in den Kernbereichen der gesetzlichen Transferprogramme akzeptiert, innerhalb derer durch verschiedene Maßnahmen der Abbau sozialer Ungleichheit und der Ausbau von Sozialrechten besonders vielversprechend war, solange das Äquivalenzprinzip durch sozialredistributive Mechanismen gebrochen wurde. Bei wichtigen sozialpolitischen Entscheidungen zugunsten der Expansion des Sozialversicherungsstaates bildeten sich – trotz bisweilen erheblicher Abweichungen bei Detailfragen und bezüglich des Ausmaßes an Umverteilung in den sozialen Sicherungssystemen – nicht nur in Deutschland große Koalitionen zwischen den Sozialstaatsparteien, den Christdemokraten und den Sozialdemokraten. Die Konstruktion von gesetzlich verpflichtenden Sozialversicherungssystemen hat die Schnittmenge zwischen den Sozialstaatsparteien vergrößert und damit eine wichtige parteipolitische Verteilungskoalition zugunsten der Wohlfahrtsexpansion von Mitte der 1950er Jahre bis Mitte der 1970er Jahre geschaffen.

Ein wichtiger förderlicher Effekt außerhalb des Parteienwettbewerbs und des Regierungssystems im engeren Sinne stellte die korporatistische Einbindung von Arbeitgeber- und Gewerkschaftsrepräsentanten in die Verwaltungsinstitutionen der gesetzlichen Sozialversicherungen dar. Diese wurde vor allem von den sozialdemokratischen Parteien zugunsten politisch nahe stehender Gewerkschaften forciert, aber auch von christlichen Parteien der Mitte, bei denen sich die Orientierung am Subsidiaritätsprinzip förderlich auf die Befürwortung korporatistischer Steuerungsinstrumente auswirkte. Skeptischer standen der Stärkung des (institutionalisierten) Verbändeeinflusses solche konservativen Parteien gegenüber, die eine delegative Politik vor allem im Hinblick auf eine Stärkung der Gewerkschaftsmacht tendenziell eher ablehnten, aber auch an traditionellen politischen Vorstellungen von der Einhegung der Verbändemacht (und generell Partikularinteressen) und deren Abgrenzung von der „Staatsmacht" festhielten.

Das sozialdemokratische Wohlfahrtsstaatsregimes

Die dritte seiner Wohlfahrtswelten bezeichnet Esping-Andersen als die „sozialdemokratische". Der Wohlfahrtsstaatstyp sozialdemokratischer Prägung zeichnet sich Esping-Andersen zufolge durch gesetzliche Sozialleistungen aus, deren Zugang und Leistungshöhe nicht über Bedürftigkeitsprüfung oder Beitragszahlungen geregelt werden, sondern die vergleichsweise generöse, überwiegend steuerfinanzierte Pauschalleistungen für alle Wohnbürger bieten. In Anlehnung an den im Deutschen geläufigeren Sprachgebrauch bietet sich auch der Begriff der Staatsbürgerversorgung an, insofern damit eine Grundsicherung für alle Wohnbürger auf einem möglichst hohen Versorgungsniveau gemeint ist. Eine möglichst umfassende Inklusion der Wohnbevölkerung in die sozialen Sicherungsnetze ist gemäß Esping-Andersen sowohl normativ als auch faktisch von zentraler Bedeutung für die sozialdemokratische Welt des Wohlfahrtskapitalismus. Als Norm diene ein angemessenes, sozialrechtlich garantiertes Maß an Unabhängigkeit von Markteinkommen für alle Staatsbürgerinnen und Staatsbürger. Das Ausmaß an somit gewährleisteter „Dekommodifizierung", ein Schlüsselbegriff in Esping-Andersens Analysen, falle im sozialdemokratischen Wohlfahrtsstaatsregimes im Vergleich zu den anderen Regimen deutlich höher aus. Wesentliche Teile der sozialpolitischen Leistungen würden aus Steueraufkommen finanziert.

Entgegen einem weit verbreiteten Urteil in der vergleichenden Wohlfahrtsstaatsforschung, kommt vor allem den Sozialversicherungsleistungen in sozialdemokratischen Regimen ein zentraler Stellenwert zur Erreichung eines hohen
Maßes an Dekommodifizierung zu. Die gesetzlichen Sozialversicherungen wurden dabei vor allem in den 1960er und 1970er Jahren durch verschiedene Instrumente (unter anderem durch Beseitigung oder starke Anhebung von Beitragsbe-
messungsgrenzen bei vergleichsweise restriktiver Deckelung der Leistungsober-
grenzen durch maximale Zahlbeträge) mit stark redistributiv wirkenden Korrek-
turmechanismen des Äquivalenzprinzips ergänzt.

Charakteristisch für die sozialdemokratische Welt des Wohlfahrtskapitalismus ist die im internationalen Vergleich überragende Bedeutung, die den öffentlichen sozialen Dienstleistungen (und damit mittelbar auch der öffentlichen Beschäftigung) beigemessen wird. Während sich die Länder mit sozialdemokratischer Wohlfahrtsstaatskonstruktion bezüglich der Ausgabenhöhe für monetäre
Sozialtransfers nicht signifikant von Vertretern der konservativ-korporatistischen
Wohlfahrtsstaatswelt unterscheiden (beide aber markant von der liberalen Wohlfahrtsstaatswelt) und auch ein sozialrechtlicher Vergleich der Transferzahlungen
mehr Gemeinsamkeiten als Unterschiede zwischen den sozialdemokratischen
und konservativen Wohlfahrtsstaaten zutage fördert, zeichnen sich sozialdemokratische Wohlfahrtsstaatsregime durch einen vergleichsweise weit ausgebauten
sozialen Dienstleistungssektor aus.

Vor allem im Hinblick auf die Integration von Frauen in den Arbeitsmarkt
kommt den sozialen Dienstleistungen im sozialdemokratischen Wohlfahrtsstaatsregime eine Schlüsselrolle für beschäftigungspolitische Zielsetzungen zu, denn
zum einen ermöglicht die Verfügbarkeit von Betreuungsdienstleistungen die
Erwerbstätigkeit von Müttern kleiner Kinder, und zum anderen bietet der öffentliche Sektor eine große Zahl von abgesicherten Arbeitsplätzen, auf denen in großer Mehrheit Frauen beschäftigt sind. Zudem zielt das sozialdemokratische
Wohlfahrtsstaatsregime stärker auf Einebnung sozialer Ungleichheit als dies in
den beiden anderen Wohlfahrtsstaatsregimen der Fall ist, und zwar durch ein
enges Netz an sozial-, lohn- und arbeitsmarktpolitischen Maßnahmen.

4.3   Re-Analysen zum Dekommodifizierungsniveau

In Tabelle 3 sind die Einstufungen von 18 OECD-Demokratien aufgeführt, die
sich aus der Wohlfahrtsstaatstypologie Esping-Andersens ergeben. Eine alternative Zuordnung auf Basis einer Cluster-Analyse zum arbeitsmarkt- und sozialpo-

litischen Profil von insgesamt 22 OECD-Demokratien enthält die letzte Spalte. In Spalte 2 werden schließlich die von Esping-Andersen für Mitte der 1980er Jahre ausgewiesenen – und daher mittlerweile aktualisierungsbedürftigen – Dekommodifizierungsniveaus dargestellt.

Tabelle 3: Dekommodifizierung und Stratifizierung in 18 OECD-Demokratien nach Esping-Andersen (1990)

Land	Dekom-modifi-zierung	Stratifizierung Konserva-tismus	Libera-lismus	Sozia-lismus	Dominanter Regimetyp nach Esping-Andersen	Eigene Einstufung
Australien	13,0	0	10	4	liberal	liberal
Belgien	32,4	8	4	4	konservativ	zentristisch
Dänemark	38,1	2	6	8	sozialdemokratisch	sozial-demokratisch
Deutschland	27,7	8	6	4	konservativ	zentristisch
Finnland	29,2	6	4	6	keine Zuordnung	zentristisch
Frankreich	27,5	8	8	2	konservativ-liberal	zentristisch
Groß-britannien	23,4	0	6	4	liberal	liberal
Irland	23,3	4	2	2	(konservativ)	Nachzügler
Italien	24,1	8	6	0	konservativ	zentristisch
Japan	27,1	4	10	2	liberal	liberal
Kanada	22,0	2	12	4	liberal	liberal
Neuseeland	17,1	2	2	4	keine Zuordnung	liberal
Niederlande	32,4	4	8	6	Mischtyp	zentristisch (Mischtyp)
Norwegen	38,3	4	0	8	sozialdemokratisch	sozial-demokratisch
Österreich	31,1	8	4	2	konservativ	zentristisch
Schweden	39,1	0	0	8	sozialdemokratisch	sozial-demokratisch
Schweiz	29,8	0	12	4	liberal	liberal
USA	13,8	0	12	0	liberal	liberal

Anmerkungen: Dek: Additiver Index der Dekommodifizierung (aus den Teilbereichen gesetzliche Altersrenten, Arbeitslosenunterstützung, Lohnfortzahlung*), Quellen:* Esping-Andersen 1990: 52, 74; *Kon:* Konservatismus-Index nach Esping-Andersen 1990: 74 (für Einzelheiten, vgl. Esping-Andersen 1990: 69-78); *Lib:* Liberalismus-Index; *Soc:* Sozialismus-Index; Dominanter Regimetyp nach Esping-Andersen auf Basis der Spalten 3-6; *Eigene Einstufung:* Einstufung auf Basis von Jochem/Siegel 2000: 43.

Insgesamt wird ersichtlich, dass Esping-Andersen bei seiner Typenbildung zu Ländereinstufungen gelangte, die eng mit dem „families of nations"-Konzept (Castles 1993) korrespondieren. Der sozialdemokratischen Wohlfahrtsstaatswelt waren demzufolge in den 80er und 90er Jahren des 20. Jahrhunderts vor allem die nordeuropäischen Demokratien zuzuordnen, während dem liberalen Regimetyp – Ausnahmen eingeschlossen – vornehmlich Länder aus dem angelsächsischen Raum nahe kamen. Zu den Kernländern der konservativ-korporatistischen Wohlfahrtsstaatswelt zählten insbesondere die kontinentaleuropäischen Länder: vor allem Deutschland, Österreich, Frankreich, mit leichten Abstrichen Italien und Belgien und mit größeren Abstrichen die Niederlande, deren Wohlfahrtsstaat als originärer Mischtyp beziehungsweise „Grenzgänger" zwischen den Wohlfahrtsstaatswelten hervorsticht.

Ein Vergleich der Stratifizierungs- und Dekommodifizierungsindizes macht deutlich, dass bei Esping-Andersen vor allem diejenigen Wohlfahrtsstaaten, welche stark ausgeprägte sozialdemokratische Stratifizierungsmerkmale aufweisen, überdurchschnittliche Dekommodifizierungsniveaus zugesprochen bekommen (der Rangkorrelationskoeffizient r_s zwischen dem „Sozialismus"-Stratifizierungsindikator und dem Niveau der Dekommodifizierung beträgt 0,62, N = 18). Die Schlussfolgerung des internationalen Querschnittsvergleichs ist folglich eine, die bei Kenntnis Esping-Andersens normativen und konzeptionellen Ausführungen kaum überraschen kann: Die sozialdemokratischen Wohlfahrtsstaatsregimes bieten im Ländervergleich den am weitesten reichenden Sozialschutz.

Bestimmungsfaktoren des Ausmaßes an Dekommodifizierung im internationalen Vergleich

Folgt man Esping-Andersens empirischen Analysen, die sich überwiegend auf Querschnittsregressionen stützen, waren es insbesondere die im internationalen Vergleich stark unterschiedlich ausgeprägten Machtressourcen von Linksparteien, das heißt genauer die Kombination von hohen Parlamentssitzanteilen und Kabinettssitzanteilen (an zentralstaatlichen Regierungen), die sich für die variable Dekommodifizierungsintensität wohlfahrtsstaatlicher Politik im OECD-Ländervergleich verantwortlich zeichnen. Je größer die parlamentarischen und exekutiven Machtressourcen von Linksparteien nach 1945 ausgeprägt waren, desto (tendenziell) höhere Werte nahm Esping-Andersens Dekommodifizierungsindikator Mitte der 1980er Jahre an.

Neben der Stärke der Linksparteien erwies sich in den Analysen Esping-Andersens zweitens die Seniorenquote als eine maßgebliche Prägegröße für die Dekommodifizierung. Je höher der Anteil der älteren Bevölkerung an der Gesamtbevölkerung, ein desto höheres Dekommodifizierungsniveau konnte Mitte der 1980er Jahre in den OECD-Demokratien beobachtet werden. Zudem wirkte ein historischer Regimeeffekt nach: Länder, die eine historisch nicht weit zurück liegende staatsabsolutistische Tradition aufwiesen, neigten zu einem überdurchschnittlichen Maß an Sozialschutz.

Erweiterung der Analysen Esping-Andersens

Allerdings klammern Esping-Andersens vergleichende Analysen zur Dekommodifizierung und Stratifizierung Faktoren aus, die sich in anderen Studien wohlfahrtsstaatlicher Politik als wichtige Einflussgrößen herauskristallisiert haben – und zwar sowohl im Rahmen von Einzelfallstudien als auch in Vergleichen mit größerer Fallzahl (Huber/Ragin/Stevens 1993; Schmidt 2005). Dazu gehören aus politikwissenschaftlicher Sicht vor allem institutionelle Größen wie der Staatsaufbau und die damit eng zusammenhängende Frage nach der Zahl und Relevanz solcher gegenmajoritärer Institutionen im Regierungssystem, durch die potentiell wichtige Vetopunkte im politischen Prozess markiert werden. Eine vergleichsweise dichte institutionelle Vetospielerschar sowie ein geringes Maß an Zentralisierung von Steuerungsressourcen (wie Geld und Recht) erwiesen sich schließlich beispielsweise bei der Expansion der Sozialausgaben in der zweiten Hälfte des 20. Jahrhunderts in einigen Ländern als Bremsfaktoren.

Tabelle 4 enthält die Ergebnisse einer Replikation der Analysen von Esping-Andersen, erweitert um eine Föderalismus (-Dummy-) Variable und einen Index für die Koordinierung der Staat-Verbände-Beziehungen in der Wirtschafts- und Sozialpolitik. Die Regressionsanalyse (OLS-Querschnitt) wurde analog zu Esping-Andersens Vorgehen durchgeführt. Dabei zeigt sich, dass das erweiterte Modell erklärungskräftiger ist als die von Esping-Andersen präsentierten Befunde. Gestützt werden zunächst die Ergebnisse Esping-Andersens in Bezug auf den Schubeffekt der Regierungsbeteiligung von sozialdemokratischen und sozialistischen Parteien. Bestätigung finden auch die Ergebnisse der Re-Analysen von Schmidt. Diesen zufolge ist neben dem Schubeffekt sozialdemokratischer Parteien der Bremseffekt der Regierungsbeteiligung von konservativen Parteien abzuziehen (Schmidt 2005). Neben dem Parteieneffekt sind allerdings auch die Staat-Verbände-Beziehungen zu beachten. Je stärker koordiniert die Interaktion zwischen Re-

gierungs- und Verbändepolitik in den ersten drei Dekaden nach dem Ersten Weltkrieg war, je gewichtiger also die Rolle von korporatistischer Konzertierung, desto
größer war das Dekommodifizierungspotential Mitte der 1980er Jahre.
Als statistisch signifikant erwies sich auch die Föderalismusvariable. Föderalistische Länder wiesen, ceteris paribus, ein niedrigeres Dekommodifizierungsniveau auf als nicht föderalistische Länder. Allerdings zeigten weitere Analysen
und alternative Modellspezifikationen, unter anderem mit verschiedenen Indizes
zur Erfassung der Vetopunktedichte in einem Regierungssystem, dass institutionelle Größen weniger robust mit dem Dekommodifizierungsniveau variierten als
machtpolitische.

Tabelle 4:   Regressionsergebnisse: Bestimmungsfaktoren des
              Dekommodifizierungsniveaus Mitte der 80er Jahre

	Dekommodifizierungsniveau
Konstante	27,15 (1,88)
Regierungsbeteiligung sozialdemokratischer Parteien (1950-1980)	0,16*** (0,04)
Regierungsbeteiligung konservativer Parteien (1950-1980)	-0,08**
Föderalismus-Dummy-Variable	-4,64**
R^2adj	**0,84**
F	**30,26*****

Anmerkungen: Regierungsbeteiligung: Jahresdurchschnittliche Kabinettssitzanteile der jeweiligen Parteifamilien an den zentralistischen Regierungen (auf Tagesbasis). Föderalismus-Dummy-Variable: föderal-
listischer Staatsaufbau=1, sonst=0. N=18; *p<0,1; **p<0,05; ***p<0,01 (zweiseitiger Signifikanztest).

Wie eine einfache Vierfelder-Tabelle zeigt (Tabelle 5), existieren zwar föderalisti-
sche Länder mit niedrigem wohlfahrtsstaatlichem Dekommodifizierungsniveau:
Australien und die USA sind Beispiele. Allerdings weisen einige föderalistische
Länder auch überdurchschnittliche Sozialrechtsstandards auf (gemessen am De-
kommodifizierungsniveau). Vor allem Deutschland, aber auch Österreich wären
zu nennen. Kanada und die Schweiz stellen Grenzfälle dar, wobei die beachtliche
Expansion der Sozialpolitik in der Schweiz seit Mitte der 1970er Jahre reichlich
Anschauungsmaterial dafür liefert, dass institutionelle Faktoren durch andere
Bestimmungsgrößen der Staatstätigkeit überlagert werden können.

Tabelle 5:   Staatsstruktur und Dekommodifizierungsniveau

		Dekommodifizierungsniveau	
		Überdurchschnittlich	*Unterdurchschnittlich*
Föderalismus	*Ja*	Deutschland Österreich	USA Australien (Schweiz bis Mitte 1970er Jahre)
	Nein	Schweden Niederlande Dänemark Norwegen	Großbritannien Neuseeland

Zwei Erweiterungen, die nicht unabhängig voneinander, sondern als Interaktionsmechanismen interpretiert werden können, bieten sich hierbei an. Zunächst mag es hilfreich erscheinen, unterschiedliche Varianten des Föderalismus und deren Wirkung auf die Sozialpolitik genauer zu unterscheiden. Während die tendenziell konkurrenzföderalistische Variante in den USA sich am ehesten mit der These vom sozialpolitischen Bremseffekt fragmentierter Regierungssysteme mit hoher Vetopunktedichte in Einklang bringen lässt, ist der exekutivlastige, kooperative Verbundföderalismus der Bundesrepublik – insbesondere vor dem Hintergrund einer Verfassungsnorm, welche die Gleichwertigkeit der Lebensverhältnisse als explizites Verfassungsziel nennt (Art. 106 GG) – ein fruchtbarer institutioneller Rahmen für das Wachstum der Sozialpolitik. Die Tendenz zur sozialpolitischen Unitarisierung kommt vor allem dann zum Tragen, wenn zwei große Volksparteien, die zugleich Sozialstaatsparteien sind, wie in Deutschland um Wählerstimmen konkurrieren. Beide Faktoren sind beispielsweise in den USA nicht gegeben und für Australien ist zumindest kein Wettbewerb zweier pro-wohlfahrtsstaatlicher Parteien zu konstatieren. Unter Umständen mag allein die Existenz einer natürlichen Regierungspartei, die der konservativen Parteifamilie zuzuordnen ist, den Trend zur Unitarisierung und damit auch die Expansion der Staatstätigkeit auf dem Gebiet der Sozialpolitik erheblich bremsen.

Tabelle 6:   Dekommodifizierung, Föderalismus und Parteienwettbewerb

| | | | | Dekommodifizierungsniveau | |
				Überdurch-schnittlich	*Unterdurch-schnittlich*
Födera-lismus	*Ja*	*Starke Sozial-staatsparteien*	*Ja*	Deutschland Österreich (Schweiz)	-
			Nein	-	USA Australien
	Nein	*Starke Sozial-staatsparteien*	*Ja*	Schweden Niederlande Dänemark Norwegen	
			Nein		Großbritannien Neuseeland Japan

Nicht nur unter den föderalistischen OECD-Demokratien variiert das wohlfahrts-staatliche Dekommodifizierungsniveau beträchtlich. Während einige unitarische Staaten ein deutlich unterdurchschnittliches Ausmaß an sozialrechtlicher Inter-vention aufweisen (Großbritannien und Neuseeland), sind die Länder mit deut-lich überdurchschnittlichem Dekommodifizierungsniveau (Niederlande, Däne-mark, Schweden und Norwegen) nicht föderalistisch verfasst. Wie ein Blick auf Tabelle 6 zudem zeigt, weisen die Länder in den einzelnen Zellen jeweils große Gemeinsamkeiten auch jenseits formal-institutioneller Charakteristika wie dem Föderalismus auf. Machtpolitische Faktoren wie die langfristige Regierungsbeteili-gung von Sozialstaatsparteien (Christdemokraten und Sozialdemokraten) gehö-ren hierzu, korporatistische Staat-Verbände-Beziehungen sind eine weitere Ge-meinsamkeit.

4.4   Kritik an Esping-Andersens Regimetypologie

Auch im Hinblick auf seine Kernkonzepte, Prämissen und sein zugrunde liegen-des Verständnis politischer Steuerung ist Esping-Andersens Drei-Welten-Typolo-gie kritisiert worden. Ein methodischer Einwand, der von verschiedenen Autoren vorgetragen worden ist, zielt darauf, dass Esping-Andersen eine idealtypisieren-de und eine realtypisierende Vorgehensweise vermischt (Kohl 1993). Dadurch bleibt an vielen Stellen in Esping-Andersens Buch aus dem Jahr 1990 unklar, ob seine Verallgemeinerungen primär auf komparativen empirischen Analysen beruhen oder ob er in idealtypisierender Vorgehensweise die programmatischen Welten des Wohlfahrtskapitalismus in ihrer konzeptionellen Reinform porträtieren möchte. An einigen Stellen hat Esping-Andersen selbst die Problematik erwähnt, zum Beispiel wenn er konstatiert, dass sich in den real existierenden Wohlfahrtsstaaten der OECD-Welt unterschiedliche Mischungsverhältnisse beobachten ließen (Esping-Andersen 1990: 28). Andererseits reflektiert die Operationalisierung des Dekommodifizierungsniveaus eine normative Orientierung am sozialdemokratischen Wohlfahrtsstaatsregime. Insofern trifft auch der Kritikpunkt des tautologischen Schlusses, wenn die Analyse der Bestimmungsfaktoren des Dekommodifizierungsniveaus einen bedeutenden Einfluss der Regierungsbeteiligung sozialdemokratischer Parteien zutage fördert. Zumal Esping-Andersen im konzeptionellen Teil seines Buches die Bezeichnung „sozialdemokratisches Wohlfahrtsstaatsregime" bereits dadurch begründet, dass dessen Wesensbestandteile durch sozialdemokratische Parteien forciert wurden.

Weitere Kritik hat Esping-Andersen für ein eher rationalistisches Politikverständnis oder – genauer – für einen eher voluntaristisch anmutenden Steuerungsoptimismus einstecken müssen. Politikinhalte im Sinne von Outputs und Outcomes erscheinen bei Esping-Andersen bisweilen als direkte Manifestationen politischer Ideen und Programme. Dabei gerät an einigen Stellen aus dem Blick, dass Politikinhalte zu einem bestimmten Zeitpunkt intendierte wie nicht intendierte Nebeneffekte von Entscheidungen früherer Perioden reflektieren können (so Offe 1993). Zudem haben eine Reihe von Untersuchungen zu den Ressourcen und Restriktionen von politischer Steuerung gezeigt, dass zwischen ursprünglichen programmatischen Profilen von Parteien und den Inhalten von Regierungspolitik im Sinne von „Outputs" bisweilen eine große erklärungsbedürftige Diskrepanz besteht. Unter anderem die institutionell bedingten Verhandlungszwänge von Regierungen sind hierbei zu nennen. Gerade der von Esping-Andersen an verschiedenen Stellen hervorgehobene Mischcharakter, der in den wohlfahrtsstaatlichen Regimen an vielen Stellen sichtbar wird, kann als ein Indiz für eine nicht-lineare Entsprechung zwischen „ursprünglichen" sozialpolitischen Konzeptionen von Parteien und anderen politischen Akteuren im politischen Prozess und den manifesten Inhalten gesehen werden.

Ebenfalls kritisiert worden ist Esping-Andersens Typologie, weil sie implizit von einem hohen Maß an politischer Trägheit ausgeht, ohne dies theoretisch oder empirisch weiter zu explizieren. Dynamiken über die Zeit werden von Esping-Andersens ursprünglicher Drei-Welten-Theorie nicht ausreichend erfasst. Wohlfahrtsstaatliche Entwicklungen erscheinen nicht nur als pfadabhängig, sondern geradezu als „pfaddeterminiert" (Borchert 1998). Graduelle Verschiebungen im wohlfahrtsstaatlichen Policy-Mix, die sich unter Umständen im Gesamteffekt bis zur Regimetransformation aufaddieren, werden daher nicht beleuchtet. Esping-Andersens Analysen lagen zudem überwiegend internationale Bestandsaufnahmen im Querschnitt zugrunde. Zwar bestätigen Theorien der Pfadabhängigkeit und des Politikerbes in hohem Maße den Ausnahmecharakter epochaler Zäsuren gerade für Bereiche redistributiver Staatstätigkeit wie es die wohlfahrtsstaatliche Politik zweifellos darstellt. Allerdings waren graduelle Verschiebungen durch wohlfahrtsstaatliche Restrukturierungen in den 1990er Jahren durchaus zu beobachten. Zu denken ist etwa an die Reformmaßnahmen im schwedischen Wohlfahrtsstaat. Zumindest im Kernbereich der Rentenpolitik erscheint das sozialdemokratische Vorzeigeland als Folge einer weitreichenden Rentenreform nunmehr weniger sozialdemokratisch und stärker korporatistisch-konservativ geprägt, insofern darunter eine Stärkung des Sozialversicherungsprinzips gegenüber dem Staatsbürgerversorgungsprinzip subsumiert werden sollte. Die Reformen in der schwedischen Sozialpolitik, aber auch diejenigen in den Niederlanden zeugen von einer größeren wohlfahrtsstaatlichen Elastizität als es vergleichende Typologien in der Regel unterstellen. Auch die Rentenreform 2001 in Deutschland reflektiert einen Paradigmenwandel und markiert eine wichtige Pfadabweichung, weil sie die Etablierung einer kapitalgedeckten Altersvorge als festen Bestandteil eines Alterseinkommensmixes vorsieht – eine weitreichende Korrektur der „Ein-Säulen-Strategie", welche in der deutschen Rentenpolitik seit der Rentenreform 1957 prägend war (Hinrichs 2003).

Schließlich hat die kritische Würdigung eine anspruchsvolle theoretische Voraussetzung Esping-Andersens meist unerwähnt gelassen. Esping-Andersens Wohlfahrtsregimetheorem setzt ein hohes Maß an interner Stimmigkeit und intertemporaler Konsistenz bezüglich der programmatischen Ausgestaltung der Sozialpolitik in den unterschiedlichen Handlungsbereichen voraus. Zumindest gilt dies für seine drei zentralen Bereiche Alterssicherung, Lohnfortzahlung im Krankheitsfall und Arbeitslosenversicherung. Außen vor bleibt bei Esping-Andersen unter anderem das breite Spektrum der Gesundheitspolitik. Die Zuschneidung auf drei Kernprogramme erscheint indes unproblematischer als die Annahme eines konsistenten Regimecharakters über einzelne wohlfahrtsstaatliche Politikbereiche hinweg. Wie Analysen zur Binnenarchitektur der Sozialpolitik gezeigt haben, sind Wohlfahrtsstaaten keine in sich geschlossenen, über einzelne Programmbereiche einer einheitlichen Handlungslogik folgenden Gebilde. Im Gegenteil: Zwischen den einzelnen Programmbereichen können unterschiedliche politische Opportunitätskriterien für Regierungen beobachtet werden, die politische Ökonomie für wohlfahrtsstaatliche Politik ist von Programmbereich zu Programmbereich bisweilen sehr unterschiedlich ausgeprägt (vgl. Siegel 2002, Kap. 4, 6, 7).

Dies gilt im Übrigen auch für die sozialrechtliche Generosität. Länder, in denen eine besonders generöse Alterssicherung institutionalisiert ist, müssen weder zugleich über ein vergleichsweise generöses Arbeitslosenunterstützungssystem verfügen noch über eine den Lohnausfall besonders generös kompensierende Lohnfortzahlung im Krankheitsfall. Das zeigt nicht nur der Vergleich verschiedener Sozialrechtsindizes in ein und demselben Land und auffällige Asymmetrien zwischen einzelnen sozialpolitischen Programmen. Das zeigen für den internationalen Vergleich auch einfache Korrelationsanalysen zwischen den drei Dekommodifizierungsindizes aus Esping-Andersens Studie.

Eine genauere Analyse der programmspezifischen Charakteristika der Sozialpolitik im internationalen Vergleich ist Gegenstand von Kapitel III.6. Diese Kritikpunkte weisen zusammengenommen auf die Notwendigkeit einer beachtlichen Modifizierung der Regimetypologie Esping-Andersens hin. Die Liste an Kritikpunkten, die an das viel rezipierte und gewürdigte Werk herangetragen werden kann, umfasst noch weitere theoretische, methodische und empirische Punkte. Insbesondere die Vernachlässigung genderspezifischer Fragen sticht dabei auffällig hervor.

Indes: Bei aller Kritik gilt es zu betonen, dass Esping-Andersens „Three Worlds of Welfare Capitalism" einen enorm wichtigen Beitrag zur vergleichenden Wohlfahrtsstaatsforschung geleistet hat – zumal durch die Fortführung der Analysen Esping-Andersens, welche die Kritik an der Studie aus dem Jahr 1990 teilweise berücksichtigt, die Diskussion über die Welten des Wohlfahrtskapitalismus nach wie vor fruchtbare Ergebnisse für die vergleichende Wohlfahrtsstaatsforschung hervorbringt.

 **Literatur**

Kommentierte Literatur

Esping-Andersen, Gøsta, 1990: Three Worlds of Welfare Capitalism, New York.
Das (nach wie vor unverzichtbare) grundlegende Werk zu Esping-Andersens Typologie von Wohlfahrtsstaatsregimen. Vor allem der konzeptionelle Überblick und die theoretische Einleitung sowie die

empirischen Analysen zur Dekommodifizierung und Stratifizierung haben die Wohlfahrtsstaatsforschung in den vergangenen Jahren maßgeblich beeinflusst.

Esping-Andersen, Gøsta, 1999: Social foundations of postindustrial economies, Oxford. *In diesem Buch setzt sich Esping-Andersen mit der Kritik an seiner Drei-Welten-Typologie ausführlich auseinander, hält aber grundsätzlich an der Typologie fest. Schließlich erweitert er den Blickwinkel über das Verhältnis von Staat und Markt hinaus um die familienbezogene Dimension der Sozialpolitik.*

Zitierte Literatur

Borchert, Jens, 1998: Ausgetretene Pfade? Zur Statik und Dynamik wohlfahrtsstaatlicher Regime, in: Lessenich, Stephan/Ostner, Ilona (Hrsg.), Welten des Wohlfahrtskapitalismus. Der Sozialstaat in vergleichender Perspektive, Frankfurt a. Main, 137-176.

Castles, Francis G. (Hrsg.), 1993: Families of Nations. Patterns of Public Policy in Western Democracies, Aldershot.

Huber, Evelyne/Ragin, Charles/Stephens, John, 1993: Social Democracy, Christian Democracy, Constitutional Structure, and the Welfare State, in: American Journal of Sociology 99: 711-749.

Jochem, Sven/Siegel, Nico A., 2000: Wohlfahrtskapitalismen und Beschäftigungsperformanz? Das 'Modell Deutschland' im Vergleich, in: Zeitschrift für Sozialreform 46 (1): 38-64.

Kohl, Jürgen, 1993: Der Wohlfahrtsstaat in vergleichender Perspektive. Anmerkungen zu Esping-Andersens „The Three Worlds of Welfare Capitalism", in: Zeitschrift für Sozialreform 39: 67-82.

Lessenich, Stephan/Ostner, Ilona (Hrsg.), 1998: Welten des Wohlfahrtskapitalismus. Der Sozialstaat in vergleichender Perspektive, Frankfurt a. Main.

Obinger, Herbert/Wagschal, Uwe, 1998: Drei Welten des Wohlfahrtsstaates? Das Stratifizierungskonzept in der clusteranalytischen Überprüfung, in: Lessenich, Stephan/ Ostner, Ilona (Hrsg.), Welten des Wohlfahrtskapitalismus. Der Sozialstaat in vergleichender Perspektive, Frankfurt a. Main, 109-135.

Offe, Claus, 1993: Zur Typologie von sozialpolitischen „Regimes", in: Zeitschrift für Sozialreform 39, 83-86.

Schmidt, Manfred, [2]1998: Sozialpolitik in Deutschland. Historische Entwicklung und internationaler Vergleich, Opladen.

Schmidt, Manfred, [3]2005: Sozialpolitik in Deutschland. Historische Entwicklung und internationaler Vergleich, Wiesbaden..

5 Soziale Sicherung jenseits des Staates – Reiche OECD-Demokratien im Vergleich

Herbert Obinger

5.1 Sozialstaatsnachzügler in der „OECD-Welt"

Mit den USA, Japan, Australien, Neuseeland, Kanada und der Schweiz gibt es einen exklusiven Klub von sechs wirtschaftlich hoch entwickelten Demokratien, in denen der Sozialstaat lange Zeit am kurzen Zügel geführt wurde. Die Klassifikation dieser Länder als sozialstaatliche Nachzügler basiert auf Gemeinsamkeiten in Bezug auf drei Dimensionen wohlfahrtsstaatlicher Politik, nämlich

1. der zeitlichen Etablierung des Sozialstaates
2. dem sozialstaatlichen (Brutto-)Ausgabenniveau in Relation zum BIP
3. der strukturellen Architektur der sozialen Sicherungssysteme.

Aus theoretischer Perspektive ist diese gebremste Sozialstaatlichkeit insofern erklärungsbedürftig, als funktionalistische Theorien des Wohlfahrtsstaates sozialstaatliche Intervention als Resultat eines bestimmten sozio-ökonomischen Entwicklungsstandes einer Gesellschaft, insbesondere der Leistungsfähigkeit der Wirtschaft, und der durch die Industrialisierung geschaffenen Problemlagen begreifen (Zöllner 1963; Wilensky 1975). Folglich sollten gerade die reichsten Länder über eine ausgebaute Sozialpolitik verfügen. Überdies wäre zu erwarten, dass diese Länder, die mit Ausnahme Japans bereits früh demokratisch regiert wurden und ein vergleichsweise hohes Wohlstandsniveau aufwiesen, frühzeitig sozial (-staatliche) Maßnahmen ergriffen haben und damit zu den wohlfahrtsstaatlichen Pionierländern zählen.

Der internationale Vergleich offenbart jedoch Gegenteiliges. Gemessen an ihrem ökonomischen Leistungsvermögen haben diese Länder den Ausbau des Wohlfahrtsstaates ungleich weniger stark vorangetrieben als etwa die Länder des europäischen Kontinents und die skandinavischen Staaten.

Ein Blick auf die (Brutto-)Sozialleistungsquote im Jahr 1980, welches ungefähr das Ende des „goldenen Zeitalters des Kapitalismus" markiert, zeigt, dass sich die staatlichen Ausgaben in den sechs Ländern trotz eines hohen ökonomischen Entwicklungsniveaus unter dem OECD-Durchschnitt befanden. Offenkundig gilt das Wagner'sche Gesetz, wonach spezifische, durch die industrielle Revolution hervorgerufene soziale Problemlagen in zunehmendem Maße staatlich bearbeitet werden und als Folge die Staats- und Sozialleistungsquote in die Höhe treiben, für die sechs Länder nur eingeschränkt.

Abbildung 1:   Sozialausgaben in Prozent des BIP und ökonomisches
                  Entwicklungsniveau in 21 Industrieländern im Jahr 1980

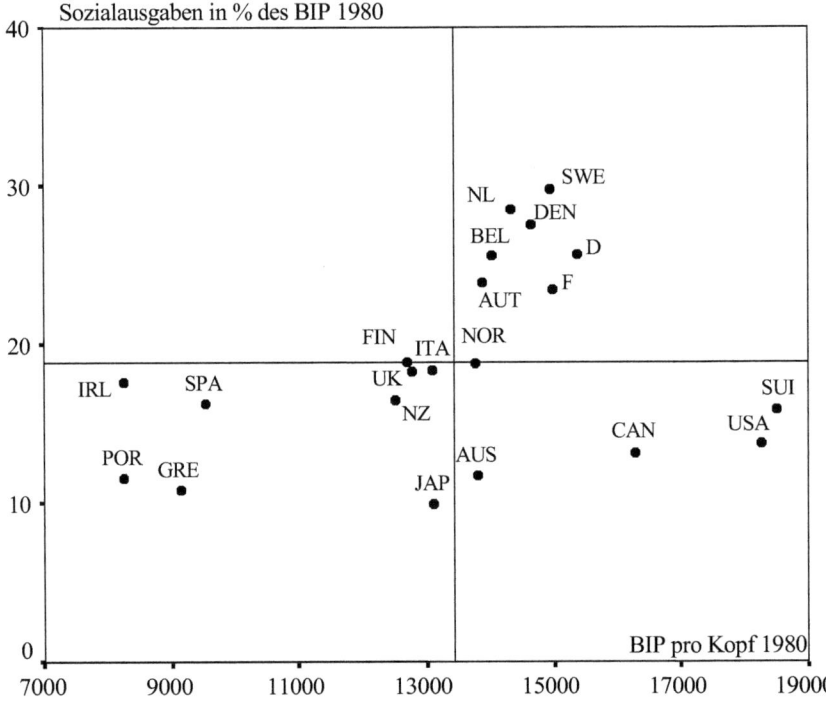

Anmerkungen: Gesamtsozialausgaben in Prozent des BIP nach OECD-Definition im Jahr 1980, Quelle: OECD (2004). BIP pro Kopf (1980) in Geary-Khamis Dollars 1990, Quelle: Maddison (2001). Die horizontale Linie reflektiert die durchschnittliche Sozialleistungsquote 1980, die vertikale Linie das durchschnittliche BIP pro Kopf 1980.

Auch im Hinblick auf den Einführungszeitpunkt zentraler Sicherungsprogramme nehmen fünf der sechs Länder eine Nachzüglerposition ein (Schmidt 2005: 182). Die Ausnahme ist Neuseeland, das in der Zwischenkriegszeit weltweit zu den sozialpolitischen Pionierländern zählte, nach 1945 jedoch zusehends den Anschluss verlor und zu Beginn der 1990er Jahre sogar einen Sozialabbau im großen Stil erlebte. Schließlich werden diese sechs Länder von den gängigen Wohlfahrtsstaatstypologien hinsichtlich ihrer strukturellen Sozialstaatsarchitektur zumeist in einer gemeinsamen, meist als liberal charakterisierten Sozialstaatswelt verortet, deren Kernelemente ein hohes Maß privater Wohlfahrtstätigkeit und bedürftigkeitsabhängige öffentliche Sozialleistungen bilden (Esping-Andersen 1990; 1999). Bei näherer Betrachtung des strukturellen Designs der sozialen Sicherungssysteme zerfällt diese Ländergruppe in drei Zweiergruppen. Die USA und Kanada sind die klassischen liberalen Kernländer, während sich in den Antipoden ein eigenständiger, zuweilen als „radikal" bezeichneter Wohlfahrtsstaat konstituierte, der durch ein hohes Ausmaß bedürftigkeitsgeprüfter Sozialleistungen, eine über Mindestlohnpolitik generierte Einkommenssicherung und eine auf Importbeschränkungen und rigide Einwanderungsbestimmungen fußende Abschottungspolitik charakterisiert werden kann (Castles 1989). Demgegenüber handelt es sich beim japanischen Fall und auch bei der Schweiz um Länder, die sich trotz beträchtlicher Affinitäten zum liberalen Sozialstaatsregime (aber auch zum kontinentaleuropäischen „konservativen" Regime) nur schwer einem bestimmten Sozialstaatstyp zuordnen lassen (Esping-Andersen 1997; Obinger 1998), weil sie Strukturmerkmale mehrerer Wohlfahrtsstaatsregimes aufweisen.

5.2   Soziale Sicherung mit anderen Mitteln: Nationale Entwicklungspfade bis 1980

Allerdings bedeutet diese Zügelung sozialstaatlicher Intervention nicht, dass die Reichweite des Sozialschutzes oder der Umfang der gesamten Wohlfahrtsproduktion in den sechs Ländern zwangsläufig geringer ist als in anderen Ländern. Tatsächlich existieren in den meisten dieser Länder parallel zu einem – gemessen an den Sozialausgaben in Relation zum BIP – gedrosselten Wohlfahrtsstaat vielfältige Sozialschutzäquivalente. Wohlfahrtsproduktion ruht dort mehr als in anderen OECD-Demokratien nicht auf staatlichen Einkommenstransfers, sondern auf marktförmiger und familialer Wohlfahrtsproduktion, privat erbrachten Sozialleistungen sowie auf staatlicher Regulierung. Dieser hohe Stellenwert von Formen des Sozialschutzes jenseits des Staates sowie der Fokus auf Regulierung anstelle transferzentrierter Sozialpolitik ist eine wesentliche Ursache dafür, dass die öffentlichen (Brutto-)Sozialausgaben in diesen Ländern vergleichsweise gering sind und die staatliche Sozialpolitik in struktureller Hinsicht liberale Züge trägt. Die Ausdifferenzierung funktionaler Äquivalente geschah allerdings unter zum

Teil beträchtlicher staatlicher Mithilfe. Zentrale Instrumente bilden dabei ein außenwirtschaftlicher Protektionismus und die staatlich regulierte Verknappung des Arbeitsangebotes. Diese funktionalen Äquivalente tauchen in mannigfaltigen Erscheinungsformen auf. Am stärksten ausgeprägt sind bzw. waren sie in Japan und den Antipoden. In Japan spielten umfangreiche und vor allem auf Großunternehmen konzentrierte betriebliche Sozialleistungen sowie die soziale Sicherung durch den Familienverband im Rahmen des sogenannten *„ie-Systems"* eine wesentliche Rolle. Neben der Dreigenerationenfamilie und dem Betrieb als Träger der sozialen Sicherung bildete eine aktive und auf Vollbeschäftigung abzielende Arbeitspolitik des Staates ein wesentliches Element des Sozialschutzes, in deren Rahmen als Ergänzung zu aktiven arbeitsmarktpolitischen Maßnahmen auch staatlich geschützte Sektoren wie die Landwirtschaft oder der Einzelhandel als Puffersektoren für Problemgruppen des Arbeitsmarktes instrumentalisiert wurden (Seeleib-Kaiser 2001: 181-187). Massive Import- und Preisbeschränkungen im Agrarsektor sicherten bäuerliche Einkommen und führten sogar zu einer Angleichung an den sekundären Sektor. Zudem fanden Problemgruppen im Primärsektor ebenso Beschäftigung wie im staatlich regulierten Einzelhandel. Durch Protektionismus und staatliche Regulierung wurde eine vergleichsweise egalitäre Einkommensverteilung erzielt, so dass mit diesen Maßnahmen eine ähnliche Wirkung erreicht wurde wie mit staatlichen Transfers, ohne dass dies jedoch einen Niederschlag in der staatlichen Sozialleistungsquote fand.

In Australien und Neuseeland beruhte der „Sozialschutz mit anderen Mitteln" (Castles 1989) ebenfalls auf mehreren, sich wechselseitig stützenden Säulen (Castles 1989; Siegel 2002: 341ff.). Hierzu zählten ein wirtschaftspolitischer Protektionismus zum Schutz der heimischen Industrie, staatliche Lohnregulierung sowie eine selektive Einwanderungspolitik. Mit diesem Instrumentarium sollte das Arbeitsangebot verknappt und vor Niedriglohnkonkurrenz geschützt werden, während die Löhne durch gerichtliche Schlichtung auf hohem Niveau stabilisiert wurden. Diese Steuerungsinstrumente bildeten die Grundlage für den „Wohlfahrtsstaat der Lohnempfänger" (Castles), dessen Fokus von Beginn an auf Vollbeschäftigung und qualitativ hoch stehende Arbeitsbedingungen gerichtet war.

Eine bis in die Mitte des 20. Jahrhunderts andauernde protektionistische Handelspolitik bildete auch in den USA ein relevantes funktionales Äquivalent zu einem transferintensiven Sozialstaat (Rieger/Leibfried 2001: 183-191). Wie in den Antipoden fungierte die Zollpolitik als Substitut staatlicher Einkommensgarantien, indem die US-Unternehmen von Importkonkurrenz abgeschottet wurden. Hinzu kam nach dem Ersten Weltkrieg eine restriktive Einwanderungspolitik, die das Arbeitsangebot verknappte. Dadurch konnte ein hohes Lohn- und Beschäftigungsniveau aufrechterhalten werden, was wiederum den Bedarf an staatlich organisierten Einkommenstransfers reduzierte und damit den Staat finanziell entlastete. Erst im Gefolge der Großen Depression wurden staatliche Einkommenssicherungssysteme geschaffen, die von einer gut ausgebauten und vom Staat geförderten betrieblichen Sozialpolitik, allen voran in der Kranken- und Rentenversicherung, flankiert wurden (Hacker 2002). Für die Südstaaten der USA ist schließlich der lange Zeit während Sozialpaternalismus im Agrarsektor als weiteres Sozialschutzäquivalent zu nennen.

Auch in der Schweiz können funktionale Äquivalente des Wohlfahrtsstaates geortet werden. Neben einer vor allem im Rentenbereich weit ausgebauten betrieblichen Sozialpolitik ist hier auf die Vollbeschäftigung zu verweisen. Diese wurde zwar nicht von derart ausgeprägten staatsinterventionistischen Maßnahmen flankiert wie in Japan und den Antipoden, dennoch unterstützte der Staat im Rahmen der national-liberalen Arbeitsmarktpolitik (Schmidt 1995) durch prozyklische Regulierung des (ausländischen) Arbeitsangebots lange Zeit eine Politik der Vollbeschäftigung, von der im besonderen Maße männliche Schweizer profitierten.

Auch eine hohe Eigenheimquote kann als Äquivalent einer ausgebauten Alterssicherung angesehen werden. Die höchsten Eigenheimquoten gab es in den 1950er und 1960er Jahren in Japan, Neuseeland, Australien, den USA sowie in Kanada (Castles 1996: 5). Ein ähnlich weit verbreitetes funktionales Äquivalent bildet schließlich in diesen fünf Ländern eine ehrgeizige Bildungspolitik, die primär auf Herstellung von Chancengleichheit, nicht auf Verwirklichung egalitärer *Outcomes* zielt (Heidenheimer 1981; Heidenheimer u.a. 1990).

5.3   Erklärungsansätze

Wie kann die Verspätung des Sozialstaates in diesen reichen Ländern, seine geringe Dotierung und der *„Welfare-mix"* aus bescheidenen sozialstaatlichen Einkommensgarantien und den gut ausgebauten Sozialschutzäquivalenten erklärt werden?

Einerseits war in allen Ländern der Druck auf sozialstaatliche Intervention in Gestalt transferorientierter Sicherungssysteme vergleichsweise gering. Neben der durch staatliche Regulierung des Arbeitsmarktes und außenwirtschaftlichen Protektionismus erreichten Vollbeschäftigung nahmen in den Einwanderungsländern auch die geringen Seniorenquoten, die hohen Erwerbsquoten und in Japan das enorme Wirtschaftswachstum Druck von den staatlichen Sozialkassen. Geringe Arbeitslosen- und Seniorenquoten, hohe Erwerbsquoten und hohes Wirtschaftswachstum entfesselten bei gleichzeitig hohem Wohlstandsniveau die anonyme Sozialpolitik des Marktes (Rosenberg 1976). Verstärkt wurde diese marktförmige Wohlfahrtsproduktion durch eine moderate Steuerpolitik. Die von kulturellen Werthaltungen mitbeförderte herausragende Stellung der erwerbszentrierten Einkommenssicherung schlug sich in zweifacher Hinsicht in der strukturellen Gestaltung des staatlichen Netzes sozialer Sicherheit nieder: Zum einen in Form bedürftigkeitsgeprüfter Sozialleistungen für jene, deren Integration in den Arbeitsmarkt vorübergehend nicht möglich war. Zum anderen in Gestalt einer versicherungsbasierten Grundsicherung für jene, die dem Arbeitsmarkt dauerhaft nicht (mehr) zur Verfügung stehen, die zuweilen noch durch betriebliche Leistungen aufgestockt werden konnte. Diese beiden Elemente rechtfertigen auch die typologische Verortung der meisten Länder als liberale oder radikale Sozialstaaten.

Andererseits muss dieser *Welfare-mix* aus residualen staatlichen Sicherungsnetzen, starken funktionalen Sozialschutzäquivalenten, regulativer Sozialpolitik, dem prioritären Stellenwert der anonymen Sozialpolitik des Marktes und dem darauf fußenden Primat der Einkommenssicherung durch Erwerbsbeteiligung als Resultat politischer, institutioneller sowie kultureller Faktoren bzw. politischer Entscheidungen begriffen werden. Zunächst ist auf die *parteipolitische Färbung* der Regierungen zu verweisen. Abgesehen von den Antipoden wurden in allen Sozialstaatsnachzüglern die Regierungen überwiegend von bürgerlichen – und mit Ausnahme der Schweiz – überwiegend von liberalen oder säkular-konservativen Parteien gestellt. Diese Parteien bilden zwei Parteifamilien, die ideologisch dem sozialen Interventionsstaat äußerst kritisch gegenüberstehen, zuallererst an die Eigenverantwortung des Individuums und des Familienverbandes appellieren und sozialstaatliche Eingriffe nur dann befürworten, wenn sie der Chancengleichheit zur Erzielung eines marktförmigen Einkommens dienen oder eine Erwerbsbeteiligung aufgrund unverschuldeter Notlagen nicht möglich ist. Insofern genießt die Sozialpolitik des Marktes im Sinne einer Erwerbsarbeitsorientierung oberste Priorität. Spiegelbildlich sind typische Sozialstaatsparteien wie Linksparteien oder Christdemokraten auf nationaler Ebene entweder nicht vorhanden (USA, Kanada, Japan) oder gelangten, so in der Schweiz, erst nach dem Zweiten Weltkrieg an die Regierung. In einer ähnlichen Minderheitenposition befinden sich in diesen Ländern die Gewerkschaften als außerparlamentarischer Arm der Arbeiterbewegung. In den Antipoden waren zwar zeitweise *Labour*-Regierungen an der Macht, diese wählten jedoch in der Sozialpolitik andere Politikoptionen als ihre skandinavischen oder kontinentaleuropäischen Schwesterparteien, indem sie im Verbund mit den Gewerkschaften einen „Lohnverdiener-sozialstaat" propagiert hatten, der im Rahmen einer staatlich gestützten nationalen Abwehrstrategie gegenüber ausländischer Konkurrenz sozialen Schutz über die Verbesserung der Primäreinkommen und der Arbeitsbedingungen anstrebte.

Zu den vergleichsweise geringen Machtressourcen der Arbeiterbewegung gesellten sich institutionelle Handlungsschranken, die der raschen Ausweitung einer transferorientierten Sozialpolitik im Wege standen. Aufgrund institutioneller Blockaden wurde nicht nur der *take-off* des Wohlfahrtsstaates verzögert, sondern es kam auch zu Umlenkungseffekten in der Wohlfahrtsproduktion, indem als Folge gescheiterter staatlicher Interventionsversuche soziale Sicherung an private Träger delegiert wurde. Mit anderen Worten: Institutionelle Reformblockaden haben den *public-private-Mix* in der Sozialpolitik, aber auch die staatlichen Interventionsformen wesentlich konfiguriert. Lediglich in Neuseeland waren die Parteien in ihrem Handlungsspielraum weitgehend frei. Folglich konnte eine Linksregierung Mitte der 1930er Jahre quasi über Nacht eine expansive Sozialgesetzgebung verabschieden, während in den 1980er Jahren unter einer Labour-Regierung ein Konsolidierungskurs eingeläutet wurde, der zu Beginn der 1990er Jahre von einer konservativen Regierung noch weiter intensiviert wurde. Die permissive Verfassung des Landes ermöglichte kurzfristig dramatische Kursänderungen. Es ist folglich kein Zufall, dass Neuseeland in Abhängigkeit von verschiedenen parteipolitischen Kräftekonstellationen ein Zwitterdasein als sozialpolitischer Pionier und Nachzügler geführt hat. Derartig tiefgreifende Politikwechsel sind – mit Ausnahme Japans, sofern es relevante Gegenkräfte zur Liberal-Demokratischen Partei gäbe – in den übrigen Nachzüglerstaaten kaum vorstellbar. So wurde in Kanada, den Vereinigten Staaten und der Schweiz der sozialpolitische Handlungsspielraum der Exekutive durch den föderalen Staatsaufbau erheblich eingeschränkt (Obinger u.a. 2005). Dies hängt vor allem mit der ursprünglichen sozial- und fiskalpolitischen Kompetenzverteilung zwischen Bund- und Gliedstaaten und den für Politikänderungen erforderlichen, aufgrund der Vielzahl der an diesem Entscheidungsprozess beteiligten Akteure, aber mitunter blockadeanfälligen Konsensbildungsprozessen zusammen. Fehlende Bundeskompetenzen führten entweder zur Landnahme der Sozialpolitik durch Gemeinden und Gliedstaaten, was wiederum eine Bundesintervention erschwerte, oder die Gliedstaaten schreckten infolge eines horizontalen ökonomischen Wettbewerbs vor sozialpolitischen Alleingängen gänzlich zurück. So besaß in den USA der Bundesgesetzgeber bis 1935 keine sozialpolitischen Kompetenzen, während gleichzeitig der Konkurrenzföderalismus die Einführung sozialer Sicherungssysteme auf Staatenebene blockierte (Hacker/Pierson 2002: 314). Erst unter dem Eindruck der Großen Depression kam es im Rahmen des New Deal zum sozialpolitischen Urknall (de Swaan 1993: 229). Ähnlich war die Ausgangssituation in der Schweiz, wo der Bund gemäß der Bundesverfassung von 1874 ebenfalls über keine sozialversicherungsrechtlichen Gesetzgebungskompetenzen verfügte. Allerdings erfolgte in der Eidgenossenschaft im Gegensatz zu den Vereinigten Staaten die Ausweitung bundespolitischer Gesetzgebungskompetenzen schrittweise, und es dauerte Jahrzehnte, ehe zentrale sozialpolitische Gesetzgebungskompetenzen dem Bund überantwortet wurden. Etwas mehr Handlungsspielraum hatte der Bund in Kanada und in Australien, wenngleich auch hier zunächst die sozialpolitische Kompetenzlage rasche bundesstaatliche Interventionen erschwerte.

Typisch für Bundesstaaten sind auch starke *Verfassungsgerichte*. Wie das amerikanische Beispiel lehrt, geht von kompetenzmäßig starken Verfassungsgerichten jedoch keineswegs nur ein reformbremsender Effekt aus. Zwar erwies sich der amerikanische *Supreme Court* in der Sozialpolitik bis in die 1930er Jahre als Bremsklotz, da die Verfassungsrechtsprechung dem dualen Föderalismus sowie den verfassungsrechtlich geschützten Grundprinzipien der Eigentums- und Vertragsfreiheit Vorfahrt gegenüber sozialpolitisch motivierten bundesstaatlichen Eingriffen einräumte. Die rigide Auslegung der Verfassung in den Vereinigten Staaten wurde jedoch auf Druck des Weißen Hauses in den späten 1930er und 1940er Jahren abgeschwächt und verkehrte sich in den 1960er und 1970er Jahren sogar ins Gegenteil, als der *Supreme Court* im Namen von *„equal opportunities"* sozialpolitische Reformen einforderte. Das australische Pendant legte demgegenüber die Kompetenzverteilung zwischen dem *Commonwealth* und den Staaten bereits frühzeitig zugunsten des Bundes aus.

Zwei der sechs Wohlfahrtsstaatsnachzügler, nämlich die Schweiz und Australien, sind gleichzeitig jene Länder, die im internationalen Vergleich auf nationaler Ebene am häufigsten direktdemokratische Entscheidungsverfahren anwenden. Ein nachhaltiger Effekt der Direktdemokratie auf die Entwicklung und Expansionsdynamik des Sozialstaates findet sich aber hauptsächlich nur in der Schweiz. Insbesondere für die Zeit vor dem Zweiten Weltkrieg leistet die Direktdemokratie hier einen Erklärungsbeitrag für die verzögerte Einrichtung und gedrosselte Expansion des Sozialstaates. Ferner gibt es Anzeichen dafür, dass die Direktdemokratie in jüngster Zeit auch den Rückbau des Wohlfahrtsstaates erschwert. Insgesamt weist die Direktdemokratie somit einen erheblichen Status-quo-Bias auf.

Angesichts dieser vielfältigen institutionellen Vetopunkte und den dadurch immer wieder ausgelösten Reformblockaden haben diese Länder in der Sozialpo-

litik zum Teil alternative Wege beschritten. Sofern der Zentralregierung sozialpolitische Kompetenzen zur Schaffung von Transferprogrammen fehlten, musste sie
sozialpolische Maßnahmen auf andere von ihr kontrollierte Kompetenztatbe-
stände abstützen. Hierzu gehörten in Nordamerika etwa die „spending power"
des Bundes oder Kompetenzen zur Wirtschaftsregulierung. Dies erklärt, warum
sich der Staat mit diversen regulativen Maßnahmen (Lohnregulierung, Regulierung des Arbeitsangebots, Außenhandelsregulierung oder „mandated provision") sowie mit der direkten und indirekten Subventionierung privat erbrachter
oder von den Gliedstaaten bereitgestellten Sozialleistungen begnügen musste.
Die Sozialpolitik mit anderen Mitteln hatte aber zwei langfristige Konsequenzen:
Zum einen haben diese Bypass-Strategien zur Umschiffung der verfassungsbe-
dingten Rigiditäten die strukturelle Architektur des Sozialstaates sowie den *public-private-Mix* in der Wohlfahrtsproduktion maßgeblich konturiert. Zum anderen
haben diese Interventionsformen keinen nachhaltigen Niederschlag in den Sozialausgaben gefunden, zumindest wenn die (Brutto-)Sozialausgaben als Messlatte
des Vergleichs herangezogen werden.

   Auch *kulturelle Faktoren* können der Expansion des Wohlfahrtsstaates entgegenstehen beziehungsweise diese bremsen. In den föderalen Ländern USA, Kanada, Australien und der Schweiz dämpfte ein starkes bürgerschaftliches Engagement gepaart mit weit verbreitetem Misstrauen gegenüber zentralstaatlichen
Politiklösungen die Ausdehnung des Zentralstaates. Darin ist auch eine Ursache
dafür zu sehen, warum einige dieser Länder verstärkt auf sozialpolitische Lösungen jenseits des Staates zurückgegriffen haben. Eine überragende Rolle spielen
kulturelle Faktoren in Japan. Hier ist vor allem der kulturell bedingt hohe Stellenwert der Familie für die Wohlfahrtsproduktion von elementarer Bedeutung,
während das konfuzianische Arbeitsethos eine wichtige kulturelle Grundlage der
Staatsintervention im Bereich der Arbeitspolitik bildet. Generell ist in Japan ein
massives Nachwirken der spezifischen kulturellen Tradition des Landes auf die
gegenwärtige Sozialpolitik zu konstatieren, ohne deren Berücksichtigung die
traditionellen Theorien der Staatstätigkeitsforschung ins Leere gehen.

5.4   Entwicklungen seit den 1980er Jahren

Die Zusammenschau der jüngeren sozialpolitischen Entwicklung in den sechs
Ländern enthüllt vielfältige Veränderungen. Auffällig ist zunächst die Erosion
einiger jener Säulen der sozialen Sicherung, die als funktionale Äquivalente lange
Zeit zum Standardrepertoire der sozialen Sicherung in den einzelnen Ländern

zählten. Die protektionistischen Schutzschilder in den Antipoden sind seit längerer Zeit löchrig geworden und wurden schrittweise ausgehöhlt. Der Kurswechsel ging von veränderten weltwirtschaftlichen Rahmenbedingungen aus und wurde durch singuläre Ereignisse wie den Beitritt Großbritanniens zur EG verstärkt, wodurch die Antipoden einen wichtigen Absatzmarkt zu verlieren drohten. Politisch wurde die Demontage der protektionistischen Schutzschilder bzw. die außenwirtschaftliche Öffnung sowohl in Neuseeland als auch in Australien von Labour-Regierungen eingeläutet und anschließend von konservativen Kabinetten vollstreckt. Auch in Japan machte die durch das GATT-Abkommen beschleunigte Handelsliberalisierung den Protektionismus im Agrarsektor immer schwieriger, und auch der Einzelhandel verlor als Beschäftigungspuffer für minder qualifizierte Personen aufgrund verstärkter Deregulierung zunehmend an Bedeutung. Die Schweiz rückte im Gefolge des ersten Ölpreisschocks vom traditionellen nationalliberalen Weg der Vollbeschäftigung ab. Neben exogenen Faktoren liegen dieser Entwicklung jedoch zuallererst starke hausgemachte Ursachen, wie die Einführung der obligatorischen Arbeitslosenversicherung und die Erteilung längerfristiger Niederlassungsbewilligungen für Ausländer, zugrunde. In den USA büßte die betriebliche Vorsorge als funktionales Sozialstaatsäquivalent besonders für wenig gebildete Schichten an Reichweite ein. Diese Entwicklungen indizieren einen generellen Trend, der für alle hier untersuchten Länder zutrifft: Die Erosion der nationalen Sonderwege – unabhängig wie rasch (Neuseeland) oder schleichend (Japan) sich diese vollzieht – verstärkt soziale Segmentationsprozesse, zu deren Opfern in erster Linie minder qualifizierte Bevölkerungsgruppen gehören. Allerdings wurde und wird in allen Ländern verstärkt versucht, diesem Trend mit einem Ausbau der aktiven, teilweise jedoch mit *Zwangs*-Elementen versetzten Arbeitsmarktpolitik entgegenzusteuern.

Neben der Erosion der nationalen Sonderwege lassen sich bezüglich der jüngeren sozialpolitischen Entwicklungen weitere Gemeinsamkeiten feststellen. Ungeachtet vereinzelter und selektiv erfolgter Ausbaumaßnahmen im Bereich der staatlichen Sozialpolitik, fanden in allen Ländern die veränderten ökonomischen Rahmenbedingungen – wenngleich zeitlich versetzt und in ihrer Intensität verschieden – in sozialpolitischen Konsolidierungsmaßnahmen ihren Niederschlag. Die stärksten Sozialkürzungen fanden in den USA, Kanada, Neuseeland, Australien und Japan in der Sozialhilfe sowie in der Arbeitslosenversicherung, d.h. in den arbeitsmarktnahen Bereichen, statt. In allen Ländern wurden in der Sozialhilfe und Arbeitslosenversicherung die Sanktionsmechanismen verschärft und zum Teil auch um *Zwangs*-Elemente ergänzt. Die eingeschlagenen Lösungswege in den übrigen Bereichen der sozialen Sicherheit weisen zwar eine erhebliche Bandbreite auf, generell deuten aber die im Rahmen der Neujustierung der sozialen Sicherung forcierten Maßnahmen auf eine Stärkung von liberalen Strukturprinzipien hin. Hierzu zählen eine von allen Ländern anvisierte stärkere Zielgenauigkeit im Hinblick auf die Empfängergruppen sozialer Leistungen, die Instrumentalisierung der Steuerpolitik als neues funktionales Äquivalent (z.b. in Form der negativen Einkommensteuer) oder die zeitliche Befristung von Sozialleistungen wie im Rahmen des neuen Sozialhilfe-Regimes in den USA. Dabei sind jedoch länderspezifische Nuancen und Eigenheiten zu beachten. Wiederum zeigt sich die bereits bei der Expansion zu beobachtende interne Segmentierung der sechs Länder in drei Zweiergruppen. Kanada und die Vereinigten Staaten beschreiten einen ähnlichen Entwicklungspfad. In diesen Ländern wird durch stärkere Nutzung alternativer sozialpolitischer Steuerungsinstrumente wie der Steuerpolitik versucht, die Anreize zur Aufnahme einer Erwerbstätigkeit zu verstärken. In Neuseeland und Australien zeichnet sich das Ende des „radikalen Wohlfahrtsstaates" (Castles 2001) ab. Offenkundig kann in Zeiten deregulierter Finanzmärkte eine nationale Abschottungsstrategie von den Weltmärkten nur unter Inkaufnahme hoher Kosten aufrechterhalten werden. Die jüngeren sozialpolitischen Entwicklungen in Neuseeland und Australien sprechen dafür, dass die von Castles hervorgehobenen Trennlinien zwischen den Antipoden und den übrigen liberalen Wohlfahrtsstaaten in der englischsprachigen Welt verschwimmen dürften. Japan und die Schweiz fallen sowohl untereinander als auch im Vergleich zu den anderen vier Untersuchungsländern wiederum durch eine eigenständige Entwicklung aus dem Rahmen. Während die politische Elite in Japan in den 1980er Jahren kurzzeitig versucht hatte, das auf traditionellen familialen Wertvorstellungen fußende antietatistische „Modell der japanischen Wohlfahrtsgesellschaft" zumindest diskursiv zu reetablieren, wurde in den 1990er Jahren der Wachstumsschwäche mit Hilfe eines Staatsinterventionismus keynesianischer Prägung entgegengesteuert. Ebenso soll durch staatsinterventionistische Maßnahmen die aktive Arbeitspolitik funktionstüchtig gehalten werden. Die sozialpolitische Entwicklung in der Schweiz zeichnet sich durch eine bis in die frühen 1990er Jahre andauernde Ausbauphase ab, in deren Gefolge sich die Schweiz zusehends dem kontinentaleuropäischen Wohlfahrtsstaatsmodell angenähert hat. Das soziale Netz ist in der Eidgenossenschaft verdichtet und in den 1990er Jahren auf überdurchschnittlichem Niveau konsolidiert worden. Vor dem Hintergrund der langwierigen Wachstumsschwäche wurden allerdings parallel zum Ausbau des Wohlfahrtsstaates Leistungen auch selektiv gekürzt.

Diese Entwicklungen legen nahe, heute innerhalb der reichen OECD-Demokratien zwei klar voneinander getrennte Sozialmodelle zu unterscheiden. Einem

„europäischen" Modell, bei dem trotz der unterschiedlichen Spielarten des Wohlfahrtsstaates die Sozialpolitik weitgehend eine staatliche Veranstaltung (geblieben) ist, steht ein „angelsächsisches" Modell gegenüber, bei dem die Wohlfahrtsproduktion zu einem ungleich geringeren Teil auf den Schultern des Staates ruht.
Die Abnabelung der Schweiz von diesem Modell hat diese Trennlinie weiter
geschärft, während Japan Affinitäten zu beiden Modellen aufweist.

Was den Umfang und die Reichweite der Wohlfahrtsproduktion betrifft, ist
die Trennlinie zwischen beiden Regimen weitaus weniger klar gezogen. Diese
Messung würde eine synoptische Analyse der staatlichen und betrieblichen Sozialpolitik, der Steuer-, Arbeitsmarkt- und Bildungspolitik sowie der familialen
Reproduktionsleistungen erfordern. Bereits die Berücksichtigung der Besteuerung
von Sozialleistungen, Steuervergünstigungen sowie privaten Sozialausgaben, wie
sie in der Berechnung von sogenannten Nettosozialleistungsquoten zum Ausdruck kommt, zeigt, dass die Unterschiede im sozialpolitischen Finanzaufwand
zwischen den Ländern weitaus weniger ausgeprägt sind, als es die (Brutto-)
Sozialausgaben nahe legen (Adema/ Ladaique 2005: 71). Trotz ähnlich hoher Nettosozialausgaben variieren die Verteilungswirkungen zwischen den beiden Regimen aufgrund von Unterschieden im public-private-Mix allerdings beträchtlich: Der große Stellenwert privat organisierter Formen sozialer Sicherung in den
angelsächsischen Ländern korrespondiert im Vergleich zu den stärker staatszentrierten europäischen Wohlfahrtsstaaten mit einer höheren sozialen Ungleichheit
(Castles/Obinger 2007).

 **Literatur**

Kommentierte Literaturhinweise

Obinger, Herbert/Wagschal, Uwe (Hg.), 2000: Der gezügelte Wohlfahrtsstaat, Frankfurt
a.m./New York.
*Dieses Buch enthält Kurzportraits der sechs wohlfahrtsstaatlichen Nachzüglerländer. Die Länderbe-
richte untersuchen die Determinanten der gebremsten Sozialstaatlichkeit und rekonstruieren die
nationalen sozialpolitischen Entwicklungspfade. Überdies werden im Rahmen einer statistischen
Untersuchung die Trieb- und Bremskräfte wohlfahrtsstaatlicher Ausgaben im OECD-Vergleich
untersucht.*

Schmidt, Manfred G., 2005: Sozialpolitik in Deutschland. Historische Entwicklung und
internationaler Vergleich, Wiesbaden.

Neben einer ausführlichen Darstellung der Genese des Sozialstaates in Deutschland enthält das Buch einen international vergleichenden Teil, der kompakt über Einführung und Expansion sowie über die unterschiedlichen Typen des Sozialstaates informiert. Überdies werden die Stärken und Schwächen des Sozialstaates diskutiert.

Rieger, Elmar/Leibfried, Stephan 2001: Grundlagen der Globalisierung. Perspektiven des Wohlfahrtsstaates, Frankfurt a. Main.
Im Zentrum dieses Buches steht die Wechselwirkung zwischen Außenwirtschaftsordnung und Wohlfahrtsstaat. Am Beispiel von Deutschland und den USA zeigen die Autoren, dass der Wohlfahrtsstaat eine wesentliche Grundlage einer hohen außenwirtschaftlichen Öffnung darstellt. Umgekehrt wird die Rolle außenwirtschaftlicher Abschottung als funktionales Sozialschutzäquivalent dargestellt. Das Buch informiert auch kompakt über die jüngsten sozialpolitischen Entwicklungen in beiden Ländern.

Zitierte Literatur

Adema, Willem/Ladaique, Maxime 2005: Net Social Expenditure, 2005 Edition. More Comprehensive Measures of Social Support, OECD Social, Employment and Migration Working Papers No. 29, Paris.

Castles, Francis G., 1989: Social Protection By Other Means: Australia's Strategy of Coping with External Vulnerability, in: ders. (Hg.), The Comparative History of Public Policy, Cambridge, 16-55.

Castles, Francis G., 1996: The Really Big Trade-Off: Home Ownership and the Welfare State, Manuskript, Australian National University, Canberra.

Castles, Francis G., 2001: Social Policy and the Welfare State: A Farewell to Australia's Welfare State, International Journal of Health Services, 31, 537-544.

Castles, Francis G./Obinger, Herbert, 2007: Social Expenditure and the Politics of Redistribution, in: Journal of European Social Policy, 17 (3), i.E.

Esping-Andersen, Gøsta, 1990: The Three Worlds of Welfare Capitalism, Cambridge.

Esping-Andersen, Gøsta, 1997: Unique or Hybrid? The Japanese Welfare State Between Europe and America, in: Journal of European Social Policy, 7, 179-189

Esping-Andersen, Gøsta, 1999: Social Foundations of Postindustrial Economies, Oxford.

Hacker, Jacob S., 2002: The Divided Welfare State. The Battle over Public and Private Social Benefits in the United States, Cambridge.

Hacker, Jacob S./Pierson, Paul, 2002: Business Power and Social Policy: Employers and the Formation of the American Welfare State, in: Politics & Society, 30, 277-325.

Heidenheimer, Arnold J., 1981: Education and Social Security Entitlements in Europe and America, in: Flora, Peter/Heidenheimer, Arnold J. (Hg.), The Development of Welfare States in Europe and America, New Brunswieck NJ, 269-306.

Heidenheimer, Arnold J./Heclo, Hugh/Adams, Carolyn T., [3]1990: Comparative Public Policy. The Politics of Social Choice in America, Europe, and Japan, Houndsmill, Basingstoke u.a.

Maddison, Angus, 2001: The World Economy: A Millenial Perspective, Paris.

Obinger, Herbert, 1998: Politische Institutionen und Sozialpolitik in der Schweiz, Frankfurt a.M.

Obinger, Herbert/Wagschal, Uwe (Hg.), 2000: Der gezügelte Wohlfahrtsstaat. Sozialpolitik in reichen Industrienationen, Frankfurt a. Main/New York.

Obinger, Herbert/Leibfried, Stephan/Castles, Francis G. (Hg.), 2005: Federalism and the Welfare State. New World and European Experiences, Cambridge.

OECD, 2004: Social Expenditure Database, CD-Rom, Paris.

Rieger, Elmar/Leibfried, Stephan, 2001: Grundlagen der Globalisierung, Frankfurt a. Main.

Rosenberg, Hans, 1976: Große Depression und Bismarckzeit. Wirtschaftsablauf, Gesellschaft und Politik in Mitteleuropa, Frankfurt a. Main/Berlin/Wien.

Schmidt, Manfred G., 1995: Vollbeschäftigung und Arbeitslosigkeit in der Schweiz. Vom Sonderweg zum 'Normalfall', Politische Vierteljahresschrift, 36, 35-48.

Schmidt, Manfred G., 2005: Sozialpolitik in Deutschland. Historische Entwicklung und internationaler Vergleich, Wiesbaden.

Seeleib-Kaiser, Martin, 2001: Globalisierung und Sozialpolitik, Frankfurt a. Main/New York.

Siegel, Nico A., 2002: Baustelle Sozialpolitik. Konsolidierung und Rückbau im internationalen Vergleich, Frankfurt a.M., New York.

De Swaan, Abram, 1993: Der sorgende Staat, Frankfurt a. Main/New York.

Zöllner, Detlev, 1963: Öffentliche Sozialleistungen und wirtschaftliche Entwicklung, Berlin.

6 Die Analyse wohlfahrtsstaatlicher Programme

Nico A. Siegel

6.1 Einleitung

Die international vergleichende Analyse sozialer Sicherungssysteme wird durch eine Vielzahl von theoretischen Ansätzen, Konzepten, Methoden und Forschungstechniken geprägt. Wie andere sozialwissenschaftliche Forschungsfelder, so zeichnet sich auch die Sozialpolitikanalyse durch einen ausgeprägten Methodenpluralismus und durch Paradigmenvielfalt aus. Ein Beispiel für die sehr unterschiedlichen Blickwinkel, aus denen die Sozialpolitikanalyse erfolgen kann, ist die Wahl der Analysehöhe. Während einige Autoren, wie beispielsweise Gøsta Esping-Andersen, eine sehr hohe Analysehöhe wählen und die Makro-Ebene von Wohlfahrtsregimen (*welfare regimes*) einblenden (Esping-Andersen 1990), hat die große Mehrzahl vor allem qualitativ-vergleichender Sozialpolitikanalysen einzelne wohlfahrtsstaatliche Politikbereiche zum Gegenstand: beispielsweise die Arbeitsmarkt-, die Gesundheits- oder die Alterssicherungspolitik (vgl. u.a. Kangas 1991; Palme 1990).

Nicht nur im Methodenpluralismus der wissenschaftlichen Sozialpolitikforschung manifestieren sich unterschiedliche Blickwinkel und Analysehöhen. Auch in der täglichen Berichterstattung in den Medien werden Befunde, Positionen und Reformvorschläge diskutiert, die einerseits ganz allgemein „die sozialen Sicherungssysteme" bzw. den „Sozialstaat" Deutschland betreffen oder aber spezifische Probleme und Handlungsbedarf in einzelnen sozialpolitischen Feldern thematisieren.

6.2 Analysehöhen der Sozialpolitikforschung

Insgesamt können der Einfachheit halber drei typische Analysehöhen der vergleichenden Sozialpolitikanalyse unterschieden werden:

1. Ausgehend von einer ersten, am stärksten disaggregierten Analysehöhe beschreiben und analysieren Sozialpolitikforscher einzelne sozialpolitische

Handlungsbereiche, zum Beispiel einzelne Instrumente im Bereich der aktiven Arbeitsmarktpolitik, Gesetze zur Förderung der Integration schwer behinderter Menschen in den Arbeitsmarkt oder etwa die sozialrechtliche Regelung von ‚Frühverrentung', das heißt der vorzeitigen Inanspruchnahme von Altersrenten. Häufiger als bei stärker aggregierten Analysen handelt es sich bei diesen Studien um angewandte Politik- und Sozialforschung: konkrete Instrumente und Programme der Sozialpolitik werden detailliert beschrieben, ihre Effektivität und Effizienz evaluiert und einer Kosten-Nutzen-Analyse unterzogen.

2. Eine zweite, darüber gelagerte Analysehöhe analysiert sozialpolitische Handlungsbereiche oder Politikfelder, zum Beispiel das (gesamte) Instrumentarium der aktiven Arbeitsmarktpolitik oder die Strukturen, Prozesse und Inhalte der gesetzlichen Renten- und Alterssicherungspolitik. In den vergangenen Jahren sind eine Vielzahl von Analysen über rentenpolitische und arbeitsmarktpolitische Reformen erschienen (Pierson 1994; Anderson 2001; Hinrichs 2001; Siegel 2002, Kap. 6-7; Korpi/Palme 2003). Die Mehrzahl der international vergleichenden Studien beschreibt und analysiert dabei in der Regel nicht nur ausschnittartig einzelne rentengesetzliche oder arbeitsmarktpolitische Reformdynamiken, sondern versucht zu Generalisierungen über politikfeldspezifische Charakteristika und Entwicklungen zu gelangen. So haben beispielsweise Palme und Kangas systematisch die Geschichte der gesetzlichen Alterssicherung (Palme 1990) beziehungsweise der Lohnfortzahlung im Krankheitsfall (Kangas 1991) aus vergleichender Perspektive dargelegt. Sie beschränken sich vornehmlich auf die Beschreibung und Analyse programmspezifischer sozialpolitischer Generosität in OECD-Demokratien und im 20. Jahrhundert, etwa durch vergleichbare Sozialrechtsindikatoren, sie blenden aber auch allgemeine Fragen des Wachstums des Wohlfahrtsstaates in wirtschaftlich entwickelten Demokratien mit ein.

3. Schließlich kommt in der vergleichenden Sozialpolitikforschung drittens dem Vergleich wohlfahrtsstaatlicher (Gesamt-)Systeme und Politikinhalte eine sehr wichtige Stellung zu. Aus dem Blickwinkel von ‚Makroanalysen' werden wohlfahrtsstaatliche Strukturen, Prozesse und/oder Inhalte verglichen, welche zumindest die Kernbereiche der Sozialpolitik umfassen. Vorrangiges Ziel solcher Makroanalysen ist nicht die detailgetreue Beschreibung und Analyse der Besonderheiten einzelner sozialpolitischer Programme, sondern generalisierende Abstraktion im Rahmen aggregierter Analysen sozialrechtlicher Leistungsniveaus und Ausgaben. Esping-Andersens Regimetypologie basiert auf einer solchen makroskopischen Sozialpolitikanalyse. Gleiches gilt

für überwiegend quantitativ-variablenorientierte Analysen der Bestimmungsfaktoren der Gesamtsozialausgaben im OECD-Ländervergleich. Ins Blickfeld solcher makroskopisch ausgerichteten Studien geraten weniger politikfeldspezifische Institutionen, Akteure und Mechanismen strategischer Interaktion oder Entwicklungstrends, sondern vielmehr makropolitische, soziale und ökonomische Faktoren.

Die Einteilung in dominante Analyseebenen der Sozialpolitikforschung ähnelt einer idealtypisierenden Vorgehensweise, und sie ist auf sozialpolitische Analysen jenseits der Analyse von Mikrodaten anwendbar (z.b. Einkommensforschung auf Grundlage von Haushalts- oder Personendaten).

Erstens können die drei genannten Ansatzhöhen durch entsprechende Binnendifferenzierungen noch feiner untergliedert werden. Zweitens werden in der Forschungspraxis häufig verschiedene Analysehöhen kombiniert. Wichtig ist an dieser Stelle festzuhalten, dass je nach Problem- und Fragestellung sämtliche der verschiedenen Blickwinkel wichtige Erkenntnisse für die vergleichende Analyse sozialer Sicherungssysteme liefern können. Zielsetzungen, theoretische Ansätze, Forschungsmethoden und die Schlussfolgerungen weichen zwischen Arbeiten mit unterschiedlichen Ansatzhöhen indes oft in beträchtlichem Ausmaß voneinander ab. Für die Theoriebildung und -überprüfung ist beispielsweise von großem Interesse, ob kausale Zusammenhänge zwischen sozialen, wirtschaftlichen und politischen Variablen lediglich für einzelne Programmbereiche postuliert werden können oder über einzelne sozialpolitische Programme und Handlungsfelder hinweg Verallgemeinerungen über Ursache-Wirkungs-Zusammenhänge möglich sind. Wirken sich Parteieneffekte etwa – in gleichem Ausmaße – in der Renten- wie in der Arbeitsmarktpolitik aus? Kommt Pfadabhängigkeitsdynamiken in der Arbeitsmarktpolitik ähnliche Relevanz zu wie in der Alterssicherungspolitik? Ist es plausibel anzunehmen, dass infolge von Globalisierung und Europäisierung die Autonomie nationaler Sozialpolitik in der Gesundheitspolitik in ähnlicher Weise bröckelt wie in der Arbeitsmarktpolitik? Und macht es aus policyanalytischer Perspektive Sinn, konstante Institutionen- und Akteurskonstellationen über einzelne sozialpolitische Politikfelder hinweg zu postulieren? Das sind nur einige der Fragen, die verdeutlichen mögen, dass die Wahl der Analysehöhe eine wichtige Weichenstellung im Forschungsprozess darstellt.

6.3   Zur Wahl der Analysehöhe

In den international vergleichenden Sozialpolitikanalysen finden sich sehr unterschiedliche Herangehensweisen, was die Wahl der Analysehöhe angeht. Die Mehrheit der Sozialpolitikforscher, vor allem derjenigen, die stärker zu qualitativen Methoden neigen, tendiert bezüglich der im vorigen Abschnitt erwähnten Fragen mittlerweile dazu, die Differenzen zwischen einzelnen sozialpolitischen Handlungsfeldern hervorzuheben, ohne programmübergreifende Fragestellungen gänzlich auszublenden (z.B. Carroll 1999; Korpi/Palme 2003; Siegel 2002).

Was spricht für eine programmspezifische Vorgehensweise? Die in der Alterssicherungspolitik relevanten politischen Institutionen und Akteure sowie sozioökonomischen Rahmenbedingungen sind zum Beispiel nur in begrenztem Maße auch im Bereich der Arbeitsmarktpolitik oder der Gestaltung von Sozialhilfeprogrammen von Relevanz. So prallen nicht nur in den dichten Akteursnetzen der Gesundheitspolitik in der Bundesrepublik die Interessen parastaatlicher und privater Akteure dergestalt aufeinander, dass die Gesundheitspolitik als ein sozialpolitisches Politikfeld mit tendenziell hoher Vetodichte erscheint (Immergut 1992). Ähnliches kann auch für eine Reihe von OECD-Demokratien festgehalten werden, in denen die Gesundheitspolitik vielschichtige Mischungsvarianten zwischen privaten und staatlichen Anbietern kennt (public private mix). Im Vergleich zur Alterssicherungs- und auch zur Arbeitsmarktpolitik liegt aufgrund vielschichtigerer Anbieterstrukturen in der Gesundheitspolitik ein latent hohes Konfliktpotenzial im Falle ehrgeiziger reformpolitischer Vorhaben seitens der zentralstaatlichen Regierungen vor. Nicht nur die Geschichte der Gesundheitsreformen in Deutschland bietet daher reichhaltiges Anschauungsmaterial für die Relevanz verschiedener Vetoakteure im politischen Prozess.

In den vergangenen Jahren sind die Grenzen einer hoch aggregierten Sozialpolitikanalyse von verschiedenen Autoren diskutiert worden (vgl. als allgemeiner Überblick, Siegel 2002, Kap. 4). Einige Autoren haben etwa den Regimeansatz von Esping-Andersen stark kritisiert: er überschätze die Kohärenz wohlfahrtsstaatlicher Regimes bei Weitem und übersehe programmspezifische Problemprofile, Institutionen und Akteurskonstellationen (Kasza 2002). Wie die zwischen verschiedenen sozialpolitischen Handlungsbereichen stark unterschiedliche sozialrechtliche Generosität und die Asymmetrien zwischen verschiedenen Ausgabenbereichen verdeutlichen, weist diese Kritik auf einen wichtigen Schwachpunkt hoch aggregierter Sozialpolitikanalysen hin: Sie neigen dazu, von konkreten Problemen und Prozessen auf der sozialpolitischen Programmebene zu abstrahieren, generalisierende Typologien zu entwerfen und Befunde zu verkünden, welche die komplexe und zunehmend an Komplexität gewinnende Binnenarchitektur entwickelter Wohlfahrtsstaaten nur unzureichend berücksichtigen. So haben Analysen über die Konsolidierung der Sozialausgaben und des Umbaus und Rückbaus sozialer Sicherungssysteme markant abweichende Reformdynamiken zwischen einzelnen Programmbereichen identifiziert, insbesondere wenn Rentenreformen mit Umbaumaßnahmen im Bereich der Arbeitsmarktpolitik verglichen werden (Siegel 2002). Auch ein Blick weiter zurück auf die Einführungstermine der wichtigsten sozialen Sicherungssysteme im historischen und internationalen Vergleich verdeutlicht die bemerkenswert voneinander abweichenden politischen Kontexte in verschiedenen sozialpolitischen Handlungsbereichen (vgl. Kapitel III.1 und nach wie vor grundlegend Alber 1982).

Diese Ergebnisse legen den Schluss nahe, dass die Rahmenbedingungen und Prozesse sozialpolitischen Handelns zwischen einzelnen wohlfahrtsstaatlichen Handlungsbereichen erheblich voneinander abweichen. Freilich sollte das Plädoyer für eine Disaggregation der Analyseebene nicht mit einer Forderung nach Ausblendung allgemeiner, politikfeldübergreifender Faktoren verwechselt werden. So bilden verschiedene politische, soziale und wirtschaftliche Kontextfaktoren die Rahmenbedingungen über einzelne sozialpolitische Handlungsfelder hinweg. Ein besonders einleuchtendes Beispiel ist hohe oder wachsende Arbeitslosigkeit: Sie wirkt sich in der Regel negativ auf die Handlungsspielräume von Regierungen in verschiedensten Sozialpolitikbereichen aus. Steigt die Arbeitslosigkeit, schrumpfen Steueraufkommen und Sozialversicherungsbeiträge, während gleichzeitig eine wachsende Nachfrage nach Sozialleistungen zu verzeichnen ist.

Aber auch allgemeine politische Rahmenbedingungen, etwa der Staatsaufbau, die Grundkoordinaten des Parteiensystems und -wettbewerbs oder der Wahlterminkalender definieren politikfeldübergreifende Rahmenbedingungen, die über verschiedene sozialpolitische Handlungsbereiche hinweg den sozialpolitischen Regierungsprozess in verschiedenen wohlfahrtsstaatlichen Bereichen maßgeblich prägen. Insofern sind neben programmspezifischen sozialökonomischen und politischen Faktoren, die insbesondere bei einer Analyse von wohlfahrtsstaatlichen Reformpolitiken ausreichend berücksichtigt werden sollten, auch soziale, wirtschaftliche und politische Rahmenbedingungen zu bedenken, die über einzelne Handlungsbereiche oder Reforminitiativen hinweg Parameter für sozialpolitische Prozesse definieren. Folglich sprechen eine Reihe von Gesichtspunkten für die Einblendung allgemeiner politischer, wirtschaftlicher und sozialer Kontextfaktoren im Rahmen empirischer Sozialpolitikanalysen. Die Grundkoordinaten des Regierungssystems, des Parteienwettbewerbs und des

Verbändesystems als wichtige politische Rahmengrößen, die öffentlichen Finanzen, die Arbeitsmarktsituation und die wirtschaftliche Wachstumsdynamik als nur drei von vielen wichtigen ökonomischen Schlüsselgrößen und schließlich Probleme sozialen Wandels und sozialer Ungleichheit wirken sich auf verschiedene sozialpolitische Handlungsbereiche aus. Insofern erweist es sich auch im Rahmen von politikfeldspezifischen Analysen sehr häufig als unverzichtbar, politikfeldübergreifende Faktoren einzublenden.

Zusammenfassend kann also festgehalten werden, dass sowohl gewichtige Argumente für eine programmübergreifende Makroanalyse der Sozialpolitik als auch für programmspezifische Mikrostudien sprechen. Einen Königsweg der Sozialpolitikanalyse gibt es folglich nicht.

6.4   Einige Ergebnisse der sozialpolitischen Programmanalyse

Am Beispiel der Regimetypologie Esping-Andersens, aber auch von Analysen zur Konsolidierung und zur Reform des Wohlfahrtsstaates können im Folgenden die Vorzüge einer programmbezogenen Sozialpolitikanalyse veranschaulicht werden.

Wie in Kapitel III.4 ausführlicher dargelegt wird, eignet sich die vergleichende Regimetypologie Esping-Andersens gut dafür, größere Unterschiede in den wohlfahrtsstaatlichen Politikstrukturen und -wirkungen zwischen wirtschaftlich entwickelten Demokratien aufzuzeigen. Insgesamt zielt Esping-Andersen mit seiner Typologie darauf ab, auffällige Unterschiede im Hinblick auf Dekommodifizierung und wohlfahrtsstaatliche Stratifizierungseffekte der OECD-Demokratien herauszuarbeiten, zu systematisieren und durch eine konsistente Typologie analytisch zu erfassen. Esping-Andersen ist nicht primär bestrebt, die Vielfalt und Binnenkomplexität moderner Wohlfahrtsstaaten angemessen abzubilden. Seine Typologie von Wohlfahrtsregimen dient vor allem dazu, die Gemeinsamkeiten und Unterschiede zwischen wohlfahrtsstaatlichen ,Makroregimen', deren Strukturen und Politikinhalten im Sinne interdependenter wohlfahrtsstaatlicher Konfigurationen, möglichst komplexitätsreduzierend darzustellen. Eine solche komplexitätsreduzierende Vorgehensweise hat ihren Preis. Unter anderem unterstellt sie (implizit) ein erhebliches Maß an Kohärenz zwischen einzelnen wohlfahrtsstaatlichen Handlungsbereichen und innerhalb der postulierten Typen.

Empirisch ausreichend gesättigt ist Esping-Andersens Typologie aus dem Jahr 1990 vor allem, aber nicht ausschließlich, im Hinblick auf drei Bereiche sozialer Sicherungssysteme: (1) die Alters- und Hinterbliebenensicherung, (2) die Lohnfortzahlung im Krankheitsfall und (3) die Arbeitslosenunterstützungsleistungen.

Ein Blick auf Esping-Andersens maßgebliche Indikatoren für die Erfassung sozialrechtlicher Generosität, seine Dekommodifizierungsindizes, macht indes deutlich, dass die statistische Korrelation sozialrechtlicher Generosität, gemessen an seinen Dekommdifizierungsindizes, unterschiedlich ausfällt. Wie aus Tabelle 7 ersichtlich wird, ist der statistische Zusammenhang zwischen dem Dekommodifizierungsniveau für Altersrentner und der Lohnfortzahlung im Krankheitsfall hochgradig signifikant, während der Zusammenhang zwischen den Leistungen für Arbeitslose und den beiden anderen Bereichen nur schwach ausfällt. Länder, deren gesetzliche Alterssicherungspolitik sich durch vergleichsweise stark dekommodifizierende Leistungen auszeichnet, haben folglich im internationalen Vergleich nicht notwendigerweise besonders generöse Arbeitslosenunterstützungssysteme. Vielmehr variiert die sozialpolitische Generosität, gemessen etwa an Esping-Andersens Dekommodifizierungsindex, je nach wohlfahrtsstaatlichem Programmbereich erheblich.

Tabelle 7:   Statistischer Zusammenhang: Dekommodifizierungsindizes auf Programmebene nach Esping-Andersen

	Lohnfortzahlung	Arbeitslosenunterstützung
Altersrenten	0,72	0,29
Lohnfortzahlung		0,46

Anmerkung: Ausgewiesen sind Pearsons Produkt-Moment-Korrelationskoeffizienten, berechnet auf Basis von Esping-Andersen 1990: 52-54, N=18.

Alternative Indikatoren, beispielsweise programmspezifische Ausgabenquoten in den drei genannten Handlungsbereichen, zeigen einen noch schwächeren Zusammenhang zwischen den Leistungskennziffern einzelner sozialpolitischer Politikbereiche an.

Tabelle 8:   Die Ausgabenentwicklung in wichtigen sozialpolitischen Bereichen
in 22 OECD-Demokratien, 1980-2001

	Alters-/Hinter-bliebenenrenten		*Gesundheit*		*Arbeitslosen-unterstützung*		*Familienpoliti-sche Leistungen*		*Öffentliche Sozialleistungen insgesamt*	
	1980	2001	1980	2001	1980	2001	1980	2001	1980	2001
Australien	3,8	4,9	4,4	6,2	0,7	1,0	1,0	2,8	11,3	18,0
Belgien	9,2	11,3	5,4	6,4	2,5	2,2	3,1	2,3	24,1	27,2
Dänemark	8,2	8,3	8,0	7,1	4,9	3,0	2,8	3,8	29,1	29,2
Deutschland	10,9	12,1	6,8	8,0	0,5	1,2	2,3	1,9	23,0	27,4
Finnland	6,1	8,9	5,0	5,3	0,7	2,0	1,9	3,0	18,5	24,8
Frankreich	9,6	12,1	5,8	7,2	1,3	1,6	2,5	2,8	21,1	28,5
Griechen-land	6,0	13,6	3,7	5,2	0,2	0,4	0,3	1,8	11,5	24,3
Groß-britannien	7,3	8,7	4,9	6,1	1,1	0,3	2,3	2,2	17,9	21,8
Irland	5,7	3,5	6,8	4,9	1,5	0,7	1,1	1,6	17,0	13,8
Italien	9,1	13,9	5,6	6,3	0,6	0,6	1,1	1,0	18,4	24,4
Japan	4,0	8,5	4,5	6,3	0,4	0,5	0,5	0,6	10,2	16,9
Kanada	3,3	5,2	5,2	6,7	1,2	0,8	0,8	0,9	14,3	17,8
Luxemburg	10,6	8,1	5,5	4,8	0,5	0,5	2,0	3,4	23,5	20,8
Neuseeland	7,2	4,8	5,2	6,1	0,5	1,1	2,2	2,2	17,2	18,5
Niederlande	8,2	7,1	5,2	5,7	1,7	1,3	2,5	1,1	26,9	21,8
Norwegen	5,7	7,1	5,9	6,8	0,4	0,4	1,8	3,2	17,9	23,9
Österreich	11,7	13,4	5,2	5,2	0,5	,8	3,1	2,9	22,5	26,0
Portugal	4,1	9,4	3,6	6,3	0,3	0,9	0,8	1,2	10,9	21,1
Schweden	8,4	9,8	8,4	7,4	0,4	1,0	4,0	2,9	28,8	28,9
Schweiz	6,2	13,4	3,6	6,4	0,1	0,5	1,0	1,2	14,2	26,4
Spanien	6,4	8,9	4,3	5,4	2,0	1,3	0,5	0,5	15,9	19,6
USA	6,2	6,1	3,7	6,2	0,7	0,3	0,8	0,4	13,3	14,8
OECD 22	7,2	9,1	5,3	6,2	1,0	1,0	1,8	2,0	18,5	22,5

Anmerkung: Angaben in % des Bruttoinlandsprodukts; eigene Zusammenstellung auf Basis von OECD
Social Expenditure Database 2001.

Die niedrige Korrelation in Tabelle 8 weist auf die – von Land zu Land sehr unterschiedlich ausfallende – „Ausgabenasymmetrie" zwischen verschiedenen Programmbereichen hin (vgl. auch Jochem/Siegel 2004). Auch ein Blick auf die Veränderung der programmspezifischen Ausgaben und der gesamten öffentlichen Sozialausgaben zwischen 1980 und 2001 verdeutlicht sehr unterschiedliche Entwicklungstrends in einzelnen sozialpolitischen Programmbereichen. Durch die sehr unterschiedlichen Ausgabenentwicklungen nach 1980 haben sich die Gewichte zwischen einzelnen sozialpolitischen Bereichen in einigen Ländern deutlich, in der Regel insbesondere zugunsten der Ausgaben für Alters- und Hinterbliebenenrenten verschoben (vgl. Tabelle 8).

Tabelle 9: Statistischer Zusammenhang zwischen Ausgabenniveaus verschiedener sozialpolitischer Handlungsbereiche, 2001

	Gesundheit	Arbeitslosenunterstützung	Familie
Alters- und Hinterbliebenenrenten	0,16	0,03	0,04
Gesundheit		0,25	0,09
Arbeitslosenunterstützung			0,42

Anmerkung: Ausgewiesen sind Pearsons Produkt-Moment-Korrelationskoeffizienten, berechnet auf Basis von OECD Social Expenditure Database 2005. N=21.

Tabelle 10: Statistischer Zusammenhang: Differenz Ausgabenniveaus 1980-2001

	Alters- und Hinterbliebenenrenten	Gesundheit	Arbeitslosenunterstützung	Familie
Gesamtsozialausgaben	0,88	0,68	0,44	0,41
Alters- und Hinterbliebenenrenten		0,58	0,29	0,12
Gesundheit			0,30	-0,01
Arbeitslosenunterstützung				0,04

Anmerkung: Angegeben sind Pearsons Produkt-Moment-Korrelationskoeffizienten für die Differenz der programmspezifischen Ausgabenniveaus 2001-1980, berechnet auf Basis von OECD Social Expenditure Database 2005. N=21.

Insgesamt variiert die Struktur der Sozialausgaben in den OECD-Ländern folglich erheblich. Die Schlussfolgerung lautet: Im internationalen Demokratienvergleich sticht nicht nur die erhebliche Variation des wohlfahrtsstaatlichen „Gesamtleistungsprofils" hervor, sondern auch diejenige zwischen einzelnen sozialpolitischen Programmbereichen. So kann der Vergleich verschiedener Programmbereiche im selben Land erhebliche Asymmetrien aufdecken. Der prozentuale Anteil der Ausgaben für Alters- und Hinterbliebenenrenten liegt insbesondere in den kontinental- und südeuropäischen Ländern weit über dem Anteil für Arbeitsmarkt- oder Familienpolitik. Dieses Gefälle – das angesichts der dramatischen Veränderungen im Altersaufbau der Bevölkerung in vielen OECD-Ländern – enorme Herausforderungen für die Zukunft der Sozialpolitik definiert, ist in den englischsprachigen Demokratien der liberalen Wohlfahrtsstaatswelt weit weniger stark ausgeprägt als in den korporatistisch-zentristischen Wohlfahrtsstaaten. Freilich handelt es sich bei dem flacheren Gefälle zwischen einzelnen Programmbereichen in liberalen Wohlfahrtsstaaten meist um eine vergleichsweise geringere Asymmetrie auf niedrigem Dekommodifizierungs- und Ausgabenniveau: sowohl die sozialrechtliche Dekommodifizierung als auch die Ausgaben weisen für die liberalen Wohlfahrtsregimes magere öffentliche Sozialleistungen aus. Wenn man so will, wird in den liberalen Wohlfahrtsstaaten sozialpolitische Magerkost an alle Sozialleistungsempfänger verabreicht. Zudem verdeckt der einseitige Blick auf die öffentlichen Sozialleistungen die Arbeitsteilung zwischen Staat, Markt und Familie: In den liberalen Wohlfahrtsstaaten liegen die privaten Ausgaben für Gesundheit und Alterssicherung deutlich über denjenigen der restlichen OECD-Welt. Wie Analysen der Gesundheitsausgaben und ihrer Bestimmungsfaktoren zeigen, resultiert die dominante Rolle privater Lösungen in diesem Politikfeld in einem die Ausgaben steigernden Effekt, ohne dass diese höheren Ausgaben sich auch notwendigerweise qualitätssteigernd in Leistungskennziffern des Gesundheitssektors spiegeln. Die USA schneiden bezüglich wichtiger Leistungskennziffern der Gesundheitspolitik in der Regel nicht besser und oftmals sogar schlechter ab als Länder mit einem sehr hohen Anteil öffentlicher Gesundheitsausgaben und stark effizienzorientierten nationalen Gesundheitsdiensten, wie sie etwa in Großbritannien und Schweden zu finden sind.

Nicht nur quantitative Messlatten decken die bisweilen erheblichen programmspezifischen Unterschiede zwischen einzelnen sozialpolitischen Handlungsbereichen auf. Auch qualitative Indikatoren, etwa das dominante sozialpolitische Sicherungsprinzip variieren zwischen einzelnen sozialpolitischen Bereichen. In Großbritannien, in vergleichenden Sozialpolitikanalysen in der Regel als typisch liberales Wohlfahrtsregime gehandelt, geht ein überwiegend liberales

Alterssicherungssystem mit einem fast schon klassisch sozialdemokratischen *National Health Service* einher. In Schweden hat die gesetzliche Sozialversicherung als dominante Sicherungssäule die ehemalige Volksrente abgelöst: eine bemerkenswerte Transformation und ein Beispiel für einen (überwiegend schleichend verlaufenden) Regimewechsel hin zum zentristischen Sozialversicherungsprinzip, das in verschiedenen Subvarianten in der Mehrheit der kontinentaleuropäischen Demokratien zu finden ist.

Auch zwischen Ländern, die gemäß Esping-Andersen dem gleichen Wohlfahrtsstaatsregime zuzuordnen sind, können erhebliche Unterschiede festgestellt werden. Das neuseeländische Alterssicherungssystem weist etwa wesentlich stärkere Übereinstimmungen mit dem dänischen als mit dem US-amerikanischen auf, während die französischen und italienischen Gesundheitssysteme nur mehr schlecht als recht in das Bild eines korporatistisch-konservativ austarierten Wohlfahrtsstaates passen. Der ausschließliche Blick auf Wohlfahrtstypen oder Welten verdeckt solche regimeinterne Variation. Insbesondere im Hinblick auf die Lokalisierung und Eruierung reformpolitischen Handlungsbedarfs und auf praktisches Politikhandeln erweist sich eine Makrotypologie des Wohlfahrtsstaates insofern als nur sehr begrenzt hilfreich. Konkreter Reformbedarf kann in den sozialen Sicherungssystemen entwickelter Demokratien nur nach einer Lokalisierung spezifischer Probleme und Herausforderungen identifiziert werden, nicht zuletzt deshalb, weil sich das die Handlungskorridore der Politik maßgeblich absteckende Politikerbe (im Sinn von Policies) auf der Programmebene manifestiert (Rose 1990). Die vergleichende Sozialpolitikanalyse tut daher gut daran, jenseits „makroskopischer" Generalisierungen einen in die Tiefe gerichteten, „mikroskopischen" und damit auch anwendungsorientierten Blickwinkel einzunehmen.

 **Literatur**

Ausgewählte kommentierte Literatur

Siegel, Nico A., 2002: Baustelle Sozialpolitik. Konsolidierung und Rückbau im internationalen Vergleich, Frankfurt a. Main.
Kapitel 4 bietet eine ausführliche Einführung in die Vor- und Nachteile makro- und mikroskopischer Sozialpolitikanalyse. Der Autor kombiniert die beiden Analyseebenen in den empirischen Teilen des Buches; in Kapitel 5 fokussiert er beispielsweise die Entwicklung der Gesamtsozialausgaben und deren Finanzierungsstrukturen, während in Kapitel 6 (Renten) und 7 (Arbeitslosenunterstützungsleistungen) programmspezifische Analysen folgen.

Palme, Joakim, 1990: Pension Rights in Welfare Capitalism. The Development of Old Age Pensions in 18 OECD Countries 1930 to 1985. Edsbruk.
Ähnlich wie andere Arbeiten aus der Stockholmer Schule der Wohlfahrtsstaatsanalyse (vg. Kangas 1991, Carroll 1999 im Literaturverzeichnis) beschreibt und analysiert Palme die unterschiedliche sozialrechtliche Generosität auf der Ebene einzelner sozialpolitischer Programe, in diesem Fall der gesetzlichen Alterssicherungssysteme. Ein hervorragendes Beispiel für eine programmbezogene Analyse, die allgemeine Fragen der Wohlfahrtsstaatsforschung mit einblendet.

Hinrichs, Karl, 2001: Elephants on the Move. Patterns of Public Pension Reform in OECD countries, in: Stephan Leibfried (Hg.), Welfare State Futures, Cambridge, 77-102.
Hinrichs Beitrag ist ein vorzügliches Beispiel für eine programmspezifische Analyse von Reformdynamiken im Bereich der gesetzlichen Rentenpolitik. Der Beitrag bietet einen Überblick über die Regimetypologie Esping-Andersens und deren Anwendbarkeit auf die Renten(reformen) in OECD-Demokratien.

Anderson, Karen, 2001: The Politics of Retrenchment in a Social Democratic Welfare State. Reform of Swedish Pensions and Unemployment Insurance, in: Comparative Political Studies 34 (9): 1063-1091.
Andersons Fallanalysen zur Reformpolitik in Schweden verdeutlichen die unterschiedliche Reformlogik in zwei zentralen Bereichen der Sozialpolitik.

Zitierte Literatur

Alber, Jens, 1982: Vom Armenhaus zum Wohlfahrtsstaat, Frankfurt a. Main.

Carroll, Eero, 1999: Emergence and Structuring of Social Insurance Institutions. Comparative Studies on Social Policy and Unemployment Insurance, Stockholm.

Esping-Andersen, Gøsta, 1990: The Three Worlds of Welfare Capitalism, Cambridge/Oxford.

Huber, Evelyn/Stephens, John D. 2001: Development and Crisis of the Welfare State, Chicago.

Immergut, Ellen, 1992: Health Politics. Interests and Institutions in Western Europe, Cambridge u.a.

Kangas, Olli, 1991: The Politics of Social Rights. Studies on the Dimensions of Sickness Insurance in OECD Countries, Edsbruk.

Kasza, Gregory J., 2002: The Illusion of Welfare Regimes, in: Journal of Social Policy 31: 271-287.

Korpi, Walter/Palme, Joakim, 2003: New Politics and Class Politics in the Context of Austerity and Globalization. Welfare State Regress in 18 Countries, 1975-95, in: American Political Science Review 97 (3): 425-446.

Pierson, Paul, 1994: Dismantling the Welfare State? Reagan, Thatcher, and the Politics of Retrenchment, Cambridge u.a.

Rose, Richard, 1990: Inheritance before Choice in Public Policy, in: Journal of Theoretical Politics 2, 263-291.

Schmidt, Manfred, [3]2005: Sozialpolitik in Deutschland. Historische Entwicklung und internationaler Vergleich, Wiesbaden.

IV. Benachbarte Politikfelder

1 Einführung: Der Sozialpolitik benachbarte Politikfelder

Reimut Zohlnhöfer

Ziel des vorliegenden Kapitels ist es, den Blick über den engeren Bereich der wohlfahrtsstaatlichen Politik hinaus auf benachbarte Politikfelder zu lenken. Dabei wird es in diesem einführenden Abschnitt darum gehen, die Konzeption des Kapitels knapp aufzuzeigen, vor allem aber die Beziehungen zwischen den behandelten Politikfeldern und der Sozialpolitik im engeren Sinne herauszuarbeiten.

So ist beispielsweise zu konstatieren, dass das Wirtschaftswachstum eine „ungeheure sozialpolitische Bedeutung" besitzt (Obinger 2001: 161), ja Hans Rosenberg (1976: 217) sprach gar von der „anonymen Sozialpolitik des Marktmechanismus". In der Tat korrelieren soziale Indikatoren wie Kindersterblichkeit, Lebenserwartung oder Analphabetismus mitunter hoch mit dem Pro-Kopf-Einkommen eines Landes (Obinger 2001: 163). Das Wirtschaftswachstum beeinflusst die Nachfrage nach Sozialpolitik, indem es einerseits dafür sorgen kann, dass der Bedarf nach Sozialpolitik sinkt, weil der Markt für die meisten Menschen ein ausreichendes Einkommen bereit stellt; andererseits geht mit dem Wirtschaftswachstum auch ein Strukturwandel einher, der wiederum Nachfrage nach Sozialpolitik schafft. Darüber hinaus beeinflusst das Wirtschaftswachstum aber auch die Angebotsseite des Wohlfahrtsstaates, ist eine wachsende Wirtschaft doch Voraussetzung dafür, dass die finanziellen Ressourcen bereitstehen, die der Wohlfahrtsstaat benötigt – eine Erkenntnis, die sich gerade in Deutschland seit Mitte der 1990er Jahre angesichts geringer Wachstumsraten schmerzlich durchzusetzen beginnt. Insofern besteht nicht zuletzt auch aus der Perspektive der Wohlfahrtsstaatsforschung ein Bedarf an Kenntnissen über die politischen Determinanten des Wirtschaftswachstums.

Ähnliches lässt sich für die Steuerpolitik sagen: Die Finanzmittel, die der Wohlfahrtsstaat benötigt, müssen beschafft werden. Dies erfolgt über Zwangsabgaben, seien es nun Steuern oder Sozialversicherungsbeiträge. Die Höhe der Steuern und Abgaben entscheidet mithin über den finanziellen Spielraum, der dem Wohlfahrtsstaat zur Verfügung steht: Wollen oder können Regierungen die Steuern und Sozialabgaben nicht erhöhen, wird der finanzielle Spielraum auch für den Wohlfahrtsstaat geringer sein als in Ländern, in denen die Abgabenbelastung hoch ist. Doch die Steuerpolitik hat daneben auch verteilungspolitische

Bedeutung: Über sie wird der gesellschaftliche Wohlstand umverteilt, je nach Ausgestaltung des Steuersystems allerdings in unterschiedlicher Weise und zugunsten unterschiedlicher Gruppen.

Dass die Beschäftigungspolitik, verstanden als Gesamtheit aller gesamtwirtschaftlichen Maßnahmen, die auf eine allgemeine Verbesserung der Beschäftigungssituation zielen (vgl. Schmidt 1992), etwa in Form von Fiskal-, Lohn- oder Geldpolitik, von unmittelbarer Bedeutung für die Sozialpolitik ist, steht wohl außer Zweifel. Eine erfolgreiche Beschäftigungspolitik, die weitgehende Vollbeschäftigung zu erreichen imstande ist, erleichtert dem Sozialstaat die Aufgabe, weil ein Großteil der Bevölkerung nicht auf ihn angewiesen ist und weil Ressourcen für spendable Sozialprogramme vorhanden sind. Umgekehrt geraten insbesondere die kontinentaleuropäischen, beitragsfinanzierten Wohlfahrtsstaaten bei andauerndem Misserfolg der Beschäftigungspolitik selbst in eine Finanzierungskrise, weil ein schrumpfender Teil der Bevölkerung, nämlich die Beitragszahler, einen wachsenden Teil der Bevölkerung, nämlich die Arbeitslosen, finanzieren muss.

Die Bildungspolitik wird insbesondere im angelsächsischen Raum üblicherweise ohnehin als Teil des Wohlfahrtsstaates verstanden (vgl. z.B. Castles 1998: 174). Dieses Verständnis ist nicht zuletzt deshalb gerechtfertigt, weil durch die Ausbildung eines Menschen „in hohem Maße die individuellen Lebenschancen beeinflusst" werden (Merkel 2001: 140). Nicht umsonst wird in der Debatte um den „Dritten Weg" der Sozialdemokratie Bildung als Grundlage einer „Umverteilung der Chancen" diskutiert (Giddens 1999: 128).

Am erklärungsbedürftigsten dürfte jedoch die Beziehung zwischen Entstaatlichungspolitik und Sozialstaat sein. Mit dem Begriff „Entstaatlichungspolitik" soll der Teil der Wettbewerbspolitik bezeichnet werden, der vor allem an der Förderung bzw. Wiederherstellung des Wettbewerbs interessiert ist. Im Wesentlichen ist dabei also an die Aufgabenfelder Deregulierung und Privatisierung zu denken (vgl. zu einer Diskussion des Begriffs Zohlnhöfer 2001: 142f.). Welche Beziehung besteht aber zwischen der Regulierung bzw. Deregulierung und Privatisierung bestimmter Wirtschaftssektoren und dem Wohlfahrtsstaat? Folgt man der Argumentation von Herman Schwartz (2001: 31ff.), so besteht hier eine ausgesprochen enge Verknüpfung. Schwartz (2001: 31) argumentiert nämlich, dass soziale Sicherheit über eine Vielzahl verschiedener staatlicher Eingriffe hergestellt werden kann, deren Quintessenz darin besteht, „that they disconnect or buffer income streams from market outcomes".

Ein Instrument zur Herstellung so definierter sozialer Sicherheit war bis in die 1980er Jahre auch die enge Regulierung der wichtigsten Dienstleistungssektoren, insbesondere des Telekommunikations-, Energie- oder Verkehrsmarktes. Die starke Regulierung dieser Sektoren machte die entsprechenden Unternehmen, die sich häufig sogar im Besitz des Staates befanden, unabhängig vom Wettbewerb und den üblichen Unsicherheiten der Märkte. Auf diese Weise garantierte die Regulierung den in diesen Sektoren Beschäftigten hohe Sicherheit in Bezug auf ihren Arbeitsplatz und ihre Löhne und – soweit vorhanden – den privaten Unternehmern in den regulierten Sektoren stabile Einnahmen und Gewinne. Da die fraglichen Sektoren durchaus bedeutend waren, lässt sich in der Tat von einem erheblichen Beitrag zur sozialen Sicherung durch die Regulierung sprechen.

Wie bedeutend der Sozialschutz war, den die Regulierung den in diesen Sektoren Beschäftigten bot, zeigt sich nicht zuletzt bei einem Blick auf die durch die Entstaatlichung seit Anfang der 1980er Jahre ausgelösten Produktivitäts- und Beschäftigungseffekte (vgl. dazu Héritier/Schmidt 2000). Insbesondere im gerade in Europa besonders stark liberalisierten Telekommunikationsmarkt kam es einerseits zu ganz erheblichen Preissenkungen, während auf der anderen Seite in großem Umfang Personal bei den ehemaligen Monopolisten abgebaut wurde. Zwar kam es im Gegenzug auch zu Neueinstellungen bei den neuen Wettbewerbern, doch konnten diese den Stellenabbau bei den (vormals) marktbeherrschenden Unternehmen schon zahlenmäßig nicht einmal ansatzweise kompensieren; hinzu kam, dass die neu geschaffenen Stellen deutlich weniger sicher, häufig auch schlechter bezahlt waren als diejenigen, die bei den ehemaligen Monopolisten verloren gingen. Gerechtfertigt wurde die Deregulierung mit dem Hinweis auf die dadurch zu erwartenden – und tatsächlich realisierten – Produktivitätsgewinne, die zu erheblichen Preissenkungen in den entsprechenden Bereichen führten, welche wiederum einen angebotsseitigen Beitrag zur Ankurbelung der wirtschaftlichen Entwicklung in anderen Sektoren leisten sollten.

In den einzelnen Abschnitten dieses Kapitels sollen aber nicht lediglich die (politischen) Bestimmungsfaktoren der einzelnen Politiken dargestellt werden, sondern es sollen gleichzeitig bestimmte theoretische Schwerpunkte gesetzt und verschiedene Vergleichsdesigns vorgestellt werden. So werden beispielsweise in einzelnen Kapiteln bestimmte Theorien der vergleichenden Staatstätigkeitsforschung verstärkt fokussiert. Die Bildungspolitik etwa wird vor allem auf die Frage nach dem Einfluss verschiedener Regierungsparteien auf die Bildungsausgaben untersucht werden, in der Steuerpolitik wird stärker auf die Auswirkungen der Globalisierung abgestellt, während im Kapitel über die Entstaatlichungspolitik der Einfluss der Europäischen Gemeinschaft auf die Liberalisierung des Telekommunikationssektors im Mittelpunkt stehen wird.

Gleichzeitig sollen in den einzelnen Kapiteln aber auch verschiedene Vergleichsdesigns dargestellt werden. So soll einerseits der quantitative Vergleich (so bei den Bestimmungsfaktoren des Wirtschaftswachstums oder bei der Steuer- und der Bildungspolitik) vorgestellt werden, andererseits aber auch der qualitative Vergleich zu seinem Recht kommen (insbesondere in den Kapiteln zur Beschäftigungs- und zur Entstaatlichungspolitik). Auch die Länderauswahl variiert in den Kapiteln. So wird bei der Untersuchung der Bestimmungsfaktoren des Wirtschaftswachstums zwischen Industrie- und Entwicklungsländern, bei der Steuer- und der Bildungspolitik innerhalb der Gruppe der OECD-Länder und bei der Bildungspolitik zusätzlich zwischen den deutschen Bundesländern verglichen, während bei der Entstaatlichungspolitik ein Zwei-Länder-Vergleich zwischen Deutschland und Großbritannien im Zentrum steht.

 Literatur

Castles, Francis G., 1998: Comparative Public Policy. Patterns of Post-war Transformation, Cheltenham/Northampton.

Giddens, Anthony, 1999: Der dritte Weg. Die Erneuerung der sozialen Demokratie, Frankfurt a.M.

Héritier, Adrienne/Schmidt, Susanne K., 2000: After Liberalization. Public Interest Services and Employment in the Utilities, in: Scharpf, Fritz W./Schmidt, Vivien A. (Hg.), Welfare and Work in the Open Economy. Vol. II: Diverse responses to Common Challenges, Oxford, 554-596.

Merkel, Wolfgang, 2001: Soziale Gerechtigkeit und die drei Welten des Wohlfahrtskapitalismus, in: Berliner Journal für Soziologie 11, 135-157.

Obinger, Herbert, 2001: Die anonyme Sozialpolitik des Marktes. Das Wirtschaftswachstum und seine politisch-institutionellen Grundlagen, in: Schmidt, Manfred G. (Hg.), Wohlfahrtsstaatliche Politik. Institutionen, politischer Prozess und Leistungsprofil, Opladen, 161-189.

Rosenberg, Hans, 1976 (engl. 1963): Große Depression und Bismarckzeit. Wirtschaftsablauf, Gesellschaft und Politik in Mitteleuropa, Frankfurt/Berlin/Wien.

Schmidt, Manfred G., 1992: Arbeitsmarkt- und Beschäftigungspolitik, in: Schmidt, Manfred G. (Hg.), Die westlichen Länder (Lexikon der Politik Bd. 3), München, 34-38.

Schwartz, Herman, 2001: Round up the Usual Suspects!: Globalization, Domestic Politics, and Welfare State Change, in: Pierson, Paul (Hg.), The New Politics of the Welfare State, Oxford/New York, 17-44.

Zohlnhöfer, Reimut, 2001: Die Wirtschaftspolitik der Ära Kohl, Opladen.

2 Die politischen Grundlagen wirtschaftlichen Wachstums im internationalen Vergleich

Herbert Obinger

2.1 Einführung

Die Erkundung der Ursachen für den Wohlstand der Nationen zählt zu den ältesten Fragestellungen der Politischen Ökonomie. Der wichtigste Indikator zur Messung des Wohlstandsniveaus eines Landes ist das Bruttoinlandsprodukt. Seine jährliche Veränderungsrate misst das Wirtschaftswachstum einer Volkswirtschaft. Zur Klärung der Frage, warum sich die Wachstumsraten zwischen Ländern unterscheiden, untersuchen Ökonomen das durchschnittliche, zu konstanten und internationalen Preisen berechnete Wirtschaftswachstum pro Kopf über einen mehrjährigen Zeitraum hinweg. Seit den 1980er Jahren ist ein steigendes Interesse an politischen Einflussfaktoren der wirtschaftlichen Entwicklung zu verzeichnen, so dass – wie im Folgenden gezeigt wird – die ökonomischen Modelle zur Erklärung des Wirtschaftswachstums mit politischen Variablen angereichert wurden.

2.2 Ökonomische Wachstumstheorie

Die neoklassische Wachstumstheorie geht von fallenden Grenzerträgen aus, das heißt, der Outputzuwachs nimmt mit zunehmendem Inputeinsatz (z.B. Kapital) ab. Dieser Annahme zufolge konvergiert jede Ökonomie zu einem Wachstumsgleichgewicht, dem sogenannten *steady state*. Daher ist das Wachstum des Pro-Kopf-Einkommens eines Landes (g) der neoklassischen Wachstumstheorie zufolge eine Funktion aus dem gegenwärtigen Bruttoinlandsprodukt (BIP) pro Kopf (Y) und dem langfristigen Wachstumsgleichgewicht Y* (vgl. Barro 1997):

$$g = f\,(Y, Y^*)$$

Die Wachstumsrate g ist dabei umso höher, je höher das langfristige Pro-Kopf-Einkommen (Y*) und je geringer das gegenwärtige Pro-Kopf-Einkommen (Y) ist.

Daraus folgt, dass die Wachstumsrate eines Landes von der Differenz des aktuellen Pro-Kopf-Einkommens zum Einkommensniveau im Wachstumsgleichgewicht Y*, dem steady state, abhängt. Je größer der Abstand einer Ökonomie von ihrem steady state ist, desto höher ist die Wachstumsrate. Die Volkswirtschaften reicher Länder sollten daher – unter sonst gleichen Bedingungen – langsamer wachsen als die ärmerer Länder. Abbildung 1 zeigt, dass diese Modellprognose für die „OECD-Welt" tatsächlich zutrifft. Auf der Ordinate ist das durchschnittliche jährliche Wirtschaftswachstum zwischen 1960 und 2000 abgetragen. Die Abszisse zeigt den Startwert der Ökonomie, das logarithmierte Pro-Kopf-Einkommen im Jahr 1960. Die Regressionsgerade zeigt die theoretisch erwartete negative Beziehung zwischen dem BIP pro Kopf und dem Wirtschaftswachstum. Die Volkswirtschaften der ärmeren OECD-Demokratien sind daher schneller gewachsen als diejenigen jener Länder, die bereits 1960 ein hohes ökonomisches Entwicklungsniveau erreicht hatten.

Abbildung 1:   Wirtschaftswachstum 1960-2000 in Abhängigkeit des log. BIP pro Kopf im Jahr 1960 in 21 OECD-Ländern

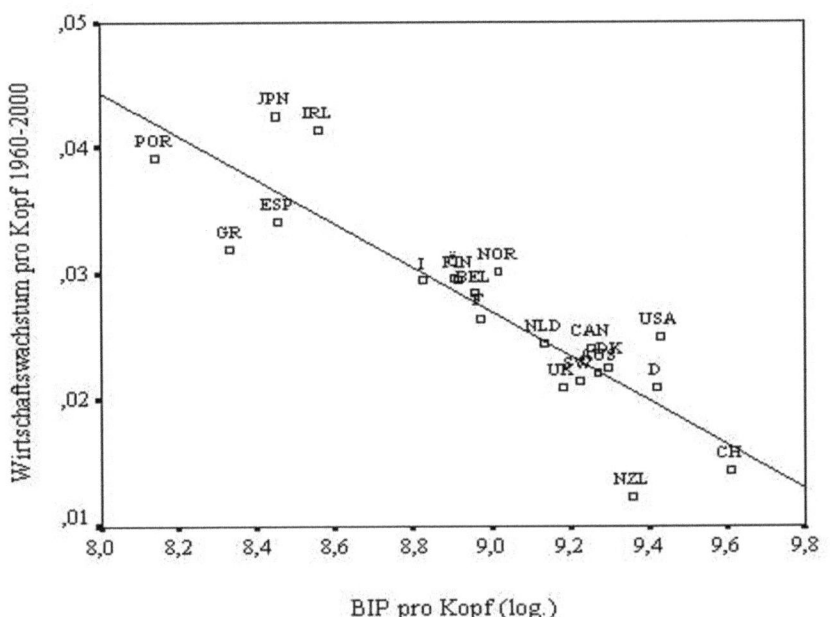

Datenbasis: Penn World Table Project 6.1 (Heston u.a. 2002).

Abbildung 2 zeigt eine analoge Grafik für 106 Länder. Im weltweiten Vergleich stellt sich eher der gegenteilige Befund ein: Reiche Länder sind von 1960 bis 2000 in der Tendenz schneller gewachsen. In einigen Ländern ist das Pro-Kopf-Einkommen sogar gesunken, mit entsprechend katastrophalen Konsequenzen für den Lebensstandard der Bevölkerung. Ein ähnliches Bild zeigt sich für den Zeitraum zwischen 1980 und 2000: Während in den reichsten Ländern die Volkswirtschaften gewachsen sind, verzeichneten 45 größtenteils arme Länder ein Negativwachstum des Pro-Kopf-Einkommens. Dies betraf vor allem die Länder südlich der Sahara, aber auch zahlreiche postkommunistische Transformationsländer (Sachs 2005: 87-90).

Abbildung 2: Wirtschaftswachstum 1960-2000 in Abhängigkeit des log. BIP pro Kopf im Jahr 1960 in 106 Ländern

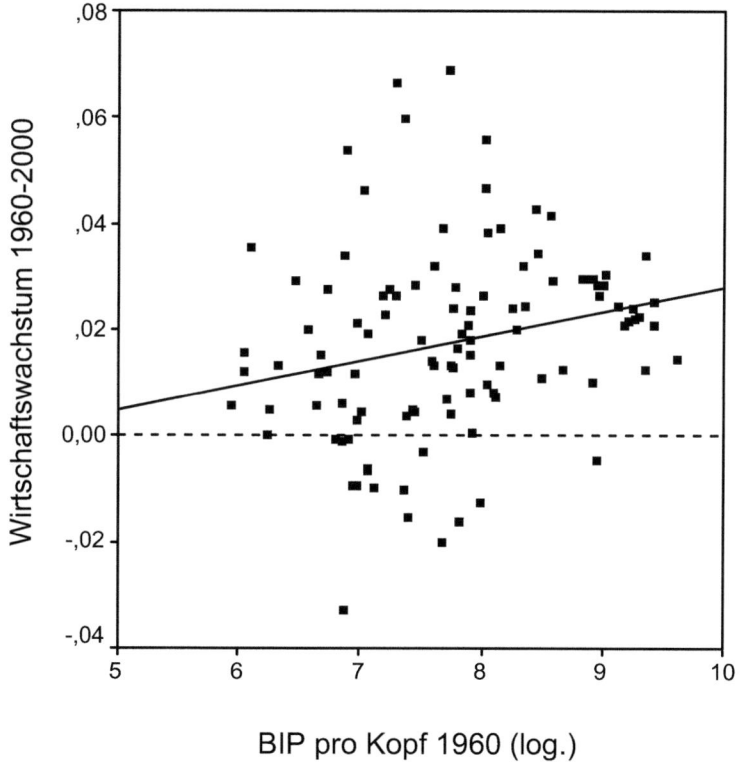

Datenbasis: Penn World Table Project 6.1 (Heston u.a. 2002).

Dieses Puzzle löste zwei Weiterentwicklungen der ökonomischen Wachstumstheorie aus: Die Neue Wachstumstheorie gab die neoklassische Annahme fallen-
der Grenzerträge auf, so dass sich nicht notwendigerweise ein ökonomischer
Konvergenzprozess einstellen muss. Diese Schule betont insbesondere die Bedeutung von Humankapitalbildung und Forschungsanstrengungen für das Wirtschaftswachstum. Zum anderen wurde die neoklassische Theorie verfeinert,
indem argumentiert wurde, dass die Position des steady state von zahlreichen
Umweltparametern beeinflusst werde (Barro/Sala-i-Martin 1995). Hierzu zählen
ökonomische, kulturelle, klimatische, aber auch politische Gegebenheiten eines
Landes. Demnach könnte es sein, dass sich zwei Länder mit ähnlichem ökonomischem Entwicklungsniveau auf unterschiedliche steady states zubewegen, so
dass sich folglich auch die Wachstumsraten zwischen diesen Ländern unterscheiden. Werden diese Umweltparameter in empirischen Schätzmodellen konstant gehalten, würde sich konditionale Konvergenz nachweisen lassen.

2.3   Politik und Wirtschaftswachstum in der OECD-Welt

Trotz der aus Abbildung 1 deutlich ersichtlichen empirischen Tragfähigkeit der
neoklassischen Wachstumstheorie wurde zur Erklärung des Wirtschaftswachstums in den OECD-Ländern immer wieder auch auf politische Variablen zurückgegriffen. Zwar handelt es sich hinsichtlich ihrer politisch-institutionellen Basisstrukturen um homogene Länder in Gestalt marktwirtschaftlich verfasster Demokratien mit hoch entwickelten Eigentumsrechten. Dennoch lassen sich eine
Reihe von politisch-institutionellen Unterschieden zwischen diesen Ländern
feststellen, welche – so die Ausgangshypothese – die Varianz der Wachstumsraten zumindest partiell erklären könnten. Diese Unterschiede betreffen etwa die
politische Färbung der Regierung, die Staatsstruktur oder das System der Interessenvermittlung. Die einschlägige Forschung lässt sich zu fünf Forschungssträn-
gen verdichten.

Verteilungskoalitionen

Als erstes legte Olson (1982) eine politische Interpretation wirtschaftlicher Dyna-
mik vor. Olson zufolge sind es gut organisierte Interessengruppen, die mittels
Lobbying versuchen, ihren Interessen auf Kosten des Allgemeinwohls zum
Durchbruch zu verhelfen. Gerade stabile Demokratien seien anfällig für den

Lobbyismus dieser Interessengruppen. Typische Ziele solcher Verteilungskoalitionen sind Preisregulierungen, Kartellbildung oder die Errichtung von Marktzutrittsbarrieren. Die daraus resultierenden Preisverzerrungen, rechtliche Überregulierung, die Aushöhlung des Wettbewerbs und die durch die hohe Status quo-Orientierung dieser Interessengruppen ausgelöste Blockade von Innovation und technologischem Fortschritt lähmt die wirtschaftliche Dynamik und führt langfristig zu einer Wachstumsschwäche. Allerdings hängt der Effekt der Interessenpolitik auf die ökonomische Entwicklung maßgeblich von der Organisations- und Mitgliederstruktur der Interessengruppen ab. Während kleine Interessengruppen einen Anreiz besitzen, das Gruppeninteresse auf Kosten Dritter durchzusetzen, bestehen für Interessengruppen mit hoher Mitgliederbasis (sogenannte „encompassing interests") durchaus Anreize, das Allgemeinwohl zu maximieren.

Die parteipolitische Zusammensetzung der Regierung

Eine zweite Forschungsrichtung rückt die parteipolitische Zusammensetzung der Regierung in den Mittelpunkt. Das hierbei am häufigsten vorgebrachte Argument lautet, dass Linksparteien eher Umverteilung auf Kosten wirtschaftlicher Effizienz anvisieren. Demnach entscheiden sie sich im Interesse ihrer Klientel im Zielkonflikt zwischen Gleichheit und Effizienz eher für redistributive Politiken. Implizit wurde damit Linksparteien ein negativer Einfluss auf das Wirtschaftswachstum unterstellt. Abgesehen von der Positionierung im Zielkonflikt zwischen Effizienz und Umverteilung bleibt dieser Ansatz in Bezug auf den Kausalzusammenhang zwischen Parteienherrschaft und Wachstum allerdings ziemlich vage. Wachstumspolitik ist eine typische Querschnittsmaterie, innerhalb derer mehrere Politikfelder – zu denken ist hier etwa an die Ordnungs-, Technologie-, Industrie-, Bildungs- und Steuerpolitik – ineinander greifen. Selbst wenn Linksparteien für höhere Steuern optieren, können sie in anderen Politikbereichen wie in der Forschungs- und Bildungspolitik stärkere wachstumspolitische Akzente als bürgerliche Regierungen setzen.

Regierungsparteien und Gewerkschaften

Ein dritter Forschungsstrang sieht in den Interaktionen zwischen den Regierungsparteien und den Gewerkschaften einen Schlüssel zur Erklärung unterschiedlicher Wachstumsprofile (Lange/Garrett 1985). Ideologisch unterschiedlich

gefärbte Regierungen verfolgen zwar verschiedene wirtschaftspolitische Strategien und Ziele, Parteien erlangen aber erst in Abhängigkeit von spezifischen
Kräfteverhältnissen und Organisationsstrukturen im Verbändewesen wirtschaftspolitische Gestaltungsmacht. Zwei kohärente Konstellationen erweisen sich als
Wachstumskatalysatoren, nämlich eine schwache politische Linke und eine fragmentierte Gewerkschaftslandschaft einerseits und eine starke Linkspartei zusammen mit umfassenden Gewerkschaften im Sinne Olsons andererseits. Die
erste Konstellation steht für eine ungezügelte marktförmige Wachstumsdynamik,
während die zweite eine kooperative Wachstumspolitik vorzeichnet. Starke und
umfassende Gewerkschaften reduzieren das Trittbrettfahrerproblem und eröff-
nen die Möglichkeit der Implementierung einer *collective gain strategy* im Sinn
einer gemeinwohlorientierten Politik (Lange/Garrett 1985: 798). Diese birgt allerdings für die Gewerkschaften Risiken in Gestalt des Zeitinkonsistenzproblems,
wenn einseitiges kooperatives Verhalten – etwa Lohnzurückhaltung – von der
Regierung unterlaufen wird. Eine Linksregierung reduziert dieses Risiko, da sie
erstens von den Gewerkschaften politisch abhängig und überdies bestrebt ist,
Lohnzurückhaltung mit (öffentlichen) Investitionen zu honorieren und die daraus resultierenden Wachstumsgewinne „sozial gerecht" zu verteilen. Dem Wirtschaftswachstum abträglich sind hingegen inkohärente Konstellationen, etwa
wenn starke Linksparteien mit schwachen Gewerkschaften einhergehen oder
wenn eine Rechtsregierung starken Gewerkschaften gegenübersteht. Solche in-
kongruenten Paarkonstellationen bewirken eine ungünstigere makroökonomische Performanz, ausgelöst in erster Linie durch militante und konfliktbereite
Gewerkschaften, die im Fall einer Rechtsregierung keinen Anreiz zu einer kooperativen Politik verspüren oder im Fall einer fragmentierten Gewerkschaftsstruk-
tur hierzu nicht in der Lage sind. Insgesamt erwartet diese Schule einen kurvi-
linearen Effekt von politischen Variablen auf die wirtschaftliche Leistungsfähigkeit eines Landes: Hohe Wachstumsraten finden sich entweder in Ländern, die
eine zwischen Linksparteien und starken Gewerkschaften koordinierte Wirtschaftspolitik verfolgen, oder in Staaten, in denen infolge einer bürgerlichen Hegemonie und schwacher Gewerkschaften Marktlösungen Vorfahrt haben.

Staats- und Demokratiestrukturen

Der vierte Ansatz fokussiert potenzielle Wachstumseffekte von Staats- und Demokratiestrukturen. Im Mittelpunkt stehen hier etwa der Einfluss der Demokratieform oder der institutionellen Fragmentierung des politischen Systems auf die

ökonomische Performanz. Demokratieforscher argumentieren, dass die „rules of the regime" die makroökonomische Performanz beeinflussen. Konkordanzdemokratien seien „more stable, steady, continuous, and more predictable forms of government than majoritarian systems with alternating governmental responsibilities" (Crepaz 1996: 8). Mehrheitsdemokratien sind demnach anfälliger für Stop-and-go-Politiken mit entsprechend negativen Folgen für die Glaubwürdigkeit der (Wirtschafts-)Politik. Auch fragmentierte Staatsstrukturen im Sinne konstitutioneller Schranken gegen die Regierung werden von Ökonomen als wichtige institutionelle Voraussetzung sicherer Märkte und damit wirtschaftlicher Dynamik gesehen. Die vertikale Machtteilung und der horizontale Wettbewerb in Bundesstaaten engten den Aktionsradius opportunistischer Regierungen ein. Horizontaler Wettbewerb würde die Staatsintervention eindämmen, während vertikale Machtteilung die Gefahr diskretionärer Wirtschaftspolitik mindern würde (Weingast 1993). Politisch motivierte Eingriffe in die Ökonomie könnten überdies dadurch eingedämmt werden, dass wirtschaftspolitische Kompetenzen an weisungsungebundene Institutionen, etwa eine unabhängige Zentralbank, ausgelagert würden. Allerdings können institutionelle Vetospieler einen wachstumspolitisch ineffizienten Politikzustand auch konservieren, da eine hohe Vetospielerdichte den zur Freisetzung wachstumspolitischer Impulse erforderlichen Politikwandel erschweren kann.

Die Größe des öffentlichen Sektors

Schließlich rückte spätestens mit dem Ende des keynesianischen Nachkriegskonsenses und dem damit verbundenen Paradigmenwechsel in der Wirtschaftspolitik die Größe des öffentlichen Sektors als potenzielle Wachstumsdeterminante in den Mittelpunkt des Interesses. Ein aufgeblähter Wohlfahrts- und Steuerstaat wurde als Mitauslöser für den Einbruch der Wachstumsraten seit den 1970er Jahren gesehen. Das wirtschafts- und sozialpolitische Engagement der öffentlichen Hand würde lediglich private Investitionstätigkeit verdrängen und durch Überregulierung und Anreizverzerrung die wirtschaftliche Dynamik bremsen (Weede 2000). Mit der Neuen Wachstumstheorie und ihrer Betonung von Forschung und Entwicklung gewann die Idee von der politischen Machbarkeit von Wachstum jedoch wieder an Bedeutung, zumal Regierungen durch öffentliche Förderung von Forschung und Ausbildung Wachstumsimpulse setzen könnten. Demnach ist a priori auch kein klarer Effekt vom Niveau der Staatsquote auf das

Wirtschaftswachstum zu erwarten, sondern maßgeblich ist vielmehr die Struktur der öffentlichen Ausgaben. Wachstumspolitisch relevant ist also die Frage, für welche Staatsaufgaben öffentliche Gelder verwendet werden. Dies gilt nicht nur für das relative Gewicht der einzelnen Budgetpositionen (Forschungsausgaben, Militärausgaben etc.), sondern auch für die Ausgabenstruktur innerhalb einzelner Politikfelder. So kann beispielsweise für die Sozialpolitik argumentiert werden, dass passive Sozialpolitik das Wachstum dämpft, während Ausgaben für aktivierende Sozialpolitik das Wirtschaftswachstum positiv beeinflussen.

Empirische Evidenz

In Bezug auf die empirische Tragfähigkeit der skizzierten Theoriestränge ergibt sich in der Zusammenschau kein einheitliches Bild. Die mittlerweile zahlreichen ökonometrischen Studien gelangen zu höchst widersprüchlichen Befunden (Obinger 2004). Den Haupterklärungsfaktor für die Wachstumsprofile der westlichen Demokratien nach dem Zweiten Weltkrieg bildet vielmehr der von der neoklassischen Theorie behauptete Aufhol- (oder „catch-up"-)Effekt ökonomischer Nachzüglernationen.

Das heißt allerdings nicht, dass die ökonomische Entwicklung in den OECD-Ländern keine politische Dimension besitzt. Der kausale Zusammenhang zwischen Politik und ökonomischer Performanz verläuft über die Anreizstrukturen, die durch politische Entscheidungen (mit-)gestaltet werden. In Bezug auf politische Makrovariablen wie die Staatsstruktur oder den Demokratietyp bleibt es aus theoretischer Sicht unklar, inwiefern diese Variablen das Verhalten der Wirtschaftssubjekte beeinflussen. Viel plausibler ist die Annahme, dass die Anreize der Wirtschaftssubjekte positiv oder negativ von der Regierungspolitik beeinflusst werden. Politische Ursachen für national unterschiedliche Wachstumsraten in der „OECD-Welt" sind daher in erster Linie auf der Policy-Ebene zu suchen (vgl. als Überblick Ahn/Hemmings 2000; Bassanini u.a. 2001). Da es sich jedoch um eine typische Querschnittsmaterie handelt und es somit letztendlich auf einen Policy-Mix ankommt, ist es keinesfalls überraschend, dass Studien, die von einem linearen Effekt einzelner politisch-institutioneller Makrovariablen ausgehen, zu inkonsistenten Befunden gelangen. Plausibler ist vielmehr, dass die Chancen für eine konsistente Wirtschaftspolitik von spezifischen institutionellen Konfigurationen in Wirtschaft, Staat und im Verbändesystem vorstrukturiert werden. Genau dies legen jene empirischen Studien nahe, die kurvilineare Effekte von politisch-institutionellen Variablen auf die ökonomische Performanz finden (Lange/Garrett 1985; Obinger 2004; Hall/Gingerich 2004). Spannend und innovativ ist diese Forschungsrichtung deshalb, weil sie keine eindeutigen Parteieneffekte postuliert, mehrere Wege zu wirtschaftlichem Erfolg aufzeigt und für institutionell abgesteckte Handlungschancen und -restriktionen sensibilisiert. Entscheidend für ökonomischen Erfolg ist, dass (scheinbar) sektoral voneinander abgegrenzte Politikfelder eine synergetische Konfiguration bilden. Folglich kommt der konsistenten Verzahnung wachstumstheoretisch relevanter Politikfelder bzw. der Vermeidung negativer Feedbackeffekte eines Politikfeldes auf andere Staatstätigkeitsbereiche eine zentrale Bedeutung zu. Dies ist sowohl in Ländern gelungen, welche traditionell die Zügel für den Markt sektorübergreifend freigeben, als auch in Ländern mit sozialdemokratischer Hegemonie, die einen staatszentrierten, politisch koordinierten Weg beschritten haben (Obinger 2004).

2.4 Politik und Wirtschaftswachstum im weltweiten Vergleich

Während sich für die OECD-Länder, d.h. für ein *most similar systems design*, zumindest auf Ebene des politischen Systemvergleichs keine Anzeichen für eine politische Dimension des Wirtschaftswachstums finden, zeigt sich ein anderes Bild, wenn in den Vergleich sogenannte Entwicklungs- und Schwellenländer einbezogen werden (*most dissimilar systems design*). Durch dieses Vergleichsdesign wird eine höhere Variation hinsichtlich der politisch-institutionellen Basisstrukturen erzeugt, wodurch die Wachstumseffekte von solchen politischen Faktoren untersucht werden können, die sich mangels hinreichender Variation in der OECD-Welt einer empirischen Überprüfung entziehen. In den großen Unterschieden hinsichtlich der Beschaffenheit und Stabilität politischer Systeme wurde eine potenzielle Ursache dafür gesehen, warum im weltweiten Vergleich Konvergenz ausgeblieben ist (Abbildung 2).

Der Schwerpunkt der einschlägigen empirischen Arbeiten liegt in drei Themenfeldern, nämlich

- dem Einfluss von politischen Regimen im Sinne eines Demokratie-Autokratie-Vergleichs,
- dem Einfluss der politischen Stabilität und
- dem Einfluss der Qualität von Institutionen auf die ökonomische Entwicklung.

Politische Regimes

Die älteste und – gemessen am Output – bedeutendste Forschungsrichtung interessiert sich für den Einfluss von Herrschaftssystemen auf die ökonomische Entwicklung. Aus theoretischer Perspektive kann diese Frage nicht eindeutig geklärt werden. Demokratien werden sowohl positive als auch negative Effekte auf das Wirtschaftswachstum attestiert. Wenig überraschend kommt die überwältigende Mehrzahl der empirischen Studien auch zu dem Schluss, dass sich Demokratien und Autokratien hinsichtlich ihrer Wachstumsperformanz nicht signifikant voneinander unterscheiden (vgl. Przeworski/Limongi 1993; Obinger 2004). Dabei zeigt sich jedoch, dass die Gruppe der Autokratien eine extrem hohe Varianz der Wachstumsraten aufweist, so dass sich im Durchschnitt die Wachstumsraten zwischen verschiedenen politischen Regimen nicht maßgeblich unterscheiden. Allerdings wurde in den meisten empirischen Untersuchungen ein linearer Regimeeffekt unterstellt. Einige Studien finden vielmehr nicht-lineare Effekte, die darauf hindeuten, dass Demokratie und Wirtschaftswachstum in einer invers u-förmigen Beziehung zueinander stehen (Barro 1997). Demnach würde der Übergang von der Autokratie zur Demokratie Wachstumsimpulse freisetzen, während das Überschreiten eines bestimmten Schwellenwertes im Demokratisierungsniveau mit einem rückläufigen Wachstum einhergeht.

Politische Stabilität

Ein zweiter Forschungsstrang rückt die politische Stabilität bzw. Instabilität in den Mittelpunkt. Politische Instabilität stelle, so das am häufigsten vorgebrachte theoretische Argument, ein politisches Risiko für Investitionen dar. Politische Instabilität wird in der Literatur auf zwei Arten operationalisiert: Einerseits wird die Zahl von Regime- bzw. Regierungswechseln fokussiert, andererseits wird politische Instabilität anhand des Ausmaßes bzw. der Häufigkeit gewaltsamer Konflikte abgebildet. Dabei deuten vor allem die empirischen Befunde der zweiten Forschungsrichtung auf signifikante Zusammenhänge zwischen politischer Instabilität und ökonomischer Entwicklung hin. Ein gemeinsamer Nenner dieser Studien besteht in der Erkenntnis, dass lediglich hochgradige politische Instabilität die ökonomische Entwicklung bremst. Demnach dämpfen nur gewaltintensive Konflikte wie Revolutionen, Staatsstreiche oder Kriege das Wirtschaftswachstum, während punktuelle gewaltsame Ereignisse wie Attentate oder politische Protestformen wie Streiks oder Demonstrationen keine signifikante Wirkung entfalten (vgl. Brunetti 1997; Obinger 2004). Jene empirischen Studien, die politische Instabilität mittels der Regierungswechselfrequenz messen, kommen zu ambivalenten Befunden. Gerade die häufigen Machtwechsel in Demokratien müssen aufgrund der geordneten Spielregeln der Machtübergabe nicht notwendigerweise politische Instabilität und damit Unsicherheit für Investoren implizieren.

Die Qualität von Institutionen

Am homogensten sind die Befunde bezüglich der institutionellen Qualität im Sinne effektiver Institutionen. Im Gegensatz zur friktionslosen Lehrbuchwelt ist die reale Welt durch Unsicherheit, unvollständige Information und damit durch Transaktionskosten charakterisiert. Institutionen können zur Lösung dieser Unvollkommenheiten beitragen (North 1992; de Soto 2000). Qualitativ hoch entwickelte Institutionen im Sinne entwickelter Eigentums- und Verfügungsrechte fördern nicht nur die Investitionstätigkeit, sondern wirken – wenngleich schwächer – auch unmittelbar auf das Wirtschaftswachstum. Unter Institutionen sind formelle oder informelle Regelsysteme zu verstehen, die Handlungsverläufe wie Tausch- und Produktionsprozesse strukturieren (North 1992: 40), wobei die Ausgestaltung dieses Möglichkeitsraumes unterschiedliche Handlungsbeschränkungen sowie Transaktionskosten festlegt, die wiederum mit unterschiedlichen Anreizwirkungen für das wirtschaftliche Handeln verbunden sind (Olson 2000). Die Theorie der *property rights* betont in diesem Zusammenhang die wichtige Rolle individueller Handlungs-, Verfügungs- und Nutzungsrechte und die davon ausgehenden Anreizwirkungen auf wirtschaftliche Aktivitäten. Unzureichend abgegrenzte und rechtsstaatlich nicht durchsetzbare Eigentumsrechte, Korruption oder eine ausufernde Bürokratie drängen die Menschen in die Illegalität bzw. Schattenwirtschaft (de Soto 2000). Institutionen sind dann ineffizient, wenn der Staat nicht in der Lage ist, gesellschaftlich optimale Eigentumsrechte zu schaffen oder wenn Unsicherheit darüber besteht, welche Regeln der Staat in Zukunft schaffen und durchsetzen wird (Kobler 2000).

Empirische Evidenz

Empirische Studien untermauern eindrucksvoll die Bedeutung effizienter Institutionen für wirtschaftlichen Erfolg. Diese Arbeiten basieren zumeist auf Daten internationaler Ratingagenturen zum länderspezifischen Investitionsrisiko, die den Entwicklungsstand der Rechtsstaatlichkeit, das Enteignungsrisiko, Regierungswillkür oder die Verbreitung von Korruption abbilden. Je höher die Rechtsstaatlichkeit entwickelt ist, je geringer die Wahrscheinlichkeit ist, dass die Regierung wirtschaftliche Kontrakte überraschend aufkündigt oder Enteignungen durchführt, je leistungsfähiger die Bürokratie ist und je geringer gesellschaftliche Problemlagen wie die Korruption verbreitet sind – kurz: je besser *property rights* garantiert und durchgesetzt werden können –, desto höher ist das Wirtschaftswachstum (Keefer/Knack 1997; Obinger 2004; Kobler 2000). Effiziente, d.h. qualitativ hoch entwickelte, Institutionen sind also eine notwendige Voraussetzung zur Nutzung der aus der ökonomischen Nachzüglerposition herrührenden potenziellen Wachstumsvorteile ärmerer Länder. Ökonomisches *catch-up* ärmerer Nationen ist damit umso stärker, je besser Institutionen in Gestalt von *property rights* entwickelt sind (Keefer/Knack 1997: 596). Umgekehrt formuliert: Institutionelle Defekte zeichnen maßgeblich für die empirisch manifeste Kluft zwischen reichen und armen Nationen verantwortlich (de Soto 2000).

2.5 Zusammenfassung

Die politische Dimension des Wirtschaftswachstums ist am stärksten im weltweiten Vergleich sichtbar. Auch wenn der Demokratie-Autokratie-Vergleich keinen signifikanten linearen Zusammenhang zwischen dem Regimetyp und der ökonomischen Entwicklung offen legen kann, so zeigt sich im Lichte des Forschungsstandes, dass Formen gravierender politischer Instabilität, unzureichend entwickelte *property rights* und fehlende Rechtssicherheit der ökonomischen Entwicklung im Wege stehen. Ohne Rückgriff auf das Fehlverhalten politischer Akteure in Gestalt von Korruption und kleptokratischen Machenschaften, ihren kriegerischen Ambitionen sowie institutionellen Defekten kann nicht hinreichend erklärt werden, warum einige rohstoffreiche Länder mit an sich günstigen ökonomischen Entwicklungsperspektiven von einer Wachstumskatastrophe in die nächste schlittern.

Effektive Institutionen und politische Stabilität lösen auch das Rätsel, warum die OECD-Demokratien einen exklusiven Konvergenzklub bilden, während im weltweiten Vergleich eher Divergenz vorherrscht (vgl. Abbildung 1 und Abbildung 2): Alle Länder der OECD-Welt garantieren Eigentumsrechte und verfügen über intakte rechtsstaatliche Instanzen zu ihrer Durchsetzung. Überdies handelt es sich um politisch vergleichsweise stabile Länder. Folglich prägte in den letzten vier Jahrzehnten der von der neoklassischen Wachstumstheorie prognostizierte ökonomische Aufholprozess ökonomischer Spätstarternationen die Wachstumsprofile der westlichen Demokratien. Andere politische Variablen wie die Demokratieform, die Fragmentierung der Staatsstrukturen und die parteipolitische Zusammensetzung der Regierung bleiben hingegen – sofern ein linearer Zusammenhang mit dem Wirtschaftswachstum unterstellt wird – ohne Einfluss. Politische Effekte innerhalb der Gruppe der entwickelten demokratischen Industrieländer sind somit zuallererst auf der Policy-Ebene zu verorten, wobei einer konsistenten Wirtschaftspolitik eine große Bedeutung zukommt. Diese kann entweder marktförmig oder politisch koordiniert sein, so dass mehrere Wege zu ökonomischem Erfolg offen stehen.

Im weltweiten Vergleich blieb nach dem Zweiten Weltkrieg ein unmittelbarer catch-up-Effekt aus. Erst wenn die großen Unterschiede in der Institutionenstruktur und politischen Stabilität der Länder in empirischen Untersuchungen kontrolliert werden, zeigt sich ein konditionaler catch-up-Effekt. Mit anderen Worten: Nur stabilen Ländern mit entwickelter Institutionenstruktur ist es gelungen, den ihnen von der neoklassischen Theorie prophezeiten natürlichen Wachstumsvorteil auszuschöpfen.

 **Literatur**

Kommentierte Literatur

Barro, Robert J., 1997: Determinants of Economic Growth. A Cross-Country Empirical Study, Cambridge/London.
Dieses Buch des bekannten Harvard-Ökonomen gibt auf knapp 130 Seiten eine leicht verständliche Einführung in die ökonomische Wachstumstheorie, die ohne mathematische Formeln auskommt. Darüber hinaus werden empirische Befunde zu den ökonomischen und politischen Determinanten des Wirtschaftswachstums im weltweiten Vergleich präsentiert. Das Buch setzt Kenntnisse der Regressionsanalyse voraus und zeichnet sich durch gute Lesbarkeit aus.

Obinger, Herbert, 2004: Politik und Wirtschaftswachstum. Ein internationaler Vergleich, Wiesbaden.
Dieser Band fasst den Forschungsstand zu den politischen Determinanten des Wirtschaftswachstums systematisch zusammen und präsentiert darauf aufbauend eigene empirische Analysen unter besonderer Berücksichtigung politikwissenschaftlich relevanter Fragestellungen. Im Zentrum des Bandes steht sowohl der Vergleich von entwickelten OECD-Demokratien als auch der weltweite Vergleich.

North, Douglass C., 1992: Institutionen, institutioneller Wandel und Wirtschaftsleistung, Tübingen (Titel der englischen Originalausgabe: Institutions, Institutional Change and Economic Performance, Cambridge 1990).
Dieses Buch des Nobelpreisträgers für Wirtschaftswissenschaften des Jahres 1993 ist ein Klassiker zum Einfluss von Institutionen auf die wirtschaftliche Entwicklung. Es zeigt, dass unterschiedliche institutionelle Arrangements eine elementare Rolle für die unterschiedliche Wohlstandsverteilung von Nationen spielen. Das Buch ist gleichzeitig ein Plädoyer für eine stärkere Vernetzung der Wirtschaftswissenschaften mit den Sozial- und Geschichtswissenschaften. Ein absolutes Standardwerk, das keinerlei mathematische oder statistische Kenntnisse voraussetzt.

Zitierte Literatur

Ahn, Sanghoon/Hemmings, Philip, 2000: Policy Influences on Economic Growth in OECD Countries: An Evaluation of the Evidence, OECD Economics Department Working Papers No. 246, Paris.

Barro, Robert J., 1997: Determinants of Economic Growth. A Cross-Country Empirical Study, Cambridge/London.

Barro, Robert J./Sala-i-Martin, Xavier, 1995: Economic Growth, New York.

Bassanini, Andrea/Scarpetta, Stefano/Hemmings, Philip, 2001: Economic Growth: The Role of Policies and Institutions. Panel Data Evidence from OECD Countries, OECD Economics Department Working Papers No. 283, Paris.

Brunetti, Aymo, 1997: Politics and Economic Growth. A Cross-Country Data Perspective, Paris.

Crepaz, Markus M.L., 1996: Consensus Versus Majoritarian Democracy. Political Institutions and Their Impact on Macroeconomic Performance and Industrial Disputes, in: Comparative Political Studies 29, 4-26.

De Soto, Hernando, 2000: The Mystery of Capital. Why Capitalism Triumphs in the West and Fails Everywhere Else, London.

Hall, Peter A./Gingerich, Daniel W., 2004: Varieties of Capitalism and Institutional Complementarities in the Macroeconomy. An Empirical Analysis, Discussion Paper 04/5, Max-Planck-Institut für Gesellschaftsforschung Köln.

Heston, Alan/Summers, Robert/Aten, Bettina, 2002: Penn World Table Version 6.1, Center for International Comparisons at the University of Pennsylvania (CICUP).

Keefer, Philip/Knack, Steven, 1997: Why Don't Poor Countries Catch up? A Cross National Test of an Institutional Explanation, in: Economic Inquiry 35, 590-602.

Kobler, Markus, 2000: Der Staat und die Eigentumsrechte. Institutionelle Qualität und wirtschaftliche Entwicklung, Tübingen.

Lange, Peter/Garrett, Geoffrey, 1985: The Politics of Growth: Strategic Interaction and Economic Performance in Advanced Industrial Democracies, in: Journal of Politics 47, 792-827.

North, Douglass C., 1992 [1990]: Institutionen, institutioneller Wandel und Wirtschaftsleistung, Tübingen.

Obinger, Herbert, 2004: Politik und Wirtschaftswachstum. Ein internationaler Vergleich, Wiesbaden.

Olson, Mancur, 1982: The Rise and Decline of Nations. Economic Growth, Stagflation, and Social Rigidities, New Haven/London.

Olson, Mancur, 2000: Power and Prosperity. Outgrowing Communist and Capitalist Dictatorships, New York.

Przeworski, Adam/Limongi, Fernando, 1993: Political Regimes and Economic Growth, in: Journal of Economic Perspectives 7, 51-69.

Sachs, Jeffrey D., 2005: Das Ende der Armut. Ein ökonomisches Programm für eine gerechtere Welt, München.

Weede, Erich, 2000: Asien und der Westen. Politische und kulturelle Determinanten der ökonomischen Entwicklung, Baden-Baden.

Weingast, Barry R., 1993: Constitutions as Governance Structures: The Political Foundations of Secure Markets, in: Journal of Institutional and Theoretical Economics 149, 286-311.

3 Bestimmungsfaktoren der Steuerpolitik: Befunde des internationalen Vergleichs

Uwe Wagschal

3.1 Einführung

Die Beschäftigung mit dem Politikfeld „Steuern" ist lange Zeit in der vergleichenden Staatstätigkeitsforschung vernachlässigt worden – zumindest in der deutschsprachigen Politikwissenschaft. Gleichwohl handelt es sich um eines der zentralen Politikfelder, von dem die staatliche Gestaltungs- und Steuerungsfähigkeit abhängt. Der Beitrag gliedert sich wie folgt: Im zweiten Abschnitt wird der Untersuchungsgegenstand definiert und abgegrenzt. Außerdem werden Entwicklungstendenzen im internationalen Vergleich vorgestellt. Der dritte Abschnitt beschäftigt sich mit der Politischen Ökonomie der Besteuerung und fokussiert auf bestehende Theorien zur Erklärung der Steuerpolitik. Im vierten Teil des Moduls werden Befunde zu Steuerreformen in Deutschland präsentiert. Im Anschluss daran wird der Schwerpunkt auf Steuerreformen im internationalen Vergleich ausgedehnt. Schließlich werden die Ergebnisse für die Erklärung der unterschiedlichen Steuerniveaus in den OECD-Ländern präsentiert.

3.2 Begriffsabgrenzung und Beschreibung

„Steuern sind Geldleistungen, die nicht eine Gegenleistung für eine besondere Leistung darstellen und von einem öffentlich-rechtlichen Gemeinwesen zur Erzielung von Einnahmen allen auferlegt werden, bei denen der Tatbestand zutrifft, an den das Gesetz die Leistungspflicht knüpft; die Erzielung von Einnahmen kann Nebenzweck sein. Zölle und Abschöpfungen sind Steuern im Sinne dieses Gesetzes." So werden Steuern im deutschen Steuerrecht in § 3 (1) der Abgabenordnung definiert. Steuern sind Zwangsabgaben ohne einen Anspruch auf Gegenleistung. Daraus folgt, dass Gebühren und Beiträge rein definitorisch keine Steuern sind, da ihnen eine Leistung gegenübersteht. Gebühren und vor allem Beiträge haben aber insofern Steuerwirkung, als Kaufkraft entzogen wird und oft ebenfalls Zwangscharakter besteht. Die Formulierung „Nebenzweck" in der oben angeführten Definition deutet an, dass Steuern nicht allein zur Erzielung von Einnahmen eingesetzt werden können, sondern auch zu Lenkungszwecken – etwa im Bereich des Umweltschutzes, der Investitionsförderung oder zur Förderung von Ausbildungsplätzen.

Die Gesamtabgaben kann man in spezielle Abgaben (Gebühren und Beiträge) und generelle Abgaben (Steuern, Zölle und Abschöpfungen) unterteilen. Die historische Unterscheidung zwischen direkten und indirekten Steuern ist in der Finanzwissenschaft nur noch von untergeordneter Bedeutung. Bei direkten Steuern (z.b. Einkommen- und Körperschaftsteuer) trägt der Steuerpflichtige die Belastung selbst und führt sie direkt an das Finanzamt ab, während bei indirekten Steuern (z.b. Umsatz- und Verbrauchsteuer) der Steuerzahler und der Steuerträger auseinander fallen, da die Steuern überwälzt werden können.

Deutschlands Steuer- und Abgabenquote im internationalen Vergleich

Am Beispiel Deutschlands wird besonders deutlich, wie der Ausbau der Sozialversicherungen zum Anwachsen staatlicher Neben- und Schattenhaushalte geführt hat. Die reine Steuerquote, in der Sozialabgaben nicht berücksichtigt sind, ist in Deutschland zwischen 1965 und 2001 um 1,4 Prozentpunkte des BIP gesunken (Tabelle 1). In keinem anderen Land ist dies geschehen; lediglich in den USA und Irland liegt die Steuerquote knapp auf dem Niveau von 1965. Die gewachsene Abgabenlast hierzulande ist daher im Wesentlichen auf die gestiegenen Sozialabgaben und somit auf die Erhöhung der Beitragssätze für die Kranken-, Renten- und Arbeitslosenversicherung zurückzuführen, beziehungsweise auf die Einführung eines neuen Versicherungszweiges, der Pflegeversicherung (1995). Insgesamt sind die Beitragssätze für Arbeitnehmer im Zeitraum von 1970 bis 2003 um über 58,5 Prozent gestiegen. Im Verhältnis zum Bruttoinlandsprodukt liegt die Abgabenquote für Deutschland bei 36,8 Prozent (im Jahr 2001) und damit im internationalen Mittelfeld. Rechnet man zu den Steuern und Sozialabgaben noch die Gebühren, Vermögenseinkommen, Einnahmen aus Unternehmen des Staates und sonstige Einkommen hinzu (z.B. Notenbankgewinn), dann liegen die staatlichen Gesamteinnahmen bei 45,5 Prozent des BIP (2001), womit sich Deutschland wiederum auf einem Mittelfeldplatz unter den reichen OECD-Ländern befindet. Insgesamt ist also die hohe und steigende Sozialabgabenbelastung das Kernproblem, wenn man der These einer inzwischen zu großen Staatstätigkeit folgt, und weniger die reine Steuerbelastung. Dies wird auch an der Entwicklung der Abgabenstruktur in Deutschland deutlich. Die Sozialversicherungsabgaben haben die Einnahmen aus der Besteuerung von Einkommen und Gewinnen sowie aus den Verbrauchssteuern überholt. Generell ist sowohl bei den Steuer- als auch bei den Abgabenquoten eine Konvergenz zu beobachten, die aber nicht zur vollständigen Angleichung zwischen den OECD-Ländern geführt hat.

Tabelle 1:   Entwicklung der Steuerquote in % des BIP

	Steuerquote in % des BIP 1965 (Spalte 2)	Steuerquote in % des BIP 2001 (Spalte 3)	Differenz Steuerquote 2001-1965 (Spalte 3 - 2)
Deutschland	23,1	21,7	-1,4
Irland	23,4	24,9	1,5
USA	21,1	22,7 a	1,6
Japan	14,3	17,2 a	2,9
Niederlande	22,7	25,6	2,9
Großbritannien	25,7	31,0	5,3
Österreich	25,4	30,7	5,3
Kanada	24,4	30,0	5,6
Finnland	28,3	33,9	5,6
Frankreich	22,7	28,9	6,2
Schweden	30,8	37,3	6,5
Schweiz	15,2	22,6	7,4
Australien	23,3	31,5 a	8,2
Norwegen	26,1	35,7	9,6
Belgien	21,4	31,1	9,7
Neuseeland	24,4	34,8 a	10,4
Spanien	10,6	22,6	12,0
Italien	16,8	29,6	12,8
Portugal	12,6	25,6 a	13,0
Griechenland	15,0	29,4	14,4
Dänemark	28,3	46,8	18,5
Mittelwert	21,7	29,2	7,5

Anmerkung: a = Daten für das Jahr 2000; Quelle: OECD Revenue Statistics.

Der internationale Steuerwettbewerb

Abbildung 3: Entwicklung der Körperschaftsteuersätze 1980-2002
(Höchstsätze)

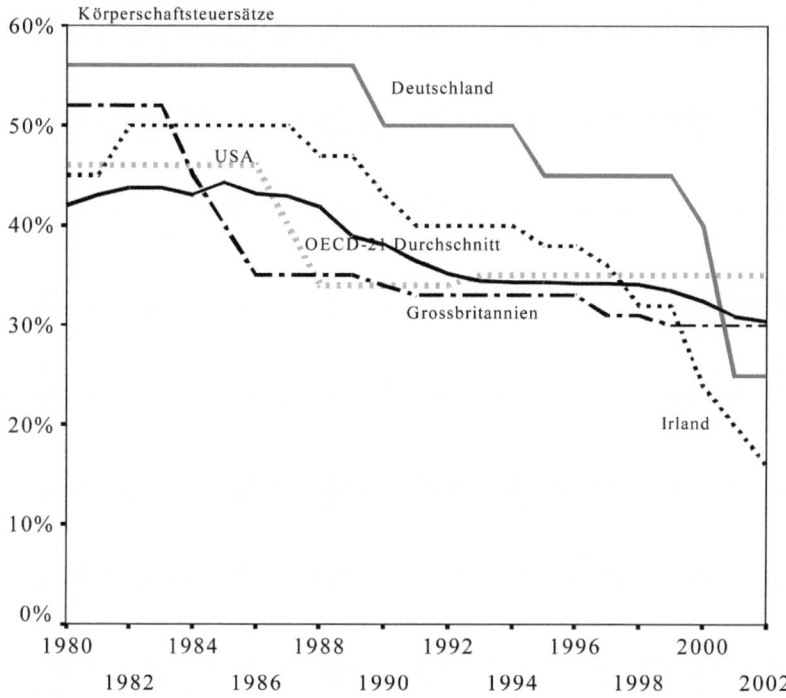

Der von der Globalisierung ausgelöste internationale Steuerwettbewerb führt – so die These vom *race to the bottom* – zu sinkenden Steuersätzen auf mobile Faktoren, im Extremfall sogar zu einem Nullsteuersatz in allen Ländern. Obwohl der Indikator „Steuersatz" durchaus seine Schwächen hat, da bei einer Verbreiterung der Bemessungsgrundlage oder einem Absenken der Einkommensgrenze der Steuerertrag steigen kann, kommt ihm doch aufgrund seiner Signalfunktion zentrale Bedeutung zu. Da Kapital mobiler als Arbeit ist, wird – so die Hypothese – bei der Unternehmensbesteuerung der Standortwettbewerb stärker durchschlagen, und damit werden auch die Unternehmensteuersätze stärker sinken als die Einkommensteuer. Zudem ist eine Konvergenz der Steuersätze zu erwarten.

Abbildung 4:   Entwicklung der Spitzensteuersätze der Einkommensteuer
1980-2002

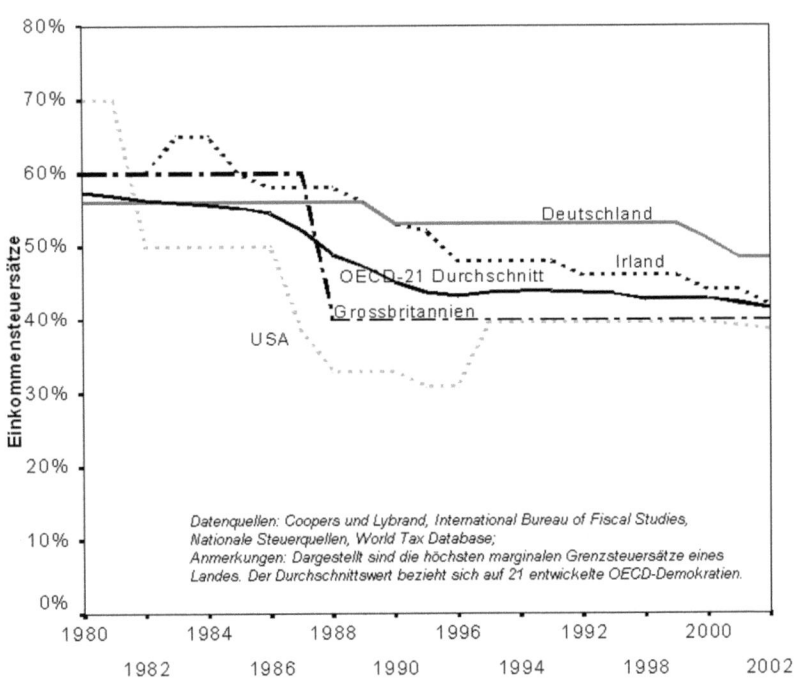

Abbildung 3 stützt zunächst die *race to the bottom*-These für die Unternehmensteuersätze im Zeitraum von 1980 bis 2002. Der Abwärtstrend ist eindeutig erkennbar. Allerdings sind im Durchschnitt die Körperschaftsteuersätze (von 42%
auf 30,4%) im Untersuchungszeitraum nicht stärker gesunken als die Spitzensteuersätze der Einkommensteuer (57,3% auf 41,7%; vgl. Abbildung 4). Dies wiederum schränkt die *race to the bottom*-These ein, da offensichtlich die Steuern auf
den immobilen Faktor Arbeit stärker gesenkt wurden. Allerdings ist in der Zeitspanne von 1980 bis 2002 eine deutlich größere Konvergenz bei den Unterneh-
men- gegenüber den Einkommensteuern zu beobachten, gemessen an den
Spannweiten und den Variationskoeffizienten. Insgesamt lässt sich beim Steueraufkommen jedoch kein *race to the bottom* erkennen: Sowohl die Steuer- und Ab-

gabenquote als auch die Belastungsquoten für die Unternehmen befinden sich nicht weit von ihren Höchstständen entfernt, so der Stand von 2001.

3.3 Politikwissenschaftliche und politisch-ökonomische Theorien zur Erklärung der Besteuerung

Zur Erklärung der Steuerpolitik lassen sich Hypothesen aus drei Disziplinen ableiten: aus der Finanzwissenschaft, aus politisch-ökonomischen Theorien sowie aus den Staatstätigkeitsschulen der Politikwissenschaft. Dabei sollen im Folgenden nur die beiden letztgenannten Disziplinen näher behandelt werden.

Vetospielertheorie

Politikwissenschaftliche Ansätze fokussieren auf eine Erklärung der abhängigen Variablen „Steuerreformen" sowie „Niveau der Abgaben". Insbesondere wird dabei in jüngerer Zeit die Rolle von Institutionen diskutiert, hauptsächlich unter Anwendung der Vetospielertheorie von Tsebelis (1995, 2002; Ganghof 1999; Hallerberg und Basinger 1999; Wagschal 1999). Diese Theorie rückt die Interaktionen der Akteure innerhalb der Regierung und des Parlamentes in den Mittelpunkt der Analyse. Im Zentrum der Überlegungen steht dabei die Erklärung der Stabilität des Status quo. Ein Vetospieler ist ein individueller oder kollektiver Akteur, dessen Zustimmung für eine Policy-Entscheidung notwendig ist (Tsebelis 1995: 293). Tsebelis' Definition orientiert sich am herkömmlichen Gebrauch des Begriffs Veto, der das Recht bezeichnet, durch Einspruch das Zustandekommen eines Beschlusses zu verhindern. Die Stabilität der Staatstätigkeit und damit des Status quo hängt von drei Faktoren ab: der Zahl der Vetospieler, ihrer Kongruenz zueinander sowie ihrer Kohäsion (d.h. dem internen Zusammenhalt der Vetospieler). Die Hypothese lautet: Je mehr Vetospieler, je größer die ideologische Distanz und je größer die interne Kohäsion, desto geringer die Wahrscheinlichkeit einer Änderung des Status quo. Im vorliegenden Fall der Erklärung des Besteuerungsniveaus ist es plausibel anzunehmen, dass viele Vetospieler in der Vergangenheit einen Ausbau des Steuerstaates bremsten. Tsebelis verwendet in seinen ursprünglichen Analysen nur drei Vetospieler: einen starken Präsidenten, die Zahl der Regierungsparteien und eine starke zweite Kammer mit einer von der ersten Kammer abweichenden Mehrheit. Dieser Ansatz kann erweitert werden, indem zwischen kompetitiven und konsensualen Vetospielern unterschieden wird

(Birchfeld/Crepaz 1998; Wagschal 1999) und weitere Institutionen (bzw. handelnde Akteure) hinzugefügt werden, die nachweislich die Steuerpolitik beeinflussen – etwa ein starkes Verfassungsgericht, die Europäische Union, eine unabhängige Nationalbank oder die Bevölkerung in einer Direktdemokratie. Gerade der supranationale Einfluss der Europäischen Union wird in jüngerer Zeit verstärkt diskutiert (Genschel 2002), wenn auch nicht im Kontext der Vetospielertheorie.

Parteiendifferenzhypothese

Die Parteiendifferenztheorie (Hibbs 1977; Schmidt 1982; Tufte 1978) stellt eine der politikwissenschaftlichen Schlüsseltheorien zur Erklärung von Staatstätigkeit dar. Parteien unterschiedlicher Ausrichtung – so die Grundannahme – sorgen für unterschiedlich hohe Staatstätigkeit. Die maßgebliche Forschungsfrage im Bereich der Steuerpolitik lautet daher: Wie werden die Steuerstruktur und die Steuerquote durch die einzelnen Parteien beeinflusst? Linke Parteien neigen demnach zu einem umfangreicheren Steuerstaat, während konservative Parteien diesen begrenzen. Die Alternativhypothese, wonach sich kein parteipolitischer Effekt bei den Steuervariablen zeigt, ließe sich durch Otto Kirchheimers These von den „Allerweltsparteien" (Kirchheimer 1965) begründen, nach der sich die großen Volksparteien in ihrer Programmatik kaum unterscheiden. Eine detaillierte Analyse des Einflusses unterschiedlicher Parteienfamilien lässt aber auch unterschiedliche Effekte von christdemokratischer Parteiprogrammatik (z.B. bei der Familienbesteuerung) oder der Regierungsbeteiligung grüner Parteien (z.B. Ökosteuern) erwarten. Parteien verfolgen unterschiedliche Ziele: ideologische Ziele, den eigenen Machterhalt durch Wiederwahl oder die maximale Besetzung öffentlicher Ämter und Positionen (Patronage). Trotzdem verhalten sich Parteien – entgegen landläufiger Auffassung und entgegen der Annahme des Public Choice-Ansatzes – weitgehend entsprechend ihrer Parteiprogramme und damit ihrer postulierten Ziele. Dies ist eine Voraussetzung für die Gültigkeit der Parteiendifferenztheorie. Zwei weitere Voraussetzungen müssen erfüllt sein, damit sich Unterschiede in der Staatstätigkeit identifizieren lassen: Die Parteien müssen responsiv gegenüber den Präferenzen und Einstellungen ihrer Wählerbasis sein, und sie müssen hinreichend große Unterschiede bei den Präferenzen von Ideologie- bzw. Politikzielen aufweisen.

Der Sperrklinken-Effekt

Die These vom Sperrklinken-Effekt (Peacock/Wiseman 1967) bezieht sich primär auf Ausgabensteigerungen nach großen ökonomischen Schocks, insbesondere nach Kriegen. Diese These ist auf die Einnahmenseite übertragbar, da zur Finanzierung höherer Ausgaben mehr Steuern notwendig sind. Nach großen gesellschaftlichen Umwälzungen (*social disturbances*) – wie zum Beispiel der Deutschen Einheit – kommt es zu massiven Steuererhöhungen, die auch im späteren Zeitverlauf nicht mehr rückgängig gemacht werden.

Die Theorie von der Politikerblast

Eine weitere These kann aus der Theorie der Erblast (policy-inheritance) abgeleitet werden. Diese weist darauf hin, dass der Handlungsspielraum von Regierungen durch Erblasten aus der Vergangenheit stark eingeschränkt ist (Rose/Davies 1994). Durch Gesetze, Programmentscheidungen und die Staatstätigkeit früherer Regierungen (z.B. Staatsverschuldung) sinken mit der Zeit die Wahlmöglichkeiten. Steuersysteme wiesen ein großes Beharrungsvermögen auf und seien nur schwer zu ändern. Aus dieser Trägheitsthese leitet Richard Rose die Annahme ab, dass Politiker die bestehenden Steuersysteme nicht ändern, sondern nur entsprechend ihrer ideologischen Absichten einsetzen, um die politischen Kosten der Besteuerung zu vermindern (Rose 1985). Insofern wären die heute existierenden Steuersysteme zu einem großen Ausmaß historisch bestimmt.

Der Medianwähler in der Direktdemokratie

Das Gedankenkonstrukt eines altruistischen Wohlfahrtsmaximierers, wie es die traditionelle Wohlfahrtsökonomie verwendet, wird in der Politischen Ökonomie abgelehnt. Regierungen sind laut dieser Theorie Stimmenmaximierer (Downs 1968). Brennan und Buchanan (1988) gehen sogar noch weiter, indem sie dem Staat unterstellen, er sei ein budgetmaximierender Leviathan, der nur nach einem Ausbau der Staatstätigkeit strebe. Politisch-ökonomische Modelle, vor allem in der Tradition von Downs (1968), unterscheiden zwischen direkter und repräsentativer Demokratie. Diese beiden idealtypischen Entscheidungsmodi können für verschiedene Ergebnisse im Bereich der Steuerpolitik verantwortlich gemacht werden. Im einfachsten Fall der direkten Demokratie kann die Abstimmung über

ein Budget – und damit über die Steuerbelastung – mit dem Medianwählermodell erklärt werden. Die Wähler werden in diesem Modell sowohl als Konsumenten als auch als Steuerzahler betrachtet. Das Entscheidungsverfahren ist die einfache Mehrheitsregel. Jeder Wähler weist bestimmte Präferenzen hinsichtlich der
Versorgung mit öffentlichen und privaten Gütern auf, wobei diese Präferenzen
anhand der individuellen Zahlungsbereitschaft gemessen werden. In einem in-
teraktiven Abstimmungsprozess, so die Theorie, erreichen die Individuen eine
Übereinstimmung in der Medianwählerposition. Durch Verhandlungen gelingt
es dem Medianwähler, die Kontrahenten auf sein Niveau zu fixieren, indem er
nacheinander jeweils einem Verhandlungspartner signalisiert, dass der andere
Kontrahent bereit ist, sich weiter auf sein Angebot hinzubewegen. Letztlich
bestimmen die Präferenzen des Medianwählers die Höhe der öffentlichen Ausgaben und Einnahmen. Nimmt man realistischerweise an, dass eine linkssteile
Einkommensverteilung vorliegt, dann liegt das Medianwählereinkommen unter-
halb des Durchschnittseinkommens einer Gesellschaft. Unterstellt man ferner,
dass der Medianwähler auch das Medianeinkommen aufweist und dass ein Steu-
ersystem mit proportionalen oder progressiven Steuersätzen vorliegt, so führt
dies zu einer Einkommensumverteilung.

Grenzen der Staatstätigkeit in der Demokratie

Es lässt sich theoretisch gut begründen, dass die direkte Demokratie bremsend
im Hinblick auf Steuererhöhungen wirkt (Wagschal 1997). Ungeachtet dessen
wohnt der Demokratie per se eine expansive Tendenz zur Ausweitung der Staatstätigkeit inne. Dies ist der sogenannte Robin Hood-Effekt der Demokratie
(Downs 1968: 291). Dass es aber keine ungebremste Ausweitung der Steuerlast
gibt, im Gegensatz zur Annahme von Brennan und Buchanan, hat verschiedene
Ursachen. Erstens bewerten Wähler nicht nur die Steuern, sondern auch die Ausgaben: Ökonomisch befindet sich das optimale Steuer-Ausgabenprogramm dort,
wo die Grenzkosten einer zusätzlichen Besteuerungseinheit gleich dem Grenznutzen einer zusätzlichen Ausgabeneinheit sind. Wähler wollen nicht nur wenig
Steuern bezahlen, sondern erwarten auch ein gewisses Angebot an öffentlichen
Gütern wie Infrastruktur, Schulen und öffentliche Sicherheit. Ein zweiter Faktor,
der gegen eine ungebremste Ausweitung des Staatssektors wirkt, ist das Erfordernis der Regierung, sich in zyklischen Abständen der Wahl zu stellen. Dies
erschwert das Suchen nach ökonomischen Renten (rent seeking), macht es aber
nicht unmöglich. Zudem können Institutionen und Entscheidungsmechanismen

wirksame Barrieren darstellen, wie z.b. der Föderalismus, ein starker Bikameralismus, ein unabhängiges Verfassungsgericht, eine unabhängige Notenbank, verfassungsrechtliche Abgabengrenzen oder qualifizierte Mehrheiten bei der Entscheidungsfindung.

Die Bedeutung der Wählerbeweglichkeit

Wird die theoretische Annahme vollständiger Information – wie bei Downs –
aufgegeben, führt dies zu konkreteren Aussagen im Hinblick auf die Steuerpolitik in der Demokratie. Franke führt diesen Ansatz in seiner Analyse (1993) mit
der sogenannten Wählerbeweglichkeit (siehe ausführlich Zohlnhöfer 1999) zusammen, die die Steuerpolitik mit bestimmt. Die Wählerbeweglichkeit hängt von
der Intensität parteipolitischer Präferenzen, dem Homogenitätsgrad parteipolitischer Alternativen sowie den Einkommenserwartungen ab (Franke 1993: 349).
Letztlich sind es also die Wechselwähler, die eine Wahl – und damit ein steuerpo-
litisches Ergebnis – bestimmen. Regierungen haben daher ein fundamentales
Interesse daran, den Anteil dieser Wechselwähler möglichst klein zu halten, während Oppositionsparteien die Wählervolatilität vergrößern wollen. Die Steuerpolitik dient dabei vor allem als Signal an die Wähler, um ihnen – bei gegebener
beschränkter Information – die relevanten Informationen zur Entscheidungsfindung zukommen zu lassen.

Die Folgen „rationaler Ignoranz" der Wähler

Findling (1995) postuliert ebenfalls in der Tradition der Neuen Politischen Ökonomie verschiedene Wirkungsmechanismen von Akteuren und Institutionen.
Auch in ihrer Argumentation ist der Informationsstand eine wichtige Variable.
Für den Wähler ist es rational, sich nicht zu informieren. Der Einfluss seiner
Stimme geht bei der Wahlentscheidung gegen Null, weshalb es eigentlich sogar
wahrscheinlich ist, dass er sich bei der Wahl enthält (*paradox of voting*). Durch
diese „rationale Ignoranz" auf Seiten der Wähler erhalten die Politiker eine gewisse Gestaltungsmacht, indem sie nur selektive Informationen zur Steuerpolitik
veröffentlichen. Außerdem ist es für Regierungen rational, möglichst viele Wähler unmerklich zu besteuern, was in der Tendenz für ein Anwachsen der indirekten Steuern sprechen würde. Interessengruppen werden ihre Ziele in der Steuerpolitik besonders erfolgreich durchsetzen können, wenn sie gut organisiert sind

und über eine gute Ressourcenausstattung sowie Informationsvorteile verfügen (Findling 1995: 61). In Bezug auf die Bürokratie argumentiert Findling ferner, dass es diesen Akteuren gelinge, wesentlichen Einfluss auf die Steuergesetzgebung zu erhalten. Allerdings stünden umfassende Steuerreformen den Interessen der Bürokratie entgegen, weshalb inkrementalistische Reformen wahrscheinlicher würden (Findling 1995: 68).

Das Modell probabilistischen Wählens

Das wohl umfangreichste Material an Hypothesen aus der Public Choice-Tradition liefern Hettich und Winer (1999). Zudem geben sie eine detaillierte Übersicht über verschiedene Public Choice-Strömungen und ihre Erklärungsansätze zur Steuerpolitik. Hettich und Winer verwenden zur Analyse der Steuerpolitik das Modell des probabilistischen Wählens. Grundlegende Annahmen dieses Modells sind regelmäßige Wahlen, eine Stimme pro Wähler sowie fehlende Eintrittshürden für neue Parteien. Die Wähler entscheiden sich auf der Basis der angekündigten Wahlprogramme. Im Gegensatz zum Medianwählermodell, das deterministisches Wählen entlang der Links-Rechts-Skala als Basisannahme verwendet, wissen die Parteien beim probabilistischen Wählen nicht genau, wie die Stimmen abgegeben werden (Hettich/Winer 1999: 18). Mit einer gewissen Wahrscheinlichkeit werden die Wähler eine bestimmte Partei wählen, und zwar dann, wenn der Nutzen der Wahl von Partei A den Nutzen der Wahl von Partei B plus den etwaigen ideologischen Bias für Partei B übersteigt. Für das Ergebnis zählen die Präferenzen aller Wähler – ein weiterer Unterschied zum Medianwählermodell. Diese Präferenzen werden von den Parteien entsprechend ihrer Responsivität für Politikänderungen gewichtet und bewertet. Im Ergebnis – nach Ableitung durch ein formales Modell – wird jeder Wähler mit einem eigenen, ganz spezifischen Steuersatz (!) besteuert. Die Anpassung der Steuersätze zwischen den Wählern findet so lange statt, bis die politischen Grenzkosten, also der Verlust an erwarteten Stimmen, gleich dem politischen Grenznutzen, d.h. dem Wert einer zusätzlichen Einheit an Staatsausgaben, ist (Hettich/Winer 1999: 46). Formal ist das Basismodell von Hettich und Winer interessant und mathematisch elegant, es verzichtet jedoch auf weitere sozioökonomische, politische und institutionelle Faktoren

Steuerwettbewerb

Das Konzept des Steuerwettbewerbs wurde in den 1950er- und 1960er-Jahren erstmals diskutiert, vor allem in Arbeiten zum Fiskalföderalismus (Tiebout 1956; Oates 1972). Gegenwärtig werden die Wirkungen des Steuerwettbewerbs zumeist negativ bewertet – selbst die OECD spricht von einem schädlichen Steuerwettbewerb und stellt einzelne Länder, wie die Schweiz oder Liechtenstein, an den Pranger. Diese derzeit in der Steuerdiskussion vorherrschende Tendenz wird im Folgenden näher analysiert.

Bis Mitte der 1970er Jahre mussten Nationalstaaten kaum Rücksicht auf die Steuerpolitik im Ausland nehmen, weil die nationalen Volkswirtschaften weitgehend abgeschottet und die Wechselkurse fest waren. Mit der Globalisierung, der zunehmenden Europäischen Integration, der Liberalisierung des Welthandels sowie der Intensivierung des Kapitalverkehrs veränderten sich die Rahmenbedingungen für eine eigenständige nationale Wirtschafts- und Steuerpolitik. Den Ländern mit relativ hohen Steuern drohte die Abwanderung von Kapital und Steuersubstrat. Die These, dass der Steuerwettbewerb zu einem *race to the bottom* führen und das Ende des Wohlfahrtsstaates einläuten würde, war geboren.

Ähnlich wie in den Fällen der Abwertungswettläufe Anfang der 1930er und der 1970er Jahre besteht beim Steuerwettbewerb die Hauptmotivation der Länder darin, ihren Wirtschaften einen komparativen Vorteil gegenüber ihren Konkurrenten zu verschaffen, indem sie vorzugsweise die Steuern auf mobiles Steuersubstrat (Kapital) senken. Die konkurrenzierte Gebietskörperschaft, sei sie ein Nationalstaat oder ein Gliedstaat in einem föderativen System, wird dadurch gezwungen nachzuziehen. Durch das geringere Steueraufkommen, so die These, sinkt die Staatstätigkeit, weil die Staatsausgaben eingeschränkt werden müssen. Bemerkenswert ist, dass diese Wettläufe durch das Verhalten jeweils eines Landes in Gang gesetzt werden. Die nationalstaatliche Rationalität eines solchen Verhaltens ist für ein einzelnes Land dann gegeben, wenn andere Länder sich diesem Anpassungs- und Standortwettlauf nicht stellen. Es wird dann „Trittbrettfahrer" und kann die anderen „ausbeuten". Allerdings ist ein solcher Steuerwettlauf kontraproduktiv, wenn sich alle Länder daran beteiligen und sich die relativen Positionen nicht ändern (Sinn 1997: 26): „Alle Länder zusammen können sich schwerlich besser stellen, wenn sich eine Steuersenkungsspirale ergibt, die zur Erosion des Sozialstaates führt und dem Staat die Erfüllung seiner unabweislichen Aufgaben erschwert."

Die *race to the bottom*-These ist auf den ersten Blick einleuchtend, allerdings ist die empirische Bestätigung bisher nicht gelungen. Weder auf internationaler

338   IV. Benachbarte Politikfelder

noch (bei föderativen Ländern mit eigener Steuerautonomie) auf nationaler Ebene
kann ein Nachweis für diesen „Abwärtswettlauf" erbracht werden. Trotz des
harten Steuerwettbewerbs haben die Steuerquoten in den letzten Jahrzehnten
stetig zugenommen. Es gibt dementsprechend keine Evidenz eines *ruinösen* Steuerwettbewerbs. Dies ist erklärungsbedürftig. Ein theoretischer Einwand gegen
die *race to the bottom*-These besagt, dass diese auf einem unzureichenden politisch-ökonomischen Modell beruht. Die Popularitätsfunktion von Regierungen
bestimmt sich nicht nur durch eine niedrige Steuerbelastung der Wähler. Auf
dem Wählerstimmenmarkt werden nämlich auch die öffentlichen Leistungen und
Ausgaben bewertet. Für die Veränderung solcher Outcome-Indikatoren benötigt
man Finanzmittel, die über Steuern erhoben werden müssen. Ökonomisch wäre
das Optimum dort, wo die Grenzkosten einer zusätzlichen Besteuerungseinheit
gleich dem Grenznutzen einer zusätzlichen Ausgabeneinheit sind. Durch Staatsverschuldung kann die Regierung diesen Handlungsspielraum zwar kurzfristig
vergrößern, sie verliert aber langfristig Spielraum, wodurch die Optionen nach-
folgender Regierungen eingeschränkt werden.

Die oft negative Bewertung des Steuerwettbewerbs ist aus einer ökonomischen Perspektive nicht begründbar. Aus theoretischer Sicht führt ein Steuerwettbewerb zu Effizienzvorteilen, da er Gebietskörperschaften zwingt, effizienter
zu arbeiten und die öffentlichen Leistungen auf einem von den Bürgern ge-
wünschten Niveau bereitzustellen. Einwände gegen dieses Argument werden mit
dem Distributionsziel begründet: Die Abwanderung von vermögenden Personen
oder Kapital in Gebietskörperschaften mit einer geringen Steuerbelastung und
die gegenläufige Wanderung von sozial Schwachen in Orte mit hohen Sozialtransfers führt zu größeren Ungleichheiten und erhöht die regionalen Disparitä-
ten. Bei der Diskussion des Steuerwettbewerbs werden zudem indirekte Wirkungen nicht berücksichtigt: In der Schweiz weisen beispielsweise Kantone mit niedrigen Steuern sehr viel höhere Mieten und Grundstückspreise auf. Die Lebenshal-
tung ist überdies teurer. Insofern ist der Nettoeffekt weniger dramatisch als die
Kritiker des Steuerwettbewerbs glauben.

Was wären die Alternativen zum Steuerwettbewerb? Ziel jeder Gebietskörperschaft sollte die Gewinnung von Arbeitsplätzen und/oder von Steuersubstrat
sein. Scheidet der Steuerwettbewerb aus, dann findet die Anwerbung von Unternehmen durch einen Subventionswettlauf statt, der weitaus negativer zu beurtei-
len ist als der Steuerwettbewerb. Gegen die vermeintliche Abwärtsspirale sprechen noch andere wichtige Gründe: Standortentscheidungen sowohl von Individuen als auch von Unternehmen hängen nicht vollständig von der Steuerbelastung ab. Die Arbeitsproduktivität, die Verfügbarkeit von Arbeitskräften, die

Marktgröße, die rechtlichen Rahmenbedingungen (z.B. um Kapital exportieren zu können) oder das kulturelle Angebot sind ebenfalls wichtige Faktoren. Bei der Diskussion des Steuerwettbewerbs muss man zudem unterscheiden, welche Steuern besonders dem Wettbewerb ausgesetzt sind (Hohaus 1996; Haufler 2001).

3.4 Steuerreformen in Deutschland

Was verursacht Steuerreformen? Hierzu muss man zunächst Steuerreformen abgrenzen und definieren. Eine Reform ist allgemein die Abweichung von einem bestehenden Zustand (Status quo). Somit können Steuerreformen sowohl die Einnahmen erhöhen als auch senken. Ferner ist ein weiteres Kriterium für eine Reform die Veränderung durch politische Entscheidungsorgane, d.h. die Variation von Steuereinnahmen durch konjunkturelle Veränderungen oder Inflation zählen nicht hierzu.

Für Deutschland liegen die Daten für die Be- und Entlastungen sämtlicher Steuergesetzesänderungen seit 1964/65 vor. Diese Daten aller steuerrelevanten Gesetzesänderungen veröffentlicht das Bundesfinanzministerium alljährlich in seinen Finanzberichten. Zwischen 1964/65 und 2001 wurden in Deutschland insgesamt 190 solcher Steuergesetzesänderungen verabschiedet, die mit allen Teilpositionen eine Datenliste von über 120 Seiten umfassen (Bundesfinanzministerium 2000, Finanzbericht 2002). Aus diesen umfangreichen Informationen, die die Be- und Entlastungen aller öffentlichen Gebietskörperschaften sowie des Bundes im Entstehungsjahr (im Sinne der ersten 12 Monate der vollen Wirksamkeit der finanziellen Auswirkungen) erfassen, kann man die Steuerreformaktivität vergleichsweise exakt quantifizieren, indem man für beide Gebietskörperschaften auf die entsprechenden Gesamtausgaben und auf das Bruttoinlandsprodukt standardisiert.

Diese Fieberkurven der deutschen Steuerpolitik (in Abbildung 5 nur für die Variationen beim Bund) zeigen eine bemerkenswerte Responsivität gegenüber einschneidenden ökonomischen Ereignissen, wie etwa bei der Hochkonjunktur vor der ersten Ölpreiskrise, der anschließenden expansiven Fiskalpolitik, den Steuererhöhungen nach der deutschen Einheit sowie der aktuellen Rezession, was die These vom Sperrklinken-Effect von Peacock und Wiseman (1967) stützt.

Abbildung 5:   Steuerpolitische Be- und Entlastungen des Bundeshaushaltes
                  (1965 bis 2001)

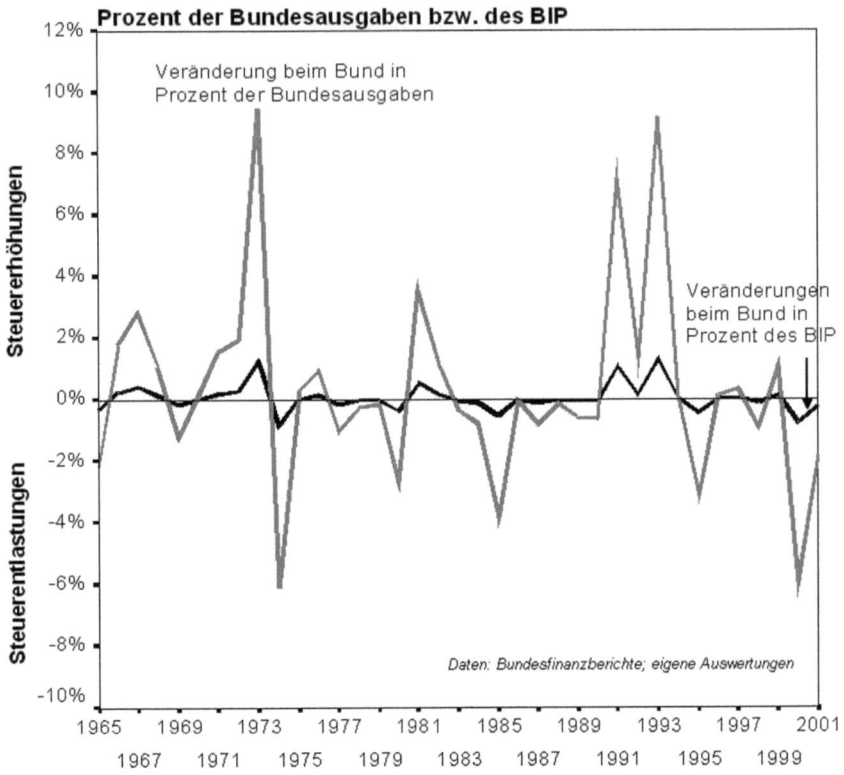

Von besonderer Relevanz ist die Frage, welche Faktoren diese Steueränderungen
beeinflussen. Sind es sozioökonomische, parteipolitische oder institutionelle
Größen? Die Hypothesen für die Zusammenhänge zwischen den Steuerreformen
sowie dem Wirtschaftswachstum, der Arbeitslosigkeit, dem „Misery-Index", der
Inflation und der parteipolitischen Zusammensetzung der Regierung lauten fol-
gendermaßen:

- Je höher das Wirtschaftswachstum, desto eher werden die Steuern erhöht. In
  Phasen schwachen Wachstums werden die Steuern eher gesenkt, um die
  Konjunktur zu stimulieren (erwartet: positive Korrelation).

- Je höher die Arbeitslosigkeit (und der ökonomische Problemdruck gemessen durch den Misery-Index), desto eher wird der Gesetzgeber die Steuern senken (erwartet: negative Korrelation).

- Für die Inflation lassen sich zwei gegenläufige Hypothesen postulieren: (a) Je höher die Inflation, desto eher werden die Steuereinnahmen steigen („Inflationssteuer"), weshalb Raum für Steuersenkungen entsteht (erwartet: negative Korrelation); (b) eine hohe Inflationsrate deutet auf eine ceteris paribus lockere Geldpolitik hin. Diese gibt der Regierung Spielraum für Steuererhöhungen.

- Bürgerliche Parteien werden eher Steuerreformen durchführen, weshalb aufgrund der Kodierung dieser Variablen (1 = CDU/CSU-geführte Regierungen, 2 = Große Koalition, 3 = SPD-geführte Regierungen) eine positive Korrelation erwartet wird. Allerdings lassen sich für die parteipolitische Färbung der Regierungen die Hypothesen weiter spezifizieren: SPD-Regierungen werden die Steuern eher erhöhen als CDU/CSU-geführte Regierungen, was mit der Parteiendifferenztheorie begründet werden kann.

Zur Überprüfung werden bivariate Rangkorrelationen herangezogen, die in Tabelle 2 dargestellt sind. Dabei sollte man sich zunächst den Wirkungsmechanismus sozioökonomischer Variablen vergegenwärtigen: Die Politik wird nicht sofort auf Schocks reagieren. Stattdessen führen verschiedene Faktoren zu einer Zeitverzögerung vom Eintritt bis zur Kenntnisnahme eines Ereignisses (Informationslag) und über den eigentlichen Entscheidungsprozess bis hin zur finalen Entscheidung. Bis die Instrumente wirken (Wirkungslag), vergeht wiederum Zeit. Hinzu kommt mitunter ein (bewusstes) Schönfärben der Realität, wie zu positive Prognosen und Annahmen – etwa beim Wirtschaftswachstum – in jüngerer Zeit belegen, was wiederum zu einer Verzögerung führt. Geht man von einer Reaktion gegenüber sozioökonomischen Problemen aus, dann ist vom Eintritt eines exogenen Schocks bis zur Entscheidung ein kumulierter Lag von zwei Jahren plausibel – allein die Verabschiedung eines Gesetzes dauerte in Deutschland in den ersten 12 Wahlperioden durchschnittlich 225 Tage.

Die Befunde in der Tabelle 2 zeigen, dass der sozioökonomische Problemdruck die Steuerreformen in Deutschland beschleunigt. Die Hypothesen 1 und 2 werden gestützt, d.h. Wirtschaftswachstum, Arbeitslosigkeit und der kombinierte Misery-Index weisen mittelstarke Korrelationen auf. Noch stärkere Korrelationen – wobei die Interpretationen identisch bleiben – erhält man, wenn man anstelle der Bundesebene die Be- und Entlastungswirkungen aller öffentlichen Haushalte untersucht. Lediglich bei der Inflation müssen beide Hypothesen zurückgewiesen werden. Ohne statistische Signifikanz ist die parteipolitische Färbung der Regierung, d.h. für die Steuerreformaktivitäten in Deutschland ist es gleich, welche Partei regiert, was der Hypothese 4 widerspricht.

Tabelle 2:   Spearman-Korrelationen für Steuerreformindikatoren auf Bundesebene sowie sozioökonomische und politische Variablen (Jahresdaten 1965-2001)

	Steueraufkommens-änderung (absolut) beim Bund in Relation zu den Gesamtausgaben (t)	Steueraufkommens-änderung (absolut) beim Bund in Relation zum BIP (t)	Hypothese
Wirtschaftswachstum (t-2 Jahre)	0,566**	0,563**	(1) bestätigt
Arbeitslosenquote (t-2 Jahre)	-0,390*	-0,378*	(2) bestätigt
Misery-Index (t-2 Jahre)	-0,463**	-0,456**	(2) bestätigt
Inflationsrate (t-2 Jahre)	0,151	0,147	(3a), (3b) nicht bestätigt
Parteipolitische Färbung der Bundesregierung	0,083	0,073	(4a) nicht bestätigt

Anmerkungen: Datenquelle ist für die Steuerreformdaten das Bundesfinanzministerium, während die finanzwirtschaftlichen sowie die ökonomischen Daten vom Statistischen Bundesamt bzw. der OECD stammen. Die parteipolitische Färbung wurde selbst erhoben. Misery-Index (t) = Arbeitslosenquote (t) + Inflationsrate (t) – Wirtschaftswachstum (t). ** = signifikant auf dem 0,01 Niveau; * = signifikant auf dem 0,05 Niveau.

Haben auch Institutionen einen Einfluss, insbesondere der Vetospieler Bundesrat, der immer wieder als zentrale Blockadeinstitution in Deutschland genannt wird? Mehrheitsverhältnisse im Bundesrat stellen den Regelfall dar. Zwischen September 1949 und Dezember 2001 lagen in nur 32,1 Prozent der Fälle in der gesamten Untersuchungsdauer gleichförmige Mehrheiten in beiden Gesetzgebungskörperschaften vor, wobei der größte Anteil auf die CDU/CSU-Regierungen fiel (24,8%; Große Koalition: 5,6%; SPD-Regierungen: 1,7%). Dies lässt einen starken Einigungszwang zwischen Bund und Ländern über Parteigrenzen hinweg vermuten. Die Vetospielertheorie von Tsebelis (1995, 2002) hingegen führt zu der Annahme, dass ein solches „divided government" weniger Reformen zulässt. Um dies zu überprüfen, wurden alle 190 Steuergesetzesänderungen dahingehend untersucht, ob gegenläufige Mehrheiten bei den einzelnen Gesetzen vorlagen und ob dies einen Einfluss auf die Reformtätigkeit hatte. Die Befunde sind durchwachsen: Bei gegenläufigen Mehrheiten fallen die durchschnittlichen Steuersenkungen nur halb so groß aus wie bei übereinstimmenden Mehrheitsverhältnissen. Allerdings sind die Absolutwerte in diesen Fällen etwas größer, weshalb die Vetospieler-hypothese – im Gegensatz zum internationalen Vergleich – im Längsschnittver-gleich bis auf weiteres für diese abhängige Variable nur bedingt gestützt wird. Dies deckt sich mit quantitativen Befunden von Analysen zum Bundesrat und Vermittlungsausschuss, die eine echte Blockadequote von weniger als ein Prozent aller Gesetze ausmachen. Insofern sprechen diese Daten für die These eines „Staates der Großen Koalitionen", womit nicht allein die kurze Phase der ge-meinsamen Regierung der beiden Volksparteien Ende der 1960er Jahre gemeint ist, sondern das strukturelle Erfordernis der informellen Zusammenarbeit zwi-schen beiden politischen Lagern, wie es bei vielen zentralen Reformprojekten zu beobachten war.

Geht man ins Detail der einzelnen Gesetze, so lassen sich in Deutschland in jüngerer Zeit verstärkte Reformaktivitäten feststellen. Hierzu zählt die sogenann-te Ökosteuerreform, die quasi marktwirtschaftliche Elemente in den Umwelt-schutz einbauen will. Nüchtern betrachtet handelt es sich jedoch weitgehend um Verbrauchssteuererhöhungen, mit teilweise systemwidrigen Ausnahmetatbe-ständen. Mit der Einführung des Halbeinkünfteverfahrens bei der Dividenden-und Unternehmensbesteuerung wurde im Jahr 2001 (Steuersenkungsgesetz 2000) ein bedeutender Systemwechsel vollzogen. Vorher existierten zwei gespaltene Körperschaftsteuersätze: 40 Prozent auf einbehaltene und 30 Prozent auf ausge-schüttete Gewinne. Mit der Änderung, die auch von anderen Staaten praktiziert wird, gilt nun nur noch ein einheitlicher Körperschaftssteuersatz von 25 Prozent. Ebenfalls gesenkt wurde die Kapitalertragsteuer: von 25 auf 20 Prozent. Generell war diese Reform ein Schritt in Richtung mehr Effizienz, da das System transpa-renter gestaltet und der gespaltene Steuersatz abgeschafft wurde. Allerdings differierten die Belastungswirkungen, da Kleinanleger mit einem niedrigen Steu-ersatz schlechter gestellt wurden, während Steuerpflichtige mit einem hohen Steuersatz profitierten.

Daneben wurden im Steuersenkungsgesetz 2000 auch deutliche Reduktio-nen im Bereich der Einkommensteuer erzielt. Lehrreich für die Funktionsweise des deutschen Föderalismus war die Verabschiedung dieses größten deutschen Steuerreformpaketes im Bundesrat (ausführlicher Zohlnhöfer 2003: 75-80). Unter

Lafontaine wollte die SPD 1997 nicht unter einen Einkommensteuerspitzensatz von 50 Prozent gehen, im Bundestagswahlkampf 1998 waren es nur noch 48 Prozent, im Steuerentlastungsgesetz 1999/2000/2002 48,5 Prozent, im Gesetzesentwurf zum Steuersenkungsgesetz 45 Prozent, nach den Vermittlungsverfahren wurde er auf 43 Prozent heruntergehandelt, und in der Nacht vor der entscheidenden Bundesratssitzung am 14. Juli 2000 war die weitere Senkung auf 42 Prozent (ab 2005) der Preis für die Bundesratsstimmen von Rheinland-Pfalz. Die Ausgangslage war für die SPD-Bundesregierung ungünstig: Vor der Abstimmung konnte die Regierung auf 23 sichere Bundesratsstimmen bauen, d.h. 12 Stimmen fehlten ihr für eine Zustimmung des Bundesrates. Auf dem Markt standen 18 Stimmen zur Verfügung: Mecklenburg-Vorpommern (SPD-PDS: 3), Rheinland-Pfalz (SPD-FDP: 4), Bremen und Brandenburg (SPD-CDU: 3 und 4) sowie Berlin (CDU-SPD: 4). Die Stimmen aus Mecklenburg-Vorpommern waren am einfachsten und „billigsten" zu haben: Ein symbolischer Empfang des Schweriner PDS-Chefs Holter im Bundeskanzleramt sowie einige Infrastrukturmaßnahmen genügten. Teurer kam Bremen, das mit Zusagen beim Länderfinanzausgleich und Finanzhilfen zu überzeugen war. Entscheidend waren aber die Stimmen aus Rheinland-Pfalz, die einen Dominoeffekt bei den Großen Koalitionen in Berlin und Brandenburg auslösten (FAZ vom 15.07.2000: 3). Der zentrale Akteur war Wirtschaftsminister Brüderle (FDP), der in einwöchiger Geheimverhandlung mit Bundeskanzler Schröder eine Verbesserung für den Mittelstand in Höhe von 1,75 Milliarden Mark sowie die weitere Senkung des Spitzensteuersatzes herausholte (Die Welt vom 19.07.2000). Berlins Regierender Bürgermeister Diepgen machte wiederum seine Haltung von den Rheinland-Pfälzern abhängig, nicht ohne selbst noch mehr als 100 Millionen Mark für Berlin herauszuhandeln und die Mittelstandsnachbesserung als Legitimation hierfür zu bemühen (Die Welt vom 20.07.2000). Der Brandenburger Ministerpräsident Stolpe (SPD) koppelte seine Entscheidung an die des Berliner Regierenden Bürgermeisters, wobei rund 500 Millionen Mark dieses Votum erleichterten. Am Ende waren alle möglichen 18 Bundesratsstimmen auf Seiten der Bundesregierung, was die (eingeschränkte) Funktionsfähigkeit des deutschen Föderalismus unter hohen Kosten zeigte. Zudem zeigt dieses Beispiel, wie selbst unter Bedingungen des „divided government" der Vetospieler Bundesrat ausgehebelt werden kann.

3.5 Determinanten der Besteuerung und von Steuerreformen im internationalen Vergleich

Was bestimmt die Höhe der Besteuerung, und welche Faktoren wirken auf die Steuerreformen im internationalen Vergleich ein? Als Untersuchungsmethoden sollen hierfür multivariate Querschnittsregressionen verwendet werden. Tabelle 3 stellt zunächst wichtige Faktoren zur Erklärung des Besteuerungsniveaus dar. Besonders interessieren in dieser Abbildung die langfristig wirkenden politischen Strukturvariablen, weshalb vor allem längerfristige Durchschnittswerte verwendet werden. Eine hohe Senioren- und Arbeitslosenquote ruft eine – unter sonst gleichen Umständen – große Nachfrage nach staatlichen Leistungen und damit einen hohen Finanzbedarf hervor. Dagegen entlastet das Wirtschaftswachstum – dank höherer Steuereinnahmen – die Staatskasse. Neben diesen sozioökonomischen Determinanten erweisen sich aber auch politisch-institutionelle Faktoren als aussagekräftig. Insbesondere die institutionellen Vetopunkte und Vetospieler haben eine eindeutige Prägekraft, z.b. Verfassungsgerichte, die direkte Demokratie, eine unabhängige Notenbank sowie verfassungsrechtliche Steuergrenzen, die den Steuerstaat bremsen können.

Sowohl bei bivariaten Analysen als auch im Mehrvariablenfall erweisen sich die parteipolitischen Variablen als sehr ertragreich. Für die Kabinettssitzanteile konservativer Parteien (Ø 1945-1997) ergibt sich für die Gesamtabgabenquote r = - 0,61 und für die linker Parteien (Sozialdemokraten, Kommunisten und Grüne) r = + 0,57 (nur Sozialdemokraten r = +0,51; für Konservative und Liberale zusammen: r = -0,59). Dieser Befund für die parteipolitischen Variablen bleibt auch in den multivariaten Regressionen von Tabelle 3 erhalten. Linksparteien an der Regierung erhöhen die Gesamtabgabenquote, während vor allem konservative Regierungsparteien diese dämpfen. Auch bei der Veränderung der Gesamtabgabenquote waren konservative Parteien zurückhaltender als Linksparteien.

Tabelle 3:   Determinanten der Gesamtabgabenquote (Ø 1990-1997)

	(1) Gesamtab-gabenquote (Ø 1990-1997)	(2) Gesamtab-gabenquote (Ø 1990-1997)	(3) Veränderung der Gesamtabgabenquote (Ø 1990er-Ø 1960er)
Konstante	21,88 (5,01)***	25,50 (-0,22)	30,46 (4,78)***
Konstitutionelle Strukturen (s. Huber et al. 1993)	-2,69 (-5,09)***	-2,08 (-3,72)***	-1,68 (-3,77)***
Kabinettssitzanteil konservativer Parteien (Ø 1945-97) a			-0,09 (-2,98)***
Kabinettssitzanteil linker Parteien (Ø 1945-1997) a	0,13 (3,06)***		
Offenheit der Ökonomie (Ø 1960-1993) b	1,84 (4,32)***	0,98 (2,23)**	
Seniorenquote (Ø 1960-1997)		1,37 (3,10)***	
Fraktionalisierung (Ø 1945-1993) c		26,96 (2,37)**	
Log der außenwirtschaftlichen Verflechtung (Ø 1960-1995)			-4,45 (-2,20)**
Adj. R²	0,72	0,76	0,47
N	21	21	21

Anmerkungen: Die Werte sind die unstandardisierten Regressionskoeffizienten; t-Statistik in Klammern: * = signifikant auf dem 10 %-Niveau, ** = signifikant auf dem 5 %-Niveau, *** = signifikant auf dem 1 %-Niveau (zweiseitige Fragestellung beim Hypothesentest). a = Datenbasis: Forschungsprojekt Staatstätigkeitsforschung; b = ordinaler Indikator zum Grad der Kapitalmarktoffenheit in OECD-Ländern. Die Spannweite reicht von 0 (nicht offen) bis 14 (keine Beschränkungen). Die Daten wurden dem Autor freundlicherweise von Dennis Quinn zur Verfügung gestellt (vgl. auch Quinn 1997). c = Maß für die Zersplitterung des Parteiensystems.

Überraschenderweise weist im Querschnittsvergleich die internationale Handelsverflechtung, gemessen als der Anteil der Im- und Exporte am BIP (1960-1995), als eine gebräuchliche – wenn auch nur unzureichende – Operationalisierung der Globalisierung nur eine mittelstarke Korrelation mit der Gesamtabgabenquote auf (r = 0,44; n = 21). Jedoch ist der Effekt positiv, d.h. stark in den Weltmarkt eingebundene Länder haben höhere Abgabenniveaus, was man intuitiv gerade nicht vermuten würde. Daraus aber den Schluss zu ziehen, die Internationalisierung hätte nur geringe Effekte auf die Steuerreformen, wäre falsch. Denn gerade die Globalisierung, ihre Perzeption und der tatsächlich aus ihr resultierende Anpassungsdruck – insbesondere seit Anfang der 1980er Jahre – haben diese Steuerreformen mit eingeleitet.

Ein weiterer Globalisierungsindikator ist der Quinn-Index als Maß für die Offenheit einer Ökonomie. Dieser setzt sich aus zwei Teilindikatoren zusammen, einem für Restriktionen bei Kapitalimporten bzw. -exporten und einem für Restriktionen des Warenverkehrs. Der langfristige Durchschnitt dieser Messgröße (1960-1993) ist in bivariaten Korrelationen mit der Gesamtabgabenquote nicht sonderlich aussagekräftig. Er erweist sich aber in den beiden ersten Gleichungen in Tabelle 3 als signifikanter Faktor, mit dem schon von Cameron (1978) für die außenwirtschaftliche Verflechtung postulierten positiven Vorzeichen. Dies passt zur *Kompensationsthese* (Rodrik 1997), die eine positive Beziehung des Umfangs des Sozialstaates mit der Globalisierung behauptet. Demnach hätte ein ausgebauter Sozialstaat erst das hohe Maß an weltwirtschaftlicher Integration ermöglicht.

Quer zu diesen Befunden stehen die Ergebnisse der Veränderung der Abgabenquoten zwischen den 1960er und 1990er Jahren (Gleichung 3 in Tabelle 4). Sie passen zu der Effizienzthese, nach der sich die Staaten immer mehr auf einem Weg hin zu „Wettbewerbsstaaten" befinden, was sich besonders in der Steuerpolitik seit Anfang der 1980er Jahre feststellen lässt. In der Tat reagieren weltmarktoffene Länder flexibler auf außenwirtschaftliche Erfordernisse. Betrachtet man die Beziehung zwischen dem Offenheitsgrad (Quinn-Index) und der Veränderung der Gesamtabgaben, dann zeigt sich eindeutig, dass offene Ökonomien die Abgaben längst nicht so stark erhöht haben (r = -0,54; n = 21) wie weniger offene Volkswirtschaften. In den 1980er und 1990er Jahren verstärkte sich diese Tendenz. Länder, die dem internationalen Wettbewerb besonders ausgesetzt waren, bauten die Besteuerung weniger stark aus als andere. Es kommt also genau darauf an, was man erklären möchte: das Niveau der Besteuerung oder die Veränderung der Besteuerung.

Tabelle 4:   Determinanten von Steuerreformen (1980-1997)

	Zahl der Steuerreformen	Zahl der Steuerreformen	Umfang Steuersatz-änderungen a
Konstante	0,98	6,57	48,28
	(0,18)	(3,10)***	(2,24)**
Kompetitiver	-1,07	-1,42	-5,39
Vetospielerindex	(-2,48)**	(-3,46)***	(-2,60)**
Misery-Index b	0,26	0,19	-0,09
(∅ 80-97)	(2,41)**	(2,14)**	(-0,17)
Anteil sozialdemokrati-			-0,05
scher Minister (∅ 80-97) c			(-0,45)
Anteil bürgerlicher Minis-	0,01		
ter (∅ 80-97) c	(0,42)		
Anzahl Regierungsparteien		0,73	
(∅ 80-97) c		(1,22)	
Abgabenquote im Jahr 1980	0,13		-0,12
	(1,46)		(-0,29)
N	23	23	23
F-Statistik	4,75***	6,21***	1,88
Adj. R²	0,41	0,45	0,13

Anmerkungen: wie Tabelle 3

Einen gewichtigen Einfluss hat zudem eine starke Zersplitterung (Fraktionalisie-rung) des Parteiensystems und somit auch die Konfliktstruktur (cleavages) eines Landes (r = 0,61; n = 21). Je größer die Zersplitterung des Parteiensystems ist und je größer damit die Konfliktstruktur und je mehr Partikularinteressen – gerade auch im Sinne von Mancur Olson – das politische System „belasten", desto grö-ßer ist der Finanzbedarf. Dies hängt auch mit der Regelung gesellschaftlicher Konflikte zusammen, die oftmals erst durch die Zufriedenstellung aller maßgeb-lichen Gruppen geregelt werden können, wobei eine solche Schlichtung eben auch viel Geld kostet (vgl. Steinmo 1993).

Differieren die Bestimmungsfaktoren der Steuerreformaktivitäten und der Höhe der Besteuerung? Hierzu werden in Querschnittsregressionen verschiedene andere sozioökonomische und politische Variablen geprüft (Tabelle 4). Als ab-hängige Variablen werden die Zahlen der durchgeführten Reformen im Bereich der Einkommens- und Unternehmensbesteuerung sowie (als Indikator für das Ausmaß der Reformen) die Absolutbeträge der Steuersatzvariationen verwendet. Als Kontrollvariablen werden unter anderem das Startniveau der aggregierten

Höchststeuersätze im Jahr 1980 sowie die Abgabenquote im Jahr 1980 betrachtet. Je höher die Abgabenlast in Relation zum Bruttoinlandsprodukt und je höher die nominalen Steuersätze, desto stärker – so die Vermutung – werden die Steuern gesenkt. Jedoch weist keine der beiden Größen in den Regressionen einen signifikanten Einfluss auf. Relevant für die Steuerreformaktivität sind im Wesentlichen nur zwei Faktoren: Die Zahl der Vetospieler und der ökonomische Problemdruck.

Die aussagekräftigste Variable ist die Zahl der Vetospieler, wobei es zweitrangig ist, welche der in der Literatur diskutierten Operationalisierungen man verwendet. Der Index weist in allen Fällen das vermutete Vorzeichen auf, d.h. sowohl die Zahl der Reformen als auch der Umfang der Reformtätigkeit werden durch eine hohe Zahl an Vetospielern begrenzt. Dies stützt die Befunde der bivariaten Auswertung. Interpretiert man die Regressionskoeffizienten, dann bedeutet ein zusätzlicher Vetospieler im Untersuchungszeitraum ungefähr eine Steuerreform weniger. Ferner fällt bei Erhöhung der Vetospielerzahl um eins die (absolute) Summe der Steuersatzänderungen um fünf Prozentpunkte niedriger aus, wenn alle anderen Faktoren konstant bleiben. Wichtig ist außerdem die wirtschaftliche Lage eines Landes: Je größer der ökonomische Problemdruck, desto häufiger werden Reformen durchgeführt.

Dagegen haben Globalisierungsindikatoren, wie der oben erwähnte Quinn-Index, keinen substantiellen Einfluss, was mit den Befunden von Hallerberg und Basinger (1999) übereinstimmt. Die Vermutung war, dass offene Länder stärker dem Steuerwettbewerb ausgesetzt sind als solche, die ihre Ökonomien insbesondere vor Finanztransaktionen stärker schützen.

Auch die parteipolitische Zusammensetzung der Regierung erweist sich als nicht aussagekräftig. Weder bei der Differenzierung nach Steuerarten und nach einzelnen Parteifamilien noch bei der Analyse der einzelnen Reformen in einem gepoolten Datendesign sind parteipolitische Variablen signifikante Erklärungsfaktoren. Dies könnte sowohl für die These des Verlustes der politischen Handlungsfähigkeit durch den Globalisierungsdruck sprechen als auch für ein bewusstes Einlassen auf den Steuerwettbewerb, gleichviel welche Ausrichtung eine Regierung aufweist. Auch die Zahl der Regierungsparteien als weitere institutionelle Größe ist nicht signifikant.

3.6 Zusammenfassung

Auf den ersten Blick scheinen der internationale Steuerwettbewerb und die Globalisierung für mehr Wettbewerb bei der Steuerpolitik gesorgt zu haben. Die Steuersätze für die Unternehmen und auf der Personenebene sind in den vergangenen zwanzig Jahren deutlich gesenkt worden. Der Wettbewerbsgedanke hat eine wichtige Bedeutung als Argument für Steuerreformen und dient als legitimierendes Element. Steuerwettbewerb existiert. Die zunehmende Verlagerung hin zu den indirekten Steuern (also immobilen Faktoren) ist ein Indiz hierfür. Jedoch sind die Steuereinnahmen, auch bei der Kapitalbesteuerung, nicht zusammengebrochen. Gegen diesen Wettbewerbsdruck bei den direkten Steuern versuchen sich die wichtigsten europäischen Regierungen, auch die deutsche, zu wehren: Die Sozialversicherungsabgaben steigen auf Rekordhöhen, die Steuerbemessungsgrundlagen werden verbreitert, Gebühren werden eingeführt und überproportional erhöht, die Defizitquoten werden – nach anfänglichen Erfolgen des europäischen Stabilitätspaktes – wieder über das Maastricht-Defizitkriterium von 3 Prozent des BIP angehoben. Hinzu kommen Privatisierungserlöse sowie Neben- und Schattenhaushalte, die die Haushaltskontrolle erschweren. Schließlich wird innerhalb der EU versucht, neben den indirekten Steuern auch die direkten Steuern zu harmonisieren.

Insgesamt erscheint das Steuerreformbild heterogen. Es gibt deutliche Unterschiede im zeitlichen Verlauf und zwischen den verschiedenen Ländern: Zwar ist ein gewisser Trend zu mehr Steuerwettbewerb auszumachen, es zeigt sich aber, dass vor allem sozioökonomische Probleme sowie politische Institutionen (Vetospieler) den Reformumfang und die Reformgeschwindigkeit beeinflussen. Ein systematischer Einfluss einer bestimmten Parteienfamilie besteht dabei nicht. Jedoch sind die vorhandenen Niveauunterschiede in der Besteuerung u.a. auf parteipolitische Unterschiede zurückzuführen. Neben der Parteipolitik sind auch Institutionen sowie der sozioökonomische Problemdruck erklärende Faktoren.

 **Literatur**

Kommentierte Literaturhinweise

Blankart, Charles B., 2005: Öffentliche Finanzen in der Demokratie. Eine Einführung in die Finanzwissenschaft, München.

Standardlehrbuch der Finanzwissenschaft. Diese ökonomische Perspektive ist jedoch auch für Politikwissenschaftler zentral, da die wesentlichen ökonomischen Konzepte und Besteuerungstheorien aus der Volkswirtschaftslehre stammen. Gut lesbar und sehr umfassend, berücksichtigt insbesondere auch die polit-ökonomischen Zusammenhänge. Zu kurz bzw. gar nicht berücksichtigt werden Analysen zu den Determinanten der Besteuerung mit politikwissenschaftlichen Variablen.

Ullmann, Hans-Peter, 2005: Der deutsche Steuerstaat, München.
Gegenwärtig wohl die aktuellste Betrachtung der historischen Entwicklung der Besteuerung in Deutschland seit dem 18. Jahrhundert. Fokussiert auf die Rolle historischer Umbrüche als Bedeutungsursache von Reformen. Geht im Aufbau chronologisch vor und dient daher als sehr gut lesbarer Überblick über die Steuerpolitik. Verweist immer wieder auf unterschiedliche Schwerpunktsetzungen auf Grund von geänderten politischen Strukturen bzw. auch sozioökonomischen Rahmenbedingungen.

Wagschal, Uwe, 2005: Steuerpolitik und Steuerreformen im internationalen Vergleich. Eine Analyse der Ursachen und Blockaden, Münster/Hamburg.
Politikwissenschaftliche Analyse der Einflussfaktoren auf die Besteuerung im internationalen O-ECD-Ländervergleich. Fokussiert auf politisch-institutionelle Determinanten der Besteuerung sowie auf Erklärungsfaktoren für Steuerreformen. Besondere Schwerpunkte werden auf Vetospieler, Globalisierung (Steuerwettbewerb), Institutionen, sozioökonomische Faktoren sowie parteipolitische Differenzen in der Steuerpolitik gelegt. Daneben werden umfassend Indikatoren der Besteuerung sowie aktuelle Reformen diskutiert und bewertet.

Zitierte Literatur

Brennan, Geoffrey/Buchanan, James M., 1988: Besteuerung und Staatsgewalt: Analytische Grundlagen einer Finanzverwaltung, Hamburg.

Cameron, David R., 1978: The Expansion of the Public Economy: A Comparative Analysis, in: American Political Science Review 72, 1243-1261.

Downs, Anthony, 1968: Ökonomische Theorie der Demokratie, Tübingen.

Findling, Marion, 1995: Die Politische Ökonomie der Steuerreform: Eine Untersuchung der politischen Grenzen von Steuerreformen unter besonderer Berücksichtigung der Steuerreform 1990, Aachen.

Franke, Siegfried, 1993: Steuerpolitik in der Demokratie: Das Beispiel der Bundesrepublik Deutschland, Berlin.

Ganghof, Steffen, 1999: Steuerwettbewerb und Vetospieler: Stimmt die These der blockierten Anpassung?, in: PVS 40, 458-472.

Genschel, Philipp, 2002: Steuerharmonisierung und Steuerwettbewerb in Europa: Die Steuerpolitik der Europäischen Union, Frankfurt a.M.

Hallerberg, Mark/Basinger, Scott, 1999: Globalization and Tax Reform: An Updated Case for the Importance of Veto Players, in: PVS 40, 618-627.

Haufler, Andreas, 2001: Taxation in a Global Economy, Cambridge.

Hettich, Walter/Winer, Stanley L., 1999: Democratic Choice and Taxation. A Theoretical and Empirical Analysis, Cambridge.

Hibbs, Douglas A., 1977: Political Parties and Macroeconomic Policy, in: American Political Science Review 71, 1467-1487.

Kirchheimer, Otto, 1965: Der Wandel des westeuropäischen Parteiensystems, in: PVS 6, 20-41.

Oates, Wallace E., 1972: Fiscal Federalism, New York/Chicago u.a.

Peacock, Alan/Wiseman, Jack, ²1967: The Growth of Public Expenditure in the United Kingdom, London.

Quinn, Dennis, 1997: The Correlates of Change in International Financial Regulation, in: American Political Science Review 91, 531-551.

Rodrik, Dani, 1997: Has Globalization Gone Too Far?, Washington D.C.

Rose, Richard, 1985: Maximizing Tax Revenue While Minimizing Political Costs, in: Journal of Public Policy 5, 289-320.

Rose, Richard/Davies, Phillip L., 1994: Inheritance in Public Policy: Change without Choice in Britain, New Haven/London.

Schmidt, Manfred G., 1982: Wohlfahrtsstaatliche Politik unter bürgerlichen und sozialdemokratischen Regierungen. Ein internationaler Vergleich, Frankfurt a.m./New York.

Sinn, Hans-Werner, 1997: Deutschland im Steuerwettbewerb, CES Working Paper No. 132, Center for Economic Studies, Universität München.

Steinmo, Sven, 1993: Taxation and Democracy: Swedish, British and American Approaches to Financing the Modern State, New Haven/London.

Tiebout, Charles M., 1956: A Pure Theory of Local Expenditures, in: Journal of Political Economy 64, 416-424.

Tsebelis, George, 1995: Decision Making in Political Systems: Veto Players in Presidentialism, Parliamentarism, Multicameralism and Multipartyism, in: British Journal of Political Science 25, 289-325.

Tsebelis, George, 2002: Veto Players: How Political Institutions Work, Princeton.

Tufte, Edward R., 1978: Political Control of the Economy, Princeton.

Wagschal, Uwe, 1997: Direct Democracy and Public Policymaking, in: Journal of Public Policy 17 (2), 223-245.

Wagschal, Uwe, 1999: Blockieren Vetospieler Steuerreformen?, in: PVS 40, 628-640.

Zohlnhöfer, Reimut, 2003: Mehrfache Diskontinuitäten in der Finanzpolitik, in: Gohr, Antonia/Seeleib-Kaiser, Martin (Hg.), Sozial- und Wirtschaftspolitik unter Rot-Grün, Wiesbaden, 63-85.

Zohlnhöfer, Werner, 1999: Die wirtschaftspolitische Willens- und Entscheidungsbildung in der Demokratie. Ansätze einer Theorie, Marburg.

4 Politische Steuerung von Arbeitslosigkeit und Beschäftigung?

Reimut Zohlnhöfer

4.1 Definitorische Grundlagen

Unter Beschäftigungspolitik versteht man solche gesamtwirtschaftlichen Maßnahmen, z.b. in der Finanz- oder Geldpolitik, die auf eine allgemeine Verbesserung der Beschäftigungssituation zielen. Dieses Politikfeld und allgemeiner die Bekämpfung der Arbeitslosigkeit gehören sicherlich zu den zentralen Themen der politischen Auseinandersetzung in der Mehrzahl der westlichen Industrieländer. Auch die Europäische Union engagiert sich seit 1997 in diesem Bereich, wenngleich bislang erst mit bescheidenen Erfolgen (Zohlnhöfer/Ostheim 2005). Die um die Regierungsmacht konkurrierenden Parteien reklamieren jeweils für sich, die besseren Rezepte zur Wiederherstellung der Vollbeschäftigung zu haben. Gleichzeitig variieren die Arbeitslosenzahlen zwischen den europäischen Ländern und zwischen den OECD-Ländern ganz erheblich (Tabelle 5). Woran liegt das? Können politische Variablen für die Unterschiede in der Beschäftigungspolitik und der Beschäftigungsperformanz verantwortlich gemacht werden? Diese Fragestellung soll im Folgenden bearbeitet werden. Bevor jedoch in die Analyse von Beschäftigung und ihrer Kehrseite, der Arbeitslosigkeit, eingestiegen werden kann, ist nicht nur die Klärung der Begrifflichkeiten, sondern zusätzlich der zugrunde liegenden ökonomischen Zusammenhänge erforderlich.

Beschäftigungspolitik verfolgt das Ziel, einen hohen Beschäftigungsstand zu erreichen und die Arbeitslosigkeit zu verringern bzw. möglichst niedrig zu halten. Obwohl Arbeitslosigkeit und Beschäftigung eng miteinander zusammenhängen, bilden sie doch nicht das Gleiche ab: So wird der Beschäftigungsstand anhand der Erwerbsquote gemessen, die definiert ist als Anteil der Erwerbspersonen[51] an den Personen im erwerbsfähigen Alter, d.h. im Alter zwischen 15 und 64 Jahren. Dagegen ist die Arbeitslosenquote definiert als Anteil der Arbeitslosen entweder an den Erwerbspersonen oder an der Gesamtzahl der abhängig Beschäftigten. Den Teil der Bevölkerung im erwerbsfähigen Alter, der dem Ar-

---

[51] Erwerbspersonen sind Erwerbstätige und registrierte Erwerbslose. Dabei fallen unter Erwerbstätige abhängig Beschäftigte, mithelfende Familienangehörige sowie Freiberufler und Selbständige.

beitsmarkt nicht zur Verfügung steht, also weder arbeitet noch eine Beschäftigung sucht, nennt man „stille Reserve".

Tabelle 5:   Arbeitslosen- und Beschäftigungsquote von OECD-Ländern 2004

Land	Beschäftigungsquote	Arbeitslosenquote
Australien	69,5	5,5
Belgien	60,5	7,4
Dänemark	76,0	5,3
Deutschland	65,5	9,9
Finnland	67,2	8,9
Frankreich	62,8	9,6
Griechenland	59,6	10,4
Großbritannien	72,7	4,7
Irland	65,5	4,4
Italien	57,4	8,1
Japan	68,7	4,9
Kanada	72,6	7,2
Luxemburg	61,6	4,8
Neuseeland	73,5	4,0
Niederlande	73,1	4,7
Norwegen	75,6	4,5
Österreich	66,5	5,3
Polen	51,9	19,3
Portugal	67,8	7,0
Schweden	73,5	6,6
Schweiz	77,4	4,4
Slowakei	57,0	18,2
Spanien	62,0	11,0
Südkorea	63,6	3,6
Tschechien	64,2	8,4
Ungarn	56,8	6,1
USA	71,2	5,6
Durchschnitt	65,3	6,9

Quelle: OECD Employment Outlook 2005, S. 238.

Vergegenwärtigt man sich die Definitionen von Erwerbs- und Arbeitslosenquote, wird deutlich, dass sie keineswegs zwei Seiten derselben Medaille abbilden. Eine steigende Arbeitslosenquote kann zwar auf eine sinkende Zahl beschäftigter Arbeitnehmer zurückgehen, sie muss es aber nicht. Vielmehr kann eine steigende Arbeitslosenquote auch das Ergebnis einer wachsenden Zahl von Erwerbspersonen sein, sie ist also nicht nur abhängig von der Nachfrage nach Arbeit, sondern auch vom Arbeitskräfteangebot. Aus wirtschaftswissenschaftlicher Perspektive ist zweifellos die Höhe des Beschäftigungsstandes wichtiger als die Arbeitslosigkeit, doch besitzt letztere politisch eine größere Prominenz, weil sich Regierungen meist an Arbeitslosenzahlen und nicht an Beschäftigtenquoten messen lassen müssen (Armingeon 2003: 157).

4.2 Ökonomische Hintergründe

Die Entwicklung der Arbeitslosigkeit ist das Resultat „von zwei weitgehend voneinander unabhängigen, international sehr unterschiedlich ausgeprägten und der politischen Steuerung nur bedingt zugänglichen Prozessen: der Veränderung des Arbeitskräfteangebots und der Nachfrage nach Arbeit" (Armingeon 2003: 153). Insofern bieten sich für Regierungen bei der Bekämpfung der Arbeitslosigkeit zunächst auch zwei Ansatzpunkte: Einerseits kann politisch versucht werden, die Nachfrage nach Arbeitskräften zu erhöhen, andererseits kann eine Steuerung des Arbeitskräfteangebots angestrebt werden.

Die Steuerung des Arbeitskräfteangebots

Letzteres Politikinstrument erfreute sich insbesondere in den kontinentaleuropäischen Ländern bis in die 1990er Jahre hinein und in manchen Ländern bis heute großer Beliebtheit. So wurde dort die Arbeitslosigkeit durch eine künstliche Verknappung des Arbeitskräfteangebots gesenkt, indem Gruppen, die eine gesellschaftlich anerkannte Alternative zur Erwerbstätigkeit haben, aus dem Arbeitsmarkt gedrängt wurden. Betroffen waren hiervon Jugendliche (mit der ‚Alternative' Ausbildung), Frauen (mit der ‚Alternative' Haushalt) und Ausländer (mit der ‚Alternative' Rückkehr ins Heimatland), insbesondere aber ältere Arbeitnehmer, die in den vorzeitigen Ruhestand entlassen wurden (v. Rhein-Kress 1996). Diese Politik erreicht zwar eine kosmetische Verbesserung der Arbeitslosenquoten, kann aber nicht dauerhaft aufrechterhalten werden, da sie in den Sozialversicherungsstaaten an die Grenzen ihrer Finanzierbarkeit stößt. So nehmen die Ausgaben für Rentenzahlungen durch die Frühverrentung immer weiter zu, während die Einnahmen wegen der stagnierenden Erwerbsbeteiligung nicht Schritt halten können. Soweit ein Ausweg aus dieser Finanzierungsasymmetrie in Erhöhungen der Sozialversicherungsbeiträge gesucht wird, verschärft sich das Problem noch durch die damit verbundene Verteuerung des Produktionsfaktors Arbeit (Esping-Andersen 1996; Scharpf 2000b).

Staatliche Beschäftigung und aktive Arbeitsmarktpolitik

Damit sind die Regierungen, wenn sie die Bekämpfung der Arbeitslosigkeit und die Förderung der Beschäftigung als ihre Aufgabe betrachten, (auch) auf die Steuerung der Nachfrage nach Arbeitskräften verwiesen. Diese lässt sich auf zwei Wegen erhöhen, einerseits direkt, andererseits indirekt. Eine direkte Erhöhung der Arbeitskräftenachfrage kann die Regierung wiederum auf zwei Wegen erreichen, erstens durch Ausweitung der staatlichen Beschäftigung, zweitens durch aktive Arbeitsmarktpolitik[52]. Die erste Möglichkeit, auf die insbesondere die skandinavischen Staaten zurückgegriffen haben, besteht in der Erhöhung der Zahl der Staatsdiener etwa durch den Aufbau eines engmaschigen Netzes sozialer Dienstleistungen, die von Staatsbediensteten erbracht werden. Hierher gehört aber auch die Politik, Beschäftigung in verstaatlichten Unternehmen zu horten, also auf rationalisierungsbedingte Entlassungen von Mitarbeitern in Staatsunternehmen zu verzichten – eine Politik, die in den staatssozialistischen Ländern zur vollsten Blüte gebracht wurde, die aber auch in westlichen Demokratien, z.b. in Österreich, in größerem Umfang zum Zuge kam.

Der zweite Weg einer direkten Erhöhung der Arbeitskräftenachfrage setzt auf die aktive Arbeitsmarktpolitik, insbesondere auf die Schaffung eines „zweiten Arbeitsmarktes", also staatlich geförderter Beschäftigung etwa durch Arbeitsbeschaffungsmaßnahmen. Die meisten Maßnahmen der aktiven Arbeitsmarktpolitik haben allerdings vor allem die Wiedereingliederung der Arbeitslosen in den regulären „ersten Arbeitsmarkt" zum Ziel und fokussieren entsprechend häufig auf Problemgruppen des Arbeitsmarktes wie Menschen ohne Ausbildung, Behinderte, Jugendliche, ältere Arbeitnehmer sowie Migrantinnen und Migranten. Dennoch schaffen sie eine kosmetische Verringerung der Arbeitslosenzahlen, da die durch solche Maßnahmen geförderten Personen in der Regel nicht als Arbeitslose geführt werden – ein politisch keineswegs unerwünschter Nebeneffekt!

---

[52] Unter Arbeitsmarktpolitik versteht man die staatlichen Regelungen von Art und Umfang kompensatorischer Leistungen infolge von Arbeitslosigkeit (passive Arbeitsmarktpolitik) sowie die Gesamtheit der staatlichen Maßnahmen, die darauf abzielen, Angebot und Nachfrage auf dem Arbeitsmarkt selektiv zu beeinflussen (aktive Arbeitsmarktpolitik, z.B. Arbeitsvermittlung, Arbeitsförderung, Weiterbildung).

Beschäftigungspolitik

Daneben bleibt Regierungen noch die Möglichkeit, indirekt die Nachfrage nach Arbeitskräften anzukurbeln, also Beschäftigungspolitik im engeren Sinne zu betreiben. Hier geht es darum, so in die Volkswirtschaft einzugreifen, dass Unternehmen zusätzliche Arbeitsplätze auf dem regulären – „ersten" – Arbeitsmarkt schaffen. Will eine Regierung Beschäftigungspolitik in dieser Form betreiben, muss sie allerdings wissen, welche Ursachen für die Unterbeschäftigung verantwortlich sind, denn davon hängt es ab, welche Instrumente eingesetzt werden können. Dazu müssen zunächst unterschiedliche Arten von Arbeitslosigkeit unterschieden werden:

- Friktionelle oder Sucharbeitslosigkeit entsteht dadurch, dass Arbeitslose eine gewisse Zeit benötigen, ehe sie eine geeignete Stelle finden, weil sie sich erst Informationen beschaffen müssen, wo eine solche Stelle zu besetzen ist.
- Saisonale Arbeitslosigkeit tritt in bestimmten Branchen (Landwirtschaft, Bauwirtschaft) aufgrund jahreszeitlicher Produktionsschwankungen ein.
- Konjunkturelle Arbeitslosigkeit ist durch konjunkturelle Schwankungen bedingt; sie entsteht in Rezessionsphasen, verschwindet in Aufschwungphasen jedoch wieder, weshalb sie ebenso wie die beiden erstgenannten Formen als kurzfristige Arbeitslosigkeit aufgefasst wird.
- Strukturelle Arbeitslosigkeit schließlich ist durch ihr langfristiges Bestehen gekennzeichnet, das darauf hinweist, dass die Arbeitslosigkeit durch Strukturprobleme des Arbeitsmarktes oder der Gesamtwirtschaft bedingt ist (s.u.).

Die ersten beiden Arten von Arbeitslosigkeit stellen keine zentralen Probleme für die Beschäftigungspolitik dar und lassen sich mit Arbeitsmarktpolitik, vor allem öffentlicher Arbeitsvermittlung, wirksam bekämpfen, soweit sie nicht ohnehin von selbst verschwinden. Das ist bei konjktureller und struktureller Arbeitslosigkeit anders: In beiden Fällen versuchen Regierungen regelmäßig, durch geeignete Maßnahmen die Arbeitslosigkeit zu reduzieren. Das Problem besteht allerdings darin, dass beide ganz unterschiedliche Therapien verlangen. Das wird deutlich, wenn man sich klarmacht, welche wirtschaftlichen Prozesse jeweils zur Entstehung von Arbeitslosigkeit führen.

Konjunkturelle Arbeitslosigkeit wird in der Tradition von John Maynard Keynes meist auf einen Rückgang der gesamtwirtschaftlichen Nachfrage (das ist die Summe der Ausgaben der Konsumenten, Unternehmen und des Staates sowie die Exporte) zurückgeführt, der nicht durch sinkende Löhne und Preise aus-geglichen werden kann. Daher lautet hier die Empfehlung für die Politik verein-facht gesagt, diese Nachfragelücke durch kreditfinanzierte staatliche Ausgaben-programme zu schließen und auf diese Weise die Arbeitslosigkeit zu reduzieren („deficit spending").

Strukturelle Arbeitslosigkeit wird dagegen im Wesentlichen auf drei Formen von Funktionsstörungen auf dem Arbeitsmarkt zurückgeführt (Armingeon 2003: 160):

1. Es existieren Strukturen, die eine Anpassung der Löhne an die Arbeitskräf-tenachfrage verhindern. Kandidaten sind hier insbesondere starre Tarifver-träge, zentralisierte Lohnverhandlungen und starke Gewerkschaften.
2. Falsche Anreize verhindern die Aufnahme von Arbeit durch Arbeitslose. So können Lohnersatzleistungen so hoch liegen, dass sich die Arbeitsaufnahme nicht lohnt, oder strikte Kündigungsschutzregelungen halten Unternehmen von Neueinstellungen ab, weil sie fürchten, die Beschäftigten zu einem spä-teren Zeitpunkt kaum mehr entlassen zu können.
3. Es existiert ein „mismatch" zwischen Nachfrage nach Arbeit und deren Angebot entweder in räumlicher Hinsicht oder bezüglich der geforderten und der vorhandenen Qualifikationen.

Die Therapie bei struktureller Arbeitslosigkeit setzt daher nicht auf der Nachfra-ge-, sondern auf der Angebotsseite der Wirtschaft an. Dabei geht es darum, die „Selbstheilungskräfte" des Marktes zu stärken, indem die wirtschaftlichen Rah-menbedingungen und die Fähigkeit der Volkswirtschaft zur Anpassung an neue Herausforderungen verbessert werden. Als Maßnahmen werden in diesem Zu-sammenhang etwa die Liberalisierung des Arbeitsmarktes oder die Senkung der Lohn(neben)kosten genannt, die Neueinstellungen für Unternehmen interessant machen sollen.

4.3   Politische Einflüsse auf die Arbeitslosigkeit? Die Befunde einfacher statistischer Modelle

In seinem Überblicksaufsatz zur „Politischen Ökonomie der Arbeitslosigkeit" unterscheidet Klaus Armingeon (2003: 163) vier politische Variablengruppen, die zur theoretischen Erklärung unterschiedlicher Performanz bei der Arbeitslosig-keit herangezogen worden sind. So könne erstens soziales Vertrauen und die

Existenz sozialer Netzwerke Arbeitslosigkeit reduzieren helfen, weil Kontakte die Suche nach neuen Arbeitsplätzen erleichterten. Zweitens wurden bereits von Douglas Hibbs (1977) die Unterschiede in der parteipolitischen Färbung der Regierung für Unterschiede bei den Arbeitslosenquoten verantwortlich gemacht: Demnach sollte die Arbeitslosigkeit unter linken Regierungen niedriger als unter rechten sein. Drittens werden Zusammenhänge zwischen der Regierungsform und der Höhe der Arbeitslosigkeit diskutiert. Allerdings sind hier die theoretisch erwarteten Effekte nicht klar. Auf der einen Seite wird Mehrheitsdemokratien wie der Großbritanniens die Fähigkeit zugeschrieben, schnell auf beschäftigungspolitische Herausforderungen reagieren zu können, so dass zu erwarten wäre, dass diese eine bessere beschäftigungspolitische Bilanz vorzuweisen haben. Lijphart (1999) und andere argumentieren dagegen eher, dass die wirtschaftspolitische Stabilität, die Konsensusdemokratien garantieren, für bessere beschäftigungspolitische Resultate bürge. Zuletzt wird in der politikwissenschaftlichen Debatte auch die Rolle von Gewerkschaften und Arbeitsmarktinstitutionen diskutiert. Dabei wird erwartet, dass große, umfassende Gewerkschaften sich gemeinwohlorientierter verhalten werden als kleine, weil große Gewerkschaften befürchten müssen, dass von ihnen durchgesetzte übermäßig hohe Lohnabschlüsse negative Folgen für die Preisentwicklung oder die Beschäftigung und damit auch für die eigene Organisation hätten. Zudem erleichtern dieser Theorieschule zufolge korporatistische Institutionen ein kooperatives Verhalten der Gewerkschaften, da auch sie Vorteile aus der Kooperation mit Arbeitgeberverbänden und Staat zögen. Von hoch organisierten, „umfassenden" Gewerkschaften und der Existenz korporatistischer Arrangements werden in dieser Schule demnach vergleichsweise moderate Lohnabschlüsse und in deren Folge eine signifikant niedrigere Arbeitslosigkeit erwartet.

Empirisch sind die entsprechenden Erwartungen allerdings nicht gesichert. Jedenfalls erweist sich in den einfachen bivariaten Tests von Armingeon (2003) keine der hier betrachteten Variablen als signifikant zur Erklärung der Veränderungsrate der Arbeitslosigkeit in den 1990er Jahren. Etwas andere Ergebnisse wenigstens für frühere Perioden berichtet Francis Castles (1998: 227ff.): So findet er in bivariaten Korrelationen für das Niveau der Arbeitslosigkeit in den frühen 1960er und den späten 1970er, nicht jedoch in den frühen 1990er Jahren, einen signifikant dämpfenden Effekt der Regierungsbeteiligung linker Parteien. Allerdings gehen die Linksparteien-Effekte in multivariaten Querschnittsregressionen wieder verloren. Interessanterweise ergibt sich in solchen Analysen für das Niveau der Arbeitslosigkeit in den frühen 1990er Jahren jedoch ein dämpfender Effekt *rechter* Regierungsparteien, deren Einfluss Armingeon nicht untersucht.

Korporatismus hat Castles zufolge ebenfalls einen signifikant dämpfenden Einfluss auf das Niveau der Arbeitslosigkeit, und zwar in allen drei Untersuchungszeiträumen; dieser Effekt bleibt zudem auch in multivariaten Querschnittsanalysen bestehen. Was die Veränderung der Arbeitslosigkeit über die Zeit, hier also von Anfang der 1960er bis in die Mitte der 1990er Jahre, angeht, findet Castles erneut signifikant dämpfende Effekte korporatistischer Arrangements sowie der Regierungsbeteiligung *rechter* Parteien, die auch in multivariaten Modellen bestehen bleiben.

Wie kann das Ergebnis vom dämpfenden Effekt korporatistischer Institutionen und rechter Parteien theoretisch erklärt werden? Castles (1998: 239f.) zufolge beeinflussen beide Variablen die Funktionsweise des Arbeitsmarktes positiv: Während Korporatismus für eine Stabilisierung auf dem Arbeitsmarkt durch die Befriedung verteilungspolitischer Auseinandersetzungen sorge, träten rechte Parteien tendenziell für eine Flexibilisierung des Arbeitsmarktes ein, die ebenfalls Arbeitslosigkeit zu reduzieren helfe.

4.4 Interaktionsmodelle zur Erklärung von internationalen Differenzen bei der Arbeitslosigkeit

Insgesamt ist zusammenfassend für die quantitativen Ansätze, die auf vergleichsweise einfache statistische Modelle zurückgreifen, festzustellen, dass die Resultate augenscheinlich wenig robust sind, d.h. die Ergebnisse variieren je nach Zusammensetzung der Stichproben und/oder Zahl und Art der berücksichtigten Bestimmungsfaktoren. Das kann allerdings kaum verwundern, da es höchst unwahrscheinlich ist, dass von einer einzelnen Variablen ein signifikanter Einfluss auf ein so komplexes Phänomen wie die Arbeitslosigkeit ausgehen soll. Was vielmehr nötig erscheint, ist die Analyse der Effekte von *Interaktionen* verschiedener Variablen auf die Arbeitslosenquote. So argumentiert der Bericht „Benchmarking Deutschland: Arbeitsmarkt und Beschäftigung", den die Arbeitsgruppe Benchmarking des Bündnisses für Arbeit gemeinsam mit der Bertelsmann Stiftung 2001 vorlegte, dass es genau auf die Abstimmung der Reformen in unterschiedlichen Politikfeldern ankomme, wenn man die Arbeitslosigkeit wirksam bekämpfen wolle:

> „Bei den anstehenden Reformen des Arbeitsmarktes sind mögliche Synergien zwischen Veränderungen in verschiedenen Politikfeldern im Sinne einer gegenseitigen Verstärkung des beschäftigungspolitischen Nutzens zu beachten. Das volle Potenzial

einer Reform in einem Politikbereich kann nur durch Abstimmung mit Reformen in anderen Bereichen realisiert werden. Eine Reformstrategie für mehr Beschäftigung bedarf eines koordinierten Vorgehens in mehreren Politikfeldern, das die arbeitsmarktrelevanten Wechselwirkungen zwischen einzelnen Politikbereichen berücksichtigt und ausnutzt" (Eichhorst/Profit/Thode et al. 2001: 53; vgl. auch SVR 2005: 167).

In der politikwissenschaftlichen Literatur hat insbesondere das Zusammenspiel zwischen Finanz-, Geld- und Lohnpolitik viel Aufmerksamkeit erfahren. Bahnbrechend in dieser Richtung war sicherlich Fritz Scharpfs (1987, 1988) Studie über die sozialdemokratische Krisenpolitik in den 1970er Jahre, die im Folgenden vorgestellt werden soll.

Scharpfs Studie zur sozialdemokratischen Krisenpolitik in den 1970er Jahren und die „keynesianische Koordinierung"

Scharpf untersucht in seiner Studie die wirtschaftspolitischen Reaktionen von vier westeuropäischen Ländern auf die erste Ölkrise 1973. Die untersuchten Länder sind Österreich, Schweden, Großbritannien und die Bundesrepublik. Die Länderauswahl begründet Scharpf mit der weitgehend übereinstimmenden ökonomischen Ausgangslage sowie der Tatsache, dass alle Länder zu Beginn der Untersuchungsperiode von sozialdemokratischen bzw. sozialistischen Parteien regiert wurden, die allesamt die Priorität auf die Erhaltung von Vollbeschäftigung legten. Es handelt sich also um ein „Most-similar-systems"-Design, bei dem möglichst viele erklärende Variablen konstant gehalten wurden.

In einem ersten Schritt identifiziert Scharpf die wirtschaftspolitische Strategie, die unter den gegebenen ökonomischen Umständen, nämlich um das Zwölffache gestiegene Preise für Rohöl, geeignet war, die Arbeitslosigkeit niedrig zu halten, ohne die Inflationsraten zu sehr in die Höhe zu treiben. Das zentrale Problem des enormen Anstiegs der Erdölpreise bestand nämlich darin, dass er einerseits zu einer starken Erhöhung der Produktionskosten und in deren Folge zu einer Erhöhung der Inflationsrate führte, andererseits den betroffenen Volkswirtschaften aber auch in großem Maße Kaufkraft entzogen wurde, was zu Arbeitslosigkeit aufgrund mangelnder Nachfrage führte. Somit drohte den westlichen Ländern eine Kombination aus wirtschaftlicher Stagnation und Inflation, also Stagflation. Das bedeutete auch, dass sich die Länder in einer Dilemmasituation befanden: Schalteten Sie auf eine expansive Fiskal- und Geldpolitik, konnte zwar die Arbeitslosigkeit erfolgreich bekämpft werden, aber auf Kosten einer immens steigenden Inflation; die Bekämpfung der Inflation durch eine restriktive Fiskal-

und Geldpolitik auf der anderen Seite wäre zwar durchaus erfolgreich gewesen, allerdings nur bei gleichzeitig rapide ansteigender Arbeitslosigkeit. Mit den Instrumenten der staatlichen Wirtschaftspolitik allein wären beide Ziele zusammen, also niedrige Arbeitslosigkeit und niedrige Inflationsraten, nicht zu erreichen gewesen; vielmehr war ein weiteres Instrument nötig, um den wirtschaftspolitischen Erfolg sicherzustellen: nämlich die Lohnpolitik. Scharpf zufolge hätte der optimale Policy-Mix zur Reaktion auf die Ölpreiskrise der 1970er Jahre auf der einen Seite aus einer moderaten Lohnpolitik bestanden, um die Produktionskosten der Unternehmen nicht zusätzlich zu erhöhen. Auf diese Weise sollte letztlich die Inflation begrenzt werden, was es auf der anderen Seite der Finanz- und der Geldpolitik erlaubt hätte, durch zusätzliche Ausgaben und vergleichsweise niedrige Zinsen die gesamtwirtschaftliche Nachfrage anzukurbeln und so die Arbeitslosigkeit zu bekämpfen.

Die entscheidende empirische Frage ist nun, inwieweit es gelang, diese Politik auch umzusetzen. Dabei ergaben sich signifikante Unterschiede zwischen den vier Untersuchungsländern: Am wenigsten Erfolg sowohl bei der Bekämpfung der Arbeitslosigkeit als auch bei der Eindämmung der Inflation hatte Großbritannien zu verzeichnen. Besonders erfolgreich war dagegen Österreich, das bei der Arbeitslosigkeit am besten, bei der Inflationsrate als zweitbestes Land abschnitt. Die Bundesrepublik landete zwar bei der Inflationsbekämpfung auf Rang 1, musste aber deutlich höhere Beschäftigungsverluste hinnehmen als Österreich und auch Schweden, das in dieser „Disziplin" den zweiten Platz einnahm, aber dafür bei der Inflationsbekämpfung deutlich hinter den Erfolgen in Deutschland und Österreich zurückblieb (vgl. Tabelle 6).

Tabelle 6:   Durchschnittliche Arbeitslosenquoten und Inflationsraten, 1974-79

	Arbeitslosigkeit (in %; Rangplatz in Klammern)	Inflation (in %; Rangplatz in Klammern)
Österreich	1,8 (1)	6,0 (2)
Deutschland	3,2 (3)	4,8 (1)
Großbritannien	5,0 (4)	16,0 (4)
Schweden	1,9 (2)	10,6 (3)

Quelle: nach Scharpf 1988: 12.

Wie lassen sich diese deutlichen Unterschiede in der Zielerreichung zwischen den vier Ländern erklären? Scharpf zufolge spielen hier die Institutionen und die Kollektivakteure wie Regierungen, Gewerkschaften und Zentralbanken eine zentrale Rolle. Eine dauerhaft erfolgreiche „keynesianische Koordinierung", bei der die Fiskalpolitik – durch die Geldpolitik ungehindert – auf Expansion schalten konnte, während die (umfassenden) Gewerkschaften sich dauerhaft in Lohnmäßigung übten, gelang nur in Österreich. Dagegen führte etwa die im internationalen Vergleich beispiellose Unabhängigkeit der deutschen Zentralbank, also der Bundesbank, dazu, dass die Geldpolitik hierzulande über den größeren Teil der Untersuchungsperiode auf die Aufrechterhaltung der Preisstabilität fokussiert und daher restriktiv ausgestaltet wurde. Damit wurde zwar eine im internationalen Vergleich herausragende Performanz bei der Inflationsbekämpfung erreicht, auf der anderen Seite war dadurch aber auch eine expansive Nachfragepolitik nicht mehr möglich, die für Erfolge bei der Bekämpfung der Arbeitslosigkeit notwendig gewesen wäre.

Doch auch die deutsche Fiskalpolitik hatte größere Schwierigkeiten, auf Expansion zu schalten, als die Fiskalpolitik anderer Länder. Der Grund hierfür ist in der föderalen Finanzverfassung der Bundesrepublik zu suchen, die den Bundesländern einen erheblichen Anteil an den staatlichen Finanzmitteln zuspricht. Dies führte dazu, dass der Bund seinen Haushalt anteilsmäßig erheblich stärker als die Zentralregierungen der Vergleichsländer ausweiten musste, um einen fiskalischen Impuls von einem Prozent des Bruttosozialproduktes auszulösen. Somit erschwerten es die institutionellen Rahmenbedingungen in Deutschland, insbesondere der Föderalismus und die Unabhängigkeit der Bundesbank, mit einer stärker expansiven Geld- und Fiskalpolitik die Arbeitslosigkeit zu bekämpfen. Dies schlug sich entsprechend zwar in der besonders guten Performanz bei der Preisniveaustabilität, aber auch in den unbefriedigenden Ergebnissen auf dem Arbeitsmarkt nieder.

Ganz andere Probleme, den von Scharpf identifizierten optimalen Policy-Mix durchzusetzen, hatte, um noch ein zweites Untersuchungsland anzuführen, Großbritannien. Als Musterland einer Mehrheitsdemokratie (Lijphart 1999) musste sich die britische Regierung mit Durchsetzungsschwierigkeiten der staatlichen Politik, wie sie die Bundesregierung in Form einer unabhängigen Zentralbank und des Föderalismus zu gewärtigen hatte, nicht beschäftigen. Dagegen gelang es der Labour-Regierung nach 1974 jedoch nicht, eine nachhaltig moderate *Lohnpolitik* durchzusetzen. Der wesentliche Grund hierfür ist in der Struktur des britischen Gewerkschaftswesens zu suchen, das hochgradig dezentralisiert und fragmentiert war und über keinen einflussreichen Dachverband verfügte. Insofern existierte für die Regierung trotz der institutionellen Bindung der Gewerkschaften an die Labour Party kein Ansprechpartner, der eine mittelfristige Politik der Lohnmoderierung hätte durchsetzen können. Stattdessen führte die Konkurrenz zwischen den Gewerkschaften dazu, dass die Führung des Dachverbandes weitgehend machtlos war und die Regierung insbesondere ab 1977 versuchen musste, „Einkommenspolitik ohne die Gewerkschaften" (Scharpf 1987: 111), also mit Hilfe administrativer Mittel durchzusetzen – mit geringem Erfolg. Der Versuch der Regierung, ihre Stabilitätspolitik gegen die Gewerkschaften durchzusetzen, führte vielmehr im Winter 1978/79 („winter of discontent") zu einem mehrmonatigen Streik im öffentlichen Dienst, der einerseits zur Aufgabe der Einkommenspolitik der Regierung, andererseits im Mai 1979 zur Ablösung der Labour-Regierung führte.

Worauf es Scharpf zufolge ankommt, ist demnach nicht allein, dass die Regierung willens und in der Lage ist, die richtige Fiskalpolitik zu betreiben. Vielmehr spielten auch die Zentralbank und die Gewerkschaften eine zentrale Rolle bei der Erreichung beschäftigungspolitischer Ziele, wobei es bei der Betrachtung dieser Akteure auf den Status der Zentralbank (Grad der Unabhängigkeit) sowie die Struktur und Organisation des Systems der industriellen Beziehungen (Korporatismus, Zentralisierungsgrad der Verbände etc.) ankommt. Nur soweit die Zentralbank die expansive Fiskalpolitik nicht mit restriktiver Geldpolitik torpedierte und die Gewerkschaften zur „keynesianischen Koordinierung" bereit und in der Lage waren, konnte die Beschäftigungspolitik erfolgreich auf die erste Ölpreiskrise reagieren.

Der Ansatz von Alvarez, Garrett und Lange: Regierungsparteien und Gewerkschaften

Während die amerikanische Hochzinspolitik zu Beginn der 1980er Jahre und die zunehmende Liberalisierung der Finanzmärkte eine solche keynesianische Koordinierung schon in den 1980er Jahren nicht mehr möglich erscheinen ließen, blieb das Interesse der Forschung an Interaktionsmodellen lebendig. Ein weiterer Forschungsstrang dieser Richtung, der auf die Arbeiten von Garrett und Lange zurückgeht, fokussiert stark auf die Interaktionen zwischen Regierungsparteien und Gewerkschaften zur Erklärung der unterschiedlichen Höhe der Arbeitslosigkeit in den OECD-Ländern (vgl. Alvarez/Garrett/Lange 1991; Garrett 1998 sowie Kapitel IV.2 i.d.B.). Diese Autoren verknüpfen die Parteiendifferenz- mit der Korporatismustheorie. Ihre zentrale These ist, dass der Einfluss, den politische Parteien auf die wirtschaftspolitische Performanz, und dabei eben auch auf die Arbeitslosigkeit, haben, abhängig ist von der Organisationsform der Gewerkschaften, die sie vorfinden. So können linke Regierungsparteien nur dann erfolgreich die Arbeitslosigkeit bekämpfen, wenn sie auf umfassende Gewerkschaften treffen, die bereit und in der Lage sind, die Vollbeschäftigungspolitik der Regierung durch Lohnmäßigung zu unterstützen – dies ist der Scharpf'sche Fall erfolgreicher keynesianischer Koordinierung. Allerdings werden linke Parteien ihre präferierte Politik dann nicht mehr durchsetzen können, wenn sie auf wenig organisierte und zentralisierte Gewerkschaften treffen, die zu Kooperation mit der Regierung nicht in der Lage sind – wie im Fall Großbritanniens am Ende der 1970er Jahre.

Im Falle schwacher Gewerkschaften haben dagegen rechte Parteien besonders gute Chancen, beschäftigungspolitisch erfolgreich zu sein: Hier kommt es zu einer marktbasierten Wirtschaftspolitik, die nicht durch starke Gewerkschaften torpediert werden kann, da diese zu schwach sind, nicht-marktkonforme Löhne durchzusetzen. Dagegen werden rechte Regierungen, die mit starken (aber nicht kooperationswilligen) Gewerkschaften konfrontiert sind, keinen beschäftigungspolitischen Erfolg haben. Worauf es also Garrett, Lange und Mitarbeitern ankommt, ist Folgendes: Die wirtschafts-, und eben auch beschäftigungspolitische Performanz ist davon abhängig, ob in einem Land eine *kohärente Konfiguration* von Regierung und Gewerkschaften vorliegt (also linke Regierungen mit starken Gewerkschaften oder rechte Regierungen mit schwachen Gewerkschaften) oder nicht. Sie erwarten dabei in kohärenten Konfigurationen eine niedrigere Arbeitslosigkeit als in inkohärenten Konstellationen. Allerdings sind die empirischen Ergebnisse, die die Vertreter dieses Ansatzes zur Untermauerung ihrer These vorgelegt haben, nicht zuletzt wegen der Länderauswahl – es wurden nur 16 (Alvarez et al. 1991) bzw. 14 (Garrett 1998) OECD-Länder untersucht, wobei abweichende Fälle, etwa die Schweiz, nicht berücksichtigt wurden – keineswegs unumstritten (vgl. dazu etwa Obinger 2003: 131f.).

Die Interaktion zwischen Gewerkschaften, Zentralbank und Wohlfahrtsstaat

Auch Torben Iversen (2000) betrachtet die Interaktion von Gewerkschaften und Regierungen, für ihn spielt aber, wie schon bei Scharpf, insbesondere die Zentralbank eine wichtige Rolle. Iversen zufolge gibt es zwei Wege zu einer günstigen Beschäftigungsperformanz: Auf der einen Seite nennt er den skandinavischen Fall hoch zentralisierter Gewerkschaften, die zwar hohe *Nominal*lohnerhöhungen durchsetzen können, aber auf eine Zentralbank treffen, die sich nicht primär am Ziel der Preisniveaustabilität orientiert und somit Inflation zulässt, so dass es nur zu begrenzten *Real*lohnsteigerungen kommt; um die Gewerkschaften für die niedrigen Reallohnerhöhungen zu entschädigen, setzt die Regierung in diesen

Fällen jedoch eine stark dekommodifizierende Sozialpolitik durch. Auf der anderen Seite steht der kontinentaleuropäische Weg, bei dem mäßig zentralisierte Gewerkschaften einer Zentralbank gegenüberstehen, die eine eindeutige Präferenz für Preisstabilität besitzt und überzogene Lohnforderungen nicht geldpolitisch abzufedern bereit ist, so dass diese zu Arbeitslosigkeit führen würden. Aufgrund des mittleren Zentralisierungsgrades der Gewerkschaften sind diese aber in der Lage, diese Auswirkungen zu antizipieren und sich entsprechend zu verhalten, sprich: sie werden Lohnzurückhaltung üben, um die Arbeitsplätze ihrer Mitglieder nicht zu gefährden. Diese Reaktionsweise der Gewerkschaften wird unterstützt durch ein weniger dekommodifizierendes Sozialpolitikregime. Eine schlechte Beschäftigungsperformanz erwartet Iversen (2000: 208) dagegen in gering zentralisierten Lohnverhandlungssystemen, weil hier die Gewerkschaften ausschließlich die kurzfristigen Interessen ihrer Mitglieder an Lohnerhöhungen zu maximieren versuchen werden und sie somit nicht in der Lage sind, die Folgen ihrer Lohnpolitik zu antizipieren: Sie werden also überhöhte Lohnforderungen durchsetzen, die nicht von der Geldpolitik aufgefangen werden und zu einer Erhöhung der Arbeitslosigkeit führen. Für die Erklärung der beschäftigungspolitischen Performanz der 1990er Jahre scheint dieser Ansatz allerdings kaum geeignet, schnitten in diesem Zeitraum doch einige Länder mit wenig zentralisierten industriellen Beziehungen (Großbritannien, USA) besonders gut ab (Armingeon 2003: 167).

Die Rolle von Arbeitsmarktinstitutionen

Insbesondere in der wirtschaftswissenschaftlichen Literatur spielen Arbeitsmarktinstitutionen eine herausgehobene Rolle für die Erklärung von Arbeitslosigkeit (vgl. als exzellenten Literaturüberblick SVR 2005: Tz. 212ff., 230ff.). Dabei werden insbesondere die Auswirkungen von acht Variablen diskutiert. So wird angenommen, dass die Variationen bei Höhe und Dauer der Lohnersatzleistungen, beim Umfang der Arbeitsmarktpolitik, beim gewerkschaftlichen Organisationsgrad, beim Ausmaß der Tarifbindung, der Koordinierung der Lohnverhandlungen, dem Kündigungsschutz sowie bei der Höhe der Steuern und Abgaben auf den Faktor Arbeit für die unterschiedliche Höhe der Arbeitslosigkeit in den westlichen Ländern verantwortlich seien.

Statistische Analysen belegen, dass wenigstens einige dieser Variablen hochrelevant sind. Der Sachverständigenrat (2005: Tz. 237) bilanziert seine Auswertung von acht einschlägigen neueren Studien dahingehend, dass es „überzeugende empirische Hinweise auf einen signifikanten Einfluss der Lohnersatzquote, der Dauer der Lohnersatzleistungen, der Steuern und Abgaben auf den Faktor Arbeit sowie des Ausmaßes der Koordination bei den Lohnverhandlungen auf die Arbeitslosigkeit" gebe. Demnach steigt die Arbeitslosigkeit, je höher die Lohnersatzleistungen sind, je länger sie gezahlt werden und je stärker der Faktor Arbeit mit Steuern und Abgaben belastet wird. Koordinierte Lohnverhandlungen führen dagegen in der Tendenz zu einem Sinken der Arbeitslosigkeit. Die Effekte der anderen Variablen sind weniger robust. Soweit Effekte gefunden wurden, wiesen sie darauf hin, dass eine weite Verbreitung von Tarifbindungen sowie ein hoher gewerkschaftlicher Organisationsgrad mit einer höheren Arbeitslosigkeit einhergingen, während aktive Arbeitsmarktpolitik gelegentlich eine Reduzierung von Arbeitslosigkeit bewirkte. Für den Kündigungsschutz schließlich ließen sich überhaupt keine robusten Effekte auf die Höhe, wohl aber auf die Struktur der Arbeitslosigkeit nachweisen.

Interessant sind schließlich noch die Wechselwirkungen zwischen den einzelnen Aspekten der Arbeitsmarktinstitutionen: So kann eine stärkere Koordination der Lohnverhandlungen die negativen Effekte eines hohen gewerkschaftlichen Organisationsgrades (sowie des Effekts von Steuern und Abgaben auf Arbeit) begrenzen. Ebenso zeigte sich, dass sich eine hohe Abgabenbelastung und lange Bezugszeiten von Lohnersatzleistungen besonders negativ auswirken, wenn sie mit hohen Lohnersatzleistungen einhergehen. Dies verweist einmal mehr auf die Interaktionen zwischen unterschiedlichen Parametern bei der Erklärung von Arbeitslosigkeit. Interessant an diesen Ergebnissen ist aus politikwissenschaftlicher Perspektive aber darüber hinaus, dass sich die Bekämpfung von Arbeitslosigkeit keineswegs generell politischer Steuerung zu entziehen scheint, sind doch beispielsweise die Höhe und Dauer von Lohnersatzleistungen sowie die Höhe der Abgabenbelastung des Faktors Arbeit politisch in erheblichem Maße beeinflussbare Parameter.

Beschäftigungsperformanz und Wohlfahrtsstaatsregime

Einen politisch-institutionell überzeugenden Erklärungsansatz für die Unterschiede in der Beschäftigungsperformanz der OECD-Länder in den 1990er Jahren hat schließlich neuerlich Fritz Scharpf (2000a, 2000b) vorgeschlagen. Aufgrund der gestiegenen wirtschaftlichen Öffnung der Industriestaaten und insbesondere wegen der erhöhten Kapitalmobilität sei die keynesianische Strategie, wie er sie noch für die 1970er Jahre vorgeschlagen hatte, inzwischen nicht mehr Erfolg versprechend. Wegen der Niedriglohnkonkurrenz aus Osteuropa und einigen Schwellenländern sowie wegen der Sättigung der Märkte und des technischen Fortschritts werde es zusätzlich für Industrieländer immer schwieriger, die Beschäftigung im Industriesektor aufrechtzuerhalten; Beschäftigungspotenziale existierten nur noch im privaten oder öffentlichen geschützten Dienstleistungssektor. Ob und wie dieses Beschäftigungspotenzial aber genutzt werden kann, hängt Scharpf zufolge entscheidend vom Wohlfahrtsstaatsregime (Esping-Andersen 1990; vgl. auch Kapitel III.4 i.d.B.) sowie der Struktur des Steuersystems ab. Hohe Steuern behinderten vor allem die Entwicklung eines niedrig produktiven privaten Dienstleitungssektors; besonders negativ wirken sich in diesem Zusammenhang Sozialversicherungsbeiträge und die Mehrwertsteuer aus, weil diese den Preis der Dienstleistungen erhöhen. Aufgrund der hohen Preiselastizität der Nachfrage nach niedrig produktiven Dienstleistungen können die steuerinduzierten Preiserhöhungen nicht weitergegeben werden, so dass die entsprechenden Dienstleistungen nicht rentabel angeboten werden können, die entsprechenden Arbeitsplätze also gar nicht erst oder nur in der Schattenwirtschaft entstehen.

In den liberalen Wohlfahrtsstaaten wie etwa Großbritannien oder Neuseeland besteht dieses Problem jedoch nicht: Die niedrigen Steuern ermöglichen einen großen privaten Dienstleistungssektor, der zu hoher Erwerbsbeteiligung beiträgt. Eine andere Konstellation findet sich in den klassischen skandinavischen Wohlfahrtsstaaten: Dort lässt die hohe Steuerbelastung in der Tat nur einen kleinen privaten Dienstleistungssektor entstehen. Allerdings nutzen die skandinavischen Länder ihre sehr hohen Steuereinnahmen dazu, einen hohen Beschäftigtenanteil im öffentlichen Dienstleistungssektor zu finanzieren, was gleichfalls zu einer hohen Erwerbsbeteiligung führt. Die kontinentalen Wohlfahrtsstaaten dagegen produzieren die schlechtesten Voraussetzungen für Dienstleistungsbeschäftigung (dazu auch Esping-Andersen 1996): Ähnlich wie die skandinavischen benötigen auch die kontinentalen Wohlfahrtsstaaten hohe Steuern und Abgaben zur Finanzierung ihrer Sozialpolitik, was nur einen kleinen privaten Dienstleistungssektor zulässt. Da der kontinentale Wohlfahrtsstaat jedoch überwiegend finanzielle Transfers und nur in geringem Maße Dienstleistungen bereitstellt, wird durch die hohe Abgabenbelastung auch kaum Beschäftigung im öffentlichen Dienstleistungssektor geschaffen. Die Folge ist eine signifikant geringere Erwerbsbeteiligung als in den liberalen und sozialdemokratischen Wohlfahrtsstaaten.

Diesem Ansatz zufolge sind also die Anreizstrukturen des Steuer- und Sozialsystems zentral für die Erklärung der Unterschiede zwischen den Industrieländern bei den Arbeitslosen- und Erwerbsquoten. Dies heißt allerdings keineswegs, dass der beschäftigungspolitische Misserfolg der kontinentalen Wohlfahrtsstaaten auch zukünftig determiniert ist. Vielmehr ist mit Reformen, insbesondere der Reduzierung der Steuerbelastung niedrigproduktiver Dienstleistungsbeschäftigung, auch hier höheres Beschäftigungswachstum möglich. Auf der anderen Seite sind auch die liberalen und skandinavischen Wohlfahrtsstaaten nicht aller Sorgen ledig: In ersteren besteht häufig ein erhebliches Armutsproblem trotz Erwerbstätigkeit („working poor"), während letztere in Zeiten des internationalen Steuerwettbewerbs ihre hohen Abgaben verteidigen müssen.

4.5 Schluss

Arbeitslosigkeit und Beschäftigung sind komplexe Phänomene, die vermutlich nur begrenzt unmittelbarer politischer Steuerung durch die Regierung zugänglich sind. Zwar lässt sich die Arbeitslosigkeit kosmetisch sehr wirksam durch eine Verringerung des Arbeitskräfteangebots bekämpfen – ein Weg, der lange in Kontinentaleuropa beschritten wurde –, doch eine mittelfristige Lösung der Beschäftigungsprobleme wird damit eher erschwert. Für die politikwissenschaftliche Analyse von Beschäftigungspolitik, die sich nicht auf die Steuerung des Arbeitskräfteangebots und die aktive Arbeitsmarktpolitik zurückzieht, müssen daher mindestens die Zentralbank, die Gewerkschaften und das Wohlfahrtsstaatsregime einbezogen werden.

Ein Ausbau der Beschäftigung kann in den OECD-Ländern nur im Dienstleistungsbereich erfolgen. Hier gibt es offenbar zwei zielführende Wege: einen skandinavischen, der mit hohen Steuern staatliche Beschäftigung im Dienstleistungsbereich finanziert, und einen liberalen, in dem niedrige Steuern genug Spielraum auch für niedrig produktive Dienstleistungen lassen. Die kontinentaleuropäischen Wohlfahrtsstaaten dagegen müssen ihren Weg zu mehr Beschäftigung erst noch finden – und durchsetzen.

 **Literatur**

Kommentierte Literatur

Armingeon, Klaus, 2003: Die Politische Ökonomie der Arbeitslosigkeit, in: Obinger, Herbert/Wagschal, Uwe/Kittel, Bernhard (Hg.), Politische Ökonomie. Demokratie und wirtschaftliche Leistungsfähigkeit, Opladen, 151-174.

Der Aufsatz vermittelt einen guten ersten Überblick über verschiedene theoretische Ansätze zur politikwissenschaftlichen Analyse von Arbeitslosigkeit.

Sachverständigenrat zur Begutachtung der gesamtwirtschaftlichen Entwicklung (SVR), 2005: Die Chance nutzen – Reformen mutig voranbringen. Jahresgutachten 2005/06, Stuttgart.
Kapitel 3 des Gutachtens (Textziffern 173ff., insbesondere 230ff.) bietet einen hervorragenden Überblick über die vergleichende empirische Forschung der Volkswirtschaftslehre zu den Gründen für die Differenzen der Arbeitslosenquoten in den OECD-Ländern. Diese Erkenntnisse werden zudem auf den Fall der Bundesrepublik übertragen und in ein „beschäftigungspolitisches Pflichtenheft" (Tz. 321ff.) verdichtet.

Scharpf, Fritz W./Schmidt, Vivien (Hg.), 2000: Welfare and Work in the Open Economy. 2 Bände, Oxford u.a.
In diesen zwei Bänden sind Länderstudien, Analysen von Politikbereichen und übergreifende Analysen zur Beschäftigungspolitik der OECD-Länder seit den 1950er Jahren versammelt. Daher sollte das Werk am Anfang jeder Beschäftigung mit diesen Fragen konsultiert werden.

Zitierte Literatur

Alvarez, R. Michael/Garrett, Geoffrey/Lange, Peter, 1991: Government Partisanship, Labor Organization, and Macroeconomic Performance, in: American Political Science Review 85, 539-556.

Armingeon, Klaus, 2003: Die Politische Ökonomie der Arbeitslosigkeit, in: Obinger, Herbert/Wagschal, Uwe/Kittel, Bernhard (Hg.), Politische Ökonomie. Demokratie und wirtschaftliche Leistungsfähigkeit, Opladen, 151-174.

Castles, Francis G., 1998: Comparative Public Policy. Patterns of Post-war Transformation, Cheltenham/Northampton.

Eichhorst, Werner/Profit, Stefan/Thode, Eric et al., 2001: Benchmarking Deutschland: Arbeitsmarkt und Beschäftigung. Bericht der Arbeitsgruppe Benchmarking und der Bertelsmann Stiftung, Berlin/Heidelberg.

Esping-Andersen, Gøsta, 1990: The Three Worlds of Welfare Capitalism, Cambridge.

Esping-Andersen, Gøsta, 1996: Welfare States Without Work: The Impasse of Labour Shedding and Familialism in Continental European Social Policy, in: ders. (Hg.), Welfare States in Transition. National Adaptations in Global Economies, London/Thousand Oaks/New Delhi, 66-87.

Garrett, Geoffrey, 1998: Partisan Politics in the Global Economy, Cambridge.

Hibbs, Douglas A., 1977: Political Parties and Macroeconomic Policy, in: American Political Science Review 71, 1467-1487.

Iversen, Torben, 2000: Decentralization, Monetarism, and the Social Democratic Welfare State, in: Iversen, Torben/Pontusson, Jonas/Soskice, David (Hg.), Unions, Employers, and Central Banks. Macroeconomic Coordination and Institutional Change in Social Market Economies, Cambridge, 205-231.

Lijphart, Arend, 1999: Patterns of Democracy. Government Forms and Performance in Thirty-Six Countries, New Haven/London.

Obinger, Herbert, 2003: Die politische Ökonomie des Wirtschaftswachstums, in: Obinger, Herbert/Wagschal, Uwe/Kittel, Bernhard (Hg.), Politische Ökonomie. Demokratie und wirtschaftliche Leistungsfähigkeit, Opladen, 113-149.

Rhein-Kress, Gaby von, 1996: Die politische Steuerung des Arbeitsangebots. Die Bundesrepublik Deutschland, Österreich und die Schweiz im internationalen Vergleich, Opladen.

Sachverständigenrat zur Begutachtung der gesamtwirtschaftlichen Entwicklung (SVR), 2005: Die Chance nutzen – Reformen mutig voranbringen. Jahresgutachten 2005/06, Stuttgart.

Scharpf, Fritz W., 1987: Sozialdemokratische Krisenpolitik in Europa, Frankfurt a.M./New York.

Scharpf, Fritz W., 1988: Inflation und Arbeitslosigkeit in Westeuropa. Eine spieltheoretische Interpretation, in: Politische Vierteljahresschrift 29, 6-41.

Scharpf, Fritz W., 2000a: Economic Changes, Vulnerabilities, and Institutional Capabilities, in: Scharpf, Fritz W./Schmidt, Vivien (Hg.), Welfare and Work in the Open Economy. Vol. 1: From Vulnerability to Competitiveness, Oxford u.a., 21-124.

Scharpf, Fritz W., 2000b: The Viability of Advanced Welfare States in the International Economy. Vulnerabilities and Options, in: Journal of European Public Policy 7, 190-228.

Zohlnhöfer, Reimut/Ostheim, Tobias, 2005: Paving the Way for Employment? The Impact of the Luxembourg Process on German Labour Market Policies, in: Journal of European Integration 27, 147-167.

5 Öffentliche Bildungsausgaben im inter- und intranationalen Vergleich: Machen Parteien einen Unterschied?

Reimut Zohlnhöfer

5.1 Problemstellung: Differenzen zwischen den Bildungsausgabenquoten verschiedener Länder

Das Programme for International Student Assessment (PISA) der OECD hat seit 2001 das Interesse der deutschen Öffentlichkeit an der Bildungspolitik geweckt. Beunruhigend schwach schnitten die 15-jährigen deutschen Schülerinnen und Schüler in den meisten Kategorien, etwa beim Lesen, in der Mathematik und bei naturwissenschaftlich-technischen Fähigkeiten, ab. Was, so wurde gefragt, sind die Gründe für die unterdurchschnittlichen Leistungen des deutschen Bildungswesens? Umfassend kann dieser Frage im Rahmen dieses Kapitels nicht nachgegangen werden. Vielmehr erfolgt hier eine Fokussierung auf die finanzielle Ausstattung des Bildungswesens durch die öffentlichen Haushalte. Immerhin könnten ja die allenfalls mittelmäßigen öffentlichen Bildungsausgaben der Bundesrepublik (Schmidt 2002b, 2004) zumindest mit verantwortlich sein für die unbefriedigende Performanz. Im Folgenden gilt es, die Variation der Bildungsausgaben, genauer des Anteils der öffentlichen Bildungsausgaben am Bruttoinlandsprodukt (die sog. Bildungsausgabenquote), im internationalen Vergleich und im intranationalen, also dem Bundesländervergleich, zu erklären. Dabei wird ein besonderes Augenmerk auf die Erklärungskraft der Parteiendifferenzhypothese gerichtet. Diese Fokussierung ist einerseits notwendig, da die Darstellung aller theoretisch denkbaren Einflussfaktoren den Umfang dieses Kapitels übersteigen würde. Andererseits erscheint einigen Autoren (z.B. Boix 1997) gerade die Bildungspolitik das Politikfeld zu sein, in dem sich Parteiendifferenzen auch im Zeitalter internationalisierter Märkte noch aufdecken lassen sollten (s.u.).

Die Beeinflussung, Kontrolle und Finanzierung des Bildungswesens ist keine neue Staatsaufgabe (Heidenheimer 1996: 585), und die Regierungen der wirtschaftlich entwickelten Demokratien der OECD finanzieren die unterschiedlichsten Bildungsinstitutionen. In der Bundesrepublik beispielsweise zählen zu den öffentlichen Bildungsausgaben im Wesentlichen die Ausgaben von Bund, Ländern und Gemeinden für

a. den Kern der Bildungsdienstleistungen in Vorschulen, Schulen und Hochschulen und sonstigen Ausbildungseinrichtungen,
b. die Forschung und Entwicklung an Hochschulen und Universitäten und
c. bildungsrelevante Zuliefererdienstleistungen wie öffentliche Ausgaben für Verpflegung, Transport und Unterbringung der Schüler und Studierenden.

Zu diesen öffentlichen Bildungsausgaben im engeren Sinne ("spending on educational institutions" in der OECD-Terminologie) werden mittlerweile meist auch die öffentlichen Ausgaben für Bildungszwecke außerhalb der Bildungseinrichtungen hinzu gezählt ("spending on education outside educational institutions"), wie im Falle öffentlicher Subventionierung von privaten Käufen von Bildungsgütern oder -dienstleistungen einschließlich Stipendien aus öffentlichen Kassen.

Abbildung 6: Anteil der öffentlichen Bildungsausgaben am Bruttoinlandsprodukt 2002

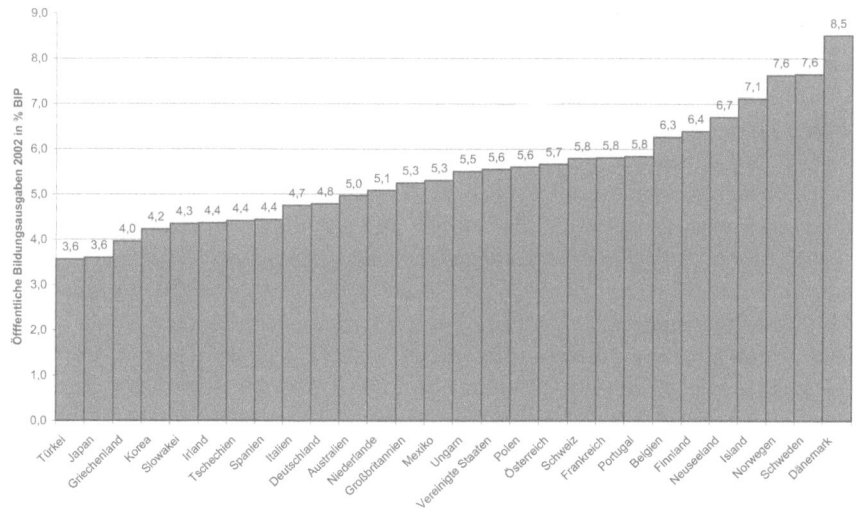

Quelle: OECD 2005: 5.

Insgesamt gaben die öffentlichen Haushalte in der Bundesrepublik Deutschland für das Bildungswesen im weiteren Sinne im Jahre 2002 101 Mrd. Euro aus, das sind 4,8 Prozent ihres Bruttoinlandsproduktes (BIP) (Zahlen auch im Folgenden nach OECD 2005: 205 und ergänzend für die privaten Bildungsausgaben im engeren Sinne OECD 2005: 184f.). Doch damit lag die Bundesrepublik im OECD-Länder-Vergleich nur im unteren Mittelfeld, deutlich unter dem OECD-Länder-Durchschnitt (5,4%), knapp vor Tschechien und Südkorea, doch noch hinter Ungarn, Polen, Portugal oder Mexiko, ganz zu schweigen von den ‚big spenders' bei den Bildungsausgaben, die vor allem in Nordeuropa zu finden sind: In Dänemark werden aus öffentlichen Kassen 8,5 Prozent des BIP für die Bildung ausgegeben und in Norwegen und Schweden jeweils 7,6 Prozent. Auch Länder mit ansonsten stärker gezügeltem Staat investieren aus den öffentlichen Kassen mehr in die Bildung als Deutschland, die USA beispielsweise (5,6%) und die Schweiz (5,8%) (Abbildung 6). Ganz offensichtlich variieren demnach die öffentlichen Bildungsausgabenquoten innerhalb der Länder der OECD ganz erheblich.

Die Untersuchung der Gründe für diese Unterschiede ist in der vergleichenden Forschung bisher zwar ausgesprochen stiefmütterlich behandelt worden, doch existieren durchaus Analysen, die wenigstens ein erstes Licht auf die Hintergründe für die unterschiedliche Entwicklung der Bildungsausgabenquoten werfen, unter ihnen Heidenheimer (1996), Castles (1998: 174-185) und Schmidt (2002b, 2004). Noch differenziertere Ergebnisse für die OECD-Länder sowie für den intranationalen Vergleich von Föderalstaaten (Deutschland, Schweiz, USA) liefern neuerdings darüber hinaus die Studien von Busemeyer (2006), Nikolai (2006), Wolf (2006) sowie Schmidt et al. (2006). Es sind im Wesentlichen diese Studien, auf denen die folgende Darstellung basiert. Dabei muss zunächst allerdings überprüft werden, ob es sich bei den festgestellten Unterschieden nicht möglicherweise um ein Artefakt handelt, bedingt durch unzureichende statistische Erfassung oder Unterschätzung der Bedeutung privater Bildungsausgaben. Anschließend sollen mögliche Hypothesen zur Erklärung der Differenzen der Bildungsausgabenquoten im OECD-Vergleich vorgestellt werden, wobei hier ein Schwerpunkt auf die Parteiendifferenzhypothese gelegt werden soll. Im vierten Teil werden die vorliegenden Studien zum OECD-Länder- sowie zum deutschen Bundesländervergleich vorgestellt, während der abschließende Abschnitt die wichtigsten Ergebnisse zusammenfasst.

5.2   Nur ein Artefakt? Indikatoren der Bildungsfinanzen und das Verhältnis von öffentlichen und privaten Bildungsausgaben

Zwei prinzipielle Einwände lassen sich gegen den gerade dargestellten Befund der im internationalen Vergleich stark abweichenden Bildungsausgaben vorbringen. Der erste Einwand stellt auf die mangelnde Vergleichbarkeit der Bildungsausgabendaten sowie die Möglichkeit ab, dass die eingesetzten Geldmittel in den Ländern mit niedrigeren Bildungsausgaben effizienter genutzt würden als anderswo. Doch beide Einwände tragen nicht. Die Bildungsausgaben sind mittlerweile leidlich vergleichbar (OECD 2005) – mit schlechter Datenqualität kann man also beispielsweise Deutschlands niedrige Bildungsausgabenquote nicht erklären. Zudem sprechen die Befunde der PISA-Studie nicht für eine besonders produktive Nutzung der Bildungsausgaben hierzulande.

Abbildung 7: Anteil privater Bildungsausgaben am BIP 2002

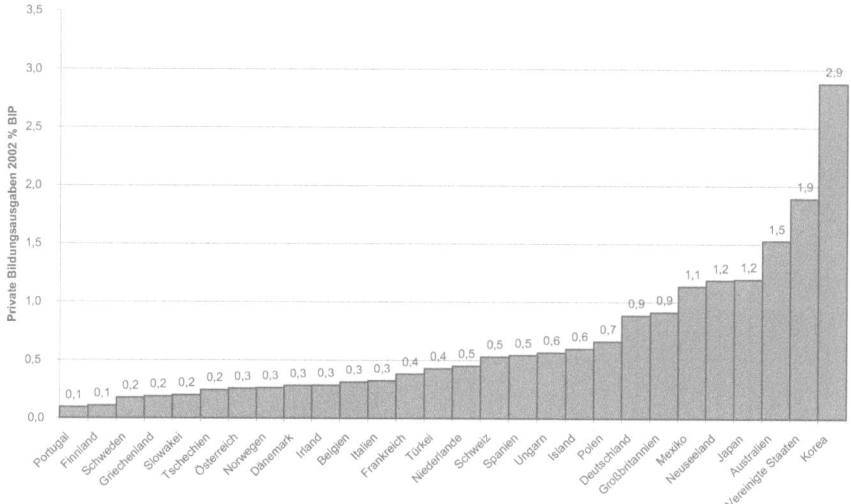

Quelle: OECD 2005: 184f.

Der zweite Einwand bezieht sich auf die Tatsache, dass die Bildungsausgaben eines Landes nicht ausschließlich von der öffentlichen Hand bestritten werden. Vielmehr können auch die privaten Bildungsausgaben in die Betrachtung mit einbezogen werden. Diese sind beispielsweise in Deutschland von erheblicher Bedeutung bei der betrieblichen Ausbildung im Rahmen der dualen Bildung (Heidenheimer 1996: 594f.), in anderen Ländern spielen etwa private Schulen und Universitäten eine wichtige Rolle, so vor allem in den USA und in Südkorea. Bezieht man die privaten Bildungsausgaben in die Betrachtung ein, sind zwei Befunde besonders berichtenswert: Erstens besteht auch bei den privaten Bildungsausgabenquoten eine erhebliche Varianz (Abbildung 7): Während in Südkorea die privaten Bildungsausgaben 2002 2,9 Prozent des Bruttoinlandsprodukts ausmachten, lagen sie in Norwegen gerade einmal bei 0,3 Prozent (OECD 2005: 184). Zweitens korrelieren öffentliche und private Bildungsausgabenquoten invers miteinander, der Korrelationskoeffizient beträgt für den Vergleich von 28 OECD-Ländern im Jahr 2002 r = -0,227. Das bedeutet, dass in den Ländern mit niedrigeren öffentlichen Bildungsausgabenquoten die privaten Bildungsausgaben als Anteil am BIP tendenziell höher liegen (Abbildung 8).

Abbildung 8:   Anteil der öffentlichen und privaten Bildungsausgaben am BIP 2002

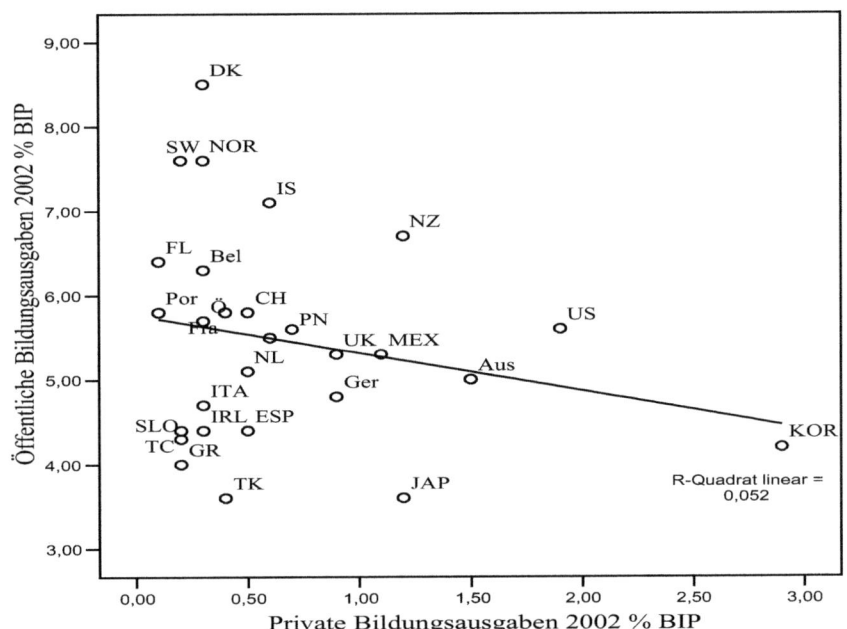

Quelle: OECD 2005.

Doch auch wenn man die privaten und öffentlichen Bildungsausgaben addiert, ergeben sich deutliche Unterschiede im internationalen Vergleich: So liegt Deutschland auch bei diesem Indikator nur im Mittelfeld (Daten nach OECD 2005: 205, 184). Demnach ist also eine Analyse der Unterschiede in den öffentlichen Bildungsausgabenquoten keineswegs obsolet, weil Letztere die wichtigste

Erklärungsvariable für die internationalen Unterschiede im Niveau der gesamten Bildungsausgaben darstellt. Darüber hinaus ist gerade auch die unterschiedliche Arbeitsteilung zwischen Staat und Markt, wie sie sich im unterschiedlichen Ausmaß der privaten und öffentlichen Bildungsfinanzierung widerspiegelt, politikwissenschaftlich überaus interessant. Insofern ist es durchaus gerechtfertigt, wenn im Folgenden – dem Hauptstrom der Literatur folgend – das Hauptaugenmerk auf die Entwicklung der öffentlichen Bildungsausgabenquoten gelegt wird (zu den privaten Ausgaben und ihren Determinanten Schmidt 2004).

5.3 Theoretische Erwartungen: Parteiendifferenzen und andere Determinanten der Bildungsausgaben

Parteiendifferenzen

Die Parteiendifferenzhypothese postuliert einen unmittelbaren Zusammenhang zwischen der parteipolitischen Färbung der Regierung und Indikatoren für Policy-Outputs oder -Outcomes. Dabei wird angenommen, dass Parteien entweder die Interessen bestimmter sozialer Gruppen vertreten und/oder bestimmte Vorstellungen über erstrebenswerte gesellschaftliche Zustände verwirklichen wollen (vgl. ausführlicher Schmidt 2002a; Zohlnhöfer 2003). Zu fragen wäre demnach, welche Zusammenhänge zwischen der parteipolitischen Zusammensetzung der Regierung und dem Niveau der Bildungsausgaben zu erwarten sind.

Für *sozialdemokratische und sozialistische Parteien* lässt sich unzweideutig ein direkter Zusammenhang postulieren: Je stärker und länger sozialdemokratische Parteien an der Regierung beteiligt sind, desto stärker sollte unter sonst gleichen Bedingungen die Bildungsausgabenquote ansteigen. Eine plausible Erklärung für diese Erwartung bietet Carles Boix (1997, 1998) an: Er argumentiert, dass durch Investitionen in Bildung Humankapital gebildet würde, was unter anderem zu einer Erhöhung der Produktivität der Arbeitnehmer und in der Folge zu Wirtschaftswachstum führe, gleichzeitig aber die wirtschaftliche Ungleichheit reduziere, weil gut ausgebildete Arbeitnehmer höhere Löhne als ungelernte oder weniger gut ausgebildete Kollegen durchsetzen könnten. Diese Argumentation spiegelte sich interessanterweise auch in den sozialdemokratischen Debatten um „Dritte Wege" in der Wirtschafts- und Sozialpolitik, wie sie gegen Ende der 1990er Jahre geführt wurden, wider, in denen Bildung als Grundlage einer „Umverteilung der Chancen" diskutiert wurde (vgl. Giddens 1999: 128; Merkel 2000: 276).

Auch *christdemokratische Parteien* können grundsätzlich zu den bildungsausgabenintensiveren Parteien gehören, und zwar insbesondere in Perioden höheren
oder mittleren Wirtschaftswachstums wie in den 50er, 60er und frühen 70er Jahren des 20. Jahrhunderts, weniger in Jahren reduzierten oder schwächlichen
Wirtschaftswachstums: So jedenfalls ließen sich Ergebnisse aus der Forschung
über die Bestimmungsgründe der Sozialausgaben übertragen. Zudem könnten
vor allem christdemokratische Parteien in der Nachkriegszeit an der Überwindung des traditionellen katholischen Bildungsdefizits interessiert gewesen sein,
das sie – so die Überlegung – auch mit Hilfe öffentlicher Bildungsausgaben einzudämmen versucht haben könnten. Allerdings ist hier auch ein Gegenargument
zu berücksichtigen: Christdemokratische Parteien verstehen sich ja zumindest
auch als politische Vertreter der christlichen Kirchen. Diese jedoch, insbesondere
die katholische Kirche, standen der staatlichen Kontrolle der Bildung von jeher
ablehnend gegenüber, und die katholische Kirche hat stets – und mit erheblichem
Erfolg – darauf gedrängt, eigene Schulen für die Gläubigen bereitstellen zu dürfen. Soweit diese Schulen teilweise oder ganz privat finanziert werden, dämpft
dies die öffentlichen Bildungsausgaben, ein Effekt, den Francis Castles (1998: 180-
184) auch empirisch belegen konnte: Er fand bei seiner Studie über 21 etablierte
Demokratien heraus, dass unter sonst gleichen Bedingungen die Bildungsausgaben mit zunehmendem katholischen Bevölkerungsanteil signifikant abnahmen.
Vor diesem Hintergrund ist zu erwarten, dass auch die Regierungsbeteiligung
christdemokratischer Parteien einen dämpfenden Effekt auf die Bildungsausgabenquote haben könnte.

Ebenso wenig ist es ohne Weiteres möglich, eindeutige Erwartungen bezüglich des Einflusses zu formulieren, den *liberale Parteien* auf die Bildungsausgaben
haben werden. So ist vorstellbar, dass das liberale Programm der „Bildung als
Bürgerrecht", so ein viel zitiertes Buch von Ralf Dahrendorf (1965), größere Bereitschaft zur Tolerierung von Bildungsausgaben hervorruft, insbesondere von
bildungsinvestiven Ausgaben. Andererseits ließe sich argumentieren, dass gerade liberale Parteien für eine Begrenzung der Staatsausgaben einstehen und hier
möglicherweise auch vor den Bildungsausgaben nicht Halt machen.

Eindeutiger ist wiederum die Position *säkular-konservativer Parteien* (insbesondere Parteien nach Art der britischen Conservative Party): So lässt sich einerseits vor dem Hintergrund der Ergebnisse der Sozialpolitikforschung vermuten,
dass ihre Regierungsbeteiligung auf Grund ihrer stärkeren Neigung zur Zügelung des Staates invers mit der Höhe der öffentlichen Bildungsausgaben korreliert. Andererseits kann für solche Parteien argumentiert werden, sie hätten das
Aufkommen der Massenbildung stets skeptisch beurteilt und eine Präferenz für

private Eliteschulen bewahrt, was ebenfalls einen dämpfenden Effekt auf die Bildungsausgaben ausgeübt haben sollte (Castles 1998: 184).

Ergänzende theoretische Erklärungen

Natürlich ist kaum zu erwarten, dass die parteipolitische Zusammensetzung der Regierung allein die Unterschiede bei den Bildungsausgabenquoten erklären kann. Vielmehr liegt es nahe, das Augenmerk auch auf andere erklärende Variablen zu lenken. So kamen in der Forschung zu Bildungsausgaben nahe liegender Weise eine Vielzahl von Variablen aus dem klassischen Kanon der Theorien der vergleichenden Staatstätigkeitsforschung zum Einsatz, so beispielsweise (vgl. Castles 1998; Schmidt 2002b, 2004):

- das Politikerbe in Form der Bildungsausgabenquoten in Vorperioden, wobei hier einerseits erwartet wird, dass das Niveau der Bildungsausgaben stark positiv mit dem Niveau der Bildungsausgaben in der Vorperiode zusammenhängt, während andererseits bei der Veränderung der Bildungsausgaben über die Zeit ein „catch-up"-Effekt unterstellt wird, demzufolge in Ländern mit einer besonders niedrigen Bildungsausgabenquote zu Beginn der Untersuchungsperiode eine besonders starke Expansion im Sinne eines Nachholeffektes zu erwarten ist;
- demographische Variablen, insbesondere die relative Größe bildungspolitisch relevanter Altersgruppen, da diese maßgeblich die „Nachfrage" nach Bildungsausgaben determiniert;
- institutionelle Rahmenbedingungen, die häufig einen hemmenden Einfluss auf das Ausgabenwachstum haben, wie Vetospielerkonstellationen;
- Programm- und Finanzierungskonkurrenz mit anderen öffentlichen Ausgaben, insbesondere der Sozialpolitik;
- der Wertehaushalt der Bevölkerung, einschließlich der konfessionellen Zusammensetzung und der religiösen Orientierung der Bevölkerung sowie
- die Finanzierungsbedingungen der Bildungspolitik, worunter sowohl die Höhe der Steuerquote ohne Sozialversicherungsbeiträge als auch – insbesondere in Föderalstaaten – die innerstaatliche (Um-)Verteilung der Finanzmittel zu verstehen sind. Durch beide Variablen wird nämlich der finanzielle Handlungsspielraum für die Bildungsausgaben bestimmt.

5.4   Ergebnisse: Was erklärt die Differenzen bei den öffentlichen
Bildungsausgabenquoten?

In diesem Abschnitt soll sowohl ein Blick auf die Erklärung der Unterschiede in
den Bildungsausgabenquoten der OECD-Länder als auch auf die Analyse der
Unterschiede in den Bildungsausgaben der deutschen Bundesländer geworfen
werden.

Die Bildungsausgabenquoten der OECD-Länder im Vergleich

Die wissenschaftliche Erforschung der Determinanten der Bildungsausgaben ist
erst in den letzten Jahren wieder verstärkt vorangetrieben worden. Es gibt immer
noch nur eine begrenzte Anzahl von Studien, die sich überhaupt dieser Problematik widmen. Insbesondere in den älteren dieser Beiträge wurde zudem allenfalls die Erklärungskraft weniger Bestimmungsfaktoren, meist nur einer einzigen
erklärenden Variable überprüft, so dass unklar blieb, inwieweit sich unterschiedliche Determinanten der Bildungsausgabenquoten aufheben oder wechselseitig
verstärken. Zudem wurden die Effekte einiger Variablen, die theoretisch plausibel zur Erklärung der unterschiedlichen Bildungsausgabenquoten herangezogen
werden könnten, gar nicht systematisch untersucht. Mit den Arbeiten von Busemeyer (2006), Nikolai (2006), Wolf (2006) sowie Schmidt et al. (2006) sind viele
dieser Defizite angegangen und meist auch gelöst worden.

Gleichwohl waren insbesondere die Auswirkungen, die unterschiedliche
Regierungsparteien auf die öffentliche Bildungsausgabenquote haben, bereits
mehrfach Gegenstand statistischer Analysen. Dabei kam Manfred Schmidt (2004:
16ff.) in bivariaten Modellen zu dem Ergebnis, dass ein beachtlicher und signifikanter statistischer Zusammenhang zwischen dem Anteil besteht, den die öffentlichen Bildungsausgaben in den OECD-Ländern zu Beginn des 21. Jahrhunderts
am Bruttoinlandsprodukt ausmachten, und dem Anteil an Kabinettssitzen, den
sozialdemokratische Parteien seit 1950 innehatten. Für die öffentliche Bildungsausgabenquote 2000 ergibt sich hier bei einem Vergleich von 22 OECD-Demokratien ein Wert von r = 0,50 und für die privaten Bildungsausgaben ein Wert von
r = -0,55. Das heißt also: Je stärker sozialdemokratische Parteien in der Nachkriegszeit an der zentralstaatlichen Regierung beteiligt waren, desto tendenziell
höher war der Anteil der öffentlichen Bildungsausgaben am BIP und desto tendenziell niedriger der Anteil der privaten Ausgaben. Umgekehrt stellt sich der

Zusammenhang zwischen den Bildungsausgaben und der Regierungsbeteiligung säkular-konservativer Parteien dar (Schmidt 2004: 16, 26). Francis Castles (1998: 180ff.) kommt zu ähnlichen Ergebnissen: Er findet heraus, dass die Bildungsausgabenquoten der Jahre 1960, 1974 und 1993 tendenziell umso niedriger waren, je größer der Kabinettssitzanteil ist, den die „major party of the right" (Castles 1998: 74ff.), also die stärkste nicht-sozialistische Partei eines Parteiensystems, kontrolliert. Damit findet Castles wie Schmidt einen Parteieneffekt auf das *Niveau* der Bildungsausgabenquote zu bestimmten Zeitpunkten. Weiterhin überprüft Castles, ob sich auch die *Veränderung* der Bildungsausgabenquoten im Zeitverlauf mittels der parteipolitischen Zusammensetzung der Regierung erklären lässt; und er wird fündig: Auch hier stellt er einen dämpfenden Einfluss rechter Parteien auf die Entwicklung der Bildungsausgaben fest. Wiederum erhält dieser Befund Unterstützung durch Schmidts (2007) Befunde für den Einfluss linker Parteien auf die Veränderung der Bildungsausgabenquote, der positiv ist.

Allerdings sind Castles' Befunde für rechte Parteien nach Parteienfamilien zu differenzieren, wurde doch bei den theoretischen Überlegungen bereits deutlich, dass in diesem Feld durchaus Unterschiede zwischen den bürgerlichen Parteien vorstellbar sind. Den erwarteten negativen Effekt produzieren tatsächlich vor allem die säkular-konservativen Parteien, während Christdemokraten und Liberale die Bildungsausgaben in den „alten" OECD-Ländern nicht signifikant in eine Richtung beeinflussen. Interessant ist allerdings, dass Schmidt et al. (2006: 68f.) einen konditionalen Effekt für liberale und christdemokratische Parteien finden: Wenn Liberale in wirtschaftlichen Prosperitätsphasen an der Regierung sind, sorgen sie für einen signifikanten Ausbau der Bildungsfinanzen. Dieses Ergebnis lässt sich dahin gehend interpretieren, dass liberale Parteien häufig nur als Juniorpartner an Regierungen beteiligt sind und es ihnen nur bei positivem Wirtschaftsverlauf gelingt, ihre Koalitionspartner zu bildungspolitischen Mehrausgaben zu bewegen. Dagegen ist der Einfluss christdemokratischer Parteien auf die Bildungsausgaben unter günstigen wirtschaftlichen Rahmenbedingungen negativ. Offenbar präferieren also christdemokratische Parteien in wirtschaftlichen Wachstumsphasen Ausgabenzuwächse in anderen Politikfeldern als der Bildung.

Die so gefundenen Ergebnisse sind vergleichsweise robust; die meisten Befunde bleiben insbesondere auch erhalten, wenn man in multivariaten Regressionsanalysen für andere Einflussfaktoren kontrolliert, wenn man neben den 21 „klassischen" auch die sieben „jungen" OECD-Länder (Mexiko, Polen, Slowakei, Südkorea, Tschechien, Türkei, Ungarn) in die Analyse einschließt und wenn nicht die öffentlichen Bildungsausgaben als Anteil am Bruttoinlandsprodukt, sondern die öffentlichen Bildungsausgaben pro Schüler als abhängige Variable untersucht werden (vgl. im Einzelnen Schmidt et al. 2006). Gleichwohl ergibt sich bei einer Betrachtung über die Zeit eine Schwächung des Parteieneffekts: War dieser in den 1980er Jahren noch sehr deutlich, verlor er in den 1990er Jahren an statistischer Signifikanz (Schmidt et al. 2006: 64f.). Dies könnte Evidenz für die Effekte von Globalisierung sein, die zu Konvergenz der Wirtschafts- und Sozialpolitiken in den fortgeschrittenen OECD-Demokratien geführt haben könnte. Allerdings ist bei dieser Interpretation Vorsicht geboten, könnte es sich bei diesem Befund doch auch um einen – beispielsweise durch die Maastrichter Konvergenzkriterien bedingten – Einmaleffekt für die 1990er Jahre handeln.[53]

Insgesamt kann davon ausgegangen werden, dass Parteien einen Unterschied bei den öffentlichen Bildungsausgaben machen oder jedenfalls lange gemacht haben. Dem internationalen Vergleich zufolge scheinen Linksparteien zu versuchen, durch höhere Bildungsausgaben Chancengleichheit herzustellen und auf diese Weise die soziale Gleichheit voranzutreiben, während insbesondere säkular-konservative, unter Umständen aber sogar christdemokratische Parteien die öffentlichen Bildungsausgaben dämpfen – wenn auch möglicherweise aus ganz unterschiedlichen Gründen. Allerdings ist der Zusammenhang zwischen starker Regierungsbeteiligung von Linksparteien und hohen öffentlichen Bildungsausgaben keineswegs perfekt; er ist vielmehr ganz wesentlich auf die Sonderposition der skandinavischen Länder zurückzuführen.

Das bedeutet gleichzeitig, dass noch erheblich Raum für ergänzende Erklärungen bleibt. Auch diese wurden insbesondere in den jüngeren Arbeiten getestet. Dabei sind folgende Befunde besonders berichtenswert (vgl. vor allem Schmidt et al. 2006):

- Das Politikerbe spielt in zweierlei Hinsicht eine wichtige Rolle: So ist einerseits – entsprechend der These von der Pfadabhängigkeit – die Höhe der gegenwärtigen Bildungsausgaben stark positiv abhängig von der Bildungsausgabenquote in der Vergangenheit. Bei der Betrachtung von Veränderungen über die Zeit fällt dagegen vor allem ein Aufholprozess derjenigen Länder auf, die am Anfang der Untersuchungsperiode unterdurchschnittlich viel für Bildung ausgegeben hatten.

---

[53] Eine solche Interpretation legte beispielsweise eine Analyse der Privatisierungseinnahmen der EU-Staaten für die 1990er Jahre nahe; vgl. Zohlnhöfer/Obinger 2005.

- Mit steigender Nachfrage in Form eines höheren Anteils bildungspolitisch relevanter Altersgruppen an der Gesamtbevölkerung steigen die öffentlichen Bildungsausgaben.

- Mit steigendem wirtschaftlichem Wohlstand wächst die Bildungsausgabenquote.

- Auch die institutionelle Struktur eines Landes spielt eine bedeutende Rolle: Wie in den meisten anderen Politikfeldern gilt auch für die Bildungsausgaben, dass Veränderungen mit zunehmender Zahl von Vetospielern schwerer werden, so dass die Bildungsausgabenquote umso weniger wächst, je stärker der institutionelle Pluralismus in einem Land ausgeprägt ist.

- Programmkonkurrenz zwischen Sozial- und Bildungsausgaben gibt es, aber die Zusammenhänge sind kompliziert. Insgesamt deckt der internationale Vergleich auf, dass Länder mit hohen (niedrigen) Sozialleistungsquoten meist auch hohe (niedrige) öffentliche Bildungsausgabenquoten haben. Allerdings fallen Abweichungen nach unten auf. Zu ihnen gehört Deutschland: Seine öffentlichen Bildungsausgaben sind im Vergleich zur aufwendigen Sozialpolitik auffallend niedrig. Dahinter steckt nun tatsächlich eine überaus harte Finanzierungskonkurrenz zwischen Bildung und Sozialpolitik, die bislang eindeutig zugunsten der Sozialpolitik entschieden wurde – ein Effekt, der infolge der Alterung der Gesellschaft zukünftig sogar noch zunehmen könnte. Diese Programmkonkurrenz ist besonders dort zu spüren, wo der Wohlfahrtsstaat über Sozialversicherungsbeiträge finanziert wird.

- Entsprechend besteht ein starker positiver Zusammenhang zwischen der Höhe der Steuereinnahmen (ohne Sozialversicherungsbeiträge) und der Höhe der Bildungsausgaben. Die hohen Steuereinnahmen bieten günstige Finanzierungsbedingungen für viele Aufgabenbereiche, aber sie kommen eben nicht zuletzt auch der Bildungspolitik zugute. In föderalen Systemen kommt auch der Höhe des Anteils, den die Gliedstaaten oder Gemeinden zur Bildungsfinanzierung beitragen müssen, sowie den finanziellen Ausgleichssystemen zwischen den Gebietskörperschaften eine große Bedeutung zu, wie sich bei der Betrachtung des deutschen Falls zeigen wird.

Bildungsausgaben im Bundesländervergleich

Der Bundesregierung der Bundesrepublik Deutschland kommt in der Bildungspolitik eher eine Außenseiterrolle zu. Vielmehr – so will es das Grundgesetz –

trugen die Bundesländer schon vor der Föderalismusreform des Jahres 2006 mit etwa zwei Dritteln den Löwenanteil der öffentlichen Bildungsausgaben (Wolf 2005: 411). Abbildung 9 macht dabei deutlich, dass es zwischen den deutschen Bundesländern eine mindestens ebenso große Varianz in den Bildungsausgabenquoten gibt wie zwischen den OECD-Demokratien. Spitzenreiter Thüringen gab beispielsweise im Jahr 2002 rund 4,7 Prozent seines Bruttoinlandsproduktes für die Bildung aus, während es in Hamburg lediglich gute 2 Prozent des BIP waren, die in die Bildung flossen.

Abbildung 9:   Anteil der öffentlichen Bildungsausgaben der Bundesländer am Bruttoinlandsprodukt und pro Kopf 2002

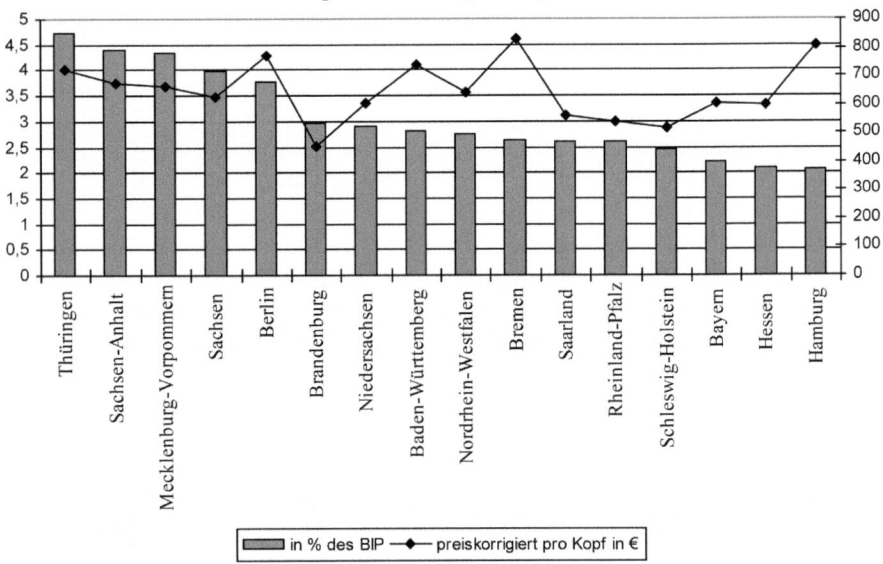

Quelle: Wolf 2006: 21.

Wie ist es nun in den deutschen Bundesländern um die Parteiendifferenzen bei den Bildungsausgaben bestellt (vgl. zum Folgenden Wolf 2005, 2006, Schmidt et al. 2006: 122ff.)? Aus der Sicht der international vergleichenden Staatstätigkeitsforschung stellt sich dabei „eine kleine Sensation" (Wolf 2005: 418) ein: In den deutschen Bundesländern sind nämlich die Sozialdemokraten nicht verantwortlich für besonders hohe Bildungsausgaben, sondern für unterdurchschnittliche! Dies jedenfalls ist das Ergebnis des Vergleichs der Bildungsausgaben auf Bundesländerebene für die Zeit zwischen 1992 und 2002. Auch für die Regierungsbeteiligung der Grünen ergibt sich ein negativer Zusammenhang. Ebenso wenig erwartungstreu ist, dass in den deutschen Bundesländern gerade die Christdemokraten signifikant mehr für Bildung ausgeben. Nur die positive Assoziation einer Regierungsbeteiligung der FDP mit der Höhe der Bildungsausgaben entspricht den Erwartungen aus dem internationalen Vergleich. Allerdings zeigt sich auch für die deutschen Bundesländer, dass die Parteieneffekte über die Zeit schwächer werden.

Doch der Bundesländervergleich zeigt auch in anderen Bereichen Abweichungen von den Ergebnissen des internationalen Vergleichs. So findet sich insbesondere der im internationalen Vergleich signifikant positive Zusammenhang zwischen der Höhe des BIP und den Bildungsausgaben nicht – im Gegenteil, der Effekt kehrt sich um: Je ärmer also die Bundesländer sind, desto höher liegen ihre Bildungsausgabenquoten. Dieses Ergebnis wird auch von einem Blick auf Abbildung 9 bestätigt, die zeigt, dass es gerade die wirtschaftsschwachen ostdeutschen Bundesländer sind, die besonders hohe Bildungsausgabenquoten aufweisen. Das liegt auf der Nachfrageseite daran, dass der Anteil der 6-24-Jährigen, also der Altersgruppe, die überwiegend Bildungsdienstleistungen nachfragt, in Ostdeutschland höher war als im Westen, wenngleich sich die Differenz zwischen West und Ost im Zeitverlauf immer weiter reduziert. Hinzu kam insbesondere am Anfang der 1990er Jahre ein hoher Investitionsbedarf, um die Folgen des DDR-Sozialismus zu überwinden. Dass sich dieser höhere Bedarf an Bildungsausgaben trotz des niedrigeren wirtschaftlichen Wohlstands in den östlichen Bundesländern dort in einer höheren Bildungsausgabenquote niederschlagen konnte, weist darauf hin, dass die Finanzierungsbedingungen im Fall der deutschen Bundesländer eine überragende Rolle spielen. So sind die Bildungsausgaben in den Empfängerländern des deutschen Finanzausgleichssystems tendenziell höher. Das bedeutet nichts anderes, als dass der Länderfinanzausgleich und die Zuwendung des Bundes es den ärmeren Bundesländern ermöglichen, höhere Bildungsausgaben zu tätigen, als nach ihrer wirtschaftlichen Leistungsfähigkeit möglich wären.

5.5 Zusammenfassung

Was ist verantwortlich für die erheblich differierenden öffentlichen Bildungsausgaben in den OECD-Ländern und den deutschen Bundesländern? Diese Frage sollte – unter besonderer Berücksichtigung der Parteiendifferenzhypothese – in diesem Kapitel geklärt werden. Dabei wurde deutlich, dass viele Variablen im

Spiel sind. Auch Parteien beeinflussen die öffentlichen Bildungsausgaben tatsächlich signifikant. Allerdings fallen die Parteieneffekte unterschiedlich aus. Nordische Linksparteien sind Garanten ehrgeiziger öffentlicher Bildungsfinanzierung, aber in anderen Ländern werden die Bildungsausgaben linker Regierungsparteien mitunter von anderen Regierungen eingeholt oder übertroffen, so auch in den Ländern der Bundesrepublik Deutschland. Daneben spielt das Politikerbe eine große Rolle; auch demographische Konstellationen sind wichtig, und der wirtschaftliche Entwicklungsstand macht ebenfalls einen erheblichen Unterschied. Schließlich sind Institutionen ebenso zu nennen wie die Finanzierungsbedingungen, die es nicht zuletzt im deutschen Fall mit seinem weitreichenden Finanzausgleichssystem den ärmeren, insbesondere den östlichen Bundesländern erst ermöglichen, vergleichsweise hohe Bildungsausgabenquoten zu finanzieren.

 **Literatur**

Kommentierte Literatur

Busemeyer, Marius R., 2006: Die Bildungsausgaben der USA im internationalen Vergleich. Wiesbaden.

Nikolai, Rita, 2006: Die Bildungsausgaben der Schweiz im intranationalen und internationalen Vergleich. Heidelberg (Diss.).

Wolf, Frieder, 2006: Die Bildungsausgaben der Bundesländer im Vergleich. Welche Faktoren erklären ihre beträchtliche Variation? Münster.

Diese drei Studien stellen den Ertrag eines größeren Forschungsvorhabens dar, das am Institut für Politische Wissenschaft der Universität Heidelberg unter Leitung von Manfred Schmidt stattfand. Fokussiert wurde jeweils auf die Bestimmungsgründe der Differenzen in den Bildungsausgaben im inter- und intranationalen Vergleich. Dabei untersucht Busemeyer die 21 „klassischen" OECD-Länder sowie die 50 amerikanischen Bundesstaaten, Nikolai das erweiterte Sample aller 28 Mitgliedstaaten der OECD und die schweizerischen Kantone, während Wolf die Differenzen der Bildungsausgaben in den deutschen Bundesländern analysiert. Gerade im intranationalen Vergleich kommen neben statistischen Analysen auch historiografische Elemente zum Einsatz.

Zitierte Literatur

Boix, Carles, 1997: Political Parties and the Supply Side of the Economy: The Provision of Physical and Human Capital in Advanced Economies, 1960-90, in: American Journal of Political Science 41, 814-845.

Boix, Carles, 1998: Political Parties, Growth and Equality, Cambridge.

Busemeyer, Marius R., 2006: Die Bildungsfinanzierung der USA im internationalen Vergleich. Heidelberg (Diss.).

Castles, Francis G., 1998: Comparative Public Policy. Patterns of Post-war Transformation, Cheltenham/Northampton.

Dahrendorf, Ralf, 1965: Bildung ist Bürgerrecht, Hamburg.

Giddens, Anthony, 1999: Der dritte Weg. Die Erneuerung der sozialen Demokratie, Frankfurt a.M..

Heidenheimer, Arnold J., 1996: Bildungspolitik in der Bundesrepublik Deutschland, Japan und der Schweiz: „Innenpolitische" Staatsaufgaben im Wandel, in: Grimm, Dieter (Hg.), Staatsaufgaben, Frankfurt a.m., 585-611.

Merkel, Wolfgang, 2000: Der „Dritte Weg" und der Revisionismusstreit der Sozialdemokratie am Ende des 20. Jahrhunderts, in: Hinrichs, Karl/Kitschelt, Herbert/Wiesenthal, Helmut (Hg.), Kontingenz und Krise. Institutionenpolitik in kapitalistischen und postsozialistischen Gesellschaften, Frankfurt a.M./New York, 263-290.

Nikolai, Rita, 2006: Die Bildungsausgaben der Schweiz im intranationalen und internationalen Vergleich. Heidelberg (Diss.).

OECD, 2005: Education at a Glance. OECD Indicators 2005, Paris.

Schmidt, Manfred G., 2002a: The Impact of Political Parties, Constitutional Structures and Veto Players on Public Policy, in: Keman, Hans (Hg.), Comparative Democratic Politics, London, 166-184.

Schmidt, Manfred G., 2002b: Warum Mittelmaß? Deutschlands Billdungsausgaben im internationalen Vergleich, in: Politische Vierteljahresschrift 43, 3-19.

Schmidt, Manfred G., 2004: Die öffentlichen und privaten Bildungsausgaben Deutschlands im internationalen Vergleich, in: Zeitschrift für Staats- und Europawissenschaften 2, 7-31.

Schmidt, Manfred G., 2007: Testing the Retrenchment Hypothesis: The Case of Public and Private Expenditure on Education in 21 OECD Countries (1960-2002), in: Castles, Francis G. (Hg.), The Disappearing State? Cheltenham/Northampton.

Schmidt, Manfred G./Busemeyer, Marius R./Nikolai, Rita/Wolf, Frieder, 2006: Bildungsausgaben im inter- und intranationalen Vergleich. Bestimmungsfaktoren öffentlicher Bildungsausgaben in OECD-Staaten. Bericht über ein durch eine Sachbeihilfe der Deutschen Forschungsgemeinschaft gefördertes Forschungsprojekt (Jahre 1 und 2 der Förderung), Heidelberg.

Wolf, Frieder, 2005: Die Bildungsausgaben der Bundesländer im Vergleich, in: Gesellschaft – Wirtschaft – Politik 54: 411-423.

Wolf, Frieder, 2006: Die Bildungsausgaben der Bundesländer im Vergleich. Welche Faktoren erklären ihre beträchtliche Variation? Münster.

Zohlnhöfer, Reimut, 2003: Der Einfluss von Parteien und Institutionen auf die Wirtschafts- und Sozialpolitik, in: Obinger, Herbert/Wagschal, Uwe/Kittel, Bernhard (Hg.), Politische Ökonomie. Politik und wirtschaftspolitische Leistungsprofile in OECD-Demokratien, Opladen, 43-76.

Zohlnhöfer, Reimut/Obinger, Herbert, 2005: Ausverkauf des Tafelsilbers? Bestimmungsfaktoren der Privatisierungserlöse in EU- und OECD-Staaten 1990-2000, in: Politische Vierteljahresschrift 46, 602-628.

6 Entstaatlichungspolitik: Die Liberalisierung und Privatisierung des Telekommunikationssektors in Deutschland und Großbritannien

Reimut Zohlnhöfer

6.1 Einleitung: Das alte Regulierungsregime und Gründe für seine Veränderung

In diesem Kapitel wird es um die Liberalisierung des Telekommunikationssektors in Deutschland und Großbritannien in den 1980er und 1990er Jahren unter besonderer Berücksichtigung der Bedeutung der Wirkungen der Europäischen Integration gehen. Bis ans Ende der 1970er Jahre war der Telekommunikationssektor in fast allen Ländern, so auch in Deutschland und Großbritannien, stark reguliert, der Staat spielte „eine zentrale Rolle in der Bereitstellung und Kontrolle dieser technischen Infrastruktur" (Schneider 1999: 250). Die Telekommunikation war mit dem Postwesen integriert und unterstand einem Ministerium, zudem existierte ein weitreichendes Fernmeldemonopol, das Endgeräte, Dienste und Netze umfasste. Erst in den 1980er Jahren begannen die meisten Staaten aus verschiedenen Gründen, die Regulierung des Telekommunikationssektors zu überdenken.

Als wichtigster Anstoß für dieses Umdenken ist der technische Wandel zu nennen. Die Entwicklung neuer Technologien, namentlich der Satellitentechnik, entwertete einerseits das klassische Argument, mit dem das staatliche Monopol im Fernmeldewesen begründet wurde, nämlich dass es sich um ein natürliches Monopol handele; andererseits führte die „Revolution in der Mikroelektronik" zu „dramatischen Veränderungen in den Leistungs- und Preisstrukturen", was insbesondere Großunternehmen und Computerfirmen dazu veranlasste, eine Veränderung der institutionellen Struktur des Telekommunikationssektors zu fordern (Schneider 1999: 251). Wirtschaftspolitisch interessant war der Bereich der Telekommunikation für die politischen Akteure vor allem, weil er als ein schnell wachsender Markt mit besonderer Bedeutung für die wirtschaftliche Entwicklung galt.

Ein zweiter, nicht unerheblicher Liberalisierungsimpuls ging für viele europäische Länder von internationalen Einflüssen aus. In einigen Industrieländern, vor allem den USA und Japan (Schneider 2001: 179ff., 219ff.), war es nämlich bereits früher zu einer weitgehenden Öffnung der Telekommunikationsmärkte

gekommen. Vor allem die USA forderten nun aber von anderen Staaten vergleichbare Schritte. Zugleich verstärkte die Europäische Kommission ihre Bemühungen um eine stärkere Liberalisierung dieser Märkte innerhalb der EG. Im
Folgenden sollen die Bemühungen um eine Liberalisierung des Telekommunikationssektors im Rahmen der EU sowie in Deutschland und Großbritannien vorgestellt und verglichen werden, um festzustellen, welche Änderungen durchgesetzt wurden und in welcher Weise die europäische Regulierung die Reformpfa-
de in diesen beiden Mitgliedstaaten beeinflusst hat.

6.2 Die Telekommunikationspolitik der Europäischen Gemeinschaft

Die Liberalisierung des Telekommunikationssektors wurde auf der europäischen
Ebene zunächst von zwei Akteuren vorangetrieben (zur Vorgeschichte vgl.
Schneider/Werle 1989): der Kommission und dem Europäischen Gerichtshof. Der
EuGH urteilte am 20. März 1985, dass das europäische Wettbewerbsrecht auch
für den Telekommunikationssektor gelte, da es sich dabei dem Wesen nach um
eine unternehmerische Tätigkeit handele (Rechtssache 41/83). Damit wurden die
Monopole der nationalen Fernmeldeverwaltungen in den Bereichen Endgeräte,
Dienste und für Zulassungsvorschriften erheblich in Frage gestellt (Grande 1989:
122ff.).
     Die EG-Kommission, in ihrer Position gestärkt durch die seit dem 1.7.1987
geltende Einheitliche Europäische Akte, deren zentrales Ziel die Verwirklichung
des europäischen Binnenmarktes bis 1992 war, stellte wenig später, im Juni 1987,
ein Grünbuch zur Telekommunikationspolitik vor (vgl. Bundestagsdrucksache
11/930), in dem auch Vorschläge für eine Neuordnung der Telekommunikations-
politiken der Mitgliedstaaten gemacht wurden. Während am Netzmonopol und,
wenigstens befristet, am Telefondienstmonopol festgehalten werden sollte, wurde für die Bereiche der übrigen Dienste und der Endgeräte eine Marktöffnung
angestrebt. Zudem sollten die hoheitlichen Aufgaben (Zulassung, Frequenzzutei-
lung etc.) organisatorisch von den betrieblichen Aufgaben getrennt werden
(Grande 1989: 120; Schmidt 1998: 115ff.).
     Doch die Kommission beließ es nicht bei diesem Grünbuch, sondern erließ
im Mai 1988 (88/301/EWG) und im Juni 1990 (90/388/EWG) Richtlinien, mit denen
die nationalstaatlichen Monopole für Endgeräte aufgehoben und die Telekommunikationsdienste liberalisiert wurden (dazu ausführlich Schmidt 1998: 119ff.).
Dagegen wurden den nationalen Telekommunikationsunternehmen weiterhin
Monopolrechte beim Netz und beim Telefon- sowie Telexdienst garantiert. Be-

sonders bemerkenswert an diesen Richtlinien war die Tatsache, dass sie auf der Grundlage des Artikel 86, Abs. 3 EGV (Version nach dem Amsterdamer Vertrag, vorher Art. 90, Abs. 3) verabschiedet wurden, der es der Kommission erlaubte, unilateral und „unter Umgehung des üblichen, langwierigen Konsultationsprozesses" (Grande 1989: 124) zu entscheiden. Da bekanntlich EG-Recht nationales Recht bricht und der Europäische Gerichtshof die Position der Kommission unterstützte, indem er die Klagen verschiedener Mitgliedstaaten gegen die Richtlinien abwies (Rechtssache C-202/88; Rechtssachen C-271/90, C-281/90, C-289/90; vgl. auch Schmidt 1998: 133ff.), war auf diese Weise eine Vorentscheidung für die Liberalisierung der Bereiche Endgeräte und Telekommunikationsdienste gefallen, die auf nationalstaatlicher Ebene allerdings noch umgesetzt werden musste.

Im Jahr 1992 legte die Kommission eine „Prüfung der Lage im Bereich der Telekommunikationsdienste" vor, die vor allem der Überprüfung des Monopols beim Telefondienst dienen sollte. Dabei wurden eine Reihe von Engpässen festgestellt und mögliche Lösungen vorgestellt; in der öffentlichen Debatte um diesen sogenannten „1992 Review" kristallisierte sich schließlich heraus, dass eine weitere Liberalisierung des Telekommunikationssektors geboten erschien (vgl. Schmidt 1998: 141ff.). So wurde 1993 beschlossen, den Sprachtelefondienst spätestens 1998 zu liberalisieren. Ein Jahr später einigte sich der Ministerrat auf eine Liberalisierung des Netzes, die ebenfalls 1998 in Kraft treten sollte. Beides gemeinsam wurde mit der Richtlinie 96/19/EG umgesetzt. Weitere Liberalisierungsschritte, die die vollständige Liberalisierung vorbereiteten, folgten in den Bereichen der Satellitenkommunikation, des Mobilfunks sowie alternativer Netze einschließlich des Kabelfernsehnetzes.

Somit wurden auf der europäischen Ebene in mehreren Schritten weitreichende Liberalisierungsmaßnahmen beschlossen, die freilich nationalstaatlich noch implementiert werden mussten. Interessant ist dabei, dass es insbesondere der Europäischen Kommission gelang, Deregulierungsschritte durchzusetzen, „für die sich im Rat keine ausreichenden Mehrheiten hätten finden lassen" (Schmidt 1998: 175; Hervorhebung weggelassen). Dabei fällt gleichwohl auf, dass die beiden hier weiter zu untersuchenden Länder Großbritannien und Deutschland stets zu den Liberalisierungsbefürwortern im Ministerrat gehörten. Dennoch unterschied sich der Reformpfad beider Länder bei der Liberalisierung des Telekommunikationssektors fundamental, wie im Folgenden gezeigt werden soll.

6.3 Großbritannien

Als auf europäischer Ebene die ersten Schritte hin zu einer Liberalisierung des Telekommunikationssektors erprobt wurden, war die Entstaatlichung dieses Sektors in Großbritannien bereits weitgehend abgeschlossen. Mit der Regierungsübernahme Margaret Thatchers und der Conservative Party nach deren Wahlsieg im Mai 1979 begann nämlich eine tiefgreifende Umstrukturierung der Regulierungsstruktur des britischen Telekommunikationssektors.

Obwohl weder die Frage der Privatisierung noch die Telekommunikationspolitik im Wahlkampf 1979 zentrale Themen waren, das konservative Wahlprogramm vielmehr makroökonomische Themen und die Reform der Arbeitsbeziehungen in den Vordergrund stellte, hatte die Konservative Partei bei ihrer Regierungsübernahme bereits konkrete Vorstellungen bezüglich eines radikalen Wandels im Telekommunikationssektor (Grande 1989: 140ff.; Schneider 1999: 131ff.). So erklärte ihr wirtschaftspolitischer Vordenker, der spätere Industrieminister Keith Joseph, bereits im Frühjahr 1978 die vollkommene Liberalisierung des Telekommunikationssektors zum langfristigen Ziel. Die konkreten Reformpläne der Regierung, die schließlich im November 1980 in einem Gesetzentwurf dem Parlament vorgelegt wurden und am 27. Juli 1981 ohne wesentliche Änderungen als *British Telecommunications Act 1981* in Kraft traten (Schneider 1999: 133; Grande 1989: 143), kamen diesem langfristigen Ziel wesentlich näher, als aufgrund der ersten offiziellen Pläne der Regierung zu erwarten gewesen wäre.

Das Gesetz sah zunächst die organisatorische Trennung von Post und Fernmeldebereich vor. Die Aufgaben des vorher zuständigen *Post Office* im Bereich des Telekommunikationssektors wurden dem neu geschaffenen öffentlichen Unternehmen *British Telecom* überantwortet. Daneben wurde das Endgerätemonopol gelockert und der verantwortliche Minister erhielt die Vollmacht, Lizenzen zu vergeben „for the running of any such telecommunications system as is specified in the license" (Section 15 Abs. 1 des Gesetzes, zit. Grande 1989: 143). Diese Regelung überließ es der Implementation, in welchen Bereichen Wettbewerb eröffnet werden sollte – wichtig ist allerdings, dass kein Bereich, auch nicht das Netz, vom Wettbewerb ausgenommen wurde.

Während der Endgerätebereich nach einigen Implementationsproblemen weitgehend liberalisiert wurde, wurden im Dienstebereich zunächst nur sogenannte Mehrwertdienste zugelassen. Dies war allerdings insofern rational, als die Regierung Thatcher an die Stelle eines Wettbewerbs *im* Netz einen Wettbewerb *zum* bestehenden Netz setzte (Grande 1989: 149). Im Februar 1982 erhielt nämlich mit Mercury ein zweiter Anbieter eine Lizenz als öffentlicher Netzbetreiber –

wobei die Initiative zur Gründung von Mercury, einem Konsortium unter Führung des erst im Oktober 1981 privatisierten Unternehmens Cable & Wireless, bezeichnenderweise zumindest teilweise von der Regierung selbst ausging (Grande 1989: 151). Um Mercury ausreichend Zeit zu geben, sich am Markt zu etablieren, wurde 1983 entschieden, in den folgenden sieben Jahren keinen weiteren Netzbetreiber zuzulassen (Grande 1989: 154). Dagegen erhielten 1982 auch zwei Mobilfunkbetreiber eine Lizenz, 1988 folgten vier weitere. Das Duopol der Netzbetreiber wurde schließlich 1991 aufgehoben (Schneider 1999: 137).

Bereits im Sommer 1981 scheint im engeren Führungskreis der Regierung Thatcher die Entscheidung für eine Fortsetzung der Telekommunikationsreform gefallen zu sein. Die geplanten Schritte zur Umsetzung ihrer weiter reichenden ordnungspolitischen Zielvorstellungen gab die Regierung im Sommer 1982 bekannt. Neben der Einrichtung einer unabhängigen Behörde zur Regulierung des Telekommunikationssektors sahen die Pläne vor allem die Privatisierung von British Telecom vor. Aufgrund der heftigen Kritik von Seiten der Gewerkschaften, die massive Gegenkampagnen starteten, und der parlamentarischen Opposition, welche die Verabschiedung des Gesetzes hinauszögerte, endete die Legislaturperiode ohne Verabschiedung des Privatisierungsgesetzes (Grande 1989: 157). Nach dem erneuten Wahlsieg der Konservativen Partei bei der Unterhauswahl 1983 konnte die Regierung ihre zuvor verkündeten Pläne aber doch umsetzen. So wurde am 12. April 1984 der *Telecommunications Act 1984* gegen den Widerstand der Telekommunikationsgewerkschaft und der Opposition verabschiedet.

Mit dem zweiten Telecommunications Act wurde British Telecom in eine Aktiengesellschaft umgewandelt mit der Ermächtigung, Anteile dieser Gesellschaft zu verkaufen. Daneben wurden die verbliebenen Monopolrechte von British Telecom aufgehoben und eine unabhängige Regulierungsbehörde, das Office of Telecommunications (OFTEL), eingerichtet. Die Möglichkeit, Anteile von BT zu verkaufen, nutzte die Regierung, indem sie ab Ende November 1984 etwas über 50 Prozent der Aktien von British Telecom im Wert von knapp 4 Mrd. Pfund verkaufte (vgl. Grande 1989: 161ff.). Weitere Tranchen wurden 1991 und 1993 an der Börse platziert (Schneider 1999: 137). Neben ideologischen Motiven, wie etwa der Abwendung vom Keynesianismus, oder machtpolitischen Überlegungen, weil man durch die Privatisierung die Gewerkschaften zu schwächen hoffte, dürften vor allem Überlegungen über eine Verbesserung der Zugangschancen von British Telecom zum Kapitalmarkt ausschlaggebend für die Umwandlung des Unternehmens in eine Aktiengesellschaft gewesen sein (Schneider 1999: 134). Der Zugang zum Kapitalmarkt war entscheidend, weil für die Modernisierung der Netze erhebliche Kapitalmittel notwendig wurden. Die Fremdkapitalauf-

nahme von öffentlichen Unternehmen unterliegt in Großbritannien jedoch restriktiven Kriterien, und sie hätte gleichzeitig die Staatsschulden erhöht, was die
monetaristisch orientierte Thatcher-Regierung unbedingt vermeiden wollte
(Schneider 1999: 134f.).

Gleichzeitig wurden British Telecom insgesamt 53 Bedingungen vorgege-
ben, mit denen gemeinwirtschaftliche Aufgaben erfüllt werden sollten, wie etwa
Flächendeckung oder die Bereitstellung öffentlicher Sprechstellen; außerdem
unterlagen bestimmte Angebote von British Telecom einer Preisregulierung (ausführlich dazu Grande 1989: 165). Auf diese Weise sollte sichergestellt werden,
dass bestimmte soziale Ziele auch nach der Privatisierung von British Telecom
garantiert sind, „um die unerwünschten Resultate des Wettbewerbsprozesses im
Sinne der Regierung zu korrigieren" (Grande 1989: 166). Zum anderen sollten
staatliche Eingriffe trotz der „stark asymmetrische[n] Marktstellung der beiden
Netzbetreiber" (Grande 1989: 166) für faire Wettbewerbschancen sorgen, d.h., die
Regulierung erfolgte ebenfalls asymmetrisch zulasten von British Telecom. Dies
wird etwa daran deutlich, dass Mercury keineswegs im gleichen Umfang Aufla-
gen erhielt wie BT, etwa was die Flächendeckung oder die Tarifgestaltung betraf.
Die Überwachung der Auflagen aus den Lizenzen oblag dem neu geschaffenen
Office of Telecommunications (OFTEL), das so zu einem zentralen Akteur bei der
Implementation des Liberalisierungsprogramms der konservativen Regierung
wurde.

Auffallend ist gleichwohl, dass gerade bei der Privatisierung von British Telecom die Chance auf eine Stärkung des Wettbewerbs vertan wurde, indem auf
eine Aufspaltung von British Telecom in mehrere kleinere Unternehmen verzichtet wurde. Für diesen Mangel an ordnungspolitischer Stringenz sprachen aus
Sicht der Regierung aber sowohl politische als auch wirtschaftliche Gründe. Politisch dürfte nicht zuletzt der Widerstand des Managements von British Telecom
entscheidend gewesen sein (Schneider 1999: 135), während es vom ökonomischen
Standpunkt aus problematisch gewesen wäre, BT durch eine Aufspaltung die
Chance zu nehmen, sich als „Global Player" im Telekommunikationsbereich zu
etablieren. Hinzu kamen technische Probleme im Rechnungswesen, die eine
Privatisierung erheblich verzögert hätten (Grande 1989: 161).

Dieser „ordnungspolitische Sündenfall" (Grande 1989: 161) ist aber keineswegs einzigartig für die neokonservative Telekommunikationspolitik der Regierung Thatcher. Vielmehr lassen sich immer wieder Inkonsistenzen nachweisen,
die daher rühren, dass die Schaffung von Wettbewerb auf den Telekommunikati-
onsmärkten, das vorrangige Ziel der Regierung, in Konflikt zu anderen – kurzfristig häufig dominierenden – Zielen geriet. So musste beispielsweise darauf

geachtet werden, dass die Finanzkraft von British Telecom erhalten blieb, sollte das Unternehmen doch auch weiterhin die Modernisierung des Telefonnetzes vorantreiben. Ebenso musste der Wettbewerb im Bereich der Dienste zunächst gering gehalten und die Zulassung weiterer Netzbetreiber für sieben Jahre ausgeschlossen werden, um dem neuen Konkurrenten von British Telecom die Möglichkeit zu geben, sich überhaupt am Markt zu etablieren. Schließlich galt es, die Grundversorgung der Bevölkerung und bestimmte soziale Ziele zu erreichen, was so ebenfalls zu teilweise erheblicher Re-Regulierung führte (vgl. Grande 1989). Dennoch ist insgesamt festzuhalten, dass es der konservativen Regierung unter Margaret Thatcher in erstaunlich kurzer Zeit (1979-1984) gelang, eine ausgesprochen weitreichende Entstaatlichung im Telekommunikationssektor zu erreichen – dies wird nicht zuletzt der Vergleich mit der Bundesrepublik Deutschland zeigen.

6.4 Bundesrepublik Deutschland

Ähnlich wie in Großbritannien 1979 kam es in der Bundesrepublik Deutschland 1982 zu einem Regierungswechsel, bei dem eine sozialdemokratisch geführte Regierung von einer bürgerlichen abgelöst wurde. Wer nun aber erwartete, dass es in Deutschland unter der christlich-liberalen Koalition Helmut Kohls ebenso schnell wie in Großbritannien zu einer weitreichenden Wende im Bereich der Telekommunikationspolitik käme, sah sich bald getäuscht (Webber 1986).

Die ersten Äußerungen des Bundeskanzlers und seines Postministers deuteten eher auf eine wichtige infrastrukturpolitische Rolle hin, die die Bundespost in Zukunft spielen sollte, während von einer grundsätzlichen ordnungspolitischen Reform des Sektors nicht die Rede war (zum Verlauf und Inhalt der Postreform I vgl. Grande 1989: 188ff.; sowie Zohlnhöfer 2001: 143ff.). In der ersten Regierungsperiode der christlich-liberalen Koalition tat sich entsprechend fast nichts in der Telekommunikationspolitik; lediglich eine 12-köpfige Regierungskommission wurde 1985 nach erheblichen Konflikten innerhalb der Koalition sowie zwischen Bund und Ländern eingesetzt, in der Wissenschaftler, Gewerkschafts- und Unternehmensvertreter sowie Vertreter der Regierungsparteien und der SPD Möglichkeiten einer Umstrukturierung des Sektors untersuchen sollten.

Die Kommission legte 1987 ihren Abschlussbericht vor, in dem eine ausgesprochen moderate Liberalisierung des Telekommunikationssektors sowie eine Organisationsreform der Bundespost vorgeschlagen wurde. Den von der Regierung angestrebten gesellschaftlichen Konsens erreichte sie allerdings nicht, stimmten doch sowohl der Gewerkschafts- als auch der SPD-Vertreter gegen den Bericht. Dennoch übernahm der Postminister die meisten Vorschläge der Kommission; lediglich an zwei Stellen, nämlich bezüglich einer zeitlichen Befristung des Netzmonopols und der Möglichkeit der Quersubventionierung, blieb der Regierungsentwurf noch hinter den Deregulierungsvorschlägen der Regierungskommission zurück. In der parlamentarischen Beratung erfuhren die ordnungspolitischen Regelungen trotz des erbitterten Widerstands der Opposition praktisch keine Änderungen mehr, lediglich die Bundesländer sicherten sich über den Bundesrat noch eine Reihe von Einflussmöglichkeiten auf die Bundespost. Am 1. Juli 1989 konnte das Poststrukturgesetz in Kraft treten.

Die sogenannte Postreform I markiert zwar einerseits eine deutliche Veränderung sowohl bezüglich der Organisation der Bundespost als auch der Governancestruktur des Sektors, andererseits blieben die durchgesetzten Änderungen aber zum überwiegenden Teil ausgesprochen moderat. So wurden die unternehmerischen von den hoheitlichen Aufgaben getrennt und drei öffentliche Unternehmen für Telekommunikation, Post und Postbank eingerichtet, die aber weiterhin unter dem Dach der Bundespost bestanden, die ein Sondervermögen des Bundes blieb. Dass im Endgeräte- und weitgehend auch im Dienstebereich mit Ausnahme der Sprachtelefonie die Monopole der Bundespost fielen, stellte lediglich die Implementation bzw. Antizipation der einschlägigen Richtlinien der Europäischen Kommission dar. Dagegen sollte das Netzmonopol ebenso wie das Sprachtelefonmonopol weitgehend aufrecht erhalten bleiben, lediglich im Bereich der Satelliten- und der digitalen Mobilfunkkommunikation wurde Wettbewerb ermöglicht. Zusätzlich wurden der Telekom vielfältige Infrastrukturauflagen gemacht, eine Privatisierung des Unternehmens wurde nicht einmal in Erwägung gezogen.

Die Postreform von 1989 wurde bereits 1994 wieder revidiert, weil sie in verschiedenen Bereichen, insbesondere in Bezug auf die Unabhängigkeit der Telekom vom politischen Entscheidungsprozess, nicht weit genug gegangen war (Schmidt 1996; Schneider 1999: 184ff.; Thorein 1997: 40ff.): So ergaben sich erstens immer wieder Streitfälle mit dem Regulierer, dem Bundesministerium für Post und Telekommunikation, in denen sich das Unternehmen wegen seiner fehlenden rechtlichen Eigenständigkeit kaum zur Wehr setzen konnte. Damit ging zweitens einher, dass die Telekom durch ihren Status als öffentliches Unternehmen ohne eigene Rechtspersönlichkeit und die Bindung an das öffentliche Dienstrecht zu wenig flexibel war, um sich als „Global Player" im sich internationalisierenden Telekommunikationsmarkt zu positionieren. Drittens schließlich kamen finanzielle Probleme, insbesondere eine dramatisch sinkende Eigenkapitalquote hinzu, die durch eine Sonderabgabe an den Finanzminister zur Finanzierung der Kosten der Einheit sowie vor allem durch den Ausbau einer modernen Infrastruktur in Ostdeutschland bedingt war. So investierte das Unternehmen beispielsweise 1991 in ganz Deutschland 24,5 Mrd. DM – mehr als die Hälfte seines Umsatzerlöses (Robischon 1998: 79). Diese Entwicklungen verhinderten nicht nur die Beteiligung der Telekom an strategischen Allianzen, sondern stellten die wirtschaftliche Handlungsfähigkeit des Unternehmens als Ganzes in Frage.

Daher begannen alle entscheidenden Akteure, einer zweiten Reformstufe aufgeschlossen gegenüberzustehen. Die Bundesregierung wollte einerseits ihre Rolle als Regulierer stärken, andererseits schielte sie auch auf die Verkaufserlöse aus einer Privatisierung der Telekom. Dem Unternehmen selbst wurde dagegen „das Korsett eines Staatsunternehmens zu eng" (Schneider 1999: 186), während sich die SPD-Opposition um die Zukunft der Telekom als „Milchkuh" (Schneider 1999: 186) des Finanzministers sorgte. Da die Bundespost nach Artikel 87 GG a.F. als bundeseigene Verwaltung geführt wurde, war für ihre Privatisierung eine Verfassungsänderung nötig. Um die notwendige Zweidrittelmehrheit in Bundestag und Bundesrat aufzubringen, musste demnach also Übereinstimmung zwischen der Bundesregierung und der SPD sowie den Bundesländern hergestellt werden. Dieser Notwendigkeit folgend wurde im Sommer 1992 eine interfraktionelle Gesprächsrunde gebildet, die aus dem zuständigen Minister von der CSU, jeweils einem Abgeordneten von CDU und FDP sowie zwei sozialdemokratischen Mitgliedern des Bundestages bestand. In schwierigen Verhandlungen, bei denen die SPD unter dem Einfluss der Postgewerkschaft zwischen der Überführung der Postunternehmen in Aktiengesellschaften und Anstalten des öffentlichen Rechts schwankte, einigte man sich schließlich bis zum Frühjahr 1994 auf einen Kompromiss, der im Juni 1994 im Bundestag und im Juli 1994 im Bundesrat verabschiedet wurde (Schneider 1999: 187).

Im Ergebnis wurde durch eine Änderung des Grundgesetzes versucht, die Postunternehmen von politischem Einfluss und den Hindernissen des Beamtenrechts durch eine Organisationsreform zu befreien. So kam es zur Aufspaltung der Bundespost in drei Aktiengesellschaften unter dem Dach einer Holding, wobei auch eine materielle Privatisierung möglich und seit 1996 für die Telekom, seit 2000 für die Post teilweise durchgeführt wurde. Gleichzeitig wurde in einem neuen Artikel 87f GG ein Infrastruktursicherungsauftrag des Bundes formuliert. Darüber hinaus kam es zu – relativ großzügigen – Übergangsregelungen für die bisherigen Beamten der Bundespost. Interessanterweise wurden Fragen der Regulierung des Sektors, insbesondere die Frage, ob es Wettbewerb bei den Sprachtelefondiensten geben solle, bei der Postreform II ausgeklammert und auf einen späteren Zeitpunkt verschoben, die Gültigkeit des Fernmeldeanlagengesetzes allerdings bis zum 31.12.1997 befristet. Dies geschah vor allem, weil einerseits Einigkeit dahingehend bestand, die Postreform II noch vor dem Ende der 12. Legislaturperiode (1990-1994) zu verabschieden, andererseits aber die Positionen bezüglich der Liberalisierung zwischen der Regierung und der SPD noch so weit auseinander lagen, dass eine Einigung in diesem Punkt nicht mehr rechtzeitig vor dem Ende der Legislaturperiode zu erreichen gewesen wäre.

Angesichts der im Grundsatz bereits 1993 und 1994 getroffenen Liberalisierungsentscheidungen auf EG-Ebene war eine dritte Postreform vorprogrammiert, die im Juli 1996 schließlich in Form des Telekommunikationsgesetzes (TKG) beschlossen wurde. Während über das *Ob* der Liberalisierung angesichts der EG-Richtlinien kein Zweifel mehr bestand, war das *Wie* der Liberalisierung in diesem Bereich vergleichsweise offen geblieben und im Wesentlichen – allerdings unter Beachtung bestimmter gemeinsamer Grundsätze (dazu Thorein 1997: 37f.) – Sache der einzelnen Staaten.

Trotz der wenigstens prinzipiell vorgegebenen Reformrichtung gab es zwischen Regierungskoalition und SPD auch in ordnungspolitischen Fragen erhebliche Differenzen, so vor allem bezüglich des Umfangs der Grundversorgung mit Telekommunikationsdienstleistungen (Universaldienste) und der Frage, ob eine asymmetrische Regulierung zugunsten neuer Wettbewerber vorgenommen werden sollte (vgl. zum Folgenden Zohlnhöfer 2001: 341ff.). Da es sich beim TKG um ein zustimmungspflichtiges Gesetz handelte und die SPD eine Mehrheit im Bundesrat besaß, verfügten die Sozialdemokraten über eine Vetoposition. Eine Einigung zwischen Regierung und Opposition wurde dabei erneut in den bereits bei der Postreform II eingerichteten informellen interfraktionellen Gesprächen gesucht und gefunden. Die Bundesländer waren mit dieser Einigung freilich noch nicht zufrieden, was zwar zur Anrufung des Vermittlungsausschusses, jedoch nur in sehr begrenztem Umfang zu ordnungspolitischen Änderungen an dem Gesetzentwurf führte. Im August 1996 trat das Telekommunikationsgesetz in Kraft.

Wesentliche Bestandteile der Reform waren die Aufhebung der verbliebenen Monopole der Deutschen Telekom beim Netz und beim Sprachtelefondienst ab 1998, die Einführung weitreichender Marktzutrittsmöglichkeiten sowie die Übertragung der Regulierung des Sektors auf eine unabhängige Behörde, die Regulierungsbehörde für Telekommunikation und Post. Daneben wurde in einigen Bereichen eine asymmetrische Regulierung vorgenommen, also dem dominierenden Unternehmen – auf absehbare Zeit die Deutsche Telekom – bestimmte Auflagen gemacht. Dies betrifft beispielsweise die Tarife für Sprachtelefondiens-

te, die sich das dominierende Unternehmen anders als seine Konkurrenten von
der Regulierungsbehörde genehmigen lassen muss, sowie in gewisser Weise die
flächendeckende Grundversorgung mit Telekommunikationsdienstleistungen in
„bestimmter Qualität" zu einem „erschwinglichen Preis", zu deren Bereitstellung
das dominierende Unternehmen unter bestimmten Bedingungen verpflichtet
werden kann (ausführlicher zum Inhalt des TKG vgl. Werle 1999; Zohlnhöfer
2001: 350ff.).

Mit dem TKG erreichte die Bundesrepublik 1999 nach Meinung verschiedener Beobachter eines der liberalsten Telekommunikationsregimes weltweit
(Schneider 1999: 188) mit erheblicher Marktdynamik (Götz 2001: 174) – wenngleich fast anderthalb Jahrzehnte später als Großbritannien. Zudem hatten auch
die deutschen Deregulierer mit den Zielkonflikten etwa zwischen möglichst weit-
reichendem Wettbewerb auf der einen Seite und einer Stärkung des größten Te-
lekommunikationsunternehmens des Landes (British Telecom, Deutsche Telekom) sowie der flächendeckenden Versorgung mit den zentralsten Telekommunikationsdienstleistungen auf der anderen Seite zu kämpfen. Aus politikwissenschaftlicher Sicht erheblich bedeutender ist allerdings die Frage, warum es in
Deutschland so viel länger als in Großbritannien dauerte, ehe die Liberalisierung
des Telekommunikationsmarktes erreicht wurde, und welche Rolle die Europäische Integration in beiden Fällen spielte. Bevor diese Fragen geklärt werden, soll
jedoch noch ein kurzer Blick auf die Wirkungen der Telekommunikationsliberali-
sierung geworfen werden.

6.5   Die Wirkungen der Liberalisierung

Welche Wirkungen hatte die Liberalisierung des Telekommunikationssektors in
Deutschland und Großbritannien? Die wirtschaftspolitischen Ziele der Reformen
wurden in beiden Fällen durchaus erreicht. So kam es sowohl in Deutschland als
auch in Großbritannien zu deutlichen Preissenkungen für Telefondienstleistun-
gen. In Großbritannien wurde der Preisrückgang seit 1985 schon 1997 auf 60
Prozent geschätzt (Hèritier/Schmidt 2000: 568), in der Bundesrepublik dürften
sich die Verbilligungen im gleichen Umfang bewegen (vgl. Götz 2001: 171ff.).
Nach Angaben der Regulierungsbehörde sanken die Kosten für Fern- und Aus-
landsgespräche teilweise sogar um über 90 Prozent (vgl. auch Zohlnhöfer 2001:
357f.). Gleichzeitig verbesserte sich auch die Qualität der Dienste (Hèritier/
Schmidt 2000).

Was die Entwicklung der Beschäftigung betrifft, bestätigte sich dagegen Schwartz' (2001) im ersten Abschnitt dieses Kapitels dargestellte These, wonach die starke Regulierung den in diesem Sektor Beschäftigten hohe Sicherheit in Bezug auf ihren Arbeitsplatz und ihre Löhne garantierte. Nach der Liberalisierung änderte sich die Situation nämlich deutlich. British Telecom beispielsweise beschäftigte 1985 noch 230.000 Mitarbeiter; zehn Jahre später waren es über 100.000 weniger. Dieser Beschäftigungsverlust konnte auch durch die 40.000 bei den neuen Telekommunikationsgesellschaften geschaffenen Arbeitsplätzen nicht kompensiert werden (Zahlen nach Héritier/Schmidt 2000: 576, 580). Auch die Deutsche Telekom baute nach 1995, also in Vorbereitung auf die Liberalisierung, Arbeitsplätze ab, meist über Frühverrentung. Seit 1998 die Liberalisierung in Kraft getreten ist, nahmen die Beschäftigtenzahlen im deutschen Telekommunikationssektor allerdings wieder leicht zu (Zohlnhöfer 2001: 358).

Bei der Interpretation dieser Daten ist jedoch Vorsicht geboten (vgl. auch Héritier/Schmidt 2000: 576ff.), da bei der Definition der Beschäftigung im Telekommunikationsbereich häufig wichtige Teilbereiche außer Betracht bleiben. Zudem ist zu berücksichtigen, dass die ehemaligen Monopolisten eine Vielzahl von Tätigkeiten (z.B. Reinigungsdienste, Transport etc.) ausgegliedert haben. Auch wenn weiterhin dieselben Dienstleistungen erbracht werden, führt dies dazu, dass statistisch gesehen die Beschäftigung im Telekommunikationsbereich sinkt. Daher dürften die Zahlen über die Beschäftigungsentwicklung im Telekommunikationsbereich tendenziell zu pessimistisch sein. Die Arbeitsplatzsicherheit der neu geschaffenen Stellen ist allerdings unbestritten erheblich niedriger als zu Monopolzeiten (Héritier/Schmidt 2000: 583).

6.6   Die Telekommunikationspolitik Deutschlands und Großbritanniens im Vergleich

Dass es erhebliche Unterschiede in der Reichweite von Reformen zwischen Deutschland und dem Vereinigten Königreich gibt, ist nicht auf den Telekommunikationsbereich beschränkt; vielmehr lässt sich insbesondere in der Thatcher-Ära eine Vielzahl von Beispielen finden, von der Senkung der Steuern bis zur Deregulierung des Arbeitsmarktes, die einem ähnlichen Muster folgen. Zur Erklärung dieser abweichenden Entwicklungen werden häufig die Unterschiede der jeweiligen Regierungssysteme, zuweilen aber auch die Unterschiede zwischen Conservative Party und CDU herangezogen. Diese beiden möglichen Erklärungen werden auch hier verfolgt, ehe auf die Bedeutung der EG-Richtlinien für die Politik in beiden Ländern eingegangen wird.

Das Institutionensystem und die Reform der Telekommunikation

Die Unterschiede zwischen den politischen Systemen Deutschlands und Großbritanniens sind vielfältig. Für den Fall der Telekommunikationsreform sollen vier der „üblichen Verdächtigen" für die deutsche Reformlangsamkeit knapp diskutiert werden. Zunächst wird gelegentlich die Notwendigkeit der Bildung von Regierungskoalitionen, eine mittelbare Folge des deutschen Verhältniswahlsystems, dafür verantwortlich gemacht, dass Reformen hierzulande nur langsam vorankommen. Im Fall der Telekommunikationspolitik der 1980er und 1990er Jahre allerdings trifft dieses Argument ganz und gar nicht zu, denn die FDP, und damit also der kleinere Koalitionspartner, trat bei der Beratung aller drei Reformen mit Vehemenz für jeweils weiter reichende Liberalisierungen ein als der große Koalitionspartner.

Ein zweiter Unterschied zwischen den beiden Untersuchungsländern besteht in der institutionellen Verankerung der jeweils herrschenden Regulierungssysteme. In Deutschland war die zentrale Stellung des Staates im Post- und Fernmeldewesen in der Verfassung festgeschrieben, was für eine weiter reichende Reform die Konsenshürden deutlich erhöhte, erfordern Verfassungsänderungen doch eine Zweidrittelmehrheit in Bundestag und Bundesrat, was faktisch ein Zustimmungserfordernis der Opposition zu einer Reform impliziert. Diese Hürde ist dafür verantwortlich, dass die Postreform I so überaus vorsichtig geblieben ist und auch bei der Postreform II wichtige ordnungspolitische Fragen zunächst ausgeklammert blieben. Die Zustimmung der Opposition wäre auch im Großbritannien der 1980er Jahre schwer erreichbar gewesen, doch war sie dort eben nicht erforderlich, da es weder eine geschriebene Verfassung noch besondere Mehrheitserfordernisse zur Änderung von bestimmten Regelungen gibt.

Doch die Mehrheitserfordernisse in der Bundesrepublik sind auch jenseits von Verfassungsänderungen höher als in Großbritannien, unterliegen Änderungen im Post- und Fernmeldewesen doch der Zustimmungspflicht des Bundesrates. Das bedeutet, dass in Deutschland die Zustimmung der Länderkammer zu Änderungen im Telekommunikationssektor zwingend erforderlich war, während das britische Oberhaus lediglich ein aufschiebendes Veto besitzt, mit dem beim Telecommunications Act 1984 jedoch immerhin bestimmte, wenngleich ordnungspolitisch marginale Änderungen durchgesetzt werden konnten (Grande 1989: 158). Gleichwohl war der Einfluss des Bundesrates bei allen drei deutschen Telekommunikationsreformen erheblich größer. Dies ist unmittelbar einsichtig bei der Postreform II, da mit ihr eine Verfassungsänderung verbunden war. Hier führte der Bundesratseinfluss unter anderem dazu, dass die vollständige Libera-

402   IV. Benachbarte Politikfelder

lisierung des Telekommunikationssektors verschoben wurde. Doch auch beim
Telekommunikationsgesetz erzwang der Bundesrat, in dem die Opposition über
die entscheidenden Stimmen verfügte, faktisch eine Große Koalition, die die
Bundesregierung zu einigen Abstrichen bei der asymmetrischen Regulierung
zulasten der Telekom und zur Ausweitung des Umfangs von Universaldienstleis-
tungen nötigte. Doch der Bundesrat beeinflusste auch die Postreform I, was auf
den ersten Blick insofern erstaunen mag, als zum Zeitpunkt von deren Verabschiedung noch eine christlich-liberale Mehrheit in der Länderkammer existierte.
Dennoch wäre eine Aufhebung des Netzmonopols bereits am Veto einiger uni-
onsregierter Flächenländer, insbesondere Bayerns, gescheitert, und der Bundesrat
sicherte bei dieser Gelegenheit auch ein Minimum an Einfluss der Bundesländer
auf die Bundespost.

Dieses auf den ersten Blick möglicherweise überraschende Ergebnis lässt
sich mit Blick auf den vierten üblichen Verdächtigen unter den Institutionen des
deutschen politischen Systems erklären, nämlich den Interessen der Länder. Der
Föderalismus führt nämlich dazu, dass die Länderregierungen sich in bestimmten Fragen, die die Interessen ihrer Bundesländer oder ihre institutionellen Eigen-
interessen betreffen, nicht (allein) an parteipolitischen Gesichtspunkten, sondern
auch am (vermeintlichen) Interesse ihrer Wähler auf Landesebene orientieren.
Dies sorgte dafür, dass Fragen der Flächendeckung von Telekommunikationsdienstleistungen und der Tarifeinheit besondere Beachtung im Gesetzgebungs-
verfahren erfuhren. Die Angst, dass sich das Angebot und die Qualität der Dienste, möglicherweise verbunden mit höheren Gebühren, bei einer Liberalisierung
des Fernmeldesektors gerade in ländlichen Regionen verschlechtern könnte,
führte bei einigen Flächenländern zu einer Ablehnung weiter reichender Reformschritte (Webber 1986). Solche Überlegungen spielten dagegen im zentralistischen
Großbritannien eine geringere Rolle, und sie waren dort schon gar nicht institutionell in den Willensbildungsprozess eingebunden.

Parteien

Eine weitere Erklärung der Unterschiede in der wirtschaftspolitischen Reform-
reichweite im Vergleich der Regierungen Thatcher und Kohl stellt auf die unter-
schiedlichen Willensbildungsprozesse bei den jeweiligen Regierungsparteien ab.
So lässt sich zeigen, dass weiter reichende Reformen in der Beschäftigungs- und
Finanzpolitik in den ersten acht Jahren der christlich-liberalen Koalition in
Deutschland (1982-1990) nicht gegen den Widerstand des Arbeitnehmerflügels

der Unionsparteien durchgesetzt werden konnten (vgl. Zohlnhöfer 2001), während die Parteiführerin der britischen Konservativen ein hohes Maß an Autonomie gegenüber Partei und Fraktion besaß, das es ihr solange erlaubte, ein ausgesprochen weitreichendes wirtschaftspolitisches Reformprogramm zu verfolgen, wie sie Erfolge an den Wahlurnen nachweisen konnte (vgl. z.B. Schmid 1991).

Gleichwohl hilft diese Variable für die Erklärung der Unterschiede bei der Liberalisierung des Telekommunikationssektors in beiden Ländern nur begrenzt weiter. Zwar trifft es zu, dass es der britischen Premierministerin auch im Fall der Telekommunikationspolitik gelang, den Entscheidungsprozess stark zu zentralisieren, was die Geschwindigkeit und Reichweite des britischen Falls erklärt. Doch obwohl es durchaus auch bei der deutschen Postreform I phasenweise einen gewissen Widerstand seitens der CDU-Arbeitnehmer gegen zu weitreichende Liberalisierungsbestrebungen gab (Zohlnhöfer 2001: 157), können diese doch nicht hinreichend erklären, warum der deutsche Reformprozess so lange dauerte und zunächst nur so moderate Ergebnisse zeitigte. Hierfür waren in erster Linie die institutionellen Hindernisse, vor allem die Notwendigkeit der Zustimmung zu den Reformen seitens der Länderregierungen und der Opposition verantwortlich. Zu fragen bleibt abschließend jedoch, wieso es letztlich dann doch auch in Deutschland gelang, ein ausgesprochen liberales Telekommunikationsregime zu etablieren – wenn auch erst im dritten Anlauf und mit weit mehr als einer Dekade „Rückstand". Dies führt zurück zur Frage nach dem Einfluss der Europäischen Integration.

Die Rolle der Europäischen Integration

Es dürfte schon aus chronologischen Gründen unstreitig sein, dass die Liberalisierung des Telekommunikationssektors in Großbritannien nicht durch die Europäische Integration bedingt war. Die Reformen waren lange vor den entsprechenden Richtlinien, ja sogar erheblich vor Abschluss der Einheitlichen Europäischen Akte von einer liberalisierungsfreudigen Regierung durchgesetzt worden, die sich mit keinen ernsthaften institutionellen Hemmnissen gegen ihre Politik auseinandersetzen musste. Das besagt aber nicht, dass keine Beziehung zwischen nationalstaatlicher Politik und europäischer Regulierung bestand. Ein Zusammenhang besteht allerdings in der umgekehrten Richtung. So weist Volker Schneider (2001: 235) wohl zu Recht darauf hin, „dass der britische Liberalisierungs- und Privatisierungsvorstoß innerhalb der EG wie ein trojanisches Pferd wirkte, das die Monopolverteidiger im eigenen Lager schwächte". Obwohl die

Europäische Kommission die Endgeräte- und Diensterichtlinien jeweils ohne den Ministerrat durchsetzte, war sie auf ein Minimum an Unterstützung bei den Regierungen angewiesen. Dies erhielt sie aus Großbritannien. Zudem konnte sie bei ihren Vorstößen auf das britische Beispiel verweisen, das zumindest belegte, dass eine Liberalisierung des Sektors möglich war (Schmidt 1998).

Welche Rolle spielte die Europäische Integration aber für die deutsche Entstaatlichungspolitik? Bei der Darstellung des deutschen Falles dürfte bereits deutlich geworden sein, dass die jeweils in Kraft gesetzten oder zur Debatte stehenden Richtlinien eine wichtige Schrittmacherrolle für die deutsche Telekommunikationspolitik spielten. Heißt das aber, dass Deutschland erst durch die Europäische Kommission zum Jagen getragen werden musste, dass also die Bundesregierung erst durch die Vorgaben aus Brüssel zur Liberalisierung gebracht werden konnte? Die Antwort ist ein klares Jein!

Der Nein-Anteil an der obigen Antwort bezieht sich auf die auffallende Tatsache, dass sich die Bundesregierung auf europäischer Ebene stets liberalisierungsfreundlich zeigte und die Initiativen der Kommission befürwortete. Warum folgte sie dann aber nicht dem britischen Beispiel des nationalen Alleingangs, sondern wartete, bis die Entscheidungen in Brüssel gefallen waren, und sei es nur informell, um sie dann erst in nationales Recht umzusetzen?

Dieses vermeintliche Zögern hatte seinen Grund in den zu erwartenden heftigen Konflikten mit den Gewerkschaften und den schwierigen Verhandlungsprozessen mit den Ländern und der Opposition über eine Liberalisierung des Sektors und die Privatisierung der Bundespost. Der Weg über Brüssel erleichterte der Bundesregierung dagegen das Liberalisierungsgeschäft, da sie einerseits die politische Verantwortung für unpopuläre Entscheidungen zumindest teilweise auf die EG-Ebene abschieben konnte, andererseits aber bestimmte Entscheidungen auch schlicht bereits gefallen waren, hinter die somit auch Länder, Opposition und Gewerkschaften nicht mehr zurück konnten. Auf diese Weise ließen sich die ansonsten womöglich großen inhaltlichen Differenzen zwischen Koalition, Opposition und Bundesländern von vornherein erheblich vermindern. Wie erfolgreich diese Strategie war, zeigt sich daran, dass das Telekommunikationsgesetz 1996 im Konsens zwischen der christlich-liberalen Koalition und der SPD verabschiedet wurde – in einer Periode, in der in praktisch allen anderen wirtschaftspolitischen Schlüsselprojekten eine erbitterte Konfrontation zwischen beiden Seiten zu beobachten war (Zohlnhöfer 2001: 368ff.). Insofern erreichte die christlich-liberale Koalition über die europäische Liberalisierungspolitik einen strategischen Vorteil, der es ihr – wenngleich mit einiger Verzögerung – erlaubte, auch im Land der vielen Vetospieler und institutionellen Gegengewichte ein liberales Telekommunikationsregime zu errichten.

 **Literatur**

Kommentierte Literatur

Grande, Edgar, 1989: Vom Monopol zum Wettbewerb? Die neokonservative Reform der Telekommunikation in Großbritannien und der Bundesrepublik Deutschland, Wiesbaden. *Das Buch bietet einen Überblick über die Hintergründe und Willensbildungsprozesse in der deutschen und britischen Telekommunikationspolitik der 1980er Jahre.*

Schneider, Volker, 2001: Die Transformation der Telekommunikation. Vom Staatsmonopol zum globalen Markt (1800-2000), Frankfurt a.M./New York. *Volker Schneider bietet einen historischen Überblick über die Entwicklung des Politikfeldes über 200 Jahre.*

Zohlnhöfer, Reimut, 2001: Die Wirtschaftspolitik der Ära Kohl. Eine Analyse der Schlüsselentscheidungen in den Politikfeldern Finanzen, Arbeit und Entstaatlichung, 1982-1998, Opladen. *Der Band bietet detaillierte Nachzeichnungen der Willensbildungsprozesse, die zur deutschen Postreform I und zum Telekommunikationsgesetz führten.*

Zitierte Literatur

Götz, Georg, 2001: Der deutsche Telekommunikationsmarkt zwei Jahre nach der vollständigen Marktöffnung, in: Perspektiven der Wirtschaftspolitik 2, 167-183.
Grande, Edgar, 1989: Vom Monopol zum Wettbewerb? Die neokonservative Reform der Telekommunikation in Großbritannien und der Bundesrepublik Deutschland, Wiesbaden.
Héritier, Adrienne/Schmidt, Susanne K., 2000: After Liberalization. Public Interest Services and Employment in the Utilities, in: Scharpf, Fritz W./Schmidt, Vivien A. (Hg.), Welfare and Work in the Open Economy. Vol. II: Diverse Responses to Common Challenges, Oxford, 554-596.
Robischon, Tobias, 1998: Letzter Kraftakt des Staatsmonopols: Der Telekommunikationssektor, in: Czada, Roland/Lehmbruch, Gerhard (Hg.), Transformationspfade in Ostdeutschland. Beiträge zur sektoralen Vereinigungspolitik, Frankfurt a.M./New York, 61-86.

Schmid, Josef, 1991: Thatcherismus und die Conservative Party. Ambivalenzen und Widersprüche der parteipolitischen Basis eines neokonservativen Modellfalls, in: Sturm, Roland (Hg.), Thatcherismus. Eine Bilanz nach 10 Jahren, Bochum, 49-65.

Schmidt, Susanne K., 1996: Privatizing the Federal Postal and Telecommunications Services, in: Benz, Arthur/Goetz, Klaus H. (Hg.), A New German Public Sector? Reform, Adaptation and Stability, Aldershot u.a., 45-70.

Schmidt, Susanne K., 1998: Liberalisierung in Europa. Die Rolle der Europäischen Kommission, Frankfurt a.M./New York.

Schneider, Volker, 1999: Staat und technische Kommunikation. Die politische Entwicklung der Telekommunikation in den USA, Japan, Großbritannien, Deutschland, Frankreich und Italien, Opladen.

Schneider, Volker, 2001: Die Transformation der Telekommunikation. Vom Staatsmonopol zum globalen Markt (1800-2000), Frankfurt a.M./New York.

Schneider, Volker/Werle, Raymund, 1989: Die Eroberung eines Politikfeldes. Die Europäische Gemeinschaft in der Telekommunikationspolitik, in: Jahrbuch zur Staats- und Verwaltungswissenschaft 3, 247-272.

Schwartz, Herman, 2001: Round up the Usual Suspects!: Globalization, Domestic Politics, and Welfare State Change, in: Pierson, Paul (Hg.), The New Politics of the Welfare State, Oxford/New York, 17-44.

Thorein, Thorsten, 1997: Telekommunikationspolitik in Deutschland. Liberalisierung und Reregulierung, Wiesbaden.

Webber, Douglas, 1986: Die ausbleibende Wende bei der Deutschen Bundespost. Zur Regulierung des Telekommunikationswesens in der Bundesrepublik Deutschland, in: Politische Vierteljahresschrift 27, 397-414.

Werle, Raymund, 1999: Liberalisation of Telecommunications in Germany, in: Eliassen, Kjell A./Sjovaag, Marit (Hg.), European Telecommunications Liberalisation, London/New York, 110-127.

Zohlnhöfer, Reimut, 2001: Die Wirtschaftspolitik der Ära Kohl. Eine Analyse der Schlüsselentscheidungen in den Politikfeldern Finanzen, Arbeit und Entstaatlichung, 1982-1998, Opladen.

V. Wirkungen der Sozialpolitik

1 Wirkungen der Sozialpolitik

Manfred G. Schmidt

Wie in den Kapiteln I bis IV gezeigt worden ist, wurde die Sozialpolitik in den meisten heutzutage wirtschaftlich entwickelten Ländern weit ausgebaut. Vor allem in Europa reifte ein Wohlfahrtsstaat heran, der die Struktur der gesamten Gesellschaft ebenso stark prägte wie die Verfassung und die Dynamik der Wirtschaft sowie das Getriebe der Politik.

Welche Wirkungen die Sozialpolitik allerdings im Einzelnen hat, ist umstritten. In diesem Kapitel sollen zunächst positive und negative Wirkungen einer weit ausgebauten Sozialpolitik dargestellt werden, wobei Wirkungen im Sinne von problemlösenden beziehungsweise -erzeugenden Effekten verstanden werden. Anschließend werden unterschiedliche Messungen der Sozialleistungsquote, die für die Einschätzung des tatsächlichen Aufwands und der Wirkungen der Sozialpolitik von Bedeutung sind, erläutert.

2 Positive und negative Wirkungen der Sozialpolitik

Manfred G. Schmidt

2.1 Einleitung

Welche Wirkungen eine weit ausgebaute Sozialpolitik im Einzelnen hat, ist umstritten. Kritikern zufolge zeichnen sich Länder mit ausgebautem Wohlfahrtsstaat durch institutionelle Trägheit bei der Anpassung an veränderte Umweltbedingungen sowie durch zahlreiche negative Effekte, insbesondere Dämpfung wirtschaftlicher und gesellschaftlicher Dynamik, aus. Fürsprecher des Wohlfahrtsstaates sind anderer Meinung. Ihnen zufolge hat der Wohlfahrtsstaat die Industrieländer "effizienter, stabiler und gerechter" gemacht, so eine von Experten der OECD vertretene Auffassung (OECD 1994: 7). Die Befürworter eines weit ausgebauten Wohlfahrtsstaates bescheinigen ihm ferner vier besondere Leistungen: Er sichere die individuelle Wohlfahrt, fördere durch Aktivierung seiner Klienten deren Mitwirkung an öffentlichen Angelegenheiten, sorge für Sozialintegration und wirke politisch stabilisierend (Alber 2001: 61).

Doch beide Sichtweisen – die der Kritiker und die der Fürsprecher – vereinfachen den Sachverhalt zu sehr. Die Kritiker sehen weitgehend nur die Probleme einer ausgebauten Sozialpolitik und übersehen ihre Leistungen. Die Fürsprecher des Wohlfahrtsstaates hingegen ignorieren überwiegend die Mängel, Nebenwirkungen und Zielkonflikte, in die sich eine ausgebaute Sozialpolitik verstricken kann. Zudem verstoßen beide Sichtweisen gegen einen gesicherten Lehrsatz der Sozialpolitikforschung. Diesem Lehrsatz zufolge ist die Sozialpolitik beides: "Problemlöser und Problemerzeuger, Nutzenstifter und Kostenverursacher, ein leistungsfähiger Lastenträger und eine Bürde" (Leibfried/Müller/Schmähl/Schmidt 1998). Nur wer beides sieht – die Sozialpolitik als Problemlöser und als Problemerzeuger –, wird ihren Stärken und ihren Schwächen voll gerecht. Und nur wer dabei sowohl die politischen als auch die gesellschaftlichen und die ökonomischen Folgen und Nebenfolgen erörtert und zudem berücksichtigt, dass unterschiedliche Wohlfahrtsstaatstypen unterschiedliche Folgen zeitigen, trägt der Komplexität des Wohlfahrtsstaates und seiner Auswirkungen voll Rechnung (Schmidt 2005a).

2.2 Problemlösungen durch den Wohlfahrtsstaat

Seine ureigenen Aufgaben hat der Wohlfahrtsstaat dort, wo er besonders weit
ausgebaut wurde, wie in Nordeuropa und in den meisten kontinentaleuropäischen Staaten, insgesamt erfolgreich gelöst. Das zeigen alle seriösen Bilanzen,
beispielsweise OECD 1994, Barr 1999, Schmidt 2005a Teil III, Leibfried/Müller/
Schmähl/Schmidt 1998, Alber 2001 und Mayer 2001.

Zuvörderst bietet der Wohlfahrtsstaat Schutz vor materieller Verelendung.
Er erfüllt jedoch auch wesentliche gesellschaftliche, politische und ökonomische
Stabilisierungsfunktionen.

Schutz vor materieller Verelendung und Verminderung gesellschaftlicher
Ungleichheit

Die primäre Leistung der Sozialpolitik ist der Schutz vor materieller Verelendung. Wo sie weit ausgebaut ist, wird der Absturz in materielle Verelendung in
der Regel verhindert. Dort hat auch der Großteil der Bevölkerung Anspruch auf
Geldzahlungen oder soziale Dienstleistungen im Fall von Arbeitslosigkeit, Alter,
Invalidität, Krankheit, Mutterschaft, Tod des Ernährers oder Pflegebedürftigkeit,
um nur die wichtigsten Bereiche zu nennen. Somit schützt ein weit ausgebauter
Wohlfahrtsstaat den größten Teil oder gar die Gesamtheit der Bevölkerung in
einem beträchtlichen Ausmaß gegen Risiken, die durch die Wechselfälle des
Lebens hervorgerufen werden.

Indem die Sozialpolitik den Anspruchsberechtigten Güter und Dienstleistungen sichert, die erheblich über dem Existenzminimum liegen, verschafft sie
dem Grundsatz der Gleichheit aller Staatsbürger einen materiellen Gehalt. Dies
und die Sicherung sozialer Rechte fördern insgesamt die Kohäsion der Gesellschaft, indem soziale Wertschätzung generalisiert und der Gedanke einer sozialen Verantwortung der Privilegierten für die sozial Schwachen institutionalisiert
wird (Alber 2001).

Auch bei einem weiteren sozialpolitischen Hauptziel kann der Wohlfahrtsstaat Erfolg beanspruchen: bei dem Bestreben, gesellschaftliche Ungleichheit zu
vermindern. Die Geld-, Dienst- und Sachleistungen des Wohlfahrtsstaates haben
mit der Steuerpolitik auch die relative Armut drastisch vermindert (siehe z.B.
Alber 2001). Gutzuschreiben ist der Sozialpolitik ferner die Verminderung ge-
schlechterspezifischer Ungleichheit der Erwerbsbeteiligung. Das geschah nicht
zuletzt dadurch, dass der Wohlfahrtsstaat – vor allem in sozialdemokratischen

Wohlfahrtsstaaten – selbst ein Arbeitgeber mit überdurchschnittlich hoher Frauenbeschäftigung ist. Zu mehr Geschlechtergleichheit bei der Erwerbsbeteiligung trug aber auch die Verminderung der Männererwerbsquote bei, für die vor allem in den kontinentaleuropäischen Ländern die Sozialpolitik durch Frühverrentung und großzügige Invaliditätsregelungen insbesondere für ältere Arbeitnehmer sorgte.

Gesellschaftlich stabilisierende Wirkungen

Gutzuschreiben ist dem Wohlfahrtsstaat ferner sein Beitrag zur Linderung schwerer gesellschaftlicher Spannungen. Dazu gehört die Entschärfung von Konflikten zwischen wirtschaftlich gedeihenden Regionen und wirtschafts- und finanzschwachen Gebieten: Letztere profitieren von Sozialleistungen in überdurchschnittlichem Maße. Zur Konfliktentschärfung durch Sozialpolitik gehört auch die Eindämmung des Konfliktes zwischen Arbeit und Kapital. Diesen entschärft der Sozialstaat unter anderem durch den Beitrag zur Institutionalisierung des Klassenkonfliktes. Im Klassenkonflikt wurzelnde Konfliktlagen werden ferner dadurch entschärft, dass die staatlichen Transferzahlungen der markterzeugten sozialen Ungleichheit den Stachel nehmen, und dadurch, dass die Sozialpolitik die Sozialstruktur durch die Kombination von Markt- und Transfereinkommen differenziert und die Definition von eindeutigen klassenhomogenen Interessenlagen erschwert (Alber 2001: 61). Konfliktentschärfend wirkt zudem, dass im Wohlfahrtsstaat Entscheidungen über Sozialeinkommen im Wesentlichen im Parlament getroffen werden und somit die Betriebe von heftigem Streit über einen beträchtlichen Teil der Lohnzusatzkosten entlastet werden. Durch die Trennung der Sozialpolitik von betrieblichen oder überbetrieblichen Entscheidungsarenen werden potenziell brisante Verteilungsfragen auf verschiedene Arenen verteilt und fragmentiert. Und das verhindert, so jedenfalls die Befürworter des Wohlfahrtsstaates, dass Verteilungsfragen zu Verfassungsfragen werden.

Zu den weithin als positiv gewürdigten Folgen eines entwickelten Wohlfahrtsstaats gehören zwei weitere Wirkungen auf die Gesellschaft: Die Sicherungsnetze im Wohlfahrtsstaat vermindern das Ausmaß gesellschaftlich erzeugter Ungewissheit und sorgen somit für mehr individuelle und auch kollektive Berechenbarkeit – vorausgesetzt, die Sozialpolitik unterliegt nicht selbst erdrutschartigen Veränderungen. Solange sie dies nicht tut, kann sie beanspruchen, in wichtigen Feldern zukunftsorientierte Lösungen anzubieten, z.B. durch die höhere Berechenbarkeit einer grundsätzlich geordneten Lebensführung in Risikofällen wie Alter, Krankheit und Invalidität. Zudem können weit ausgebaute sozialpolitische Leistungen, z.b. hohe, zeitlich begrenzte Arbeitslosenversicherungsleistungen, die insgesamt – beispielsweise durch verringerten Kündigungsschutz – beschäftigungsfreundlich wirkende Flexibilisierung von Arbeitsmärkten ermöglichen, wie der Fall Dänemark zeigt.

Politisch stabilisierende Wirkungen

Nicht zu übersehen sind auch politisch stabilisierende Wirkungen eines weit ausgebauten Wohlfahrtsstaates. Insgesamt ist der Wohlfahrtsstaat in weiten Kreisen der Bevölkerung sehr populär. Für viele ist er sogar der Inbegriff der Teilhabe an begehrten gesellschaftlichen Gütern sowie ein Garant gesicherter Lebensführung und aktiver Mitwirkung an Gesellschaft und Politik. Viele Belege sprechen auch dafür, dass eine weit ausgebaute Sozialpolitik eine besonders wichtige Quelle der Legitimation des demokratischen Staates ist (Roller 1995a und 1995b).

Überdies federt der Wohlfahrtsstaat die Politik gegen Folgen größerer wirtschaftlicher oder gesellschaftlicher Krisen ab. Wo der Wohlfahrtsstaat weit ausgebaut ist, verhindert er meist den Umschlag wirtschaftlicher Krisen in schwere politische Störungen. Dass die große Transformation ehemaliger sozialistischer Staaten in Mittelosteuropa in marktwirtschaftlich orientierte, demokratisch verfasste Staaten gelang, ist ohne den Flankenschutz seitens der Sozialpolitik kaum zu verstehen. Und umgekehrt gilt: Wenn in schweren wirtschaftlichen Krisen der Sozialschutz löchrig wird oder wegfällt, können daraus schwere gesellschaftliche und politische Störungen folgen. Die Endphase der Weimarer Republik liefert dafür einen beispielhaften Beleg.

Wirtschaftlich stabilisierende Wirkungen

Aber nicht nur ein beachtlicher politischer Nutzen und ein gesellschaftlicher Wert kommt der Sozialpolitik zu, sondern auch ein signifikanter „wirtschaftlicher Wert" (Briefs 1930). Die Sozialpolitik protegiert die Arbeitskraft, sichert deren Reproduktion, gewährleistet hierdurch ihre langfristige Verfügbarkeit und dient überdies als Anreiz für produktivitätsorientierte, arbeitskostensenkende Investitionen – nämlich gerade aufgrund der durch die Sozialpolitik verteuerten Arbeitskosten. Somit kann die Sozialpolitik mittelbar zu produktivitätssteigernder wirtschaftlicher Entwicklung beitragen. Auch kurzfristig kann sie die wirtschaftliche Entwicklung stabilisieren, indem sie beispielsweise in Rezessionen oder Wirtschaftskrisen zur Konsumgüternachfrage beiträgt.

Ferner spricht für eine weit ausgebaute Sozialpolitik, dass Länder mit starkem Wohlfahrtsstaat wirtschaftliche Krisen mindestens ebenso gut bewältigen können wie Staaten mit schwachem Sozialschutz. Finnland hat die schwere Wirtschaftskrise der frühen 1990er Jahre dank eines ausgebauten Wohlfahrtsstaates in gesellschaftlicher und politischer Hinsicht bemerkenswert gut gemeistert und sogar Grundlagen für die spätere gedeihliche Entwicklung seiner Wirtschaft geschaffen.

Ein weiteres Argument spricht für eine weit ausgebaute Sozialpolitik. Die Länder mit heutzutage entwickeltem Wohlfahrtsstaat sind Teil jener kleinen Staatengruppe, in denen eine hoch produktive Wirtschaft herangereift ist – und zwar parallel zu einer allmählich erstarkenden Sozialpolitik. Dies relativiert Kritiken, die der Sozialpolitik nachsagen, sie bremse oder lähme notwendig die Wirtschaftsentwicklung. Das kann der Fall sein, wie vor allem Länder mit einer Sozialpolitik zeigen, die im Verhältnis zu ihrer wirtschaftlichen Basis überdimensioniert ist, wie Argentinien im Peronismus oder die DDR in ihrem letzten Jahrzehnt (Schmidt 2004b), aber es muss nicht notwendig so sein. Sozialschutz und Wirtschaftswachstum können unter bestimmten Bedingungen Hand in Hand gehen. Das ist am ehesten der Fall, wenn – erstens – die Steuerpolitik und die Sozialtransfers beschäftigungsfreundlich gestaltet sind und – zweitens – die meisten oder alle Stimmberechtigten einen Rechtsanspruch auf Sozialleistungen haben und zur Finanzierung der Sozialpolitik beitragen. Beschäftigungsfreundliche Art und Höhe der Finanzierung – eher aus Steuermitteln als aus Sozialabgaben – sowie Universalismus auf der Einnahmen- und der Leistungsseite der Sozialpolitik scheinen zudem eine dritte zentrale Voraussetzung für die gleichgewichtige Entwicklung von Sozialschutz und Wirtschaftskraft zu sein (Lindert 2004).

2.3   Der Wohlfahrtsstaat als Problemverursacher

Allerdings löst der Wohlfahrtsstaat nicht nur Probleme, er bringt auch neue Probleme hervor. Dabei handelt es sich um Langzeitarbeitslosigkeit, soziale Desintegration, Insider-Outsider-Problematik sowie die Festschreibung hoher Ansprüche auf soziale Leistungen.

Langzeitarbeitslosigkeit und soziale Desintegration

Insbesondere die sozialbeitragsfinanzierten Wohlfahrtsstaaten können beschäftigungsfeindliche Wirkungen haben, weil sie die Abgabenlast für Arbeitnehmer und Arbeitgeber erhöhen und damit den Faktor Arbeit im Vergleich zu einer steuerfinanzierten Sozialpolitik erheblich verteuern. Somit entsteht zwischen den Bruttolohnkosten und den von den Arbeitnehmern bezogenen Nettolöhnen ein immer breiterer Keil. Dieser Keil macht insbesondere die Arbeit im Niedriglohnbereich für Arbeitgeber und Arbeitnehmer unattraktiv und gibt Anreiz zur Arbeit in der Schattenwirtschaft, also in der Wirtschaft, in der die Entlohnung ohne Besteuerung, ohne Sozialabgaben, aber auch ohne sonstigen Sozialschutz erfolgt. Aber auch steuerfinanzierte Wohlfahrtsstaaten können Barrieren gegen Beschäftigung sein. Ein im Vergleich zu den Markteinkommen relativ hohes Sozialeinkommen fördert nicht die Arbeitsaufnahme oder Weiterarbeit, sondern wirkt womöglich als Schranke, und zwar umso mehr, je höher das zusätzliche Einkommen aus Beschäftigung besteuert wird. So kann beispielsweise eine Arbeitslosenversicherung, die lange Zeiträume umfassende Zahlungen vorsieht, den Anteil der Langzeitarbeitslosen an allen Arbeitslosen deutlich vergrößern. In der Folge werden dem Wohlfahrtsstaat auch ein Beitrag zur Erosion von Selbsthilfepotenzialen und zugleich die Festschreibung hochgeschraubter Erwartungen an staatliche Hilfe für tendenziell alle größeren materiellen Probleme der Lebensführung angelastet. Nicht mehr soziale Kohäsion als Folge von weit ausgebauter Sozialpolitik diagnostizieren insofern viele Kritiker, sondern soziale Desintegration.

Insider-Outsider-Problematik

Hinzu kommt ein Mechanismus, der seit der Debatte um den wirtschaftlichen Wert der Sozialpolitik in den frühen 1930er Jahren bekannt ist (Briefs 1930): Die Systeme der sozialen Sicherung, insbesondere die Arbeitslosenversicherung und die Lohnfortzahlung im Krankheitsfall sowie die Frühverrentung, errichten gleichsam einen Schutzwall um die Arbeitsplatzbesitzer und die Tarifparteien und befestigen insbesondere die Position der Gewerkschaften im Streit um Entlohnungs- und Arbeitsbedingungen. Der internationale Vergleich zeigt, dass in Staaten, die für soziale Zwecke besonders viel ausgeben, auch der arbeitsrechtliche Schutz der Beschäftigten der Tendenz nach überdurchschnittlich stark ist (OECD 2004). In diesen Ländern sind die Beschäftigten und ihre Interessenverbände gleich zweifach Nutznießer des Wohlfahrtsstaats: erstens als ein wichtiger Adressat der sozialen Sicherungssysteme und zweitens als Hauptnutznießer der durch die Sozialpolitik weiter befestigten Position der Gewerkschaften. Doch der doppelte Schutzwall um die Arbeitsplatzbesitzer und die Tarifparteien hat eine Kehrseite: Er schafft „Insider" und „Outsider". Er verleitet die Tarifparteien dazu, Tarifverträge zulasten Dritter abzuschließen, beispielsweise zuungunsten der Arbeitslosen oder auf Kosten anderer Abgabenzahler, die für kostspielige Frühverrentungsprogramme aufkommen müssen. Die Hochlohnpolitik, also eine Entlohnung, die den finanziellen Spielraum aufgrund von Inflationsausgleich und Arbeitsproduktivitätssteigerung ausschöpft oder überdehnt, ist ein weiteres Beispiel für die Kostenüberwälzung auf Dritte: Sie trägt zur Freisetzung von weniger produktiven Arbeitskräften und zum Ersatz von Arbeitskräften durch arbeitssparenden technischen Fortschritt bei. Die Kosten hierfür fallen an anderer Stelle an: beispielsweise in Gestalt schwacher, stagnierender oder schrumpfender Beschäftigung und lahmenden Wirtschaftswachstums sowie in einem steigenden Bedarf an Sozialleistungen – für Arbeitslose beispielsweise, für Teilnehmer von Umschulungsmaßnahmen, Sozialhilfebedürftige und für Zwecke der Frühverrentung. Für die Tarifvertragsparteien ist diese Kostenverteilung bequem. Denn zuständig für die Finanzierung des steigenden Bedarfs an Sozialleistungen sind nicht sie, sondern andere: Die Einrichtungen der Sozialpolitik, die Parlamente und die Regierungen in den Ländern und im Bund oder mittelbar die Arbeitssuchenden und die Beschäftigten, die nicht durch Tarifverträge geschützt sind.

Folgen von Versorgungsklassen

Ferner schreibt ein starker Sozialstaat in der Regel hohe Ansprüche fest, so dass schon geringfügige Leistungseinschränkungen oder Maßnahmen zum Sozialstaatsumbau mitunter massive Abwehrreaktionen und schwere politische Konflikte hervorrufen. Ein Beispiel ist der Streit um die Rentenreform 1999, mit der die Regierung Kohl der Alterssicherung eine demographische Komponente hinzufügte, die von ihrer Nachfolgerin, der rot-grünen Bundesregierung, alsbald rückgängig gemacht, fünf Jahre später aber in abgewandelter Form unter anderem Namen wieder eingeführt wurde (als sogenannter Nachhaltigkeitsfaktor). Ein weiteres Beispiel sind die erdbebenartigen politischen Erschütterungen, die die Zusammenlegung von Sozialhilfe und Arbeitslosenhilfe – die sogenannte Hartz IV-Reform – hervorrief.

Die Sozialpolitik erbringt insofern nicht nur gesellschaftliche Stabilisierungs-leistungen. Sie kann auch neue Konfliktherde hervorbringen, indem sie in alte Versorgungsklassenlagen eingreift und neue Versorgungsklassenlagen, im Sinne von unterschiedlichem Zugang zu und unterschiedlicher Teilhabe an öffentlichen Sozialleistungen, schafft.

Zentralisierungszuwächse und Bürokratisierungsschübe sind weitere Kos-ten, die vielfach neuen sozialpolitischen Regulierungen zuzuschreiben sind. Die detaillierten sozialrechtlichen Regulierungen von Beschäftigungsverhältnissen beispielsweise verursachen auf Arbeitgeberseite, in der Finanzverwaltung und in der Sozialadministration einen erheblichen Verwaltungsaufwand.

Kosten zulasten zukünftiger Generationen

Überdies neigt die Politik beim Ausbau und der weiteren Befestigung des Wohl-fahrtsstaates dazu, einen beträchtlichen Teil der Kosten zulasten zukünftiger Generationen zu externalisieren. So ging der Auf- und Ausbau des Wohlfahrts-staates fast überall mit zunehmender Staatsverschuldung einher (Wagschal 2003). Der Wohlstand von Empfängern von Sozialeinkommen und die Stabilisierungs-leistungen des Wohlfahrtsstaates wurden somit teilweise auf Pump erworben – und mithin teilweise zulasten zukünftiger Generationen. Auch die im Vergleich zur Sozialpolitik für Kinder und Familien überproportionale Ausstattung der Alterssicherung gehört zu den problematischen Weichenstellungen der wohl-fahrtsstaatlichen Politik: Sie benachteiligt diejenigen, die durch Geburt und Er-ziehung von Kindern in besonderem Maße zur Bevölkerungsreproduktion bei-tragen und begünstigt jene, die hierzu einen geringen oder keinen Beitrag leisten.

Zielkonflikt und Trilemma-Konstellation

Insgesamt steht die Sozialpolitik dort, wo sie weit ausgebaut ist und wo ihre Finanzierungsweise sowie die Steuerpolitik nicht beschäftigungsfreundlich aus-gerichtet sind, mittlerweile in erheblicher Spannung zu dem Ziel eines möglichst hohen Wirtschaftswachstums und eines hohen Beschäftigungsstandes. Diese Spannung zeichnet sich in Deutschland insbesondere seit Mitte der 1970er Jahre ab, und sie ist hierzulande besonders hoch, wie nicht zuletzt das im Trend sin-kende und im internationalen Vergleich seit Jahren geringe Wirtschaftswachstum zeigt.

Dieser Zielkonflikt ist verwandt mit einer Konfliktkonstellation, die als „Trilemma der Dienstleistungsgesellschaft" oder „Trilemma des Wohlfahrtsstaates" erörtert wird. Torben Iversen und Anne Wren (1998) zufolge besteht in postindustriellen Dienstleistungsgesellschaften ein Zielkonflikt zwischen drei Zielgrößen: allgemeine Haushaltsdisziplin, Beschäftigungswachstum im Dienstleistungssegment und relativ egalitäre Entlohnung. Nur zwei der drei Ziele können Iversen und Wren zufolge gleichzeitig erreicht werden – jeweils unter Inkaufnahme der Verletzung des dritten Zieles.

Parteiendifferenz in der Zielwahl

Die Wahl der zwei bevorzugten Ziele variiert unter anderem mit der parteipolitischen Zusammensetzung der Regierungen. Sozialdemokratische Regierungen setzen vorzugsweise auf Beschäftigungswachstum, und zwar weitgehend durch steuerfinanzierten Ausbau der Beschäftigung im öffentlichen Sektor, sowie auf allgemeine Lohngleichheit, so insbesondere in Nordeuropa. Im liberalen Kapitalismus angelsächsischer Prägung hingegen neigen die Regierungen eher zu Haushaltsdisziplin und Beschäftigungswachstum im privaten Dienstleistungssektor – und zwar auf Kosten der Einkommensgleichheit. In Deutschland hingegen waren, so die Theorie, letztlich ein hohes Maß an Einkommensgleichheit einerseits und relative Haushaltsdisziplin die dominanten Ziele, was zu geringer Beschäftigungsdynamik im Dienstleistungssektor und unterdurchschnittlichem Beschäftigungswachstum führte.

Wirkungen auf andere Politikfelder

Schließlich ist eine weit ausgebaute Sozialpolitik in ein schwieriges Spannungsverhältnis mit anderen ausgabenintensiven Politikfeldern verstrickt. Die bloße Existenz eines großen Sozialbudgets beschränkt bei gegebener gesamtwirtschaftlicher Abgabenquote die Spielräume für ausgabenintensive Politik jenseits der sozialstaatlichen Daseinsvorsorge nachhaltig. Der Spielraum für Bildung beispielsweise kann durch eine sehr weit ausgebaute Sozialpolitik vermindert werden – besonders weit vorangeschritten ist dieser Verdrängungseffekt seit Jahr und Tag in der Bundesrepublik Deutschland (Schmidt 2004a; Schmidt u.a. 2006). Ähnliche Ausgabenbegrenzungen infolge einer aufwendigen Sozialstaatsfinanzierung gelten für die Finanzierung der öffentlichen Infrastruktur, für Forschung und Entwicklung oder für die militärische Sicherheits- und Verteidigungspolitik. Wird der Sozialstaat noch teurer, was infolge der Alterung der Gesellschaft, hoher Arbeitslosigkeit und der „Kostenkrankheit des öffentlichen Sektors" (Baumol 1967: 415-426) auch in den kommenden Jahren wahrscheinlich ist, und steigt zugleich die gesamtwirtschaftliche Abgabenquote nicht (was aufgrund mangelnder Akzeptanz realistisch ist), so nimmt die Schieflage zwischen Sozialstaatskosten und mangelnder finanzieller Ausstattung der Daseinsvorsorge jenseits der Sozialpolitik weiter zu (Castles 2007). Insoweit läuft eine ehrgeizige Sozialpolitik Gefahr, einen neuen Typus von „öffentlicher Armut" hervorzubringen: die relative Unterversorgung von Politikfeldern jenseits der Sozialpolitik – im Unterschied zur alten „öffentlichen Armut", deren Analytiker in besonderem Maße für wohlfahrtsstaatliche Anliegen eingetreten waren.

2.4 Bilanz und Ausblick

Im Gesamtergebnis erweist sich der Wohlfahrtsstaat als eine Einrichtung mit zwei Gesichtern. Der Wohlfahrtsstaat löst Probleme, und er erzeugt Probleme. Er kann sich zwar einerseits rühmen, „ein recht erfolgreiches Modell sozialer Ordnung zu sein" (Alber 2001: 97), andererseits verursacht er sehr beachtliche ökonomische, gesellschaftliche und politische Kosten (vgl. die zusammenfassende Tabelle 1). Und in einigen Ländern erweist sich der Wohlfahrtsstaat sogar als ein sanierungsbedürftiger Problemfall – insbesondere in den Ländern, in denen die Problemerzeugung die Problemlösung in überdurchschnittlichem Maße übertrifft.

Das wirft eine abschließende Frage auf: Sind entwickelte Wohlfahrtsstaaten überhaupt zur Fehlerkorrektur befähigt? Auch diese Frage wird in der Forschung kontrovers diskutiert, doch schält sich ein relativ weitreichender Konsens über die im Folgenden berichteten Befunde heraus.

Reformbarriere Parteienwettbewerb

Im Vergleich zu autoritären Staaten können sich demokratische Wohlfahrtsstaaten einer vergleichsweise beachtlichen Kapazität für Fehlerkorrektur einschließlich größerer Sanierungsmaßnahmen rühmen (Schmidt 1999). Allerdings begrenzen auch harte Restriktionen die Reformfähigkeit demokratischer Wohlfahrts-

staaten. Institutionalisierte Sicherungen und Gegenkräfte, Vetospieler und zahlreiche informelle Restriktionen stehen der raschen und nachhaltigen Anpassung
an veränderte Problemlagen oftmals im Wege. Die Gründe dafür sind zahlreich
(vgl. beispielsweise Pierson 2001; Jochem/Siegel 2001; Schmidt 2005b). Zu ihnen
zählt die sehr starke Nachfrage nach sozialer Sicherheit auf Seiten eines Großteils
der Bevölkerung. Infolge der demographischen Entwicklung, insbesondere der
Alterung der Gesellschaft, und anhaltend hoher Arbeitslosigkeit wird diese
Nachfrage auch in der Zukunft in den meisten oder allen fortgeschrittenen Wohlfahrtsstaaten stark bleiben.

Demokratische Institutionen stärken diese Nachfrage, insbesondere der Parteienwettbewerb, die Dauerbeobachtung der Politik durch die Medien und die
häufigen Wahlen, bei denen Regierung und Opposition gleichermaßen danach
streben, mit der Sozialpolitik einen möglichst großen Ertrag in Form von Wählerstimmen zu erzielen. Das ist eine lohnende Strategie, weil die Wohlfahrtsstaats-
klientel eine der größten Gruppen auf dem Wählerstimmenmarkt ist. Die Schätzungen ihrer Größe variieren, doch man kann davon ausgehen, dass rund 30 bis
50 Prozent der Wählerschaft in den westlichen Industrieländern mittlerweile den
größten Teil ihres Einkommens aus Sozialleistungen oder aus der Beschäftigung
im Wohlfahrtsstaat bestreiten und deshalb elementar an der Beibehaltung oder
dem Ausbau der Sozialpolitik interessiert sind. Überdies ist die Wohlfahrts-
staatsklientel im politisch-ideologischen Spektrum günstig platziert, nämlich im
Zentrum, also dort, wo sowohl linksorientierte Parteien als auch Mitte- und Mit-
te-Rechts-Parteien auf Wählerstimmenfang gehen müssen, wenn sie nach Wahl-
erfolg oder Machterhalt streben.

Reformbarriere Vetospieler

Als Reformbarriere gilt darüber hinaus eine Vielzahl mächtiger Vetopunkte und
Vetospieler. Das ist vor allem in Bundesstaaten der Fall, insbesondere in Bundesstaaten mit starken Traditionen der Selbstverwaltung in der Sozialpolitik und der
Kommunalpolitik. Auch hier ist zwar das Potenzial für Reformen am Wohlfahrtsstaat nicht gering einzustufen. Allerdings sind in diesen Ländern die politischen
Kosten der Willensbildung und der Entscheidungsfindung aufgrund der größeren Zahl der Mitregenten aufwendiger und die entsrechenden politischen Prozesse erfordern oftmals längere Zeit als in Staaten mit geringerer Mitregenten- und
Vetospielerdichte wie in zentralisierten Einheitsstaaten. Politik einschließlich
politischer Steuerung sind allerdings nicht deterministische Vorgänge. Im Prinzip

besteht deshalb auch in einer Demokratie mit vielen Mitregenten und vielen Vetospielern eine beträchtliche Chance eines gesteuerten Wandels einschließlich der Fehlerkorrekturen an sanierungsbedürftigen Problemfällen.

 Literatur

Alber, Jens, 2001: Hat sich der Wohlfahrtsstaat als soziale Ordnung bewährt?, in: Mayer, Karl Ulrich (Hg.), Die beste aller Welten? Marktliberalismus versus Wohlfahrtsstaat?, Frankfurt a.M., 59-112.

Barr, Nicholas, [3]1993: The Economics of the Welfare State, London.

Bartholomew, James, 2004: The Welfare State We're In. The Failure of the Welfare State, London.

Baumol, Willam J., 1967: Macroeconomics of Unbalanced Growth. The Anatomy of Urban Crises, in: American Economic Review 57, 415-426.

Baumol, Willam J., 1993: Health Care, Education and the Cost Disease: A Looming Crisis for Public Choice, in: Public Choice 77, 17-28.

Briefs, Götz 1930: Der wirtschaftliche Wert der Sozialpolitik, in: Briefs, Götz (Hg.), Gesellschaft für Soziale Reform. Die Reform des Schlichtungswesens/Der wirtschaftliche Wert der Sozialpolitik (Bericht über die Verhandlungen der XI. Generalversammlung der Gesellschaft für Soziale Reform 1929 in Mannheim), Jena.

Castles, Francis G. (Hg.), 2007 (i.E.): The Disappearing State?, Cheltenham.

Esping-Andersen, Gøsta, 1990: The Three Worlds of Welfare Capitalism, Cambridge.

Iversen, Torben/Wren, Anne, 1998: Equality, Employment, and Budgetary Restraint. The Trilemma of the Service Economy, in: World Politics 50, 507-546.

Leibfried, Stephan/Müller, Rainer/Schmähl, Winfried/Schmidt, Manfred G., 1998: Thesen zur Sozialpolitik in Deutschland, in: Zeitschrift für Sozialreform 44: 525-569.

Leisering, Lutz/Leibfried, Stephan, 1999: Time and Poverty in Western Welfare States. United Germany in Perspective, Cambridge.

Lepsius, M. Rainer, 1979: Soziale Ungleichheit und Klassenstrukturen in der Bundesrepublik Deutschland, in: Wehler, Hans-Ulrich (Hg.), Klassen in der europäischen Sozialgeschichte, Göttingen, 166-209.

Lessenich, Stephan, 2003: Dynamischer Immobilismus. Kontinuität und Wandel im deutschen Sozialmodell, Frankfurt a.M.

Mayer, Karl Ulrich (Hg.), 2001: Die beste aller Welten? Marktliberalismus versus Wohlfahrtsstaat?, Frankfurt a.M.

OECD, 1994: New Orientations for Social Policy, Paris.

OECD, 2004: Employment Protection Regulation and Labour Market Performance, in: OECD, Employment Outlook 2004, Paris, 61-126.

Pierson, Paul (Hg.), 2001: The New Politics of the Welfare State, Oxford.

Roller, Edeltraud, 1995a: The Welfare State. The Equality Dimension, in: Borre, Ole/Scar-
brough, Elinor (Hg.), The Scope of Government, Oxford, 165-197.

Roller, Edeltraud, 1995b: Political Agendas and Beliefs about the Scope of Government, in:
Borre, Ole/Scarbrough, Elinor (Hg.), The Scope of Government, Oxford, 55-86.

Schmidt, Manfred G., 1993: Erwerbsbeteiligung von Frauen und Männern im Industrielän-
dervergleich, Opladen.

Schmidt, Manfred G., 2004a: Die öffentlichen und privaten Bildungsausgaben Deutschlands
im internationalen Vergleich, in: Zeitschrift für Staats- und Europawissenschaften 2, 7-
31.

Schmidt, Manfred G., 2004b: Sozialpolitik der DDR, Wiesbaden.

Schmidt, Manfred G., 2005a: Sozialpolitik in Deutschland. Historische Entwicklung und
internationaler Vergleich, 3. Auflage, Wiesbaden.

Schmidt, Manfred G., 2005b: Politische Reformen und Demokratie. Befunde der vergleichenden Demokratie- und Staatstätigkeitsforschung, in: Vorländer, Hans (Hg.), Politische Reform in der Demokratie, Baden-Baden, 45-62.

Schmidt, Manfred G./Busemeyer, Marius R./Nikolai, Rita/Wolf, Frieder, 2006: Bildungsausgaben im inter- und intranationalen Vergleich.Bestimmungsfaktoren öffentlicher Bildungsausgaben in OECD-Staaten. Bericht über ein durch eine Sachbeihilfe der Deutschen Forschungsgemeinschaft gefördertes Forschungsprojekt, Heidelberg.

Siegel, Nico A./Jochem, Sven, 2000: Der Sozialstaat als Beschäftigungsbremse? Deutschlands
steiniger Weg in die Dienstleistungsgesellschaft, in: Czada, Roland/Wollmann, Hell-
mut (Hg.), Von der Bonner zur Berliner Republik, Wiesbaden, 539-566.

Wagschal, Uwe, 2003: Wer ist Schuld an den Schulden?, in: Obinger, Herbert/Wagschal,
Uwe/Kittel, Bernhard (Hg.), Politische Ökonomie, Opladen, 289-320.

3 Brutto- und Nettosozialleistungsquoten im Vergleich

Manfred G. Schmidt

3.1 Möglichkeiten der Messung

Die Größenordnung des Wohlfahrtsstaates kann auf verschiedene Weise gemessen werden. Man kann sie anhand des Anteils der sozialrechtlichen Bestimmungen am Bestand aller Rechtsnormen schätzen. Auch kommt die relative Größe des von der Sozialpolitik erfassten Personenkreises im Verhältnis zur Gesamtbevölkerung in Frage. So ging Jens Alber vor, als er die Entwicklung der Sozialversicherungen in Westeuropa untersuchte (Alber 1982). Die Größe des Wohlfahrtsstaates kann ferner anhand seiner Klientel erfasst werden, insbesondere anhand des Bevölkerungsanteils des Personenkreises, der seinen Lebensunterhalt ausschließlich oder überwiegend aus Sozialeinkommen oder aus Beschäftigung im Wohlfahrtsstaat bestreitet. Viertens – und am häufigsten – wird die relative Größe des Wohlfahrtsstaates anhand der Sozialausgaben erfasst. In der Regel erfolgt dies anhand der Sozialleistungsquote, dem Anteil der Sozialausgaben am Bruttoinlandsprodukt.

3.2 Definition von Sozialleistungen

Zum Kern der Sozialausgaben zählen in der amtlichen Statistik üblicherweise diejenigen Geldleistungen, Dienstleistungen und Steuererleichterungen, die ihre Zielgruppen, insbesondere Haushalte oder Individuen, in Angelegenheiten unterstützen, die ihre Wohlfahrt negativ beeinflussen, beispielsweise in Form einer Kompensation des Einkommensausfalls infolge von Alter, Arbeitslosigkeit, Krankheit, Invalidität oder Pflegeabhängigkeit. Diese Leistungen können durch den Zentralstaat, die Gliedstaaten, die Kommunen und die Sozialversicherungseinrichtungen erbracht werden. Zu ihnen zählen unter Umständen auch gesetzlich vorgeschriebene private Sozialleistungen, wie in Deutschland die von den Arbeitgebern zu erbringende Lohnfortzahlung im Krankheitsfall. In den meisten Ländern werden zu den Sozialleistungen im Einzelnen die Aufwendungen für folgende Politikfelder gezählt (vgl. OECD 2004):

- Altersrenten,
- Erwerbs- bzw. Berufsunfähigkeitsrenten,
- Leistungen bei berufsbedingten Unfällen und Krankheiten,
- Leistungen im Krankheitsfall,
- Dienstleistungen für Ältere und Hilfsbedürftige,
- Witwen-, Witwer- und Waisenrenten,
- Geldleistungen für Familien,
- soziale Dienstleistungen für Familien,
- aktive Arbeitsmarktpolitik,
- Arbeitslosenversicherungsleistungen,
- Wohngeld und verwandte Leistungen,
- Ausgaben für öffentliche Gesundheitsversorgung
- und Sonstiges (u. a. Geldleistungen für die Empfänger von Niedrigeinkommen).

3.3 Empirische Befunde

Den so definierten Sozialausgaben der öffentlichen Haushalte nach zu urteilen, entfielen beispielsweise 2001 in den USA 15,7 Prozent des Sozialproduktes auf die öffentlichen Bruttosozialausgaben. In Schweden wurde im selben Jahr mit 35,1 Prozent ein fast zweieinhalb mal so großer Teil des Sozialproduktes für wohlfahrtsstaatliche Zwecke verwendet, und in der Bundesrepublik Deutschland belief sich die öffentliche Sozialleistungsquote 2001 auf 30,6 Prozent. Diese Zahlen deuten auf einen besonders großen Unterschied zwischen dem schwedischen Wohlfahrtsstaat und den kontinentaleuropäischen Wohlfahrtsstaaten auf der einen und der Sozialpolitik in den USA auf der anderen Seite hin. Der Bruttosozialleistungsquote nach scheint beispielsweise Schweden sozialpolitisch mehr als doppelt so stark engagiert zu sein als die USA. Gewiss: Das Bild trügt insoweit, als es auf dem Anteil der Sozialausgaben am Sozialprodukt beruht und nicht auf den Pro-Kopf-Sozialausgaben oder den Sozialausgaben pro Empfänger von Sozialleistungen. Weil die USA wirtschaftlich wohlhabender als Schweden sind, verringern Pro-Kopf-Zahlen den Abstand zwischen Amerikas und Schwedens Sozialpolitik.

3.4 Schwächen des Messkonzepts der Bruttosozialleistungsquote

Allerdings sind die üblichen öffentlichen Sozialleistungsquoten aus vier anderen Gründen ein mitunter ungenauer Anzeiger der tatsächlichen Sozialleistungen und deren relativer Größe.

Die üblichen öffentlichen Sozialleistungsquoten sind – erstens – öffentliche Bruttosozialleistungsquoten. Sie erfassen nicht die direkte Besteuerung von Sozialleistungen. Die aber ist von Land zu Land sehr unterschiedlich geregelt. In Schweden beispielsweise werden die Sozialeinkommen relativ hoch besteuert oder mit Sozialabgaben belegt, in den USA aber nicht – und diese Differenz macht einen großen Unterschied für die Sozialeinkommensbezieher aus.

Zweitens gehen in die öffentlichen Bruttosozialleistungen nicht die Wirkungen indirekter Steuern auf Sozialleistungen ein. Auch die indirekten Steuern auf Sozialleistungen sind vor allem in Nordeuropa von Bedeutung. Dort umfassen sie rund 4 Prozent des Sozialproduktes, während sie in den USA keine nennenswerte Rolle spielen.

Ein drittes Problem ist den öffentlichen Bruttosozialleistungsquoten eigen: Ihnen entgehen in der Regel die Finanzaufwendungen, die durch sozialpolitisch gezielte Steuererleichterungen zustande kommen, beispielsweise familienpolitisch motivierte steuerliche Vorteile für Eltern mit Kindern. Diese sogenannten „Steuerausgaben" („tax expenditures") haben aber in manchen Wohlfahrtsstaaten ein erhebliches Gewicht, so insbesondere in den USA, aber auch in Deutschland (Howard 1997; Adema 2001a: 27; Adema/Ladaique 2005).

Viertens schließlich entgeht den öffentlichen Bruttosozialleistungen die ganze Palette der privaten Sozialausgaben. Zu diesen gehören neben den gesetzlich vorgeschriebenen privaten Sozialausgaben auch die freiwillig erbrachten privaten Ausgaben, und beides macht in manchen Ländern einen erheblichen Teil der Sozialpolitik aus. So spielen beispielsweise die privaten Pflichtausgaben in der Schweiz eine beträchtliche Rolle. Besonders hoch sind die freiwilligen privaten Ausgaben (z.B. freiwillige Arbeitgeberleistungen) in den USA (8,4 Prozent des Sozialproduktes 1997), in Großbritannien (3,8 Prozent) und den Niederlanden (4,7 Prozent). Werden all diese Größen berücksichtigt und wird überdies auch die Besteuerung der privaten Sozialausgaben in Rechnung gestellt, erhält man die „net total social expenditures" (Adema 2001a, Adema/Ladaique 2005), die gesamten Nettosozialausgaben.

3.5 Die Nettosozialleistungsquote als Alternative

Die Nettosozialausgaben zeigen einen erstaunlichen Befund an: In ihrem Licht behält Schweden nach Sozialausgaben weiterhin seinen ersten Rang (vgl. Tabelle 1 im Anhang mit Daten für das Jahr 1997), doch liegt die schwedische Sozialleistungsquote im Sinne der Nettosozialausgaben nicht länger bei rund 35 Prozent des Sozialproduktes, sondern fast fünf Prozentpunkte tiefer. Deutschlands Sozialleistungsquote sinkt ebenfalls, aber nur geringfügig von brutto 29,2 Prozent auf netto 28,8 Prozent. Besonders groß ist die Differenz zwischen Brutto- und Nettosozialausgabenquote aber in den USA. Dort klettern die Werte von niedrigen 15,8 Prozent brutto auf 23,4 Prozent netto – ein Aufwuchs um fast die Hälfte. Aus all dem ergibt sich auch eine drastisch reduzierte Spannweite zwischen Schweden und den USA. Die Differenz zwischen beiden Ländern betrug bei der Bruttosozialleistungsquote noch fast 20 Prozentpunkte, bei den Nettosozialausgabenquoten aber schrumpft die Differenz auf nur noch 7 Prozentpunkte. Gemessen an dem, was bei den Sozialleistungsempfängern am Ende – nach Steuern und Sozialabgaben – ankommt, sind die Unterschiede zwischen Schweden und den USA dieser Messlatte zufolge drastisch vermindert worden. Der Unterschied zwischen dem besonders „sozial" geltenden Schweden und den meist als „wenig sozial" eingestuften USA ist offenbar gar nicht sonderlich groß – solange man ihn mit Nettosozialleistungsquoten misst.

Größer sind die Unterschiede zwischen Schweden und den USA, wenn nur die gesetzgeberisch verankerten Sozialleistungen betrachtet werden und folglich die freiwilligen privaten Leistungen sowie die Besteuerung derselben außer Acht bleiben. In diesem Fall liegt die Sozialleistungsquote in Schweden bei 28,7 Prozent, in Deutschland bei 27,9 Prozent und in den Vereinigten Staaten von Amerika bei 16,8 Prozent. Der Unterschied zwischen Schweden und den USA beträgt bei diesem Indikator 12 Prozentpunkte – insgesamt erheblich weniger als die Prozentpunktdifferenz von 20, die die Bruttosozialleistungsquote anzeigt. Ähnliche, wenn nicht ganz so tief gestaffelte Zahlen ergeben sich im Übrigen bei der Ermittlung der Nettosozialausgaben im Jahre 2001 (Adema/Ladaique 2005).

Allerdings ist auch die Nettosozialleistungsquote nicht aller Probleme ledig. Sie verrät nichts über die Zusammensetzung der Sozialleistungen. Die relativ hohe amerikanische Nettosozialleistungsquote beispielsweise ist intern anders aufgeteilt als die schwedische. Schweden ist nach wie vor in hohem Maße ein Staat der vergleichsweise egalitären Staatsbürgerversorgung. Die US-amerikanische Sozialpolitik hingegen ist durch stärkere Konzentration und auffälligere Schichtung gekennzeichnet. So profitieren von den privaten Sozialausgaben in großem Maße nur die regulär Beschäftigten in mittleren Betrieben und Großbetrieben.

3.6 Neue Befunde durch Anwendung der Nettosozialleistungsquote

Dennoch zeigen die Berechnungen der Nettosozialleistungsquote ein interessantes Bild: Es gibt unterschiedliche Wege zur sozialen Sicherung. Neben dem nordeuropäischen staatszentrierten Weg existiert ein zweiter Weg, der neben den staatlichen Leistungen einen recht erheblichen privaten Sozialausgabenbeitrag kennt, teils auf Basis gesetzlicher Verordnungen, teils durch freiwillige private Leistungen. Und im Gesamtausmaß des Engagements für Sozialpolitik wird aus dem Vergleich der Nettosozialleistungsquoten auch ersichtlich, dass die auf den ersten Blick großen Unterschiede zwischen Amerika und Europa in nennenswerter Weise relativiert werden.

Ein weiteres Ergebnis verdient Beachtung (vgl. Kemmerling 2001). Wer nach den Bestimmungsfaktoren von Sozialpolitik sucht und sich dabei hauptsächlich auf öffentliche Bruttosozialleistungsquoten und deren statistische Korrelate stützt, hat ein Problem: Die Bestimmungsfaktoren der Bruttosozialleistungsquoten weichen mitunter erheblich von den Bestimmungsfaktoren der Nettosozialleistungsquote ab – auch wenn die Brutto- und die Nettosozialleistungsquote statistisch relativ stark korreliert sind – so beträgt der Korrelationskoeffizient beider Quoten für das Jahr 2001 $r = 0.88$ ($N = 23$, errechnet auf der Basis von Adema/Ladaique 2005). Auch hinsichtlich der viel beachteten Messung der Dekommodifizierung (Glossareintrag D.) im Werk von Gøsta Esping-Andersen (1990) (vgl. Kap. III.4. zu den „Welten des Wohlfahrtskapitalismus") treten berichtenswerte Unterschiede zutage: Die statistische Beziehung zwischen dem Dekommodifizierungsgrad und der Bruttosozialleistungsquote ist relativ stark ($r = 0.72 / N = 17$), die statistische Beziehung zwischen dem Dekommodifizierungsgrad und der Nettosozialleistungsquote hingegen ist deutlich geringer ($r = 0.37 / N = 17$, eigene Berechnung auf der Basis von Adema/Ladaique 2005). Überdies zeigen Brutto- und Nettosozialleistungsquoten mitunter recht unterschiedliche Wirkungen an. Der Nettosozialleistungsquote zufolge fördern insbesondere freiwillige private Nettosozialleistungen die Beschäftigung in personennahen Dienstleistungen, während die Bruttosozialleistungsquote das Gegenteil signalisiert (Kemmerling 2002, 2004).

Mit anderen Worten: Die Erkundung des Wohlfahrtsstaates aus dem Blickwinkel der Nettosozialleistungsquote wirft neue Fragen auf und lässt scheinbar schon gelöste Aufgaben als unerledigt erscheinen.

Tabelle 1:   Brutto- und Nettosozialleistungsquote und ihre Komponenten

Nr	+/-		Deutschland	Schweden	USA
1		Öffentliche Bruttosozialausgaben in % BIP (Gross public social expenditure)	29,2	35,7	15,8
	-	Direkte Steuern und Sozialbeiträge auf öffentliche Sozialleistungen in % BIP (Direct taxes and social contributions)	1,3	4,4	0,4
2		Direkte öffentliche Nettosozialausgaben (nur Geldleistungen) in % BIP (Net cash public social expenditure)	27,8	31,3	15,4
	-	Indirekte Steuern auf direkte öffentliche Nettosozialausgaben in % BIP (Indirect taxes)	2,3	2,8	0,4
3		Direkte öffentliche Nettosozialausgaben in % BIP (Net direct public social expenditure)	25,5	28,5	15,0
	+	Sozialpolitisch gezielte Steuerleichterungen äquivalent zu Geldleistungen in % BIP (T1 TBSP similar to cash benefits)	1,9	-	0,3
	-	Indirekte Steuern auf T1 in % BIP (Indirect taxes)	0,3	-	0,0
4		Sozialpolitisch gezielte Steuererleichterungen (netto) in % BIP (Net TBSP similar to cash benefits)	1,6	-	0,2
	+	Sozialpolitisch gezielte Steuererleichterungen f. private Leistungen in % BIP (T2 TBSP towards current private benefits)	0,0	-	1,2
5		Sozialpolitische Nettosteuererleichterungen in % BIP (Net TBSPs (not including pensions)	1,6	-	1,4
6		Laufende öffentliche Nettosozialausgaben in % BIP (Net current public social expenditure)	27,2	28,5	16,4
7		Gesetzlich vorgeschriebene private Bruttosozialausgaben in % BIP (Gross mandatory private social expenditure)	1,3	0,4	0,4
	-	Direkte Steuern und Sozialbeiträge auf Ausgaben nach Zeile 7 in % BIP (Direct taxes and social contributions)	0,5	0,1	0,1
	-	Indirekte Steuern auf Ausgaben nach Zeile 7 in % BIP (Indirect taxes)	0,1	0,0	0,0

8	Gesetzlich vorgeschriebene laufende private Nettosozialausgaben in % BIP (Net current mandatory private social expenditure)	0,7	0,2	0,3
9	Öffentliche und gesetzlich vorgeschriebene private Nettosozialausgaben in % BIP (Net publicly mandated social expenditure) (Zeile 6+8)	27,9	28,7	16,8
10	Freiwillige private Bruttosozialausgaben in % BIP (Gross voluntary private social expenditure)	1,1	3,0	8,4
-	Direkte Steuern und Sozialbeiträge auf Ausgaben gemäß Zeile 10 in % BIP (Direct taxes and social contributions)	0,1	0,7	0,4
-	Indirekte Steuern auf Zeile 10 in % BIP (Indirect taxes)	0,1	0,3	0,2
11	Laufende freiwillige private Nettosozialausgaben in % BIP (Net current voluntary private social expenditure)	0,9	1,9	7,8
12	Laufende freiwillige und gesetzlich vorgeschriebene private Nettosozialausgaben in % BIP (Net current private social expenditure) (Zeile 8+11)	1,6	2,2	8,1
13	Gesamtnettosozialausgaben in % BIP (Net total social expenditure) (Zeile 6+12-T2)	28,8	30,6	23,4
	Nachrichtlich: Öffentliche Bruttosozialausgaben in % BIP zu Marktpreisen (Gross public social expenditure % GDP at market prices)	26,4	31,8	14,7
	Öffentliche und private Bruttosozialausgaben in % BIP zu Marktpreisen (Gross total social expenditure % GDP at market prices)	28,6	34,8	22,9

Anm.: Brutto- und Nettosozialleistungsquote und ihre Komponenten in Prozent des Bruttoinlandsproduktes zu Faktorpreisen (am Beispiel der Sozialausgaben im Jahre 1997).
Quelle: Adema 2001a, S. 27-28. In Klammern die englischsprachigen Originalbegriffe von Adema 2001a. Die Plus- und Minuszeichen in Spalte 2 informieren über die Relationen zwischen den einzelnen Ausgabenarten. Beispiel: Die Subtraktion der direkten Steuern und Sozialbeiträge auf öffentliche Sozialleistungen in Prozent des Bruttoinlandsproduktes (BIP) von den Bruttosozialausgaben in Prozent des BIP ergibt die direkten öffentlichen Nettosozialausgaben (nur Geldleistungen) in Prozent des BIP.

 **Literatur**

Adema, Willem, 2001a: Net Social Expenditure, 2nd Edition (OECD: Labour Market and Social Policy – Occasional Papers, No. 52), Paris.

Adema, Willem, 2001b: Eine vergleichende Analyse des Wohlfahrtsstaates in ausgewählten OECD-Ländern, in: Theurl, Engelbert (Hg.), Der Sozialstaat an der Jahrtausendwende. Analysen und Perspektiven, Heidelberg, 77-113.

Adema, Willem/Ladaique, Maxime, 2005: Net Social Expenditure. 2005 Edition. More comprehensive measures of social support (OECD Social, Employment and Migration Working Papers 29), Paris.

Alber, Jens, 1982: Vom Armenhaus zum Wohlfahrtsstaat. Analysen zur Entwicklung der Sozialversicherung in Westeuropa, Frankfurt a.M..

Howard, Christoph, 1997: The Hidden Welfare State. Tax Expenditures and Social Policy in the United States, New Jersey.

Kemmerling, Achim, 2001: Die Messung des Sozialstaates, Wissenschaftszentrum Berlin für Sozialforschung, Discussion Paper FS I 01 – 201.

Kemmerling, Achim, 2002: The Employment Effects of Welfare State Taxation. An Empirical Analysis of Core OECD Countries, Köln: MPIfG Discussion Paper 02/8.

Kemmerling, Achim, 2004: Die Messung sozialstaatlicher Leistungen. Zu den Folgen der Nettosozialleistungsquote Ademas für die Diskussion um staatliche Sozialpolitik. 14. Wissenschaftliches Colloquium des Statistischen Bundesamtes, 20./21.11. 2004, Wiesbaden.

Organization for Economic Co-operation and Development (OECD), 2004: OECD Social Expenditure Data Base, Paris.

Neu im Programm
Politikwissenschaft

Peter Becker / Olaf Leiße

Die Zukunft Europas
Der Konvent zur Zukunft der
Europäischen Union
2005. 301 S. Br. EUR 26,90
ISBN 3-531-14100-7

Jörg Bogumil / Werner Jann
**Verwaltung und
Verwaltungswissenschaft
in Deutschland**
Einführung in die
Verwaltungswissenschaft
2005. 316 S. (Grundwissen Politik Bd. 36)
Br. EUR 26,90
ISBN 3-531-14415-4

Jürgen Dittberner
Die FDP
Geschichte, Personen, Organisation,
Perspektiven. Eine Einführung
2005. 411 S. Br. EUR 24,90
ISBN 3-531-14050-7

Jürgen W. Falter / Harald Schoen (Hrsg.)
Handbuch Wahlforschung
2005. XXVI, 826 S. Geb. EUR 49,90
ISBN 3-531-13220-2

Eberhard Schneider
**Das politische System
der Ukraine**
Eine Einführung
2005. 210 S. Br. EUR 19,90
ISBN 3-531-13847-2

Bernhard Schreyer /
Manfred Schwarzmeier
**Grundkurs Politikwissenschaft:
Studium der Politischen Systeme**
Eine studienorientierte Einführung
2. Aufl. 2005. 243 S. Br. EUR 17,90
ISBN 3-531-33481-6

Klaus Schubert (Hrsg.)
**Handwörterbuch des ökono-
mischen Systems der
Bundesrepublik Deutschland**
2005. 516 S. Br. EUR 36,90
ISBN 3-8100-3588-2

Rüdiger Voigt / Ralf Walkenhaus (Hrsg.)
**Handwörterbuch zur
Verwaltungsreform**
2006. XXXII, 404 S. Geb. EUR 39,90
ISBN 3-531-13756-5

Wichard Woyke
Stichwort: Wahlen
Ein Ratgeber für Wähler, Wahlhelfer
und Kandidaten
11., akt. Aufl. 2005. 274 S. Br. EUR 14,90
ISBN 3-8100-3228-X

www.vs-verlag.de

VS VERLAG FÜR SOZIALWISSENSCHAFTEN

Abraham-Lincoln-Straße 46
65189 Wiesbaden
Tel. 0611.7878-722
Fax 0611.7878-400

Neu im Programm Politikwissenschaft

Wilfried von Bredow

Die Außenpolitik der Bundesrepublik Deutschland
Eine Einführung
2006. 297 S. (Studienbücher Außenpolitik und Internationale Beziehungen)
Br. EUR 17,90
ISBN 3-531-13618-6

Dieses Studienbuch gibt eine systematische und umfassende politikwissenschaftliche Einführung in alle wichtigen Aspekte der deutschen Außenpolitik.

Gunther Hellmann

Deutsche Außenpolitik
Eine Einführung
Unter Mitarbeit von Rainer Bauman und Wolfgang Wagner
2006. 260 S. (Grundwissen Politik 39)
Br. EUR 21,90
ISBN 3-531-14906-7

Im Zentrum dieses Lehrbuchs steht die Analyse deutscher Außenpolitik. Der Schwerpunkt liegt auf einer problemorientierten Einführung anhand gängiger theoretischer und methodischer Instrumentarien, wie sie in der Außenpolitikanalyse zumeist zur Anwendung kommen. Die Leserinnen und Leser sollen mit unterschiedlichen Herangehensweisen vertraut gemacht werden, damit sie die Zusammenhänge zwischen theoretischen Perspektiven und entsprechenden Forschungsmethoden auf der einen Seite und konkreten Gegenständen der empirischen Analyse deutscher Außenpolitik auf der anderen Seite besser verstehen und dabei sowohl die Chancen wie auch die Grenzen der jeweiligen Perspektiven erkennen lernen.

Manfred G. Schmidt

Sozialpolitik in Deutschland
Historische Entwicklung und internationaler Vergleich
3., vollst. überarb. und erw. Aufl. 2005.
330 S. (Grundwissen Politik 2)
Br. EUR 21,90
ISBN 3-531-14880-X

In diesem Buch wird die Politik der sozialen Sicherung in Deutschland vom 19. Jh. bis in das Jahr 2005 analysiert und mit der Entwicklung der Sozialpolitik in anderen Staaten verglichen. Entstehung und Ausbau der sozialen Sicherung, ihre Antriebskräfte und ihre Auswirkungen auf die Politik, die Wirtschaft und die Gesellschaft sind die Hauptgegenstände dieses Buches. Es basiert auf dem neuesten Stand der historischen und der international vergleichenden Sozialpolitikforschung. Es ist als Einführung in die Sozialpolitik gedacht und zugleich als problemorientierte Hinführung zur entwicklungsgeschichtlich und international vergleichenden Analyse von Innenpolitik.

Erhältlich im Buchhandel oder beim Verlag. Änderungen vorbehalten. Stand: Januar 2006.

www.vs-verlag.de

VS VERLAG FÜR SOZIALWISSENSCHAFTEN

Abraham-Lincoln-Straße 46
65189 Wiesbaden
Tel. 0611.7878-722
Fax 0611.7878-400